누구나 알고 있고, 아무도 말리지 않았던 쿠데타

5 · 16청문회

5 · 16청문회

초판 1쇄 인쇄일 2017년 12월 11일
초판 1쇄 발행일 2017년 12월 15일

지은이 김상구
펴낸이 양옥매
디자인 송다희 임흥순
교정 조준경

펴낸곳 도서출판 책과나무
출판등록 제2012-000376
주소 서울특별시 마포구 방울내로 79 이노빌딩 302호
대표전화 02.372.1537 **팩스** 02.372.1538
이메일 booknamu2007@naver.com
홈페이지 www.booknamu.com
ISBN 979-11-5776-502-7(03300)

이 도서의 국립중앙도서관 출판시도서목록(CIP)은 서지정보유통지원 시스템
홈페이지(http://seoji.nl.go.kr)와 국가자료공동목록시스템
(http://www.nl.go.kr/kolisnet)에서 이용하실 수 있습니다.
(CIP제어번호 : CIP2017032707)

5·16
청문회

김상구 지음

책과나무

우리 현대사를 바로세우는
역사 정립의 밑거름

　역사는 쓰이기도 하지만 만들어지기도 한다. 이 말은 내가 아주 즐겨
쓰는 말이다. 특히 우리 현대사, 그 가운데서도 남북 관계, 한미 관계,
북미 관계, 군사나 전쟁 관련 사항, 주한미군과 미국 관련 사항, 독재
자나 이지러진 영웅, 냉전 관련 사항 등등에서 더욱더 역사는 만들어진
다. 보다 솔직히 말하면, 조작되기 마련이다.

　지성인 또는 비판적 지식인의 소명은 이러한 만들어지고 조작된 수
많은 거짓 역사를 허물고 참과 진실을 밝히는 일이다. 특히 외세의 침
탈과 식민지 지배, 외국군의 주둔, 미국 상전 모시기, 삼성공화국, 친
일파, 친미파 등등에 얽힌 우리의 현대사 '역사 만들어지기'에 대해 이
땅의 참 지식인이라면 먼저 분노하면서 문제의식을 통감하고 그 거짓
허물을 벗겨 나가야 할 것이다.

　지은이 김상구 선생은 비강단 재야 사학자로서 이에 대한 문제의식
을 이 땅의 어느 누구보다 절감하고 분노하면서 이성과 천착으로 이승
만, 기독교와 아메리카 제국, 김구, 김두한 등등에 대한 성역을 허물고

허울을 벗겨 내는 작업을 해왔다. 개인적으로 여러 가지 힘든 조건 속에서도 조금도 위축되지 않고 그의 허물기와 벗기기는 더욱더 탄력을 받고 있어 경이롭기 짝이 없다.

이의 연속선상에서 이번에는 박정희에 관한 너무나 많은 조작과 거짓 신화를 허물고 벗기는 업적을 이뤘다. 박정희 허물기는 그의 딸 박근혜의 탄핵과 단죄, 최태민과 최순실의 대를 이은 국정농단의 실체 등이 드러남으로써 발걸음은 뗀 셈이다. 그러나 아직도 맹목적인 우상숭배자들인 태극기부대, 경상도 지역패권주의자 무리, 박정희 · 박근혜에 대한 부역과 시혜받기에 영혼까지 다 바친 무리들 등등이 좀 위축되긴 했으나 여전히 우리들 주위에 포진하고 있다.

이런 가운데 무명의 사범학교 학생, 무능한 군인이었던 박정희의 5 · 16 쿠데타가 미국 군부와의 결탁 속에서 이뤄지고, 이런 결탁이 가능한 바탕이 일본 패망과 거의 동시에 시작된 천하의 기회주의자 박정희 본인의 미국의 끄나풀로 되살아나기와 지속적인 미국 가랑이 밑을 기어 다니기 등이었음을 추론 · 방증 · 증명하고 있다. 또한 박정희의 개인에 대한 수수께끼와 박정희 지배 18년간의 한국사에 불가사의했던 수많은 의문들이 일부 밝혀지는 쾌감 또한 소홀치 않다.

우리 김상구 선생의 각고의 노력으로 이뤄진 이 박정희 허물기 시도가 박정희나 그 아류들에 의해 전도된 우리 현대사를 바로세우는 역사 정립의 밑거름으로 나아가기를 바라는 마음 간절하다.

－ **강정구** 전 동국대 사회학과 교수
박정희의 육신이 이 땅을 떠난 38년째 날을 맞아

5 · 16 쿠데타,
미국의 사전기획인가 사후승인인가

박정희는 1917년 11월 4일 경북 선산에서 태어났다. 올해는 그의 출생 100주년이 되는 해다. 볼셰비키 혁명이 일어난 해에 출생한 박정희는 일생 동안 혁명을 입에 달고 다녔다. 『국가와 혁명과 나』는 그의 저서이자 박정희 신화의 뿌리가 된 작품이다. 그는 과연 혁명가였는가?

박정희는 쿠데타를 다섯 번 계획하여 네 번의 미수 끝에 1961년 5월 16일 성공적으로 정권을 탈취했다. 1952년 부산정치파동 시기, 이종찬 · 이용문 · 박정희 등은 미8군사령관 밴플리트의 사주로 쿠데타를 모의했으나 미 국무부와 합참이 이승만 체제의 유지를 결정함으로써 미수에 그치고 말았다. 두 번째는 1960년 5월 8일의 일이다. 김동하를 비롯한 만주(봉천과 신경)군관학교 출신들과 박정희 그룹이 계획했으나, 사월혁명으로 인해 무산된 적이 있다.

민주당 정권을 전복하기 위한 모의부터 육사8기와 5기 출신들이 적극적으로 가담하기 시작했다. 그들은 데모진압 훈련인 비둘기 작전을 도용하는 음모를 꾸몄다. 하지만 1961년 4월 19일, 기대했던 소요가 일어나지 않음으로 쿠데타 시도는 불발되었다.

그 다음에는 비둘기 작전을 훈련한다는 명분하에 소요와 관계없이 군대를 출동시키기로 계획을 변경했다. 거사 날짜는 5월 12일이었다. 그러나 계획이 일부 누설되면서 이마저 불발되었다. 마지막으로 시도한 다섯 번째 음모가 우리가 익히 알고 있는 5·16 쿠데타다.

박정희가 쿠데타를 시도할 때 늘 곁에 있었던 사람은 김종필이 아니고 장태화다. 전 서울신문 사장 정도로 알려져 있지만, 장태화는 박정희의 정보원이자 책사였다. 장태화와 하우스만을 알아야 박정희의 쿠데타 이력을 알 수 있다. 그 내력은 이 책을 통하여 차츰 서술할 것이다.

60만 이상의 군대를 가진 민주당 정권이 전 군의 0.5% 정도인 3,400여 명의 군인을 동원한 극소수 군인들에게 정권을 탈취 당했다는 것은 지금도 믿기지 않는 수수께끼다. 대통령 윤보선, 총리 장면, 육군참모총장 장도영, 제1군사령관 이한림 등은 쿠데타의 주모자인 박정희의 동향을 훤히 알고 있었다. 누구나 알고 있고, 아무도 말리지 않았던 이상한 쿠데타라는 뜻이다.

무엇보다 한국군의 작전·지휘권을 가진 유엔군사령관이자 미8군 사령관인 매그루더와 (대리)대사 그린이 쿠데타 첫날인 1961년 5월 16일 오전 10시경, 미국의 소리와 AFKN을 통해 장면 정부 지지를 선언했음에도 쿠데타가 큰 문제없이 진행되었음은 5·16의 가장 큰 미스터리다. 쿠데타 배후에 두 사람을 능가하는 힘이 있었다는 방증이다.

그렇다면 그 실체는 무엇일까? 많은 이들이 CIA를 지목한다. 그것은 미국 중앙정보부(CIA)부장을 역임한 알렌 덜레스의 발언 때문이다. 그는 영국의 BBC 방송프로에 출연해서 "내가 재임 중 CIA의 해외활동에서 가장 성공한 것은 이 혁명(5·16 쿠데타)이다."라고 말했다.

그러나 이후락의 체포는 CIA배후설에 의문을 제기하게 만든다. 그는 CIA와 긴밀한 관계에 있던 중앙정보연구위원회 연구실장(차관급)이었다. 또 당시 한국CIA 지부장이었던 실바의 증언을 검토하면, 그가 사전에 박정희와 김종필을 사주하거나 만난 흔적은 없다.

박정희는 약점이 많은 인물이다. 1948년 연말 숙군과정의 여파로 인해 그는 좌익 경력과 함께 배신자라는 낙인이 찍혔고, 개인의 사생활 면에서도 적지 않은 물의를 일으킨 바 있었다.

박정희의 좌익 경력과 숙군에 대해서는 설명이 조금 필요하다. 셋째 형 박상희의 죽음으로 인해 박정희가 좌익으로 돌아섰고, 숙군 과정에 동지들을 배반함으로써 목숨을 건졌다는 얘기가 대개 정설로 알려져 있다.

그러나 흔히 알려진 것처럼, 박상희가 좌익 활동을 한 흔적은 없다. 박상희는 신간회 활동으로 경찰서를 몇 번 들락거렸지만 구속된 적은 없다. 그는 동아일보, 중외일보, 조선일보, 조선중앙일보뿐 아니라 조선총독부의 기관지였던 매일신보 등의 지방주재 기자를 하면서 기와공장을 운영했으며, 벌목·반출·판매를 하는 이른바 '산판' 사업을 했던 수단 좋은 사업가였다. 해방공간에서도 그는 지방의 유지였지 좌파계열의 정당에 적을 둔 적이 없다.

형의 죽음에 분노하여 남로당에 가입하여 군사총책으로 활동하다가 숙군 시 변절하여 목숨을 건졌다는 박정희 좌익설 역시 유언(流言)이다. 1948년 여순사건 때 박정희는 진압군에서 정보 참모로 활약했으며, 그의 고발로 잡힌 군 장교는 거의 없다. 숙군으로 사형을 당한 최남근·오일균 그리고 무기징역형을 받은 김학림 등은 박정희보다 일찍 혹은 같은 무렵에 구속되었다.

박정희가 배신한 동료는 따로 있다. 쿠데타 동지이자 신경군관학교 선배였던 김동하·박임항·방원철 등이 숙청당했고, 박정희를 현직에 복귀시켜 준 은인이자 상관이었던 장도영이 배신당했다. 많은 은혜를 베풀었던 송요찬도 박정희로 인해 옷을 벗었다.

그러나 정보계통에 있었던 장태화·김종필·김용태·이후락·이철희 등은 수많은 비리에 관련되었어도 박정희는 그들을 끝까지 보호했다. 이러한 사실은 무엇을 말하는가? 박정희는 좌익프락치일 가능성보다 미군 정보기관(CIC 혹은 G2)의 정보원이었을 가능성이 훨씬 높다.

그러면 박정희의 사생활은 어떠했을까? 그는 처(김호남)와 딸(박재옥)의 호적을 정리하지 않은 채 이현란과 3년 가까이 동거를 했으며 그녀와의 사이에서 출생한 아들이 요절했다는 것은 비밀 아닌 비밀이었다.

육영수와 박정희의 인연이 이어질 무렵, 국토 전체는 전쟁의 참화로 인해 피로 물들고 있는 혼란기였다. 이현란과의 실질적인 결혼 생활을 포함하면 세 번째인 이 결혼을 왜 그렇게 서둘렀는지 도무지 이해되지 않는다. 박정희와 육영수는 1950년 8월 첫 만남을 가졌고, 10월에 약혼, 12월 12일에 결혼했다. 김호남과의 이혼은 약혼한 다음 달인 11월에 이루어졌다.

사전기획이든 사후승인이든 미국이 박정희를 선택했던 것은 분명하다. 알 수 없는 것은 미국이 박정희를 선택한 이유다. 1948년 숙군 때 박정희가 살아난 과정부터 아리송하다. 미군정과 이승만 정권이 배출한 수많은 별들 중 '스네이크'란 별칭을 가진 두 사람이 있었다. 박정희와 김창룡이다. '스네이크' 김이 '스네이크' 박의 구제를 가장 먼저 상신했다는 사실에 우리가 알지 못하는 사연이 있었는지 궁금하다. 흔히들 만주 인맥인 백선엽·정일권 등이 주도적으로 박정희의 구명에 나섰다고 하나, 최남근이 사형을 당한 사례를 생각해 보면 그러한 가설은 성립되기 힘들다. '한국군의 아버지'로 알려진 하우스만이 특별히 박정희를 지목하여 살려 준 이유 역시 숙제의 하나다.

특별히 하우스만을 주목할 필요가 있다. 쿠데타가 어느 정도 마무리 단계로 접어든 1961년 5월 18일 저녁 무렵, 박정희는 하우스만의 자택을 방문하여 자신을 위해 미국에 갔다 와 달라고 부탁했다. 하우스만은 예약한 항공권을 보여 주었고, 다음 날 워싱턴으로 출발하여 미 육군참모총장을 비롯하여 CIA, 국무부, 그 외 관계요로를 찾아 한국의 상황을 설명했다. 그 후 그는 5·16 쿠데타에 관한 공로로 미 국방장관으로부터 장문의 공적서와 함께 공로표창장을 받았다.

미 군부 정보기관의 지원 아래 5·16 쿠데타가 진행되었고, 쿠데타 후 CIA·미 국무성·백악관이 승인했다. 케네디 행정부가 이러한 결론에 이르게 된 과정에는 팔리보고서가 결정적 역할을 했다. 많은 자료를 제시했지만 5·16에 대한 의문은 이 책을 읽음으로써 더욱 깊어질지도 모르겠다. 5·16 쿠데타의 정확한 실체에 대하여 독자제현과 함께 계속 고민했으면 한다. 우리의 과거를 지배했고, 현재와 미래를 지배하는 힘을 극복하기 위한 이 작업은 우리의 의무라고 생각한다.

- 2017년 12월
김상구

· 차례 ·

· 제1부 ·   **정치군인의 탄생**

제1장   박정희의 이력서

제1부

정치군인의 탄생

"혁명위는 하우스만 당신 친구들이 거의 전부이니
당신네들 혁명이오."

– 1961년 5월 18일, 박정희

1장

박정희의 이력서

박정희 후보의 약력을 소개한 1963
년 9월 11일자 경향신문

박정희의 과거는 1963년 제5대 대통령선거에 입후보함으로써 노출되기 시작한다. 같은 해 9월 11일 정오, 박정희는 변영태에 이어 두 번째로 후보자등록신고서를 중앙선거관리위원회에 접수했다. 기재된 그의 약력은, "경북선산 출신, 대구사범 졸업, 만주군관학교 2년 수료, 일본육사 졸업, 육사 졸업, 5사단장, 1군참모장, 6관구사령관, 군수기지사령관, 2군부사령관, 5·16 군사혁명 주도, 국가재건최고회의의장, 대통령권한대행,

육군대장예편, 민주공화당총재" 등이다.[1]

민족의 지도자로 나서기엔 항일투쟁 등 귀감이 될 이력은 없지만, 과장이나 왜곡 없이 쓴 약력이다. 다음으로 소개할 것은 박정희 자신이 기록한 '공무원 인사기록 카드'다. 이 기록은 3선 개헌(1969년 10월 21일) 직전인 1969년 8월경 작성하고 이후 추가 기재한 것이다. 자료를 통해 파악할 수 있는 박정희의 인적 사항은 다음과 같다.[2]

- 본관: 고령 박씨
- 생년월일: 1917년 11월 14일(음력 9월 30일)
- 본적: 경북 선산군 구미면 상모리 171번지
- 주소: 서울 종로구 세종로 1번지
- 신체상황: 키 165cm, 체중 64kg
- 병역관계: 예비역 육군대장, 군번 10166, 1963년 제대
- 정당 · 사회단체: 민주공화당 총재
- 가족관계: 처(육영수), 장녀(박근혜), 차녀(박근영), 장남(박지만)
- 훈련: 1953년 미 포병학교 고등군사반 과정
- 자격면허: 소장 진급(1958년 3월 20일), 중장(1961년 8월 10일), 대장(동년 11월 1일)
- 포상서훈: 금성충무무공훈장(1950년 12월 3일), 은성충무(54년 12월 25일), 은성을지(55년 1월 15일)

1   1호 변영태 씨, 2호 박정희 씨, 대통령 후보로 등록, 「경향신문」, 1963.9.11
2   김기철, 박정희 대통령의 공무원 인사기록 카드, 〈한국현대사 '秘'자료125건〉, 「월간조선」, 1996년 1월호 별책부록, pp.221-225

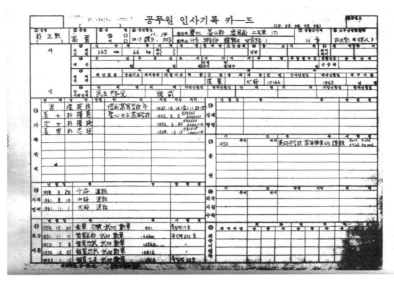

가족관계, 서훈 등이 기재된 박정희의 공무원 인사기록 카드

많이 알려진 내용들이다. 그런데 가족관계를 보면 큰딸 박재옥 (1937-)이 누락되어 있다. 별도의 장에서 좀 더 자세히 다룰 예정이지만, 첫 부인 김호남, 특히 맏딸 박재옥의 존재를 왜 그렇게 숨겨야 했는지 박정희의 의도를 알 수 없다. 내부 참고용으로 작성되는 인사기록 카드에 박재옥을 기록하지 않은 것은 무언가 사연이 있지 않았나 하는 궁금증을 유발시킨다.

한편, 이 카드에는 '징계형벌'을 기록하는 칸이 있다. 본인이 직접 작성하기에는 껄끄러운 항목이다. 박정희 역시 공란으로 남겨 두었다. 만약 인사담당자의 재량으로 빈칸을 채워 넣는다면 어떤 내용이 기재되었을까? 별도의 장에서 다시 거론하겠지만, 1946년 12월의 생도대장 구타사건, 1948년 8월의 훈련생 사망사건 그리고 숙국 과정에서의 무기징역 선고 등은 필히 기록되어야 할 사안일 것이다. '공무원 인사기록 카드'의 두 번째 페이지는 학력과 경력을 적는 난(欄)이다. 아래에 소개한다.

박정희의 학력과 경력이 기재된 공무원 인사기록 카

학력 부문은 그리 큰 오류가 없다. 우리가 익히 알고 있는 것처럼, 박정희는 대구사범학교를 졸업하고 신경군관학교와 일본육사를 졸업했다. 해방 이후에는 육사와 육군대학을 수료했다. 문제는 초급장교 시절의 경력이다. 박정희는 자필로 다음과 같이 기록했다.

- 1연대 소대장: 1946.12.14~1947.8.13
- 1연대 중대장: 1947.8.14~1947.9.27
- 육사 생도대장: 1947.9.26~1948.9.28
- 육본작전정보처실장: 1949.5.10
- 육본정보국 제1과장: 1950.6.30~1950.10.24

　위 내용과 유사하게 박정희의 경력을 기록한 책으로 사사키 하루타카(佐佐木春隆)가 쓴 『한국전비사』가 있다. 책 말미에 부록으로 수록된 인명록 중 박정희 편을 보면, 1연대에서 복무했다는 기록이 있다.[3]

　그러나 1967년 국방부가 편찬한 『한국전쟁사』에 의하면, 1947년 2월경의 박정희는 제8연대 소속으로 김점곤 중위가 중대장인 38경비초소의 제4경비대장으로 근무하고 있었다.[4] 그리고 같은 책 교육훈련 편에는 한국군 최초의 야외훈련으로 알려진 '제8연대의 특별교육과 야외연습'에서 연대작전 참모로 보직이 변경된 박정희 소위가 동 훈련의 계획과 교안을 마련하여 실시했다고 기록되어 있다.[5] 이 시기에 1연대 소대장으로 근무했다고 한 박정희의 자필 기록을 국방부가 부정하고 있는 셈이다. 하우스만도 박정희가 제8연대에 있었음을 증명하고 있다. 아래는 그의 회고록 중 일부다.

　박정희는 육사 졸업 후 춘천의 제8연대에 첫 배속을 받았다. 나는

3　사사키 하루타카著 강창구譯, 『韓國戰秘史』, 병학사, 1977, p.528
4　『韓國戰爭史』, 大韓民國國防部 前史編纂委員會, 1967, p.300 《이 책에는 박정희의 계급이 중위로 기재되어 있으나, 소위의 오기임》
5　『韓國戰爭史』, pp.374-379

한국에 부임한 후 첫 몇 개월을 8연대의 창설 연대장으로 일했기 때문에 "잘못했으면 만났을 것"이라며 얘기의 끝을 맺을 수 있었다.[6]

여순사건 토벌사령부에서 하우스만과 박정희 두 사람이 처음 만났을 때의 장면이다. 이러한 혼란 때문인지 최초의 박정희 전기라고 할 수 있는『전기 박정희』에는 이 무렵 박정희의 이력은 아예 언급조차 하지 않고 있다.[7] 이제는 많이 정리된 듯하다. 박정희를 홍보하고 있는《사이버 박정희 대통령》조차 제8연대가 첫 근무지였음을 인정하고 있다.[8]

1946년 9월 24일	조선경비사관학교 입교 (제2기생)	29세
1946년 10월 3일	형 상희 사망 (대구 10월 폭동)	
1947년 4월 1일	조선국방경비대 제8연대 제4소대장	30세
1947년 9월 27일	대위 진급, 조선경비사관학교 생도 대장	
1948년 8월 1일	소령 진급	
1948년 11월 11일	서대문형무소 수감	
1948년 12월 10일	출감	
1949년 4월 7일	현역 파면, 육군본부 작전정보실장(민간인 신분)	
1949년 8월 12일	모친 백남의 별세	
1950년 7월 14일	현역 소령복귀, 육군본부 전투정보과장	6.25사변 발발

'사이버 박정희 대통령'에서 소개하고 있는 박정희 상세 경력 중 일부

6　짐·하우스만, 정일화 공저,『한국 대통령을 움직인 미군대위』, 한국문원, 1995, p.31

7　全牧九,『傳記 朴正熙－ 人間과 經世』, 교육평론사, 1966, pp.96-100

8　http://presidentpark.or.kr/presidentpark/pages/main.jsp

박정희는 1연대에 근무한 적이 없다. 그리고 숙군 시 파면된 사실을 은폐하다 보니 그의 문관경력이 누락될 수밖에 없고, 그 결과 1950년 7월 14일부로 현역 복귀했다는 사실도 기록할 수 없었을 것이다. 박정희가 8연대 기록을 누락하고 1연대 근무로 경력을 조작한 이유는 알 수 없다.

알고 싶은 것은 대통령 박정희의 심리 상태다. 그는 이미 쿠데타를 성공시켰고, 두 번에 걸친 대통령 선거에서도 승리하여 제6대 대통령으로 재임 중인 대한민국 최고의 권력자였다. 누구의 눈치도 볼 필요도 없는 위치에 있으며, 외부에 누설될 위험이 거의 없는 신상 카드에, 자신의 맏딸 박재옥을 누락시켰다. 그리고 초임장교 시절의 근무처를 거짓으로 기록했다. 보편적 상식으론 이해할 수 없는 행위다. 박정희의 과거를 추적하는 작업은 박정희의 불편한 행동을 이해하기 위한 작업이기도 하다.

| 만년 꼴찌, 박정희 사범학교 시절 |

'박정희(朴正熙)'란 이름 석 자가 처음으로 활자화되었다. 그리고 왕학수, 권마하(권상하), 황용주, 김종길, 장병엽, 조증출, 서정귀 등 우리에게 꽤 익숙한 인물들의 이름도 보인다. 1932년도 입학 예정인 대구사범 합격자 명단이다. 총 100명 중 일본인을 제외한 조선인 90명의 이름이 보도되었다.[9] 박정희에게 처음으로 성취감을 안겨 준 것

---

9   혈성공의 성과, 각 교의 졸업식, 「동아일보」, 1932.3.19

박정희가 포함된 대구사범 합격자 명단이 보도된 1932년 3월 19일자 동아일보

은 바로 이 합격자 명단이었을 것이다.

박정희의 일생을 다룬 최초의 전기라고 할 수 있는『전기 박정희』에서 필자 전목구(全牧九)는 소년 박정희와 가족의 기쁨을 다음과 같이 표현했다.

이른바 형설의 공은 드디어 이뤄졌다. 대구사범의 합격의 통지서를 받았던 것이다. 그의 어머니와 형제는 기쁨에 넘쳐 다 같이 울음을 터뜨렸다. 공든 탑이 무너질 리 없었다. 비로소 삶의 보람을 느꼈다. 마을 사람들도 이제 고목(古木)에 꽃이 피는 셈이라고 칭찬의 소리를 그칠 줄 몰랐다. 그 마을에 박 씨 일문은 외롭게 사는데

다가 그나마 가난에 쫓기고, 잘난 사람도 없었으니 이 사실은 인근 동리까지 메아리쳐 갔다.[10]

　박정희 일가의 환희와 관계없이 박정희 본인의 속마음은 어떠했을까 하는 의문이 든다. 물론 그는 면접에서 "훌륭한 교사가 되어 어린이들을 교육시키기 위해서입니다."란 답변을 했다고 한다.[11] 하지만 일본군의 야외훈련을 보고 군인 되기를 소망했고, 군인 이순신 그리고 군인 나폴레옹을 숭배했다는 소년 박정희의 꿈은 그저 어린 시절의 치기(稚氣)일 따름이었을까? 박정희가 대구사범에 입학했을 때의 나이는 16세. 무사히 졸업하면 21세, 그리고 23·4세가 되어서야 의무복무 연한을 마치게 된다. 이 무렵의 박정희는 군인의 꿈 대신에 가족의 일원으로서 평범한 기쁨을 선택했을 것으로 짐작된다. 아무래도 빈한한 가정 탓이었을 것이다.

　그러나 합격 통지서만으로 돈 문제가 모두 해결되는 것이 아니었다. 전목구가 쓴 전기에는 "관비생이 되면 7원의 보조를 받게 되는데 이 돈이면 기숙사비 6원을 내고도 1원이 남아 그 돈을 제반 학습비로 충당하면 된다."[12]고 서술하여, 박정희가 이러한 혜택을 받은 것처럼 묘사하였다. 당시 조선총독부의 사범학교 정책은 다음과 같다.

　사범학교의 공납금(등록금)과 수업료는 전액 조선총독부에서 지급

10　『傳記 朴正熙－ 人間과 經世』, p.54
11　조갑제, 『내 무덤에 침을 뱉어라 2－ 전쟁과 사랑』, 조선일보사, 1998, p.25
12　『傳記 朴正熙－ 人間과 經世』, p.56

되었다. 또 일정 비율(보통 30%)을 관비생으로 선발하여 조선총독이 매월 15원씩의 학비 보조금을 하사하였다. 이러한 혜택은 당시로서는 대단히 파격적인 것이었지만, 사범학생에게는 상응하는 의무가 주어졌다. 사범학생은 졸업 이후에 어떠한 이유를 불문하고 반드시 소학교와 보통학교 훈도로 의무적으로 근무하여야 했다. 이 기간은 사비생은 2년이었고, 관비생은 4년이었다.[13]

가난한 소작농의 아들로서 학비가 전액 면제된다는 것은 대단히 매력적인 조건이었다. 문제는 기숙사비였다. 관비생으로 선출되면 이 문제도 해결되겠지만, 대구사범은 전국의 수재들과 경쟁해야만 등용을 허락하는 곳이다.

박정희의 입학 성적은 합격자 100명 중 51등이었다.[14] 관비생이 되지 못했다는 뜻이다. 그 후로도 성적은 계속 뒷걸음쳤다. 1학년 석차는 97명 중 60등, 2학년 때는 83명 중 47등, 3학년 성적은 74명 중 67등으로 쳐지다가 4학년 때는 73명 중 73등으로 기어이 꼴찌가 되어 버렸고, 졸업학년인 5학년 때 역시 꼴찌와 마차가지인 70명 중 69등이었다.[15]

단순히 학과성적만 나쁜 것이 아니다. 품행을 의미하는 조행(操行) 평가 역시 극히 불량했다. '양, 양, 양, 가, 양' 5년간의 평가다. 게다가 이해가 되지 않을 정도로 장기결석을 하곤 했다. 1학년 때만 결

---

13 《일제 강점기의 교육 · 중등교육/사범교육, 위키백과》

14 『내 무덤에 침을 뱉어라 2─ 전쟁과 사랑』, p.25

15 김기철, 박정희 대통령의 대구사범 성적표, 「한국현대사 '秘'자료125건」, 조선일보사 「월간조선」, 1996, pp.72─73

석이 없었고, 2학년 때 10일, 3학년 때 41일, 4학년 때 48일, 졸업반 때 41일을 결석했다. 구미보통학교 시절과는 모든 것이 뒤바뀌었다.

성적과 운동 등 모든 면에서 특출 났었고, 늘 반장을 했으며, 학교 창립 이래 최초의 대구사범 합격생이라는 명예와 자긍심은 흔적도 없이 사라지고 말았다. 상처 입은 자존심은 대구사범 재학 내내 회복하지 못하고 만다.

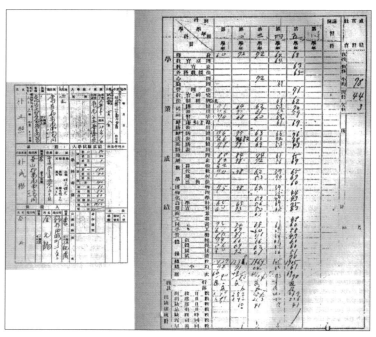

박정희의 대구사범 시기 성적표

박정희는 1932년 4월 8일 대구사범에 입학하여 1937년 3월 25일에 졸업하였다. 박정희의 대구사범 시절은 16세에서 20세까지로, 한 개인의 미래가 거의 결정된다는 황금의 시기다. 하지만 그는 시간을 물 쓰듯 낭비한 셈이 되어 버렸다. 요즘으로 치면 스펙을 전혀 쌓지 못했다는 뜻이다.

적빈가정 출신의 사비생, 꼴찌를 맴도는 학업 성적 게다가 체구도 작고 운동에 뛰어난 것도 아니었다.[16] 성격까지 내성적이었으니 박정희라는 존재 자체가 희미해질 수밖에 없었다. 미래를 함께할 친구도 거의 사귀지 못했다. 대구사범 시절의 동기와 긴밀한 관계를 맺기 시작하는 것은 그가 군인의 길로 들어서고 난 후의 일이다. 학창 시절의 박정희를 평한 글을 소개한다.

말이 없고 항상 성난 사람처럼 웃음을 모르고 사색하는 듯한 태도가 인상 깊었다. 동기생 중 누구와 친하게 지냈는지조차 알 수 없다. 5학년 때 검도를 시작하였으므로 크게 기술이 있었다고는 보지 않는다. 권투는 기숙사에서 그저 연습을 했을 정도이지 도장에는 나가지 않았다. 군악대에 들어가서 나팔수가 되었다. 축구도 잘했고 주로 자신의 심신 연마에 노력했다. 성적에는 두각을 나타내지 못했으나 (머리는) 우수한 편이었고 열심히 시험공부를 하지는 않았다.[17]

---

16 안경환, 『황용주 그와 박정희의 시대』, 까치, 2013, p.55
17 『내 무덤에 침을 뱉어라 2- 전쟁과 사랑』, p.29

1962년, 이낙선이 국가재건최고회의 의장 비서로 있을 때 모아 두었던 〈박정희 파일〉 중, 박정희의 사범학교 동기생 석광수가 이낙선에게 보낸 편지에 실린 글이다. 그 시절 친구들 중 박정희가 쿠데타의 주역이 되고 18년 동안 한국을 통치하는 권력자가 되리라고 예상한 사람이 단 한 사람이라도 있었을까?

박정희에게 열등감을 갖게 더욱 부채질한 인물은 아무래도 황용주였을 것이다. 그는 모든 면에서 박정희와 구분되었다. 황용주는 관비생으로서 가욋돈이 필요 없었지만, 그의 아버지는 월 10원의 용돈을 부쳐 주었다. 뛰어난 학업 성적과 풍족한 용돈 그리고 폭넓은 독서와 왕성한 체력…. 동기들뿐 아니라 선생과 선배들도 황용주라는 인물을 주목할 수밖에 없었을 터이다. 황용주는 학교 안과 밖을 드나들며 점차 그의 입지를 넓혀 갔다.[18] 반면 박정희는 기숙사비를 마련하기 위하여 고향에 가서 돈이 마련될 때까지 눌러앉는 등 결석을 밥 먹듯이 하곤 하였다.[19] 황용주가 빛이라면 박정희는 어둠이었던 시절이었다.

1932년 4월 초, 합격의 기쁨으로 인해 황용주와 박정희를 비롯한 신입생들의 흥분이 채 가시지도 않은 시기에 제하 각 언론매체들이 놀라운 소식을 보도하였다.[20] 대구사범의 현직 교사와 학생 등 9명이 구속되었다는 내용이다.

---

18 『황용주 그와 박정희의 시대』, p.53
19 『내 무덤에 침을 뱉어라 2― 전쟁과 사랑』, p.29
20 그해 대구사범의 입학식은 4월 8일에 있었다.

大邱師範學校
赤色秘社昨日送局
◇教員과 學生等 九名送局
兒童敎育赤化計劃

◇師範校社關係者

犯人은 馮弘爀, 禹濟東, 崔性勉, 申鉉弼, 徐廷喆, 李鍾煥, 木村, 崔履七, 金鍾圭

대구사범 적색비밀결사사건을 보도한 1932년 4
월 2일자 동아일보

사건의 개요는, 작년(1931
년) 3월경부터 현준혁[21]을 중
심으로 신흥교육을 연구하기
시작하다가 그 후 이론투쟁
을 청산하고 앞으로의 아동교
육을 맑시즘화하기로 한 것이
라 한다. 현준혁은 교내에 조
직을 확대하는 한편, 고향인
평남 개천에 돌아가 그곳에서
소비조합을 조직하며 노동야
학 지도자 강습회를 개최하는
등 적색비밀 결사를 조직하였
다는 것이 구속의 사유다.[22]

대구지방법원 검사국으로
송치된 명단은 대구사범학교 교유(敎諭) 현준혁(28), 동 심상과 3년생
우제동(20), 동 최성면(19), 동 신현필(19), 동 서정철(20), 동 2년생 이
종환(20), 동 강습과 목촌의인(木村義人 · 24), 동 최리칠(23), 대구소년
동맹원 김종규(19) 등 9명이다.

이 사건의 파장은 넓고 깊게 퍼졌다. 비슷한 시기에 대구사범 학생

21 《현준혁(玄俊爀, 1906-1945) 한국의 사회주의운동가로서 일제강점기 공산주의 운동을 하다
   가 여러 차례 투옥되었다. 광복 후인 1945년 조선인민공화국의 중앙인민위원회 후보위
   원 등으로 활약하다가 대동단(백의사의 전신) 백관옥의 총격으로 사망하였다.(두산백과)》
22 대구사범학교 적색비사 작일 송국,「동아일보」, 1932.4.2

들이 맹휴계획을 시도하다가 발각되어 14명이 퇴학처분을 받았고,[23] 현준혁의 적색비밀결사사건 관련으로 40명이 정학처분을 받았다.[24] 대구사범뿐 아니라 대구고보, 대구상업학교까지 영향을 끼쳤다.

당시 언론들은 '대구사범 현준혁 교유(敎諭)의 적화(赤化)계획사건' 대구고보(高普)의 '사회과학연구회사건', '반제반전(反帝反戰) 삐라사건', 대구상업학교의 '프로과학조선 제1호지국사건' 등을 '4대 비밀결사사건'이라 하여 대대적으로 보도하였다.[25] 1932년 12월 2일 대구지법은 서오용 · 이동우 2년, 김일식 · 김홍직 · 좌좌목융(佐佐木隆) · 이경석 · 한봉삼 등에게 1년 6개월, 곽수범에게 1년 등의 실형을 언도하였고, 현준혁에게는 실형 2년에 집행유예 5년, 그 외의 인사들에게 1년에 집행유예 4년이 선고되었다.[26] 박정희 등 대구사범 4기 신입생들은 스승과 선배들이 재판받는 광경을 1학년 학기 내내 지켜본 셈이다.

현준혁과 소위 '4대 비밀결사사건'이 박정희에게 어떤 영향을 끼쳤는가는 확실하지 않다. 2학년 때인 1933년 12월, 동기생인 황용주가 퇴학당하고 1년 선배인 조좌호가 치안유지법위반으로 구속되었어도 박정희는 조용했다. 3학년이던 이듬해 1934년 4월 또 독서회 사건이 발생하여, 4학년 진두현 등 여섯 명이 퇴학 · 구속당했어도[27] 박정희는 무사하였다.

---

23 大邱師範學校生 14명, 맹휴계획 사전 발각되어 퇴학처분 받음. 「신동아」, 1932.6
24 大邱師範學校 赤色비밀결사사건 관련학생 40명 정학처분 받음. 「동아일보」, 1932.4.6
25 대구사대비사사건 5일간 속행 공판. 「동아일보」, 1932.11.10
26 대구사범교를 필두 4대비사사건 판결. 「동아일보」, 1932.12.3
27 「내 무덤에 침을 뱉어라 2- 전쟁과 사랑」, p.36

박정희가 대구사범에 재학하던 무렵은 만주사변(1931년 9월 18일 발발)과 중일전쟁(1937년 7월 7일 발발) 등으로 일본의 대륙침략이 본격화되던 시기다. 우리 선조들의 독립운동 방략도 이봉창(1932년 1월 8일)과 윤봉길(1932년 4월 29일) 두 의사의 의거를 끝으로 의열투쟁에서 점점 비합법 지하투쟁과 무장투쟁으로 옮겨 갈 시점이었다.

주요 항일무장단체로 조선혁명군(1929년, 총사령관 양세봉), 동북인민혁명군(1933년, 중국인 양정우 총사령, 조선인 이홍광 사장), 동북항일연합군(1935년, 1로군 양정우·2로군 주보중·3로군 조상지, 조선인 주요 인물 오성륜·최용건·김책·김일성 등), 조선의용대(1938년, 김원봉·윤세주), 조선의용군(1942년, 김무정·김명시) 등이 있었고, 주요 전투로 쌍성보 전투(1932년), 영릉가 전투(1932년), 사도하자 전투(1933년), 동경성 전투(1933년), 대전자령전투(1933년), 흥경성 전투(1933년), 보천보 전투(1937년) 등을 들 수 있다.[28]

박정희도 뜬소문으로나마 이들 독립군들의 치열한 항쟁 소식을 들었을 것이다. 하지만 빈말이래도 이러한 항일독립군에 투신하여 독립투사의 길을 걷겠다는 꿈이 적힌 기록은 없다. 물론 박정희와 관련된 인물들의 회고에도 없다. 그러나 자신의 친형 박상희 그리고 형의 친구 황태성 등의 움직임은 어떤 의미로든 그에게 영향을 끼쳤음에 틀림없다. 박상희와 황태성 두 사람의 활동접점은 신간회다. 최근 연구에 의하면, 박정희가 형으로부터 황태성을 소개받고 인연을 맺은 시기는 1926년부터 1929년 사이다. 이 무렵 황태성은 김천에서 지역운동가로 활동하였고 박상희는 동아일보와 중외일보 등의 지방 주재

---

28 박창욱 주편, 『조선족혁명렬사전』 제1집~제3집, 료녕인민출판사, 1983, 참조

기자로 활동하면서 신간회, 선산청년동맹, 지역 소비조합운동 등에
참여할 때다.[29]

황태성의 출옥기사(우측 세 번째가 황태성이다), 1932년
9월 20일자 동아일보

　입학하자마자 일어난 '대구사범 적색비밀결사사건'으로 신입생 박
정희가 혼란에 빠졌다가 조금씩 잊어버리고 있을 무렵인 1932년 가
을, 황태성이 출옥했다는 기사가 보도되었다.[30] 그러나 이 무렵 박정
희가 황태성을 만난 흔적은 없다.
　박정희 주변의 많은 이들이 독립운동, 소비조합조직, 노동야학 등

29　김학민 · 이창훈, 『박정희 장군, 나를 꼭 죽여야겠소』, 푸른역사, 2015, pp.135-142

30　학생전위동맹 3인 금조 출옥, 「동아일보」, 1932.9.20

에 참여하거나 사회과학 연구 등의 죄목으로 퇴학, 투옥 등의 고난을 받은 사례를 소개했다. 그러나 그 시기의 박정희는 공부에 그리 열심을 내지 않았고, 독서회 등 비밀서클 활동으로 민족의 현실에 고민한 흔적도 없었다. 그렇다면 박정희는 무슨 생각을 하며 시간을 보내고 있었을까? 분명한 것은 박정희가 황태성, 현준혁, 황용주 등과는 다른 길을 선택했다는 점이다.

흔히들 소년 시절 박정희가 가장 존경하며 어려워했던 사람은 그의 형 박상희이며 황태성을 숭모했다고 한다.[31] 보통학교 시절의 박정희라면 그럴 수 있다고 본다. 하지만 대구사범 이후의 박정희에게 박상희와 황태성이 영향력을 끼친 흔적은 거의 발견할 수 없다. 그의 동기 황용주가 독서회 사건으로 인해 현준혁 선생과 함께 잡혀갔던 선배들의 고난에 흥분을 하고, 16원이란 터무니없는 고가로 금서였던 《자본론》을 구입했으며, 시사교양잡지 〈중앙공론(中央公論)〉과 〈개조(改造)〉 등에 실린 아나키스트들의 인간적 모습에 공감과 흥분을 느끼며 점차 마르크스 보이로 변신하고 있을 무렵[32], 박정희는 이순신과 나폴레옹의 삶을 탐독하며 그들을 숭배하고 있었다.

그 무렵 표면적으로 드러난 박정희의 모습을 살펴보면, 식민지 상태인 조국과 민족의 현실, 가난의 대물림 등 사회적 부조리와 모순에 대하여 전혀 관심이 없었음을 알 수 있다. 아무튼 그는 자의로 일본 제국의 첨병, 군인의 길을 선택하게 된다. 해결해야 할 것은 의무복무였다. 의무복무에 대한 부담감은 결혼한 아내에 대한 의무감보다

---

31 『박정희 장군, 나를 꼭 죽여야겠소』, p.142; 『내 무덤에 침을 뱉어라 1─ 초인의 노래』, p.407
32 『황용주 그와 박정희의 시대』, pp.62-63

더욱 현실적인 문제였다.[33] 사비생 박정희는 최소한 2년 이상 보통학교 교사 생활을 이행해야만 했다.

박정희의 첫 부인 김호남의 60대 시절[34]

1937년 초 박정희는 경북 문경의 산골에 있는 문경보통학교에 부임한다. 문경보통학교는 이듬해 문경서부심상소학교로 명칭이 바뀌는데, 박정희의 초임은 월 42원이었고 3년차인 1939년에는 47원을 월급으로 받았다.[35] 전목구의 글에 의하면, 박정희는 매달 받은 봉급에서 하숙비를 제외하고는 꼬박꼬박 고향에 부쳐 드렸고. 가족들은 이 돈으로 소를 사고 조그마한 전답도 구입하여 살림이 일게 되었다고

---

33 박정희는 대구사범 5학년 때인 1936년 4월 1일 김호남과 결혼했다.

34 『내 무덤에 침을 뱉어라 2- 전쟁과 사랑』, p.47

35 《한국사데이터베이스, 조선총독부 직원록, 박정희 편 참조》

한다.[36] 그러나 조갑제의 글에는 전혀 다른 내용이 등장한다.

박정희 선생이 부임한 해에 담임한 3학년 반 여학생들은 박 선생
이 총각일까 기혼일까로 궁금해하였다. … 박 선생은 끝까지 학생
들에게 '결혼했다'는 말을 하지 않았다. … 박정희는 딸을 본 뒤에
도 아내에게 냉정했다. … 여름 방학 때 문경에서 구미로 온 박정
희는 친구들과 놀러 다니기만 했다. 박상희는 구미역전 뒤에 있던
자신의 집으로 동생을 불렀다. 손에는 몽둥이가 들려 있었다. 6척
장신인 그는 작은 동생을 달랑 들어 방 안으로 끌고 들어가더니 문
고리를 잠가 버리는 것이었다. 박재석은 겁이 나서 마당에 서 있었
다. 김호남도 달려왔다. 방 안에서 노성과 매질 소리가 동시에 들
려왔다.
"니는 임마 뭐 하는 놈이고. 제수씨가 재옥이를 혼자서 키우면서
저 고생하고 있는데 모처럼 와서는 한방에도 안 자고 어디로 돌아
다니노. 월급을 42원이나 받는다는데 그건 다 어디에 썼노."
김호남은 남편이 맞아 죽는 줄 알고는 문에 매달려 울면서 사정
을 하고 있었다. 이 일이 있은 다음 날 박정희는 사라져 버렸다.
문경으로 돌아가 버린 것이었다.[37]

상기 글은 박정희의 둘째 형 박무희(1898-1960)의 큰아들 박재석
(1919-1989)의 증언을 기초로 조갑제가 재구성한 것이다. 과부가 된

---

36 『傳記 朴正熙- 人間과 經世』, p.78
37 『내 무덤에 침을 뱉어라 2- 전쟁과 사랑』, pp.82-84

어머니와 형제들 더욱이 처와 딸마저 팽개치고 고향을 떠난 박정희 만주행의 비밀 한 자락이 숨겨져 있는 글이다.

수재로 소문났고 유달리 자의식이 강했던 사춘기 소년 박정희에게 가혹한 가족사는 감당하기 벅찼던 모양이다. 아버지는 처가의 산지기로 연명하는 처지임에도 술이 없으면 못사는 한량이었다.[38] 큰형 동희는 금융조합으로부터 대출받은 돈을 갚지 못해 만주로 도피했다가 근 20년이 지나 고향에 돌아왔으나, 결혼한 직후 생이별한 본처(김동금, ?-1962)가 출산하기에는 너무 나이가 많다는 이유로 스물다섯 살 난 송은희(1914-1988)를 둘째 마누라로 맞아들였다.[39]

특히 넷째 형 박한생은 이런저런 구설수에 오르내리고 있는 인물이었다. 호적에는 1911년 8월 6일에 태어나서 1925년 9월 6일에 사망한 것으로 되어 있다. 이상한 것은 연령적으로 가장 가까운 형에 대해 박정희는 단 한마디도 언급한 적이 없다는 점이다. 박정희의 가족역시 모두들 입을 다물고 있다. 게다가 박한생의 사망 시기에 대해서도 1928년경이라는 사람들이 많다. 박한생의 사망 원인에 대해서는 정확하게 밝혀진 바 없다. 그러다 보니 박정희 형이 월북하여 북한에 생존하고 있다는 야당 정치인들의 공세도 있었던 모양이다.[40]

박한생에 대한 의혹은 한 월간지가 "박정희 전 대통령 친형이 북한에 살고 있다."라는 기사를 실으며 절정을 이루었다. 몽고 대사까지 역임했던 박광선이란 인물이 박한생과 출신지가 같고, 얼굴도 닮았

---

38 김종신, 『박정희 대통령과 주변 사람들』, 한국논단, 1997, p.248, 266 《박정희 친필 메모》

39 『내 무덤에 침을 뱉어라 1- 초인의 노래』, p.338

40 『내 무덤에 침을 뱉어라 1- 초인의 노래』, pp.402-403

38 | 1부 · 정치군인의 탄생

으며, 연령대도 비슷하다는 내용이다. 그리고 박광선과 동서지간이라는 빨치산 외팔이 부대장 최태환은 그가 북한에는 일가친척이 없었으며, 10대 후반쯤에 고향을 떠나 월북 후 이름을 바꾸었다는 증언도 한다.[41] 그러나 이러한 의혹을 모두 해소시킬 자료가 있다.

원래 정신병자로 알려진 박한생이 장유상이란 이웃 사람의 논에 뛰어 들어가다가 구타를 당한 후, 병석에 누워 신음하다가 사망했다는 내용이다.[42] 결국 '대통령을 배출한 집안에 정신병자가 웬 말이냐'라는 가문의 위신 탓에 쉬쉬하다가 엉뚱한 루머만 퍼진 셈이다.

박한생의 사망 기사가 실린 1927년 10월 29일자 동아일보

---

41 문일석. 박정희 전 대통령 친형이 북한에 살고 있다. 「세계여성」, 1989년 8월호

42 狂人(광인)을 毆打致死(구타치사) 검사국이 활동, 「동아일보」, 1927.10.29

아무튼 사춘기의 박정희는 집안의 모든 것이 싫었을 것이다. 무책임한 아버지, 그보다 더 대책 없는 큰형, 정신병자 넷째 형 게다가 아버지의 강압에 의한 강제결혼…. 오로지 믿고 의지할 만한 대상은 셋째 형뿐이었다. 그러나 유일하게 존경하고 의지했던 셋째 형 박상희로부터의 질책과 구타는 소년에서 청년으로 변신하는 과정이었던 박정희에게 치명적인 결과를 낳았을 것으로 짐작된다.

결국 박정희는 '상희 형마저 나를 이해해 주지 않는구나.' 하는 생각에 모든 것을 포기하고 가족과 단절하는 길을 택했다. 어린 딸 재옥의 재롱도 그의 결심을 흔들지 못했다. 그 당시 박정희의 심리 상태를 분석한 글이 있다. 박정희의 행동을 '오이디푸스 콤플렉스'란 관점으로 해석한 것이 신선하다. 아래에 전문 중 일부를 소개한다.

직장을 버리고, 심지어는 아내와 자식까지 팽개친 채 훌쩍 떠나버린 그의 행동은 일면 비정하고 무책임해 보이지만 무의식의 차원에서 본다면 무작정 비난만 퍼부을 일도 아니다. 꿈이나 이상은 자신의 갈등을 해소하기 위한 무의식적인 소망의 반영이다. … 박정희의 성장사를 통해 우리는 그가 남성성의 문제로 끊임없이 고민하고 갈등했음을 이미 여러 차례 확인한 바 있다. 종류를 불문하고 모든 종류의 '힘'을 동경했던 것은 모두 그 같은 갈등의 산물이다. 그러므로 남성성과 관련된 그의 무의식을 읽지 않고서는 그가 왜 숱한 현실적 제약에도 불구하고 기어이 군인의 길로 들어섰는지를 제대로 이해할 수 없다('긴 칼을 차고 싶었다'는 그의 고백도 정신분석적으로는

'힘센 남자가 되고 싶었다'는 말의 다른 표현이라고 할 수 있다). [43]

　힘센 남자가 되고 싶다는 잠재의식으로 인해 군인의 길로 들어섰다는 분석에 일정 부분 공감이 간다. 그러나 권력을 잡은 박정희의 미래를 전제하고 난 후 이러한 결론을 내리게 된 것이 아닌가 하는 의문이 든다. 왜냐하면 그 당시 박정희의 미래는 불확실했으며 긍정보다는 부정적인 요소가 훨씬 많았다고 볼 수 있기 때문이다.

　박정희는 제자들에게 "너희들은 모른다. 내가 갔다가 긴 칼을 차고 대장이 되어 돌아오리라는 것을⋯."[44]이라고 호언장담했다고 한다. 그러나 식민지 출신, 아무 내세울 것도 없는 가정환경, 왜소한 체격 그리고 군인에 첫 입문하기에는 상당히 늦은 나이 등 보편적 조건으로 볼 때, 그의 호언장담은 실현 가능성이 희박했다고 봐야 할 것이다. 더욱이 그 무렵은 중일전쟁이 격화되고, 태평양 전쟁이 곧 시작될 시기였다. 별을 단 장군이 된다는 출세 가능성보다는 일제의 총알받이가 될 확률이 높은 처지가 박정희가 처해진 신세였다. 아무래도 현실 도피의 수단으로 만주행을 결심하지 않았나 하는 의심이 든다.

　결국 박정희는 일본제국의 말단 장교가 되는 길을 선택했다. 물론 그 길도 순탄하지 않았다. 박정희가 어떤 과정을 거쳐 만주군관학교에 입학하게 되었는가에 대한 의문을 푸는 것이 다음 장의 주제다.

43　신용구, 『박정희 정신분석, 신화는 없다』, 뜨인돌, 2000, pp.150-151

44　『傳記 朴正熙- 人間과 經世』, p.80

| 혈서를 쓰고 군관학교에 지원하다 |

박상희로부터 몽둥이찜질을 받고 문경으로 돌아온 박정희는 자신의 미래를 심각하게 생각했던 모양이다. 그는 유 · 소년 시절부터 군인에의 꿈을 꾸었던 것으로 알려져 있다. 그러나 군인이 될 수 있는 길은 만주나 중국 관내로 망명하여 일제에 항거하는 독립군에 투신하는 방법밖에 없는 것이 식민지 청년의 처지였다. 그렇지만 빈말로라도 항일투쟁에 뜻을 두었다는 박정희의 증언은 없다.

이제 가능한 방법은 일본육군사관학교에 입교하여 제국일본의 장교가 되는 길밖에 없다. 하지만 대구사범에 입학함으로써 이 길도 막혀 버렸다. 학교를 졸업하고 의무복무 기간을 고려하면 우선 나이에서 자격 미달이 된다. 당시 박정희 나이 21세, 딸 하나를 둔 유부남이었고, 보통학교 훈도 2년차일 때다. 그리고 악조건을 무마시켜 줄 배경도 없었다.

그러나 시대적 상황이 박정희의 꿈을 가능하게 만들었다. 1937년 7월 7일, 일본군이 노구교(盧溝橋) 사건을 조작하여 중일전쟁이 시작된다. 전선은 날로 확대되었고 이에 따라 일본은 절대적인 병력의 부족을 절감했다. 타개책의 일환으로 시행된 것이 조선인을 대상으로 한 지원병 제도의 도입이다. 일본 내각은 1937년 12월 24일 "조선인 특별지원병제"의 실시를 결정하였고 1938년 2월 2일 칙령 제95호에 의해 "육군특별지원병령"이 공포되었다.[45] 법령에 따른 지원 자격과 결

---

45 조선인 지원병 제도 4월 3일에 공포시행, 「동아일보」, 1938.2.22. 《陸軍特別志願兵令(勅 令 第95號): 朝鮮總督府官報 1938.2.26)》

격 사항은 아래와 같다.[46]

① 연령 만 17세 이상의 자(소화 13년 12월 10일 현재)
② 신장 160㎝ 이상으로서 육군신체검사 규칙의 규정에 의한 체격 등위 갑종의 자
③ 사상 견고하고 체구 강건, 정신에 이상 없는 자
④ 수업연한 년의 소학교를 졸업한 자 또는 이와 동등 이상의 학력 있는 자
⑤ 행상 방정하고 금고 이상의 형에 처한 일이 없는 자
⑥ 입소 복역 중 일가의 생계, 병가사에 지장 없는 자

- 처(妻) 있는 자
- 파산자로서 복권되지 못한 자
- 친권(親權)을 행한 자 또는 후견인에게 전호(前號)의 사유 있는 자
- 벌금형 이하의 형에 처한 자라하나 기타범 지원병으로서 부적당타 인정되는 자

사실 박정희의 경우, 일반 병으로 입대하는 것도 자격 미달이었다. 무엇보다 그는 부양해야 할 자식이 있는 기혼자였다. 그러나 조선인도 일본 군인이 될 수 있다는 것은 천황의 은덕 때문이라는 언론플레이로, 무자격자도 기대감을 갖게 유도하는 것이 당시 사회 분위기였다. 이 무렵 박정희에게 또 다른 기회의 장이 열린다.

---

46 지원병 입소 수속 총독부에서 상세발표, 「동아일보」, 1938.3.20

간도성 재주 53만 조선인은 이미 애국기 간도호를 헌납하고 또 총후의 제 활동에 헌신적 열의를 보이는 등 더욱더욱 애국의 적성을 보이고 있는데, 이즘 제2관구에서는 이들 조선인의 열의에 응하여 오래 대망 중이던 만주국군 조선인 특설부대를 신설 민족협회의 큰 기를 들고 왕도국가방위에 광영 있는 일익을 조선인에도 부담하게 되었다.

모집 인원은 280명, 모집 기일은 10월 10일부터 10월 말까지로서 조건은 만 18세 이상 20세 미만에 간도성 내에 거주하는 국어 아는 조선인으로 국민학교 보통학교 졸업 정도의 학력을 가지는 자로서 복역 연한 만 3년 능력과 희망에 따라서는 군사 군관 승진의 기회도 열리고 있다. 이 획기적 장거에 대하여 간도 재주 53만 조선인은 쌍수 들어 환영하고 전자 조선지원병 제도 실시 시에 못지않는 열의로써 벌써 각 부락의 명예를 다하여 우수한 청년을 국방의 중임에 보내려고 노력하고 있다. 또 간도성 공서에서는 11일 오후 지방 유력자를 초치하여 간담회를 열고 취지의 철저와 향당의 열의 있는 후원을 한 바 있다.[47]

간도특설대(조선인특설부대) 창립관계 보도기사를 몇 가지 소개한다. '간도성의 획기적 거사', '대만주국 방위에 활약', '간도성에 획기적 장거' 등의 기사로 간도특설대 설립의 당위성을 설명하고, 뒤이어 지역사회가 축하연·강연회·영화 등을 통해 홍보했다. 그 결과를 보도한 것이 1기 지원병 228명의 입소식을 알린 1938년 12월 14일자

---

47 조선인특설부대를 만주국군에 신설, 「동아일보」, 1938.10.12

간도특설대 창설 관련기사; 상단 좌측에서 시계 방향으로 동아일보(1938.10.12.), 매일신보
(1938.10.12.), 朝鮮新聞(1938.10.12.), 間島新報(1938.10.15.), 매일신보(1938.12.14.)

매일신보다.

　이제 혈서(血書) 이야기를 할 차례다. 사실 박정희가 유일하게 혹은 최초로 혈서를 쓴 것은 아니다. 일제가 '육군특별지원병령'을 공포하여 지원병 제도가 공식화되기 이전인 1937년 7월경, 경북 군위군 군위면 금구동 이용하(23)란 청년이 시국강연회를 듣고 난 뒤 손가락을 깨물어 혈서를 쓰고 난 뒤 대구헌병대를 찾아가 지나전선에 보내 달라고 했다는 기사가 보도되었다.[48]

48　결사보은의 혈서로 출정 지원한 청년, 「동아일보」, 1937.10.7

이 사건은 아무래도 여론 조성을 위한 조작으로 의심된다. 왜냐하면 사건 보도 이후 지원병 지원이 쏟아졌기 때문이다. 아무튼 이러한 과정을 거쳐 10월에는 종군지원자를 보충요원에 편입시키겠다는 방침이 보도되고,[49] 뒤이어 이듬해 2월에 칙령 제95호가 발표되어 지원병 제도가 공식화된다. 그 후로도 혈서사건은 심심치 않게 일어났다. 소년항공병으로 뽑아 달라고 혈서를 쓰고[50] 보령군 대천면 내항리 전용만(22)이란 청년은 지원병이 되겠다고 혈서를 썼다.[51]

박정희 혈서사건이 충격을 주고, 비판을 받고, 또 욕을 먹는 것은 '피로써 일본제국에 충성하겠다.'고 맹세한 자가 아무런 참회도 없이 해방된 조국의 최고 권력을 탐했다는 데 그 이유가 있다.

박정희는 혈서를 쓰기 전에 지원병 제도의 성립, 조선인특별부대의 신설 그리고 일본군에 지원하겠다는 갖가지 사연들을 지켜보았을 것이다. 그러나 병사로 입대하는 길은 고려치 않았을 것으로 짐작된다. 장교가 될 수 있는 방법을 고민하던 와중에 "능력이 있고 본인이 원한다면 군관이 될 수 있다"는 '간도조선인특설부대'의 창설 소식은 박정희에게 복음(福音)이었을 것이다. 그러나 사병을 거쳐 장교가 되는 길 역시 박정희의 야심과 자존심을 채우기에는 부족하였을 것으로 짐작된다. 좀 더 확실하게, 빠르게 군관이 될 수 있는 방법은 없을까? 어쩌면 지난해(1937년 9월경) 보도된 아래의 기사가 기억났을지 모른다.

---

49 종군지원자 보충요원에 충용, 「동아일보」, 1937.10.28
50 항공병 채용을 혈서로서 탄원, 「동아일보」, 1939.11.18
51 지원병 되고저 혈서로 애원, 「동아일보」, 1940.2.2

滿洲國 中央陸軍訓練處에서 第5期 軍官候補生 卒業式이 거행되었는데 韓國人은 16名이 졸업하다. 宋錫夏金洪俊金燦奎金信道卓明煥文龍彩文履楨丁一權崔慶萬姜琪泰尹春根金錫範崔九龍李斗萬申奉均石希峯[52]

1932년 7월 설립된 봉천 군관학교(정식명칭 중앙육군훈련처)는 원래 조선인의 입교가 쉽지 않았다. 그러나 1935년 6월 입학하게 되는 4기부터 문호가 다소 개방되어 다섯 명이 입학하게 되고, 다음 기인 5기에는 16명의 졸업생을 배출하게 된다.[53] 박정희의 입장으로선 보다 흥미로운 길이 열린 셈이다.

박정희가 만주군관학교에 입교하는 과정을 다시 짚어 보자. 그는 스스로 이 문제에 대하여 해명한 적이 없다. 청와대 비서관 김종신에게 '긴 칼 차고 싶어 갔지.'라고 한 말이 그의 속내를 드러낸 유일한 증언으로 알려져 있지만[54], 배경 설명으로는 충분하지 않다. 주위의 증언을 중심으로 혈서를 쓰게 된 사연을 정리해 본다. 먼저 살펴볼 자료는 1962년 당시 최고회의 의장 비서였던 이낙선 중령이 정리해 둔 비망록이다.

원래 일본 육사는 연령 초과였고 만주군관학교도 연령 초과였으나 군인이 되고자 하는 일념에서 군관학교에 편지를 하였다. 그 편

---

52 군관후보졸업생 조선청년 16명, 「동아일보」, 1937.9.29

53 김효순, 『간도특설대』, 서해문집, 2014, pp.160-163

54 정운현, 『실록 군인 박정희』, 개마고원, 2004, pp.77-78

지가 만주 신문에 났다(이렇게 군관을 지원하는 애국정신이 있다고…). 이 신문을 보고서 姜(강) 대위가 적극적으로 후원하게 되었고 그와의 상면은 만주의 여관에서였다. 그로부터 강은 박의 引導人(인도인)이 되었고, 강은 당시 시험관이었다. 강-울산인[55]

　이 글에서 주목할 것은 군관학교에 편지를 보냈다는 것 그리고 후견인으로 등장한 강 대위라는 인물의 등장이다. 강 대위의 정체에 대해선 박정희의 군관학교 동기인 이재기[56]가 다음과 같은 증언을 남겼다.

　1939년 1월에 목단강성의 만주 관구 사령부 안 장교 구락부에서 시험을 보았습니다. 과목은 수학, 일본어, 작문(일본어), 신체검사 등 네 과목이었죠. 시험이 시작되기 직전에 국민복을 입은 자그마한 청년이 만주국 육군 대위와 함께 들어오길래 시험 감독관인 줄 착각했어요. 그 청년이 박정희, 그를 데려다준 장교는 대구 사람 강재호였습니다. 강 대위가 대단한 민족주의자란 사실은 그 뒤에 알았죠. 박정희가 만군 시절 민족정신을 잃지 않고 있었다면 거기에는 강 대위의 영향이 컸을 겁니다.[57]

---

55 『내 무덤에 침을 뱉어라 2- 전쟁과 사람』, p.98
56 이재기(李再起, 李廷麟/ 宮本廷麟, 1919- ?) 함북 출신, 간도특설대 제1기생, 신경군관학교 제2기 졸업, 해방 후 월북 → 투옥 → 1948년 9월 방원철 등과 탈출, 월남 → 연대장, 사단 참모장 등 역임하다가 육군대령으로 예편, 대한통운 지점장 등 재직)
57 『내 무덤에 침을 뱉어라 2- 전쟁과 사랑』, p.87

그러면 이 강재호는 누구일까? 이재기는 강재호가 대단한 민족주의자라고 했지만, 아직 검증이 되지 않은 사안이다. 불행하게도 그는 친일파로 알려져 있다. 『친일인명사전』에 등장하는 강재호 관련 내용을 살펴보자.

- 강재호(姜在浩/ 本鄕公康, 1905- ?)의 출신: 경상북도 대구
- 봉천군관학교 4기(1935.6-1937.9)
- 간도특설대 창설 시 소위로 참가했다.
- 1939년 10월, 만주군 중위로 신경군관학교 입학시험 감독관으로 활동했다.
- 만주군 상위(대위)로 간도특설대 제2련(連) 연장을 지냈다.
- 훈5위 경운장과 훈6위 경운장을 받았다.
- 해방 후 별다른 활동 없이 병사함

대략 이 정도가 확인된 정보다. 박정희의 고향 선배로서 간도특설대의 창립 요원이자 봉천군관학교 4기 출신, 강재호의 간략한 이력이다. 강재호가 언제, 어디서 박정희를 알게 되었는가는 확실하지 않다. 박정희와는 나이 차이가 상당히 난다. 박상희, 황태성과 비슷한 또래다. 하지만 그들과는 서로 다른 길을 가고 있는 처지다.

이러한 점을 고려해 보면, 박정희의 혈서가 보도되고 난 뒤 동향의 후배 박정희에게 관심을 가졌을 가능성이 높다. 아무튼 이낙선 비망록은 적지 않은 정보를 제공해 주고 있지만, 군관학교에 보낸 편지가 만주신문에 보도되었다는 정도로 얼버무리면서 정작 궁금한 혈서 이야기는 회피하고 있다. 이 혈서 이야기를 구체적으로 증언했던 인물

은 직장 동료 유증선이다.

안정된 직장을 포기하고, 처와 자식을 내치고, 모친과 형·누나 등 가족들을 외면하고 만주로 가서 군인이 되겠다는 결심을 하기까지, 박정희가 가족이나 친구 등과 상의했다는 증언은 없다. 가족 중 유일하게 말이 통한다고 할 수 있는 셋째 형 박상희와는 몽둥이찜질 세례 이후 의절하다시피 한 상태였다. 가족 중 거의 유일하게 당시의 상황을 증언한 사례는 박정희보다 네 살 위 누이 박재희다.

동생이 가끔 내 집에 와서는 "죽어도 선생질 더 못 해먹겠다."고 말하곤 했어요. 어느 날 밤늦게 동생이 또 저를 찾아왔습니다. 만주군관학교로 가기로 결심했다고 하는 거예요. 아버님과 상희 형에게 교사를 그만두겠다는 이야기를 꺼냈다가 호통만 들었다면서 만주로 갈 수 있도록 노자를 달라고 했습니다. 며칠 뒤에 돈을 받아서는 본가에 들르지도 않고서 만주로 갔어요.[58]

박재희와의 만남은 일방적 통고였다. 모든 것이 정해지고 난 뒤 이별의 절차였던 것이다. 상기 증언으로 박정희의 만주행은 독단적 결정이었음이 확인된다. 일생의 중대한 결단을 내릴 때, 가족의 양해를 구하지 못할 경우 대체로 상의하는 대상은 친구나 선배 혹은 스승이다. 박정희의 경우 먼저 생각해 볼 수 있는 인물은 형의 친구이자 동지인 황태성 정도다. 그러나 황태성은 이 무렵 조공 김천 그룹 사건

---

58 『내 무덤에 침을 뱉어라 2- 전쟁과 사랑』, p.100

으로 구속 중이었다.[59]

물론 그와 상의할 기회가 있었다고 하더라도 민족주의자이자 항일 지사인 황태성이 일제의 주구 노릇을 하겠다는 박정희의 의견에 찬성 했을 리 없었을 터이다. 그렇다면 보통학교나 사범학교의 동기·동 창 중 박정희의 상담 대상은 누군가 없었을까? 아쉽게도 박정희는 죽 마고우라고 할 수 있는 친구를 사귀지 못했던 모양이다.

박정희의 이러한 약점을 무마하기 위해서인지 대구사범 동기생으 로서 청와대 정보비서관을 역임한 바 있는 권상하[60]의 증언이 등장하 여 꽤 널리 퍼졌다. 동기생이란 신분상의 이점 때문인지 권상하의 주 장은 한동안 정설로 인정돼 왔다. 즉, 일본인 교장 혹은 장학사와 싸 우고 난 뒤 사표를 내었고 그 후 만주로 갔다는 내용이다. 조갑제도 초창기의 글에는 권상하의 증언을 인용하였다. 조갑제는 1992년에 출간한 책에서, "장발 문제로 인해 교장과 다투다가 홧김에 교장을 두들겨 패고 사표를 썼고, 무작정 찾아간 아리카와의 추천으로 만주 군관학교 시험을 칠 수 있었다."[61]라는 글을 쓴 바 있다. 아래에 권상 하의 주장을 소개한다.

1939년 10월 아니면 11월에 박정희가 보따리를 싸들고 나를 찾아 왔다. 머리를 길렀다고 질책하는 시학(視學, 장학사) 및 교장과 싸운

59 『박정희 장군, 나를 꼭 죽여야겠소』, p.386 《1935년 10월 구속, 1938년 2월 28일 징역 3 년 6월 확정, 1940년 4월 12일 대구형무소 출옥》

60 권상하(權尙河, 일명 權馬河, 1916~2000) 경북 예천 출신, 진보보통학교, 함창동부심상소학교, 경북경찰국 경감, 경남경찰국 공보실장 등을 역임했다. 박정희의 대구사범 동기다. 대통 령 정보비서관으로서 대통령친인척 관리를 전담했다. 《5·16 이전의 이력은 '한국사데 이터베이스'의 '직원록' 참조》

61 조갑제, 『박정희①— 불만과 불운의 세월』, 까치, 1992, pp.80-85

뒤 사표를 던지고 나오는 길이라는 것이었다. 그는 만주로 가서 대구사범 교련주임 시절에 자신을 총애해 주었던 아리카와 대좌를 만날 예정이라고 했다. 우리 집에서 하룻밤을 잔 뒤 열차편으로 떠나는 정희를 환송했다.[62]

　권상하의 증언은 도무지 믿을 수 없는 주장으로 가득하다. 첫째, 사범학교 시절 별 친분이 없던 권상하를 사직 후 찾아갔다는 것 자체가 무리한 설정이다. 권상하는 당시 문경과 가까운 상주에 근무했다고 하나,[63] 그 당시 그의 근무지는 문경과는 한참 떨어진 경북 청송소재 진보심상소학교(진보보통학교 현재의 진보초등학교)였다.[64] 더욱이 그

박정희와 권상하가 보통학교 훈도로 근무했던 지역도

62 『내 무덤에 침을 뱉어라 2- 전쟁과 사랑』, p.99

63 『내 무덤에 침을 뱉어라 2- 전쟁과 사랑』, p.99

64 《한국사데이터베이스, 조선총독부 직원록, 권상하 편 참조》

곳은 기차도 다니지 않는 외지다.

둘째, 장발사건으로 장학사 및 교장과 싸웠다는 설정 역시 그 무렵 짧은 머리의 박정희 사진이 공개되면서 조작된 사건임이 이미 판명되었다.[65]

셋째, 1939년 10월 아니면 11월에 아리카와(有川圭一) 대좌를 만나러 만주에 갔다는 주장도 믿을 수 없다. 박정희는 1939년 10월 만주 목단강성에 있는 만군6관구 사령부 내 장교구락부에서 만주국 육군 군관학교 제2기 시험을 치렀다. 그리고 다음 해인 1940년 1월 4일자 만주국 공보에 실린 합격자 명단에 실렸고, 그해 4월 만주제국 육군 군관학교(신경군관학교로 보통 지칭함) 제2기생으로 입교했다.[66] 이러한 거짓 증언에 대하여 최상천은 다음과 같은 글을 남겼다.

일본인 교장과 대판 싸워서 교사 생활에 정나미가 떨어졌을 것이란 유언비어도 있다. 이런 이야기는 정권을 잡은 뒤 만들어 낸 조작극이 틀림없다. 박정희는 민족의식이나 정의감 때문에 자기보다 힘센 놈에게 덤비는 인물이 절대 아니다. 질 것이 뻔한 싸움을 벌인 적이 단 한 번도 없었다. 그는 권력에 대들기는커녕 철저히 복종했다. 권력의 총애를 받기 위해서는 못할 짓도 서슴지 않았던 인물이다.[67]

---

65 『실록 군인박정희』, pp.71–74
66 『내 무덤에 침을 뱉어라 2- 전쟁과 사랑』, pp.99–104
67 『알몸 박정희』, pp.97–98

박정희 혈서사건은 지금도 논란의 대상이 되고 있지만, 사실 혈서설의 진원은 조갑제다. 물론 그도 처음에는 다른 주장을 하였음은 이미 소개했다. 1998년, 조갑제는 전혀 다른 주장을 제기한다. 박정희가 문경보통학교에서 교사로 있을 때 함께 근무한 유증선(1998년 당시 87세, 안동 교육대학 국문학과 교수 재임 후 은퇴)의 증언을 그해 2월 12, 13일자 조선일보를 통하여 소개하면서 이전 자신의 주장을 철회하였다.

"여러 사람들의 증언을 종합할 때 혈서설이 더 신빙성이 있어 보인다."[68] 조갑제의 결론이다. 같은 해 10월, 연재기사를 묶어 책을 펴내면서 '혈서설'을 보다 확실히 했다. 자신의 고뇌를 가족·친지·친구 등 가장 가까웠던 사람들에게 제대로 피력하지 못했던 박정희는 연상의 직장 동료와의 대화를 통하여 최종적으로 만주행을 결심하고 혈서를 통하여 문제점을 해결하고자 했다는 것이다. 아래는 유증선의 증언 내용이다.

1938년 5월경이라고 생각된다. …(중략)… 우리가 연구한 것은 '어떻게 하면 만주군관학교 사람들이 환영할 수밖에 없는 행동을 취할 것인가'였다. 내가 문득 생각이 나서 "박 선생, 손가락을 잘라 혈서를 쓰면 어떨까"라고 했다. 그는 즉각 찬동했다. 즉시 행동에 옮기는 것이었다. 바로 옆에 있던 학생 시험용지를 펴더니 면도칼을 새끼손가락에 갖다 대는 것이었다. 나는 속으로 설마 했는데 손가락을 찔러 피를 내는 것이었다. 박 선생은 핏방울로 시험지에다 '진

---

68 혈서사건 "진충보국 …"혈서 만주군관교 보내, 「조선일보」, 1998.2.12.~13

충보국 멸사봉공(盡忠報國 滅私奉公)'이라고 썼다. 그는 그것을 접어서 만주로 보냈다.

그때 편지가 만주까지 도착하는 데는 1주일쯤 걸렸다. 한 보름 이 지났을까, 누군가가 만주에서 발행되는 신문에 박 선생 이야기 가 실렸다고 말하는 것이었다. 나는 어떤 과정을 거쳐서 그 혈서가 신문에 보도되었는지 알 수가 없다. 그때 만주에 가 있던 대구사범 교련주임 아리카와 대좌가 도와주어서 그 혈서 건이 신문에 났는 지, 아니면 만주군관학교에서 신문에 자료를 제공했는지 알 수가 없지만 어쨌든 목적은 달성된 것이다.[69]

유증선의 증언은 이미 소개한 이낙선 비망록과 대체적으로 일치한 다. 언론에 보도되었다는 편지가 박정희의 혈서였다는 사실을 유증 선은 밝히고 있다. 한 가지 의문은 박정희의 후견인이 과연 누구인 가 하는 점이다. 이낙선의 비망록과 이재기의 증언에 의하면 강재호 가 박정희의 후견인으로 등장하는 반면, 유증선은 대구사범 교련주 임 아리카와 대좌를 지목하고 있다. 이 문제는 좀 더 검토해야 할 사 안으로 보인다.

조갑제가 조선일보와 서적, 인터넷 등을 통해 '박정희 혈서사건'을 퍼뜨려도 그리 큰 문제는 발생하지 않았다. 그러나 민족문제연구소 (이하 '민문연')가 박정희의 친일을 거론하면서부터 '박정희 혈서사건'은 정말 사건이 되어 버렸다. 민문연이 『친일인명사전』을 발간(2009년 12 월 21일)하기 2개월 전인 2009년 10월 28일, 박정희 유족측은 게재금

---

69 『내 무덤에 침을 뱉어라 2- 전쟁과 사랑』, pp.95-96

지가처분신청을 했다.[70] 그리고 11월 4일에는 추가로 법원에 배포 금지를 신청했다. 이에 11월 5일 연구소 측은 문제의 혈서가 게재된 「만주신문」 기사를 공개했고, 가처분신청은 기각됐다.[71]

'혈서지원 박정희'가 실린 『친일인명사전』은 아무런 문제없이 시중 서점에 배포되었다. 법원의 판결이 났으나 네티즌을 비롯하여 일부 유명 정치인들까지 만주신문에 실린 기사 자체가 조작이란 주장이 제기되는 어처구니없는 사태가 지금도 진행 중인 것이 현실이다. 물론 많은 이들이 명예훼손으로 기소되었고 벌금형을 선고받았다.[72] 문제의 혈서를 감상해 보자.

반도의 젊은 훈도로부터

29일 치안부 군정사 징모과로 조선 경상북도 문경 서부 공립소학교 훈도 박정희 군(23)으로부터 열렬한 군관지원의 수지(手紙)가 호적등본, 이력서, 교련검정합격증명서와 함께 "한목숨 바쳐 나라를 위함 박정희(一死以テ御奉公 朴正熙)"라는 혈서도 반지(半紙)에 봉입한 서류로 송부되어 계원을 감격시켰다.

동봉된 수지에는 "(전략) 일계(日系) 군관모집요강을 받들어 읽은 소생은 일반적인 조건에 부적합한 것 같습니다. 심히 분수에 넘치고(僭濫) 몹시 두렵지만(恐懼) 무리가 있더라도 반드시 국군으로 채용

---

70 박정희 유족, 친일인명사전 게재금지 가처분신청, 「오마이뉴스」, 2009.11.2

71 북부지법, 박정희·장지연 가처분신청 기각, 「오마이뉴스」, 2009.11.6

72 '박정희 혈서 조작' 주장 강용석 씨 500만 원 배상 판결, 「연합뉴스」, 2015.10.27.; "박정희 혈서 조작됐다"던 일베 회원, 자필 사과문, 「오마이뉴스」, 2015.1.13.; '박정희 혈서 조작' 주장 강용석, 정미홍 유죄판결, 「오마이뉴스」, 2015.10.27 「한겨레신문」, 2015.10.27

해 주실 수 없겠습니까. (중략) 일본인으로서 수치스럽지 않을 만큼 정신과 기백으로 일사어봉공(一死御奉公)의 굳건한 결심입니다. 확실히 하겠습니다. 목숨을 다해 충성을 다할 각오입니다. (중략) 한 명의 만주국군인으로서 만주국을 위해, 나아가 조국을 위해 어떠한 일신의 영달을 바라지 않겠습니다. 멸사봉공, 개와 말의 충성을 다할 결심입니다. (후략)"라고 펜으로 쓴 달필로 보이는 동군(同君)의 군관지원 수지는 이것으로 두 번째이지만 군관이 되기에는 군적에 있는 자로 한정되어 있고 군관학교에 들어가려면 자격 연령 16세 이상 19세이기 때문에 23세로는 나이가 너무 많아 동군에게는 안타까운 일이지만 정중히 사절하게 됐다.[73]

일본 위키피디아에 실린 박정희 혈서사건과 1939년 3월 31일자 만주신문

---

73 혈서군관학교지원, 「만주신문」, 1939.3.31. 《번역, 친일인명사전— 박정희 편에 수록》

박정희 혈서사건은 국내 문제를 벗어나 이제 지구촌의 조롱거리가 되어 버렸다. 위 인용 사진은 일본 〈위키피디아〉 박정희 소개 중의 일부다. "개같이 말같이 일본에 충성하겠다."고 다짐한 이가 한국을 18년간이나 통치했단다. 서글프지만 우리의 현실이요, 역사다.

기사에서 주목할 것은 박정희가 만주군관학교에 두 번이나 지원했고, 혈서까지 동봉했지만, 자격 연령 초과로 안타깝지만 입학을 허가할 수 없다는 내용이다. 즉, 상기 기사는 박정희의 기담(奇談)을 소개한 글이지, 합격통지는 아니라는 뜻이다. 그렇다면 어떤 과정을 거쳐 박정희는 시험을 볼 수 있었을까? 가장 많이 거론되는 인물이 아리카와 대좌다. 『친일인명사전』에도 등장한다. 아래는 사전에 실린 내용이다.

자격 제한의 벽을 넘어설 수 있었던 배경에는 당사자의 강고한 지원 의지와 함께 대구사범 재학 시 교련 배속장교로 있다가 전임하여 신징(神京) 교외 제3독립수비대 대장으로 근무하고 있던 관동군 대좌 아리카와 게이이치(有川圭一: 1945년 6월 오키나와에서 전사)의 추천, 그리고 대구 출신으로 신경군관학교 교관부에 일시 근무하고 있던 간도특설대 창설요원인 강재호 소위(만주국 중앙육군훈련처, 세칭 봉천 군관학교 4기)의 도움이 있었다.[74]

위 내용은 조갑제의 글에 실린 유증선의 증언을 참조한 것으로 보인다. 유증선은, 「만주신문」에 혈서 건이 보도된 이후 "그렇게 군인

---

74 《친일인명사전, 박정희 편 참조》

이 되고 싶으면 자기에게 한번 다녀가라"는 편지를 보냈고, 그 며칠 뒤 박정희는 만주에 있는 아리카와를 만났다는 내용을 증언했다. 이 부분은 앞서 지적했지만 이재기의 증언 및 이낙선의 비망록의 내용과 차이가 나는 부분이므로 향후 좀 더 면밀한 검토가 필요한 사항이다.

박정희의 후견인이 강재호라는 주장은 또 다른 글에서도 발견할 수 있다. 원래 우익 성향이었던 고정훈이 사월혁명 이후 갑자기 사회민주주의자로 변신하여 활동하다가, 5·16 쿠데타 무렵 구금되어 몇 년간 형을 살았다. 출옥 후『비록 군』이라는 책을 출간하였는데, 다음과 같은 글이 수록되어 있다.

그가 교편생활을 청산하고 병영 생활로 방향 전환을 하게 된 또 하나의 동기가 존경하던 선배 K대위의 권유이기도 했지만, 보다 더 결정적인 모티브는 이미 이순신에 심취했을 때부터 조성되고 있었던 것이다.[75]

이 글에 등장하는 K대위는 강재호이다. 아무튼 박정희가 혈서사건 등을 거쳐 어렵게 군관학교에 들어간 반면, 비슷한 시기에 입교한 백선엽은 여러모로 박정희와 비교된다. 백선엽은 박정희와 같이 사범학교(평양사범 1939년 3월, 박정희 1937년 3월)를 졸업했지만, 의무복무를 마치지 않고 군관학교에 입학했다(1940년 3월 봉천 군관학교, 박정희는 같은 해 4월 신경군관학교 입학). 백선엽의 문제를 해결해 준 사람은 당시 봉천 군관학교의 군의(軍醫)였던 원용덕이다. 그가 학교 간사인 마나이 쓰루치키(眞

---

75 고정훈, 『秘錄 軍』, 동방서원, 1967, p.228

井鶴吉) 소장에게 얘기를 해 주어 문제가 말끔히 처리되었다고 한다.[76]

원용덕, 백선엽 그리고 박정희와의 관계는 해방공간을 거쳐 훗날 얽히고설키지만 당시 백선엽이 원용덕을 어떻게 알고 있었는가는 밝혀진 바 없다. 아무튼 백선엽의 증언에 의하면 자신의 군관학교 입교 배경은 원용덕이었고, 문제를 실질적으로 해결해 준 사람은 마나이 쓰루치키(眞井鶴吉) 소장이었다.

만약 박정희가 백선엽과 같은 혜택을 받을 수 있었다면, 적어도 1−2년 정도 빨리 입교할 수 있었을 것이다. 하지만 박정희는 백선엽과 같은 인맥이 없었고 대신 혈서편지를 보낼 수 있는 기지가 있었다. 누구의 협력을 받았던 박정희는 군문에 무사히 들어섰다. 대구사범에서 별 인맥을 쌓지 못했던 박정희는 신경군관학교에 입학함으로써 자신의 인생을 좌우할 정도의 거대한 인맥을 형성하게 된다. "대통령, 국회의장, 국무총리, 국방장관, 군참모총장, 해병대사령관, 군사령관, 사단장, 연대장, 고급참모 등 정부와 군의 요직을 역임하였고 그 공훈은 건국·건군사에서 빛나고 있다."[77]고 자화자찬할 정도로 만주군관학교 출신들은 한국 현대사에 큰 영향력을 발휘했다. 만주군관학교 출신 명단을 소개한다.

76 『간도특설대』, pp.14−15

77 김석범, 《만주국군지》, 1987, pp.1−2

[표1 : 조선인 만주군관학교 출신 명단]

구분	성명	출신지 출생-작고	간도 특설	일본 육사	국군	퇴임 계급	북한 관련	숙군	5·16	비고
봉천2기	김주찬	?	●							군수소위로 임관
봉천3기 (1935)	김정호	전남 광양 1909–1970			특임 소령	준장				만군 경리 소좌 3대 민의원
봉천4기 (1936)	강재호	경북 대구 1905–?	●		–					박정희 후견인
	김응조	강원 고성 1909–1996			육7 특임	준장				군사령부정보처장 5대 민의원
	계인주	평북 선천 1913–1998	헌병			서장 대령				육본정보국, HID 켈로(KLO) 부대
	박봉조	만주 1906–?	●							
	이원형	만주 1908–?	●							
	양대진	?								만군 경리
	김 모					소령				
봉천5기 〈입교〉 1936.4 〈졸업〉 1937.12	김석범 (양범)	평남 강서 1915–1998	●	54기	해군	해병 중장				2대 해병대사령관 한국기계 사장
	정일권	연해주/ 함북 1917–1994	헌병	55기	군사영어	대장				참모총장, 총리 국회의장
	신현준 (봉균)	경북 금릉 1915–2007	●		해군	해병 중장				〈후 광복군편입〉 초대 해병사령관
봉천5기 〈입교〉 1936.4 〈졸업〉 1937.12	김백일 (찬규)	함북 명천 1917–1951	●		군사영어	중장				해방 후 월남 항공기사고 사망
	송석하	충남 대덕 1916–1999	●		육사2기	소장				육본작전참모부장 국가안보상임위원
	최경만	함북 청진 1911–?	●		육사2기	준장				동서석유화학고문
	윤춘근	경남 마산 1914–1976	●		육사2기	소장				1군 사령관 포항제철 고문
	김홍준	1910–1946	●		군사영어	대위				교통사고 사망
	문용채	평북 정주 1916–1976	헌병		군사영어	서장 준장				군→경찰→군 경남계엄민사부장
	김신도	황해 해주 ?								
	차명환	?								불명
	문이정	?	●		군사영어	중령				

기수	성명	출신	●	교육	계급	기호	☆	비고
봉천5기 <입교> 1936.4 <졸업> 1937.12	강기태	?						불명
	최구룡	?	헌병					불명
	이두만	?						불명
	석희봉	1911- ?	●	54기				
	※ 김일환	강원 철원 1914–2001		군사영어	중장			♧군수학교 전출 교통부 장관
	※ 전해창				대령			퇴교, 독립군 관계
봉천6기 <졸업> 1938	최남근	중국 만주 1911–1949	●	군사영어	중령	★ 사형		북)사형선고→전향 월남→숙군, 사형
	박승환	1918- ?	●	북한항공 부사령관		♠		건국동맹, 인민군창군
	최재환	1918- ?	●			(♠)		박승환, 방원철과 월북→남한 추방
	※ 양국진	평남 평양 1916–1981		군사영어	중장			♧군수학교 전출 부정축재혐의
	※ 김용기	서울 1916–1983	●	육7 특임	준장			♧군수학교 전출 건설협회 이사장
	趙某 (豊田)							
봉천7기 <졸업> 1939	이상렬	경북 영덕 1917- ?		해군	대령			박승환과 친분, 경 무관, 해양경찰대
	※ 최철근	함남 함흥 1916- ?			대령			♧군수학교 전출 원호처 차장
봉천8기 <졸업> 1940	김용국	서울 1920–1984		해사특1	해병 소장		☆	해병대 부사령관 통일주체 대의원
	태용범	만주 허룽현 1921- ?	●					간도특설대 1기생
	석주암	함북 무산 1917–1999		육사2기	소장			6관구사령관, 독직 혐의, 대우중공업
	전남규				대령			
봉천9기 <졸업> 1942 신경1기와 임관동일	※ 윤수현	함북 1919–1994	●	군사영어	준장			간도특설대 1기생 ♧군수학교 전출
	손병일	1921- ?	●					간도특설대 1기생 상등병→군관학교
	백선엽	평남 강서 1920–	●	군사영어	대장			육군참모총장 대사, 교통부장관
신경1기 (1939.4 –41.4 –42.12)	김동하	함북 무산 1919–1993		해안경비	해병소장		☆	★반혁명(1963.3) 마사회 회장
	윤태일	함남 회령 1918–1982		육7 특임	중장		☆	사단장, 서울시장 유정회 의원

기수	이름	출신/생몰		기	코스	계급	♠	★	☆	비고
신경1기 (1939.4 -41.4 -42.12)	이기건	평북 의주 1919- ?			육7 특임	준장	♠			인민군소령, 월남 내외통신사 사장
	방원철	만주 연길 1920-1999			육8 특임	대령	♠		☆	군영→월북→월남 ★반혁명(1963.3)
	강재순	함북 청진 1921- ?			육사 7기	중위				공병부대 근무
	박임항	함남 흥원 1919-1985		56기	육7 특임	중장	♠		☆	인민군→5군단장 ★반혁명(1963.3)
	이주일	함북 경성 1918-2002			육7 특임	대장		★	☆	〈광복군편입〉 무기구형→무죄
	최창언	함북 경성 1921-1988			군사영어	중장				3군단장 충주비료 부사장
	김민규	?				대위				한국전력
	최창륜	간도 용정 ? - 1950			육7 특임	대령	♠			월북→월남, 평북영 변에서 전사
	조영원	?								전국 군사준비 위원회 상무위원
	※ 김영택	황해 안악 1921- ?			육7 특임	준장	♠			⚥군수학교 전출 월북, 인민군창설
	이순		일본 경리							
신경2기 (1940.4 -42.3 -44.4)	김묵	평북 의주 1920-2003	●		육7 특임	소장				국방부 시설국장 주택공사 전무
	이재기 (정린)	함북 1919- ?	●		육사2기	대령	♠			간부1기, 인민군 6관구 참모장
	김원기	?								소식불명
	안영길	함북 ?			군영 육1	대위		★		숙군 처형
	이병주	함남 정평 1921- ?			군사영어	소령		★		제7연대장 숙군 처형
	이상진	함북 1919- ?		57기	군사영어	소령		★		제8연대 부연대장 숙군→월북
	박정희	경북 선산 1917-1979			육사2기	대장			☆	〈광복군편입〉 대통령
	이한림	함남 안변 1921-2012			군사영어	중장				1군사령관 ★반혁명 불기소
	이섭준	?				소령				해운회사 사장
	강창선	?			육사2기	중령		★		숙군→복직 행적 불분명
	김재풍	?							?	남로당, 월북
신경3기	최주종	함북 성진 1922-1998		58기	군영 육특	소장	♠		☆	군영→월북→월남 ★반혁명→무혐의

기별	성명	출신		기	교육	계급			비고
신경3기	강태민	만주 용정 ? – 1960		58기	특8 4차	소장			9사단 부사단장
신경4기	예관수	평남 영원 1923–				대령			헌병부사령관 삼안산업 사장
	장은산					중령			포병사령관 부산 형무소 옥사
신경5기	강문봉	함북 부령 1923–1988			군사영어	중장			김창룡 암살 배후 야당 국회의원
	황택림			59기		대위			15년→10년→5년
	이용술								소식불명
	김태종								소식불명
	이모?								소식불명
신경6기	김동훈								서울대 교수
	육굉수								인하대 교수
	김윤근	황해 은율				해병중장		☆	
	김세현					중위			
	정정순			60기		중령	★		6 · 25전사
	김석권								소식불명
	이우춘								소식불명
	김학림						★		소식불명
	김기준								소식불명
신경6기	신원			수의					소식불명
	안등맹			군의					소식불명
신경7기 (예과)	김노식								한양공대 교수
	전상혁								회사원
	김윤선								소식불명
	한진일								소식불명
군의6기	계병로	?	●						해군 인천기지사령관
군의7기	박동균	함북 경원 1919– ?			군사영어	소장			2군관구사령관
군의8기	전남규		●			대령			
군의 특임	원용덕	서울 1908–1968			군영 교장	중장			김성주판결문 위조, 복역
	신학진	경북 안동 1911–1995			군사영어	소장			
	한경식					대령			
	유시천								
	마동악		●						
	이순석								
	서병수								

구분	이름	출신/생몰	●	군사기	계급	♠	☆	비고
군의특임	유경식							
	김선희							
	한옥룡							
	김상복							사약(약제)
훈련2기	박준호				대령			항공대 인민군 창설
훈련4기	강동열				중령			자동차대
훈련5기	황치삼				중령			자동차대
	장기춘				대령			자동차대
	박성도				소령			자동차대
훈련6기	김안희				대령			자동차대
	윤덕병				대령			자동차대
	박동준				대령			자동차대
훈련7기	이용 (집룡)	함북 경성 1923-2009	●	육사 5기	소장			월남→월북체포→ 월남, 교통부차관
	김충남	평남 1922- ?	●	해사 4기	해군 소장			해군참모차장
	오명복	?			해병대령			자동차대
	박춘식	함북 명천 1921-1979	●	육사5기	소장		☆	3군단장, 삼화축산
	최병혁	만주 왕칭현 1919- ?			육군 대령			김일환과 친분
훈련7기	김용호	1920- ?	●		해군 중령			해군작전 과장
	이용성	만주 안투현 1922- ?	●		육군 대령			
	이동준	1922- ?	●		대령			
	이봉춘	1922- ?	●					
	최재범		●					
	방태욱	?	●					소식불명
	이덕진	1921- ?	●					소식불명
	구동욱	만주 왕칭현 1921- ?	●					상업 종사
간도특 하사관	박창암	함남 북청 1923-2003	●	군영특임	준장	♠	☆	군영→월북→월남 인민군창설,

| 박정희는 비밀광복군이었나 |

박정희의 일생 중 가장 베일에 싸인 부분은 '만주군'과 '해방 후 광복군' 시절의 활동이다. 박정희 자신도 이 기간 동안의 활약에 대해서 언급하기를 꺼렸다. 이미 소개한 대통령 박정희의 '공무원 인사기록 카드'에는 1945년 8월부터 1946년 9월 초까지 대략 1년간의 경력이 누락되어 있다. 박정희의 이력을 최초로 보도한 것으로 보이는 하와이 교민 신문 「국민보」는 다음과 같은 글을 남겼다.

잔말 말고 술이나 먹자 육군 중위로 제대하여 고향에 돌아왔으나 만주군관학교에서는 금(메달)을 타고 졸업하였으며, 일본사관학교에서는 셋째로 졸업을 했다. 육군 소위로 관동군에 배속되었다가 8·15해방을 맞아 겨우 목숨만 건져 고향으로 돌아왔다. 계급은 육군 중위였다. 이 기간에 그의 행동은 전혀 알 수 없었다. 하도 궁금해 친구들이 물은즉 "그건 알아 무얼 해" 한마디 말할 뿐 한 토막의 이야기도 안 꺼내는 그인 것이다. 그의 입에서 이야기가 나오지 않는 한 이 기간의 박정희 장군의 행동은 영영 수수께끼가 되고 말 것이다.[78]

이 글이 보도된 때는 쿠데타 성공 이듬해인 1962년 1월초다. 그 무렵의 박정희는 "그건 알아 무얼 해?"라는 한마디의 말로 언급 자체를 차단했지만, 대통령이 되고 난 뒤에는 자신의 숨겨진 이력이 신화

---

78 혁명지도자 박정희 약전, 「국민보」, 1962.1.3

로 채색되는 것을 은근히 방조한 것으로 보인다. 박정희 신화 만들기의 선구자는 전목구, 박영만, 고정훈 등 세 사람을 들 수 있다. 이들은 비슷한 시기에 『전기 박정희(1966년 12월)』, 『광복군(1967년 2월)』, 『비록 군(1967년 2월)』등을 발간함으로써 〈비밀 광복군〉설을 역사적 사실인 것처럼 유포하기 시작했다. 먼저 전목구의 글을 소개한다.

사관학교를 졸업한 그는 44년 여름 육군 소위로 임관되어 만군에 배속되었다. 이때부터 싹튼 민족의식은 급기야 지하공작을 하기에 이르러, 조국광복을 앞두고서 평천진에서 자주 모임을 갖고, 구수회담이 있었다.

이 무렵에 있어 일인 동료의 한 사람이었던 오시이(押井) 씨는 당시를 회상하며 이렇게 말문을 열었다. "당시 만주국군에 속했던 많은 사람은 민족 상호 간의 융화라는 지극히 높은 이상과 실지 현실과의 갭에서 오는 심적 고통뿐 아니라 그밖에도 많은 정신적 고뇌에 빠져 있었지요. 박 씨 그 사람도 역시 민족적 저항 의식과 정신적 고뇌를 깊게 체험하고 있는 것 같았습니다."라고 술회하였다.

교편생활을 청산하고 새로이 군문에 들어서서 6년 만에 해방을 맞은 청년 장교의 심정은 벅찬 것이었다. 그것도 제 나라 아닌 황량한 만주 벌판에서 맞은 해방의 종소리였다. 급한 심정으로는 당장이라도 귀국선에 오르고 싶었다. 그러나 당시 그 일대는 소련군과 공비가 들끓으며 북새질치고 있을 무렵이어서 그런 여건 속에서 그의 행로는 뚜렷하게 정해졌다. 한시바삐 자유중국으로 가야만 한다는 사실이었다.

그는 일찍이 규합했던 동지들과 더불어 줄곧 탈출의 통로로 줄

달음쳤다. 풍찬노숙의 쓰라린 강행군으로 12주야를 죽기를 한사코 헤쳐 나가 마침내 중국 중앙군에서 일반 군무에 많은 공훈을 세웠고 해방 이듬해 5월 중순에야 그리운 조국 땅을 밟게 되었다.[79]

〈비밀 광복군〉설의 초창기 버전(version)이다. 그러나 이 글에는 정작 중경 임시정부나 광복군제3지대 등이 등장하지 않는다. 박정희와 그의 동료들이 탈출해야 하는 곳은 팔로군과 소련군이 장악하고 있는 만주 벌판이며, 목적지는 장개석의 국민당 군이 있는 지역이다. 무사히 탈출하여 중국 중앙군에 소속된 박정희는 많은 공훈을 세웠다는 것이 대략의 줄거리다.

전목구의 글은 역사적 사실과 괴리가 너무 크다. 무엇보다 해방 무렵 소련과 장개석의 중국은 동맹국이었다는 사실을 간과하고 있다. 박정희가 장개석의 국민당 군에 소속되었다는 구성도 역사와는 전혀 무관하다. 그리고 '중국 중앙군에서 일반 군무에 많은 공훈'을 세웠다고 하는데, 구체적으로 어떤 공훈을 세웠는가에 대해서는 서술하지 않고 있다. 1960년대 냉전 시대의 관점으로 글을 쓴 탓이다. 대통령 박정희는 해방 이전부터 반공·반소·반중공의 국가관을 가졌음을 주장하고 싶었던 것이다.

고정훈은 『비록 군』을 통해 박정희의 해방 후 광복군 시절은 자세하게 기록했으나 비밀광복군에 관한 이야기는 거의 언급하지 않는다. 다만 박정희, 이주일, 신현준, 문용채 등은 김덕승(金德勝)[80]이라

---

79 『傳記 朴正熙 - 人間과 經世』, pp.91-92

80 5·16 쿠데타 민간참여자 중의 1인으로 향후 보다 자세히 언급할 예정이다.

는 비밀광복군을 접촉하고 있었다는 정도의 내용을 책에 소개하고 있다.[81] 보다 정교하게 가공된 것이 박영만의 『광복군』이다. 주요 내용은 이렇다.

이용기(李龍基)라는 비밀광복군이 있었다. 그는 광복군 3지대장 김학규와 비밀리 접촉하고 있는 중국 국민당 첩보원 슈링(薛鈴)으로부터 철석부대[82]에 관한 정보를 얻게 된다. 일명 '도깨비부대'라고도 불리는 이 용맹한 부대는 부대장만이 일본인 소좌이고, 나머지 장교 이하 모든 부대원들이 한국인으로 구성되어 있다고 한다. 이 부대원 700여 명을 광복군3지대에 편입시키는 임무가 이용기에게 주어졌다.

이용기는 우여곡절 끝에 〈신태양 악극단〉의 철석부대 위문을 성사시키고 자신은 잡역부로 위장하여 잠입한다. 그곳에 머무는 동안에

『광복군』 하권(운명편) 표지

81 『秘錄 軍』, p.238
82 간도특설대를 철석부대로 표기한 것으로 짐작된다.

박정희라는 투철한 민족주의자를 만나게 되고, 결국 그를 광복군 비밀요원으로 포섭한다. 그러던 중 광복군 제3지대장인 김학규 장군으로부터 "부대를 장악하고 있다가 적당한 기회를 보아 일본군을 공격하라"는 명령을 받게 되었다. 그러나 예상보다 빨리 일제가 항복하는 바람에 거사 시기를 놓쳤다는 것이 이 책에서 밝힌 '박정희 비밀 광복군' 활동의 골자다. 참고로 이용기가 박정희를 설득하는 장면을 아래에 소개한다.

이용기는 차츰 초조해지고 불안을 느끼기까지 했다. "나는 당신을 잘 알았소. 박 중위! 당신이 보통학교 교사로 있을 때 한국인을 멸시하는 아리마(有馬) 교장 녀석의 뺨을 치고 사표를 내던지고는 독립군에 가담하려고 만주에 들어간 일을 알고 있소. … 그러다가 그때 만주에는 독립군의 자취가 없어져 버렸기 때문에 그 뜻을 못 이루고, 만사(만주사관학교)에 들어갔지요? 만사에 들어가서 군사학을 배워 뒀다가 독립군이 될려구! 그렇지요? 그래서 만사에서는 일 기생의 최창륜[83] 씨와 가장 친했구? … 이 최창륜 씨는 독립군 장교가 되기 위해서 일부러 만주사관학교에 들어갔던 열렬한 애국청년이란 걸 내 다 알아요! … 박 중위! 지금 우리 광복군에는 인재가 필요합니다. 그래서 당신 같은 이를 모시러 온 거요. 그냥은 올 수 없어서 신태양악극단의 잡부를 가장하구 왔소. … 당신 같은 사람은 벌써 우리 광복군에 왔어야 할 사람인데 길을 얻지 못해서 못 오

---

83 최창륜(崔昌崙. ? – 1950), 신경1군관학교 1기 출신, 표1 '조선인 만주군관학교 출신 명단' 및 '친일인명 사전' 최창륜 편 참조

신 것으로 압니다. 그렇지 않습니까?"

　무서우리만큼 침묵을 지키는 박정희 중위에게서 불안을 느끼며 초조하게 말하는 이용기의 말은 액센트가 약간 혼란하기도 했다. "……." 그래도 박정희 중위는 아무 말 없이 자꾸 걷기만 했다. 이용기도 박정희 중위를 따라서 말없이 걸었다. 연병장을 다시 두 번 왔다 갔다 하였다. 멀리 멀리에서 콩 볶듯 하는 기관총 소리가 들린다. 그리고 귀가 먹어서 그 무서운 기관총 소리도 못 들었는지 어디에서 "꼬꼬오 -" 하고 닭이 운다.

　이때였다. "생각해 보면…" 박정희 중위가 드디어 입을 열었다. "생각해 보면 나는 정신적으로 외로웠소! … 사실 나는 최창륜처럼 내 한 몸을 조국에 바치려고 결심한 지가 오래오. 그러나 아직까지 그 길을 얻지 못했소. 허나 언젠가는 그때가 꼭 올 것을 나는 확신하구 있었소! 이제 형이 나를 찾아 줘서 고맙소!" 하고는 손을 내민다. "고맙소!" 박정희 중위가 이용기가 내미는 손을 꽉 잡았다. [84]

　작가는 서문에서 다음과 같은 말을 한 바 있다. "… 배신자가 애국자로, 기회주의자가 빛나는 독립운동자가 되어 있으며 민족반역자가 어느 사이에 광복군 대열에 끼어들어 있다!" 작가 본인은 자신의 양심으로서 작가의 생명을 걸고 진실과 사실에 근거하여 『광복군』을 썼다고 했다. 그리고 "현 대통령이라는 그분의 위치가 위치니 만큼, 자칫하다가는 세상의 오해를 사기 쉽습니다. 그러므로 그 정확성을 기하기 위하여, 도에 넘칠 정도로 그분에 관한 것을 파고들었던 것입니

84　박영만, 『광복군(운명편) 하』, 협동출판사, 1967, pp.369-371

다. 백파(白波, 김학규) 선생! 그러고도 저는 마음이 놓이지 않아서 직접 본인의 교열까지 받았습니다. … 고마운 일은, 박정희 동지는 그 격무 속에서도 거친 인쇄원고를 자상하게 읽어 주셨으며 몇 군데를 고쳐 달라는 당부까지 하셨습니다."라는 글을 '백파선생에게 드리는 글월'이라는 후기에서 부언하며 역사적 사실을 정확하게 기록하였음을 다시 강조했다.

'박정희 비밀 광복군'설은 이렇게 시작되었다. 무엇보다 글쓴이 박영만[85]이 광복군 출신이며 국가로부터 인정받은 독립유공자라는 점이 책의 신뢰성을 높인 듯싶다. 그러나 이 책에는 결정적인 오류가 있다. 주인공으로 등장하는 비밀광복군 이용기의 실존 여부다. 국사편찬위원회가 발간한 『대한민국임시정부자료집』은 본권 45권, 별책 6권 등 총 61권으로 구성되었다. 광복군 관련 자료는 6권으로 이루어져 있다. 문제는 이 방대한 자료집 어디에도 이용기라는 인물은 등장하지 않으며, 〈신태양 악극단〉의 철석부대 위문과 비밀광복군의 한 적장교 접촉이라는 비화가 소개되지 않고 있다는 점이다.

게다가 국가보훈처의 서훈자 명단에도 이용기라는 인물은 없다. 광복군 출신 명목으로 서훈을 받은 독립유공자는 2016년 현재 593명이나 『광복군』에 등장하는 이용기 혹은 비슷한 이력으로 서훈을 받은 사람은 없다. 그리고 광복군 출신으로서 회고록을 남긴 김학규, 김우전, 김문택 등의 글에도 이용기는 등장하지 않는다. 염인호, 정병준 등 현대사 전공자의 논문도 마찬가지다.

---

85 박영만(朴英晩, 1914~1981) 평남 안주 출신. 광복군총사령부 선전과장 역임. 1963년 대통령 표창, 1977년에 건국포장이 수여되었고, 1990년 애국장에 추서되었다. 《국가보훈처, 독립유공자 공훈록》

정운현의 추적에 의하면, 신태양악극단 관련 내용은 완전 날조다. 이 악단의 단장을 지낸 손목인(작곡가)은 신태양악극단이 만주지역으로 공연을 간 적이 없으며, 이용기·박정희·윤창오 등의 이름을 들어 본 적도 없다고 한다. 가수 신카나리아와 영화배우 황해 역시 "이용기라는 인물은 기억에 없다."고 마찬가지의 증언을 했다.[86]

이용기가 유일하게 기록되어 있는 곳은 북경 당안관 자료다. 북평시 경찰국은 1946년 1월 6일, 한국광복군 총사령부 주화북판사처 직원 및 대원 총 92명의 명단을 보고했는데 경위대 부대장으로 이용기(李龍基)가 게재되어 있다.[87] 하지만 비밀광복군 이용기와 같은 인물로 보기에는 무리가 따른다.

자신의 양심으로서 작가의 생명을 걸고 진실과 사실에 근거하여 『광복군』을 썼다는 작가의 말이 무색하다. 한편, 작가 박영만의 말에 의하면 박정희 자신이 『광복군』의 교열을 봤다고 한다. 그렇다면 희대의 사기행각에 대통령 박정희도 공범자였다는 뜻이 된다. 박영만의 글과 상반되는 증언이 있다. 전 광복회 회장 김승곤(1915-2008)이 세계일보와의 두 차례에 걸친 인터뷰에서 다음과 같은 말을 했다.

박정희 본인도 1967년 자신의 비밀광복군설에 대해 부인한 것으로 전해지고 있다. 보훈병원에 입원 중인 김승곤(92) 전 광복회장은 최근 취재팀과의 인터뷰에서 "당시 광복군 선배들이 직접 박 대통

---

86 『실록 군인박정희』, pp.123-124

87 市警察局爲調査韓國光復軍總司令部駐平辦事處成立情形的呈文, 『北京檔案史料』, p.53 《손염홍의 논문 「한국광복군 북경에서의 활동」 재인용》

령에게 '광복군이었냐'고 물었더니 아니라고 했다"고 증언했다.[88]

"책이 나온 뒤 광복군 선배들이 박 대통령에게 직접 물어봤다는 겁니다. 그러자 박 대통령은 '(해방 전에) 광복군 하지 않았다'고 답변하더라는 거예요. 또 박영만에게 '누가 이런 책 쓰라고 했냐'며 화를 냈다고 하더군요." 김 전 회장은 박씨의 '광복군'에 대해 "순 엉터리"라고 했다.[89]

많은 이들이 책, 기사 등을 통하여 김승곤의 증언을 인용하고 있다. 내용도 제각기 다르며 조금씩 각색되고 있다. 물론 주 내용은 박정희 자신이 비밀광복군을 부정했다는 것이다. 그러나 김승곤의 증언은 검증이 필요한 사안이다. 무엇보다 그의 증언은 자신이 박정희로부터 직접 들은 것이 아니고 광복군 선배들로부터 전해 들은 이야기라는 점이다. 서슬 퍼런 군부독재 시절, 과연 누가 박정희에게 "각하, 해방 전에 광복군 혹은 독립군 활동을 비밀리에 한 적이 있었습니까?"라고 질문할 수 있었을까?

아무튼 박정희가 진실을 말했든 박영만과 함께 조작을 했든 그가 비밀광복군이 아니라는 것은 자명한 사실이다. 하지만 사실 여부와 관계없이 박정희 비밀광복군 설은 넓고도 깊게 퍼지고 있다. 합참의장 등을 지낸 육군대장 출신 장창국이 쓴 『육사졸업생』에 다음과 같은 글이 씌어 있다.

---

88 국방부, "박정희 비밀광복군" 기록 26년간 수정 안 해, 「세계일보」, 2006.8.11
89 친일파 활개 치는 고국서 독립운동 말도 못 꺼내, 「세계일보」, 2008.1.18

신태양악극단이 1945년 2월 9일 *(만주군)* 7연대에 들어가 공연을 했다. … 광복군은 이 악극단에 잡역부를 가장하여 유명한 공작원 이용기를 투입했다. 이 씨는 다음 날(2월 10일) 저녁 부대 간부들과의 회식 자리에서 박정희 중위, 신현준 대위와 만나는 데 성공했다. 이 씨는 자기 신변을 밝힌 뒤 광복군 총사령관 이청천 장군의 직인이 찍힌 광복군 임명장을 박 중위와 신 대위에게 줬다. 이래서 그들은 광복군 비밀요원이 됐다.[90]

위 글은 박영만의 『광복군』과 거의 같다. 장창국 자신이 『광복군』의 내용을 신뢰했다는 뜻이다. 이해되지 않는 것은 박정희의 계급 문제다. 박정희는 1945년 7월 중위로 진급했다. 박영만의 경우 만주군의 계급체계를 잘 몰랐을 수도 있다고 쳐도, 사성장군 출신 장창국이 전직 대통령의 계급을 확인도 않고 책을 발간했다는 것을 어떻게 받아들여야 할까? 『육사졸업생』보다 4년 전에 육군본부가 발간한 『창군전사』를 보면 조금 다른 내용이 실려 있다.

만주에 있던 장교들은 그들대로의 지하조직이 있었다. 박정희, 신현준, 이주일 등은 광복군 제3지대의 비밀 광복군으로서 거사 직전에 해방을 맞이했다.[91]

『육사졸업생』에는 박정희와 신현준 두 사람이 비밀광복군으로 등장

---

90 강창국, 『陸士卒業生』, 중앙일보사, 1984, p.26
91 군사편찬과 편, 『창군전사』, 육군본부 군사연구실, 1980, p.265

하는데, 육군의 정사라고 할 수 있는 『창군전사』에는 이주일이 추가되어 있다. 아마 '해방 후 광복군'에 박·신·이 세 사람이 함께 활동했음을 감안한 듯싶다. 장창국은 『창군전사』를 미리 보고 『육사졸업생』을 집필했겠지만, 박영만의 『광복군』에 이주일이 없는 것을 보고 과감하게 삭제했을 것으로 짐작된다.

박정희 신화는 박정희로부터 수난을 받은 사람들이 가세하면서 절정에 이른다. 고정훈 그리고 송남헌(1914-2001) 등이 주인공들이다. 송남헌은 김규식의 비서로 흔히 알려져 있지만, 그 이전에 박정희의 3년 선배인 대구사범 동문이다. 정치 이력을 살펴보면, 해방공간에서 그가 처음 선택한 정당은 한민당이다. 그 후 중도 우익인 민족자주연맹에 가입하며 김규식의 비서가 되었고 남북협상 때 김규식을 수행했다.

1960년 사월혁명 후, 반공을 내세우면서 민주사회주의를 하겠다는 통일사회당에서 윤길중, 고정훈 등과 함께 활동하다가 5·16 쿠데타 이후 혁신계 제거 때에 중앙통일사회당사건으로 6년 구형에 3년 선고를 받아 옥고를 치른 바 있다. 출옥 후 직접 정치 일선에는 나서지 않고 통일운동을 사회운동으로 확산하는 데 힘을 기울이며 현대사 연구가로 여생을 보냈다. 그는 1990년 대단한 역작을 선보였다. 바로 『해방 3년사』다. 이 책에서 여운형의 건국동맹을 거론할 때 박정희에 대하여 다음과 같이 언급했다.

그러나 의외로 일본의 항복이 예상보다 빨리 진행되어 만주에서의 박승환을 중심으로 한 조선 출신 군인의 국내 진공계획은 유감스럽게도 좌절되고 말았다. 이 국내진공에 관한 비밀 거사에 참여한 바가 있었던 조선 출신 군인 가운데는 박정희 전 대통령도 있으며 그는 북경에 있던 광복군 제3지대 김학규 부대에 편입하여 1946년 귀국하였고, 8·15 해방 즉시 귀국하여 국방경비대 창설에 참여한 장교도 있었다.[92]

송남헌을 좌익으로 보고 있는 극우진영의 입장에서 쾌재를 부를 내용이다. 박정희의 비밀 독립운동을 좌익인 송남헌이 인정했다는 것이 그들의 논리다. 하지만 송남헌이 언급한 것은 건국동맹에 관련한 사항이다. 건국동맹은 알다시피 여운형이 주도한 단체다. 중도 우익 정도로 평가할 수 있는 송남헌을 좌익으로 단정하는 이들이라면 여운형은 당연히 빨갱이일 것이다. 만약 송남헌의 서술이 옳다면 박정희는 해방 이전부터 빨갱이 활동을 했다는 뜻이 된다. 극우인 비밀광복군과 중도좌익인 건국동맹의 차이 정도는 알아야 할 것이다.

한편 송남헌 외 문용채(봉천5기, 육군준장 예편), 박명근(박승환의 조카, 전 국회의원), 김순자(박승환의 처) 등의 증언을 인용하면서 박정희 비밀 독립군 설을 확산시키던 이들에게 날벼락이 떨어졌다. 박정희와 같은 부대원이자 신경군관학교의 선배였던 신현준, 방원철 등이 차례로 박정희의 비밀광복군 혹은 비밀독립군설을 부정하는 증언을 남겼기 때문이다. 두 사람의 증언을 소개하기 전에 1990년 10월, TV드라마에서 비밀독립군 박정희 역의 도중하차 사건을 먼저 알아보기로 한다.

친일 이력이 있는 자를 독립군으로 왜곡시켜 방영하다가 열화와 같은 시청자의 항의 끝에 드라마의 주요 배역을 하차시킨 사건이다. 사

---

92 송남헌, 『해방3년사 I 』, 까치, 1990, p.26

실 TV, 영화, 소설 등에서 실명을 등장시키면서 역사 왜곡을 하는 사례는 한도 끝도 없다. 당시 관계자의 간담회를 보도한 기사를 소개한다.

역사를 소재로 한 다큐드라마에서 작가적 상상력과 허구가 허용되는 범위는 어디까지인가. …(중략)… 토론에서 만군 철석부대 출신인 박창암 씨는 박정희 중위가 만군 시절, 광복군과 내통해 철석부대를 이끌고 탈출하려다 체포된 사실이 없음을 분명히 했다. 그에 따르면 박정희는 철석부대 소속이 아니었고 한국인 부대인 간도특설대 제8연대 을구간 소속이었으며 광복군과 합류한 사실이 없었다는 것이다. 박 씨는 특히 3공화국 시절, 박 정권이 자신을 비롯한 만군 생존인들에게 몇 차례나 사람을 보내 박정희가 항일활동을 한 것으로 왜곡해 달라는 부탁을 한 적이 있으나 거절했다고 폭

1990년 10월 15일자 경향신문

1990년 10월 25일자 한겨레신문

로했다.

　방청객으로 나온 만군 철석부대 생존자 방원철 씨도 박 정권 당시 여운형 선생의 건국동맹 멤버였던 박 아무개 씨에게도 당시 박승환 중위가 맡았던 건국동맹 조직이 박정희의 공로인 것처럼 해달라는 요청이 있었다고 밝혀, 박 정권의 역사 왜곡 시도가 집요했음을 증언했다. …(중략)… 이에 대해 작가 김교식 씨는 "문제가 있었다."고 자인하긴 했으나 "앞으로는 북쪽의 권력 투쟁과 김일성 세력이 조그만 무력집단에 불과했었다는 사실을 충분히 반영할 생각"이라는 엉뚱한 결론을 내렸다. 따라서 이날 토론회는 진지한 비판과 토론에도 불구 여명의 그날을 다큐드라마의 본류로 이끌기보다는 냉전반공드라마로 역류시키는 부작용을 야기했다는 지적마저 듣고 있다. [93]

　상기 간담회는 무엇보다 박창암과 방원철의 증언을 이끌어 냈다는 것에 의의를 두고 싶다. 이들 두 사람은 책을 진행하면서 앞으로도 계속 등장할 주요 인물들이다. 박창암은 간도특설대 출신이면서 만군 조종사 박승환이 주도한 항일 조직인 건국동맹 군사분맹에 가입 활동을 했으며, 방원철은 신경군관학교 1기로서 박정희의 선배이자 상관으로서 만주군의 같은 부대에 근무한 이력이 있다. 더욱이 이들은 5·16 쿠데타 당시 핵심이었으나 소위 '알래스카 작전'이라 하여 함경도 군맥이 숙청될 때의 피해 당사자였으므로 박정희 영웅 만들기를 시도했던 부류와는 구분되는 위치에 있었다.

93　박정희 광복군 참여는 엉터리, 「한겨레신문」, 1990.10.25

특히 박창암의 증언이 흥미롭다. 3공화국 시절, 박 정권이 자신을 비롯한 만군 생존인들에게 몇 차례나 사람을 보내 박정희가 항일활동을 한 것으로 왜곡해 달라는 부탁을 한 적이 있으나 거절했다고 폭로했다. 그리고 방원철도 같은 내용의 증언을 했다. 건국동맹 조직의 공로를 박정희로 둔갑시켜달라는 요청을 박 아무개 씨에게 요청했다는 내용이다. 이 두 사람의 증언은 앞에서 얘기한 김승학의 주장과 배치된다. 박정희 비밀 광복군 혹은 건국동맹 활약설의 배후가 박정희의 자작극인지 아니면 박정희에 대한 충성경쟁의 발로인가는 좀 더 검토해야 할 사안이다. 방원철이 〈박정희와 박창암〉이란 소제목으로 쓴 글에서 지적한 몇 가지 사안은 문제의 핵심에 접근하기 위한 길라잡이가 된다.[94]

방원철이 지적하는 박정희의 지울 수 없는 낙인은 "군관학교 출신, 일본(만주국 위탁학생) 육사생, '다까끼 마사오(高木正雄)'란 창씨개명한 이름, 연대의 기수" 등이다. 이러한 친일파 콤플렉스는 장준하로 대표되는, 8·15전에 참가한 학병 출신으로부터 비롯되었음을 먼저 지적했다. 면죄부가 필요했을 것이다. "나도 항일운동 했어, 너만 애국자냐?"란 사실을 공증해 줄 조작이 필요했다는 것이 방원철의 주장이다.

조작을 위해선 박정희의 항일운동을 증명해 줄 증인이 필요했을 터이고, 그 대상으로 선정된 사람 중 한 사람이 박창암이었다는 설명이다. 박정희는 반혁명죄로 구속시켰다가 출옥한 박창암에게 임정요인들과 접촉이 많았던 낭인 이성림(李成林, 본명 李基淳) 등을 보내 증언을

---

94 방원철, 『김종필 정체』, 도서출판 단군, 1995, pp.225-229

요청했으나 거절당했고, 다음 차례로 『광복군』의 저자인 박영만을 동원했다. 그러나 박창암은 격분을 참지 못해 박영만을 발길로 걸어차며 쫓아내는 바람에 더 이상의 요청은 없었다고 한다.

박창암의 이러한 반응을 방원철은 이렇게 분석했다. 상상을 초월한 고문을 경험한 사람은 출옥 후에도 피해 망상적 신경과민 증상을 지니게 된다. 박정희는 이러한 상황에 처해진 박창암에게 으름장을 놓으면 쉽게 먹혀들어 갈 것으로 지레짐작했다는 것이다. 하지만 "만일 박정희의 은밀한 요구를 들었다면 목적을 이루고 난 뒤에는 보답 대신, 사후 보안을 위해 첩보작전의 증거인멸수법에 따라 물귀신의 몸이 되었을 것이다."라고 생각한 박창암은 박정희의 예상과 전혀 다르게 반응했다는 것이 방원철의 주장이다. 아무튼 박정희는 끈질기게 친일의 옷을 벗기 위한 공작을 했던 것으로 방원철과 박창암은 증언하고 있다.

이쯤에서 우리가 생각해 볼 것은 비밀광복군과 건국동맹 비밀요원의 차이다. 흔히들 광복군과 임시정부를 독립운동의 상징으로 알고 있다. 그러다 보니 광복군과 건국동맹을 동일시하는 경향이 있다. 하지만 이 두 단체는 많은 독립운동 조직의 각기 다른 단체일 뿐이다. 이념적으로도 차이가 많다. 광복군, 즉 임시정부는 극우에 가깝다고 볼 때, 건국동맹은 중도 좌익 정도로 평가할 수 있다.

여운형이 임시정부를 어떻게 보고 평가했는가는, 해방공간에서 한민당 등이 주축이 되어 임정봉대론이 한창 고조되고 있을 때 중정임정 추대 주장을 반박한 이유를 보면 알 수 있다.

첫째, 임시정부는 30년간 해외에서 지리멸렬하게 유야무야 중에 있던 조직이니 국내의 기초가 없어 군림이 불가하다는 점, 연합국한테 승인되지도 될 수도 없다는 점.

둘째, 미주·연안·시베리아·만주 등지의 혁명단체 중에는 임시정부보다 몇 배나 크고 실력 있고 맹활동한 혁명단체가 있으며 그네들 안중에는없다는 점.

셋째, 국내에서 투옥되었던 혁명지사가 다수인데 안전지대에 있었고 객지 고생만 한 해외 혁명가 정권만을 환영하는 것은 잘못된 것이라는 점.

넷째, 중경임정을 환영하는 자들은 혁명 공적이 없는 자들로 호가호위하려는 것이고 건준의 정권수립을 방해하는 수단이 된다는 점.

다섯째, 중경임정만 환영하는 것은 해외해내의 혁명단체의 합동을 방해하고 혁명세력을 분열시키는 과오라는 점 등의 이유를 들어 중경임시정부 추대를 반대하였다.[95]

임정법통론에 대한 정확한 지적이다. 상기 문제점에 덧붙여 과대포장된 광복군의 전적과 인원수 등을 포함했으면 더욱 엄정한 잣대가되었을 것이다. 한편, 여운형은 장덕수에게 "설산, 나도 상해에 있어보았지만, 임정에 도대체 인물이 있다고 할 수 있겠소. 누구누구하고지도자를 꼽지만, 모두 노인들뿐이고 밤낮 앉아서 파벌싸움이나 하는 무능 무위한 사람들뿐이오. 임정요인 중 몇 사람은 새 정당이 수립되는 정부에 개별적으로 추대할 수 있을지 모르지만, 임정의 법통을 인정할 수 없소."라고 말했다고 한다.[96]

---

95 서중석, 『한국현대민족운동연구』, 지식산업사, 1991, p.273

96 비화 미군정 3년, 「동아일보」, 1982.6.11

조선 건국동맹모임에 참가한 조동호(좌측 두 번째)와 여운형(네 번째)

물론 김구로 대표되는 임시정부 측도 여운형 집단을 빨갱이라 하여 백안시하였으며, 급기야 1947년 7월 19일 김구 측이 여운형을 암살하고 만 것이 역사의 진실이다.[97] 건국동맹 이야기로 돌아가자.

1943년 8월 결성된 조선민족해방연맹이라는 예비조직을 통해 1년 이상 준비한 후, 건국동맹은 1944년 8월에 조직되었다. 주도한 이는 여운형이다. 연구에 따르면, 건국동맹의 활동은 첫째 조직의 골격을 짜고 지방·부문별 조직을 확대하는 조직 구축 활동, 둘째 국외항일단체와의 연락·연대 활동, 셋째 항일투쟁·건국준비활동 등 크게 세 가지로 나뉘어 전개되었다.

건국동맹의 활동 중 주목할 부분은 군사 관련 대책이다. 건국동맹은 세 방향으로 군사 문제 대책을 준비했다. 첫째 공산주의자들과 군

---

97 졸저 『김구청문회-2』, '여운형의 죽음과 임시정부와의 악연' 참조, pp.107-134

사위원회를 설치해 노농군 편성을 계획하는 방안, 둘째 만주군관학교를 중심한 만주군 조직을 활용하는 방안, 셋째 연안의 조선의용군·중경의 광복군과 연합작전을 시도하려는 방안이었다.[98]

세 가지 방안 중 두 번째인 '만주군관학교를 중심한 만주군 조직을 활용하는 방안'이 지금까지 거론한 '박승환 중위가 맡았던 건국동맹 조직' 건이다. 당시 군대편제·군사행동과 관련한 계획을 세운 사람은 만군 소속 박승환(朴乘煥)이었다. 항공장교였던 박승환은 항공병을 핑계로 1944년 1월과 1945년 2월·8월 등 세 차례 이상 국내에 들어와 여운형과 군사 문제를 토의했다. 박승환은 또한 만군(滿軍) 내의 선진적 군인들을 포섭해 국내진공 작전을 계획하기도 했다. 그의 부인인 김순자는 건국동맹의 연락원으로 연안행을 시도하는 등 연안과도 군사적 접촉을 시도했다.[99]

건국동맹의 항일투쟁은 일제의 전투력을 파괴하기 위한 징용도피 선전, 징병·징용방해, 공출반대, 공장의 태업, 군사시설의 파괴 등에 주안점을 두었다. 하지만 아쉽게도 박승환과 여운형이 준비한 군사행동은 구체적 결과를 얻지 못했다. 그러나 군사행동을 위한 준비를 초보적으로나마 갖추었다는 것은 중요한 의미를 지닌다. 이 때문에 해방 후 여운형은 건국동맹이 일본제국주의와의 투쟁에 참가해서 용감히 싸웠다고 자부할 수 있었다.[100]

---

98 《독립기념관, 제56권 광복 직전 독립운동세력의 동향/ 제4장 국내 독립운동의 동향/ 2. 조선건국동맹》 참조

99 金順子·朴倉巖 등의 증언 종합. 정병준, 「조선건국동맹의 조직과 활동」, 『한국사연구』 80. 《독립기념관, 제56권 광복 직전 독립운동세력의 동향/ 제4장 국내독립운동의 동향/ 2. 조선건국동맹》 재인용

100 여운형, 「나의 정견」, 『인민당의 로선』, 신문화연구소 출판부, 1945.

불행히도 대한민국 정부는 건국동맹 특히 만주군관학교를 중심으로 한 활동을 인정하지 않고 있다. 박승환, 박창암 등이 건국훈장 공훈록에 등재되지 못한 이유다. 만약 박창암이 박정희의 요청을 받아들여 그를 건국동맹의 주역으로 조작시키는 데 일조를 했다면, 대한민국 건국훈장 공훈록의 내용이 크게 바뀌었을지도 모른다는 상상을 해 보면 씁쓸하기 짝이 없다.

다시 정리해 보자. 박정희가 건국동맹 요원들과 접촉했음은 사실로 보인다. 그러나 포섭의 대상은 되었으나 결과는 없었다. 이러한 과거의 인연을 빌미로 박영만 등 광복군 출신들이 '박정희 비밀 광복군' 설을 유포했고, 박정희는 별 제재를 하지 않았다. 그것은 그것대로 자신의 친일콤플렉스를 무마하는 데 도움이 되었기 때문이었다. 결과적으로 박정희는 자신을 비밀광복군 혹은 건국동맹의 일원으로 역사 조작을 한 셈이다.

| 일본의 항복, 박정희의 꿈이 무너지다 |

많은 이들이 1945년을 '현대사 원년'으로 부르고 '현대사의 시작이자 뿌리'라고 하는 이유는, 1945년 한 해만큼 현대사에 큰 영향을 끼친 사건이 많이 발생한 해도 드물기 때문이다. 주목할 것은 소련의 대일전쟁 참전이다. 흔히들 얄타회담에 의해 소련이 일본에 선전포고를 한 것으로 알고 있지만, 소련과 미국은 회담 이전인 1944년 10월경에 이미 대일참전을 합의했다. 아래에 미국 기밀문서의 일부를 소개한다.

극비… 소련의 안토노프는 만주에 있는 일본군의 병력 및 소련의 대적행위가 개시될 때에 일본군이 어느 정도 증강될 수 있는가에 관한 소련 측의 정보를 공표하였습니다. 동 정보는 우리가 가지고 있는 것보다 더 좋은 것이었습니다. 안토노프는 소련이 가능한 공격로에 관해서 설명하고 일본을 공격하기 전에 30개 사단의 소련군을 증강하지 않으면 안 되는데, 현재 소련은 극동에 30개 사단의 병력을 보유하고 있기 때문에 총 병력은 60개 사단에 달할 것이라고 말하였습니다. 이 증강은 독일 붕괴 후 2개월 반 내지 3개월이면 완료할 수 있다고 말하였습니다. … 스탈린은 소련이 공격 개시 후의 대일전쟁은 단기간에 끝날 것이며 지금 즉시 저장을 보강할 수 있으면 대일공격은 독일 붕괴 후 2개월 내지 3개월이면 개시될 수 있다고 말하였습니다. 스탈린은 대일공격 개시 일자는 여기서 말할 수는 없지만 공격계획은 즉시 수립해야 한다고 말하였습니다.[101]

상기 전문(電文)은 1944년 10월 4일자로, 자신이 제안한 소련의 대일 참전에 관한 수락 여부를 스탈린에게 전달하라는 루스벨트의 명령에 대한 답신으로,[102] 이제 소련의 대일전 참전이 성사되었다는 것을 보고한 내용이다. 사실 미국은 오래전인 1943년 11월 테헤란회담에서부터 소련의 대일참전을 요구해 왔다.

---

101 해리만 주소 미 대사로부터 루스벨트 대통령 개인에게 보낸 전문, 모스크바 1944년 10월 15일발 10월 16일 접수, 『얄타비밀협정– 미국무성발표전문』, 합동통신사, 1956, pp.575–576

102 루스벨트 대통령으로부터 주소 미 대사 해리만에게 보낸 전문, 워싱턴 1944년 10월 4일, 『얄타비밀협정– 미국무성발표전문』, 합동통신사, 1956, pp.567

극동 아시아의 전후 처리에 대한 미국과 소련의 이해관계가 일치하면서, 그동안 질질 끌던 소련의 대일전쟁 참여 여부가 공식화되기 시작한다. 소개한 비밀전문들은 그러한 과정의 일부이다. 영국을 배제하고[103] 소련과 미국이 비밀리에 맺은 협정의 내용은 다음과 같다.

첫째, 카라후토(樺太, 사할린) 남부 및 인접제도를 소련에 반환한다.

둘째, 대련항을 국제화하고, 여순을 소련의 해군기지로 조차한다.

셋째, 중동철도 · 남만주철도는 중 · 소의 합병으로서 소련의 이익을 보장한다.

넷째, 천도열도는 소련에 반환한다.[104]

러일전쟁의 패전으로 잃었던 소련의 권익을 회복시키는 문제는 큰 문제가 없었으나, 중국과의 관계 설정은 미묘했다. 스탈린은 일본이 패배하게 되면, 아시아 주요국에 대한 헤게모니(hegemony)는 일본에서 중국으로 넘어갈 것이고 미국은 이러한 중국을 지배할 계획을 갖고 있다는 것을 알고 있었다.[105] 하지만 일차적인 목적을 달성했다고 판단한 소련은, 만주에 있어서의 중국의 주권을 인정하고 전후 만주에 있어서 소련 활동이 제한되는 것에 동의했다.

한국 문제는 다소 미묘했지만 영국을 배제하고 미 · 소 혹은 미 · 중 · 소의 3개국 신탁을 제의하는 미국 측에, 만일 그렇게 한다면 영

---

103 신탁통치 문제로 루스벨트와 처칠은 심각한 대립을 가졌다. 《클레멘스, 마의웅 역, 『얄타』, 대림기획, 1990, pp.271-292》 참조

104 嬉田光義, 『중국근현대사』, 일월서각, 1984, p.344

105 『얄타』, p.277

국은 대단히 화를 낼 것이며 실제로 "수상이 우리를 죽일지도 모른다."고 함으로써 영국을 포함시킬 것을 제안했다.

이제 주사위는 던져졌다. 소련은 일본과의 전쟁을 준비해야 했다. 일·소 중립조약이 조인되었던 1942년 4월 무렵의 관동군 병력은 총 110만 명 정도였다. 그러나 남방에서의 일본군이 와해됨에 따라 관동군 13개 사단이 남방전선에 투입되었다. 그럼에도 일소전이 개시될 무렵의 관동군은 80만 병력이라는 대군을 보유하고 있었다.[106]

1945년 4월 5일 소련은 일소중립조약을 파기한다. 그리고 8월 8일 선전포고를 하였으며 다음 날인 8월 9일부터 교전에 들어갔다. 총사령관은 와시레프스키 원수였다. 편성군은 제1극동방면군, 제2극동방면군, 자바이칼(ザバイカル, Transbaikal) 등 3개 방면으로 구성되었다. 총병력은 157만에 이르렀으며 전선은 500㎞에 달했다. 소련군과 일본군은 병력의 숫자나 질적인 면에서도 차이가 많았지만 4.8배 차이가 나는 전차 그리고 비행기의 경우 1.9배에 이르는 등 화력에서 압도적 차이가 났다.[107]

소련군의 진격은 급속도로 이루어졌다. 8월 16일(하얼빈) → 19일(장춘·길림·심양) → 22일(여순·대련) 등의 순으로 만주의 중심선이 일주일 만에 소련군에 의해 완전히 장악되었다. 내몽고와 팔로군의 공

---

106 嬉田光義, 항일전쟁의 승리와 신중국 구상, 『중국근현대사』, 일월서각, 1984, p.366, 《위키백과에 의하면, 일군은 일본군 1백만 만주군 2십만 몽강군 1만 명 등 총 125만 명이고, 소군은 소련군 1,577,255명 몽골군 16,000명 등 총 160만 명 정도였다고 한다.》

107 『중국근현대사』, pp.366–367

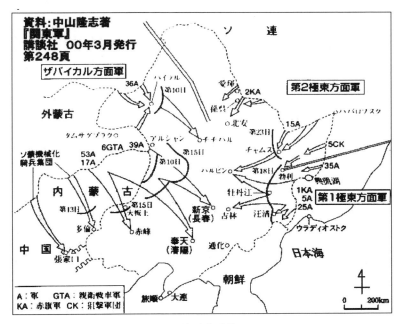

소 · 일 전쟁 계획도

동부대도 장가구에 진출하여 소련군에 호응하여 싸웠다. 관동군 사령관 야마다 오토조(山田乙三, 1881~1965)는 각 방면에서 치열하게 전투가 전개되고 있던 8월 17일, 각지의 군에 군사행동의 정지와 무기의 포기를 명령했지만 전투는 24일까지 계속되었다. 이 동안의 전투에서 관동군은 70만의 장병을 잃었다(소련 측 기록에는 그중 8만 3천여 명이 전사, 59만여 명이 포로).[108] 열흘 정도의 전투에서 10만 명 가까운 전사자가 나왔으니 일본의 마지막 저항이 얼마나 치열했는지를 짐작할

---

108 《위키백과; 일본군 전사(83,737명) 포로(640,276명); 소련군 전사(9,726명) 부상(24,425명)》

수 있다.

최근 "일본이 항복한 결정적 원인은 원자탄이 아니라 소련의 전쟁 선포 때문"이라는 주장이 제기됐다.[109] "1945년 8월 6일과 9일 히로시마와 나가사키에 연속 두 개의 원자탄을 맞은 데 따라 일본은 항복을 했고, 이에 따라 적어도 100만여 명의 목숨을 건질 수 있었다."라는 것이 기존의 정설이며, 소련은 뒤늦게 참가하여 어부지리를 얻었다고 대부분은 믿고 있다.

이러한 기존의 주장에 대해 "항복의 결정적 이유는 소련 때문이며, 미국은 소련의 대일 참전에 앞서 항복을 받으려고 불필요한 원자탄을 투하했다."고 밝힌 김태환(LA의 현대사료 연구가)의 분석이 흥미롭다. 기사 중 김태환이 소개한 하세가와 추요시(UC 산타바버라대 교수)가 저서 『적과의 경쟁(Racing the Enemy)』에서 "일본은 원자탄 때문에 항복한 것이 아니라, 연합국과 종전을 중재해 줄 것으로 믿었던 소련이 대일 선전포고 후 무서운 속도로 만주를 휩쓸고, 거의 모든 정예 관동군을 섬멸, 그 기세로 일본 본토 쪽으로 진군한다면, 막을 도리가 없으니 본토만이라도 미국의 보호를 받는 쪽이 낫다고 판단해서 항복하게 된 것"이라고 주장한 부분도 깊이 생각해야 할 사안이다. 김태환의 주장 중 주목할 발언을 소개한다.

"일본이 항복을 전제로 협상했음에도 원자폭탄이라는 끔찍한 공격을 당한 것은 소련의 대일 참전이 이뤄지기 전에 항복을 받아야겠다는 미국의 조급증 때문이었다."

---

109 "日 항복, 원자탄 아니라 소련의 참전 때문" LA 김태환 회장, 「뉴시스」, 2015.8.10

"트루먼 대통령과 제임스 번즈 국무장관은 원자탄을 투하하면 일본이 깜짝 놀라 항복할 줄로 생각했지만 일본은 원자탄의 실체를 잘 몰랐기 때문에 사태 파악이 즉각 되지 않았다."

"그 당시 미군기(B-29)들은 일본의 주요 도시를 융단·폭격하여 무수한 민간인 희생자를 발생시켜, 도시 주민들이 시골로 미군 폭격을 피해 피난 가는 소위 '소카이(疏開)'가 유행했다. 1945년 3월 9일과 10일 도쿄에 대한 야간 화염 공격으로 하룻밤 사이에 10만 명 이상의 사망자가 발생했고, 그때까지 일본 본토에서 약 100만 명에 달하는 엄청난 민간인 희생자가 발생했기 때문에, 원자폭탄을 맞고도 또 하나의 강력한 융단폭격으로 생각했다."

김태환의 분석을 강력히 뒷받침하는 것이 앞에서 거론한 폭풍작전이다. 원자폭탄에 의해 히로시마와 나가사키 두 도시에서 발생한 사망자는 대략 20만 명 정도로 대부분 민간인들이었다. 하지만 소련의 참전에 의해 사망한 이들은 일본제국이 자랑하던 관동군이었다. 방사능 후유증 등 원자폭탄의 진정한 실체를 몰랐을 일본군부들이 진정으로 공포를 느꼈을 것은 소련군의 일본본토 침공이었을 것이다.

다시 박정희 이야기로 돌아가자. 박정희를 비롯한 만주군관학교 출신자들은 대단히 운이 좋았다. 특히 일본육사에 편입하여 잠깐이나마 일본군 혹은 관동군에 소속된 이들은 더욱 행운아였다. 일본군의 정책 탓이다. 만주군관학교 출신들은 만주군에 복무하는 것을 원칙으로 삼았던 것이 일본군의 기본 정책이었던 모양이다.

만약 만군 출신들이 일부라도 관동군에 배속되었더라면 전사자 8만여 명에 속했을지도 모르고, 설령 죽음을 모면했더라도 시베리아 유형자 60만여 명에 포함되었을 것이기 때문이다. 대개의 만군들이 소련군과의 전투가 집중된 지역을 피해 위치하고 있었던 것은 그들로선 천행이었다.

　만군 출신 그들은 대부분 전사하지 않았고, 유배되지 않았고, 전범 대상으로 지목되지도 않았으며, 살아남아 대부분이 남한으로 귀환하여 한국사의 주역이 되었다. 그러면 박정희는 어떻게 살아남았을까? 박정희의 만주군 시절을 알아보자. 『친일인명사전』에 수록된 내용을 먼저 소개한다.

　1944년 4월 일본육사 제57기와 함께 졸업한 뒤 견습사관으로서 소만(蘇滿)국경 지대의 관동군 23사단 72연대[치치하얼(齊齊哈爾)에 주둔한 관동군 635부대라고도 한다]에 배속돼 2개월여 근무한 후 같은 해 7월 만주국군 제6군관구 소속 보병 제8단으로 옮겨 배장(排長 : 소대장)으로 근무했다. …(중략)… 1945년 7월 만주국군 중위로 진급했다. 1945년 8월 보병 8단 예하 각 부대는 둬룬(多倫)으로 진출해 소련군의 진격을 저지하라는 상부의 명령을 받고 8월 10일부터 이동을 개시해 8월 17일 싱룽에 집결했다. 이곳에서 일본이 패망했다는 소식을 들은 8단의 중국인 군인들에 의해 신현준 등과 함께 직위에서 해임되고 무장을 해제 당했다. 같은 해 9월 팔로군의 지휘를 받는 제8단과 함께 미윈(密雲)으로 이동한 후 이곳에서 8단을 떠나 신현준·이주일 등과 함께 베이핑(北平 : 베이징)으로 가서 과거 일본군이나 만주국군 출신 조선인들을 중심으로 편성된 광복군 제3지대 주(駐)평진(平津)대대의 제2중대장을 맡았다. 1946년 4월

평진대대가 해산한 후 5월초 톈진(天津) 탕구(塘沽)항에서 미국 수송선을 타고 부산항으로 귀국했다.[110]

정리해 보면, 일본 육사 졸업(1944년 4월) → 견습사관(관동군 23사단 72연대) → 만주국군 제6군관구 소속 보병 제8단 소대장(1944년 7월~8월) → 예비역 편입(일본군 소위) → 만주국군 보병 소위로 임관 → 만주국군 제5군관구 보병 8단으로 부임, 단장의 작전참모 역할의 을종부관 근무 → 만주국군 중위 진급(1945년 7월) 등이 박정희의 만주군 이력이다.

기존 유포되던 박정희 간도특설대 복무설, 관동군 정보장교로 독립군 토벌에 앞장섰다는 주장과는 많이 다르다. 사실 박정희의 만주군 활동 기간은 너무 짧아 《친일인명사전》에 소개된 정도로 만족하고, 이 책에선 일제 패망을 전후한 박정희의 이력을 주로 다루기로 한다.

박정희가 근무했던 만주국군 제5군관구 보병 8단 본부가 위치한 곳은 열하성 흥륭현 내 반벽산 인근이다. 제5군관구 자체 병력은 약 4만 명이었고 그 외 각 군관구에서 추출(抽出) 지원된 병력이 훨씬 많이 주둔하고 있었다. 그만큼 열하성 인근이 군사적 요충지로 변했다는 뜻이다. 제5군관구 자체의 병력은 보병 6개단, 기병 1개단으로 구성되었고 증가부대 병력으로 보병 10개단, 기병 1개단이 작전하고 있었다.[111]

---

110 《친일인명사전, 박정희 편》

111 《만주국군지》, p.82

박정희의 보직은 제8단장의 부관이었다. 8단 예하 각 부대에 작전 지침과 명령을 하달하는 것이 주 임무다. 신현준이 1944년 7월 28일 제8단 제6연장으로 임명되어 근무지인 흥륭현(興隆縣) 삼도하(三道河)에 도착했을 때 가장 먼저 전화를 건 사람도 박정희였다.[112] 단장은 당제영(唐際營) 상교(上校, 대령)였으며, 8단 내 한국인 장교로 이주일 · 방원철 등을 포함하여 네 사람이 근무했다.

보병 8단의 주 임무는 반벽산을 중심으로 만리장성 남북지역에 산재한 팔로군 11, 12, 13단의 토벌이었다. 그러나 1945년 8월 9일 소련이 참전하면서 임무가 바뀐다. 팔로군 토벌을 중지하고 다륜(多倫)을 향해 진출하여 소련군의 진격을 저지하라는 명령이 내려온 것이다. 8월 10일 이동을 개시하여 8월 17일까지 흥륭에 집결 완료하라는 것이 요지였다.[113]

이 무렵 소련군은 열하성(熱河城) 북부 국경지대인 장가구(張家口) · 다륜(多倫) · 적봉(赤峰)으로 진출하고 있는 중이었다. 자바이칼 방면군과 소 · 몽 기계화기병집단이 주축이었다. 『만주국군지』에 의하면 "유일하게 군의 작전명령으로 전군을 유격부대로 조직하여 남하하는 소 · 몽 군과 접촉 교전하였다"고 하는데 어느 정도 규모의 전투였는지는 알 수 없다.[114] 제8단이 일제의 패전 · 항복을 들은 시기는 8월 17일 흥륭(興隆)에 도착해서다. 이미 16일경 봉산(鳳山)에 이미 청천백일기가 게양되었다는 정보도 이미 나돌고 있는 중이었지만, 박정희

---

112 신현준, 『노해병의 회고록』, 가톨릭출판사, 1989, p.65

113 『노해병의 회고록』, p.69

114 신현준에 의하면 행군 도중 치른 전투는 오인으로 인한 아군과의 교전이었다고 한다.

가 속한 제8단은 아무것도 몰랐다고 한다.

이 무렵 이해할 수 없는 일이 발생한다. 어제까지 소련군과 교전하던 만주군이 갑자기 중국군으로 변신하는 것이다. 계속되는 내용은 신현준의 증언이다. 만주군에서 중국군으로 신분이 바뀐 8단의 첫 임무는 일본군 게도(下道)부대로부터의 장비 인수였다. 어제의 동지 간의 인수·인계는 부모와 자식 간의 유산상속처럼 무난히 이루어졌다고 한다.

다음 차례는 보병 제8단에 소속된 일본인 장교와 한국인 장교들의 처리였다. 13명의 일본인들은 무장 해제가 끝난 다음, 신변 보호를 위한 호위병을 동행시켜 게도 부대로 인계되었고, 신현준·방원철·이주일 그리고 박정희는 일단 직위 해제와 동시에 무장해제를 당했으나 특별한 배려와 협조를 해 주기로 약속받았다는 것이 신현준의 회고다.

아무튼 손님 아닌 손님 대우를 받던 중 박정희, 이주일, 신현준 등 세 사람은 장래의 일을 숙의하게 된다. 방원철이 왜 빠졌는가는 알 수 없으나, 그의 고향이 북간도 용정이고 나머지는 국내(박정희 경북 선산, 신현준 경북 금릉, 이주일 함북 경성)인 이유 때문인 것으로 추측된다. 이때 헤어진 방원철은 만 3년이 지난 1948년 9월 말 재회하게 되나, 끝까지 같은 길을 가지 못하고 애증의 관계에 서게 된다.

고국으로의 귀환 외의 다른 선택이 있을 수 없는 것이 그들의 처지였다. 봉천을 경유하여 압록강을 건너 국내로 가는 노정이 가장 빠른 길이나 철도의 파괴 등으로 열차의 운행 여부가 불확실하고 무엇보다 소련군에 대한 두려움 탓에 포기했다. 박정희 일행이 선택한 길은 북평(북경)을 경유한 귀국길이었다. 거리보다는 안전을 택한 셈이다.

그 무렵 보병 제8단은 밀운으로 부대이동을 실시했다. 그곳에 도착하고 난 뒤 단장 당제영에게 작별을 고하고 난 뒤 열차편으로 북평을 향해 떠났다. 1945년 9월 21일에 일어난 일이다.

| 후 광복군의 동포학살 그리고 초라한 귀환 |

박정희가 고국에 다시 발을 디딘 날짜는 1946년 5월 10일경이다.[115] 4월 29일 북평(북경)을 출발하여 그날 천진의 당고항(塘沽港)에 도착하였으나, 일주일간의 대기 기간을 거쳐 5월 6일 귀국선으로 준비된 LST(양륙정, 상륙함)에 승선하였다. 그 후 5월 8일 부산항에 입항하여 이틀 동안 선내에서 대기한 후 상륙하였다. 그의 나이 서른이었을 때다. 동행자는 신현준, 이주일 등 만주군 동료 및 광복군 제3지대 주평진대대(駐平津大隊)의 부대원들이다.[116]

이들의 감회는 어떠했을까? 신현준은 "나는 다섯 살 때인 1919년 만주로 이주한 뒤 27년 만에 그리던 고국으로 완전히 돌아올 수 있었으니, 당시의 감회란 이루 말할 수 없었다."고 술회하였다. 그러면 박정

---

115 박정희의 귀환 날짜는 자료에 따라 편차가 있다. 박정희와 같은 선편으로 귀국하였다고 묘사되어 있는 『대산 신용호 평전』에 의하면, 15일간의 선상 생활을 겪은 뒤 1946년 5월 25일 조국 땅을 밟았다고 한다. 한편, 1946년 5월 16일자 「조선일보」는 "중국북경에 남아 있는 동포 중에서 1,524명이 미국 수송선 L·S·T 66호를 타고 5일 塘沽를 떠나 8일 그리운 고국의 항구에 도착하여 그간 위생소독과 예방주사를 하고 16일에 상륙하였다."고 했으며 "인솔자는 조병순(趙炳淳)이며 제6차 귀환 동포단이었다."고 보도하였다. 이 책은 신현준의 기록에 의거하였다.

116 『노해병의 회고록』, p.89

미군의 양륙정에서 내릴 준비를 하고 있는 귀환자(왼쪽 사진)와
한국인 난민들을 통제하고 있는 미군(오른쪽 사진)[115]

희는 무슨 생각을 하고 있었을까? 이른바 '귀국선'에 타고 있는 박정희
의 모습을 그린 것은 『신용호 평전』이 유일하다. 아래에 소개한다.

　그렇게 일 년을 기다린 끝에 미군의 상륙용 함정인 LST 한 척이
텐진항에 들어왔다. 전투용 군함이기에 몹시 흔들려 멀미가 나는
배였지만 교민들은 '노아의 배'를 마냥 신나했다. 텐진에서 부산까
지 오는 15일간 추운 겨울 바다와 선실도 없는 갑판 위에서 태반이
굶은 동포들은 혹심한 멀미에도 토해 낼 것이 없었다. 대산은 신음
이나 울부짖을 힘도 없는 이 귀국선 갑판 위에서 계급장을 뗀 군복
차림에 다소 길어 보이는 군도(軍刀)를 허리에 차고 있는 한 사나이
에게 눈길이 쏠렸다. 대산은 하루 종일 같은 장소에서 아무하고도
말을 섞지 않은 채 상념에 잠긴 그에게 다가가 말을 걸었는데, 그
는 박 아무개로 육군 중위로 복무하다가 종전을 맞았다고 대답했다
(인상적인 이 사나이가 먼 훗날 박정희 대통령이었다). 부산항에 들자 누가 먼
저랄 것 없이 울음이 터져 나왔다. 하지만 상륙도 쉽지 않았다. 전
염병이 만연하여 방역조치를 하기 위해서라 했다. 선상에서 봄날

을 다 지내고 5월 25일 조국 땅을 밟고 서자 이제는 인체 전부가 병
균덩어리가 되듯 소독을 해댔다.[117]

　하루 종일 같은 장소에서 아무하고도 말을 섞지 않은 채, 박정희
는 어떠한 상념에 잠겼을까? 박정희의 처지와 뜻에 관계없이 그는 곧
DDT 가루를 뒤집어쓰게 된다.
　이 무렵 박정희는 "병사들이 착용해 왔던 국방색 군복을 검정색으
로 물들여 민간인 복장처럼 바꾼"옷을 입었다.[119] 초라한 복장, 기약
할 수 없는 미래, 병균덩어리 취급하는 검역관들의 행태…. 박정희의
일생 중 가장 굴욕적인 장면의 한순간이었을 것으로 짐작해 본다.

귀환자 수용시설에 도착한 직후 DDT 살포를
받는 한국인(인천, 1946년 6월 5일)[118]

　　　　　같은 날, 같은 장소에서
DDT 세례를 받은 이들 중 한
국 현대사의 주요 인물이 될
사람이 적어도 네 사람이 있었
다. 18년 동안 한국을 철권 통
치했던 대통령 박정희, 5 · 16
쿠데타 핵심의 한 사람으로서
대장으로 예편을 하고 난 뒤
감사원장 등을 역임한 이주일
그리고 대한민국 해병대의 초

117　이규태, 『평전 대산 신용호— 맨손가락으로 생나무를 뚫고』, 교보문고, 2004, p.65

118　『노해병의 회고록』, p.77

119　"계급장을 뗀 군복차림에 다소 길어 보이는 군도(軍刀)를 허리에 차고 있는" 모습의 박정
　　　희는 『신용호 평전』을 쓴 작가의 상상력의 부산물로 보인다.

대 사령관을 지낸 신현준 등이다. 길은 달랐지만 신용호 역시 교보생명을 창업하는 등 역사에 작지 않은 흔적을 남겼다.

　조선일보 기사에 의하면 박정희 등이 타고 온 배는 미국 수송선이다.[120] 하지만 LST(Landing Ship Tank)[121], 즉 전차상륙함(戰車上陸艦)을 수송선으로 개조한 배를 타고 왔다고 보아야 할 것이다. 박정희 일행의 귀국선에 관한 보다 정확한 정보는 『살아서 돌아오다』란 사진집에 실린 다음의 글이 참고된다.

　국제적 처우하에서 인간의 이동이 전개된 대표적 사례로서는 톈진(天津) 남쪽에 있는 탕구(塘沽) 항구에서 송환된 5만 명의 한국인이 있다. 그 송환에 이용된 배는 미국의 양륙정(揚陸艇, LST), 이 배의 선장과 승무원은 일본인이고 항구에서는 일본인 장교가 연합군의 명령에 따라 검역을 담당하고, 항구까지 이동하는 도중의 철도는 중국 국민당 병사들이 관리했다. 일본인 선장 닛다는 귀환하는 한국인들 앞에서 담화까지 하고 있다.[122]

· 120 재중국동포 1,524명이 귀환, 「조선일보」, 1946.5.16

121 LST(Landing Ship Tank)는 전차와 보병 등을 상륙시키는 상륙 함정으로서 제2차 세계 대전 중에 처음으로 개발되었다. 이 배는 우리의 아픈 조선(선박) 역사와도 깊은 관계가 있다. 1947년 11월 13일자 경향신문에 의하면, LST 12척을 포함하여 72척의 대·소형 선박이 미국으로부터 불하받았다고 한다. 이러한 조처에 대하여 동아일보(1947.10.5.)는 다음과 같은 기사를 보도했다. "…이러한 선박 부족을 보충하고자 미군당국에서는 먼저 일본에 가져갔다가 거절당한 L·S·T 12척 등을 가져왔는데 이 L·S·T는 상륙용 주정으로 4천 톤이나 되나 실제는 1천 3백 톤밖에 짐을 싣지 못한다하며 이러한 특수 배들은 현재 조선에서는 필요치 않고 이보다 화물선이나 상선이 필요하다고 한다. 해운의 발전은 해사 당국의 적절한 원조와 강력한 감독 없이는 불가능한데 해방 후 해사행정 당국에 전문가가 없었기 때문에 현 사태를 일으키게 되었다고 한다. 현재도 해사 행정은 전부 미국인의 수중에 있고 그 기구가 변경된다고 하여 최근 2개월간은 사무도 보지 않는 형편이라 조선해운 장래를 위하여 참으로 우려할 일이라고 하며 통일된 강력한 해사행정기관이 출연하여 위기를 타개할 것을 요망하고 있다고 한다."

122 『살아서 돌아오다』, p. Ⅱ

제2차 세계 대전 중 미군과 전차를 육지에 상륙케 하는 임무를 수행하다가 곧 폐선이 될 운명에 처한 LST에 박정희는 승선을 하였고, 그 배의 운항 책임자는 일본인이었다. 승객인 조선인들의 운명은 짧은 시간이었지만 미국과 일본인에게 의존하게 된 셈이다. 박정희는 어쩌면 이 무렵부터 자신의 인생에 미국이란 존재가 적극적으로 개입할 것이라는 예감을 느꼈을지도 모른다.

　박정희 일행은 1945년 9월 21일 귀환을 위해 북경으로 출발하였고, 1946년 5월 10일경 부산항에 도착했다. 적어도 8개월가량 북경, 천진지역에 머무른 셈이다. 짧지 않은 기간이다. 전기와 평전을 비롯하여 박정희의 일생을 거론한 수많은 글들이 있지만 1945년 가을부터 이듬해 봄까지의 박정희에 대한 정보는 극히 제한적이다. 신현준의 회고 정도만이 참고될 뿐이다. 그동안 박정희 일행은 어떤 일을 했으며 무슨 사건을 겪었을까?
　박정희 일행이 북평(북경)에 머물고 있을 무렵의 행위를 이해하려면 임시정부의 움직임을 살펴보아야 한다. 그리고 해방 후 한국독립당의 광복군 확군운동(擴軍運動)을 추적해 볼 필요가 있다. 장소를 잠깐 국내로 옮겨 그곳에선 어떠한 일이 일어나고 있는지 살펴보자.

　한국임시정부는 美·中 양 정부의 적극적 원조를 받고 있으며 그 서울환도는 시간문제이다. 장개석(蔣介石) 위원장은 10월 초순 金九 임시정부 주석과 회견하고 강력한 지원을 서슴지 않는다고 약속하시었다. 조선점령미군사령관 하지중장각하로부터 김구(金九) 주석에 대한 귀국초전(歸國招電)은 아직 받지 않았다. 임시정부는 본국

일본인 선장 닛다 다쓰오가 한국인 귀환자들에게 연설하고 있다.
이들 귀환자는 일본이 조종하는 미국 양륙정에 승선하여 조국으로 향하고 있다.
귀환자들은 여흥을 즐기기 위해 1천여 명이 들어찬 선창에서 나와 갑판으로 올라왔다.
중국 북부에서 귀환하는 한국인의 마지막 단체를 이루는 사람들이다.
(한국해협을 지나는 양륙정 Q027호 갑판에서)

귀국 후 총선거로서 정식정부가 수립될 때까지 우선 전 정당, 종교
단체, 직업단체, 저명혁명가대표자를 망라하여 잠정적 내각을 조직
한다. 한국임시정부는 일본 노예하에 있는 약 15만의 조선병을 중
국의 허용을 얻어 이들을 재훈련 및 재조직을 기하고 있다. 이번에
미국으로부터 서울에 귀환한 이승만박사(李承晩博士)는 김구주석(金九
主席)과 구우(舊友)이며 임시정부의 유일한 지지자인데 조선에서 金
九主席과 조속히 회견하기를 희망하고 있다. 또 김구주석(金九主席)
은 과거 32년 일신을 독립혁명에 바친 70세의 노지도자로서 조국을
해방시킨 연합국의 원조를 충심으로 감사하는 동시에 만족을 느끼

고 있다.[123]

임정 요인들이 환국하기 전인 1945년 10월 20일, 한국임시정부대
변인이 중경에서 발언한 내용이다. 박정희 등 만주군 출신들이 변신
하여 소위 평진대대(平津大隊)에서 광복군 행세를 하던 무렵이다.

광복군은 조선의용대보다 2년 늦은 1940년 9월 17일 중경에서 창
립되었다. 치욕적인 '한국광복군 9개 준승' 등 장개석의 그늘을 벗어
나고 대신 미군에게 종속되길 택했던 1945년 당시 광복군 현황은 다
음 표와 같다.

[표2: 1945년 광복군 현황]

구분	책임자	위치	인원			
			장교(한/중)	대원	병사	소계
총사령부	이청천	중경	56(13/43)		52	108
제1지대	김원봉	중경	21(10/11)	48	20	89
제1구대		노하구	–	–	–	–
제2구대		연산	–	–	–	–
제2지대	이범석	서안, 건양	28(17/11)	222	35	285
제3지대	김학규	부양	4	112	3	119
주인도공작대[127]	한지성	加尔加答	–	13	–	13
합계						614

---

123 중경임시정부, 임정의 환국 등 당면 제 문제 언명, 「매일신보」, 1945.10.23. 《자료 대한
민국사》 제1권》

124 過去 朝鮮民族革命黨과 英國印度軍事當局과의 協定締結에 依하야 印度에서 工作을
進行하던 印度工作隊의 一切關係는 이미 臨時政府에서 接受辨理케 하였고 目前工作을
좀 더 擴大發展식히기 爲하여 政府에서는 英國軍事當局과 다시 新協定締結의 交涉을
進行하고 있음. 印度工作은 主로 英軍宣傳, 俘虜諭向, 敵文件飜譯, 宣傳, 비라作成, 战
地放送 等인데 目下 工作上 必要로 因하여 政府로서는 五名을 增派하기로 決定하였음.

1945년 3월경 광복군의 총인원은 614명이다. 이 숫자는 중국군인과 그 무렵 탈출해온 학병 출신들이 포함된 숫자다.[125] 무기를 접촉해 본 사람은, 조선의용대 출신인 민혁당 계열이 주축이었던 주인도 공작대와 미국OSS(Office of Strategic Services, 전략 사무국)가 추진하던 독수리작전에 차출된 극히 일부 인원뿐이었다. 나머지 대다수 인원은 총한 번 만져 보지 않고 광복을 맞은 셈이 되어 버렸다.[126]

단 한 번도 일본과 싸워 보지 못했던 광복군이다. 그러한 광복군을 10만이니 20만이니 뻥튀기를 하면서 해방정국의 헤게모니(hegemony)를 잡고자 한 것이 중경임시정부의 방략이었다. 보다 정확하게 표현하자면 임정 내 한독당 계열의 권력 장악 방안이었다.[127] 문제는 원칙 없는 세 불리기로부터 나왔다. 일제의 주구 노릇을 했던 일본군·만주군 출신들을 검증 없이 무차별 받아들였고, 숙식 등 기본적인 소요경비 대책도 마련하지 않았다. 물론 "美·中 양 정부의 적극적 원조를 받고 있다."는 말도 전혀 근거 없는 유언(流言)에 불과했다. 광복군 초모 및 확군 사업에 대한 장개석 국민당의 반응은 아래의 문서를 보면 짐작할 수 있다.

---

125 군무부공작보고서(1945.4.1), 국회도서관 편, 『대한민국임시정부의정원문서』, pp.822-826 《대한민국임시정부자료집 9》

126 광복군의 실체는 졸저 『김구청문회-1권』 중 광복군 창설과 9개 준승의 비밀, 진공이냐 침투냐 독수리작전의 실체, 수백 명 광복군이 20만 광복군으로 둔갑한 사연 등을 참조할 것

127 임정법통론을 내세운 김구 등 한독당 계열의 방안에 대하여 김원봉·김규식을 중심으로 한 민혁당 계열은 1945년 10월 10일 중경에서 열린 민족혁명당 제9회 전당대표회의에서 "긴급히 국내외 민주당파와 민주영수를 총망라한 대표회의를 소집하여, 이 회의에서 전국 통일적 임시정부를 건립하기로 주장하는 바이요, 현 한국임시정부 문제는 다만 전 국민의 의사를 대표하는 이 대회의 결정 여하에 의하여 해결될 것이라고 믿는 바이다."라고 선언함으로써 광복군 확군을 기반으로 한독당이 추진하는 임정법통론을 정면으로 반박했다. 《서중석, 『한국현대 민족운동연구』, p.185》 참조

서안의 호(胡) 사령장관 보십시오. 9월 22일과 23일자 대전(代電) 잘 받았습니다. 한교 단체 및 한국광복군이 우리 정부의 비준도 받 지 않고 각지에서 임의로 활동을 전개하는 경우가 많습니다. 이는 우리의 주권을 존중하지 않는 행위입니다. 우리의 주권을 지키고 유폐를 막기 위해 이미 한국임시정부 김구 주석과 한국광복군 이 총사령에게 우리 정부의 비준을 받지 않은 어떤 한교 단체나 광복 군도 각지에서 활동을 하지 못하도록 공함을 보냈습니다.[128]

위 내용과 같은 문서는 같은 날짜로 하응흠(何應欽) 남경 겸임 총사 령에게도 보내졌다. 명분도 없고 대책도 없이 화려한 공약만으로 10 만 광복군을 모집한다는 명령이 임정 상부로부터 하달되었어도 광복 군 내에서는 경쟁이 불을 뿜었던 모양이다. 1, 2, 3지대 간의 군권 다툼도 꽤 많이 발생하였다.

북경의 예를 들어 보자. 북경과 그 일대는 팔로군의 유격활동 구역 이었고, 그런 까닭에 조선의용군의 활동이 활발했던 지역이었다. 그 러나 일제 패망 직후 이 지역의 팔로군과 조선의용군이 동북지방으로 떠나 버렸다. 대신 미군과 국민정부군이 진주했기 때문에 광복군 활 동의 주요 무대가 될 수 있었다.[129] 그러다 보니 광복군 각 지대 간의 암투가 치열했다.

제3지대가 먼저 자리를 잡았다. 해방 전 광복군 제3지대 정훈주임

---

128 최동일이 비밀리에 북평에 조직했다는 한교단체의 활동을 정지시키라는 회전, 발신 군 사위원회, 수신 호종남, 1945년 10월 9일, 김영신 편역, 『장중정총통당안 중 한국관련자 료 집역』, 선인, 2011, pp.108-109

129 《염인호의 논문, 해방 후 한국독립당의 중국 관내지방에서의 광복군 확군운동》

이었던 조성산[130]이 해방 직후 임정 화북대표부 주석과 한독당 북평 지당부 위원장을 겸하게 된다.[131] 북경 당안관 자료에 의하면 조성산을 파견한 인물은 광복군 제3지대장 김학규였다.[132] 조성산은 1945년 8월경 북경 전문(前門) 밖 덕경루(德慶樓)라는 음식점을 화북대표부로 활용하였다. 박정희와 신현준 등이 북경에 들어와 '해방 후 광복군' 가입 문의를 하던 바로 그곳이다.[133]

임시정부 화북대표부는 20여 명으로 조직되었으나, 구성원이 복잡하고 친일인물이 많았으며, 일제의 특무·통역이었던 친일적인 인물을 통해 일제의 무기와 물자 등을 수집하였다. 북경당국으로부터 화북대표부에 대한 평판이 좋지 않다는 얘기가 제기되자,[134] 조성산은 중경으로 소환되고 홍파[135](洪波)란 사람이 임시 책임자가 되었다.[136]

광복군 총사령부는 이와 별도로 제3지대 화북 공작책이었던 김광언[137]을 부주임 겸 특무부장으로 임명하고, 김지옥[138]을 북평군사특파단 주임으로 파견하였다. 김지옥은 동직문(東直門) 북관가(北寬街) 3호에 군사특파단의 사무실을 차렸다. 그러나 불화가 있었는지 김광

---

130 본명 趙炳傑(1898–1946), 일본 동양대학 교수, 1990년 건국훈장 애국장(1977년 건국포장) 추서

131 추헌수, 『자료한국독립운동-2』, 연세대학출판부, 1971, p.179

132 北平韓國人會呈請備案一案擬請存査不再批示以免滋生技節仰祈鑒核由, J2-2-190 《손염홍의 논문, 한국광복군 북경에서의 활동》 재인용

133 『노해병의 회고록』, p.75

134 『자료한국독립운동-2』, p.497

135 洪波(1902–1977), 평북 정주(定州) 출신, 1991년 건국훈장 애국장(1980년 대통령표창) 추서

136 北平韓國人會呈請備案一案擬請存査不再批示以免滋生技節仰祈鑒核由, J2-2-190

137 金光彦(1919– 미상), 평북 선천(宣川)출신, 1990년 건국훈장 애국장(1977년 건국포장) 수여

138 金址玉(1914–1972), 평남 안주(安州) 출신, 1990년 건국훈장 애국장(1977년 건국포장) 수여

언은 일부 대원을 거느리고 별도로 보자가(報子街) 8호 취현당(聚賢堂) 반점의 구지(舊址, 옛 자취가 남아 있는 빈터)에 주둔하고 '광복군 주평진대대(光復軍 駐平津大隊)'라 칭하였다. 신현준의 기억은 조금 다르다. 그에 따르면, 덕경루가 본부 역할을 했고 그 뒤 북평 시내 동북방 성벽 안쪽에 위치한 북신교(北新橋)로 이동하였다고 한다.[139] 아무튼 김지옥은 다시 중경으로 되돌아갔고 김광언이 특파단의 주임을 대리하면서 책임자가 된다.[140] 최춘선[141]이 외교과장, 이동훈(李東勳)이 특무부장을 맡았다.[142]

여기까지는 큰 문제가 없었다. 그러나 얼마 후 제2지대원이 북평에 들어오면서 파란이 일어난다. 제3지대를 이어 제2지대도 국내정진대로 개편된 뒤, 1945년 10월경 북경에 진주하였고 이재현[143]을 주임으로 임명하면서 주평진판사처(駐平津辦事處)를 설치하였다. 가장 주목받은 집단이 주로 만주군으로 구성된 주평진대대였다. 인원은 약 200명 정도였다.[144]

평진대대의 설립 과정부터 서로의 의견이 엇갈린다. 앞에서 소개한 자료에 의하면, 김광언이 설립자가 된다. 하지만 이재현은 주평진판사처 주임으로 취임하고 난 뒤 함께 북경으로 온 이도순, 여정선, 김

139 『노해병의 회고록』, p.75

140 北平韓國人會呈請備案一案擬請存查不再批示以免滋生技節仰祈鑒核由, J2-2-190

141 崔春鮮(1920- 미상), 평북 용천, 대통령표창(1963년)

142 韓國光復軍第三支隊北平地區軍事特派團部派金址玉爲團部兼主任的函, 1945년10월, J1-1-329

143 李在賢(일명 李海平, 1917-1997), 경기 시흥(始興) 출신, 1963년 건국훈장 독립장 수여

144 『노해병의 회고록』, p.78《조경한의 회고록에 의하면 400여 명이라고 하는 등 기록마다 편차가 많다.》

영호 등 4명으론 업무를 감당하기 어려워 서안 본부에 증원을 요청하는 한편, 인수한 일개 대대병력을 개편하여 대대장에 신현준, 중대장에 박정희, 이주일, 이성가를 임명하고 교민회를 재정비하였으며, 중국정부와도 긴밀한 연락을 취하였다고 한다. 2~3개월 후 이광[145] (화북선무단장)과 최용덕[146](선무단 군무조 주임)이 북경에 오자 모든 업무를 인계해 주었다고 주장한다.[147]

평진대대 통솔권이 최종적으로 이광과 최용덕에게 이관되었음은 맞다. 그러나 그 이전 김광언과 이재현은 생사를 건 싸움을 하였다는 증언이 많다. 박영준[148] 역시 "부대 통솔권을 두고 김광언과 이재현 사이에 싸움이 벌어졌으며 이재현은 중국 군대를 동원하여 3지대 소속 일개 중대를 무장해제 시켰다."는 증언을 한 바 있다.[149]

제2지대와 3지대의 주도권 다툼보다 정작 큰 문제는 임정 외 단체와의 갈등이었다. 화북대표부와 광복군은 임시정부의 명의로 다른 계열의 단체를 강제로 해체시키고자 했다. 광복군 제3지대는 북경의 한인들에게 '재화북교포의 불정상업을 취체', '대한독립반역분자를 체포한다.'는 등 군정식 정책을 실시함으로써 많은 한인들로부터 원성을 듣고 있었다.

북경지역에서 광복군이 한인들에게 무소불위의 권력을 휘두르면서

---

145 李光(1879~1966), 충북 청주 출신, 1963년 건국훈장 독립장 추서
146 崔用德(1898~1969), 서울, 1962년 건국훈장 독립장 추서
147 이재현과 염인호의 면담 《염인호, 해방 후 한국독립당의 중국 관내지방에서의 광복군 확군운동》
148 朴英俊(1915~ 미상), 경기 파주, 박찬익의 아들, 1977년 건국훈장 독립장 추서
149 박영준과 염인호의 대담 《염인호, 해방 후 한국독립당의 중국 관내지방에서의 광복군 확군운동》

제시한 이유는 다섯 가지였다. 첫째, 한국은 독립 국가이므로 화북대표부의 허가가 없는 단체를 인정할 수 없다. 둘째, 국민당 북평시당부의 허가를 받은 것은 한국의 독립자유를 위반한 것이며, 국민당의 지도를 받는 것은 매국적인 행위이다. 셋째, 한국의 독립은 스스로 이루어질 것이며 외부의 간섭을 받지 않는다. 넷째, 한국의 모든 행위는 화북대표부를 주체로 하며 중국인은 지도, 참여 및 의견 제시 등 권리가 없다. 다섯째, 한국인으로서 중국 기관과 연락한 자에게는 적과 통하는 죄를 묻는다.

그 무렵 북경 당국으로부터 유일하게 인정을 받은 단체는 〈화북한교지도위원회〉였다. 회장은 조남준이다. 광복군의 월권과 행패를 도저히 묵과할 수 없었던 교민들은 〈화북한교지도위원회〉를 통해 화북대표부의 해산을 요구할 수밖에 없었을 것이다. 이러한 움직임에 대한 대응책으로 상기 다섯 가지 선언을 한 것으로 보인다. 결국 화북대표부는 해체되었다. 그러나 그들의 구성원을 광복군에 예속시키면서 북경에 있는 모든 한인단체를 정립시키는 일환으로 화북대표부를 시범적으로 해산시켰다는 선전을 했다. 이러한 가운데 흥한단(興韓團) 사건이란 대형 사고가 터진다.

1945년 10월 11일 정이중(鄭二中)은 광복군 20여 명을 대동하여 공산주의 계열의 단체인 한국교민자치위원회의 사무소에 가서 회장 신일용을 연행하여 광복군 본부에 구금하였다. 또 10월 하순경에는 공산당계열의 활동을 소멸한다는 명목으로 흥한단[150]을 습격한다. 부

---

150 한국교민자치위원회의 산하 조직으로 50여 명으로 구성되었다.

단장과 단원 17명을 죽이고 10여 명에게 중상을 입혔다.[151]

조경한[152]은 "연안독립동맹 간부 노계조 등 20여 명이 북경에 잠입하여 신일용을 중심으로 한 조선인민자치위원회를 조직하고 동 산하단체인 흥한단(단원 200여 명)으로 하여금 교포의 생명과 재산에 대한 살해·약탈이 극심하므로 중국 국민정부 북경행영(北京行營) 주임 이종인(李宗仁) 상장(上將)의 특청을 받아 그 공산당 소굴인 흥한단을 급습하여 공산당 간부 200여 명을 생포하고, 은닉한 경기관총 4문, 99식 소총 50정, 권총 23정, 각종 탄환 6천여 발을 압수해 폭동을 미연에 방자했다."고 한다.[153] 그러나 북평 UP특파원 호이로(미국인)의 전언을 인용한 당시 신문은 전혀 다른 내용을 보도하였다.

중국인과 조선인 사이에 발생된 불상사의 원인에는 광복군도 일부분 관련을 가지고 있다. 광복군은 전쟁이 끝나자 일군 부대에 참가하였던 조선인 병사들과 같이 화북에 들어와 군사령부를 설치하였으나 이 단체는 화북조선인을 지배하기 위한 폭력단체에 불과했다. 화북조선인은 광복군을 소탕하기 위하여 흥한단이라는 또 한 개의 폭력단체를 조직하였다. 작년 말에 광복군은 흥한단이 중앙기구를 파괴하려는 음모를 하고 있다고 중앙군 제12군 사령부에 밀고하였다. 중앙정부 당국은 이 문제에 대하여 간섭하여 회담을 할 터이라고 흥한단에 모(학)교 교정에 모이라고 명한 후 교정에 집합

151 한국정신문화연구원, 『평진지대 상황보고』, p.591 《손염홍, 한국광복군 북경에서의 활동》 재인용

152 趙擎韓(1900~1993), 전남 승주, 제6대 국회의원(공화당), 1962년 건국훈장 독립장 수여

153 조경한 편저, 『대한민국임시정부사』, 대한민국 임시정부기념사업회, 1991, p.607

한 군중을 기관총으로 학살하여 버렸다. 이 학살 사건이 발생한 후 광복군은 권력을 박탈당하고 이에 관련된 중국인 책임자는 중앙정부 당국이 체포하여 처벌하였다.[154]

"화북조선인을 지배하기 위한 폭력단체에 불과했다"고 광복군을 보는 시각은 많은 것을 암시해 주고 있다. 위 사건과 관련하여 국민당 군사위원회가 하응흠 남경 겸임 총사령에게 보낸 자료가 있다.

남경의 중국육군총사령부 하(何) 겸임총사령에게 전합니다. 10월 9일자 대전(代電)은 접수하셨으리라 믿습니다. 한국임시정부 김구 주석이 지난 15일자 함전(函電)에서 언급한 상해 외탄 일대 한인들의 지하활동과 신향 지역 한교회 조직문제 등에 대해 "우리 정부는 사전에 전혀 이런 내용을 인지하지 못하고 있었습니다. 다만 북평과 천진 일대 한적 사병들을 초모하고 훈련시키기 위해 우리 정부에서는 비밀리에 조성산 등 동지들을 파견한 사실이 있습니다. 아울러 조 동지 등을 통해 이 지역에서 한국인회 등을 조직하여 지하활동을 전개하도록 지령을 내린 사실은 있습니다. 포악한 일본제국주의가 투항하고 중앙의 주요 인물들이 북평에 진주하자 조성산 동지는 먼저 북평행영(北平行營)의 왕 참모장, 여 전진지휘소주임, 천진 경찰국 이 국장 등에게 각기 공작경과를 보고하고 당장에서 적극적인 지원을 약속받은 바 있습니다.

한인 최 모 등이 북평과 천진 일대에서 신일용 등과 조직한 한교

---

154 「조선인민보」, 1946.6.6

지도위원회는 이미 오래전부터 섬서 북부(연안의 공산당)와 연락을 취해 왔으며, 모로군(제18집단군)이 그 배후에서 조직을 조종하는 동시에 조직의 확대를 꾀하고 있습니다. 이들을 그대로 내버려둔다면 장래 우려할만한 상황이 발생하게 될 것입니다."는 내용의 편지를 보내왔습니다. 이런 사정을 각 유관 전구에 통지하여 참고토록 해 주시기 바랍니다. 군사위원회 10월 24일[155]

UP특파원의 보도와 대부분 일치한다. 결국 흥한단 사건의 배후는 임정주석 김구였고 하수인은 조성산이었다는 결론이다. 북경 당국으로부터 공식 인정을 받은 〈화북한교지도위원회〉를 공격할 때는 "국민당의 지도를 받는 것은 매국적인 행위"라 하며 "한국인으로서 중국 기관과 연락한 자에게는 적과 통하는 죄를 묻는다."라고 철저한 주체 민족주의자 흉내를 내던 임시정부가, 동포들을 학살하는 계획을 세울 경우에는 중국 군부와 음모를 함께 꾸미는 이러한 현상을 어떻게 받아들여야 할지 모르겠다.

그러나 동포를 모함하여 학살한 대가는 처참했다. 오히려 그 사건이 부메랑이 되어 조만간 광복군의 무장해제라는 수난을 겪게 된다. 흥한단 사건 이후 중국 국민당 측은 진압 과정과 결과에 대해 문제를 제기했다. 즉, 북평에는 한국교민자치위원회라는 중공계 단체가 있었는데 "광복군은 일찍이 무력으로써 이 단체를 해산시키고 간부 10여 명을 광복군 본부에 감금하였다. 광복군은 불량분자 검거를 빙자

155 상해 외탄의 한인 지하활동과 신향 지역 한교회의 활동에 관한 지령, 발신 군사위원회, 수신 하응흠, 1945년 10월 24일, 김영신 편역, 『장중정총통당안 중 한국관련자료 집역』, 선인, 2011, pp.109-110

하여 사원을 갚았다. 이로 인해 광복군에 대한 한교의 반감은 또한 매우 깊다. 원래 광복군 내부는 불건전하였다."고 하였다.[156] 물론 자신들의 비행은 감추었지만 그들로서도 임정 및 광복군의 행태에는 도저히 묵과할 수 없다고 느꼈던 모양이다.

중요한 것은 민심이다. 흥한단 학살이 일어난 지 며칠 되지 않아 또 다른 사건이 꼬리를 물었다. 1945년 11월 23일자로 작성되어 국민당 중앙집행위원에 접수된 문서에 의하면 "천진한국교민위원회 서상의(徐尙義)가 천진에서 암살당했다"는 소식이 전해졌다.[157] 범인은 제3지대 대원이었다. 박영준은 다음과 같은 증언을 남겼다. "교민회장이 광복군에 대해서 악선전하므로 그를 친일파 아니면 공산주의자로 보고 죽였다는 것이며, 그로 인해 천진지구 광복군 책임자가 투옥되었는데, 후에 최창석이 손을 써서 석방되었다"는 것이다.[158] 사정이 이렇다 보니 국내 우익계 언론인 「한성일보」조차 다음과 같은 기사를 보도했다.

조선의용군이 화북과 동북지방 동포의 생명과 재산을 보호하는 한편, 재류동포의 식량, 기타를 확보하는 중대한 사명을 다하고 있으며 그로 인해 일반 재류동포는 의용군을 친형제와 같이 그들을 믿고 있다.[159]

---

156 『자료한국독립운동-2』, p.498
157 『자료한국독립운동-2』, p.494
158 박영준의 증언, 「조선인민보」, 1946.4.14
159 「한성일보」, 1946.3.8

소위 광복군에 대한 인식은 북경에 주둔 중이던 미군들도 마찬가지였던 모양이다. 미 제10군 제24군단에 의한 1946년도 말의 보고서에 첨부된 사진을 기초로 편집한 『살아서 돌아보다』에는 사진 말미에 미군의 코멘트가 달려 있다. 그중 광복군에 관한 내용을 발췌·소개한다.

이들은 중국에서의 항일을 위해 결성된 한국인 조직의 구성원이었는데, 후에 이 조직은 김구가 이끄는 우파인 '임시정부'의 테러집단이 되었다. 광복군은 중국 북부에서 한국인 사회에 대한 폭력행위를 계획하고 또한 한국에서는 그 행동으로 인해 비합법적 조직으로 간주되었다. 광복군 장교와 병사들은 중국에서 분단되어 각각 다른 집단으로서 귀환했다. 그들은 중국 북부에서 귀환한 약 5만에 달하는 한국인 가운데서 마지막 단체에 속해 있었던 것이다. [160]

광복군이란 전시 중에 항일을 목적으로 '대한민국 임시정부'가 조직한 것인데 후에 테러리스트 집단이 되고 귀환할 때는 작은 그룹으로 해체되지 않으면 안 되었다. 이들 광복군 병사들은 북경이나 천진에서 한국인 주민들에 대한 폭력행위를 시도했기 때문에 남한의 미군 당국은 광복군을 해체할 수밖에 없었던 것이다. [161]

당초에 광복군 병사의 대부분은 일본군 병사였다. 이들은 그 후 광복군에 참가했는데 일본이 항복한 후 얼마 되지 않아 테러 조직

---

160 『살아서 돌아오다』, p.47
161 『살아서 돌아오다』, p.46

으로 알려지게 되었다. 원래 중경에서 편성된 광복군은 중국 대륙에서 일본군과 싸울 목적으로 조직된 것이었다.[162]

　이들 후 광복군 중에서 대한민국의 대통령, 육군대장, 초대 해군참모총장 등이 배출되었다. 박정희가 소개한 여러 사건에 얼마나 깊이 관여했는가는 확실히 밝혀진 바 없다. 다만 그 시기 박정희가 광복군 제3지대 재평진대대의 중대장이었던 것은 틀림없는 사실이다. 일차 책임은 김구를 비롯한 임정 요인들과 광복군 고위 간부들에게 있을 것이다. 그러나 이러한 후 광복군을 통해 변신을 꾀했고, 그 집단이 해산될 때까지 머물렀던 것에 대한 책임은 회피하지 못할 것이다. 박정희가 일생 내내 '후 광복군'에 대하여 침묵을 지킨 이유다.

　흥한단 사건, 천진한국교민위원회 회원 암살 등으로 곤혹을 겪은 임시정부는 당연히 확군작업을 중단하거나 문제의 광복군 지대를 폐쇄해야 했다. 그러나 그들은 다른 방법을 찾았다. 1945년 11월 15일 광복군주평판사처란 별도의 기관을 만들어 광복군 제2 · 3지대의 업무를 흡수해 버린 것이다. 중국군 항공 상교 출신인 최용덕을 처장에 앉히고 조성산은 정치지도부임으로 임명하여, 지대간의 불협화음을 원천 차단하고자 한 것이다. 그러나 때는 늦었다.

　국민당 정부는 한적 장병을 해방된 민족으로 보았던 정책을 변경하여 이들을 전쟁포로로 취급하였다. 1945년 12월 22일 반포한 〈한적포로처리변법(韓籍捕虜處理辨法)이 바로 그것이다.[163] 결국 광복군

---

162 『살아서 돌아오다』, p.48
163 『자료한국독립운동-2』, pp.495-496

주평판사처의 무장은 해체되었다.[164] 그리고 4월 중순경 그 조직마저 없어져 버리고 만다. 박정희 등이 개인 자격으로 초라하게 귀국한 연유다.

| 박정희 좌익콤플렉스의 뿌리, 대구항쟁과 박상희의 죽음 |

1946년 12월 14일, 박정희는 80일간의 교육을 마치고 조선경비사관학교를 제2기로 졸업하고 소위 계급장을 달았다. 만군, 일군에 이어 미군정하의 조선경비대 소속 장교가 되었으니 그의 감회는 남다를 수밖에 없었으리라 본다. 그의 나이 서른이었을 때다. 박정희가 태릉에서 교육을 받고 있을 무렵은 태풍의 계절이었다.

입교 이틀 전인 1946년 9월 23일, 부산의 철도노동자 파업을 시작으로 전평(朝鮮勞動組合全國評議會) 주도의 총파업이 시작되었고, 곧이어 10월 항쟁이 전개됐다. 전국적으로 2백만 명 이상이 봉기에 참여했다.[165] 많은 이들이 죽었고, 다쳤고, 행방불명되었다.[166] 좌·우익이 뭔지도 모르고 단지 생활고 때문에 참여했다가 진짜 좌익으로 돌아선 사람도 생겼다. 일부는 북으로 도피했으며 또 많은 이들이 산으로 도피해 빨치산이 되었다. 물론 과거를 철저히 숨기고 극렬반공투사로

---

164 市警察局爲査明韓國光復軍駐平辦事處趙炳杰身分等給市政府的呈, J181-24-474《손염홍의 논문, 한국광복군 북경에서의 활동》재인용

165 《서울: 조선중앙연감, 조선통신사, 1949, p.217》에 의하면, 전국적으로 파업 및 시위에 참가한 인원은 2,279,338명이다. 이는 15세 이상 남한 인구 10,800,888명의 18.6%에 달한다.

166 커밍스에 따르면, 경찰관 피살자 수는 200명 이상이고 민간인 1천 명 이상이 죽었다. 체포된 사람의 총수는 3만 명 이상이었다. 『한국전쟁의 기원』, p.471

변신한 사람 역시 다수다. 진원지는 대구였다. 그리고 경북이었다.

　박정희 개인에겐 셋째 형 박상희의 죽음이 무엇보다 큰 충격이었을 것이다. 형과 함께 지냈던 여러 추억이 떠올랐을 것이다. 무엇보다 만주행의 계기가 되었던 형과의 불화가 먼저 그를 괴롭혔을 것으로 짐작된다. 처와 자식을 돌보지 않는 무책임함과 불성실을 지적하며 몽둥이찜질을 해대던 형의 모습이 새삼 그리워졌는지 모른다. 또 다른 에피소드가 하나 있다. 서울행 여비에 얽힌 박정희의 도둑질 사건이다. 조갑제는 박정희의 누나 박재희의 기억을 빌려 다음과 같이 서술했다.

　그의 매형인 한정봉이 경북 상주의 농토를 일부 처분하여 서울행 여비를 마련해 주었다고 한다. 박정희가 서울로 가기 전날 밤 박재희는 열병에 앓아누워 있었다. 오빠 박상희가 무엇인가를 들

1946년 10월 1일 대구시민들이 '쌀이 아니면 죽음을 달라'며 기아행진을 하고 있다.
(10월항쟁유족회 제공)

고 오더니 머리 쪽 선반 위에 얹어 놓으면서 "이것 좀 잘 간수해 달라"고 말하곤 나가 버렸다. 다음 날 아침 박정희가 나타나더니 선반 위를 더듬었다. 그는 박상희가 놓아둔 것을 내렸다. 카메라였다. "누님, 나 이것 가지고 갈 테니 형님한테는 내가 기차 탄 뒤에나 이야기하세요." "그거 비싼 거냐?" "갖고 가서 급하면 팔아서 쓸 거예요."

박정희는 과연 서울에 가서 이 카메라를 처분했다고 한다. 카메라가 없어진 것을 안 박상희는 애꿎게도 재옥이 어머니를 불러 호통을 쳐 눈물을 쏟게 만들었다. 박정희가 서울로 올라간 지 열흘쯤 어느 날(1946년 9월말), 박재희에게 편지가 한 장 날아왔다. 사관학교에 들어갔다는 소식이었다. 그는 다시 총의 길로 들어선 것이었다.[167]

많이 알려진 내용이다. 한편 김종필은 좀 다른 증언을 한다.

장모는 시동생인 박정희 의장을 아끼고 뒷바라지해 줬다. 대구사범을 나와 문경에서 보통학교 선생을 하던 박 의장이 만주로 갈 때(군관학교 입학) 장인 박상희의 금시계를 훔쳐서 준 게 장모였다. 코를 골며 낮잠을 자고 있던 장인의 조끼 주머니에서 회중시계를 몰래 빼서 내줬다 한다. 잠에서 깬 장인이 "시계 어떻게 했느냐"고 묻자 장모는 "시동생이 만주 가는데 여비 줄 돈이 없어서 생각다 못해 당신 시계를 꺼내 줬다"고 털어놨다. 장인은 처음엔 "아니, 이

167 『박정희①불만과 불운의 세월』, pp.116-117

녀석이"라며 화를 냈다. 장인은 박 의장이 일제가 창설한 만주군관학교에 들어가는 걸 좋아하지 않았다. 하지만 곧 화를 참았다고 한다. 장모 말로는 장인은 결국 '아, 동생이 그게 없으면 만주로 가지 못할 형편이구나. 잘 가거라.'라는 태도를 보였다.[168]

신경군관학교 입학을 위해 만주행 여비가 필요했을 때는 형수가 금시계를 도둑질하였고, 조선경비사관학교 입교를 위해 서울행을 결심했을 때는 박정희 자신이 형의 카메라를 도둑질하였다고 한다. 누나 박재희는 공범을 자처했다. 실화인지 혹은 단순한 삽화인가는 알 수 없다. 주목할 점은 금시계와 카메라다. 일제강점기 시절 금시계를 차고 다녔고, 해방공간에서 카메라를 소유했다는 증언은 박상희가 중간 이상 수준의 생활을 했다는 뜻이다. 박정희 혹은 그의 집안을 이야기할 때 늘 따라붙는 '가난'이라는 이미지와 거리가 있다. 그가 살아온 흔적을 짚어 보자.

박상희가 우리에게 익숙한 인물이 되게 한 것은 김준연의 공로가 크다. 1963년 가을, 민정이 양의 약속을 번복하고 박정희가 대통령 선거에 출마할 것을 공식화하자 윤보선의 전주발언을 기점으로 박정희의 사상 문제가 선거의 쟁점으로 대두되었다.[169] 박정희의 남로당 프락치설이 제하 언론을 뜨겁게 달굴 무렵, 박정희의 형을 언급하는 새로운 주장이 자민당 후보 송요찬 측으로부터 제기되었다. 발설자는 김준연(金俊淵, 1895-1971)이다.

---

168 "좌익 경력 혁명 지도자와 협상해 봐라" 김일성은 박정희를 오판했다. 「중앙일보」, 2015.4.22.
169 여순사건 관련자가 정부에 있는 듯. 「경향신문」, 1963.9.24

간첩 황태성은 박정희 친형 박상희 씨와 친면이 있는 사이고 박상희 씨는 대구 폭동 당시 군위(軍威) 인민보안서장으로 활약했다가 토벌 경찰에 의해 사살되었고, 여순반란사건 때 박정희 씨가 남로당 군 책임자였다는 것, 또 박 씨의 조카사위인 김종필 씨가 서구식 민주주의를 부인하고 공산세계와 일맥이 통하는 소위 교도민주주의를 제창하였다는 것 등으로 미루어 그의 사상이 의심되지 않을 수 없고…[170]

선산(善山)을 군위(軍威)로 표기한 오류는 접어 두자. 문제가 되는 것은 김준연의 주장이다. 그에 의하면, 황태성과 박상희는 모두 '빨갱이'였고 박정희와 김종필도 사상이 의심되는 인물이 된다. 아이러니한 것은 박과 김의 전향을 믿을 수 없다고 주장하는 김준연 그도 전향자라는 사실이다.[171] 김준연 역시 공산주의자이자 신간회 출신인데 해방공간에서 입장이 달라졌다 하여 '빨갱이'로 몰아붙이는 장면이 그리 곱게 보이지 않는다.

그러나 김준연의 폭로는 파장이 그리 크지 않았다. 박상희 관련 기사는 '박 후보가 둘러싼 5대 의혹'이라는 제목으로 보도된 경향신문의 기사에서 김준연의 발언을 재인용한 것으로 끝이었다.[172] 자신이

---

170 박정희 씨 사상을 의심, 「동아일보」, 1963.10.2

171 김준연은 엠엘파의 중요 인사로서 조선공산당 창립에 관여했다. 그리고 신간회의 발기인이었으며 신간회 창립에 주도적 역할을 한 바 있다. 《보훈처, 독립유공자 공훈록 김준연 편》 참조

172 박 후보가 둘러싼 5대 의혹, 「경향신문」, 1963.10.4

황태성 사건에 대한 정부의 입장을 보도한
1963년 9월 28일자 경향신문

옹립했던 송요찬이 사퇴를 하였고,[173] 무엇보다 박상희를 거론하는 것 자체가 여·야 모두에게 도움이 되지 않는다고 판단한 듯싶다. 박상희의 과거를 파헤치면 그가 민족주의자로 새롭게 부각될 수도 있으니 야당 입장에선 결코 바라지 않는 현상일 터이고, 여당 측 역시 색깔 논란 자체에 부담을 가졌을 것으로 짐작된다. 게다가 김준연이 폭동으로 표현한 대구항쟁은 미군정이 관련된 극히 예민한 사안이었다.

그 후 오랫동안 박상희는 잊힌 인물이 되었다. 박상희가 다시 부활한 것은 박정희가 죽고 나서도 오랜 시간이 지나고 나서다. 2000년대에 들어서서 황태성 사건이 다시 거론되고, 민간인 학살 문제가 여론화되기 시작하고부터다. 긴 세월 묻혀 있던 인물이 다시 등장하고 보니 여러 가지 색깔이 덧씌워지기 시작했다. 그는 위대한 독립운동가가 되었고, 인민항쟁을 영도한 투쟁가로 변신하게 되었다. 여기저기서 증언이 쏟아지기 시작했다.

박상희는 박정희의 사상 문제를 거론할 때 황태성과 함께 늘 등장하는 단골 메뉴다. 그러나 박상희처럼 평가가 여러 갈래로 나뉘는 인물도 드물 것이다. 반공을 주창하는 입장에서 보면 황태성과 박상희

---

173 송요찬 씨 입후보 사퇴, 「경향신문」, 1963.10.7

는 용서할 수 없는 '빨갱이'다. 일제강점기하 신간회 활동부터 시작하여 해방 후의 건준, 인민위원회 특히 10월 항쟁시의 활동은 그가 '빨갱이'라는 확실한 증거가 된다.

반면 박상희를 옹호하는 반공주의자들도 있다. 김종필·조갑제 등의 주장에 의하면, 박상희의 좌익 활동을 현재의 잣대로 평가해서는 안 되며 그의 기본 사상은 민족주의라는 것을 인식해야 된다고 한다. 그들은 박상희를 민족주의자이며 항일지사라고 평가한다. 그러나 황태성의 경우는 항일지사 이전에 확실한 '빨갱이'이므로 박상희와는 다르다는 것이 박상희를 옹호하는 반공주의자들의 입장이다.

한편, 박상희와 황태성 두 사람 모두를 민족주의자이며 독립운동가로 평가하는 부류도 있다. 일제하 사회주의 활동은 민족해방 전선의 일환으로 평가하자는 것이다. 분단 상황하의 한계를 극복해야만 한다는 논리다.

박상희의 정체성을 파악하는 문제는 박정희가 변절자 혹은 기회주의자였는가를 알 수 있는 첫 열쇠다. 먼저 검토할 것은 그의 죽음에 얽힌 일화들이다. 박상희의 사위인 김종필의 주장을 소개한다. 아래는 2015년 중앙일보에 연재된 〈소이부답(笑而不答)〉 중 박상희와 관련된 부분을 발췌한 것이다.

장인은 46년 10월 1일 대구사건이 경북으로 확산되면서 경찰이 쏜 총에 맞아 돌아가셨다. 일부에 장인이 구미의 주동자로 알려진 것은 틀린 얘기다. 구미의 유지였던 장인은 불필요한 희생자가 나오지 않게 하기 위해 좌우 양측 중재자(仲裁者)로 나섰다. 46년 10월 6일 구미경찰서 서장실에서 장인은 좌익 간부와 경찰서장을 앞혀 놓고 사태 수습을 논의하던 중이었다. 그때 수도경찰청 소속의 경찰대가 들이닥쳐 '대구폭동' 주모자를 색출한다며 덮어 놓고 총을 마구 쏘아댔고, 그 총탄에 장인이 맞아 돌아가셨다. 장인은 중재하러 나섰다가 죽임을 당하셨으니 공산당과는 거리가 있다. …(중략)… 황태성은 내 장인과 어릴 때부터 친했다. 경북 김천에서 활동을 했던 황태성은 대구 10·1 사건의 주동자였다. 그 후 대구사건 관련자에 대한 검거 열풍이 거세지자 황태성은 북쪽으로 도피했다. 과거 일제 땐 독립운동을 했고 민족주의자였겠지만 월북 후 공산당 정권의 부상을 지냈다.[174]

김종필은 자신의 장인이 공산주의자가 아니라는 데 방점을 두고 있다. 대구항쟁이 구미로 확대되었을 때 현장에 있었던 것은 맞지만, 그 목적에 대해 "불필요한 희생자가 나오지 않게 하기 위해 좌우 양측 중재자(仲裁者)로 나섰다."고 했다. 경찰서 서장실에서 좌익 간부와 경찰서장과 함께 사태수습을 논의하던 중 수도경찰청의 경찰대의 총탄에 맞아 죽었고, 중재하러 나섰다가 죽임을 당했으니 공산당과는 거리가 있다고 한다.

조갑제의 글은 김종필의 주장과 거의 비슷하지만 보다 정교하게 가공되었다. 그는 사건 현장에 있었던 송재욱이란 증인을 발굴하여 당시의 상황을 재구성했다. 증언자가 우익인사 중의 한 사람이었지만 박상희의 지도하에 결성된 건국준비위원회 구미지부의 조사부 차장

---

174 "좌익 경력 혁명 지도자와 협상해 봐라" 김일성은 박정희를 오판했다, 「중앙일보」, 2015.4.22

이었던 전력을 고려했던 듯싶다.[175] 자신의 부친과 조부가 갇히는 장면, 박상희의 배려에 의해 집과 약방이 무사하게 된 것 그리고 유치장에 갇혀 있던 잡범들의 출소 금지, 우익인사들을 교화시켜 인민경찰로 만들어야 한다는 박상희의 발언 등이 송재욱의 증언 내용들이다. 송재욱의 증언을 토대로 조갑제가 정리한 당시의 상황은 대개 다음과 같다.

- 좌익분자들이 선동하여 쌀 창고를 탈취한다. 이때 박상희가 등장한다.
- 그는 군중들을 지휘하여 선산경찰서와 면사무소를 점령한다.
- 폭도들은 구미 면장, 의용소방대장, 독립촉성회 간부 등 우익 유지들을 잡아들였다(이들은 박상희의 막작 친구들이었다).
- 박상희는 이들과 경찰관들을 자동차 부품 창고에 가뒀다.
- 박상희는 폭도들에게 구금된 인사들에 대한 폭행을 엄금했다.
- 구금 첫날 밤, 선산경찰서 수사과장 박학림이 허술한 창고를 탈출하여 대구로 갔다.
- 다음 날(10월 4일) 오후, 충청도 경찰병력이 트럭 두 대에 분승하여 구미로 왔다.
- 박상희의 부하인 김정수가 청년들을 데리고 공포를 쏘았다.
- 경찰들은 대구 쪽으로 떠나고 청년들은 횃불을 들고 온 마을을 휘젓고 다녔다.
- 대구와 왜군이 미군과 경찰에 의해 진압되었다는 소식을 들었다.

---

175 『내 무덤에 침을 뱉어라 2- 전쟁과 사람』, p.185

- 박상희의 기가 꺾이기 시작했고 창고에 갇힌 경찰관들을 풀어주었다.
- 10월 5일, 대구에 파견되었던 충청도 경찰들이 다시 트럭을 타고 돌아왔다.
- 경찰은 총을 난사하며 구미로 진입했다. 민간인 수 명이 사살되었고 폭도들은 달아났다.
- 창고에 갇혀 있던 사람들이 나왔고, 하루 전에 석방된 백철상 서장 곁에 박상희가 멍하니 앉아 있었다.
- 서장과 유지들이 자신들의 생명을 구해 준 박상희에게 도망가지 말 것을 권유했다.
- 외부 경찰들이 경찰서로 진입하자, 박상희는 갑자기 창문을 통해 달아났다.
- 유지들이 돌아오라고 소리쳤다.
- 서장실로 밀려든 경찰들이 박상희를 향하여 집중사격을 했다.[176]
- 박상희와 함께 달아나던 김광암 군농조위원장, 장달수 민청간부가 사살되고 6~7명의 비무장 주민들도 사망했다. 공개총살은 없었다.[177]

"박상희는 억울하게 죽었으며 그 원인은 실수 혹은 오해의 결과다"라는 것이 김종필과 조갑제의 결론이다. 선산군의 상황을 좀 더 자세

---

176 『내 무덤에 침을 뱉어라 2- 전쟁과 사람』, pp.186-189
177 『내 무덤에 침을 뱉어라 2- 전쟁과 사람』, p.190

히 살펴보자. 아래는 정해구가 정리한 글이다.

선산군의 항쟁은 대구에서 직접 선동자들이 내려오지 않았음에도 불구하고 대단히 조직적인 모습을 보여 주었다. 10월 3일 오전 9시 경 민청간부 김정수와 군 민전사무국장 겸 인위 내정부장인 박상희 등을 선두로 2,000여 명의 군중이 적기가를 부르며 구미경찰서를 내습하였다. 이들은 백철상 서장에게 경찰력의 무능을 이유로 전 기능을 인민위원회 측에 넘길 것을 요구하고, 경찰서 간판을 떼고 선산인민위원회보안서라는 간판을 내걸고 총무 수사 등의 인사까지 결정하였다. …(중략)…

G-2의 한 보고서는 당시 선산군 상황의 일면을 보여 준다. 10월 5일에 미군장교 1명과 사병 16명이 호위하는 트럭 6대로 구성된 미군정의 추곡수집대가 선산을 떠날 때, 쌀의 반출에 항의하는 군중들에 의해서 돌 세례를 받았다. 이에 미군은 공포를 쏘았으나 효과가 없자 군중에게 발포하여 주민 2명이 사망하고 군중들은 해산하였다. …(중략)… 선산군의 항쟁은 6일 오전 6시 15분 경 대구에서 내려온 경기도 응원경찰대에 의해 진압되었다. 박상희(인위 내정부장 겸 민전 사무국장), 김광암(농조위원장), 장달수(민청 간부) 등은 도주하다가 사살 당하였다.[178]

정해구는 대구항쟁에 참여했던 선동자들이 선산에는 내려오지 않았음에도 대단히 조직적인 모습을 보여 주었다는 점에 방점을 두었

---

178 정해구, 『10월 인민항쟁연구』, 열음사, 1988, pp.120-121

다. 선산 지역에 나름대로 지역조직이 뿌리를 내리고 있었다는 뜻이다. 이로 인해 인명살상이 거의 없었다고 판단한 것으로 보인다.

당시 선산군의 인민위원장은 이재기였고,[179] 박상희는 박조영·양창세와 함께 전국인민위원회 대표자 3인 중의 한 명이었다.[180] 그 외 전농결성대회 대표로 박홍익·박조영·김용악 등이 농민단체를 이끌고 있었다.[181] 조갑제와 정해구의 글에는 민청간부로 김정수와 장달수 그리고 농조위원장으로 김광암이 등장하는데[182] 아무튼 선산지역에 우익인사에 대한 테러가 없었다는 사실에는 정해구도 동의하고 있다.

한편 폭동 인사 및 주민들의 사망 사례로 정해구는 박상희·김광암·장달수 등 3명과 주민 2명을 거론한 반면 조갑제는 박상희·김광암·장달수와 6~7명의 비무장 주민들의 죽음을 다루고 있다. 다소 기록의 차이는 있지만, 주민들이 10여 명 죽었고 경찰 및 우익인사들은 피살당한 경우가 없었다는 결론이다. 미국 측의 자료에도 우익의 인명 피해 사례는 없다.

구미에서는 군중 2,000명이 10월 3일에 경찰서를 점거했다. 그들은 경찰을 투옥시켰으며 현지 경찰 및 관리의 주택을 무려 86채

---

179 「무궁화」II, 계림서관, 1945년 12월호 《김남식·이정식·한홍구 공편, 『한국현대사자료총서』 6, 돌베개, 1986, p.373》 재인용

180 전국인민위원회, 「전국인민위원회대표자대회의사록」, 조선정판사, 1946, pp.185-187 《『한국현대사자료총서』 6, pp.546-547》 재인용

181 전국농민조합총연맹서기부, 「전국농민조합총연맹결성대회회의록」, 1946, pp.6-7 《『한국현대사자료총서』 12, p.560》 재인용

182 1946년 10월 13일자 〈대구시보〉를 인용한 것으로 보인다.

나 파괴했다.[183]

시위자들은 이어 선산경찰서를 점거하고 대구에서 파견된 도경 75명의 공격을 격퇴시켰다. 한 미국인은 "경찰이 도착했을 때 인민이 지배를 하고 있었으며 경찰이 떠났을 때도 여전히 인민이 지배를 하고 있었다."라고 평했다. 선산 바로 남쪽에 있는 낙성동에서는 군중 2,000명이 대나무, 창, 농기구 및 곤봉으로 무장했으며 이를 현지주민들에게 나누어 주었다.[184]

인민들이 경찰서를 점거했고, 경찰 및 우익인사들의 가옥을 파괴했으며 그들의 정권을 만들어 통치했다는 점을 지적하고 있다. 그러나 인명살상 문제는 거론하지 않고 있다.

그렇다면 당시 경찰은 선산사건을 어떻게 보았을까? 먼저 미 군정청 경무부장 조병옥(趙炳玉)의 말을 들어 보자. 1946년 10월 7일, 대구 및 인근 지역의 상황이 어느 정도 정리되었을 때 조병옥은 '대구소요사태의 경위'를 발표했다. 조병옥의 발표문 중 선산에 관여된 부분은 대구(大邱)·영천(永川)·군위(軍威) 등 탈취당했던 8개의 경찰서 중 선산(善山)이 포함되었다는 발언이다.[185] 경찰서가 함락되었다는 것은 권력의 상실을 뜻한다. 10월 항쟁을 거론할 때 선산이 주목되는 이유다. 좀 더 자세한 내용은 진압병력 총사령관 한종건(韓鍾健)이

---

183 대구방첩대 보고, 1946년 10월 14일, 《브루스 커밍스, 김자동 옮김, 『한국전쟁의 기원』, 일월서각, 1986, p.447》 재인용

184 99th MG Company, "Unit Journal", 1946년 10월 3일, 《『한국전쟁의 기원』, pp.447-448》 재인용

185 조병옥, 대구소요사태의 경위 발표, 「동아일보」, 1946.10.8

그달 말 대구소요사태 내용과 대책을 발표했다. 아래는 선산 관련 내용이다.

　각 지방 참상 중 가장 심한 지방은 永川 倭館 善山 星州 軍威 警察署 등인데 永川 倭館에 대하여서는 차후로 미루고 기타에 관하여 그 상황을 간단히 말씀드리면 善山 龜尾地方 暴民들은 10월 3일 오전 10시경 선산경찰서를 접수하고 선산경찰서의 간판을 파괴하고 그 대신 선산인민위원회 보안서라는 간판을 내걸고 경찰서 유치장에는 서장 이하 서원 20여 명의 지방 우익정당 요인들을 구속하고 서 내에는 總務 搜査 등의 부서의 인사까지 결정하고 소위 인민재판을 개시하여 국민의 인권을 자유로 유린하고 있을 때 10월 5일 오전 1시경 경성으로부터 來到한 應援部隊와 약 30분간 교전 후 경찰 청사를 탈환하며 유치장에 구속되어 사형에 직면하고 있던 수십 명의 생명을 구조하고 동시에 지방주민의 생명 재산을 엄호하게 되고[186]

　조갑제의 글과 많은 부분에서 충돌이 일어난다. 조갑제는 박정희 일가가 살았던 칠곡군 약목면 소재 약목지서와 왜관경찰서의 참상을 소개하면서 이와 달리 박상희가 주동한 구미폭동은 다소 다른 모습을 보였음을 강조한다. 선산경찰서를 습격했지만 인명살상 없이 서장으로부터 인민위원회로 전 기능을 이양받았고, 약방을 불태우려는 폭

---

186 대구치안총사령관 **韓鍾健**, 대구소요사태내용과 대책 발표, 「조선일보」, 1946.10.29

도들을 꾸짖어 화재를 면하게 했다는 영웅담도 곁들였다.[187]

그러나 진압병력 총사령관은 선산을 각 지방 참상 중 가장 심한 곳 중의 하나로 꼽았다. 그리고 인민재판을 개시하여 국민의 인권을 자유로 유린한 지역으로 보았다. 무엇보다 '도망치다가 죽었다'는 조갑제의 주장과 '약 30분간 교전 후 경찰 청사를 탈환했다'는 담화문과의 차이다. '사형에 직면하고 있던 수십 명의 생명을 구조했다'는 내용도 '서장과 유지들이 자신들의 생명을 구해 준 박상희에게 도망가지 말 것을 권유했다'는 주장과 너무 다르다.

한편, 정해구의 글 중 암살명부의 존재 여부가 걸린다. 지금까지 거론한 박상희의 죽음을 정리해 보면, 사태수습 논의 중 갑자기 박상희가 도주하다가 죽었다는 주장과 교전 중 사살당했다는 점에서 의견이 갈리지만 대체로 "박상희는 좌·우익의 갈등을 중재하다가 상황을 제대로 파악하지 못한 외부의 경찰에 의해 사살당했고, 공개총살 등 경찰의 보복은 없었다."는 것이 당시의 사건을 바라보는 시각이다.

정해구는 「대구시보」를 인용하여 "관공리, 우익정당원 등 40여 명의 살해를 계획하고 있는 암살명부가 발견되었다."는 내용을 제시했다. 이 문건이 옳다면, 선산지역의 사태가 좀 더 장기화되었을 경우 수많은 우익인사들이 처형당했을 것이라는 가정이 성립된다.

이러한 관점을 보충해 주는 증언이 있다. 당시 「경북신문」의 편집국 차장이었던 최석채의 회상이다. "10월 4일 오후 취재기자단의 일원으로 선산경찰서에 들렀을 때, 다른 혐의자들은 만원이 된 좁은 유

---

187 『내 무덤에 침을 뱉어라 2- 전쟁과 사람』, pp.184-185

치장에 갇혀 있었지만 유독 박상희(朴尙熙, 朴相熙의 오류)만은 독방에 있었다. 나이는 34~35세 정도로 보였고 약간 다부진 체격이었다. 경찰 측에서는 그를 좌익 측 경찰서장 직책에 해당하는 '선산군 보안부장'이라고 지칭하였다." 최석채는 박상희만 유일하게 '독방대우'를 받고 있었기 때문에 그의 이름과 풍모가 뚜렷이 기억된다고 한다.[188]

이 증언은 기존의 주장들을 뿌리째 뒤흔들고 있다. 먼저 문제가 되는 것은 경찰의 진압 날짜다. 정해구의 글에는 6일 오전 6시 15분경 대구에서 내려온 경기도 응원경찰대에 의해 진압되었다고 한다. 조갑제는 10월 5일 충청도 경찰에 의해 경찰서가 탈환되었다고 주장하고 있다. 그러나 최석채의 증언에 의하면 10월 4일 오후 유치장에 갇혀 있는 사람들은 폭동을 일으킨 사람들이다. 그러므로 10월 4일 오전경에 진압이 되었다는 뜻이 된다.

진압 날짜보다 더욱 중요한 것은 박상희의 구금 여부다. 만일 상기 주장이 맞다면, 처형설을 주장하는 다음의 증언이 힘을 얻게 된다. "박상희와 함께 좌익간부 몇 사람이 며칠 뒤 구미역 앞 광정에서 공개 처형되었음이 분명하나 박정희가(家)의 '위력'에 눌러 그동안 쉬쉬해 왔다."[189] 선산군 출신 한 좌익인사의 증언이다. 박상희의 죽음은 다시 검증할 필요가 있다. 지금까지 거론한 박상희의 죽음 현장과 선산경찰서 접수 · 탈환 과정을 정리하면 다음과 같다.

---

188 정영진, 『폭풍의 10월』, 한길사, 1990, pp.390-391
189 『폭풍의 10월』, p.391

	10월 3일	10월 4일	10월 5일	10월 6일
한종건	오전 10시경 선산경찰서 접수	–	오전1시경 경성으로부터 來到한 應援部隊와 약 30분간 교전 후 경찰청사 탈환	도내 모든 경찰서 탈환
커밍스	군중 2,000명 경찰서 점거	대구에서 파견된 도경 75명의 공격을 격퇴		
정해구	오전 9시경 선산경찰서 접수, 수사과장 박하림 오후 8시경 탈출	75명의 지원 경찰 격퇴, 군중들 서장과 타협	정오, 감금한 서장 이하 전 서원 출옥	오전 6시15분경 경기도 응원경찰대에 의해 진압(박상희, 김광암, 장달수 등 도주 중 사살됨) 암살명부 발견
조갑제	선산경찰서와 면사무소 점령, 수사과장 박학림 탈출	오후 충청도 경찰병력 격퇴, 백철상 서장 석방	충청도 경찰 경찰서 탈환, 박상희 도주 중 사살됨	
정영진		오후, 독방에 갇혀있는 박상희 목격〈최석채 증언〉		박상희 외 간부들, 구미역 광장에서 공개처형〈모 좌익인사 증언〉
김종필				사태수습 논의 중 수도경찰대에 의해 사살됨

| 박상희 · 황태성 · 이재복의 과거 살펴보기 |

박상희의 피살 상황을 살펴보았다. 그의 죽음이 어떠한 과정을 거쳐 발생했는가를 알아보기 위해선 사상과 교유 관계를 먼저 살펴보는 것이 순서일 것이다. 박상희의 이력 중 특이한 것은 구미 면장, 의용소방대장, 독립촉성회 간부 등 우익 유지들이 그의 마작 친구들이었다는 내용이다.[190] 그가 마작을 했다는 사실도 의외지만, 당시 인민들에게 증오의 대상이었던 경찰과 독립촉성회 간부들과 친분이 있었다는 사실은 무엇을 뜻할까?

---

190 『내 무덤에 침을 뱉어라 2– 전쟁과 사람』, p.187

황태성과 박상희의 이름이 함께 등장하는 일제 기밀문서

　박상희가 민족주의자이자 독립운동가로 알려지게 된 것은 신간회 활동 때문이다. 그가 신간회에 가입한 것은 맞다. 신간회를 중심으로 1920년 중후반, 박상희의 활동이력을 추적해 보자. 일제기밀문서에 등장하는 박상희의 모습을 먼저 소개한다.

　1927년 5월 30일 날짜로 경기도경은 "조선사회단체중앙협의회 창립대회 개최상황 및 집회금지에 관한 건"이란 제목의 문서를 남겼다. 수신처는 경무국장, 각 도지사, 관하일반, 검사정, 경시총감, 오오사카 · 교토 · 야마구치 각부현 지사, 간도 ○松경시, 도쿄출장원 등이다.[191]

---

191 《조선사회단체중앙협의회 창립대회에 관한 건, 思想問題에 關한 調査書類 2, 1927-

1926년 2월 17일 조직된 〈조선사회단체중앙협의회〉는 민족주의 진영뿐만 아니라 화요회(火曜會) 등 사회주의 진영 사회단체까지 수렴한 거대한 협의체 조직이었다. 출석 단체 272개, 대표자 300여 명이 참석한 가운데 1927년 5월 16일 〈조선사회단체중앙협의회〉 창립대회가 열렸다. 같은 해 2월 15일 창립한 신간회의 발족 3개월 후다. 인용한 문서는 협의회 창립대회에 관한 정보를 관계 부처에 회람시킨 문서다.

이 대회 참석자 명단에 박상희와 황태성의 이름이 보인다. 황태성은 금릉청년회 대표 자격으로 김천에서 왔고 박상희가 소속된 단체는 선산의 구산구락부다. 박상희 23살, 황태성 22살 때다. 이 무렵 두 사람이 처음 만났을 것으로 추측된다. 왜냐하면 그 이전에는 두 사람을 이어 주는 동선(動線)이 없기 때문이다.

박상희는 칠곡군 약목면에서 출생한 뒤 아홉 살 때인 1914년 선산군 구미면 상모리로 이주한 뒤 그곳에서 줄곧 살았고, 1925년 구미보통학교를 졸업한 후 청년운동에 뛰어든 것이 그 무렵까지의 이력이다. 반면 황태성이 출생하고 자라난 곳은 상주다. 박상희가 보통학교를 졸업할 무렵에 그는 경성제일고보에 입학했다가 퇴학당했으며 연희전문 역시 입학과 퇴학을 경험한 뒤 김천으로 낙향했다.

사회활동을 한 시기는 비슷하다. 황태성은 1924년 12월경 김천 형평청년회 발기인으로 참여한 바 있고, 1925년부터는 금릉 청년회 가입, 조선일보·중외일보 김천지국 기자 등을 통하여 지역사회의 활

05-17, 발신 경성 종로경찰서장》

동가로 기반을 굳혀 가고 있었다.[192] 두 사람의 출생지, 성장한 곳, 출신 학교 모두 다르다. 공통점은 〈조선사회단체중앙협의회〉 참여단체인 금릉청년회와 구산구락부 소속이라는 것뿐이다. 그러므로 서울에서 개최된 〈조선사회단체중앙협의회〉 창립대회를 전후하여 두 사람의 인연이 맺어졌다고 보아야 자연스러울 것이다. 두 사람의 움직임은 신간회 활동을 통하여 계속 겹치나 1931년 5월 신간회가 해소된 이후로는 다른 길을 가게 된다. 황태성은 조선공산당에 입당하여 소위 '주의자'가 된 반면, 박상희는 '지역 유지'로 변신하기 때문이다. 좀 더 구체적으로 알아보자.

신간회(新幹會)는 1927년 1월 민족단일당 민족협동전선이라는 표어 아래 조직 계획이 발표되고, 2월 15일 창립을 한 단체다.[193] 일제가 발간한 『고등경찰요사(高等警察要史)』에 의하면 발기인은 신석우, 안재홍, 김준연, 백관수, 장지영, 한기악 등 조선일보 출신을 중심으로 하여 기미운동 선언자인 권동진, 한용운, 이갑성, 이승훈 등이 포함된 34명이다. 홍명희, 이상재, 신채호 등 당대의 명망가도 포함되었다.[194] 별도로 발기한 민흥회의 김항규, 명제세, 권태석, 김홍진 등도 합류하여 더욱 거대한 단체가 되었다.[195] 사회주의자와 비타협적 민족주의자가 연대한 신간회는 1928년 현재 지회총수 143, 회원은 약 2만 명을 헤아렸다.[196] 회장은 이상재 부회장은 홍명희였다.

192 김학민 · 이창훈, 『박정희 장군, 나를 꼭 죽여야겠소』, 푸른역사, 2015, pp.384–385

193 조지훈, 신간회의 창립과 해소, 『신간회 연구』, 동녘, 1983, p.9

194 류시중 · 박병원 · 김희곤 역주, 『국역 고등경찰요사』, 선인, 2009, p.110

195 『신간회 연구』, p.11

196 『국역 고등경찰요사』, p.111

황태성과 박상희의 활동 무대인 김천과 선산에도 신간회 지회가 설립되었다. 김천은 1927년 6월경 그리고 선산지역은 10월에 설립되었다. 회장 이재기, 부회장 김탁용, 간사 박희창·김병국·김수호 외 9인 등이 피선된 임원이고[197] 박상희는 조사부 총무간사로 선임되었다.[198]

그러나 일제 경찰의 방해로 정식 출범은 이듬해인 1928년 1월 5일에 제1회 선산신간대회가 열리게 된다. 이 회의에서 본부대회 대의원으로 이재기·김수호가 선임되었고, 간부로 회장 이재기 부회장 경재회가 선출되었다. 그리고 소요경비를 위한 모금 결과 이재기·김병국·권성중·김수호(각 10원), 이석규·장인달(각 5원), 안해용(3원), 이종하·이진기·최영기·김재수(각 2원), 강위석·장경수(각 1원), 이면재(1원 60전), 김익수·김병기(각 50전) 등이 찬조를 하였다.[199] 박상희의 이름은 없다. 눈에 띄는 인물은 이재기다. 이재기는 10월 항쟁 당시에도 선산군 인민위원장을 역임했던 것으로 보아 군의 대표적 인물이었을 것이다.

이 무렵 박상희는 몇 차례 경찰서를 들락거리게 된다. 본 대회 이전인 1927년 10월 달에 한 차례 소환당했고,[200] 다음 달에도 검거되어 취조를 받았다. 검속된 인물은 동아일보 지국 총무 김수호, 기자

---

197 신간선산회설립, 「동아일보」, 1927.10.14
198 新幹會 善山支會 調査部 總務幹事 朴相熙 외 2인 검거하여 취조 중, 「조선일보」, 1927.11.14
199 선산신간대회, 「동아일보」, 1928.1.9
200 〈新幹會기사 1束〉경찰서에서 朴相熙氏를 소환, 「조선일보」, 1927.10.14

박상희·김종석 등 3인과 밋당디 병원 의사 안중호 등이다.[201] 하지만 구속되거나 재판에 회부되지 않은 것으로 보아 일제의 신간회 길들이기 정도로 짐작된다.

한편 박상희는 청년동맹에도 가입하여 적극적으로 활동했다. 1927년 12월 15일, 신간회선산지회관에서 장인달·박상희 등 10여 명의 청년들이 모임을 갖고 〈군청년동맹창립준비위원회〉를 열었다. 박상희가 구산구락부 집행위원장 자격으로 개회사를 했고, 장인달이 사회를 보았다.[202] 아무튼 당시의 박상희는 스물서너 살의 젊은 나이에도 불구하고 선산지역의 청년일꾼으로서 신간회 선산지부의 핵심 인물로 활동했던 것 같다.

박상희의 활동 반경이 커짐에 따라 경찰도 그를 주시하기 시작했던 모양이다. 박상희는 전년에 이어 1928년 7월에도 경찰서 신세를 지게 되었다. 이번에는 조금 더 심각한 장면이 연출된다. 7월 8일 경북 경찰은 신간선산지회 부회장 김병국, 간사 박상희·이종하·박경용 등의 가택수색을 단행했고, 이튿날에는 김병국·박경용을 방면했으나 동아일보 선산지국 총무 김수호, 선산청년동맹위원 송대헌 등으로 검속을 확대하여 세간의 이목을 끌었다.[203] 그러나 사흘만인 11일 관계자 전원을 방면함으로써 해프닝으로 끝나 버렸다.[204] 경찰서 유치장에 갇혀 있던 동안 무슨 일이 있었으며 혐의 내용이 무엇이었는

---

201 慶北 경찰부원이 突然 新幹會員 檢擧. 新幹會 善山支會 調査部 總務幹事 朴相熙 외 2인 검거하여 취조 중,「조선일보」, 1927.11.14

202 청년동맹준비,「동아일보」, 1927.12.20

203 경북경찰부원 선산서 활동,「동아일보」, 1928.7.12

204 선산신간위원 6씨 무사석방,「동아일보」, 1928.7.14

가는 알 수 없다.

　이 사건을 끝으로 박상희의 경찰서 출입은 거의 없게 된다. 신간회가 해소된 탓을 큰 요인으로 볼 수 있지만, 무엇보다 조귀분과의 결혼이 그를 모범적인 가장으로 자리 잡게 한 듯싶다.[205] 그러면 박상희의 친구이자 동지였던 황태성의 삶은 어떠했을까? 황태성은 박상희와 전혀 다른 길을 가게 된다. 일제강점기하 청년 시절을 보낸 그의 이력을 살펴보면, 경찰서와 형무소를 제 집 드나들 듯했다. 그의 투옥 현황을 정리해 보자.[206]

① 1928년(23세) 8.25~9.23: 공산주의자 검거로 체포되어 서대문형무소 투옥
② 1929년(24세) 12.7: 광주학생운동관련 서울 시위 배후로 구속
③ 1931년(26세) 4.7: 징역 2년 형 선고
④ 1932년(27세) 9.19: 서대문형무소에서 출소(2년 10개월)
⑤ 1935년(30세) 10월: 조공 김천그룹 재건사건으로 구속
⑥ 1938년(33세) 2.28: 징역 3년 6월 확정
⑦ 1940년(35세) 4.12: 대구형무소에서 출소(4년 5개월)

　황태성의 진술에 의하면 그는 소화2년(1927년) 겨울, 경북의 김천에서 홍보용(洪甫容)의 권유를 받고 〈고려공산청년회〉에 가입하였다.[207]

---

205 박상희의 호적을 보면 1929년 4월 19일자로 혼인신고가 되어 있다. 《조갑제, 『내 무덤에 침을 뱉어라1- 초인의 노래』, p.407》

206 『박정희장군, 나를 꼭 죽여야겠소』, pp.385~386

207 黃泰成 신문조서(제六회), 『韓民族獨立運動史資料集』 49권, 同盟休校事件 裁判記錄 1 〉

박상희가 신간회 관련으로 경찰서를 드나들던 그 무렵, 황태성은 이미 공산주의자의 길을 선택했던 것이다.

황태성이 박상희에게 공산당 입당을 권유했는가는 확실하지 않다. 그의 재판기록을 살펴보아도 '박상희'라는 이름은 등장하지 않는다. '주의자'가 된 황태성이 8년 가까운 세월을 형무소에서 보낼 동안 박상희가 그를 접촉한 흔적 역시 없다. 그러면 박상희는 어떤 모습으로 살아가고 있었을까?

그 무렵 박상희는 지역 언론가로 거듭나고 있었다. 박상희가 처음으로 인연을 맺은 언론사는 동아일보다. 1927년 11월 신간회건으로 검속되었을 때 박상희의 직업이 동아일보 지국 기자로 보도된 것으로 보아 그 무렵 동아일보 선산지국의 일을 했던 것으로 보인다.[208]

기자신분이 보다 확실하게 증명되는 자료는 1928년 6월 8일자 동아일보의 사고(社告)란이다. '선산지국 기자 박상희'란 글자가 보인다. 지역 언론인으로서 성장하는 박상희의 이력은 다음과 같다.

① 1928년(24세) 6. 8: 동아일보 선산지국 기자
② 1930년(26세) 1. 4: 중외일보 선산지국 기자
③ 1933년(29세) 1. 14: 조선일보 선산지국 기자(지방시론 담당)
④ 1935년(31세) 7. 25: 조선중앙일보 대구지국 기자
⑤ 1935년(31세) 11. 15: 조선중앙일보 대구지국 기자 겸 총무

서울學生同盟休校檄文配布事件(一)(國漢文)〉경찰신문조서《한국사데이터베이스》

208 慶北 경찰부원이 突然 新幹會員 檢擧. 新幹會 善山支會 調査部 總務幹事 朴相熙 외 2인 검거하여 취조 중, 「조선일보」, 1927.11.14

상단 좌로부터 ①1928.6.8.(동아) ②1930.1.4.(중외) ③1930.1.12.(중외) ④1930.5.14.(중외)
하단 좌로부터 ①1933.5.15.(조선중앙) ②1935.7.25.(조선중앙) ③1935.11.15.(조선중앙)
④1938.5.2.(매일) ⑤1938.11.4.(매일) ⑥1938.12.31.(매일)

⑥ 1938년(34세) 5. 2: 매일신보 선산지국 총무 겸 기자

⑦ 1938년(34세)11. 4: 매일신보 구미 분국장

⑧ 1938년(34세)12.31: 매일신보 선산지국 구미 기자

동아일보, 중외일보, 조선일보, 조선중앙일보를 비롯하여 총독부
기관지인 매일신보까지 당시 대부분의 중앙지 지국 기자를 모두 역임
한 셈이다. 지국장을 지낸 적은 없다.

조갑제의 글에 의하면, 박상희는 지방주재 기자 생활을 하면서 별
도의 사업을 했다고 한다. 박상희는 사업수단이 좋아서 구미 면에서
기와공장을 운영했고, 19정보 가량의 산판을 사들여 목재를 부산 등
지로 내다 팔아 돈도 제법 벌었다고 한다.[209] 모친 백남의와 박정희
의 첫 부인 김호남 그리고 딸 박재옥이 살고 있는 집을 박상희가 마련

---

209 『내 무덤에 침을 뱉어라1- 초인의 노래』, p.413

해 주었다는 것을 보면, 당시 그의 재력을 짐작할 수 있을 것이다.[210]

박상희의 이런 모습을 보면 전형적인 민족주의자라기보다는 언론을 이용한 생계형 친일파가 오히려 적합한 평가가 아닐까 하는 생각이 든다. 총독부 기관지의 지방 기자, 기와공장 사장 그리고 권력층과의 유착이 없으면 엄두도 못 낼 산판사업…. 게다가 금시계를 차고 다녔고 카메라를 소지했던 자. 우리가 몰랐던 박상희의 모습이다. 박상희의 대외 활동도 의심스럽다. 조갑제가 발굴한 사진을 소개한다.

1935년 4월 20일, 만주지역의 대표적 친일지인 만몽일보 관계자들과
인천 월미도에서 함께 찍은 사진(앞줄 오른쪽에서 두 번째가 박상희)

---

210 『내 무덤에 침을 뱉어라2- 전쟁과 사랑』, p.170

「만몽일보」는 일본의 만주침략으로 1932년에 만주국이 성립된 이듬해인 1933년 8월 25일, 일본의 지원을 받아 자본금 30만 원의 재단법인체로 창간된 대표적인 친일 한국어 신문이다.[211] 이 신문의 관계자들과 환하게 웃고 있는 박상희의 모습이 그리 곱게 보이지 않는다. 그는 어떤 목적으로 경북 구미에서 멀고 먼 인천까지 올라와 이들과 함께 어울렸을까?

1935년 4월, 이 무렵의 황태성은 2년 10개월의 투옥을 거쳐 출옥후 공산당 재건 사업 등 지하생활을 하던 중이었다. 박상희가 언론가로, 수단 좋은 재력가로, 지역의 명망가로 이제는 일본 경찰도 무시할 수 없는 존재로 변신하고 있을 때 그가 황태성을 만난 흔적이 없다는 것은 무엇을 뜻할까? 박상희와 황태성의 관계는 어릴 적 죽마고우도 아니었고 이념을 같이한 동지도 아니었다. 피 끓던 청년 시절, 〈조선사회단체중앙협의회〉 창립대회에서 우연히 만났고 〈신간회〉 활동을 통하여 인연을 맺었던 사이, 그 이상도 그 이하도 아니라는 뜻이다.

황태성의 움직임이 박상희와 다시 겹치는 시기는 1946년 10월 항쟁 때다. 박상희 마흔둘, 황태성 마흔하나일 때다. 신간회 무렵 젊은 청년이었던 그 둘은 20년이 흘러 이제 장년이 되었다. 이 무렵 이재복도 등장한다. 박상희·황태성·이재복은 당시 항쟁의 주역들이었다.

일제강점기 시절 박상희와 이재복이 함께 활동한 흔적은 없다. 황태성과 박상희가 지역 언론과 신간회를 통해 민족운동에 눈을 뜬 반

211 《한국민족문화대백과사전》

면 이재복은 교회를 기반으로 활동하였다. 그는 장로교가 운영하는 대구 계성학교를 졸업하였으며[212] 평양신학교와 도오시샤(同志社)대학 신학부를 이수한 적이 있다고 전하나 확실하지 않다.[213] 그러나 제일 교회 및 애락원 자료는 그가 해방 이전부터 목회 활동을 했음을 알려 준다. 일제강점기 시기 이재복의 이력 중 눈에 띄는 것은 대구노동자 협의회 참여와 「대협(大協)」, 「연말 깜빠니아」 발행 등의 활동으로 인한 투옥 경력이다.

이재복은 공산주의 사회 건설을 위한 비밀결사조직 혐의로 징역 1년에 집행유예 4년을 선고받았다. 그러나 이재복은 일제강점기 시절 공산당에 가입한 흔적이 없다. 그리고 1920년대 후반에서 1930년 대까지 6·1만세운동, 광주학생의거, 신간회, 조선공산당 재건운동

이름/별명	이재복(李在福)	당시나이	28세
본적/주소	대구부 남산정 171번지 홍윤길(洪潤吉)방	판결기관	대구지방법원형사부
죄명	치안유지법위반	생산년도	1933
주문	징역 1년 미결구류일수중 180일을 본형예산입 집행유예 4년	관리번호	CJA0001457
판결날자	1933.11.08	M/F번호	00950087
사건개요			학생기독청년회관 사무실에 회합하여 협의하고 조선 내에서 사유재산제도를 부인하며 공산주의 사회실현을 도모할 목적으로 노동자를 획득하여 산업별에 적절히 노동조합을 조직시키기 위하여 대구노동자협의회인 비밀결사를 조직 간부가되어 활동하였다.
판결문원문보기	번역본보기		
온라인 신청	온라인사본신청	내 기록물 담기	

1933년 이재복(李在福) 대구지방법원형사부 판결문

---

212 계성학교 제12회 졸업생 학적부, 《정태식 이철우, "미군정기와 대구10월 인민항쟁에서의 기독교종교지도자들의 사회정치적 활동과 역할에 대한 일고찰"》 재인용

213 《한국사회주의운동 인명사전》

등 조선공산당이 관여했던 주요 사건에 연루되지 않은 것으로 보아 그는 대구지역의 기독교계를 중심으로 사회주의 활동을 한 것으로 보인다.

이미 조선공산당의 정식 당원이었던 황태성과 비교된다. 해방을 전후하여 건국동맹, 건국준비위원회, 인민위원회 등의 활동을 할 때 황태성은 조선공산당 당원이었지만, 이재복은 여운형 계열의 조선인민당 결성에 참여한 것을 보면 두 사람의 노선을 대략 짐작할 수 있을 것이다. 아래에 박상희, 황태성, 이재복의 연보를 함께 정리해 보았다.

[표4: 황태성 · 박상희 · 이재복 연보]

연도	황태성	박상희(朴相熙)	이재복
1903			12.8 경북 안동군 임동면 중평동 597번지(본적)
1905		9.10 경북 칠곡군 약목면 출생	
1906	4.27 경북 상주 출생		
1914		(10세) 선산구미면상모리 이주	
1917	(12세) 상산 제일학교 입학		(15세) 결혼
1920		(16) 구미보통학교 입학	
1921	(16) 상주공립보통학교 졸업 경성제일고보 입학		(19) 대구 계성학교 입학
1922	(17) 김반달과 결혼		(20) 계성학생기독교청년회 창립(종교부장)
1924	(19)10. 동맹휴학주도, 퇴학		
1925	(20) 연희전문 상과 입학 10. 퇴학 후 김천 낙향 12. 김천 형평청년회 발기인	(21) 구미보통학교 졸업	(23) 대구 계성학교 졸업
	※1925년4월17일 제1차공산당(책임비서 김재봉) ※4월18일 고려공산청년회 결성(중앙집행위원은 책임비서 박헌영, 국제부 조봉암, 조직부 권오설, 교양부 임원근, 연락부 김단야, 그 외 김찬 · 홍증식 등이 선임)		
1926	(21) 금릉 청년회 가입, 조선일보 · 중외일보 김천지국 기자		(24) 교토(京都)도오시샤 중학(同志社中學) 4학년 편입
	※6 · 10만세운동 (고려공산청년회 책임비서 권오설과 서울의 주요 대학 학생들이 주도)		

1927	(22)5.16 조선사회단체중앙협의회 창립대회 참석 6. 신간회 김천 지회 결성 김천청년동맹 결성(집행위원)	(23 5.16 조선사회단체중앙협의회 창립대회 참석 10.14 경찰 박상희 소환 11.14 박상희 검거, 취조 12.20 선산청년동맹 결성식 사회	
	※1927년2월15일 신간회 창립(회장 이상재, 부회장 홍명희)		
1928	(23)1. 경북청년연맹 집행위원 8,25~9.23 서대문형무소 투옥	(24) 5.26 선산신간대회 참석 6.8 동아일보 선산지국 기자 7.8 가택 수색 및 검속(9일) 7.11 석방	(26) 교토(京都)도오시샤 중학(同志社中學) 4학년 졸업 5. 리오까(盛岡)의학전문교 입학, 9. 자퇴
1929	(24)4. 조선공산청년회 건설 12. 광주학생운동 관련 구속	(25) 대구사범 응시 낙방 조귀분과 결혼, 박영옥 출생	(27) 3. 귀국
1930		(26세) 1.4 중외일보 지국장 5.14 피검설은 허위, 보도됨	(28) 9. 교토로 다시 건너감
1931			(29) 4. 도오시샤대학 신학부 입학
	※1931년5월 신간회 해소		
1932	(27) 9. 서대문 형무소 출옥		(30) 2. 자퇴, 귀국, 대구교회 집사 및 회계로 봉직, 대구노동자협의회 결성 참여(서기장)
1933		(29) 5.15 구미소비조합 이사 선임	(31) 『대협(大協)』,『연말 깜빠니아』 발행 참여, 경찰에 검거, 대구지법 징역 1년, 집행유예 4년 선고
1935	(30) 10. 조선공산당 김천그룹 재건 건 구속	(31) 4. 만몽일보 관계자와 기념 촬영(인천 월미도) 7.25 조선중앙 대구지국 기자 11.25 조선중앙 대구지국 겸 총무	
1936			(34) 제일교회 임시서기
1938	(33) 2. 징역 3년 6월 확정	(34) 5.2 매일신보 선산지국 총무 겸 기자 11.4 부친 박성빈의 부고(매일신보) 12.31 매일신보 구미 기자	
1940	(35) 4.12 대구형무소 출소		
1942			(40) 애락원원목(교무과 목사)
1944	(39) 건국동맹 전라도조직 책임	(40) 건국동맹 참여(추정)	(42) 건국동맹 경북지부
	※1944년8월 건국동맹 결성(여운형)		
1945	(40) 건준 참여 8.27 조공 대구시당 결성 10.16 대구시 인민위원회 결성 12. 신탁반대 공투 결성(기획부)	(41) 건준 구미지부(추정) 인민위원회 구미지부 내정부장(추정)	(43) 경북 도인민위 보안부장 12. 조선인민당 결성 참여(위원장 최문식, 정무 이재복, 재정 김성곤)
	※1945년8월15일 해방 ※8월28일 조선건국준비위원회 출범 ※9월6일 전국인민대표회의 개최 ※9월11일 조선공산당 코민테른 승인(박헌영) ※9월14일 조선인민공화국 창건 ※12월27일 모스코바 삼상회의 신탁통치(후견) 결의		

	(41) 2.19 조공 중앙·지방연석회의 참석 10.1 대구인민항쟁 지도 11. 둘째 아들 황기옥과 함께 월북	(42) 민전 선산지부 사무국장 (추정) 10.6 경찰 총격에 의해 사망	(44) 민전 중앙위원, '대구인민항쟁'에 참가
1946	※1946년1월 조선공산당 삼상회의결정 수용발표 ※2월15일 민주주의민족전선 결성 ※제1차 미소공위(3.20~5.6) ※5월15일 정판사사건 발생 ※9월 공산당 활동 금지령 《조공 경북도당; 위원장(장적우) 조직(황태성) 인민전선(이재복)》 ※11월23일 남로당 결성(조선공산당, 남조선신민당, 조선인민당의 3당 합당)		
1948			(46) 12.28 체포(김창룡)
1949			(47) 5.26 사형집행
1952	(47) 무역성 부상		
1955	(50) 무역상 부상 퇴출, 해주에서 요양		
1961	(56) 8. 서울 도착 10.20 중정에 연행 12.27 사형선고		
1963	(58) 12.14 사형집행		

앞장에서 박상희의 죽음을 중심으로 선산지역의 항쟁을 알아보았지만, 지역을 좀 더 확대하여 경북지역의 당시 상황을 간략히 살펴보기로 한다.

단체	지역	직책	인명
건국준비 위원회 217	경북	위원장	김관제 → 백남채
		부위원장	백남채 → 채충식
		각 부장	총무(최문식) 보안(이재복) 청년(서동진) 외무(최경학) 재정(김성곤) 선전(장하명)
인민 위원회 218	경북	위원장	이상훈
		부위원장	최문식
		각 부장	내정(최문식) 산업(이선장) 보안(이재복) 재정(김성곤·채충식) 문교(이응수) 노동(정시명) 선전(황태성)
		대표자대회	한일청·이대용·채충식
	대구	위원장	서영로
		대표자대회	채충식·장명우(장적우?)·김성곤
	달성	위원장	김선기
		대표자대회	정영우
	칠곡	위원장	김현문
		대표자대회	
	김천	위원장	임종업
		대표자대회	임종업·권상집·이영희
	선산	위원장	이재기
		대표자대회	박조영·양창세·박상희
전국노조 평의회 219	대구	위원장	윤장혁
		부분별	금속(손기채) 철도(노회준) 교통(박수석·이영옥) 통신(윤일수) 전기(백형기) 섬유(이재영) 출판(서혁수) 의무(이원식) 체신(한상수)
농민조합 220	경북	위원장	장하명
		각 부장	총무(이상갑) 조직(김동환) 선전(신철수)
		상임위원	서영로·상무상·조은석·서영태·김일식·서혁수·곽수범·이상열
	전농 결성대 회대표	대구	정시영·서영태·상무상
		달성	조은석·채병주·곽수범
		칠곡	장병국·이우성·이영석
		김천	김인수·나정운·조경환
		선산	박홍익·박조영·김용악

214 《허종의 논문, 1945~1946년 대구지역 좌파세력의 국가건설운동과 '10월 인민항쟁', 2002》

215 『10월 인민항쟁연구』, pp.68-69

216 《허종의 논문, 1945~1946년 대구지역 좌파세력의 국가건설운동과 '10월 인민항쟁', 2002》

217 『10월 인민항쟁연구』, pp.68-69

218 《허종의 논문, 1945~1946년 대구지역 좌파세력의 국가건설운동과 '10월 인민항쟁', 2002》

219 《허종의 논문, 1945~1946년 대구지역 좌파세력의 국가건설운동과 '10월 인민항쟁', 2002》

220 『해방조선』Ⅰ, 과학과 사상, 1988, p.159

청년 동맹 221	대구	의장	박상철 · 이완구 · 정종표
부녀 동맹 222	대구	위원장	우신실
		부위원장	정귀악
		부분별	총무(배영옥) 조직(고윤녀) 선전(박복조) 문화(김경순) 원호(박옥경) 연락(임영희) 노동(문영자)
좌익 정 당223	조선 공산당	도위원장	장적우
		주요 인물	조직(황태성) 노동(이규형) 재정(이목)
		대구위원장	김일식
		주요 인물	선전(이상길) 조직(장호관) 사업(서혁수) 여성(정귀악) 청년(서영덕) 학생(최무학)
	조선 인민당	대구위원장	최문식
		주요 인물	정무(이재복 외) 재정(김성곤 외) 총무(홍승만 외) 조직(백현국 외) 상무(백?홍 외) 산업(양재소 외) 문화(백기만 외) 선전(이원설 외) 감사(강용 외) 청년(서병기 외) 조사(이상조 외) 부녀(김병? 외)
	조선 신민당	대구위원장	김정규(준비위원장)
		주요 인물	–
	민족 혁명당	대구위원장	김관제(준비위원장)
		주요 인물	총무(채충식) 조직(곽영) 선전(이원식) 재무(신상헌)
민주주의 민족전선 (민전) 224	경북	의장	배승환 · 이호진 · 한흥수
		부의장	손기채 · 신학균 · 배국인 · 김익로 · 이상작
		사무국	이영(국장) 고봉환 · 김개동
		조직부	박형숙(부장) 오경룡 · 김무상
		선전부	이길영(부장) 박현서 · 이동주 · 이명룡
		재정부	서병기(부장) 강치운 · 추병은 · 구자업 · 윤중권
		문화부	최귤(부장) 박복조
		연락부	배국인(부장) 이광기 · 김상준
		기획부	정하택(부장) 권종락

　해방공간에서 대구 · 경북지역의 주요 좌익단체들을 정리해 보았
다. 군 단위 이하의 조직은 자료의 한계로 파악이 가능한 부분만 전

221 《허종의 논문, 1945~1946년 대구지역 좌파세력의 국가건설운동과 '10월 인민항쟁',
2002》

222 《허종의 논문, 1945~1946년 대구지역 좌파세력의 국가건설운동과 '10월 인민항쟁',
2002》

223 《허종의 논문, 1945~1946년 대구지역 좌파세력의 국가건설운동과 '10월 인민항쟁',
2002》

224 『해방조선』Ⅰ, 과학과 사상, 1988, p.159

재(轉載)했다. 10월 항쟁 시 주도적으로 활약한 인물들은 이 표에 대부분 등장한다고 보면 될 것이다. 우리가 주목할 인물은 박상희, 황태성, 이재복 등이다.

황태성은 조선공산당 경북지부의 조직담당, 인민위원회 경북지부의 선전부장 등의 직책으로 활동하였고, 이재복의 경우 조선인민당의 정무담당, 인민위원회 경북지부의 보안부장 등의 직책에 있었다. 반면 박상희는 1945년 11월 20일부터 개최된 인민위원회 대표자대회에 경북 선산군 대표로 참석한 바 있지만, 정당 활동을 하거나 도 단위 이상 단체의 직분을 가진 적은 없다. 무엇보다 해방 이전에도 이후에도 조선공산당, 조선인민당, 조선신민당, 민족혁명당 등 좌파계열의 정당에 적을 둔 적이 없음을 주목해야 할 것이다. 선산·구미 지역의 유지일 따름이고 특별한 이념을 가진 활동가는 아니었다는 뜻이다.

10월 항쟁은 자주적인 민족국가 수립의 열망으로 만들어진 건국준비위원회, 인민공화국, 인민위원회 등을 불법화한 미군정의 정책이 원죄였다. 미군정은 오직 자신들의 편리함만을 추구했다. 친일경찰을 비롯한 부일배·민족반역자들을 군정의 요직에 기용했고, 자신들의 경제정책의 실패를 빨갱이들에게 덮어씌우고 책임을 전가하는 음모를 꾸미는 데 주저하지 않았다. 10월 항쟁은 이러한 현실에 대한 저항과 이를 극복하려는 민중의 힘을 표출하였다는 점에서 역사적 의미가 있다. 그러나 그에 대한 대가는 너무 컸다. 아래는 10월 항쟁 시 인명 피해 규모를 정리한 표다.

	사망	부상	체포 (실종 및 포로)	비고
Thomas W. Herren Papers (G2 Summary of Kyongsang)	88명(82명)	55명(129명)	33명(151명)	1946.12.1. 현재
10.1사건대책위원회	73명(63명)	129명(133명)	–	1946.10.20. 현재
G2보고서	48명(80명)	63명(96명)	(145명)	
조병옥의 경위 보고서	17명(33명)	25명(135명)	635명(35명)	1946.10.2. 현재

※( ) 안은 경찰 및 진압 측 희생자 수

안타까운 것은 무수한 인명 피해가 발생하였음에도 이들의 죽음이 오히려 더욱 큰 비극의 씨앗이 되었다는 점이다. 미 군정청은 사태 발생의 원인과 재발 방지를 위한 대책 등은 외면하고 오직 진압에만 힘을 썼으며, 좌우합작의 분위기마저 말살시켰다. 그 결과는 제주도 4 · 3항쟁, 여순사건 그리고 한국전쟁으로 이어진다.

225 《대구10월사건 관련 민간인 희생사건—대구 · 칠곡 · 영천 · 경주, 진실과 화해위원회》 자료 참조

2장

남로당 프락치 혹은
미군 정보원

| 경비사관학교 생도대장 살인미수 사건 |

군의 중핵이 될 장교를 양성하는 기관에서 일부 생도들이 학교장
대리 임무를 겸하고 있는 생도대장을 집단폭행하여 인사불성에 빠뜨
린 일이 일어났다. 1946년 12월 4일 심야, 생도대장 이치업의 숙소
에서 발생한 사건이다.[1] 이 사건은 '군내 주요사건' 여덟 가지 사건
중의 하나로 선정될 정도로 큰 충격을 준 사건이다.[2] 대략적인 개요
는 다음과 같다.

---

1   『韓國戰秘史』, 병학사, p.113

2   『韓國戰爭史』, pp.399~427
     《①제1연대 제1대대 소요사건(1946년 5월) ②제2연대장 부정, 불은사건(1947년 3월) ③제3연
     대장 배척사건(1946년 10월) ④제4연대 영암 군 · 경 충돌사건(1947년 6월) ⑤제8연대 제3대
     장 구타사건(1947년 4월) ⑥제8연대 2개 대대 월북사건, 표무원 · 강태무 소령(1949년 5월) ⑦
     경비사관학교 생도대장 구타사건(1946년 12월) ⑧남북교역사건, 참모총장과 사단장의 시비
     (1949년 10월)》

1946년 5월 1일 문을 연 조선경비사관학교의 정문 모습

2기생들이 졸업을 열흘쯤 앞둔 어느 날 밤, 생도대장인 이치업(李致業) 대위가 취침 중 일부 사관후보생들에게 곡괭이 자루로 얻어맞고 의식불명이 되어 병원에 입원하였다. 제1연대와 3연대의 하극상에 이어 이제 사관학교에서 학생이 선생을 구타하는 사건이 발생한 것이다. 하극상은 초창기 군의 모순이 드러난 상징적인 모습이다.

나이부터 천차만별이었다. 57세인 송호성(1889년생)부터 이제 갓 스물인 김재규(1926년생)까지, 거의 서른 살 차이가 나지만 같은 동기였다. 할아버지와 손자가 함께 교육을 받은 셈이다. 출신과 계급이력도 편차가 심했다. 군대 경력이 전혀 없는 사람부터 전직 중국군 고위 장교 출신, 광복군 출신, 일본과 만군 장교 출신 등이 뒤섞여 훈련을 받았다.

당시 교장은 공석이었다. 전임 교장이던 원용덕이 제8연대장으로 급히 전출되는 바람에 생도대장인 이치업 대위가 교장대리를 겸했고, 장창국·김형일·오일균·조병건 대위 등이 교수부장, 중대장, 교관 등의 직책을 맡았다.

군대 생활의 갈등은 대개 내무 생활로부터 생긴다. 기합과 구타라는 전통적 일본식 통솔법은 지금까지 계속되고 있는 악습이다. 『한국전쟁사』에서는 당시 교관들의 문제점을 다음과 같이 기술했다.

생도대장이 일본육사 출신도 아니고 학병 출신의 이른바 해방소위이기 때문에 그가 일본군에서 배운 사병취급의 일본군생리 그대로 적용함으로써 지·인·용의 숭고한 교육 이념의 구현에 있어 사관양성의 정도에서 벗어난 점도 없지 않았다. 이는 생도대장뿐 아니라 오일균 대위 같은 구대장도 그가 일본육사에서 정규 과정을 밟은 장교였지만 그 역시 이놈 저놈 하면서 주먹으로 통솔하였으니 이러한 기풍은 창설기의 경험 없는 우리 군대가 거쳐야 할 단계이기도 하였다. 일본군에서 보고 배우고 경험한 것 그것밖에 없었기 때문이다.[3]

이 사건은 주모자로 판명된 서 모(徐 某) 및 5~6명의 후보생들을 퇴교 조치함으로써 서둘러 봉합되었다. 소개한 사건은 『한국전쟁사[4]』뿐 아니라 『한국전비사[5]』, 『육사졸업생[6]』 등 군사(軍史) 관련 서적에는 빠

---

3 『韓國戰爭史』, p.424

4 『韓國戰爭史』, pp.423-424

5 『韓國戰秘史』, pp.113-117

6 강창국, 『陸士卒業生』, 중앙일보사, 1984, pp.91-92

짐없이 등장할 정도로 충격적인 사건이다. 그러나 사건의 비중에 비해 그 내용은 허술하기 짝이 없다. 가해자의 인적사항이 불분명하고 처벌도 관대하기 여지없다. 사후조처 역시 다른 군기 사건과 비교해 보면 이해하기 힘들다. 무언가 숨기고, 덮어 준다는 느낌이 농후하다. 무엇보다 이 구타사건에 당시 후보생 신분이었던 박정희의 관련 여부가 궁금하다.

사실 피해자 이치업이 2001년 자신의 회고록 『번개장군』을 출간하지 않았더라면 이 사건의 진상은 영원히 묻힐 뻔했다. 이치업의 증언을 소개한다.

박정희 생도는 육군 사관학교에서 요원으로 선발되지 못한 것에 격분한 나머지 그의 동료들 몇몇에게 나를 살해하자고 설득하였던 것이다. 내가 잠들자 박정희, 박형훈 그리고 다른 몇 명이 함께 내 방에 살며시 들어와 곡괭이 자루로 나를 구타하였던 것이다. 그들은 이미 내가 죽었다고 생각한 이후에 자신들의 침소로 돌아왔다. 그러나 아침에 누군가 나를 발견하였고 나는 서대문 병원으로 후송되었던 것이다. …(중략)…

당시에 나는 나를 살해하고자 배후조정한 사람이 박정희 생도였는지 그 여부에 대하여 그때 당시는 몰랐다. 몇몇 후보생들이 이 사건과 관련해서 육사2기 과정에서 퇴교당했지만 박정희 생도는 포함되지 않았기 때문이었다. 몇 년이 지나서 내 생명을 노린 암살 계획의 주범이 박정희 생도였다는 것을 박정희 생도의 육사2기 동기생 몇 명이 나에게 은밀히 귀띔해 주어 알게 되었다. 나는 지금까지 이 문제에 대해서 한 번도 발설한 일이 없으나 한국군의 원로

1945년 11월, 이치업이 이승만의 경호실장을 수행하고 있을 무렵의 사진
(우에서 세 번째 이치업, 네 번째 윤치영의 부인, 좌에서 첫 번째 윤치영)

장성들은 이미 이 사실을 알고 있었다.[7]

이치업은 부산 출신으로 1922년생이다. 일본군예비사관학교를 거쳐 산동반도 제남 부근의 53여단 59사단에서 근무하였고 종전 무렵 원산, 함흥 방면에서 대소전(對蘇戰)을 준비하다가 광복을 맞았다. 계급은 소위였다.

돈암장 시절 이승만의 경호실장을 지내던 중, 조선경비대의 창설에 관심을 가져 경찰에서 군으로 진로를 바꿨다. 군사영어학교 지원 후

---

7 이치업, 스티븐 엠 · 딸프 공저, 『번개장군』, 원민, 2001, pp.95-97

1946년 2월 7일부로 소위에 임관되었다. 110명 군영 졸업자 중 군번이 34번이었으니 상당히 빠르게 입교한 셈이다. 부산 소재 제5연대의 중대장으로 근무하다가 조선경비사관학교로 전출이 되어 생도대장으로 근무 중 박정희를 만나게 된다.

제자들에게 생명의 위협을 받았던 기억은 평생을 통하여 이치업을 괴롭혔던 모양이다. 육사 2기 동기생 몇 명이 은밀히 말해 주었고 원로장성들은 대개 알고 있던 사건의 진상을 한 번도 발설하지 않다가, 50여 년이 지난 후 회고록을 통하여 박정희가 주범이라는 사실을 밝혔던 이치업의 심정은 어떠했을까?

사실 이치업의 회고록 『번개장군』은 박정희를 비판하는 책이 아니다. 오히려 박정희의 업적을 찬양하면서 5·16 쿠데타의 당위성을 논하는 책이다. 특히 "육사 2기생 중 오직 박정희만이 애국가 가사를 다 알고 있었다."고 박정희의 민족성을 높이 산 예화도 소개하고 있다.[8] "그는 한국 역사상 가장 위대한 대통령으로서 놀랄 만한 경제 발전을 이룩하였다." 등이 그의 박정희관이다.

하지만 책의 곳곳에는 박정희의 문제점을 지적하는 장면이 많다. "그럼에도 그의 개인적인 단점은 술과 여자를 지나치게 좋아한다.", "그가 훌륭한 사단장이라고 생각하지는 않았다. … 군사령관이나 군단장 역시 나에게 박정희 장군은 모든 것에 대해서 불평불만만 한다고 말하였다.", "장군은 처리해야 할 큰 문제가 있기 때문에 일개 병사의 죽음 따위까지 걱정할 필요가 없다고 생각한다.", "5·16 혁명에서 그를 지원하였던 해병대가 더 이상 반혁명에 가담할 수 없도록

---

8 『번개장군』, p.93

확실하게 기능을 약화시켰다"[9] 등 대부분 많이 알려진 일화이지만 박정희의 약점을 상당히 노출시키고 있다.

　무엇보다 그의 개인적인 경험, 즉 박정희에 의해 죽을 뻔했던 사건에 대해서 이치업은 반복하여 언급하고 있다. "저자가 육사 생도대장이었을 때 저자를 살해하려고 기도하였던 일도 있었다."[10], "돌이켜보건대 1946년 당시 사관학교 생도대장이었던 나를 그가 살해하려고 기도하였다가 실패하였다."[11] 등 같은 내용의 글을 몇 번씩 기록했을 뿐 아니라 한국전쟁 전 육본에서 박정희를 우연히 만났을 때 "대령님, 너무 죄송합니다."라고 박정희가 눈물을 흘리면서 사죄를 했다는 예화도 소개하고 있다.

　그러면 박정희가 이치업을 살해하려고 한 이유는 무엇이었을까? 연행되어 조사를 받았던 혐의생도들은 당시 육사 책임자였던 이치업의 "군 풍기 확립을 빙자한 가혹한 기합과 형편없는 식사" 때문이라고 주장했다. 이에 대해 이치업은 허위 진술이며 날조한 이야기라고 말했다. 그리고 후일 박정희가 주범이었음을 알게 된 이후로는, 사관학교 요원으로 선발되지 못한 것에 격분한 나머지 그의 동료들 몇몇을 설득하여 자신을 살해하려고 했다고 확신했던 모양이다.

　단순한 하극상 사건으로 치부하기엔 무리가 따르지만, 그렇다고 이치업의 진술을 그대로 믿기엔 뭔가 석연치 않은 의문이 따른다. 첫째, 박정희가 동료들을 설득한 이유가 마땅치 않다. 박정희 개인의

9　『번개장군』, p.205

10　『번개장군』, p.303

11　『번개장군』, p.24

문제로 인해 교장 대리의 살해 음모에 동료들이 참여했다는 설정은 아무래도 어색하다.

둘째, 박정희가 사관학교 요원이 되고자 한 이유다. 사관학교에 근무하는 것이 그 무렵 그렇게 좋은 보직이었을까? 그렇지 않다는 좋은 예가 있다. 이치업이 대리 교장을 맡기 전의 교장은 원용덕이었다. 원용덕이 사임하게 된 이유는 한국계 미국인 김 소위라는 자가 국방경비대 사령부에 원 교장에 대하여 좋지 않은 평가서를 제출했기 때문이라 한다. 그 결과 원용덕은 8연대장으로 전출되었는데, 이치업은 이 조치를 좌천이 아닌 영전이라고 표현하며 놀라운 사실이었다고 증언했다.[12] 즉, 사관학교 근무가 그리 매력적인 자리가 아니었다는 뜻이다.

이 문제에는 복선이 깔려 있다. 육사 생도 시절의 박정희는 공산주의자였다는 것이 이치업의 판단이다.[13] 그리고 박정희가 육사 중대장이었던 조병건과 오일균을 세뇌·포섭하여 그들이 공산주의자가 되었다는 것이 이치업의 주장이다.[14] 미루어 짐작해 보면, 향후 사관생도들을 공산주의로 포섭하기 위해 사관학교에 남고자 한 것이 박정희의 목적이었다는 설정이 된다.[15]

아무튼 생도대장 구타사건은 여전히 많은 의문을 제공해 주고 있다. 무엇보다 이 사건의 진상을 정확하게 규명하지 않은 군 수뇌부의 태도가 수상하다. 이치업의 주장대로 박정희가 주범이라면 더욱 미

---

12 『번개장군』, p.92

13 『번개장군』, p.303

14 『번개장군』, p.291(조병건) p.292(오일균)

15 이 문제는 숙군 문제를 다룰 별도의 장에서 좀 더 자세히 거론할 예정이다.

궁에 빠지게 된다. 1946년 당시의 박정희를 기억해 보자.

빈농의 다섯째 아들, 고향에 처와 딸이 있으며 형제들 대부분이 교육을 제대로 받지 못해 사회 최하층에서 빈곤에 허덕이고 있는 형편이다. 게다가 집안의 기둥 역할을 하던 셋째 형 박상희는 얼마 전 발생한 대구항쟁 와중에 경찰에 의해 사살을 당했다고 한다.

박정희 개인은 구미 보통학교, 대구사범을 거쳐 만주의 신경군관학교와 일본육사를 졸업하고 난 뒤 만주군 중위로 근무하다가 해방을 맞았다. 북경에서 8개월 정도 엉터리 광복군 행세를 하다가 귀국, 그리고 다시 몇 개월의 백수 생활을 거쳐 경비 사관학교 2기생으로 입교한 것이 그 무렵 박정희의 이력이다.

박정희의 범죄는 단순한 하극상이 아니다. 살인미수다. 군대라는 조직의 근간을 뒤흔드는 중범죄였다. 하지만 박정희는 어떠한 처벌도 받지 않았을 뿐 아니라 범죄 사실조차 완벽히 은폐되었다. 대체 누가 어떠한 목적으로 박정희를 보호했을까?

일단 박정희의 집안이 영향력을 행사했을 것이란 가정은 배제해야 할 것이다. 그의 집안 형편은 오히려 짐이 되었으리라 본다. 유일하게 생각해 볼 것은 만주군관학교 인맥이다. 그러나 1946년 12월경의 만주군 인맥은 별 영향을 줄 수 있는 처지가 아니었다. 몇 년의 시간이 흐르고 나면 정일권, 백선엽으로 대표되는 한국 군맥 최고의 위치에 서게 되지만 그 무렵의 만군 출신들은 친일경력 등으로 인해 오히려 몸조심을 해야 할 처지였다. 물론 일본육사 출신 역시 마찬가지였다. 그러면 박정희 같은 중범죄인을 구할 수 있는 인물로는 누구를 꼽을 수 있을까?

먼저 통위부장을 들 수 있을 것이다. 통위부장은 미군정 내 최고위 인사인 하지(John Reed Hodge) 중장, 아놀드(A. V. Arnold)를 뒤이은 군정장관 러취(Archer L. Lerch) 소장을 제외하면 군령상 최고위직이다. 1945년 11월 13일 국방사령부가 창설되고 난 뒤 쉭크(Lawrence E. Schick) 준장이 초대 부장에 취임하였고 그 뒤를 이어 쳄페니(Arthur S. Champeny) 대령, 버나드(Lyle W. Berrnard) 중령, 톰슨(Loren B. Thompson) 대령, 프라이스(Terrill E. Price) 대령 등이 책임을 맡았다. 사건 발생 시기의 통위부장은 유동렬이다. 유동렬은 통위부 고문으로 있다가 1946년 9월 12일에 취임하였고, 프라이스 대령은 수석고문관으로 자리를 옮겼다.[16]

다음 차례로 국방경비대의 주요 인사를 살펴보자. 국방사령부 군사국 예하에 남조선국방경비대총사령부를 설치한 것은 1946년 2월 7일이다. 남조선국방경비대총사령부의 초기 조직은 이원조직으로 운영되었다. 즉, 초대사령관에 마샬(Marshall) 중령과 원용덕 참령(소령)이 임명되었으나 원용덕은 마샬 중령의 보좌관에 불과하였다. 그다음 2대는 미 육군 중령 배로스(Barros)였고 이형근 참령이 총사령관 대리로 취임하였다(1946년 9월 28일). 한국인 2대 총사령관은 송호성 중령이 육사2기를 형식적으로 수료하고 난 뒤인 1946년 12월 23일 취임하였다. 그러므로 생도생 구타사건이 발생하였을 무렵의 총사령관은 이형근이 대리로 봉직하고 있었음을 알 수 있다.[17]

결국 1946년 12월 현재 국방경비대의 인사 문제 등에 영향력을 행사할 수 있었던 인물을 정리해 보면, 한국인의 경우 유동렬, 원용덕,

---

16 『韓國戰爭史』, pp.305-308

17 『韓國戰爭史』, pp.263-272

이형근, 송호성 그리고 미군으로는 하지, 러취, 프라이스, 마샬, 배로스 등을 꼽을 수 있을 있을 터이다. 누구를 살펴보아도 박정희와 개인적 인연이나 친분이 있는 인물은 없다. 알 수 없는 힘이 작용했다는 뜻이다. 보이지 않는 힘이 작용했다고 하더라도 박정희의 행동은 너무 무모했고 억세게 운이 좋았다. 이 문제는 일단 차후의 과제로 남겨 놓고 이쯤에서 박정희가 조선경비사관학교(육사)에 입교한 과정을 짚어 보자.

박정희 · 신현준 · 이주일 이들 세 사람은 동료였던 만주군에 의해 무장해제를 당했고, 그 후 여덟 달 동안의 후 광복군 생활 그리고 DDT가루를 뒤집어쓰는 굴욕을 맛보면서 고국으로 돌아왔다. 흔히 겪을 수 없는 체험을 함께 겪은 사이다. 어떤 의미로건 생사고락을 함께한 동지라고 할 수 있다. 더욱이 이들은 동문이라고 할 수 있는 만주(봉천과 신경)군관학교 출신들이다. 20대 청춘 시절 동안 이들처럼 오랜 기간 인연을 나눈 사이도 드물 것이다.

그러나 세 사람이 함께 찍은 사진을 찾을 수 없다. 고생했을 때뿐 아니라 쿠데타 이후 권세를 누리고 있을 무렵도 마찬가지다. 그들은 같은 듯 다른 길을 갔다는 느낌이 든다. 일제 패망 후 세 사람은 그들이 택할 수 있는 진로에 대하여 의논을 했다. 그리고 북평을 경유하는 귀국노선을 합의했다.[18] 하지만 귀환 이후의 진로에 대하여 함께 고민을 한 흔적이 없다.

세 사람은 각자 스스로의 길을 선택한다. 신현준은 먼저 가족부터 챙겼다. 처와 자식이 있는 처갓집(함북 회령에 소재)에 인편을 통해 소식

---

18 『노해병의 회고록』, pp.73-75

을 전했다. 함북 경성이 고향인 이주일과 그 외 회령으로 떠나는 병사에게도 부탁했다. 가족이 월남하길 기다리면서 신현준은 자신의 앞날을 상의하기 위해 봉천군관학교 동기인 정일권을 찾아갔던 모양이다. 그러나 이 무렵의 육군은 정일권의 표현대로 "이미 만원 상태"였다.[19]

1946년 1월 21일 군정장관 러취(Archer L. Lerch) 소장은 군정법령 제28호 3조에 의거, 사설 군사단체의 즉시 해산명령을 내렸다. 자주적으로 우리의 군을 만들어 보겠다고 한 모든 군사단체들은 미군정의 법령에 의해 모두 사설단체가 되었고 모두 문을 닫을 수밖에 없었다.[20]

미군정은 이 명령을 내리기 전인 1월 15일 남조선국방경비대를 발족시켰고, 기간요원 양성을 위해 군사영어학교(이하 '군영')를 서울 서대문구 냉천동 31번지의 감리교신학교에 설치했다. 군영의 정식개교일은 1945년 12월 5일이다. 1946년 1월 15일부로 25명의 첫 졸업생을 배출한 이후 같은 해 6월 12일까지 110명의 장교를 임명했다. 신현준이 정일권을 방문했을 때는 군영의 모든 졸업생들이 남조선국방경비대 산하의 각 부대에서 이미 군무(軍務)를 시작하고 난 뒤였다.

물론 육군이 되는 길은 열려 있었다. 9월 25일 입교 예정인 조선경비사관학교(육사) 2기로 입학하는 방법이다. 하지만 자신의 상관이 될 군영 출신들이 마음에 부담이 되었을 것이다. 군영 출신 110명 중 만주군관학교 출신이 18명인데, 정일권을 비롯한 6명이 자신과 동기인

---

19 『노해병의 회고록』, pp.88–93

20 『韓國戰爭史』, p.257

봉천5기 출신이고 나머지는 모두 후배요 부하였던 자들이었다. 일본 육사(12명), 학병(72명), 지원병(6명), 중국군(2명) 등 다른 계통의 출신들도 대부분 경력이나 나이 면에서 대부분 자신보다 후배들이었다. 게다가 육사 1기생(80명 입학, 1946년 5월1일~6월15일, 40명 졸업)들이 곧 임관할 예정이었다. 결국 정일권의 권유를 따랐다.[21]

신현준은 진해에 있는 조선해안경비대 총사령부를 찾아갔고, 대한민국 해군의 창설 요원을 거쳐 해병대의 초대 사령관을 역임하게 된다. 신현준이 박정희와 다시 관계를 맺게 되는 것은, 5·16 쿠데타 이후다. 쿠데타 무렵 그의 직책은 국방차관보였다. 쿠데타에 가담하지 않았지만 적극적으로 저지도 하지 않았던 그는 7월 4일 해병중장으로 예편했다. 1년여의 미국 생활 후 1963년 1월 초 초대 주 모로코 왕국 특명전과 대사로 임명되어 박정희와 재회하게 된다. 박정희로서는 최대한의 배려를 한 셈이겠지만, 오랫동안 형과 아우 사이였던 관계를 기억하면 그다지 마음이 편하지 않았을 것으로 짐작된다.

박정희는 신현준과 다른 길을 선택했다. 8개월간의 후 광복군 생활은 그에게 인내라는 단어를 좀 더 가슴에 묻어 두길 강요했다. 신현준이 자존심을 생각했다면 박정희는 기다림을 선택했다. 신경군관학교(1940-42)와 일본육사(42-44)를 합쳐 4년, 만주군(44-45) 장교복무 1년여 그리고 후 광복군(45-46) 생활 1년을 합하면 거의 7년 가까이 군대 밥을 먹은 셈이지만 다시 시작하기로 결심했다. 조선경비사관학교의 다음 입교일은 9월 25일이다.

박정희가 경비사관학교 입교를 기다리는 4개월 동안 무엇을 했고

---

21 『노해병의 회고록』, pp.93-94

누구를 만났는지는 불확실하다. 전목구의 기록에 의하면, 고향에서 친구들에게 술을 얻어먹으며 "썩었어! 더러운 것들…." 하며 세상과 세월을 불평하며 지내다가 평소 지론인 "어떤 환경이고 극복하자!"라는 일념으로 다시 군문에 들어서길 결심했다고 한다.[22]

다소 감상적이지만 당시 박정희가 처한 상황을 생각하면 어느 정도 이해될 수 있는 글이다. 박정희가 고향에 머무는 동안 가족들과는 어떻게 지냈을까? 그의 가족들은 구미역 근처에서 살았던 모양이다. 처 김호남(金浩南)과 딸 박재옥(朴在玉)은 모친 백남의(白南義)와 함께 살고 있었고, 셋째 형 박상희 그리고 작은 누이 박재희(朴在熙) 가족도 인근에서 살고 있었다.[23]

환영받지 못한 존재였을 것이라는 짐작은 간다. 특히 박상희와의 관계는 살얼음판을 걷는 듯했을 것이다. 조갑제가 발굴한 그 무렵 풍경을 소개한다. 박재희의 증언이다.

그때가 여름이었는데 동생은 우리 집을 근거지로 삼아 별 하는 일 없이 소일했습니다. 마을에 나갔다가 돌아와 보면 동생이 읽던 신문으로 얼굴을 덮고 자고 있는 모습을 자주 보게 되었습니다. 그런 꼴을 보니 눈물이 나더군요. 누구보다도 동생을 아껴 주던 상희 오빠는 바로 옆집인데도 식사하자고 부르지도 않았습니다.[24]

22 『傳記 朴正熙- 人間과 經世』, pp.92-93

23 『내 무덤에 침을 뱉어라(2권)』, p.170

24 『내 무덤에 침을 뱉어라(2권)』, p.170

일제의 주구 노릇을 하겠다며 가족을 내팽개치고 떠났고, 전쟁이 끝났는데도 곧장 집으로 오지 않고 1년 가까이 지낸 후에야 거지꼴로 돌아와 무위도식하는 동생이 뭐 그리 예뻤겠는가? 다음 차례는 그 무렵 박정희의 시국에 관한 관점이다. 인용된 글이 사실이라면 박정희의 사상을 엿볼 수 있는 중요한 증언이 된다.

한번은 박정희가 상희 형과 토론하는 것을 조카 박재석이 목격했다. 박상희는 여운형 노선을 옹호하면서 이승만을 비난하는데, 박정희는 좀처럼 그 주장에 수긍하려 들지 않는 것이었다. 박정희는 "이승만 박사도 해외에서 평생 독립 운동을 해 오신 훌륭한 분이십니다."라고 정색을 하고 말하는 것이었다.[25]

상기 토론이 실제 있었다면 1946년 6월부터 8월까지의 기간 중 어느 하루일 것이다. 하루도 바람 잘 날 없었던 미군정 기간이었지만, 이 무렵은 남한단정 수립론이 처음으로 제기되어 한반도의 운명이 서서히 분단고착으로 귀결되어 가던 점에서 더욱 중요한 시기였다.

미소공위는 무기 휴회(5월 6일)되었고, 미군정은 '정판사 사건(5월 15일)'을 조작하여 좌익 박멸을 본격적으로 시도했다. 이 와중에 이승만은 정읍에서 단정수립을 주장한다. 반면 그동안 민족단합의 상징이던 민주주의 민족전선(이하 '민전')이 분열되기 시작한다. 의장단을 이끌던 여운형이, 민전이 주장한 좌우합작 5원칙을 중도우익의 8원칙 일부를 수용하여 좌우합작 7원칙으로 변경·채택함으로써 분열의 단

---

25 『내 무덤에 침을 뱉어라(2권)』, p.171

초가 된다.

두 형제가 이런 복잡한 시국을 논한 것은 아니었을 것이다. 다만 통일·화합의 상징이던 여운형을 지지한 사람은 박상희였고, 남한단정을 최초로 제기한 이승만을 박정희가 옹호했다는 것은 시사하는 바가 크다. 세간에서 흔히 얘기하는 것처럼 박정희가 건국동맹의 비밀요원이었다면, 인용한 대화처럼 토론이 진행되지 않았을 것이며 오히려 두 형제의 묵은 갈등이 해소되었으리라 믿는다.

아무튼 가족 간의 갈등을 봉합한 채 박정희는 서울로 왔다. 그가 자신의 장래를 위하여 상담을 한 인물은 신경과 일본육사 동문인 이한림이다. 그 무렵 이한림은 군영을 졸업하고 경비사관학교의 '교관' 겸 '학생대장'직을 맡고 있었다. 아래에 박정희와 이한림의 상봉 장면을 소개한다.

얼마 안 있다가 원용덕 참령이 교장으로 부임해 왔다. 그 무렵 제2기생을 모집하고 있었고 여기서 다시 박정희 씨와 상봉을 하게 된다. 그와는 만주군관학교와 일본육사에서의 동기생이었다. 을지로5가의 어느 여관에 있다 하여 가 보았다. 그는 오래간만이라 하면서 매우 반갑게 맞아 주었다. 군대라는 것이 어떤 곳인지 알아보려 올라왔다고 은근히 말하는 게 육사에 지원할 마음이 있었던 것 같았다.

"되도록 빨리 들어오게. 시골에 틀어박혀 이때까지 뭘 했나?"

"세상 구경했지. 아무리 보아도 세상 돌아가는 것이 수상한걸."

이 무렵 이미 좌익 세력이 본격적으로 민중 속에 침투하여 뻗어 나가고 있었고, 대학생들도 소위 국대안(國大案) 반대로 좌선회의 조짐이 심상치 않을 때였다.

"그래 시골은 어때?"

다시 내가 묻자 박정희 씨는 조금 시무룩해지면서

"난장판이야. 어떻게 되어 가는 꼴인지 알 수가 없군. 하여간 서울 구경도 할 겸 올라왔는데 아무래도 군에 들어갈 생각이 내키는군."

"어서 들어오게. 잘 생각했네. 나는 그 사이 이북 이남을 두루 다 살펴보았는데 이 길밖에 없겠어. 지금 공산당들이 들끓고 있기는 하지만 이북 세상 되어 가는 꼴 보니까 형편없어. 거긴 일사천리야. 사전에 딱 정해져서 밀고 나가더군."

이런 대담을 나눈 뒤 그는 육사 2기생으로 입교했다.[26]

박상희와의 토론 그리고 이한림과의 대화를 미루어 짐작하면, 육사에 입교할 무렵의 박정희와 좌익은 관련이 없는 것으로 보인다. 그 이전 대구사범 시절에도 좌익과 접촉할 기회가 있었지만 그는 소위 주의자(主義者, ideologues)가 되지 못했다. 그러면 언제부터 박정희의 사상이 좌익으로 기울게 되었을까? 그리고 정말 그가 한때 남로당에 가입했을까?

이한림은 이병주(李炳冑)를 의심한다. 군영 출신 110명 중 신경2기 출신은 이병주, 이상진, 이한림 등 세 명이었다. 이병주와 이상진은 군영 1차 모집에 응시해 1946년 1월 15일부로 임관되었으니, 9회 차로 입교하여 46년 2월 26일부로 임관된 이한림보다 한국 군문의 선배가 된 셈이다. 그러나 이한림이 한국 국군의 중추로 입신한 반면 나

26 이한림, 『세기의 격랑』, 팔복원, 1994, pp.68—69

머지 두 이씨는 숙군 과정을 거쳐 월북하거나 처형되었다.

박정희가 태릉에서 교육을 받았던 기간은 1946년 9월 25일부터 12월 14일까지 3개월 정도다. 그 무렵 이병주와 이상진은 같은 위치에 있던 제1연대의 중대장으로 근무하고 있었다. 네 사람의 동기 중 박정희는 교육생, 이한림은 교관 그리고 나머지 두 사람은 옆 부대의 중대장으로 근무하고 있었으니 서로 간의 감회는 상당히 복잡하였을 것이다. 게다가 그들 중 나이는 박정희가 가장 많았다. 이한림, 이병주보다 네 살이나 연상이었다. 이한림이 11월에 대구의 제6연대로 전출되었으니 네 사람이 우정을 나눈 기간은 두 달이 채 못 된다.

이 무렵 이한림은 이병주와 박정희로부터 사상 문제로 인해 시달림을 받았다고 증언한 바 있다. 이한림의 주장에 의하면, 박정희는 이병주로부터 세뇌가 되었다고 봐야 된다. 하지만 교육생 신분인 박정희가 다른 부대에 근무하고 있는 이병주를 만날 수 있는 시간은 극히 제한적이었을 터인데 그처럼 짧은 기간에 전향되었다는 점은 이해하기 어렵다.

대개는 박상희의 죽음을 특별한 계기로 보고 있다. 그러나 이한림은 박상희가 죽기 이전에 박정희는 이미 사회주의자로 전향했다고 주장한다. 진실은 무엇일까? 형이 죽음의 기로에 서 있을 무렵, 박정희와 이한림, 이병주는 명동 인근 다방에서 담소를 나누고 있었다. 다음은 그날 있었던 상황에 대한 이한림의 증언이다.

1946년 10월 초 어느 일요일[27]의 외출을 앞두고 그날은 명동 입

---

27 1946년 10월 초 일요일은 10월 6일이다.

구 북측(지금의 한일은행 건너편)에 자리한 제1호텔(지금은 헐리고 없음) 다방에서 셋이서 만나기로 했다. …(중략)…

박정희와 이병주는 나를 사상적으로 세뇌시키겠다는 확실한 의지에서 나를 설득해 갔다. 나는 그들이 친구로서는 좋았지만, 나의 확실한 반공사상은 추호도 흔들 수 없었다.

"너희가 사상적으로 대립하는 대화로 나를 세뇌하기 위한 만남이라면 나는 앞으로 만날 수 없다."고 말하고 나는 자리를 떴다. 이것이 박정희와의 첫 번째 의견의 대립과 결별이었다.[28]

이한림의 증언 중 이상한 것은 이상진의 존재를 이야기하지 않는 것이다. 이상진은 이병주와 거의 같은 길을 걸었다. 이한림·박정희와 달리 일본육사에 편입되지 못하고 신경본과를 졸업하고 난 뒤 일제 패망 시 만주군 중위였다. 군사영어학교를 거쳐 숙군 시 계급은 소령이었다. 15년 징역형을 선고받았으나 재심을 거쳐 10년형으로 감형되어 서대문형무소에 복역 중 한국전쟁으로 와중에 출감한 뒤 월북했다고 한다. 이한림이 이상진을 언급하지 않은 이유는 알 수 없다.

아무튼 만주군관학교(신경) 시절 동기였던 이한림, 이병주, 이상진 등과의 우연한 만남은 교육생으로서 고달픈 시기를 극복하는 데 큰 도움이 되었을 것이다. 그러면 정작 육사동기들과의 인간관계는 어떠했을까? 박정희의 일생 중 가장 큰 결단을 내린 시기는 아무래도 쿠데타를 모의할 무렵이었으리라 믿는다. 위기나 기회가 왔을 때 대

---

28 『세기의 격랑』, pp.388-389

부분의 사람들은 가족과 먼저 상의를 한다. 사정이 여의치 않을 경우 다음 순서로 친구, 선배, 스승 등을 찾는 것이 대개의 순서다. 그러나 박정희는 달랐다.

5·16 쿠데타 주체 중 박정희의 동기는 육사2기 동기였던 한웅진한 명뿐이다. 신경2기 출신은 없다. 유일하게 참여한 한웅진도 주축세력인 5기와 8기에 밀려 큰 힘을 쓰지 못했다. 논공행상 면에서도 주체가 아닌 동기보다 대접을 받지 못했다. 자세한 연유는 알 수 없다. 박정희는 오히려 다른 동기들을 챙겼다. 육사2기는 다른 기수보다 월등히 많은 고위 장성들을 배출했다. 대장 6명, 중장 9명, 소장 20여 명, 준장 30여 명으로 80명 가까운(79명) 동기들이 별을 달았다. 193명의 졸업생 중에서 숙군(17명)과 한국전쟁 전사·실종자(40명)를 뺀 나머지 136명의 육사2기 중 절반에 이르는 것으로, 두 명 중 한 명이 장군에 오른 셈이다.[29]

별도 많이 달고 국회의원, 장관 등 관직에도 많이 등용된 기수이지만, 숙군 당시 3기에 이어 두 번째로 많은 희생자를 낸 기수가 육사2기다. 그러나 박정희의 의도와 상관없이 그가 권력을 유지하는 데 동문·동기들이 서로를 도왔던 것으로 보인다. 아래에 박정희 동기 기수인 육사2기 중 주요 인사들의 명단을 소개한다.

---

29 육사2기 격동기 입교한 '격동기 주역'들, 「경향신문」, 1991.6.8

[표7: 경비사관학교(육사) 2기 주요 인사]

성명	출신지 출생-작고	군력 이력	계급	국군계급	주요 군 직위	예편	5·16 계급 군정 직책	비고
박정희	경북선산 1917-79	신경2 日육57	중위	대장 (6명)	2군 부사령관	'63	소장 최고의장	대통령
문형태	전남화순 1922-06	일본군	상사		합참의장	'70		체신부장관 3선 국회의원
한신	함남영흥 1922-96	일본군	소위		합참의장	'75	소장 내무장관	내무, 감사원장 대한화석 사장
심흥선	경기개성 1925-78	일본군	소위		합참의장	'72	소장 공보장관	공보·총무처 장관
이세호	경기개성 1925-13	일본군	소위		참모총장	'79		
이소동	경북대구 1926-14	일본군	?		1군사령관	'77	준장 치안국장	치안국장, 특무부대장, 한양화학사장
김재명	전남당진 1924-09			중장 (9명))	군단장 합참본부장	'72		병무청장, 원호처장 교통장관
김희덕	경남창녕 1922-06	일본군	소위		군단장 육사교장	'71	소장 농림장관	한국디자인진흥원
박원근	경기인천 1922-				군사령관	'74		체신장관
유근창	충남공주 1925-				군단장 합참본부장	'70		국방차관 원호처장
이규학	경북예천 1922-	일본군	소위		감찰감 군단장	'69		국방차관보 통일원 차관
이동화	경북청송 1925-06				군단장	'73		철도청장
이민우	충남공주 1921-93				군단장 육참차장	'74		국방차관
전부일	전남광주 1923-04				군단장 훈련소장	'70		국방부 차관보 병무청장
김재규	경북선산 1926-80	안동 농림			3군단장	'73	반혁명→ 협조	건설장관, 국회의원, 중정부장
송호성	평양 1889-59	중국군 광복군	상교	소장 20+	조선경비대 육군총사령	사망		통위부 차장, 월북 인민군 여단장
신재식	강원영월 1923-91	지원병1기			국방기지 사령관	'69		중앙정보부 국장 GM코리아 전무
석주암	함북무산 1917-99	봉천8	상위		정보국장 관구사령관	'59		독직혐의 대우중공업 사장
송석하	충남대덕 1916-99	봉천5	대위		사단장 국방대학원	'63		국가안보사무국장 재향군인회 근무
엄홍섭	경기수원 1917-88	일본군	소위		공병감 6관구사령관	'61		한강철교폭파, 사월혁명관련, 부정축재 구속
이효	함남함흥 1912-92	신경 법대			육군관리 참모차장	'59		이현란의 육촌오빠 대한체육회장
신원식	충남연기 1924-81?				조달감 사단장	'72		대한통운부회장 극동건설사장
한웅진	전남장성 1924-88	일본군	상사		1군 부사령관	'68	준장 정보 학교장	농장경영
현석주	경북예천 1923-?				1군 부사령관	'70		국방장관현석호의弟 대림공업전문대학장
하갑청					특무부대장	'60		문화재관리국장 뇌물수수구속

이름	출신/생몰	군경력	계급	구분	직책	연도	비고1	비고2
이존일	전북 부안 -2014	전주 농고			사단장	'70	준장 전북지사	현대정공사장 전북신문사장
박남표	연해주 1923-	일본 중앙대			사단장 훈련소장	'70		미국 이민
장춘권	1924-				육본인사 참모부장			지하수개발공사사장
박형훈	1921-			소장 20+	육본 수송감	'63		철도청장, 비리구속 향군사무총장
윤춘근	경남마산 1914-76	봉천5	대위		제5관구 사령관	'62		포철고문
손희선	평북선천 1924-09	일본군	소위		육본인사 참모부장	'70		육군대학명예교수
이철희	충북청원 1923-				육대부총장	'65	방첩대장	중정차장, 이규광동서, 장영자 남편
고시복	황해안악 1911-53	중국군 광복군	중교			'53		김봉준의 子, 족청 한국전쟁사망
이종국		중국군 정보처	상위		합참국장	'56		55'군사재판(영아학대) 92년 병적회복
공국진	1920-14	일본군	상사		헌병사령관	'56		김창룡 암살, 92년 병적회복
계창률					병참감	'61		미국이민
송효순	강원회양 1925-02				헌병감	'61		
이규동	경북고령 1911-01	봉천4 만주군	경리	준장 30+	경리감	'60		전두환 장인 국고금 부정관련
조성근	경남사천				군수참차장	'63	국토 건설청장	건설장관
신연식	강원철원 1921-08				경리감	'63		수협감사
권오태	서울 1926-10	대구 사범			사단장	'69		국회의원(무소속)
이상국	황해은율 1923-06	일본군	상사		제30사단장	'61	30사단장	반혁명 구속 골프협회 고문
조재미	전북고창 1917-08	일본군	소위		사단장	'63		대한통운상무
김안일	전남해남 1917-14	일본군	소위		육본정보국 사단장	'63		숙군시박정희구명 목사
김희준	평남용강	일본군	소위		사단장	'63		건설공제조합이사장
황택림				숙군 17+				
강창선		신경2 일육57						49.8파면→52.7복직→ ?
강태무								49.5.5 월북
표무원								49.5.5 월북
노재길								
강우석								
안흥만								
최정호								한국전쟁 시 월북
유병철								
최형모								
남재목								
소완섭								
김련								

김보원			숙군 17+				
김병완							
황용찬							
김경회							
(육사2기: 263명 입교, 1946년 9월25일~12월14일, 193명 졸업)							

명단을 살펴보면 박정희를 살해한 김재규, 이현란을 소개한 이효, 숙군 당시 박정희의 구명에 앞장선 김안일, 쿠데타 당시 박정희의 경호를 책임졌던 한웅진, 그리고 유일하게 군대를 출동시켰던 30사단장 이상국, 장영자의 남편 이철희, 전두환의 장인 이규동 등이 눈에 띈다. 하지만 박정희의 친구라고 할 수 있는 사람은 발견할 수 없다. 그에게 동기는 있어도 우정은 없었고, 적과 우군 혹은 상관과 부하의 개념밖에 없었다는 방증이다. 물론 이들 중에는 박정희가 생도대장 구타사건의 주범이라고 이치업에게 은밀히 전한 인물도 있을 것이다. 그러나 여전히 알 수 없는 것은 박정희 생도를 구한 보이지 않는 힘의 정체다.

| 박정희 교관의 과실치사, 그러나 아무런 일도 일어나지 않았다 |

아무튼 박정희 생도는 육사2기 과정을 무사히 마치고 소위로 임관된다. 1946년 12월 14일, 그의 나이 서른이었을 때다. 그의 첫 근무지는 강·표 대대 월북 사건으로 유명한 제8연대였다. 향후 자주 등장하겠지만, 하우스만이 1946년 4월 1일 연대 창설 시 잠시 근무한 곳이기도 하다. 박정희는 1947년 4월 1일부로 부임하여 3·8선 경비임무를 담당하는 경비초소의 제4경비대장(소대장)을 맡기도 하였는데, 이 3·8 경비책임자가 김점곤 중위였다. 여순사건의 현장에 박정희를 호출했던 바로 그이다.

8연대에서의 근무를 별다른 사고 없이 지낸 박정희는 1947년 9월 27일, 중위를 거치지 않고 대위로 진급한다. 그리고 얼마 전까지 생도로 있던 조선경비사관학교(육사)로 전임되어 생도대장을 맡게 된다. 살해하려고 했던 이치업의 보직에 임명된 것이다. 박정희가 육사에 근무할 무렵 교육을 받은 기수는 제5기(1947년 10월 23~1948년 4월 6일/380명 졸업)[30], 제6기(5월 5일~7월 28일/235명 졸업)[31], 제7기(8월 9일~11월 10일/560명 졸업)[32], 특7기(8월 15일~10월 12일/178명 졸업)[33] 등이다.

1947년 10월, 박정희가 육사에 전출되었을 무렵의 교장은 송호성 준장을 이어 부임한 김백일 소령(47년 10월 12일~48년 7월 29일)이었고, 그 후는 최덕신 중령(48년 7월 29일~49년 1월 15일)이 제6대 교장직을 수행했다. 그리고 생도대장 최창언 소령(신경1기, 군영), 행정처장 장도영 중령(군영), 제1중대 2구대장 황택림 중위(육사2기), 제2중대장 강창선 대위(신경2기, 육사2기), 2중대 2구대장 김학림 대위(육사1기) 등이 함께 근무한 사람들이다.

박정희 대위는 제1중대장이었다. 교관직에 근무했던 이들은 유독 박정희와 인연이 깊은 인물들이다. 최창언은 신경1기 출신으로 박정희의 1년 선배며, 장도영과 박정희의 인연과 반목은 뒤에 주요하게 다룰 것이다. 그리고 황택림, 강창선은 박정희와 육사 동기로서 김

---

30 『陸士卒業生』, p.134

31 『陸士卒業生』, p.152

32 『韓國戰爭史』, p.120

33 『韓國戰爭史』, p.120

학림, 박정희 등과 함께 숙군 과정에서 남로당 조직으로 기소된 이들이다.

이상하게 박정희가 태릉에 있을 무렵, 좌익 관련 큰 사건이 발생하곤 했다. 생도생일 때는 대구항쟁이 그리고 생도대장으로 근무했을 때는 여순사건이 일어났다. 사람의 목숨과 관련된 사건이 태릉에서 발생한 것도 일치한다. 박정희가 생도생이었을 때는 생도대장이 사망할 뻔했고, 이제 박정희가 생도대장이 된 후는 생도 2명이 사망했다. 모든 사건은 박정희와 직·간접으로 연결되어 있다.

특히 주목할 것은 7기 특별반(이하 7특)이다. 7특은 군사경력을 가진 사람들을 특별히 채용한 기수이기 때문에 군사 교육보다는 민간생활로 해이해진 정신자세를 일깨운다는 명목으로 훈련을 엄하게 실시했던 모양이다. 교관 겸 훈련 책임자는 박정희 소령이었다.[34]

1948년 8월 20일, 7특이 입교한 지 사흘 후다. 생도들은 완전무장을 하여 장거리 구보를 하게 되었다. 구보 도중 민영식, 서청하 등 후보생 2명이 숨졌다. 김풍익 등 2명의 생도는 기절해 쓰러졌으나 맨 후미를 달리던 방희 생도에게 발견되어 절명 직전 다행히 목숨을 건졌다. 그날 밤 생도들의 항의가 거세게 터져 나왔다. "미국식 훈련을 시킨다더니 사람을 죽이기냐?"면서 학교 당국에 항의했다. 생도 2명이 죽었고, 더욱이 훈련책임자는 같이 뛰지도 않았다. 박정희는 반환점인 갈매리에 지켜서 구보 상황을 지켜보고 있었다.[35]

그러나 훈련 책임을 맡고 있던 박정희 소령은 이번에도 무사히 곤

---

34 박정희는 1948년 8월 1일부로 소령으로 진급했다.

35 『陸士卒業生』, p.194

경에서 벗어났다. 박정희에게 떨어진 문책은 중대장직에서 직위 해제된 정도뿐이었다. 교장을 비롯하여 행정직 누구도 책임을 지지 않았다. 그냥 덮어 두기로 했던 모양이다. 게다가 박정희는 곧 육본으로 전출되는데, 좌천이 아니라 오히려 영전이 된 셈이다. 어떻게 이런 일이 일어날 수 있었을까? 아무래도 보이지 않는 힘이 박정희를 수호하고 있는 듯싶다.

이날 죽음의 구보를 했던 이들 중에는 박정희의 신경군관학교 1기 선배들이 몇 사람 있었다. 이주일, 박임항, 윤태일 등이다. 이들 중 이주일은 박정희의 평생 동지라고 할 수 있는 인물이다. 만주군, 북평·천진 대대에서의 후 광복군 생활, 5·16 쿠데타 주체 세력 등으로 늘 박정희 곁에 있었다. 이주일을 중심으로 육사 특별반 7기와 박정희의 관계를 살펴보자.

1946년 5월, 신현준·박정희와 함께 부산항에 입항했던 이주일은 세 사람 중 가장 늦게 한국의 군문을 두드린다. 그는 1918년생으로 박정희보다 한 살 아래였지만 신경군관학교(1기), 일본육사(56기) 모두 한 기 선배였다. 하지만 뒤늦게 입교함으로써 박정희보다 한참 늦은 군번을 받는다. 그는 1948년 8월 15일 육사 특임7기로 입학하여 10월 12일 졸업하였다. 박정희보다 2년 정도 늦다. 고향(함북 경성)을 다녀온 것이 일차적 이유다.

신경 동기인 박임항, 윤태일도 7특으로 입교했다. 두 사람 모두 이주일과 같이 고향이 함경도다. 그 외 신경 1기 및 이북 출신으로서 특임 7기로 입교한 사람은 이기건, 최창륜, 김영택 등이 있다. 그런데 이들 중 박임항, 최창륜, 이기건, 김영택은 북쪽에 있을 때 인민군 창설에 참여했다가 그 뒤 월남하여 한국군에 입문한 케이스다. 방원철의 경우 이들보다 좀 더 늦게 육사 특임 8기로 입교하게 되지만, 그 역시 인민군 창설에 참여했다. 그 후 이들은 모두 철저한 반공투사로 변신한다.

그러나 이주일, 윤태일은 인민군 창설 명단에 없다. 그렇다면 특별히 늦을 이유가 없다. 이 두 사람은 왜 그렇게 늦게 한국군에 합류했을까? 아무튼 이주일의 행적은 명확하지 않다. 다만 그의 입교는 박정희의 권유였다고 한다.[36] 하지만 그는 임관하자마자 큰 곤욕을 치른다.

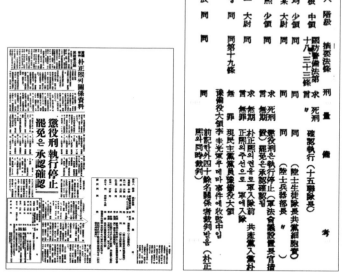

민정당이 폭로한 박정희 관련 자료

---

36 여순사건 박정희 씨 관계 자료 민정당 공개, 「동아일보」, 1963.10.13

군 숙청의 바람이 그에게도 불어닥쳤던 것이다. 비록 무죄를 언도 받았지만 구형은 무기징역이었다. 당시 보도된 이주일 관련 내용은 다음과 같다.

이주일, 계급(대위), 적용법조(국방경비법 제18, 33조), 무기 구형 무죄 언도, 박정희의 권유로 군 입대 전 공산당 입당, 박정희 주선으로 군에 입대

박정희로 인해 큰 곤욕을 치렀지만, 이주일은 평생 동지의 길을 함께 간다. 물론 1961년 쿠데타 때도 핵심적인 역할을 한다. 국가재건최고회의 부의장을 거쳐 육군대장으로 예편했다. 민간인 신분으로서 감사원장을 역임했고 그 외 함북장학회 이사장, 대한민국재향군인회 고문, 대한체육회 고문을 맡은 바 있다. 두 사람의 우애와 함께 가족 간에도 교류가 깊었던 흔적이 남아 있다.[37]

박임항 · 윤태일 · 이주일 · 박정희 · 방원철 · 김동하 · 최창언 등 7명의 가족사진이다. 모두 신경군관학교 출신으로서 박정희만 2기이고 나머지는 모두 1기다. 그리고 이들은 1961년 쿠데타에 직 · 간접으로 관여를 했다. 그러나 이들의 우정은 끝까지 가지 못한다.

이주일이 입교한 육사 특임 7기는 명칭 그대로 특별한 기수다. 어쩌면 복잡한 기수라고 해도 되겠다. 육사7기는 정규반, 특별반, 후기반이 있었다. 정규반도 두 갈래다. 먼저 민간인 출신 279명이 있

---

37 방원철, 『김종필 정체』, 도서출판 단군, 1995, p.65

1958년 가족과 함께 화계사로 봄나들이를 간 신경군관학교 출신 동문들[37]
《①박임항 ②김동하의 처 ③윤태일의 처 ④윤태일 ⑤이주일의 자 ⑥이주일 ⑦박근영 ⑧박정희 ⑨김동하의 자 ⑩방원철 ⑪김동하 ⑫최창언의 자 ⑬최창언의 처 ⑭김동하의 자 ⑮박임항의 자 ⑯박근혜 ⑰박임항의 자 ⑱이주일의 자 ⑲방원철의 처 ⑳육영수 ㉑박임항의 처 ㉒최창언 ㉓최창언의 자 ㉔윤태일의 자 ㉕방원철의 자》

다. 이들은 1948년 5월 15일에 가입교하여 기초훈련을 받았다. 그후 각 연대에서 추천받은 사병 출신 326명이 추가되어 8월 9일부터 11월 10일까지 정식 사관교육을 받았다. 입교 인원 총 602명 중 560명이 졸업했다. 특별반은 4차에 걸쳐 246명이 입교한다. 8월 15일 입교, 10월 12일 졸업식에 참여한 인원은 178명이다. 후기반의 경우 345명이 11월 22일 입교하여, 12월 21일 286명이 임관되었다.[38] 7기 모두를 합하면 천 명이 넘는 수가 임관되었으니 대단히 큰 기(期)다. 그러나 정규반과 후기반에는 그리 특출한 인물이 보이지 않는다.

특별반의 경우는 다르다. 7특은 정부 수립 후 최초로 입교하여 최초로 졸업했고, 교육 도중 조선경비사관학교에서 육군사관학교로 명

---

38 『육사졸업생』과 『한국전 비사』에 기록된 숫자가 조금 다르다. 이 책에선 대체로 『육사졸업생』의 기록을 따랐다.

칭이 바뀐 점 등을 들어 '사실상 자기들이 육사1기'라고 주장하고 있다고 한다. 7특이 특별히 눈에 띄는 것은 육사8기에 비교될 정도로 5·16 쿠데타 참여 세력이 많다는 점이다.

윤태일은 박정희·김동하·채명신·송찬호와 함께 혁명 5인 위원회의 일원이었으며, 최고위원으로서 이주일·장경순·정래혁·유양수·박임항·유병현 등이 활약했다. 내각에도 장경순·정래혁·유병현 등이 입각했었다. 이들 중에서도 이주일은 단연 돋보인다.

쿠데타 당시 제2군 참모장으로서 부산, 대구, 광주 등 후방의 지휘를 맡은 이가 이주일이다. 광주 31사단의 최주종 준장(신경3기), 영천 정보학교 교장 한웅진 준장(육사2기), 부산 군수기지사령부 참모장 김용순 준장(육사3기) 등과 긴밀한 연락을 하며, 관할 지역의 도청 및 시청 등을 장악한 일등 공로자였다.

더욱이 민간인 참여자로 혁명공약과 선전문의 인쇄를 맡았던 이학수(광명인쇄 사장)를 포섭한 장본인이기도 했다. 이주일의 친척이었고 만주 용정의 광명중학을 같이 다닌 사이였다는 점이 이학수의 거사 참여가 가능했다는 요인으로 꼽히고 있다. 아무튼 그가 1961년 쿠데타의 제2인자로서 최고회의 부의장으로 임명되었어도 별 마찰이 없었던 것은 이력과 공로 이외 자신의 처지를 알고 위치를 지켜, 정치권에 눈을 돌리지 않았던 점이 작용했을 것으로 보인다. 소위 '알래스카 작전'이라 하여 함경도 군부 숙청 시 그가 살아남았던 이유이기도 하다. 반면 같은 7특 출신으로서 신경군관학교와 일본육사 동기였던 박임항은 옥고를 겪게 된다.

그 외 특임7기 중 눈여겨 볼 인물로 고정훈이 있다. 그는 동경 청산학교 영문과와 하얼빈 북만학원 노문과를 나와 영어와 러시아어에 능통했던 것으로 알려져 있다. 1946년 소련군 보도국 통역을 지내다가 1947년에는 미제24사단 정보처 및 미·소공동위원회 미국 측 통역으로 일한 특이한 경력의 소유자다.[39]

육사 졸업과 동시에 여순사건에 투입되어 하우스만의 통역으로 활약하던 중 박정희 소령에게 하우스만을 소개시켜 준 장본인이기도 하다. 그 후 육군참모총장 특별보좌관과 국방부 장관 특별보좌관을 거쳐 육본 정보국 차장, UN군총사령부 및 미 육군성 파견 근무 중 1950년 3월 중령으로 예편했다.

전쟁 중 영자신문인 「코리안·리퍼블릭」 편집국장, 「조선일보」 논설위원 등을 지내다가 1960년 4월 혁명 후 갑자기 혁신계로 돌아섰다. 민주당 정권에서 진보당 선전간사, 민주혁신당 간사, 구국청년당(사회혁신당) 대표로 활동하던 중 명예훼손 혐의로 6개월간 옥중 생활을 겪었다. 출옥 후 통일사회당 선전국장으로 있다가, 5·16 후 혁신계 검거 선풍으로 다시 4년 6개월간 옥살이를 했다.[40]

전두환 정권 때인 제11대 총선에서 서울 강남구에서 민주사회당 소속으로 출마하여 당선되었으나 12대 총선에선 낙선했다. 대략적인 고정훈의 이력이다. 극우의 길을 걷다가 혁신계로 돌아선 사연이 궁금하다. 미군을 위해 일하다가 한국군문에 투신한 것도, 갑자기 예편한 이유 역시 미스터리다. 고정훈의 이력이나 경력 등을 살펴보면, 혁신계로 노선 변경을 하지 않았을 경우 박정희 정권하에서 이후락 이상의 활약을 했을 것으로 짐작되는데, 그의 변신 과정에 숨은 비화가 없었는지

---

39 『비록 군』, p.389

40 고정훈, 『촛불처럼 비누처럼』, 예지사, 1981, p.403

살펴볼 필요가 있다. 육사7기 특별반 중 주요 인사를 아래에 정리했다.

[표8: 육사 7기 특별반 주요 인사]성명

성명	출신지 출생-작고	군력 이력	국군 계급	주요 군 직위	예편	5·16 계급 직책	군정 직책	비고
이주일	함북경성 1918-02	신경1 일육56	대장 2명	2군사령부 참모장	'63	소장/2군 참모장	최고회의 부의장	감사원장
유병현	충북청주 1924-	학병		합참의장	'81	준장/육본 비서실장	농림장관	주미대사
박임항	함남흥원 1919-85	신경1 일육56	중장 5명	5군단장 2군사령관	'63	중장 5군단장	최고위원 건설장관	반혁명, 66년 석방, 69년사면, 농장경영
정래혁	전남곡성 1926-	일육58 군영		육사교장 2군사령관	'68	준장/ 국방부총무국장	최고위원 상공장관	국방장관, 민정당 대표
장경순	전북김제 1922-	학병		육본 교육처장	'63	준장/육본 교육처장	최고위원 농림장관	국회부의장
윤태일	함남회령 1918-82	신경1		사단장	'64	준장/국방 연구원생	혁명5인 서울시장	주택공사사장 유정회 의원
조문환	서울 1923-	학병지 원1호	소장 18명	특전사 창설	'79	대령		친일조병상의 2남 국방차관
유양수	전남광주 1923-07	학병		육본작전참 모차장	'63	소장/ 작전참모차장	최고위원	교통·동자부 장관
이준학	평남강동 1925-07			관구 사령관	'71			
박중윤	황해장연 -86	서울 상대		국방대학원 원장	'67			국가안보상임위원 서울산업대학장
방희	서울 1921-				'61		주영공사	노르웨이대사 대한광업협회회장
허필은	충북진천				'67			도로공사사장
문중섭	평남안주							김일성대학 시인장군
김묵	평북의주 1920-03	신경2		국방부시설 국장	'68			주택공사전무
이기건	평북의주 1919-?	신경1 인민군		사단장	'58			국정교과서이사 내외통신사장
김영택	황해안악 1921-?	신경1	준장 16명	병참감	'63			호남전기고문
김용기		만군 경리		군수차감	'63		최고회의 재경고문	진해화학고문
김인		일군 군조		사단장	'63			전북·경북지사 8대국회의원
황인권	경남고성			군수처장	'67			총무처기획실장 감사위원
최창륜	만주용정 ?-1950	신경1	대령			사망		평북영변에서 전사
안동준	충북괴산 1919-11	학병		정훈국장				4선 국회의원 관광공사총재

장철	평북의주	황포군 관학교	대령				OSS 국내정진대 광복회장
홍국선							홍사익의 장남
이수영							주불대사 시 자살
고정훈	진남포 1920–88		중령		'54		민사당당수 국회의원

(육사특7기: 1948년 8월15일~10월12일, 234명 입학 201명 임관)

박정희가 육사교관 및 중대장으로 근무할 때 그가 훈련시킨 기수 중 숙군으로 숙청된 이들은 없다. 박정희가 훈련생들을 좌익으로 회유·전향한 사례가 거의 없다는 뜻이다. 유일한 예외가 이주일의 경우인데, 1963년 10월 대통령 선거 당시 민정당이 공개한 박정희 관계 자료에 "박정희의 권유로 군 입대 전 공산당에 입당했으며, 박정희 주선으로 군에 입대했다."라는 문구가 있다. 그러나 이주일은 무죄선고를 받았다.[41] 이것은 무엇을 뜻하는가? 무엇보다 중요한 사실은, 이주일 및 박정희가 남로당이었다는 확실한 증거가 없다는 점이다. 남로당 관계 문서와 회고록에도 그들이 남로당 당원이었다는 기록은 찾을 수 없다.

박정희가 육사에 있을 동안 인연을 맺은 사람들은 오히려 극우의 길을 선택한 사람이 다수다. 5기는 5·16 쿠데타 당시 실 병력을 동원하였고, 이주일, 유병현, 박임항, 정래혁, 장경순, 윤태일, 유양수 등 7특 출신 장군들은 현역 장성으로서 쿠데타 집단에 무게를 실어 줬다. 아무튼 육사 중대장 경력이 그의 인맥을 두텁게 한 것만은 사실임에 틀림없다.

---

41 여순사건 박정희 씨 관계 자료 민정당 공개, 「동아일보」, 1963.10.13.

| 숙군의 대상이 되다 |

제5대 대통령 선거 당시 박정희
좌익관련설을 최초로 보도한
1963년 9월 24일자 경향신문

제5대 대통령선거가 치열하게 전개되고 있던 1963년 9월 24일, 경향신문이 특종을 터뜨렸다. 공화당 후보 박정희가 여순반란사건에 관련이 있다는 내용이다. 박정희의 좌익 관련 내용이 언론에 보도된 과정을 당사자인 윤보선의 증언을 통해 살펴보자.

발단은 내가 전북 전주에서 선거유세를 할 때였다. …(중략)… 어느 기자가 불쑥 이런 질문을 했다. "어젯밤, 박정희 의장이 선거 방송 연설에서 윤 모는 참다운 민주주의를 하는 사람이 아니고, 더욱이나 애국하는 사람이 아니라는 뜻의 방송을 했는데 해위 선생님은 어떻게 생각하십니까?"…(중략)… 그가 이러저런 소리 없이 가만히 있었더라면 내가 구태여 그의 사상을 들먹이며 왈가왈부하려 들지는 않았을 텐데 그가 먼저 싸움을 걸어온 이상 참을 수가 없었다. …(중략)… 나는 어제 여수에서 유세를 하면서 느낀 바 있는데 여순반란사건의 관련자가 정부 안에 있다는 것을 상기해야 합니다. 여순반란사건은 민주주의와 민족주의를 신봉하는 사람이 한 것은 아니라고 생각합니다. …(중략)… 믿어지지 않는 모양이었다. 그래서 나

는 두 번, 세 번 반복해서 똑같은 내용을 분명하게 말해 주었다.[42]

그동안 은밀히 떠돌던 박정희의 사상 문제가 야당 대통령 후보자의 입을 통해서 폭로되자 장안의 기자들이 흥분했던 모양이다. "이제 정책 대결이 아니고 이념 문제가 선거의 주제가 될 것이다." 실제로 박정희가 빨갱이인가 아닌가 하는 논란은 투표일 막바지까지 계속되어 당선 여부에 큰 영향을 끼쳤던 것이 사실이다. 아래에 관련 기사 목록을 정리해 보았다.

[표9: 박정희 후보 '여순 관련' 보도기사 목록]

날짜	언론사	제목
9.24	경향	여순사건 관련자가 정부에 있는 듯
9.25	동아	사상파문, 국가와 혁명과 나
	경향	공화당, 윤보선 씨 고발
9.26	동아	사상논쟁의 백병전, 공명선거의 강연요지
	경향	타임지 보도 내용 전부 사실 아니다
9.27	조선	金俊淵 씨가 朴正熙 씨를 여순반란사건의 관련자인 것처럼 말한 「타임」지 보도 내용 전부 사실은 아니다. 공화당 대변인 밝혀
	경향	김재춘 씨 즉각 소환하여 공화당의 자금원 증언케 하라
		여야가 모두 선거전의 공동의 광장인 정책대결 본위로
9.28	동아	여순사건에 박정희 씨 관련 외지에 보도된 것 듣고 알았다
		신악 · 분열 조성으로 파국, 간첩 황, 김종필 씨와 잦은 접촉
	조선	"朴正熙의장의 여순사건 관련 여부 元容德 · 宋堯讚씨가 증명할 것" 민정당서 성명
		여순사건 朴正熙 씨 관련 尹潽善 씨, 청주유세서 비난
	경향	민족을 사랑한다는 사람이 일군서 교육받았나
		공화당의 자금루트─보통 돈 아닌 듯한 의심
9.29	조선	曺泳珪 씨=여순사건 형받아 李範奭 · 黃憲親 씨가 안다
		"모든 선거사범 선거후에 처리" 金炯旭 정보부장 기자회견담. "朴正熙 의장의 여순사건관련설 터무니없는 소리, 「비라」 뿌린 관련자 5명을 체포"
9.30	동아	여순사건 관련 여부 박의장은 밝히라
	경향	말의 성찬, 9월 중 정치발언 집

---

42 윤보선, 『외로운 선택의 나날, 윤보선회고록』, 동아일보사, 1991, pp.243-245

10.2	동아	박정희 사상을 의심
		박정희 씨 형수 조 여사와 접선
		선거전의 새 각도
		망언 파문 윤치영 씨 재 혁명 발언이 가져온 것
10.4	조선	朴正熙 대통령후보의 여순 관련 당시 변호사가 알아. 朱熹允 씨 전언
	경향	여순사건 박정희 씨 무관
		책임 있는 논평회피 민정 · 자민당 측
		박 후보가 둘러쓴 5대 의혹
10.5	동아	흐지부지, 광주발언 문책, 박총재 · 윤 씨는 서로 기질 같아
		여순사건과 무관, 박정희 씨는 작전참모로 활동
	조선	"朴正熙 의장 여순사건 무관. 숙군대상으로 기소된 일은 있어" 전헌병사령관 元容德 씨 회견담
	경향	여야의 설전 절정에
10.6	조선	鄭求瑛 씨 연설. 朴正熙 씨는 여순 진압자
10.8	동아	당시 육사생도대장 여순사건과 관련 없다
	경향	사상관계 의혹 등 해명
		여순사건 관련 사실 등 증거물 책자 제시
10.9	동아	여순사건 무관 15년 전에 판명
	조선	朴正熙 씨 여순사건 무관. AP 질의에도 답변
		朴正熙 의장 여순사건 관련설을 반박. "그때 육사생도 대장. 元容德 씨 해명 그대로이다"
		"총리엔 타당인사. 朴正熙 씨 여순사건 관련 기사 공보부 간행물에 있다" 尹潽善대통령후보 회견담
		尹潽善 씨의 제시간행물 정부 견해와는 무관, 공보부서 해명
	경향	사상관계 15년 전 이미 심사
10.10	경향	박정희 씨 차중 종횡담
		입건된 정당간부 9명
10.11	동아	박 씨 관련 사실 없다
	조선	"4대의혹관련자 무죄판결은 朴正熙 씨가 책임져야. 여순사건 공판기록 공개 해명하라" 尹潽善 대통령후보 연설
	경향	여순 관련자에 박정희 씨 이름 없다
		박 후보 토비에 유공, 장호진 씨 담
		무엇이 어떻게 다른가 '민족적' 대 '서구적'
10.12	조선	"여순사건 관련자에 朴正熙 씨 이름 없다" 당시의 SIS 파견대장 賓哲顯 씨 증언
10.13	동아	민정당 여순사건 자료를 공개
		조작된 인신공격 해명할 시간 여유 왜 안 주나
		"토벌전 한 일 없다" 원용덕 씨 발언에도 반증
		박 후보 만나려다 추풍회의 오재영 씨 봉변
		재판장 안 했다 김완룡 씨 해명
		여순사건 박정희 씨 관계 자료 민정당 공개
10.14	동아	박정희 씨 고발 민정당서
		민정당 여순사건 자료를 공개
		현지서 박 장군 재판한 일 없다
		본보 호외 각지서 피탈 도난
	경향	박 후보 재판받은 일없다
		민정당서 고발키로

1963년 10월 13일자 동아일보 호외 1면과 2면

선거 이틀 전 동아일보가 여순사건 자료를 호외로 보도하는 등 민정당은 안간힘을 썼으나 개표 결과 약 15만 6천여 표 차이로 박정희가 신승하였다.[43]

결과론이지만 윤보선 진영은 세 가지 이상의 잘못을 범했다. 첫째, 5·16 쿠데타의 부당성과 주체 세력의 무능·실정·부패 등에 초점을 맞추지 않고 박정희의 좌익전력 폭로에 전력투구함으로써 정책대결이 실종되게 했다. 둘째, 이왕 빨갱이 사냥을 선거 전략으로 선택했다면 좀 더 확실한 정보를 파악했어야 했다. 여순사건 때 박정희는 토벌군에서 활약한 후, 숙군 대상으로 무기징역이 선고되었고 곧 형면제를 받았다. 그리고 무엇보다 구명 사실의 규명에 관심을 돌렸어

---

43 제3공화국 대통령에 박정희 씨 당선 확정, 「동아일보」, 1963.10.17

야 했다. 숙군 과정에서 중형이 선고된 군인 중 유일하게 구제된 경우가 박정희였다. 누가 왜 박정희를 살렸는지 그 이유와 배경에 유권자의 호기심을 불러일으켜야 했다.

사건 당시로 달력을 옮겨 보자. 여순사건이 발발한 며칠 후, 반란군토벌전투사령부로부터 박정희 소령에게 전문이 날아왔다. 육본정보과장 김점곤 소령의 보좌 역할을 하라는 내용이었다.[44] 조갑제가 주장한 것처럼 김점곤 소령이 원용덕 대령에게 건의하여 사관학교의 중대장 요원으로 있던 박 소령을 토벌사령부 근무로 발령 내었는지는 확실하지 않다. 다만 박정희가 송호성 토벌군 사령관의 참모 역할을 한 것은 분명하다.

백선엽에 의하면 이 당시의 참모 및 부관은 박정희 소령, 김점곤 소령, 심흥선 대위, 이상국 대위 등이다.[45] 『육사졸업생』에는 김점곤 소령이 정보참모, 박정희 대위는 작전참모로 기술되어 있다.[46] 하우스만은 김점곤, 한신, 박정희가 작전장교로 투입되었다고 했으나 한신이 투입되었다는 것은 검토할 사안이다.[47]

여순사건 진압 무렵 박정희의 활동에 대해선 대체로 언급을 회피한다. 박정희 정권 시절 출간된 『한국전쟁사』와 『한국전 비사』 등에는 박정희가 여순 현장에 있었다는 사실 자체를 언급하지 않고 있다. 박정희의 활약에 대한 평은 현장에서 박정희와 함께 근무했던 고정훈의 글이 참고되며, 이를 아래에 소개한다. 3·15 부정선거 혐의로 구속

44 『내 무덤에 침을 뱉어라(2권)』, pp.212-213

45 백선엽, 『군과 나』, 시대정신, 2009, p.409

46 『陸士卒業生』, p.169 《박정희 대위는 오류다. 박정희는 8월 1일부로 소령으로 진급했다》

47 『한국 대통령을 움직인 미군대위』, p.174

된 최인규와 고정훈이 같은 형무소에 있었던 모양이다. 박정희에 대한 여러 가지 궁금증을 표시하던 중 "아니, 글쎄, 박 의장의 과거를 가리키며 이러쿵저러쿵하지 않습니까?"라는 최인규의 질문에 고정훈은 다음과 같이 대답했다.

그건, 한국의 보수반동세력의 위험천만한 메커니즘이죠. 박 의장이 문제가 되었던 그 사건이 일어났던 것은, 내가 바로 육군참모총장·국방장관·미고문단장의 보좌관으로 있을 때의 일입니다. …(중략)… 박정희를 모략하는 따위로 따진다면, 민족청년단장을 했던 이범석 장군·정일권 장군·이형근 장군·원용덕 장군·손원일 제독할 것 없이, 군 수뇌부가 전부 빨갱이가 되게요? 이거, 그러지들 말라고 하세요. 여순반란사건이 터진 바로 다음 날, 군용기로 광주에 내려갔었습니다만, 그 바로 같은 군용기에 정일권·백선엽의 두 대령, 하우스만 대위(당시 채병덕 장군 고문관) 등 수뇌부가 타고 있었고, 나는 반란 진압 작전 제1보에서부터 통역 또는 정보관의 자격으로 참여했기 때문에, 한·미 양측 고위층의 박 의장에 대한 견해를 누구보다 더 잘 알고 있어요. 혁명의 부작용으로 얻어맞는 건 얻어맞는 거구, 진실은 어디까지나 진실이구 그렇지. 그래, 얻어맞는다고 여순반란사건 진압의 숨은 제1급 공로자를 빨갱이로 몰아치다니, 그것이 바로 정·교분리 이전의 예수회적 새까만 생각입니다. [48]

---

48 『촛불처럼 비누처럼』, pp.178-179

박정희를 변론한 고정훈의 주장은 대체로 옳다. 그러나 고정훈의 증언을 인정할 경우 "박정희가 왜 숙군대상이 되었는가" 하는 설명에 혼란이 생긴다. 이 문제는 조금 미루기로 하자. 고정훈 외 박정희의 활약을 설명하는 자료로는 원용덕의 발언과 당시 신문보도가 있다. 먼저 조선일보 기사를 소개한다.[49]

작전을 한국군 단독으로 수행하고 있다는 박정희의 발언을 보도한 기사다. 미군이 작전을 주도한다는, 세상이 다 아는 사실을 왜곡하고 있다. 아무튼 박정희의 발언과 별도로 그가 여순사건의 전개 내용에 대하여 기자회견을 할 정도로 핵심 역할을 했던 것은 틀림없는 사실로 보인다. 사흘 후 같은 내용이 평화일보에도 실렸다.

1948년 11월 7일자 조선일보, 우측 사진의 정확한 생성 시기는 알 수 없으나 여순사건 당시 박정희(좌1), 송호성(좌2) 두 사람이 미군고문단과 작전을 협의하는 장면이다.

---

49 작전은 독자적, 박정희 참모, 「조선일보」, 1948.11.7

호남지구 작전참모 朴正熙 소령은 5일 기자단 회견 석상에서 다음과 같은 요지의 담화를 발표하였다. "금번 반란사건에 대하여서는 순전히 국군의 독자적 작전이다. 항간에는 배후 지휘를 미군이 하고 있다고 유포되고 있으나 이것은 허설이다. 그리고 호남지구 작전은 이로 일단락되었으며 현재는 구례동북지구 지리산록에 약 150명가량의 무장폭도가 잔재하고 있을 뿐이다. 앞으로 호남방면군의 방침은 좌기 2항에 중점을 둔다.

1. 무장폭도의 조속 숙청
2. 작전 중요지구 치안행정과 교육 생산 등의 각 기관 복구지도[50]

다음은 원용덕의 증언 차례다. 반란군이 아닌 토벌군이었다는 원의 발언은 윤보선과 민중당 측을 곤혹스럽게 했음이 틀림없다. 당시 보도된 기사를 보자.

박정희 씨는 여순사건이 일어날 때 육사교관으로 근무하다가 토벌군에 파견되었으며 10월 하순부터 1개월여에 걸친 주요 작전계획 수립을 맡아 왔다. 그중에서도 기억에 남는 것은 지리산 문주리에서 김지회가 지휘하는 반도를 섬멸한 것 등이다. 그해 11월에 주요작전을 끝내고 박 씨는 다시 육사로 복귀했다. 그 얼마 뒤 박 씨는 좌익혐의로 군재에 회부되었는데 그 죄목은 국방경비법(몇 조인지는 불명) 위반이었던 것으로 생각된다. 이때는 김창룡 특무대장의

---

50 朴正熙 호남전투사령부 작전참모, 호남지구작전은 일단락되었다고 발표, 「평화일보」, 1948.11.10

이른바 숙군 시기로 국방경비대 장교는 거의 전원이 수사를 받았으며 심지어 5사단장이었던 나에게까지도 영장이 내릴 정도였다. 박씨는 15년 구형을 받았으나 그 무실함이 밝혀져 석방되었다. 송요찬 씨는 당시 제주도 공비 토벌 부대장으로 있었기 때문에 자세한 상황을 알지는 못할 것이다.[51]

원용덕의 주장은 '지리산 문주리 토벌작전'과 '15년 구형' 등 내용 중 몇 가지 오류가 있으나 박정희가 토벌군이었다는 점만은 분명하게 밝혔다. 앞글에서 이미 지적한 바와 같이 윤보선측은 사건의 실체를 정확히 파악하지 못하고 너무 성급하게 일을 터뜨린 것이다.

흥미로운 일화가 있다. 하우스만은 그의 회고록에서 "박정희는 이(李) 여인을 무척 사랑했었다. 그는 여순반란 진압 작전 때 이(李) 여인을 동반해 오기도 했는데 미모에다 보기 드문 지성미를 갖추고 있는 듯했다."라는 증언을 한 바 있다.[52]

박정희가 전투의 현장에 내연의 처 이현란을 왜 데리고 갔는지에 대한 사연은 정확히 알 수 없다. 만약, 박정희가 공산주의자였고 그의 모든 행동이 어떤 목적하의 계산된 행동이었다면 소름이 끼치지 않을 수 없다. 아무튼 그가 정말 주의자였다면, 정체가 드러나기 전에 이미 동지들의 등에 비수를 꽂은 셈이다.

이 무렵까지만 해도 박정희가 좌익혐의로 구속되리라 예상했던 사람은 거의 없었을 것이다. 1948년 11월 11일, 이날은 육사7기 졸업식

---

51   여순사건과 무관, 박정희씨는 작전참모로 활동, 「동아일보」, 1963.11.5
52   『한국 대통령을 움직인 미군대위』, p.84

날이다. 참석을 준비하던 박정희에게 날벼락이 떨어졌다. 여순사건 종료 후 박정희는 육군본부 작전교육국 과장요원으로 발령받은 상태였는데, 발령장 대신 구속영장이 제시된 것이다. 박정희는 국방부 총참모장의 명령에 의해 김창룡 제1연대 정보주임에게 체포되었다.[53]

죄목은 국방경비법 제18조(반란기도죄)와 제32조(군병력제공죄) 위반이었다. 범죄 사실은 1946년 7월경부터 1948년 11월까지 남로당에 가입해 합법적인 대한민국 정부를 반대하며 반도를 기도했다는 것이다. 1949년 2월 8일 고등군법회의에서 사형구형에 무기징역을 선고받고, 심사장관의 조치에서 10년 징역으로 감형된 뒤 징역형이 면제되었다.[54]

박정희가 숙군 관련 피의자로 지목되었을 때는, 미군정이 한국군의 숙군 작업을 본격적으로 전개할 무렵이다. 그들이 숙군 작업을 확대하기로 결정한 이유는 당시의 정치적 환경과 무관하지 않다. 1948년 5월 10일 총선거, 7월 17일 헌법제정, 8월 15일 정부출범 그리고 미군철수…. 신생 대한민국은 이러한 일정으로 움직여야 할 시기였다.

1948년 4월 8일, 미 육군성은 하지 점령군사령관에게 한 명령을 하달했다. "48년 말까지 주한미군이 완전히 철수할 수 있도록 모든 환경을 조성하라."[55] 이 전문에서 말하는 "모든 환경"은 무엇을 뜻할까? 경비대사령부에서 미군을 대표하고 있던 하우스만은 "48년 말까

---

53 Report of Field Grade Officers Confined for Subversive Activities(1948.11.12.), RG338, KMAG, Adjutant General, Decimal File, 1948-1953, Box4 《김득중, 『빨갱이의 탄생』, 선인, 2009, p.449 재인용》

54 《고등군법회의 명령, 제18호, 1949.4.18》

55 『한국 대통령을 움직인 미군대위』, pp.156-157

지 미군을 철수할 수 있도록 환경을 조성하는 일"의 구체안을 나름대로 분석하고 상부에 보고하는 책임을 맡았다고 한다.[56] 하우스만의 증언을 소개한다.

국내치안의 경우, 우선 군 내부의 공산주의자 정리가 문제였다. 미군은 한국 상륙 후 첫 1, 2년은 공산주의자에 대한 명확한 지침을 갖고 있지 않았다. 아직 소련과의 우방관계가 공식적으로 유지되고 있었고, 한국의 입장은 공산주의자라고 하는 사람들의 상당수가 일본 식민지로부터의 독립을 찾기 위해 공산주의에 뛰어든 것이었기 때문에 경비대 조직 초기에는 공산주의자 성분 조사를 철저히 하지 않았던 것이다. 그리고 전문 인력의 부족으로 공산주의자를 가려내려 해도 손쉽게 할 수 없는 형편이었다.

그러나 47년 미소공동위원회가 완전히 결렬되고 북한의 대남 게릴라 정책 내지 남한 공산주의자들의 남한 내 반자본주의 운동이 활발해짐에 따라 서서히 숙군 작업에 들어갔다. 수사망이 좁아지면 스스로 경비대를 이탈해 버리는 사람도 생겼다. 김안일, 김창룡 등 젊은 정보장교들의 활약이 눈부실 때였다. 그러나 솔직히 말해 여순반란사건이 터지기 전까지는 숙군 작업이 그렇게 본격적이지는 못했다.[57]

---

56 『한국 대통령을 움직인 미군대위』, p.157

57 『한국 대통령을 움직인 미군대위』, pp.157-158

미군정의 한국군 숙군 작업은 NSC-8[58] 등 케넌(Gorge F. Kennan, 1904-2005)이 제안한 봉쇄정책의 일환으로 추진한 것이다. 아무튼 이러한 빨갱이 사냥의 광풍 가운데에 박정희도 휩쓸리게 된다. 1947년부터 시작된 숙군 대상자 중 중요 인물을 소개한다.

[표10: 숙군 중요 인물]

출신	이름	계급	형량(재판시기)	비고
군사영어 (10명)	최남근	중령	재판(49.2)→파면 (5.10)→사형(5.26)	봉천7기, 〈건국동맹〉, 제6여단 참모장 형 집행 시, 대한민국 만세를 부름
	김종석	중령	체포(49.2.중순)→재판(3.)→사형(8.2)	일군육사56기, 제4여단 참모장 하우스만의전향 요청 거부
	오규범		10년	봉천7기, 참모장
	조암		이적행위 처형	일군, 대대장
	이병주	소령	체포(47.5.21),5년→ 파면(10.21)→ 처형?	신경2기, 군기대(헌병대)사령관, 제7연대장
	이상진	소령	15(49.2.8)→ 10(49.4)→월북	신경2기, 여단군수참모
	조병건	소령	재판(49.2)무기, 사형?	일군육사60기, 육사중대장
	오일균	소령	사형	일군육사61기, 제2연대 대대장 형 집행 시, 대한민국 만세를 부름
	최상무	소령	파면(46.3.15)	
	나학선	소령		일군
육사1기 (5명)	김학림	소령	재판(49.2)무기 파면(49.5.31) 사형	일군육사60기
	안영길	소령	처형?	신경2기, 제4연대 제3대대장
	김창영	소령		
	최창근	대위	파면(49.5.31), 구금?	제6연대 대대장, 제3여단 사령부 제6연대 2차봉기의 원인제공
	태용만	대위		
육사2기 (17명) 193명 졸업	박정희	소령	체포(48.11.11) 무기(49.2)→10년→면소→복직 (50.7.4)	신경2기, 일군육사57기 ※이재복(48.12 체포, 49.1.20군재, 5.26사형) ※이중업(49.2.25 체포) 탈출(7월)
	강태무	소령	49.5.5 월북	제8연대 제2대대장, 성시백 라인
	표무원	소령	49.5.5 월북	제8연대 제1대대장, 성시백 라인
	최형모	소령		

---

58 《한반도 전체에 미국에 우호적인 정부 수립. 주한미군은 철수하고 한국에 대해 군사 및 경제 원조를 제공한다. 등이 주요내용이다. 1948년 4월 2일 제출되었다.》

구분	이름	계급	처벌	비고
육사2기 (17명) 193명 졸업	황택림	대위		일군육사59기
	노재길		체포(47.5.21), 복직 파면(49.5.10)	육사교관→여순 이후 검거→15년 →10년
	강우석			
	안흥만			
	최정호		전쟁 시 월북	
	유병철			
	남재목			
	소완섭			
	김련			
	김보원			
	김병완			
	황용찬	중위		
	김경희			
육사3기 (60명+) 281명 졸업	문상길	중위	사형	박진경 대령 암살
	김응록		총살	
	이기종			
	김남근			나주 반란
	김지회		사살(49.5)	여순 반란, 4연대(47.4.19)→14연대 (48.6.1)
	홍순석		사살(49.5)	여순 반란, 4연대(47.4.19)→14연대 (48.6.1)
	한동석		체포(48말)→재판(49.2)무죄→파면 (5.10)	
	배명종		재판(49.2)무기	
	이윤락		파면(48.10.8)	이후락의 사촌동생 9연대 정보장교(4·3초기), 김창룡의 유혹 거절
	이진호		체포(48.12.초순)→재판(49.4.18)→ 10년→1년 복역	제1연대 중대장 ※2006.5.15. 진실화해위원회에 진실규명 신청 ※박정희의 남로당편성표 시인을 증언
육사5기	박노구	소위	총살(9연대 숙군)	제9연대 자료상으로는 1952년 총살
육사7특	※ 이주일	대위	무기구형 무죄(49.2)	신경1기, 박정희의 권유로 입대 전 공산당 입당

숙군 과정에서 많은 이들이 죽거나 형을 살았다. 그리고 더욱 많은 이들이 직장을 잃었다. 그들 중에는 신경군관학교, 일본육사의 동기·선후배들이 있었고, 육사2기 동기는 더욱 많았다. 그러나 박정희는 살아남았고, 소장까지 무사히 진급했으며, 결국 대통령까지 되었다.

| '스네이크 김'이 '스네이크 박'을 살리다 |

이제 박정희의 좌익 경력은 비밀이 아니다. 그러나 각론으로 들어가면 아직도 모든 것이 혼란스럽다. '사형선고'와 '사형구형에 무기선고' 등 형량부터 여러 주장이 있다. 박정희를 살려 준 이들도 수없이 많다. 백선엽, 정일권, 원용덕, 채병덕, 김점곤, 김안일, 김창룡, 하우스만…. 그러면 이들 중 박정희의 구명(救命)에 결정적 역할을 한 사람은 누구일까? 그리고 그 이유는 무엇일까? 박정희의 형량부터 살펴보는 것이 순서일 것이다. 먼저 인터넷을 통하여 제공되는 사전류의 정보부터 소개한다.

① 위키백과

여수 · 순천 사건 후에 시작된 대한민국 정부의 군대 내 공산주의자를 색출하는 숙군 작업에서 박정희는 남조선로동당(남로당) 군부 하부조직책으로 의심받아 그해 11월 11일 체포되었다. 1심에서 "파면, 급료몰수, 무기징역"을 선고받았으나 2심에서 "징역 10년으로 감형하며, 감형한 징역을 집행 · 정지함" 조치를 받았다. 다음 해 1월 강제 예편되었으며 정보국 문관으로 근무하게 되었다. 1950년 6월 한국전쟁 중 소령으로 현역에 복귀하였고…

② 두산백과

여수 · 순천사건이 일어나자 육군 정보사령부 작전참모로 배속되었다. 그해 박정희는 당시 국군 내부 남로당원을 색출하자 발각되어 체포되었으며 군법회의에 회부되어 사형을 선고받았다. 하지만 만주군 선배들의 구명운동과 군부 내 남로당원 존재를 실토한 대가로 무기 징역을 언도받았다. 이후 15년으로 감형되어 군에서 파면되었다. 군에서 파면되었지만 육군본부에서 비공식 무급 문관으로 계속 근무하다가 1950년 6 · 25전쟁이 발발하자 소령으로 군에 복귀하였다.

③ 한국향토문화전자대전

박정희는 1948년 여순 14연대 반란 사건에 연루된 혐의를 받고 체포되어 군법회의에서 사형 선고를 받았으나, 실형을 면하고 예편하였다. 1950년 한국전쟁이 발발하자 소령으로 현역에 복귀하였다.

④ 시사상식사전(박문각)

광복 직후 남로당에 가입하여 활동하였으며, 1949년 좌익계열의 군인들이 일으킨 여수 · 순천사건을 계기로 군법회의에 회부된 뒤 사형을 선고받았으나, 만주군 선배들의 구명운동과 군부 내 남로당원 명단을 알려 준 대가로 실형을 면하고 강제 예편되었다. 이후 육군본부에서 무급 문관으로 근무하다가 한국전쟁이 발발하자 소령으로 복귀하여….

예를 든 4개 사전의 내용이 제각각이다. 특히 형량의 경우, 위키를 제외한 3곳의 사전은 사형을 선고받았다고 기재되어 있으나, 위키는 무기징역이 선고되었다고 한다. 18년간 통치했던 전직 대통령의 이력이 서로 다르게 기록되어 있다. 주석을 제공하는 위키를 좀 더 신뢰할 수도 있겠으나, 네 곳의 사전 모두 틀린 정보를 제공하고 있음을 우선 지적한다. 이 문제는 글을 진행하면서 차츰 거론할 것이다.

박정희의 '사형선고설'은 당시 정보 국장이었던 백선엽의 글이 진원지다. 그의 증언을 들어 보자.

  한편 숙군 과정에서 중형이 선고된 군인 중 유일하게 구제된 경우가 있었으니 다름 아닌 박정희 소령이었다. …(중략)… 나는 정보국 고문관 리드 대위로 하여금 참모총장 고문관 하우스만 대위와 로버츠 준장에게 박 소령 구명에 양해를 구했다.[59] …(중략)… 1949년 1월 어느 날 그는 내 앞에 나타났다. 군 생활을 하면서 한 번 마주친 적이 있어 그의 얼굴을 나는 기억했다. 그는 수갑을 찬 상태였다. 그의 육군사관학교 동기생인 정보국 방첩과 김안일 과장이 그 만남을 주선했다. …(중략)… 그는 내가 먼저 "할 말이 있으면 해 보라"는 권유에도 한동안 말없이 앉아 있었다. 다소 긴 침묵이 흐른 뒤 그는 "한 번 살려 주십시오…."라면서 말끝을 흐리다가 눈물을 비치고 말았다. 나는 그 모습이 어딘가 아주 애처로워 보였다. 당시 그의 혐의 자체는 무거웠으나 실제 남로당 군사책으로 활동한 흔적은 많지 않았다. 게다가 숙군 작업의 진행을 위해 솔직하게 남로당 군사 조직을 조사팀에게 제공해 개전의 여지를 보였다.

  나는 그런 내력을 감안해 그의 구명 요청을 들은 뒤 "그럽시다. 한 번 그렇게 해 봅시다."라고 말했다. 이어 나는 육군 최고 지도부에 그의 감형을 요청했고, 결국 그는 풀려나 목숨을 구했다. 나는 또 군복을 벗게 된 그의 생계를 염려해 정보국 안에 민간인 신분으로 일할 수 있도록 했다. 그 후 나는 정보국에 김종필을 비롯한

  ---

  59 『군과 나』, pp.416-417

나중의 5 · 16 핵심 멤버를 이룬 육사 8기생 31명을 선발해 정보국에 배치했다. 역사의 우연이라면 큰 우연이다. 나는 꺼져 가는 박정희의 생명을 붙잡았고, 결국 육사 8기생까지 선발해 그와 만나게 한 셈이었다.[60]

백선엽은 "나는 꺼져 가는 박정희의 생명을 붙잡았고", "결국 그는 풀려나 목숨을 구했다."라고 하는 등 자신이 박정희의 은인임을 유독 강조하고 있다. 게다가 "그의 생계를 염려해 정보국 안에 민간인 신분으로 일할 수 있도록 했다."고 한다. 그러면 그는 왜 박정희의 구명뿐 아니라 생계까지 걱정하는 처지가 되었을까?

자신의 말대로 백선엽과 박정희는 그리 잘 아는 사이가 아니었다. 우선 두 사람은 고향이 다르다(평남 강서와 경북 선산). 출신 학교도 다르다(평양사범, 봉천9기와 대구사범, 신경2기). 군 입문 과정 역시 다르다(군사영어학교와 경비사관학교2기). 1948년 11월 현재, 같은 부대에서 근무한 적도 없다. 그저 안면을 익힌 정도였다. 뭔가 이상하지 않은가? 그가 박정희를 구한 이유는, 직속 부하인 김안일 과장이 그의 동기생인 박정희의 구명 가능성을 마지막으로 타진해 보기 위해 자신과의 만남을 주선해서 만났고, "한 번 살려 주십시오…."라면서 말끝을 흐리다가 눈물을 비치는 모습이 애처로워 보였기 때문이라고 한다. 그밖에, 남로당 군사 조직을 조사팀에게 제공해 개전의 여지가 있었음을 구명의 원인으로 꼽았다.

백선엽의 주장이 옳다면, 오일균과 최남근의 경우를 어떻게 설명

---

60 백선엽, 『노병은 죽지 않는다 다만 사라질 뿐이다』, 책밭, 2012, pp.124-125

해야 할지 모르겠다. 육사2기와 3기생의 생도대장으로 있었던 오일균은 훈련생들을 공산화하는 활동을 했다는 혐의로 사형을 선고받았다. 하지만 그는 전향을 했고 사형장에서 "대한민국 만세"를 외치면서 죽었다고 한다.[61] 게다가 백선엽과 오일균은 같은 군사영어학교 출신이었고, 1948년 초 백선엽이 부산에서 근무할 때에는 같은 여관에서 투숙하며 사복 차림으로 서로 친밀하게 지냈다고 한다. 백선엽의 오일균 평은 "그는 훤칠한 미남으로 한눈에 수재라는 인상을 받았다. 그래서 그가 세포당원이었다고는 꿈에도 생각 못했다."고 말했다.[62] 그러나 백선엽은 오일균을 구하지 않았다.

최남근의 경우를 보자. 그는 봉천7기 출신으로 백선엽보다 2기 선배다. 만주군 시절 '간도특설대'에서 같이 근무했으며, 1945년 11월 월남할 때 백선엽, 김백일과 함께 동행한 사이다. 군사영어학교도 같은 날 입교하여 1946년 2월 26일 똑같이 임관했다. 특히 최남근은 『한국전쟁사』에 "지식, 통솔, 경력, 인격, 연령 등에서 부하장병들의 존경과 신망을 받게 되어…"[63]라는 내용이 기록될 정도로 유능한 장교였다고 한다. 그러나 백선엽은 그를 구하기 위한 어떠한 노력도 하지 않았다. 결국 오일균, 최남근 두 사람 모두 형장의 이슬로 사라졌다. 개인적 친분 그리고 군내의 명망가였던 두 사람의 인격과 능력을 생각한다면, 백선엽은 박정희보다 당연히 오와 최를 구했어야 했다. 그러나 그는 박정희만을 유일하게 구했다. 그 이유는 정말 무엇이었

---

61 『내 무덤에 침을 뱉어라(2권)』, p.237

62 『韓國戰秘史』, pp.545-546

63 『韓國戰爭史』, p.297

을까? 숨겨진 사연은 없었는지 궁금하다.

　아무튼 백선엽은 박정희가 사형선고를 받았고 그의 구명에 자신이 일조했다고 했다. '한국군의 아버지' 혹은 '대통령을 움직인 대위'로 알려진 하우스만도 박정희가 사형수였다고 주장한 사람이다. 그리고 유일하게 살아났다고 했다. 백선엽과 똑같은 견해다. 박정희의 구명 과정을 소개하기 전에 그가 최남근을 어떻게 생각하고 있었는지부터 알아보기로 하자.

　당시 육본 정보 국장이었으며 숙군 작업을 지휘했던 백선엽 대령이 어느 날 한 뭉치의 적색 침투자 명단을 내게 갖고 왔다. 거기에는 내가 진실로 아꼈고, 또 빼어난 실력을 가진 자도 많았다. 김종석, 최남근… 이런 사람들은 정말 아까운 사람들이었다.[64]

　하우스만 역시 최남근의 사형집행을 안타깝게 생각했다는 뜻이다. 그러나 하우스만도 백선엽도 최남근을 죽음으로부터 구하지 못했다. 그러나 박정희는 살아남았다. 그 과정에 대한 하우스만의 설명은 다음과 같다.

　여기서 유일하게 박정희 소령은 살아났다. 그는 그를 어려울 때 구해 준 동료·선배·후배들의 발뒤꿈치를 사정없이 무는 사람이라고 해서 가끔 미군들 사이에는 '스네이크 박'이라고 불리기도 했으나, 그에게는 돕는 사람이 많았다. 이 죽음의 사슬에서 그를 풀

---

64 『한국 대통령을 움직인 미군대위』, p.32

어낸 사람 중에는 정일권·백선엽·김점곤·김안일 등 상당수를 헤아린다.

육본 정보국의 직속상관이었던 김점곤은 숙군 작업의 실무를 맡고 있던 김창룡(후일 방첩대장을 지내다가 허태영 대령 등에게 의해 피살)과 특별한 친분 관계를 맺고 있었기 때문에 박정희의 체포 소식을 김창룡으로부터 일찍 보고받을 수 있었다. 김점곤은 김창룡에게 '때리지 말 것'과 '먹을 것을 넣어 줄 것'을 우선 부탁해 박정희를 고문에서 살아남게 했다.

김창룡의 직속상관이자 수사 실무 책임자였던 김안일은 숙군 책임자인 백선엽을 만나게 해달라는 박정희의 소청을 받아들여 그를 데리고 백선엽의 방을 방문했었다. 김안일은 준장 퇴역 후 목사로 일하다가 지금은 은퇴 목사로 있다. 그가 박정희에게 유달리 호의를 베푼 것은 김창룡의 건의도 있었지만 박이 신문 과정에서 군의 공산당 비밀 조직을 소상히 불어 숙군 작업을 손쉽게 진행할 수 있게 했던 점과, 사형수로 있으면서도 의젓함을 잃지 않는 인품에 감동했기 때문이었다.

나는 이승만 대통령으로부터 이 숙군 작업이 얼마나 잘 엄중하게 처리되고 있는가에 대해 1일 보고를 하도록 명령받고 있었다. 나는 그때 신성모 국방장관, 윌리엄 로버트 고문단장 등과 함께 수시로 이 대통령을 만나고 있었다. 박정희 피고의 형 집행을 면죄해 줄 것을 이 대통령에게 보고했다. 그 이유로 나는 그가 일본육사 출신으로 모스크바 공산주의자는 아니며, 군의 숙군 작업을 위한 군 내부의 적색 침투 정보를 고스란히 제공한 공로를 들었다.

내가 알기로는 백선엽·정일권은 채병덕 총장에게 박의 사형집행을 면죄해 줄 것을 공식 건의한 외에 이승만 대통령에게 각각 개인적으로 찾아가 박의 면죄를 호소한 것으로 안다. 그러나 백선엽이나 정일권이 서로 어떤 약속을 하고 이 대통령을 찾아간 것은 아닌 것으로 알며, 나도 어떤 개별 권고나 공식 건의에 의해 이 대통령에게 박을 변호하러 간 것은 아니었다.

박정희 소령은 "이것이 미국 군대요 한국 군대요"라고 대든 그 말에 미뤄 보더라도 적어도 모스크바의 지령에 따라 움직여 온 공산주의자는 절대 아니었으며, 그가 이재복─이중업 조직책으로 이어온 한국군 내부의 거의 모든 적색 조직을 샅샅이 폭로한 것은 확실히 그의 목숨을 건질 만한 가치가 있는 것이었다.[65]

하우스만의 주장은 큰 틀에서 백선엽의 주장과 다름이 없다. 다만 김창룡의 등장이 의외다. 하우스만이 말한 박정희의 구명 과정을 정리해 보면 다음과 같다.

① 김창룡이 김점곤에게 박정희의 체포 사실을 보고함
② 김점곤은 김창룡에게 고문을 하지 말 것을 부탁함
③ 백선엽과의 면담을 요청하는 박정희의 부탁을 김안일이 들어줌
④ 백선엽이 적색 침투자 명단을 하우스만에게 갖고 옴(백의 증언에 의하면, 정보국 고문관 리드 대위로 하여금 참모총장 고문관 하우스만 대위와 로버츠 준장에게 박 소령 구명에 양해를 구했음)
⑤ 하우스만, 박정희 피고의 형 집행을 면죄해 줄 것을 이승만에게

65 『한국 대통령을 움직인 미군대위』, pp.33-35

보고함

⑥ 백선엽·정일권, 채병덕 총장에게 박의 사형집행을 면죄해 줄
것을 공식 건의함 그리고 이승만 대통령에게는 각각 개인적으로
찾아가 박의 면죄를 호소함

무엇보다 하우스만이 박정희를 구한 이유가 궁금하다. 그는 두 가
지 이유를 들었다. 첫째, 박정희는 일본육사 출신으로 모스크바 공산
주의자가 아니다. 둘째, 한국군 내부의 거의 모든 적색 조직을 샅샅
이 폭로했다. 석연치 않은 백선엽의 발언과 마찬가지로 하우스만의
주장 역시 모순으로 가득하다.

일본육사 출신이므로 모스크바 공산주의자가 아니라는 것부터 도
무지 이해되지 않는다. 무기 이상의 중형을 받은 사람 중 일본육사
출신은 차고도 넘친다. 조병건(일본육사 60기), 김종석(56기), 오일균(61
기), 김학림(60기) 등이 그들이다. 게다가 일본공산당이 한국의 공산당
보다 더욱 과격했다는 세간의 평은 어떻게 해석할 것인가?

또 "이것이 미국 군대요 한국 군대요"라고 하는 등 민족주의 성향을
드러냈다고 해서 "모스크바의 지령에 따라 움직여 온 공산주의자는 절
대 아니었다."는 논리 역시 성립되기 힘들다. 박정희가 미군에 대한
적대감을 드러낸 것은 일본군에서 입신하겠다는 자신의 야망이 미국
에 의해 좌절되었다는 원망의 발로로 해석할 수 있기 때문이다. 아무
튼 하우스만과 백선엽이 박정희의 목숨을 구했다는 이유는 구차하기
짝이 없다. 아무래도 그들은 무언가를 숨기고 있다는 의심이 든다. 그
러면 당시 실무과장이었던 김안일은 이 사건을 어떻게 기억하고 있을
까? 그의 기억을 더듬어 보자. 조갑제와의 인터뷰 일부를 소개한다.

오른쪽에서부터 朴正熙(박정희) 대령, 金昌龍(김창룡, 특무대장)대령, 李承轍(이승철, 첩보부
대·HID 副대장) 중령, 金宗平(김종평) 준장, 全在球(전재구·행정장교·후에 국회의원 역임) 대
위, 한 명 건너 金根化(김근화, 상황실장) 중령, 한 명 건너 朴璟遠(박경원·첩보부대장·후에
내무부 장관 역임) 대령. 1951년 말 박정희가 육군정보학교장(당시 명칭은 제6훈련소장) 시절
의 사진이다.

　　朴正熙가 나를 통해서 白 국장을 만났다는데 그런 기억은 없고
朴 소령 수사담당자인 金昌龍(김창룡) 대위가 나를 찾아와 수사에 협
조해 준 朴 대위를 살려 주자고 해서 내가 직접 朴 소령을 만난 뒤
金 대위와 둘이서 白 국장에게 구명을 건의한 기억은 납니다.[66]

　　김안일의 증언은 백선엽의 그것과 미묘하게 차이가 난다. 무엇보다
김창룡의 역할이 박정희 구명의 결정적인 단초였다는 점이 그렇다.
김창룡이 가장 먼저 박정희의 구명을 요청했고, 이에 따라 김안일이

66　朴正熙를 살려준 金安一 최후 인터뷰, 「뉴-데일리」, 2014.10.19

박정희를 면담한 후 김창룡·김안일 두 사람이 함께 백선엽을 찾아가 박을 구명했다는 것이 김안일의 주장이다. 이러한 내용은 김안일이 "박정희에게 유달리 호의를 베푼 것은 김창룡의 건의" 때문이었다는 하우스만의 증언과 맥을 같이한다.

김안일과 하우스만의 주장이 옳다면, 스네이크 김이 스네이크 박을 살린 셈이 된다.[67] 김창룡과 박정희의 닮은 점은 그 외에도 많다. 두 사람 모두 만주에서 일본제국의 하급군인 노릇을 했고, 반공을 내세우며 빨갱이 척결을 입신양명의 수단으로 삼은 점도 닮았고 게다가 자신의 부하에 의해 암살을 당한 것도 똑같다. 아무튼 박정희의 구명에 김창룡이 일정 역할을 한 것은 사실로 보인다. 김창룡의 이름을 누락시킨 백선엽의 의도는 알 수 없다. 계속해서 김안일의 회고를 들어 본다.

金安一 씨는 "朴正熙 소령이 살 수 있었던 것은 수사에 협조했고, 수사간부들과 면담을 했을 때의 태도가 의연하여 우리 스스로가 살리자는 생각이 우러났기 때문이다."고 말했다. 金 씨는 "군내 남로당 조직의 핵심간부인 吳一均도 수사에 협조했으므로 살리려고 했는데 상부를 설득할 수 없었다. 그도 아주 깨끗한 성품의 소유자였다."고 말했다. 金 씨는 "그때는 죽이기보다 살리기가 훨씬 어려웠다."고 덧붙였다.

앞에서 오일균의 경우를 언급했지만, 김안일 역시 "오일균도 수사

---

67 그레고리 헨더슨은 김창룡을 속칭 스네이크 김이라 불렀다. 《그레고리 헨드슨 지음, 박행웅·이종삼 옮김. 『소용돌이의 한국정치』, 한울아카데미, 2000, p.492》; 하우스만이 박정희를 스네이크 박이라고 부른 것은 앞에서 인용한 하우스만의 회고를 참조할 것.

에 협조했으므로 살리려고 했는데 상부를 설득할 수 없었다."라고 말하면서 그의 죽음을 안타깝게 여겼다. 깨끗한 성품의 소유자였고, 수사에 협조했으며, 일본 육사 출신인 오일균도 살아나지 못했는데, 박정희가 김창룡의 마음까지 사로잡은 그 비결 혹은 비밀은 무엇일까? 박정희의 구명 이유는 잠시 숙제로 남겨 두자. 김안일의 회고 중 대단히 중요한 발언이 나온다. 아래에 소개한다.

군내의 남로당 조직은 약점을 갖고 있었습니다. 당시의 군대 분위기 때문에 경계심이 무디어져 半공개적으로 활동을 했습니다. 군대는 전출이 잦습니다. 남로당 세포 중에 한 사람이 전출 가 버리면 기능이 마비되기도 했습니다. 숙군 수사가 신속하게 진행될 수 있었던 것은 李在福의 비서가 잡혀 수많은 군내 세포명단을 불었기 때문입니다. 지방조직까지 불었습니다. 그는 육군 장교였는데, 이 비서를 데리고 전국의 군부대를 돌면서 남로당을 찍으라고 했지요. 그대로 주워 담는 수사였습니다. 사관학교 내 조직이 알려져 朴正熙가 구속된 것도 이 비서의 제보 때문이었습니다.[68]

김안일이 등장시킨 이재복의 비서는 김영식(金永植)을 말한다. 김안일에 의하면, "이재복(李在福)의 비서가 잡혀 수많은 군내 세포명단을 불었기 때문"에 숙군 수사가 진행되었다. 그리고 김영식의 재보에 의해 사관학교 내 조직이 알려졌고, 이에 따라 박정희가 구속되었다고 한다. 김안일의 주장은 우리가 익히 알고 있는 상식을 완전히 뒤집고 있다.

---

68 朴正熙를 살려준 金安─ 최후 인터뷰, 「뉴-데일리」, 2014.10.19

우리는 대개 박정희가 "만주군 선배들의 구명운동과 군부 내 남로당원 존재를 실토한 대가로 무기징역을 언도받았다"고 알고 있다. 그리고 박정희의 제보에 따라 수많은 이들이 구속되었다고 알고 있다. 하우스만, 백선엽, 그밖에 다수의 사람들이 같은 내용의 발언을 했다. 김영식이 이재복보다 먼저 잡혔다는 김안일의 주장을 뒷받침해주는 자료가 있다. 1967년 대장으로 예편한 장창국이 1984년에 발간한 『육사동창생』이다. 관련 글을 소개한다.

조사 작업이 진행되는 동안, 김창룡 대위는 남로당 군사책인 이재복의 비서 겸 연락책 김영식(金永植)을 서울 삼청동에서 체포했다. 그에게서 많은 비밀서류가 압수됐는데, 그중에는 군에 침투한 좌익계 5백여 명의 명단이 들어 있었다고 한다. 이 명단에는 당시 육사생도대장으로 있던 오일균 소령, 육사 교수부장 조병건 소령, 중대장 김학림 중령, 15연대장 최남근 중령 등 1백여 명의 장교도 들어 있었다.

김창룡 대위는 김영식을 체포하고 중요 서류를 압수한 공로로 대위로 진급된 지 70일 만인 48년 11월 5일 소령으로 특진했다. 그때까지 1연대 숙군의 책임자이던 김창룡이 그 후부터는 전군에 대한 숙군의 주역으로 자리를 굳히게 됐다. 김 소령은 김영식을 전향시키는데 성공하여 지하에 숨은 좌익 세포들까지 잡아내는 데 착수했다.

압수된 계보에 의하면, 오일균은 육사 담당 세포책임자였다. 군대 사병이나 민간인 좌익들을 육사에 입교시키고 입교한 생도들을 포섭하는 것이 그의 임무였다. 특히 그가 처음부터 가르친 육사 3기생은 좋은 포섭 대상이었다. 김창룡은 오일균을 추적하여 서울

적선동에 있던 어느 세탁소에서 체포했다. 김종석도 충무로 3가의 어떤 절에 숨어 있다가 김창룡에게 검거됐다. 김창룡은 평양 출신 (경북 안동 출신의 오기, 평양신학교 출신임) 이재복의 정체도 알아내 48년 12월 28일 신당동 그의 자택에서 무난히 검거하고, 그의 부책(副責) 인 김용수(金龍洙)도 체포됐다.[69]

　박정희에 관한 언급이 없는 점을 제외하면, 김안일의 증언과 대동소이하다. 상기 인용 글 중 주목할 것은 김영식의 체포 시점이다. 장창국은 "조사 작업이 진행되는 동안, 김창룡 대위는 남로당 군사책인 이재복의 비서 겸 연락책 김영식(金永植)을 서울 삼청동에서 체포했다."고 했지만 정확한 날짜는 명기하지 않았다. 하지만 김영식이 지니고 있던 좌익계 명단에 의거 숙군 작업이 진행되었다고 말함으로써 추정할 수 있는 단서를 남겨 둔 셈이 되었다.

　숙군 초창기의 진행을 추적할 수 있는 참고 자료가 있다. 〈한국군 헌병사령관 담당 미 군사고문관 보고서〉란 문서다. 이 자료는 1948년 11월 12일자로, 고문관 W. H. 세코 대위가 한국군 참모총장 담당 미군 고문관에게 보고한 것이다. 여기에 박정희를 비롯한 7명의 구금된 장교 명단이 적혀 있다.[70] 날짜별로 정리하면 다음과 같다.

　① 1948년 10월 1일, 오동기 소령(14연대장, 송호성 사령관 명령)

69 『陸士卒業生』, pp.218-219

70 『내 무덤에 침을 뱉어라(2권)』, pp.221-222 《Report of Field Grade Officers Confined for Subversive Activities(1948.11.12.), RG338, KMAG, Adjutant General, Decimal File, 1948-1953, Box4》

② 1948년 10월 26일, 나학수 소령(공병대대, 송호성 사령관 명령)[71]

③ 1948년 11월 8일, 이영섭 해군 중령(국방부, 채병덕 대령 명령)

④ 1948년 11월 10일, 안기수 소령(병기부대, 병기부대 사령관 명령)

⑤ 1948년 11월 11일, 안영길 소령(공병대대, 군수지원부대 사령관 명령)

⑥ 1948년 11월 11일, 최남근 중령(4여단 참모장, 송호성 사령관 명령)[72]

⑦ 1948년 11월 11일, 박정희 소령(육군본부 작전교육국, 채병덕 대령 명령)

이 자료만 보아도 박정희가 실토한 명단과 무관하게 별도의 자료에 의해 숙군이 진행되었음을 알 수 있다. 실제로 숙군이 본격적으로 확대·시행된 시점은 여수가 탈환된 10월 27일 전후부터다. 지금까지 언급한 자료를 기초로 박정희의 구금 과정을 정리해 보면 아래와 같다.

① 1948년 10월 19일, 여순사건 발발

② 10월 21일경, 광주에 설치된 반란군토벌전투사령부에서 작전참모로 활동

③ 10월 24~25일경, 김영식 체포

④ 11월 5일, 기자단회견 석상에서 호남지구 작전참모 자격으로 담화를 발표

⑤ 11월 7~8일경, 귀대

⑥ 11월 11일, 채병덕 대령의 명령에 의해 김창룡에게 구금

---

71 나학수 소령의 오기.《노영기의 박사학위 논문, 「육군 창설기(1947년~1949년)의 숙군에 관한 연구」, 성균관대학, 1998, p.49》

72 최남근은 당시 제4연대 참모장이 아니었다.《노영기의 박사학위 논문, 「육군 창설기(1947년~1949년)의 숙군에 관한 연구」, 성균관대학, 1998, p.49》

| 국방경비법이란 무엇인가 |

박정희가 구속된 시기는 대한민국이 출범한 지 3개월이 채 되지 않았을 때다. '국군'이라는 용어 자체도 낯설 때였다. 헌법과 민·형법은 그런대로 구색을 맞추었으나, 군인에 대한 처벌 기준이 될 군형법은 아예 존재하지 않았다. 그렇다면 박정희 등 숙군 관련자들은 어떤 법적 근거에 의해 구속되고 재판을 받았을까? 숙군관련자들에게 적용된 법률은 〈국방경비법〉이다.

1948년 8월 5일 공포된 국방경비법. 통위부에서 작성되었음을 알려 주고 있다.

〈국방경비법〉은 군정법령 제0호로, 1948년 7월 5일 제정되어 8월 4일 시행되었다.[73] 그러나 이 법의 위치는 기묘하다. '미군정법률'과 '남조선과도정부법률' 그리고 '대한민국법률' 사이에서 오도 가도 못하는 신세가 된 법이다.

정부와 법원은 오랫동안 이 법을 '남조선과도정부법률'이라고 주장해 왔다. 하지만 이 주장은 "남조선 과도정부 법률을 제정한 남조선 과도입법의원은 1947년부터 48년까지 법률 12개를 제정하고 해산했다."

---

73 노영기의 연구에 의하면, 이 법은 아고 대령의 구상과 손성겸, 이응준의 기초로 만들어졌으며 1946년 9월에 제정되었다고 한다. 《노영기의 박사학위 논문, 「육군 창설기(1947년~1949년)의 숙군에 관한 연구」, 성균관대학, 1998, p.41》

는 반론에 의해 폐기될 수밖에 없다.

그다음에 등장한 것이 '미군정법률'이라는 주장이다. 이 주장 역시 억지춘향 격이었다. "미 군정청은 1945년 이래 48년 219호까지의 법령을 공포하였고 이들 법령의 내용은 모두 관보에 수록돼 있다. 법률의 공포는 관보를 통하게 돼 있고 법인지 아닌지는 관보를 보면 알 수 있는 것이다. 그러나 관보에도 국방경비법은 존재하지 않는다."[74] 이러한 주장에 정부와 법원은 어떠한 반론도 제시하지 못할 수밖에 없었다. 군정법령 제0호란 미군 법령집 어디에도 존재하지 않기 때문이다.

박정희의 무기형선고를 보도한, 1949년 2월 17일자 경향신문

당연히 '대한민국법률'도 아니다. 1948년 5월 10일 총선을 거쳐 5월 31일 구성된 제헌의회는 이 법을 승인한 적도 없으며 대체 입법도 하지 않았기 때문이다. 〈국방경비법〉은 당연히 '유령법'이라고 할 수밖에 없다. 하지만 이 법은 제주4·3사건, 여순사건, 국민방위군 사건, 보도연맹 사건 등에 적용되어 수십만 명 이상의 죽음을 집행하는 근거 역할을 했다. 〈국방경비법〉의 정체를 본격적으로 거론하기에 앞서, 박정희의 재판 관련 보도를 먼저 살펴보자.

---

74 국방경비법의 기원과 그 악용실태를 파헤친다,「연세춘추」, 199.5.31

국방부당국에서는 작년 10월의 반란사건을 계기로 肅軍을 단행하여 장교·사병 합하여 1,000여 명의 남로당 세포 조직자를 체포 취조 중에 있는데 그중 마산 전 제4연대장 중령 최남근 일파 73명에 대해 서울고등군법회의는 지난 8일부터 13일까지 6일간에 걸쳐 시행되었던 바, 재판장 金完龍 중령으로부터 崔는 총살형, 기타는 각각 무기·15년·10년·5년의 징역과 무죄 등의 판결이 언도되었다는데 그 내용은 다음과 같다고 한다.

▪ 총살 : 중령 최남근 ▪ 무기징역 : 소령 金學休(林의 오기), 同 趙炳乾, 동 박정희, 중위 裵明鍾 ▪ 15년 징역 : 18명 ▪ 10년 징역 : 24명 ▪ 5년 징역 : 23명 ▪ 무죄 : 중위 韓車錫, 동 朴炳順, 동 徐廷學

그런데 재판장 김완용 중령은 최의 죄상에 대하여 다음과 같이 말하였다.

"최남근은 남로당 軍 세포 책임자로서 지난번 체포된 李在福의 사상적 감화를 받고 남로당에 가입한 후 남한 정부를 전복할 목적으로 동지를 규합 중 반란사건이 발발하자 반군진압작전 임무를 수행치 않고 적의 탈주로를 터 주어 물적·인적으로 막대한 피해를 초래케 한 것인데 그는 그 후 38 이북으로 도주하려다 체포되었던 것이다."[75]

---

75 서울고등군법회의, 군내 肅軍으로 적발된 南朝鮮勞動黨 관련자 崔楠根 중령에게 총살, 朴正熙 소령에게 무기징역형 언도 등 75명에 형 선고, 「조선일보」, 1949.2.17

가장 오해하기 쉬운 것은 '서울고등군법회의'란 용어다. 3심제에 익숙한 우리에게 소개한 재판이 재심이라고 착각하게 한다. '서울고등군법회의'는 현재 3심제로 운영되는 군법재판에서 2심 재판을 행하는 군사법원인 '고등군사법원'을 뜻하는 것이 아니고, 예상 형량에 따라 구분되는 '고등군법회의', '특설군법회의', '약식군법회의' 중 하나를 뜻하며 여기에서 서울의 의미는 '고등군법회의'가 개설된 곳이 서울이라는 의미다. 〈국방경비법〉은 단심이 원칙이었다.[76] 동법 59조에서 61조를 보면 용어에 대한 설명이 있다.[77] 즉, 박정희는 단심인 '고등군법회의'에서 무기징역을 선고받았다고 보면 틀림이 없다.

그러면 "박정희는 사형선고를 받았다", "그는 사형수였다"는 등의 하우스만과 백선엽의 발언을 어떻게 보아야 할 것인가 하는 문제가 등장하게 된다. 그들은 법률적으로는 틀린 주장을 했다. 설명한 바와 같이 박정희는 1심에서 무기징역형을 선고받았다. 그러나 〈국방경비

---

76 앞에서 인용한 백선엽의 회고록을 보면 "단심인 군사재판에서 결국 무거운 혐의를 벗지 못해 사형을 판결받고 말았다."라는 대목이 있다. 박정희가 사형을 판결받았다는 부분은 백선엽의 오류지만, 군사재판이 단심이었다는 것은 정확한 지적이다.

77 제59조 (고등군법회의) 고등군법회의는 본법 각 조항에 해당하는 일체의 범죄를 범한 여하한 군법피적용자 급 법률에 의하여 조선경비대 군법회의 심판의 적용을 받는 기타 각인에 대하여 재판권을 유함. 단, 특수 사건의 심판을 위하여 고등군법회의 설치 장관은 자기 재량에 의하여 군사법상 필요하다고 인정하는 경우에는 여하한 사건이라도 제60조에 규정된 특수군법회의 범죄에 대한 재판관할권에 관한 제한을 받지 않고 차를 특설군법회의에서 심판을 명할 수 있음. 연이나 해 조문에 규정된 인적 재판관할권 급 형벌권에 관한 제한은 위반치 못함.
제60조 (특설군법회의) 특설군법회의는 본법 각 조항에 해당하는 범죄 중 사형에 처단할 수 있는 범죄 이외의 일체의 범죄를 범한 장교를 제외한 여하한 군법 피적용자에 대하여서든지 재판권을 구함. 특설군법회의는 6개월 초과한 수감형 6개월 초과한 매일 급료의 3분지 2 상당액 초과한 몰수형을 언도할 권한은 없음.
제61조 (약식군법회의) 약식군법회의는 본법 각 조항에 해당하는 범죄 중 사형에 처단할 수 있는 범죄 이외의 일체의 범죄를 범한 장교를 제외한 여하한 군법피적용자에 대하여서든지 재판권을 유함. 단 하사관이 재판관할에 관하여 이의를 신립하는 경우에는 해 피고인은 특설군법회의에서 심판을 명할 권한을 유한 장관의 인가 없이 약식군법회의에서 심판할 수 없음. 약식군법회의는 1개월 초과한 수감형, 3개월 초과한 근신형, 1개월 초과한 급료 몰수형을 언도할 권한은 없음.

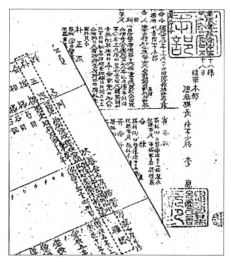

고등군법회의 명령 제18호

법〉에는 1심 재판 전에 행하는 '예심조사'라는 제도가 있다.[78] '예심조사'는 물론 정식 재판이 아니다. 그러나 변호권, 증인신청 등이 보장되어 있어, 단심 군사재판에 있어서 1심 역할을 했던 모양이다. 박정희의 경우, 이 예심조사에서 예심조사관이 사형판결을 내린 것으로 추정된다.

결론적으로 말해서 백선엽 등의 주장은 법률 용어상 오류이지만 실질적으로는 틀린 주장이 아닌 셈이다.

또 다른 문제가 남았다. 박정희의 감형에 관한 것이다. 이 주제는 〈고등군법회의 명령 제18호〉를 설명하면서 함께 거론하기로 한다. 1948년 4월 18일, 동 명령 18호에 의해 박정희는 "징역 10년으로 감형하며, 감형한 징역을 집행 정지함"이란 조치를 받았다.

---

78 제65조 (예심조사) 고등군법회의에 회부할 피고사건은 완전 공평한 예심조사를 하지 않고는 차를 심판에 회부할 수 없음. 예심조사관은 통위부장이 제정하는 규정에 의거하여 법무부 장교 중에서 차를 임명함. 차 예심조사에 있어서는 제기된 기소에 표현된 사항의 진부 기소 양식 급 군사법과 군기상 취하여야 할 해 피고사건 처리에 관한 요령을 포함함. 예심조사관은 피고인에게 소환 가능한 전 증인을 반대 심간 할 기회와 피고인 자신을 위한 변호 또는 정상 작량될 여한한 것이라도 요망하면 제시할 수 있는 기회를 부여하여야 하며 또한 피고인이 신립하는 증인으로서 소환 가능한 증인을 심간 하여야 함. 예심조사관은 조사를 종료하면 양 당사자로부터 청취한 증언의 골자로 기록한 증인의 진술서를 첨부하여 조사보고서를 피고 사건과 함께 제출함을 요함.

박정희에게 적용된 법률은 〈국방경비법〉 제18조[79] 위반이다. 즉 '반란기도죄'였다. 박정희 외 69명에게 "전 피고인은 단기 4279년 (1946년) 7월경부터 4281년(1948년) 11월경에 이르는 동안 대한민국 서울 기타 등지에서 각각 남로당에 가입하고 군내에 비밀세포를 조직하여 무력으로 합법적인 대한민국 정부를 반대하는 반란을 기도하였음"이라고 구체적인 범죄 사실을 적시하였다. 박정희 개인에겐 동 법 32조[80], 즉 '군 병력 제공 죄'가 추가되었다. 법에 의하면 무조건 사형이 집행되어야 할 죄였다.

그러나 무기징역형을 선고받았고, '심사장관의 조치'에서 징역 10년형으로 감형되고, 즉시 감형한 징역을 집행 정지한다는 놀랄 만한 조치를 받았다. 생소한 '심사장관의 조치'제도는 〈국방경비법〉 제94조[81]와 95조[82]에 규정되어 있다. 정확한 용어는 '특설장관에 의한 조치'이다. '판결심사장관' 또는 '확인장관'이 그 역할을 하며, 판결의

---

79 제18조 (폭동 또는 반란) 부대 내의 폭동 혹은 반란을 기도 또는 착수, 선동 작인 또는 해 폭동 혹은 반란에 가담하는 여하한 군법피적용자든지 군법회의 판결에 의하여 사형 또는 타 형벌에 처함.

80 제32조 (적에 대한 구원, 통신 연락 또는 방조) 직접, 간접으로 무기, 탄약, 양식, 금전 기타 물자로서 적을 구원 혹은 구원을 기도하거나 또는 고의로 적을 은닉 혹은 보호하거나 또는 적과 통신 연락 혹은 적에게 정보를 제공하는 여하한 자든지 군법회의 판결에 의하여 사형 또는 타 형벌에 처함.

81 제94조 (특설장관에 의한 조치) 판결심사장관 또는 확인장관은 고등군법회의 소송기록을 접수하는 시에는 종국적 조치를 취하기 전에 필히 해 소송기록을 소속 법무심사관에게 회송함을 요함. 군법회의 판결은 해 군법회의 설치장관 또는 기 당시 관계장관이 차를 승인하기 전에는 집행하지 못함.

82 제95조 (판결승인권에 부대하는 권한) 군법회의 판결승인권은 좌기 각 호의 권한을 포함함. 1. 판정의 승인 또는 부인권 2. 판결승인권한이 유한 장관으로서 소송기록에 판시된 증거를 경미한 병합죄에 한하여 유죄판정을 성립시킨다고 인정하는 시에 범죄에 대한 유죄판정 중 경미한 병합죄에 대한 유죄판정에 국한하여 차를 승인하는 권한. 3. 판결의 전부 또는 일부를 승인 또는 부인하는 권한. 4. 본법 제100조의 규정에 의거하여 사건을 재심하기 위하여 차려하는 권한.

전부 또는 일부를 승인 또는 부인하는 엄청난 권한을 가지고 있었다. 그 외 동 법 100조[83]에 재심규정을 두었지만, 극히 예외적인 사항이 아니면 적용되지 않았다. 결국 〈국방경비법〉하의 고등군법회의는 단심이라는 무리한 제도의 보완책으로 본 재판 이전에 '예심제도'를 두었고, 판결이 난 사안에 대해서 '특설장관에 의한 조치'로 감형을 실시했던 것이다.

단심으로 사형선고를 내릴 수 있다는 점 그리고 예심과 특설장관에 의한 조치 등의 과정을 통해 군부 및 정계의 상층부들이 자신의 권력을 보호·과시하는 수단으로서 이 법은 대단히 유효했다는 점 등이 〈국방경비법〉이 오랫동안 장수를 누린 이유였을 것이다.[84] 아무튼 박정희는 이 제도의 혜택을 톡톡히 누린 셈이다. 더욱이 박정희는 불구속 재판을 했다고 한다. 제5대 대통령으로 확정된 박정희는 선거 과정에서 여순사건 관련설에 대해 다음과 같이 해명했다. "나는 과거 여순사건 과정에서 관제 빨갱이로 몰렸으나 공판은 한 번도 받지 않았고 마지막 언도만 받았다."[85]

박정희의 발언은 진실성도 없고 내용 자체가 모순이라고 아니할 수 없다. 여순사건 발발 시점은 이승만 정권의 초창기다. 박의 주장에 의하면, 집권 초기의 이승만 정권이 자신을 관제 빨갱이로 몰았다고 한다. 천하의 이승만이 일개 소령을 빨갱이로 조작했다는 것이다. 그

83 100조 (재심) 정부수석 또는 기타 판결심사장관은 형의 집행을 명하지 안한 사건이 판결을 부인 또는 무효로 선언하는 경우에는 재심을 인가 또는 명할 수 있음. 재심군법회의에는 원심에 간여한 심판관은 간여할 수 없음.(이하 생략)

84 국방경비법은 1962년 1월 20일 폐지되었다. 반공법(1961년 7월 3일), 군형법(1962년 1월 20일), 국가보안법(1948년 12월 1일) 등이 대체입법의 역할을 하게 되었다.

85 관제 빨갱이로 언도만, 「경향신문」, 1963.11.19

렇다면 관제 빨갱이로 몰았던 정권이 어떤 이유로 불구속 재판을 허용하고 언도만 내리는 관용을 베풀었을까? 이승만 정권이 군부를 길들이고 권력을 강화하기 위해서 군 일부 인사들을 관제 빨갱이로 몰았다면 이해가 된다.

박정희는 한 가지는 생략했어야 했다. "관제 빨갱이로 몰렸으나 치열하게 싸운 끝에 모든 혐의를 벗어났다."라고 하거나 혹은 "애초에 오해를 받았으나 빨갱이가 아님이 증명되었고, 이에 따라 불구속 재판 후 무죄로 판명되었다." 정도로 답변해야 되지 않았을까? 불구속 상태에서 박정희의 재판이 진행되었다는 것은 아래 사진을 보면 알 수 있다.

박정희(가운데 군모 착용), 이후락(박정희의 좌측, 환하게 웃고 있다),
이현란(박정희 우측의 흰 옷 착복)

인용 사진은 1949년 4월 초 육본 전투정보과 직원들의 태릉 야유회 기념사진이라고 한다.[86] 이 무렵이면 고등군법회의 명령 제18호에 의거 형이 확정되기 전이다. 불구속으로 재판을 받았다는 박정희의 말이 맞는 셈이다. 박정희의 재판과 관련하여 지금까지 거론한 것을 정리하면 다음과 같다.

① 1948년 10월 19일, 여순사건 발발
② 10월 21일경, 광주에 설치된 반란군토벌전투사령부에서 작전참모로 활동
③ 10월 24~25일경, 김영식 체포
④ 11월 5일, 기자단회견 석상에서 호남지구 작전참모 자격으로 담화를 발표
⑤ 11월 7~8일경, 귀대
⑥ 11월 11일, 채병덕 대령의 명령에 의해 김창룡에게 구금
⑦ 12월 20일, 국방부 특명 제5호에 의해 숙군관련 69명의 재판이 시작됨
⑧ 1949년 1월, 구금에서 풀려나 육본 전투정보과 과장으로 근무함
⑨ 2월 8일, 사형구형에 무기징역, 파면, 급료몰수 선고
⑩ 4월 초, 육본 전투정보과 직원들 태릉에 야유회 감
⑪ 4월 8일, 고등군법회의 명령 제18호에 의거, 징역 10년으로 감형 및 형 집행 면제가 되고 파면이 확정됨

---

86 『내 무덤에 침을 뱉어라(2권)』, p.239

아무튼 우리는 백선엽·하우스만·김점곤·김안일·김창룡 등이 박정희를 살려 준 이유를 풀어야 할 것이다. 게다가 불구속 재판을 허용하고, 파면 이후 육본 정보국에서 문관으로 근무하게 한 이유 역시 풀어야 할 과제의 하나다. 무엇보다 〈국방경비법〉이 유독 박정희에게 관대하게 적용되었던 이유와 과정을 찾는 것은 우리의 의무이기도 하다.

| 좌익 프락치에서 변절했거나, 우익(미군) 정보원이었거나… |

숙군 무렵의 박정희를 바라보는 시선은 대체로 세 가지를 들 수 있다. 첫 번째는 전향했다는 주장이다. "당시 그의 혐의 자체는 무거웠으나 실제 남로당 군사책으로 활동한 흔적은 많지 않다. 게다가 숙군 작업의 진행을 위해 솔직하게 남로당 군사 조직을 조사팀에게 제공해 개전의 여지를 보였다."[87]라고 말한 백선엽 그리고 하우스만, 김점곤, 김안일 등의 주장이다.

그러나 이들은 박정희의 구명 이유를 제대로 설명하지 못하고 있다. 지금까지 거론한 내용을 정리해 보면, 숙군 과정에서 박정희가 제공한 정보는 결정적인 것이 아니었고, 기본 방향은 김영식이 제공한 자료에 의해 진행되었음을 알 수 있다. 그리고 구명에 힘쓴 김창룡, 김안일, 김점곤, 백선엽, 하우스만 등은 박정희와 그리 가까운 사이가 아니었고, 학연이나 지연 등으로 그렇게 얽히지 않았음을 이

---

87 『노병은 죽지 않는다 다만 사라질 뿐이다』, p.125

미 지적했다. 백선엽과 하우스만이 밝힌 박정희를 살려 준 이유 역시 논리적 · 실증적으로 모순이 많음도 알아보았다.

무엇보다 빨갱이 잡기의 명수 김창룡이 가장 먼저 박정희의 구명을 요청했다는 것은 무엇을 뜻할까? 김창룡은 같은 고향 출신이며(김창룡은 함남 영흥, 이병주는 함남 정평), 생도 시절의 스승이라고 할 수 있는 이병주 소령을 빨갱이로 이미 잡아들인 전력이 있다. 더욱이 그는 채병덕, 정일권, 백선엽, 강문봉, 원용덕 등 육군의 핵심 장교마저 빨갱이로 몰려고 했던 사람이다. 국방부에서 작성한 『한국전쟁사』에 대략적인 내용이 기록되어 있다.[88] 이를 아래에 소개한다.

- 채병덕 육군참모총장은 해방 후 여운형의 직계인 어느 누구에게서 조선인민공화국에 협력하면 친일부역자 숙청 대상에서 구제되리라는 확약을 받고 인공 측에 포섭된 자이며….
- 정일권 작전참모부장은 만주봉천 군관학교 및 일본육사 출신으로서 역시 인공(人共)측의 군사부 비밀요원이라고 모략하였다.
- 정보국장 백선엽은 만군 출신이나 채 총장과 동향이며 평양사범학교 동창생 모(某)를 통하여 북괴와 연락을 취하고 있다고 했다.
- 작전국장 강문봉은 신경군관학교 출신이며 정일권 부장의 직계이며 인공 측 비밀당원이라고 하였다.
- 작전참모부장 원용덕은 만주 군의관 출신으로서 강원도 춘천 8연대장으로 재임 시 춘천군 · 경 충돌 사건에서 경찰관에게 발포하도록 사주한 일이 있고 항상 경찰을 비방하여 온 자라고 하였다.

---

88 『韓國戰爭史』, p.497

지난 이력과 그의 성격을 살펴보면 김창룡이 박정희를 살려 주려고 마음먹은 이유를 도무지 짐작할 수 없다. 그렇다면 박정희가 살아난 이유는 무엇일까? 최남근, 오일균, 김종석 등이 죽고 박정희만이 유일하게 선택된 연유는 과연 무엇일까?

두 번째는 박정희를 아예 거론조차 하지 않는 방법론을 택했다. 『한국전쟁사』를 편찬한 국방부, 『한국전비사』를 쓴 사사키 하루타카(佐佐木春隆), 『육사졸업생』의 저자 장창국 등이다. 대개 이승만 · 박정희 정부를 대변하는 인사들의 시각이다. 문제는 그들의 입장이다. 『한국전쟁사』에 기록된 군부의 시선을 소개한다.

숙군을 과감히 했기 때문에 무고한 희생자가 있었다는 것을 자인하지 않을 수 없지만 숙군당사자인 백선엽, 빈철현, 김득룡, 정강, 송대후, 이왕석, 차호성, 정인택, 김창룡, 신철, 김안일, 이세호, 박평래, 양인석, 이희영, 이영순 등은 생명을 도(堵)하고 숙군한 공로자가 아닐 수 없다.

숙군의 본격적 계기가 된 여순반란, 대구반란사건 등이 만약에 야기(惹起)되지 않고 북괴의 남침 시에 군내봉기가 있었다면 대한민국이 어떻게 되었는가 함은 자명한 일이다. 이러한 관점에서 볼 때 반란사건과 숙군은 대한민국을 구하였고 국군을 반석 위에 서게 하였던 것이다.[89]

"조사 방법이 증거주의가 아니고 신문(訊問)에서 자백(自白)을 하지

---

89 『韓國戰爭史』, p.498

않으면 고문(拷問)으로 자백을 강요하였다."[90]라고 숙군수사의 문제를 자인하면서도 대한민국을 구했다고 자평하는 그들의 역사, 인권의식을 어떻게 평가해야 할까? 물론 군부도 그들의 문제점을 인식한 것으로 보인다. 하지만 자체 반성보다는 이미 악마로 점 찍힌 김창룡에게 대부분의 책임을 미루는 모습을 보여 준다. 『육사졸업생』에는 다음과 같이 적혀 있다.

국군의 일대 자체수술 작업인 숙군은 김창룡 소령이 입수했다는 좌익계 조직계보 명단에 따라 진행됐다. 그것이 이른바 '김창룡 리스트'였다. …(중략)… 인사계들은 자신의 능력을 과장키 위해 마구 명단을 작성해서 장병들의 봉급 지급 때 도장을 받았다가 가입원서 등에 찍어 두었다. 그러나 그렇게 작성된 서류라도, 일단 김창룡 수사반에 입수되면 그대로 좌익조직 계보표로 인정되어 김창룡 리스트에 오르게 되고 무더기 연행, 고문·처형이 뒤따르게 된다.

…(중략)…

숙군에 관한 군법회의 기록이나 관련자 명단 등 관계 문서들이 6·25때 소각 조치됨으로써 지금 구체적인 자료를 얻기 어려운 것도 아쉬운 점의 하나다. 《한국전쟁사》는 "사형을 당한 사람들이 희생을 당하는 마당에서도 애국가를 부르는가 하면, 대한민국 만세 이승만 대통령 만세를 부르고 총살을 당했다."고 기술, 숙군 과정에 무리한 일면이 있었음을 말해 주고 있다. 그러나 당시로는 김창룡 소령의 숙군 작업을 견제, 관여할 만한 세력이 없었고 그럴 상

---

90 『韓國戰爭史』, p.496

황도 아니었다. 여기에 비극의 씨가 움트고 있었던 것이다.[91]

'영웅 만들기'와 '악마 만들기'는 종이 한 장 차이인 듯싶다. 아무튼 김창룡의 과거는 앞으로도 계속 추적할 필요가 있다. 다음 차례로 소개할 것은 "애초부터 박정희는 빨갱이가 아니었다."는 주장이다. 이 의견은 다시 두 가지로 갈린다. "박정희의 구속 은 오해로 말미암은 결과였다."는 주장과 "박정희의 남로당 입당 자체가 위장이었다."는 견해다.

오해로 인해 구속되었다고 말하는 이는 김정렬이다. 그는 공군참모 총장, 국방장관, 국무총리 등을 지낸 한국 현대사 주역 중의 한 명이 다. 그가 남긴 회고록 『항공의 경종』에는 〈박정희 소령의 고난〉이란 소제목으로 숙군 관련 내용이 상당히 길게 언급되어 있다. 그중 일부 를 아래에 소개한다.

1949년 2월 육군 항공사관학교가 창설되고 내가 교장으로 부임 해서 얼마 되지 않았을 때였다. …(중략)… 김창룡 소령이 차트를 펼 쳐 보였다. 웬만한 사람의 키를 넘을 만큼 어마어마하게 큰 차트였 다. 차트의 맨 위에 남로당 수뇌부를 정점으로 하여 밑으로 피라미 드 모양으로 퍼져 나간 남로당 군사 조직표가 그려져 있었다. 박원 석 대위는 그 조직표 하단 맨 끝에 이름이 올라 있었는데, 바로 그 위가 박정희 소령이었다. 박정희 소령 밑에는 박원석 대위 하나만 올라 있었다. …(중략)… 곰곰이 생각해 보니 박원석 대위의 결백함

---

91 『陸士卒業生』. pp.219-221

을 증명하기 위해서는 일단 박정희 소령에 대한 혐의가 벗겨져야만 했다. 그래서 이렇게 다시 물었다. "만약 박정희 소령이 빨갱이가 아니라는 것이 입증되어 풀려나오게 된다면 어떻게 하겠소?" "그야 박원석이는 자동으로 풀려나가게 되겠죠!" …(중략)…

김창룡의 다짐을 받고 증권거래소 건물을 나왔다. 그리고는 곧바로 당시 육군참모차장이었던 정일권 대령을 찾아가 그에게 말하였다.

"지금 박정희 소령이 김창룡 수사대에 잡혀갔는데, 박정희 소령은 당신의 직속 부하이고, 만주군 후배 아니오. 내가 안타깝게 생각하는 것보다 당신이 더 안타깝게 생각해야 할 것 아니오. 지금 박정희가 그렇게 되었는데 가만히 있을 거요?"

그러자 정일권 차장이 난감하다는 표정을 지으며 고개를 설레설레 흔들었다.

"지금 김창룡이가 나를 빨갱이로 보고, 나를 못 잡아서 안달인데 내가 어떻게 하겠소?"

…(중략)…

그래서 할 수 없이 이번에는 백선엽 대령을 찾아갔다. …(중략)… 그도 정일권 차장과 사정이 마찬가지였다. 직속상관이지만 어찌할 수가 없다는 것이다. 참모차장도 못한다 하고, 직속상관인 정보국장도 못한다 하니 정말 답답한 노릇이었다. 어떻게 좋은 수가 없을까 하고 생각하다가 문득 김창룡의 약점이 다시 떠올랐다. 앞에서 이야기했지만 김창룡은 정규 일본육사 출신들에게 꿈벅 죽고 들어가는 성향이 있었다. 특히 당시 현역 중에 육사 출신 선배였던 채병덕 육군참모총장[92]에게는 더욱더 그러하였다. 그래서 채병덕 육군참모총장 댁으로 급히 찾아갔다. …(중략)…

다급한 마음에서 거의 동생이 형에게 떼를 쓰듯이 졸라대었다. 내가 하도 다그치니까 채 총장도 "그래, 한 번 해 보자."라고 하였다. 그러더니 곧바로 김창룡 소령을 집으로 불렀다. 잠시 후 김창룡 소령이 갈월동 참모총장 댁에 찾아왔다. 나는 다른 방으로 피하고, 둘이서 한참 동안 이야기를 하더니 김창룡이 돌아갔다. 무슨 타협점을 찾았던 모양이었다.

…(중략)… 그 후 박정희 소령은 열 번 동안 공산주의자를 체포하는 현장에 나아가 얼굴을 내비치는 데 협조하였다고 한다. 이 일이 끝나자 김창룡은 요식행위이기는 하지만 석방하기 위해서는 보증서가 필요하다고 채 총장에게 부탁하였다. 이에 채 총장은 자신의 참모들에게 적당히 보증서 문안을 만들고 여기에 서명하도록 하였는데, 강문봉 작전국장, 백선엽 정보국장 등이 여기에 서명하였다. 이러한 요식 행위가 끝나자 박정희 소령이 풀려났다. 누명을 벗고 풀려나기는 하였지만 사건이 너무 엄중하였는지라 현역으로 계속 있지는 못하고 예편되었다. 그 후 박정희 소령은 이용문 장군이 정부국장으로 오게 되자, 비록 민간인 군속의 자격이었지만 정

---

92 숙군 초창기의 육군참모총장은 이응준이었다. 채병덕은 통위부(국방부) 총참모장으로 있다가 1949년 2월 소장으로 임명되고 5월에 육군참모총장으로 취임하였다.《육군참모총장; 초대 이응준(李應俊) 소장 1948년 12월 15일 ~ 1949년 5월 8일, 2대 채병덕(蔡秉德) 소장 1949년 5월 9일 ~ 1949년 9월 30일》《1948년 6월 19일 현재, 통위부 부장 유동열, 통위부 차장 송호성(전 조선경비대 총사령관) 준장, 참모총장 이형근 대령, 작전교육참모 정일권 대령》《채병덕, 1948년 8월 통위부 총참모장, 12월 육군 준장, 49년 2월 소장, 49년 5월 육군참모총장》

보부에서 계속 근무할 수가 있었다.[93]

회고록의 한계지만 김정렬의 글은 다른 자료와 많은 차이가 난다. 박원석이 구속된 시기는 분명하지 않으나 박정희의 구속 날짜가 1948년 11월 11일이므로 비슷한 무렵으로 보아야 할 것이다. 그리고 이들에 대한 재판은 12월 20일에 시작되어 이듬해 2월 8일에 형이 선고되었다. 그러므로 1949년 2월에 박원석이 구속되었고, 그 후 박원석과 박정희의 구명을 위해 힘썼다는 김정렬의 주장은 착오였을 가능성이 크다.

두 박(朴)의 구명에 정일권과 백선엽이 난색을 표명했다는 것도 백선엽과 하우스만 등의 회고록 내용과 일치하지 않는다. 백선엽은 박정희의 구명에 자신이 적극적으로 권한을 행사했다고 강조하였다. 그리고 하우스만은 "백선엽·정일권은 채병덕 총장에게 박의 사형집행을 면죄해 줄 것을 공식 건의한 외에 이승만 대통령에게 각각 개인적으로 찾아가 박의 면죄를 호소한 것으로 안다."고 증언한 바 있다. 김안일 역시 김창룡과 함께 백선엽에게 박정희의 구명을 요청했다고 했다.[94]

박정희가 구속될 무렵의 김창룡은 아직 큰 힘이 없을 때다. 그가 숙군의 주역으로 자리를 굳히게 되는 것은 이재복을 검거한 후 소령으로 특진한 1949년 1월 11일 이후부터다.[95] 김창룡이 백선엽·정일

---

93 김정렬, 『항공의 경종』, 대희, 2010, pp.101-111

94 앞의 글, 〈숙군의 대상이 되다〉〈'스네이크 김'이 '스네이크 박'을 살리다〉 국방경비법이란 무엇인가〉 참조

95 『陸士卒業生』, p.218; 체포공로자 일 계급 특진, 「동아일보」, 1949.1.19

남로당 프락치 혹은 미군 정보원 | 227

권뿐 아니라 채병덕에게까지 숙군의 칼을 들이댄 것은 진급 후 방첩대 대장으로 임명된 후라고 보아야 할 것이다. 시기의 미묘한 차이가 있다 하더라도, 김창룡의 약점을 잡아 청탁을 하겠다는 김정렬의 발상은 시사하는 바가 많다.

그러나 "정규 일본육사 출신들에게 꿈벅 죽고 들어가는 성향이 있었다."고 말하면서 정규 일본육사 출신들에 대한 콤플렉스를 김창룡의 약점으로 든 것은 이해하기 힘들다. 김정렬 자신도 일본육사 54기 출신이고 더욱이 박원석(58기)뿐 아니라 김종석(56기), 오일균(61기), 김학림(60기) 등 다수의 일본육사 출신들이 숙군 대상이었다는 점을 고려하면, 일본육사 출신들에게 꿈벅 죽고 들어갔다는 주장 자체가 모순이 된다.

다만 구명 방안으로 '방첩대에서 공산주의자를 잡으러 갈 때 박정희를 앞세우고 얼굴을 내비치게 하는 것'은 검토할 필요성이 있는 사안이다. 김정렬의 주장처럼 박정희가 "열 번 동안 공산주의자를 체포하는 현장에 나아가 얼굴을 내비치는 데 협조"했는지는 알 수 없다. 하지만 비슷한 방법으로 박정희가 숙군수사에 협조한 것은 사실로 보인다.

1949. 4. 18. 고등군법회의 당일에는, "법정의 분위기는 살벌하고 엄숙한 분위기였고 심지어 검찰관조차 별별 떨며 공소장을 낭독했으며, 박○○은 약속한대로 자신과 나의 무고함에 대해 항변하기는 했으나 박정희 전(前) 대통령이 검찰관이 제시한 남로당원 편성표가 모두 사실이라고 시인하자 아무 소용이 없었다"고 진술하였다.

2009년 5월 22일 진실화해위원회 진술 조사, 이진호의 진술 개요

인용한 진술 조사의 당사자인 이진호는 육사3기 출신으로서 국방경비대 제1연대 소위로 배치받아 연대 구매관, 1대대 7중대장 등으로 복무했다고 한다. 1948년 12월 전군차원의 숙군(肅軍)이 진행되는 가운데, 남로당원으로서 반란을 기도한 혐의(국방경비법 제18조 · 제41조 위반)로 특무대에서 수사를 받고 징역 1년을 선고받고 형 집행을 받았지만, 불법구금 여부와 기간, 고문 등 가혹행위, 사건조작 여부 등에 대하여 진실화해위원회에 진실규명을 요청한 바 있다. 이 사건은 직접적이고 객관적인 증거를 발견할 수 없어 2009년 5월 22일 날짜로 '진실규명 불능'으로 결정 났다.[96]

진실화해위원회의 '진실규명 불능'과 별도로, 이진호의 진술은 숙군 당시 박정희의 역할을 적시해 주고 있다. 재판정에서의 증인, 즉 김창룡이 만든 것으로 추정되는 '남로당 군사 조직표'가 모두 사실임을 시인하는 역할이 그에게 주어진 임무였다. 이진호의 증언은 같은 사건으로 무기징역을 선고받았다가 한국전쟁 무렵 사살당한 것으로 알려진 김학림(일본육사60기, 육사1기, 숙군 시 소령)의 부인 강 모 씨의 개인적인 원한과도 관련이 있는 것으로 보인다.

그 후 공주(公州)로 이감(移監)했다는 소식을 듣고 1950년 6월 25일이 일요일이었으므로 원장(院長)에게서 외출 승낙을 얻어서 면회를 가려고 했었는데 사변(事變)이 나서 못 갔으니 서대문에서의 면회가 마지막이 된 것입니다. 고(故) 박정희에 대한 저의 원한은 영원합니다.[97]

---

96 《진실화해위원회, 제3부 제3소위원회 사건, 이진호 남로당원 조작 의혹사건》
97 정운현, "박정희 동거녀 이현란, 아들 낳았다", 「오마이 뉴스」, 2011.5.16

증언을 발굴한 기자는 "강 씨의 편지 말미에 '고(故) 박정희에 대한 저의 원한은 영원합니다'라고 적었는데 왜 원한을 가졌는지 궁금하나 편지만으로는 그 이유를 알 길이 없습니다."라고 했으나, 두 가지 정도의 가능성을 생각해 볼 수 있다. 첫째는 박정희의 밀고에 의해 김학림이 체포되었을 경우다. 하지만 이 두 사람은 비슷한 시기에 체포되었고 선고공판도 같은 날 열렸으니 박정희의 밀고로 인한 원한은 접어 두어야 할 듯싶다.

두 번째는 앞서 거론한 이진호와 같은 경우다. 재판 과정에서 김학림이 남로당의 세포였다고 박정희가 진술하였다면, 그로 인해 김학림에게 중형이 선고되었고 형 집행 도중 전쟁 발발로 인해 사형이 집행되었다면, 강 여인의 원한이 이해되리라 본다.

별도로 검토할 것은 '보이지 않는 힘'의 존재 가능성이다. 이 경우 박정희의 남로당 입당 혹은 남로당 인사와의 접촉은 위장입당이 된다. 소설가 이병주가 비슷한 견해를 피력했다.

이병주의 소설, 『그를 버린 여인』이 연재된 1989년 1월 26일자 매일경제

비록 소설 속의 한 장면이지만, "박 소령은 군대 내의 좌익세력을 뿌리째 뽑아 버리려면 자기가 좌익으로 가장하여 그 조직 내에 침투하여 실상을 파악해야겠다고 결심하고 스스로 세포 책임자가 된

것"[98]이라는 이병주의 글은 놀랄 만한 견해다.

박정희가 만일 미군 CIC 혹은 G2소속의 비밀요원(프락치)이었다고 하면, 지금까지 계속 제기해 왔던 많은 의문점들이 한꺼번에 풀린다. 훈련생 신분이었던 박정희가 생도대장 이치업 대위를 의식불명에 이르도록 구타하였으나 어떤 처벌도 받지 않았을 뿐 아니라 가해자의 명단에 조차 오르지 않았던 1946년 12월의 사건, 박정희 대위가 육사 특임7기생들의 훈련 담당이었을 때 구보 도중 2명이 사망했으나 역시 아무런 법적 제재가 이루어지지 않았던 1948년 8월의 사건 등에서 박정희가 무사했던 이유를 알게 된다.

숙군 과정에서도 마찬가지다. 일련의 '박정희 살리기'의 움직임에 대한 '그 원인과 이유'를 짐작하게 만든다. 학연·지연으로 얽혀 있지 않았고 같은 부대에서 상관·부하·동료 등으로 근무한 적조차 없던 김창룡, 김안일, 백선엽 등이 박정희 구명에 앞장섰고, 재판은 불구속으로 이루어졌으며, 하우스만이 사형수 박정희의 형 집행 면죄를 이승만에게 특별히 보고한 것 등은 박정희가 미군의 프락치였다면 모든 의문이 풀리게 된다.

미군정 시기, CIC의 비밀첩보활동은 우리의 상상을 뛰어넘는다. 예를 하나 들겠다. '독립운동가'이며 '민간통일운동가'로 알려진 박진목이란 인물이 있다.[99] 2010년 7월 13일, 그가 작고했을 때 한겨레신문은 다음과 같은 부고의 글을 올리기도 했다.

---

98 이병주, '그'를 버린 女人, 「매일경제」, 1989.1.26
99 남재희 기고, 민간 통일 운동가로 한평생, 박진목, 「프레시안」, 2015.4.13

고인은 해방 뒤 건국준비위원회 남로당 등에서 활동을 하다가 박헌영의 폭력투쟁 노선에 반발해 활동을 접었고, 한국전쟁 때는 동족상잔의 비극을 하루 빨리 종식시켜야 한다며 종전운동을 벌였다. 그는 51년 7월 미군 정보기관의 도움을 받아 평양을 방문해 이승엽 등을 만나 종전을 촉구했다. 40일 만에 남쪽으로 돌아와 미군에서 조사를 받고 풀려났으나 다시 특무대에 구속돼 재판을 받았다. 이후 진보당 사건, 5·16 쿠데타에 따른 혁신계 탄압 때도 조사를 받거나 도피하는 생활을 계속했다. 70년대에는 우사 김규식의 비서를 한 송남헌 등과 함께 민족정기회를 만들어 친일잔재 청산과 평화통일 운동을 벌였다.[100]

특히 그는 5·16 쿠데타로 인해 희생당한 대표적 인물의 한 명인 조용수와 깊은 관계다. 조용수 사장이 구속되던 당일 그에게 피신할 것을 권고하였으며,[101] 그의 사유지인 경기도 광주시 남한산성 자락에 조용수의 묘를 이장하게 하는 자선을 베풀기도 했다.[102] 지금도 매년 12월 21일 그가 처형당한 날이 되면 그곳에서 조용수의 추모제가 열리곤 한다.[103] 그런데 박진목이 미군CIC의 프락치라는 증거가 발견됐다.

100 평화통일운동가 동주 박진목 선생 타계, 「한겨레」, 2010.7.14

101 원희복, 『조용수와 민족일보』, 새누리, 증보판2004, pp.213-216

102 『조용수와 민족일보』, p.279

103 '최백근 수의와 따뜻한 조용수 참배', 「통일뉴스」, 2015.12.20

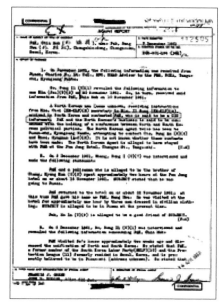

박진목이 CIC의 프락치(informant)라고
기록된 CIC기밀문서

사실 박진목의 정체에 대해선 말들이 많았던 모양이다. 평소 그와 친분이 두터웠던 남재희도 몇 가지 의문점을 제시하곤 했다. 아래는 그의 글이다.

박진목 씨는 전쟁 중 북행하여 이승엽을 만난 일로 일약 화제의 인물이 되었다. 통일운동에 있어서의 거물급 인사가 되고, 혁신 진영에서는 사통팔달의 인물이 되었다. 물론 극히 일부이지만 그의 정체에 회의적인 눈길을 보내는 사람들도 있었다. 그는 민족통일촉진회 등에서 활발하게 일했다. …(중략)…

나는 박진목 씨에 관한 수수께끼를 갖고 있었으나 그의 생전에 풀지 못했다.

첫째로, 남로당의 군(郡) 책임자, 더구나 막강한 경북도당 부장급이 무사할 수 있는 데 관한 설명이 부족하다. 그는 책에서 경찰 지방간부가 봐줘서 무사했다고 썼다. 어떤 이가 한번 직접 물었더니 "내 뒤를 캐기요"라고 화만 버럭 낼 뿐 설명은 안 한다.

둘째로, 그가 미군의 주선으로 북행한 것은 휴전회담이 개최된 후다. 그렇다면 당초의 정전을 위한 노력에서는 벗어나는 사명일 수도 있는 일이었다. 미국 측이 이승엽의 의중을 탐색하려 보낸 것이라고 볼 수밖에 없다. 사명의 차원이 달라진다. 첩보활동인 셈이다.

셋째로, 이승엽은 박진목을 다시 남쪽으로 돌려보낼 정도로 어찌 그리 멍청했느냐는 것이다. 그때는 남로당계가 탄압받기 전이라 권력 기반이 탄탄하다고 믿었던가. 상식적으로는 박진목 씨를 그대로 억류했어야 했던 것이 아닌가. 남로당원끼리의 특수 관계인가.

넷째로, 박진목 씨는 평생을 정보기관과 얽혀 지냈다. 남로당 전향자이니 생존을 위한 것인지, 그리고 여러 가지로 도움을 받을 수 있고 편리해서 그런 것인지, 모르겠다. 정보기관과 얽혀 지내다 보면 정보 취미랄까, 정보 재미랄까 하는 것도 생기는 모양이다. 그는 드물게이지만 그만이 아는 '정보'를 내세우기도 하였다.[104]

결국, 남재희도 결론을 내리지 못했던 모양이다. 그는 "평화나 통일을 모색하는 과정에서 남과 북은 물론이고 미국·중국을 포함한 나라 사이에서의 정보공작도 매우 치열해지고 중요해질 것으로 본다. 평화와 통일을 위한 노력은 어쨌든 정보공작과도 밀접히 연관될 수밖에 없다. 그러기에 박진목 씨 같은 경우의 케이스 스터디도 필요하리라고 본다. 박진목 씨는 권력이나 재물을 탐해서 움직인 적은 없다. 수수께끼는 남겼지만 우국지사임에는 틀림없다."라는 글로 맺음을 하였다.

그러나 CIC문서에는 박진목이 그들의 정보원이라고 분명히 기록되어 있다. 그리고 생시 박진목과 특별한 관계를 맺었던 사람들조차

---

104 남재희, [특별기고] 통일운동가 박진목 씨의 수수께끼, 「한겨레」, 2015.8.13

모르는 박상화(朴相和)라는 박진목의 이명(異名)도 이 문서에 적혀 있다.[105] 그는 두 얼굴의 사나이였던 것이다.

박정희가 CIC정보원이라는 구체적인 증거는 아직 발굴되지 않았다. 그러나 박진목의 경우를 보더라도 그 가능성은 배제할 수 없다. 박정희의 숨겨진 이력을 찾는 작업은 이 책에서 계속될 것이며, 출간 이후에도 멈추지 않을 것이다. 독자 제현의 협조와 격려를 기대한다.

---

105 중앙일보 현대사연구소, 『美軍CIC情報報告書-1』, 중앙일보, 1996, pp.821-834

3장

수상한 사내와
이상한 여인들

| 박정희의 술친구 김덕승의 정체 |

김덕승(金德勝, 1924-1987)이란 인물의 정체가 궁금하다. 신현준은 평진대대(후 광복군) 시절에 관한 자세한 언급을 자제했다. 또한 박정희와 이주일은 평진대대 시절에 대한 별도의 정보를 남긴 적이 없다. 고정훈에 의해 박정희의 평진대대 시절은 채색되기 시작한다. 그의 글 『비록 군(祕錄 軍)』에는 의외의 인물이 주요 인물로 등장한다. 바로 김덕승이다.

김덕승은 5·16 쿠데타 당시 민간인 참여자의 한 사람으로 인정되어 후일 마사회 회장을 지낸 인물이다. 경마장 주변에선 박정희의 술친구로 알려져 있다. 5·16을 전후한 김덕승의 행적을 추적해 보자. 쿠데타가 성공적으로 마무리된 후, 국가재건최고회의는 『한국군사혁명사』란 책을 발간했다. 이 책에 김덕승 관련 내용이 등장한다. 혁명 성공의 전주정황(前奏政況)이란 항목 중 '역정보의 투입' 부분에서다.

내용은 다음과 같다.

또 하나의 에피소드로 사기미수사건을 들지 않을 수 없다. 박정희 장군의 혁명에 필요한 자금 조달의 임무를 띠고 상경한 어느 민간인이 자금 조달을 하려다가 상대방의 배반으로 시경에 검거되었다. 그리하여 온갖 고문을 당했으나 그는 끝내 쿠데타 계획의 배후를 밝히지 않았다. 그리하여 단순한 사기사건으로 취급되었던 것이다. 아닌 게 아니라 거사 만 4일을 앞두고 배후관계가 탄로되었던들 거사에 지장이 있었을 것은 사실이다.[1]

너무 간략히 서술되어 있다. 좀 더 세밀한 내용을 알기 위해 상기 책의 기본 자료인 미공개 자료집 《5 · 16 혁명실기(革命實記)》를 인용한다.

거사시일이 각각으로 다가오자 그 필요성이 더욱 절실하게 된 거사준비자금을 조달하기 위한 박정희 장군의 활약은 좀 양상을 바꾸게 되었다. 역시 돈은 민간인 유지를 통해야만 쉽게 구득할 수 있는데도 그 민간인의 동조를 얻는 방법은 참으로 어려웠다.
박 소장은 마침내 대구에서 잘 아는 김덕승에게 자금 조달을 요청하였으나 결과적으로는 그 방법이 지나쳤음인지 그 배후관계가 누설되어 거사 직전에 김덕승이가 서울시경에 체포되어 자칫하면 대사를 그르칠 뻔한 아슬아슬한 모험을 겪지 않으면 안 되었다. 그

---

1   이낙선, 군사혁명의 전모, 『한국군사혁명사 제1집』, 국가재건최고회의(한국군사혁명사 편찬위원회), 1963, pp.211-212

러나 붙들린 김이 뱃심 좋게 함구함으로써 끝내 그 배후가 밝혀지질 않고 기밀이 지켜졌다. 위기일발에서 간신히 그 기밀이 유지된 것이다. …(중략)…

그러나 문제는 백팔십도로 달라졌다. 그가 벌인 '일생일대의 큰 연극'은 상경한 오에 의하여 민주당정부 장면 총리에게 보고되어 5월 12일 상경한 김덕승은 거사를 4일 앞두고 서울시경 형사에게 체포되어 맹렬한 배후 조사를 받았다. 그러나 그는 끝내 '돈을 사취하기 위하여 꾸민 연극'이었다고 버티었다. 그리하여 캐고 캐는 형사들도 손을 번쩍 들고 그를 '지능적인 사기꾼'이라는 죄명을 씌워 감방에 집어넣어 버렸다. 그리하여 김덕승의 자금조달 공작은 그 결실을 보지 못하고 하나의 '사기미수사건'으로 끝나고 말았다.

악독한 형사들의 고문과 신랄한 배후의 추궁에도 불구하고 처음부터 끝까지 입을 열지 않고 버틴 보람이 있어 5월 16일 거사는 성공적으로 이루어졌던 것이다. 그러나 만일 그때의 김덕승이 입을 열어 그 배후인물인 박 소장과 혁명계획을 누설했다고 하면 역사는 그 침로(針路)를 돌리고 말았을는지 모를 일이었다.[2]

요령부득의 글이다. 글에 의하면 김덕승은 쿠데타에 도움은커녕 경솔한 행동으로 오히려 쿠데타가 무산될 뻔한 실책을 범한 인물이다. 사기꾼 행세를 함으로써 결정적 피해를 주지 않았을 따름이다.

박정희의 행동 역시 이해되지 않기는 마찬가지다. 김덕승과 박정희는 과거부터 잘 아는 사이 정도다. 사용처를 묻지 말고 돈을 구해

2 《5·16 혁명실기-1》, 국사편찬위원회, pp.59-61

달라고 부탁했고, '대외극비'를 거듭 당부하는 말의 숨겨진 뜻을 짐작하여, 박정희가 요구한 돈이 개인 용도가 아니고 '어느 커다란 뜻'을 위해서 필요한 것 같은 확신을 가졌다고 한 것으로 보아 김덕승은 5·16 쿠데타의 주축 세력으로 볼 수 없다. 그러한 처지의 김덕승에게 처음에(3월 중순) 2백만 환을 부탁한다. 한 달 정도가 지난 후(4월 12일) 돈을 구하지 못했다고 보고하는 김에게, 박은 도리어 3백만 환이 더 필요하다고 부담을 준다.

더욱이 쿠데타가 임박한 5월 1일에는 더욱 황당한 일이 벌어진다. 두 번에 걸친 박정희의 요구를 전혀 충족시키지 못한 김덕승에게 이번에는 거의 위협·공갈조로 무슨 방법을 써서라도 5백만 환을 마련하라고 한다. 당시 5백만 환은 요즘 가치로 어느 정도 될까? 그 무렵 쌀 한 가마는 1만 8천 환, 금 한 돈이 8천 환이었다 한다. 2016년 2월 현재 금 한 돈쭝은 196,000원, 쌀 한 가마는 300,000원 정도이니, 금 시세로 환산하면 1억 2천만 원 그리고 쌀 가격으로 치면 8천 3백만 원쯤이 된다. 대략 1억 원 정도다. 적은 돈은 아니지만 그렇다고 한 나라의 권력을 찬탈하려는 집단의 입장으로 보면 그다지 큰돈이라고는 할 수 없을 것이다.

이 정도의 돈을 구하기 위해 사기를 치고, 그 사기 행각에 박정희는 공범 역할을 했다는 것이 아무래도 어색하다. 아무튼 김덕승이 구속된 것은 사실이다. 그리고 쿠데타 성공 이후 풀려난 것도 맞다. 그 후의 사연을 짚어 보면 이 사건은 더욱 미스터리에 빠지게 된다. 먼저 지적할 것은 육영수의 반응이다.

1962년 5월 10일자 경향신문

육영수는 5 · 16 쿠데타에 일체 관여를 하지 않고 그저 부덕만 지킨
것으로 흔히 알려져 있다.[3] 그러나 보도된 기사에 의하면 보다 깊숙
한 역할을 한 것으로 보인다. 무엇보다 자금책이었던 김덕승의 실종
을 파악하기 위해 그의 집을 방문한 것은 당시 육영수의 위치와 임무
를 짐작케 한다. 한편, 상기 정보는 가족들이 서로 집을 방문할 정도
로 김덕승과 박정희와의 관계가 친밀했다는 증거도 된다.

김덕승을 구속, 수사한 관계자들 역시 곤욕을 치른다. 《5 · 16 혁
명실기》에는 김덕승 → 오인환 → 민의원 윤병한 → 장면 총리 → 이
태희 검찰총장 → 서울지검 김홍수 부장검사, 서울시경 부국장 김덕
호 → 오인환 상면 → 인쇄업자 홍경한(검찰이 사주한 허위 자금조달업자)
등의 정보전달 및 수사 과정을 거쳐 김덕승이 체포된 것으로 기록되
어 있다.[4] 취조를 통해 쿠데타기도 음모를 확신한 이태희는 박정희
일파의 구속을 강력히 주장했으나, 장도영의 우유부단함으로 인해
쿠데타를 저지할 수 있는 최후의 기회를 놓쳤다는 것이 많은 이들의

3　박목월, 『육영수 여사』, 삼중당, 1976, pp.167-208

4　《5 · 16 혁명실기-2》, 국사편찬위원회, p.90

분석 결과다.[5] 한편, 쿠데타 성공 이후 이태희는 오히려 자신이 구속된다. 죄명은 특별법 위반이다. 정확하게 표현하자면 쿠데타 방해 죄목이다.

확인할 사항이 하나 있다. 검찰의 공소장에 의하면 김덕승이 오인환에게 요청한 금액은 4천 5백만 환이다. 지금 돈으로 치면 10억 원 정도다. 다른 자료에 기록된 5백만 환 혹은 2백만 환과 큰 차이가 난다. 사실 이 정도의 돈이라면 시경, 검찰, 총리가 난리를 쳤던 이 사건의 전개 과정이 이해된다. 금액을 왜 축소했는지 그리고 김덕승의 경우, 정말 돈을 한 푼도 구하지 못하고 경솔한 행동으로 쿠데타 주체들에게 폐만 끼쳤는지 알 수 없다. 1962년 1월 말경 이태희에 대한 공소가 취소되며 더욱 미궁에 빠져 버렸다.[6]

한편, 본명 김덕승(金德勝) 대신 김용천(金龍泉)이란 가명이 보도된 것도 이해하기 힘들다. 자신의 고향인 평북용천(平北龍川)을 기억하고자 사용한 것으로 보이지만, 공소장에 가명을 사용한 것은 아무래도 자연스럽지 않다.

어쨌든 김덕승은 쿠데타를 무산시킬 뻔했던 실책을 저질렀음에도 처벌을 받기는커녕 민간인 참여 공로자 대접을 받고 대신 그를 구속했던 검찰총장은 반혁명자로 지목되어 큰 곤욕을 치렀다.

김덕승과 비슷한 경우이지만 옥고를 치른 인물이 있다. 육군정보 참모부 소속 이종태(李鍾泰, 육사4기) 대령이다. 그는 군사혁명정보누설 사건으로 1961년 11월 10일 기소되어 무기 구형에 7년형을 선고받았

---

5   『내 무덤에 침을 뱉어라 3- 혁명전야』, pp.336-339

6   이태희씨 공소 취하, 「동아일보」, 1962.1.28

다. 그의 죄과는 무엇일까?

　김덕승이 검거되어 사기꾼 행세를 할 때와 비슷한 시기인 1961년 5월 12일, 쿠데타 주체 세력의 한 명이었던 이종태는 같은 부대에 근무하던 모 중령을 포섭할 목적으로 통근 버스 안에서 거사의 내막을 실토하였다 한다. 하지만 평소 이종태를 신뢰하지 않던 그 중령은 서울지구 방첩대장에게 밀고하였고 급기야 이종태는 소환·구금된다. 사건은 육군참모총장에게까지 보고되었으니 쿠데타 중단의 위기를 맞은 셈이다. 그러나 이종태의 인품을 경시하던 수사당국이 그 당시 떠돌던 풍설 중의 하나로 단정하고 사건을 덮었다는 내용이다.[7]

　이종태가 쿠데타를 반대하거나 밀고한 것은 아니다. 단지 그의 경솔함으로 인해 그는 반혁명자로 지목되어 인생을 망쳐 버렸다. 김덕승 역시 경솔한 행동으로 쿠데타 성사에 큰 누를 끼친 사람이다. 그런데 쿠데타 주체 세력은 왜 이 두 사건을 극과 극으로 다루었을까?

　겉으로 드러난 김덕승은 묘한 인물이다. 쿠데타에 별 기여를 하지 않았음에도, 쿠데타 주체 누구 못지않게 화려한 변신을 하게 된다. 사단법인 한국산업진흥진흥회 회장이 쿠데타 이후 김덕승의 첫 직함이다.

　'한국산업진흥진흥회'의 첫 사업이 〈5·16 혁명 제1주년기념 산업박람회〉다. 자산규모가 3억 3천만 원이 넘는 대형 프로젝트였다. 1961년 10월 1일 시작했고 다음 해 6월 1일 종료되었다. 자신의 표현대로 박람회에 대한 지혜와 경험이 없음에도 불구하고 김덕승은 어떻게 이런 중책을 맡을 수 있었을까?

7　『한국군사혁명사 제1집』, p.210

더욱이 그는 암살대상 요인으로 거론되기도 했다. 1962년 8월경 소위 '민주당계반혁명사건'의 심리가 열렸을 때 "이주일, 김동하, 김덕승 등 요인 30·40명을 암살할 계획은 없었다."라고 한 이성렬(전 백의사 요원)의 법정 진술은, 그가 쿠데타 핵심의 한 사람으로 인식되었다는 것에 다름 아니다.[8] 또한 세칭 민족일보 사건으로 사장 조용수의 구명을 위해 조용삼이 김덕승을 찾아 사촌 동생의 구명을 호소했다는 사례 등이 그 무렵 김덕승의 위치와 권세를 말해 주고 있다.[9]

박정희가 대통령이 되고 난 뒤, 김덕승은 더욱 위세를 떨치게 된다. 1964년 12월 동양복싱연맹 회장이란[10] 감투를 쓴 김은 전해인 1963년 12월부터 마사회 회장에 이미 임명된 상태였다. 오래전부터 정치자금의 출처로 의심을 받고 있는 마사회는 1961년 군사정권 출범 이후부터 별들의 요람으로 알려지고 있는데, 유일하게 김덕승만이 군부 출신이 아니다. 중화민국 육군 소령으로 되어 있는 김덕승의 기록은 검증이 필요하다.[11] 그는 1970년 3월까지 3대에 걸쳐 회장을 역임했다. 1980년 이건영이 기록을 경신할 때까지 역대 최장수 기록이었다.

8 요인암살 계획은 없었다, 「경향신문」, 1962.8.4

9 「조용수와 민족일보」, pp.220-221 《책에는 김덕송으로 되어 있으나, 김덕승의 오기임》

10 동양복싱연맹 회장, 김덕승 씨 선출, 「동아일보」, 1964.12.14

11 역대 마사회장 별들의 행진, 61년 이후 8명 중 6명 육사 출신, 「동아일보」, 1991.1.11

대	이름	군 관 계	최종전직	재임기간
10대	韓永周	육사 1기 예비역 준장	제2군행정참모 부장	61. 7~ 63.12
11~ 13대	金德勝	중화민국 육군소 령출신	5·16기념산업박 람회장	63.12~ 70. 3
14대	崔在鴻	육사 2기 예비역 중장	보사부직업안정 소중앙위원	70. 3~ 71.10
15~ 16대	金東河	해병대예비역중장	국가재건최고위 외무국방위원장	71.10~ 77.10
17대	吳龍雲	육사 7기 예비역 소장	충 북 도 지 사	77.10~ 78. 9
18~ 19대	任智淳	육사 8기 예비역 중장	국 방 대 학 원 장	78. 9~ 81.10
20~ 22대	李建榮	육사 7기 예비역 중장	제 3 군 사 령 관	81.10~ 90.12
23대	柳承國	육사 13기 예비역 중장	병 무 청 장	91. 1~

역대 마사회장(1991년 1월 11일 동아일보 기사)

공직에서 물러난 김덕승에게 애국자란 명예가 덧붙여졌다. 1982년 8월, 정부는 "천진에서 광복군 화북지구 특파공작원과 당산(唐山)·산해(山海) 등지의 한적사병 초모에 진력하였다. 그 뒤 광복군 제3지대 북평·천진지구 현지 공작원으로 주로 동지초모 공작에 활약하였다."[12]라는 공훈으로 김덕승에게 대통령표창을 수여했다.

알 수 없는 것은 때늦은 서훈이다. 박정희 정권은 거의 사장되었던 건국훈장 제도를 쿠데타 후 부활시켜, 1962년 3월부터 독립유공자들에게 대대적으로 서훈했다. '박 정권 초창기 위세를 떨치던 그 시절, 그는 왜 공훈자가 되지 못했을까?'라는 의문이 든다. 박정희가 작고하고 난 뒤 뒤늦게 서훈되었지만 훈장이나 포장도 아니고 대통령 표

---

12 《국가보훈처 공훈록, 김덕승 편》

창에 머문 이유도 석연하지 않다.[13] 어쨌든 이제 그는 애국지사 반열에 들었다. 150여 명의 5 · 16 쿠데타 주체 세력 중 거의 유일한 독립유공자가 된 셈이다.

이상한 일이 또 있다. 그가 중국군 장교 출신이었다는 회고담이 여기저기 나타나기 시작했다. 앞에서 언급한 동아일보 역대 마사회장 소개란에 중화민국 육군 소령으로 기재되어 있다. 이뿐 아니다. 서울(과천)경마장의 터줏대감으로 알려진 박원선(朴元善) 조교사는 전 마사회 회장 김덕승에 대하여 다음과 같은 회고를 남긴 바 있다.

"김덕승 씨는 해방 전 만주에서 박정희 장교(滿軍)와 친교가 있었고, 5 · 16 때는 뒤에서 거사 자금도 댄 분으로 알고 있습니다. 대통령에 당선되고 난 다음 해인가, 어떻든 朴대통령이 뚝섬경마장을 한번 다녀가셨습니다. 역대 대통령들 가운데 유일한 경마장 방문이었지만, 경마를 보러 왔던 것은 아니었습니다. 뚝섬 경마장 구내에 있던 슬라브 지붕 건물에 직행하여 오랜 친지인 김덕승 회장과 소주잔을 기울였다고 들었습니다."[14]

그 외 경마문화란 인터넷 신문에 실린 글에서도 "김덕승은 해방 전후에 중국군 장교로 복무했었고, 그 무렵 일본군 소속 한국인 장교를 안내하면서 박정희 대통령과의 인연을 쌓았다."는 내용이 게재되었다.[15]

경마장 주변에서는, '대통령과 회장과의 인연은 회장이 중국군 장

---

13 1990년, 김덕승이 작고하고 난 뒤에 건국훈장 애족장으로 훈격이 올랐다.

14 박원선과 김덕승 《http://www.kffm.or.kr/》

15 한국경마 부흥을 위한 밀월관계 '덕마흥업시대'-한국경마의 발자취4- , 「경마문화」, 2001.4.7

교 시절 일본군(만주군) 소속이던 한국인 장교들과 접촉할 때부터였
다.', '5 · 16 때는 거사 자금도 댄 숨은 인물이다.', '그러한 이유로
두 사람은 격의 없이 술을 함께 마시는 오랜 친구 사이다.' 등의 소문
이 화젯거리로 떠돌곤 했던 모양이다.

사실 공식적으로 알려진 김덕승의 이력만으로 마사회 회장 당시 김
덕승의 세도를 설명하지 못한다. 박정희를 오래전부터 알고 있는 사
이로서 쿠데타 자금책으로 선정되었지만 정작 돈은 전혀 구하지 못하
고 경솔한 행동으로 구속되었다. 그러나 끝까지 비밀을 지킴으로써
쿠데타의 무산을 막았다. 5 · 16에 대한 이 정도의 기여도로선 김덕
승의 현재 위치가 이해되지 않는다는 뜻이다.

경마장에 떠돌던 얘깃거리들이 김덕승 자신의 발언인지 혹은 주위
사람들의 창작이었는가는 알 수 없다. 다만 그가 오랫동안 근무했었
고 마사회의 발전에 적지 않은 공적을 쌓았다고 알려진 경마장 부근
에서 이러한 말이 널리 유포되었다는 점을 감안하면, 아무래도 김덕
승 스스로 자신의 이력을 변조하였을 가능성이 높다. 그렇다면 그는
왜 광복군 출신임을 떳떳하게 밝히지 못했을까 하는 의문이 또 들게
된다. 김덕승은 이와 같이 뭔가 불명확한 부분이 많은 사내다. 화려
한 이력과 달리 과거는 숨겨진 부분이 너무 많다.

김덕승의 이력을 일부나마 파악할 수 있는 자료로 『한국독립사』를
꼽을 수 있다. 이 책은 김승학[16]이 편찬한 것으로, 1965년 초판 발간
이후 1966년과 1970년에 각각 증보 발행되었다가 1983년에 대대적으
로 보완하여 재발간되었다. 3 · 1 운동과 임시정부에 과도한 비중을

16　金承學(1881-1964), 평북의주, 1962년 건국훈장 독립장 추서

두었단 점으로 비판을 받고 있지만, 독립운동사연구가 미진하던 시기에 독립운동에 직접 참여한 인물에 의해 기술되었다는 점에서 연구사적 의의를 지니는 저술로 평가받고 있다.[17] 이 책 초판에 김덕승이 실려 있다. 책 하권의 〈의열사 및 독립운동자〉열전 편에 실린 김덕승 관련 이력은 다음과 같다.

4257년(1924년) 2월 20일생, 서울인, 1944년 화북지구 특파원 김광언(金光彦)과 접선 당산·산해 등지의 한적사병초모에 진력, 해주에서도 활동하다 1945년 4월 후 광복군 제3지대 천진지구 특파원으로 주로 동지초모 공작에 활약하였다.[18]

『한국독립사』에 등장하는 김덕승은 북경특파단장 김광언의 보좌관 겸 정보과장이며 임명자는 광복군 제3지대장 김학규다. 바로 이 북경지구특파특파단에 흔히 주평진대대(駐平津大隊)라고 알려진 북경지구 직할대대가 속해 있으며, 주요 구성원들로 대대장에 신현준 중대장에 박정희·이주일·윤용구 등이 있었다.

같은 시기, 같은 단체에 속했지만 먼 후일 평가는 엇갈린다. 김광언(애국장)·윤용호(애족장)·김영오(애족장)·유해준(독립장) 등은 서훈되었으나, 한국 군부와 정·관계의 핵심으로 등장하게 되는 박정희·이주일·신현준·이성가 등은 제외되었다. 광복군 관련자의 서훈 기준을 해방 이전에 활동한 자로 정했기 때문일 것이다.

---

17 《한국민족문화 대백과사전, 김승학 편》

18 김승학 편저, 『한국독립사』, 독립문화사, 1966년 증보판, pp.601-602

그런데 김덕승의 경우가 좀 묘하다. 김덕승은 1982년에 애국자 반열에 올랐다. 앞에서 지적한 것처럼 광복군 경력이 뒤늦게 인정된 것도 이해하기 힘들지만, 그 근거가 오직 김승학의 『한국독립사』뿐이라는 점도 이상하다. 앞서 이용기의 예와 마찬가지로 김덕승 역시 『대한민국임시정부자료집』에서 그 흔적을 찾을 수 없다. 광복군 출신의 회고록에도 등장하지 않으며, 현대사 전공자의 논문에도 언급되지 않는다. 신현준도 그의 자서전에 김덕승을 언급하지 않았다.

사료로 인정할 가치가 있는가 하는 문제가 있지만, 김덕승의 활약을 다룬 몇 가지 자료가 있다. 앞에서 소개한 박영만의 『광복군』과 고정훈의 『비록 군』이다. 이들 책에 의하면 김덕승은 해방 이전부터 광복군 초모 활동을 했다. 특히 고정훈은 김덕승을 아예 주인공 수준으로 등장시킬 정도로 그의 활약을 높이 샀다. 고정훈이 다룬 김덕승과 박정희와의 관계부터 살펴보자.

김덕승 씨는 해방 전 몇 해 동안, 김철수 씨 등 제씨와 함께 열하성 일대에서 한적장병 초모공작과 군사정보수집에 그 일신을 내바쳤던 광복군 제2지대 요원이었다. 그리고 열하성 반벽산 방면에서 박정희, 이주일, 신현준, 문용채 씨 등 한적장교들과 손잡을 수 있는 줄을 댄 공로자이기도 했고, 해방 직후, 일본군으로부터 상당한 무기와 탄약을 잽싸게 접수해서 신설광복군에 곧장 보급한 특별 유공자이기도 했었다.[19]

---

19 『秘錄 軍』, p.238

고정훈의 글은 오류투성이다. 박정희가 소속된 부대는 만주국군 제5관구 보병8단이다. 이 부대의 한국인 장교는 신현준, 이주일, 박정희 그리고 방원철이다.[20] 방원철 대신 문용채를 등장시킨 이유는 알 수 없지만, 문용채는 신현준과 동기로 봉천군관학교 5기 출신이며, 만주군 헌병 출신이다. 일제 말기에는 만주국군 대위로서 평천헌병대(平泉憲兵隊) 대대장을 지낸 인물이다.[21] 반벽산 방면에 주둔한 제5관구 보병8단과 전혀 다른 부대에서 근무했다는 뜻이다.

흥미로운 것은 고정훈의 이력이다. 그는 미제24사단 정보처에 근무한 바 있으며 한국 육본 정보국의 차장을 역임한 바 있는 정보통이다.[22] 문용채 역시 정보와 관련 있는 만군 헌병 출신이다. 이러한 관계로 인해 의도적이거나 착각으로 인해 문용채를 등장시키지 않았나 하는 추정을 해 본다. 우연인지 김덕승 역시 정보 관련 경력이 있다. 아무튼 고정훈의 글은 사료적 가치가 제한적일 수밖에 없다. "해방 직후, 일본군으로부터 상당한 무기와 탄약을 잽싸게 접수해서 신설광복군에 곧장 보급했다."는 김덕승의 공로도 검증이 필요한 사안이다.

한편, 박영만은 『광복군』에서 열하성 일대에서의 한적장병 초모작업, 즉 박정희 일행과의 접촉은 이용기라는 인물을 등장시켜 설명했으나, 고정훈은 김덕승이 그 작업을 했다고 주장한다. 두 사람의 주장 모두 역사적 사실과 전혀 무관하다는 것은 이미 언급한 바 있다. '박정희 영웅 만들기'를 목적으로 비슷한 시기에 발간되었지만, 이처

---

20 제1장 7절 '일본의 항복, 박정희의 꿈이 무너지다' 참조

21 《친일인명사전, 문용채 편》

22 저자이력, 『秘錄 軍』

럼 같은 주제를 두고도 의견이 엇갈리고 있다.

광복군 제3지대의 초모공작사업과는 별개로 박영만은 김덕승의 초
기 이력을 언급했다. 그의 주장에 의하면, 김덕승은 비밀요원 김은석
[23]에게 포섭된 인물이다. 김은석의 거점은 천진시 프랑스조계 권업
시장 안 금광사진관이고, 그가 김덕승을 만난 곳은 천진시 특별 일구
겸덕장(謙德莊)이란 마을이다.[24] 김덕승이 천진 소재 광희중학교(光輝中
學校)를 졸업한 것을 기억해 보면,[25] 박영만의 주장 중 일부는 사실로
보인다. 아무튼 김덕승이 광복군과 관련 있는 것은 확실한 듯싶다.
그러나 해방 전의 이력은 여전히 불투명하다. 해방 이전에 한인 초모
공작에 투입된 제3지대 요원이었다고 보기에는 관련 자료가 너무 부
족하다.

고정훈이 묘사한 김덕승의 활약도 해방 후에 일어난 사건이 대부분
이었다. 가장 비중 있게 소개한 것은 좌익계와의 암투 장면이다. 신
현준의 회고록에도 비중 있게 다루어진 사건이다. 다만 이 사건 역시
지은이마다 설정 내용이 다르다. 신현준에 의하면, 연안파 계열인 조
덕진(趙德晉)이란 자를 두목으로 하는 일부 좌익계 인사들이 중국군을
사주하여 자신을 비롯한 간부급 장교들을 구금했는데, 뒤탈이 두려
웠던 때문인지 감금된 지 수 시간 만에 모두 풀려나왔다는 전언(傳言)
이다.[26] 사건이라고도 할 수 없는 해프닝 정도다.

그러나 고정훈의 글은 전혀 다르다. 좌익계 핵심 인물로 등장하는

---

23 金銀錫(1919-2011), 평북 의주, 1990년 건국훈장 애족장(1963년 대통령표창) 수여

24 『광복군(하)』, p.436

25 『대한민국인물연감』, 청운출판사, 1967, p.262

26 『노해병의 회고록』, pp.78-79

인물의 이름도 조덕진(趙德晉)이 아니고 조덕준(趙德俊)으로 다르게 나온다. 더욱이 김덕승을 사건의 주인공으로 만들었다. 사실 이 에피소드는 광복군 제2지대와 3지대 간의 암투의 하나로 실제 일어난 사건이다. 고정훈이 그린 전개 과정은 이렇다.

- 해방구로부터 소부대를 이끌고 광복군에 합류한 특별 분대가 있었다.
- 조덕준(趙德俊)은 광복군 제2지대에 있다가 해방동맹(독립동맹)으로 넘어간 자이다.
- 독립동맹의 밀령으로 조덕준 일파는 무기를 강탈하고, 지휘관들을 알몸으로 구금했다.
- 광복군의 대변인 김광언, 최춘선, 김지옥 등은 다른 장소에 별도로 감금되었다.
- 광복군을 조선의용군으로 전환시켜야 한다는 등 요언으로 김광언 설득 공작을 했다.
- 조덕준 일파는 이미 광복군과 국민정부와의 연락 통로를 끊은 상태였다.
- 좌익들의 음모를 감지한 김덕승은 특별 분대에 일찍이 잠입하여 신임을 얻고 있었다.
- 김덕승은 평소 유대관계를 맺고 있던 젊은이들을 동원하여 탈출 작전을 계획했다.
- 박정희는 평소 자신을 따르던 특별부대원 중 일부를 설득시키는 데 성공했다.
- 김덕승은 먼저 김광언 참령을 탈출시켰다.

- 김광언은 국민정부와의 연합작전으로 반란군을 단숨에 진압했다.[27]

마치 한 편의 드라마 같다. 상기 사건의 사실 여부를 떠나서 김덕승과 박정희가 이 무렵 인연이 맺어진 것은 확실한 듯싶다. 그러나 이 정도의 인연을 기억하여 귀환 후 가족끼리 서로 내왕하며 더욱이 쿠데타를 함께하는 동지의 연을 맺었다고 생각하기에는 뭔가 허전하다. 김덕승의 신분이 좀 더 특별하거나, 박정희가 구명지은(救命之恩)을 입었다든가 등의 극적인 요소의 추가가 필요하다는 뜻이다. 문제의 책 『광복군』에 이러한 의문에 대한 실마리를 제공하는 장면이 있다.

남파 박찬익이가 김학규, 박영준, 이지일, 권태휴들을 데리고 이 군대를 만들어 놓자, 대번에 삼개대대 병력이 모였다. 그리고 안동에 광복군의 근거를 두고 이용기(그 후에 조덕진에게 암살을 당했지만), 차봉헌, 김은석, 김덕승, 김동후들이 압록강을 몰래 건너다니며 공작하여 신의주 학생사건을 일으키게 하자, 피 끓는 반공학생들이 자꾸만 안동으로 건너왔다. 이 학생들을, 동지 김덕승이가 북한을 드나들며 얻어다가 바치는 정보의 대가로 미극동정부처에서 매달 천여 불씩 받는 돈으로 좁쌀을 사서 먹이다가 봉천에 있는 그 독립총대로 보냈기 때문에 독립총대의 병력은 늘어만 갔다.[28]

---

27 『秘錄 軍』, pp.235-239
28 『광복군(운영편)-하』, p.594

박찬익이 만들었다는 군대는 1946년 7월부터 1948년 초까지 활동했던 주화대표단(駐華代表團) 동북총판사처(東北總辦事處)일 것이다. 앞에서 언급한 바와 같이 북경을 비롯한 관내에서의 활동이 불가능해지자 한독당(임시정부)은 만주지역으로 방향을 틀어 광복군 확군 작업을 계속 시도하였다.[29] 그러나 신의주 사건은 1945년 11월경에 발생했으므로 시기적으로 맞지 않다. 그러므로 신의주반공의거의 배후에 동북총판사처가 있다는 박영만의 주장은 과장·왜곡된 정보이다. 임시정부가 주화대표단 성립 이전에 설치한 동북대표부의 요원으로서 최태산(崔泰山) 조중서(曺仲曙) 등이 심양, 장춘 등에서 활동한 사실을 보건대,[30] 역사적 사실에 작가의 상상력을 가미한 것으로 판단된다.

주목할 것은 미극동정보처(美極東情報處)가 이 사건에 관여했다고 주장하는 부분이다. 물론 이 주장의 출처가 되는 박영만의 『광복군』은 그다지 신뢰할 만한 자료가 아니다. 그러나 김덕승의 이력에는 여기저기 '정보' 혹은 '공작'이라는 단어가 출몰한다. 김승학의 『한국독립사』에 등장하는 김덕승은 북경지구특파단의 정보과장이고, 고정훈의 글에는 잠입·포섭에 유능한 첩보원으로 묘사되고 있다. 미국 정보처 정보원으로서의 역할이 어색하지 않다고 볼 수 있다.

얘기하는 미극동정보처가 CIA의 전신인 OSS(Office of Strategic Services 전략사무국)를 얘기하는지 혹은 일본에 주둔한 연합군최고사령부(SCAP/GHQ: Supreme Commander of Powers/General Headquarte) 산하 441방첩대(441CIC Detachment)를 가리키는 것인가는 확실하지 않으나 미군 정보

29 상세한 정보는 정병준의 논문 《1945~48년 대한민국임시정부의 중국내 조직과 활동》 중 '임정의 만주계획과 중국 동북지역에서 활동'을 참조할 것

30 『韓國臨時政府東北代表部設置經過』, 국가보훈처, pp.288-290

기관으로부터 정보의 대가로 매월 천여 불을 받았다는 것은 예삿일이 아니다.

OSS가 광복군에 관심을 갖기 시작한 것은 1942년 1월경, OSS의 창설자로 알려진 도노반(William J. Donovan, 1883-1959)이 한국인의 필요성을 인식하고 대통령에게 비망록 형식으로 보고를 하고 난 후부터였다.[31] 그 후 1945년 3월경 통신병 및 첩보원 양성의 필요성에 따라 흔히 독수리작전으로 알려진 한미공동작전의 이행을 위해 1945년 4월 3일, 미 육군 대위 싸전트(Clyde B. Sargent)와 임시정부 김구 주석과 30분간의 회담 끝에 양쪽이 최종적으로 합의를 함으로써,[32] OSS는 한국 현대사에 깊숙이 관계하게 된다.

한편, CIC(Counter Intelligence Corps 방첩대)는 1945년 9월 9일 미 제24 군단과 함께 인천에 상륙하고 난 뒤 한국 정치계에 무소불위의 권력을 휘두르는 위치에 서게 된다. 처음에 도착한 부대는 제224CIC 파견대였다. 1946년 4월부터 모든 주한 미군 방첩대들이 제971CIC 파견대로 교체되는데, 한국의 정치무대를 완전히 장악했던 바로 그 부대다.[33]

OSS이든 CIC이든 김덕승이 1945년 11월, 그 무렵부터 미국의 정보기관과 관계를 맺었다면 베일에 가려진 그의 이력에 대한 의문점이 많이 해소될 것이다. 5·16 이전 밝혀진 김덕승의 경력은 만취동무역공사 외교부장(萬聚東貿易公司 外交部長)과 중은무역공사 취체역사장(中

---

31 도노반이 대통령에게 보내는 두 번째 비망록(1942.1.24), 한미공동작전의 배경 《대한민국임시정부자료집 12》

32 싸전트의 비망록(1945.4.3), 한미공동작전의 배경 《대한민국임시정부자료집 12》

33 《정용욱의 논문, 해방직후 주한미군 방첩대의 조직과 활동》 참조

銀貿易公司 取締役社長)뿐이다. 이후는 혁명일주년기념사업박람회 회장(革命一週記念事業博覽會 會長) 5·16 사단법인 한국산업진흥회 사장(五一六 社團法人 韓國産業振興會 社長), 한국마사회 회장(韓國馬事會 會長, 1967년 현재) 등이다.

만취동은 해방 초기 무렵 한때 한국 최대의 무역회사였다. 그러나 1948년 8월 대한민국 정부의 수립과 국제 환경의 변화는 이러한 인천화교의 환경을 완전히 바꿔 버렸다. 정부는 무역업이 화상(華商)에게 독점되어 있는 것을 시정하기 위해 화상에 불리한 각종 규제를 가했다. 여기에 1949년 10월 중화인민공화국의 수립으로 중국 대륙이 공산화되자, 한국 정부는 이에 대처하여 중국에서 한국으로 유입되는 중국인의 입국을 금지하고, 무역을 금지시켰다.[34] 대륙 중국에서 섬나라 대만으로 방향을 바꿔야만 생존할 수 있는 시절이 된 것이다. 만취동뿐 아니라 대개의 화상들이 일개 음식점 주인으로 변신하게 된 배경이다.

김덕승이 언제부터 만취동에 근무했는가는 불확실하다. 그러나 '광복군확군사업'에 관여하다가 귀국한 것 등 중국에서의 활동을 기억하면, 만취동이 서서히 몰락할 시점부터였을 것이다. 김덕승은 중국과의 이력 등으로 만취동에 취업했을 것으로 보인다. 만취동 사직 이후 자영업을 할 때도 중국과의 무역 관련업이 그의 주업이었다. 어쨌든 그는 중국 통으로서 자신의 생업을 영위했던 모양인데, 정작 5·16 당시의 모습과는 괴리가 너무 크다.

한때 무역회사 사장을 지냈던 그가 2백만 원 정도의 돈을 못 구했

---

34 권기영·이정희 편, 『인천, 대륙의 문화를 탐하다』, 학고방, 2015, pp.286-287

다는 것은 어색하기 짝이 없다. 그리고 끝내는 사기행각까지 벌일 정도로 돈과는 거리가 먼 사람이었다는 것은 무엇을 말하는 것일까? 도대체 박정희는 어떤 생각으로 그에게 무리한 요구를 거듭했던 것일까? 추론이지만 그에게 직업은 단지 신분세탁용이고, 정보를 수집·판매하는 것이 본업이었다면 지금까지 거론한 그의 행적이 이해될지도 모르겠다.

박정희가 북경과 천진에서 거주하던 무렵은 그의 나이 스물여덟일 때다. 8개월 동안의 후 광복군 생활은 삭제해도 좋을 시기였을까? 왜 이 기간 동안의 행적에 대해서 본인뿐 아니라 주변 사람들 모두 침묵을 지키고 있을까? 그건 그렇고, 박정희가 경마장을 방문하여 김덕승과 술잔을 기울이곤 했다는데 무슨 얘기를 나누었는지 궁금하다. 따지고 보면, 박정희가 후 광복군 시절 알게 되어 쿠데타 이후까지 인연이 이어진 사람은 김덕승뿐일지도 모르겠다.

| 이현란은 후랏빠인가, 박임항의 말실수와 몰락 |

1985년 11월 13일자 한국일보 부고 란에 "초대 건설부 장관 박임항 씨"가 향년 68세(66세의 오기)로 별세했다는 기사가 실렸다.[35] 동아일보를 비롯한 대부분의 일간지들도 그의 부음을 보도했다.[36] 얼핏 보면 화려한 삶을 살다가 작고한 것으로 보인다. 한국군 최고위직의 하

---

35 초대 건설부 장관 박임항 씨, 「한국일보」, 1985.11.13
36 전 건설부 장관 박임항 씨, 「동아일보」, 1985.11.12

박임항의 부고가 실린 한국일보 기사

나인 1군사령관을 지냈고, 장관까지 지낸 이력이다. 하지만 그의 마지막 경력이라고 할 수 있는 건설부 장관직의 재임 시기가 1963년, 그의 나이 마흔넷이었을 때라는 것을 기억하면, 혼란에 빠져들게 된다. 그렇다면 건설장관 퇴임 이후 한참 활동할 시기인 사·오십대의 박임항은 무엇을 하며 어떻게 지냈을까?

박임항이 작고한 지 10년이 되는 1995년, 광명 중학교·신경군관학교 동기인 방원철이 책자를 통하여 친구의 죽음에 대한 단상(斷想)을 남겼다. 아래에 소개한다.

5년간의 옥살이에서 풀려난 박임항 장군에게 생활 대책이란 아무것도 없었다. 이등병으로 강등된 데다 직장마저 그에게는 주어지지 않자 그의 부인이 떠돌이 벌이로 생계를 꾸려 가고 있는 참담한 모습을 본 저자와 친구들이 생계의 일부를 치다꺼리해 주며 다소의 힘이 되기는 했으나 가장의 한 때문에 가족들조차 편안하지 못했다.

특히 박임항 장군의 아들들은 대학에 진학하여 ROTC에 지원했으나 이 길마저 아버지로 인해 좌절되었고 졸업 후 취업의 길도 봉쇄되었다. 이를 본 박 장군은 "죄 없는 아비가 감방 생활을 한 것뿐인데 자식들이 무슨 죄가 있다는 말인가!" 하고 실의와 배신감에 떨면서 간간히 이 말을 뱉어 왔다.

한국 땅에서 짚고 일어설 길이 망망해진 사실을 안 큰아들은 아버지의 한을 안고 일본으로 떠났다. 둘째 아들은 미국으로 떠났다. 그리고 딸은 취업 형식으로 독일로 떠났다. 두 아들은 그나마 망명 형식으로 떠났으며 고국에 남은 가족이라고는 미망인 한 사람이 쓸쓸하게 외로운 나날을 보내고 있을 뿐이다.

가족이 풍비박산이 되면서 박 장군의 한은 더욱더 심해졌고 마침내 1985년 66세의 나이에 한을 남긴 채 한양대학 병원에서 협심증이란 진단하에 갑자기 이 세상을 등지고 말았다. 그가 떠나기 이틀 전 친구들과 함께 울화를 터뜨렸는데 갑자기 고인이 되고 만 것이다. 울화의 연속이 그를 죽음으로 인도하고 만 것이다.

막상 박임항 장군이 죽고 보니 그의 시신이 갈 만한 곳이 없게 되자 가족들과 친구들의 울분은 더 컸다. 6·25전쟁에서 나라를 지키기 위해 그토록 용감하게 싸워 많은 훈장과 공적을 인정받아 온 그가 조국의 땅에 묻힐 자리마저 없었다. 수많은 친구와 선후배가 모두 자리하고 있는 국군묘지의 장군묘역도 이등병으로 강등된 그에게는 허락될 수 없었던 것이다.[37]

박임항의 한은 방원철 자신의 한이기도 했다. 계속 인용할 예정인 방원철의 회고록은 글 자체의 신뢰마저 떨어뜨릴 정도로 박정희와 김종필에 대한 원망과 증오로 넘치고 있다. 박정희, 김종필, 박임항, 방원철…. 도대체 그들은 어떤 사이며 어떤 일이 벌어졌을까? 그들

---

37 『김종필 정체』, pp.237-238

의 삶을 살펴보기 전에 에피소드 한 컷을 소개한다. 박임항의 생애가 낭떠러지로 떨어진 연유를 색다르게 해석한 사람이 있다. 술이 원수였다. 국가재건최고의 의장 박정희와 함께 술을 마시던 건설부 장관 박임항이 대형 사고를 터뜨렸다. 다음은 하우스만의 회고다.

어느 날 박임항이 극히 낭패한 모습으로 나를 찾아왔다. 전날 밤 최고 권력자와 밤새 술을 마셨는데 뭔가 잘못됐다는 것이었다. 박정희는 박임항과 사석 술자리를 할 때마다 그의 두 번째 부인이던 이(李) 여사를 찾아내라고 졸랐다는데, 이날도 한 말을 또 하고 또 하면서 "당신은 그래도 알고 있을 것 아니냐?"고 하길래 "각하, 제발 좀 잊어버립시오. 그녀는 '후랍빠'이며 각하와 만나기 이전에도 우리 여러 사람이 거쳐 간….''이라고 무심결에 말했더니 최고 통치자의 안색이 확 바뀌었다는 것이다.

이 여인은 1948년(1947년의 오기) 박경원의 결혼식에 여자 측 들러리를 서 군 장교 세계에 알려졌다가 박정희의 아내가 된 사람이었다. 이 여인은 원산 출신으로 박임항의 아내와 대학 동창 관계, 동향 관계 등으로 가까운 사이여서 박정희는 박임항을 만날 때마다 "당신은 알 것 아니냐?"고 말했던 것 같다.

박정희는 이 여인을 무척 사랑했었다. 그는 여순반란 진압 작전 때 이 여인을 동반해 오기도 했는데 미모에다 보기 드문 지성미를 갖추고 있는 듯했다. 박정희가 공산당 관련 혐의로 김창룡에게 붙들려 들어간 후 이 여인은 "그 사람이 그런 사람인 줄 몰랐다.''며 도망해 나갔다가 박이 풀려난 후 얼마간 같이 살기도 했으나 둘 사이에 태어난 아이가 죽자 영영 집을 나가 버렸다. 박임항은 정말 술자리의 말실수 때문이었는지는 몰라도 어마어마한 쿠데타 음모에 걸려 무기징역형의 중형을 선고받고 죽을 고생을 하다가 풀려났다.[38]

하우스만의 이 증언은 그동안 뜬소문으로만 알려져 왔던 이현란에 대하여 꽤 많은 정보를 제공해 주고 있다.

- 하우스만은 이현란을 박정희의 아내로 알고 있었다.
- 이현란은 박경원의 결혼식에 신부 측 들러리를 섰다가 군 장교들에게 알려졌다.
- 이현란은 원산 출신으로 박임항의 아내와 고향이 같고 대학 동창이었다.
- 박정희는 군 작전지역에 동반할 정도로 이현란을 무척 사랑했다.
- 이현란은 미모에다 보기 드문 지성미를 갖추고 있는 듯했다.
- 박정희가 공산당이라는 사실을 알고 이현란은 가출했다.
- 좌익 혐의가 풀리자 얼마간 같이 살았지만, 둘 사이에 태어난 아이가 죽자 영영 집을 나가 버렸다.

하우스만이 제공한 장면의 시기는 1962년 말 혹은 1963년 초경이었을 것이다.[39] 이 무렵 박정희는 육영수와의 사이에 딸 둘과 아들 하나를 두고 있을 때다. 그의 나이 마흔다섯 무렵이다. 술좌석에서

---

38 『한국 대통령을 움직인 미군대위』, pp.83-84

39 박임항이 1군사령관 직에 면직되고 건설부장관에 임명된 것은 1962년 6월 18일이다.

예전의 여인을 그리워할 수 있는 시기다. 문제는 박정희의 성격이다. 정신과 전문의 신용구는 박정희의 정신병리를 분석하면서 박정희의 자기애(自己愛)에 대하여 다음과 같은 글을 남겼다.

　뭔가에 좌절을 겪고 나면 대부분의 사람들은 처음엔 혼란에 빠져 있다가도 차츰 현실을 받아들이려는 노력을 하기 시작한다. 그리고 그 과정에서 상처를 치유하고 다시 자아의 안정을 찾게 된다. 하지만 박정희의 반응은 이와는 전혀 달랐다. 그는 자기에게 상처를 주는 일에 대해 극도로 흥분하며 분노를 터뜨리거나 혹은 현실을 부정하는 태도를 보였고, 자기가 상처받을 수밖에 없는 이유나 배경을 생각하기보다는 외부에 모든 책임을 떠넘기는 식으로 일관했다(투사). 좌절의 경험이 없던 어린 시절에 생겨난 미숙한 자기애적 환상의 그림자는 평생 걷히지 않고 그의 내면에 있었던 것이다.[40]

　비정상적일 정도로 강했던 박정희의 자존심을 잘 분석한 글이다. 더욱이 박정희는 이제 이 나라의 최고 권력자가 되었다. 그렇다면 주변의 인물들이 어떻게 행동했을지 구태여 설명하지 않아도 될 것이다. 이런 성격의 박정희에게 자신의 옛 여인을 '후랏빠'[41]라고 했으니 그 결과는 불 보듯 뻔한 상황이었을 것이다. 아무튼 소개한 에피소드와 관계없이 박임항과 박정희의 좋았던 관계는 단절되었고, 죽음에

---

40 『박정희 정신분석, 신화는 없다』, p.215

41 후랏빠는 영어 'flapper'에서 유래한 말이다. 일본인들이 'フラッツパー'로 표기한 것이 한국에 흘러 들어와 후랏빠로 굳어 버린 용어다. 영어의 원래 뜻과 달리 한국에서는 '불량 여학생', 요즈음 말로 '날라리' 등의 용어로 사용되었다.

이를 때까지 박임항은 박정희에 대한 분노와 한으로 점철된 여생을 보낸 듯싶다.

박임항과 박정희, 두 사람의 인연처럼 얽히고설킨 경우도 드물 것이다. 특히 사회적 신분과 상하관계가 그렇다. 최초의 관계는 박임항(신경1기)이 박정희(신경2기)의 선배로 시작된다. 하지만 해방 후에는 생도대장(대위)과 훈련생(육사특임7기)으로 바뀐다. 졸지에 후배가 스승이 된 셈이다. 한국전쟁을 거치는 동안에 계급이 반전되고, 5·16 쿠데타 무렵엔 육군중장 박임항, 소장 박정희로 바꾸어 제자가 상관이 된다. 국가재건최고회의 시절에는 최고회의 의장과 위원 겸 건설부장관으로 다시 역전된다. 결국에는 사형수 박임항의 목숨을 구할 수 있는 유일한 권력자로 군림하여 18년 동안 대한민국을 통치하게 된다. 박임항의 생애를 정리해 보자.

박임항은 1919년 3월 13일 함경남도 홍원(洪原)읍에서 태어났다. 집안은 부유한 편이었다. 선천적으로 우수한 두뇌를 가진 것으로 알려졌다. 그 당시 함경도 지방의 우수한 두뇌들이 관례처럼 선택했던 용정의 광명 중학교[42]에 입학했다. 이 학교 출신으로 전직 육군대장인 정일권(본적 함북 경원), 이주일(함북 경성) 등이 있다.

여기까지의 이력으로는 박정희와 인연이 맺어질 가능성이 거의 없었다. 그러나 정일권이 등장하면서 두 사람의 관계는 숙명이 된다.

봉천군관학교를 수석으로 졸업하고 소위에 임관된 정일권이 모교에 초청되어 일장 강연을 하는 자리에서 "앞으로의 한국인은 군문에

---

42 1921년 5월 개교한 기독교계통 학교다. 1934년 일본 관헌의 정책에 따라 학교법인 광명학원에 흡수되었고, 1946년 용정에 있던 6개 중학교 즉, 은진·광명·명신여자·영신·대성·동흥 중학교와 통합하여 대성중학교가 되고, 대성중학교는 다시 '용정중학교'로 이름이 바뀌었다. 광명출신으로 정일권, 윤동주, 문익환 등이 있다.

입대하여 출세하는 것이 가장 현명한 길이다."라고 말했다.[43] 정일권의 연설에 감명을 받은 후배들이 꽤 많았던 모양이다.

더욱이 2년제였던 봉천군관학교과 달리 4년제 군관학교가 신경에 설치되었다는 것도 매력적이었을 것이다. 아무튼 광명 중학교의 우등생들 다수가 신경군관학교를 지원했다. 박임항, 이주일, 김동하, 최창언, 윤태일, 방원철, 김영택 등이 그들이다. 앞에서 소개한 '1958년 화계사 봄나들이'에 이들 대부분이 참가했다.[44] 그날, 광명 중학교 출신도 아니고 신경의 같은 기수도 아닌 박정희가 왜 참석했는가는 풀리지 않는 수수께끼의 하나다.

광명 출신 외 신경1기로 입교한 이들로는 이기건(평북 의주), 강재순(함북 청진), 김민규(?), 최창륜(간도 용정), 조영원(?), 이순(?) 등이 있다. 모두 합하면 13명이다. 1939년 4월 이들이 예과 2학년이 되었을 때, 박정희를 비롯한 11명의 신입생이 신경2기생으로 입학했다.[45] 신경에 입학한 학생들은 대부분 함경도와 평안도 등 이북 출신이다. 거의 유일한 경상도 출신인 박정희가 어떻게 그들과 어울렸는지 궁금하다. 더욱이 그는, 혈서 소동의 장본인으로서 유별나게 들어온 신입생이었다.

1941년 봄, 박임항은 예과 2년을 수석으로 수료하고 만주국 황제 푸이(溥儀)가 하사하는 금시계를 받았다. 그리고 같은 해 8월 이주일,

---

43 『韓國戰秘史』, p.38 《정일권이 모교인 광명 중학교를 방문한 때는 1942년이다. 정일권의 연설을 듣고 박임항 등이 군관학교를 지원했다는 것은 지은이의 착오로 보인다.》

44 광명 출신으로서 봄나들이에 빠진 사람은 김영택이 유일하다. 김영택 외 나머지 6인의 고향이 함경도인 반면 김영택의 고향은 황해도 안악이다.

45 표2. 조선인 만주군관학교 출신 명단 참조

최창언, 김영택, 김민규, 최창륜, 조영원 등과 함께 일본육사 본과(3학년)에 입학해서 1942년 12월 제56기로 졸업했다. 박정희도 박임항과 같은 길을 걷게 된다. 그 역시 만주국 황제상을 받고 1942년 일본육사에 편입하여 1944년 4월 제57기로 졸업했다. 동기생으로 이한림(함남 안변), 이섭준(?), 강창선(?), 김재풍(?) 등이 있다. 박정희의 신경 동문 중 일본육사에 들어가지 못하고 신경본과를 졸업한 이들로는 김묵(평북 의주), 이재기(함북), 김원기(?), 안영길(함북), 이병주(함남 정평), 이상진(함북) 등 6명이며 동기생 전체 숫자는 11명이다.

특이한 것은 신경1기 출신으로 1948, 9년 숙군 시 처벌받은 사람은 아무도 없으나, 박정희의 동기는 유독 많았다는 점이다. 박정희를 비롯하여 안영길, 이병주, 이상진, 강창선, 김재풍 등이 그들이다. 절반이 넘는다. 하지만 숙군에서 살아난 신경1기 출신들은 5·16 쿠데타 후 반혁명사건에 연루되어 박임항, 김동하, 방원철 등이 옥고를 겪게 된다. 2기 중 이한림이 잠깐 형무소 경험을 하게 되나 정식으로 기소되지는 않았다.

다시 박임항의 이력으로 돌아가자. 박임항과 같이 교육을 받은 정규 일본육사 56기로 이형근(군사영어학교), 최창식(육사특임5기), 김종석(군사영어학교) 등이 있는데, 세 사람의 운명이 기구하다. 군번1번 이형근은 대장까지 진급하고 육군참모총장까지 지냈으니 군인으로서 최고의 명예를 얻은 셈이다. 그러나 김종석은 숙군 시 사형을 당했고, 뒤늦게 한국군에 입교한 최창식(육사특임5기)의 경우 한국전쟁 당시 한강교 조기폭파의 과오를 문책받아 총살의 비운을 겪고 말았다.

일본 육사 졸업 후 만주군 소위로 근무하던 박임항은 새로운 세계로 진로를 바꾸게 된다. 조종 장교 모집에 응모하여 엄중한 시험을 돌파한 후 항공병과로 전과한 것이다. 수많은 수험자 중 한국인 합격자는 박임항뿐이었다고 한다. 봉천 육군 비행학교 조종과에 입교한 박임항이 졸업한 때는 1945년 3월이다. 그가 배치된 곳은 신의주 비행장을 기지로 한 전투대였고, 그의 임무는 압록강의 수풍댐 방어였다. 비행사로서 제대로 경력을 쌓기도 전인 8월, 종전 사실을 알았다. 당시 27세로 만주군 항공병과의 중위였다.

해방 후 일군·만군에 소속되었던 대부분의 한인들이 향후의 진로에 대해 고민을 하고 있을 무렵, 박임항은 빠른 결단을 내렸다. 봉천 6기 출신인 박승환(朴乘煥, 1918-?)과 함께 비밀리에 활동했던 건국동맹이 있었기 때문이다. 건국동맹은 산하에 군사위원회를 조직하는 한편 만주군관학교 출신들과 협의해 노농군편성·군사행동·군대편성을 계획했으며 학병·징병·징용거부자들과 연대해 이들을 노농군편성의 핵심으로 삼을 계획이었다. 당시 군대편제·군사행동과 관련한 계획을 세운 사람이 만군 소속 박승환이었다.

항공장교였던 박승환은 항공병을 핑계로 1944년 1월과 1945년 2월·8월 등 세 차례 이상 국내에 들어와 여운형과 군사 문제를 토의했다. 박승환은 또한 만군(滿軍) 내의 선진적 군인들을 포섭해 국내진공작전을 계획하기도 했다. 그의 부인인 김순자는 건국동맹의 연락원으로 연안행을 시도하는 등 연안과도 군사적 접촉을 시도했다고 한다.[46]

여운형 밑에서 청년부의 일을 하던 중 부친의 부음(訃音)을 접한 박임항은 고향으로 돌아갈 수밖에 없었다. 하지만 귀향하자마자 만주

---

46 《독립기념관, 정병준, 『제56권 광복 직전 독립운동세력의 동향』- 제4장 국내 독립운동의 동향- 2. 조선건국동맹》

군에 입대하여 일본에 협력했다는 죄로 체포되어 투옥된다. 최초의 투옥 경험이다. 과거 공산주의 활동을 했던 친척 등 일족의 도움으로 감옥에서 나오게 되나, 친일파라는 딱지가 붙은 그가 설 곳은 없었다. 결국 다시 월남하여 여운형을 찾아 몸을 의탁하게 된다. 1946년 2월이었다.[47]

이 무렵의 여운형은 건국동맹, 건국준비위원회, 조선인민위원회, 민주주의민족전선, 전국 군사준비위원회[48] 등을 조직하는 한편 좌우 합작을 위하여 혼신의 노력을 하였고, 남과 북을 넘나들며 미·소 양 군의 최고 책임자들과 남과 북의 정치가들을 설득하고자 했다. 박임 항은 군사영어학교의 입교를 권유받았으나 거절하고 여운형의 비서 로 북행에 동행하곤 했다.[49] 여운형의 활동이 한계에 다다랐을 즈음, 박임항은 북한에 홀로 남게 되었던 모양이다.

이때 북한 정권의 권유로 박임항은 방원철·최창륜 등과 함께 인민 군 창설에 관여하게 된다.[50] 한국전쟁 시에는 북한군 제1군단장 김 웅(金雄)[51]이 사단장으로 취임할 예정인 사단창설에 협조했다고 한다. 원래 김웅은 조선의용군 출신이다. 1945년 8월 10일, 홍군 총사령관

---

47 『韓國戰秘史』, p.40

48 『해방조선』Ⅰ, pp.289-302 《전국 군사준비위원회는 1945년 10월 7일 조선국군준비대 총사령부, 학병동맹 등 11개 군사단체가 연대하여 만든 조직이다. 고문으로 여운형·류 동열·이청천·김원봉·안재홍·김동수, 임시위원장으로 노정민, 부위원장으로 이혁기, 전덕원 등이 활약했으나 미군정에 의해 1946년 1월 6일경 해산되었다.》

49 『해방조선』Ⅰ, p.291 《박승환이 국군준비대 총사령부의 경성연대 부사령(총사령은 이혁기)으 로 활약한 것으로 보아 박임항 역시 국군준비대에서 활동한 것으로 보아야 할 것이다.》

50 《친일인명사전, 박임항 편》

51 별칭 왕신호(王信虎, 1912-?), 경북 김천 출신. 사회주의 운동가이자 독립운동가. 중국공산 당 팔로군에 가담해 항일무장투쟁을 벌였다. 광복 후에는 북조선노동당 중앙위원으로 선임되었다. 대외문화연락위원회 부위원장과 남예멘 주재대사를 지내기도 했다. 《두산 백과》

주덕은 8로군과 신사군(新四軍)에 총반격 명령을 내리고 이어 8월 12일, 조선의용군 사령관 무정(본명 金武亭)에게 다음과 같은 6호 명령을 하달하였다.

　화북에서 항일작전을 실시하고 있는 무정 사령은 즉시 소속부대를 통솔하여 동북으로 진출, 일본군과 그의 괴뢰군을 소멸하고 동북에 있는 조선인민을 조직하여 조선을 해방하는 역사적 과업을 완수하라.[52]

　이 명령에 의해 '심양(瀋陽), 예전의 봉천(奉天)'으로 이동했던 조선의용대는 크게 세 부류였다. 1944년 이래 금주(錦州)에서 정치공작을 하고 있던 조선독립동맹 소속 한청(韓靑)은 2개 소대를 편성하여 8월 하순경 심양에 도착하여 조선의용군을 모집하기 시작했다. 무정, 박효삼, 박일우 등이 이끌던 조선독립동맹 지휘 및 참모요원들은 9월 하순 연안을 출발해 10월 하순 장가구, 태항산 등을 거쳐 11월 초 심양에 도착하였다.
　마지막 부류가 하남성 복양(濮陽)에 위치하고 있던 조선의용군 화중(華中)지대다. 지대장은 왕신호(김웅)였다. 태항산의 조선의용군, 신사군 및 기동군구에서 활동하던 한인 대원 등 400여 명은 각 근거지를 출발하여 10월 중순 하북성 옥전(玉田)에 모였다가 왕신호의 인솔로 11월 초 심양에 도착했다.

---

52 조선의용군 3지대, p.4, 93; 중국의 광활한 대지 우에서, p.681 《장준익, 『北韓 人民軍隊史』, 서문당, 1991, p.422》 재인용

이렇게 모인 조선의용군의 총 병력은 2,000여 명이 훨씬 넘었다고 한다.[53] 정세의 변화에 따라 이들은 조선에 복귀하지 못한다. 김두봉, 무정, 박효삼 등 조선독립동맹의 간부들은 개별적으로 북한으로 들어가기 시작했지만, 대부분의 조선의용대 출신들은 새로이 합류한 조선인들과 함께 중공군 제11사(조성의용군 제1지대), 제164사(조선의용군 제3지대) 및 조선의용군 제5지대, 제7지대 등으로 편성되어 장개석의 국민당 군과 싸우게 된다.[54]

중공군의 편제와 관계없이 이들 조선인 출신 군인들의 집합체를 '동북조선의용군'이라고 부른다. 이들은 국·공 내전 이후 발발한 한국전쟁에 투입되어 동족상잔의 비극에 참여했다. 사료에 따라 차이가 있지만, 한국전쟁 때 참전한 조선의용대 출신 규모는 3개 사단 5만여 명의 병력이었다고 한다.[55] 국공내전 기간 중 조선의용대의 전투력은 대단히 뛰어난 것으로 평가되고 있다. 염인호가 발굴한 조선의용대에 대한 평가는 다음과 같다.[56]

- 1949~50년 사이에 중국에서 북한으로 전입한 부대는 그 용감성으로 인해 중국내전 기간 중 상당한 명성을 얻었다고 한다.

  — 화이팅(Allen S. Whightring)의 저서(1960)

---

53 『北韓 人民軍隊史』, p.424
54 『北韓 人民軍隊史』, pp.422–468
55 『北韓 人民軍隊史』, p.424
56 염인호, 『한국전쟁, 만주조선인의 조국과 전쟁』, 역사비평사, 2010, pp.240–241

- 학자들에 따라서는 당시 인민군 제1,2,3,4사단의 전투력을 '1'로 평가할 때 조선의용군사단은 '1.5'로, 예비사단인 제10,13,15사단은 '0.5'로 평가하기도 했다.

  – 장준익

- 만주 조선인 부대가 "중국의 국공내전에서 항상 중국군의 선두에 서서 돌격로를 개설하고 전투의 대세를 결정했으며, 1개 소대로 1개 대대를 포로로 하는 일이 보통이었고, 특히 1948년의 장춘·사평가 전투에서는 결정적인 역할을 했다.

  – 일본인 학자

김웅은 1945년 11월 동북조선의용대 제1대[57]를 창설하고, 곧 북한으로 넘어갔다. 그러므로 상기 국공내전에 참전은 못했다. 김웅의 이력을 다시 정리하면 다음과 같다. 왕신호로 주로 알려진 김웅은 원래 황포군관학교 출신으로 중국 국민당 육군 중좌(中佐)로 근무하다가 중공 해방구로 넘어와 조선의용군 화중지대(동북 조선의용군 제1지대의 모체)장을 역임했다. 앞서 언급한 바와 같이 화중지대를 심양으로 이끈 후 1946년 북한으로 입북하여, 북한 인민군 창설 시에 제1사단장으로 임명된다.

한국전쟁 시기에는 인민군 제1군단장으로 주력군을 이끌고 서울에 입성했던 인물이다. 그러나 1956년 소위 '8월종파사건' 때 연안파로 몰려 숙청된다. 후일 복권되어 대외문화연락위원회 부위원장과 남예

---

57 1948년 11월 2일에는 중국인민해방군 육군보병 제166사로 개칭된다(사장: 류자의).

맨 주재대사를 지낸 바 있다.

북한 인민군 제1사단 창설 시, 만약 박임항이 김웅의 권유를 받아들였다면 그의 인생은 어떻게 되었을까? 한국전쟁 때 한국군의 장교 및 장성으로서 북한군과 싸운 그의 전력 대신 한국군과 싸운 인민군 장군으로서 역사에 기록되었을 것이다. 그리고 종파사건 때 김웅과 함께 숙청되었을 것이다. 기구한 인생이다. 군인으로서의 그는 남과 북 모두 주도 세력이 될 수 없는 운명이었던 모양이다.

박임항에게 군인 대신 주어진 직책이 미림(美林)자동차 공장장이다. 소련으로부터 부품을 공급받아 완성품을 조립하는, 당시로는 북의 유일한 자동차 공장이었다. 그러나 얼마 가지 않아 별 이유 없이 투옥되었다. 뭐가 뭔지 모르는 가운데, 공직에서 추방한다는 선고를 받고 석방되었다고 한다.[58]

결국 다시 월남할 수밖에 없었다. 남북교역을 빙자하여 명태잡이 배를 타고 남하하여 포항에 상륙했고, 곧 서울로 피신했다. 세 번째의 귀경(歸京)이었다. 처자들은 2, 3개월 후에 도보로 월남했다고 한다. 그러나 믿고 있던 여운형은 1947년 7월 19일 혜화동 로터리에서 저격되어 이미 고인이 되어 있었다. 암살범은 김구의 하부조직인 백의사 요원 한지근(본명 이필형)이다.[59]

이쯤에서부터 박임항의 노선이 크게 바뀐다. 사회주의 성향이 강했던 그의 이념이 우익으로 전향하게 되었다는 뜻이다. 여운형이 암살

58 『韓國戰秘史』, p.41

59 졸저 『김구청문회-2』, pp.107-134

당했고, 무엇보다 1946년 5월 정판사 사건[60] 조작으로 사회주의 및 공산주의 이념 경향의 이들이 남한 땅에서 설 자리가 없었던 것이 가장 큰 이유였을 것이다. 박임항이 여운형 대신 선택한 사람은 이범석이었다. 중도좌익에서 극우로 돌아선 것이다. 그는 민족청년단에 입단하여 교무처장으로 일했다.

1948년 8월 15일, 대한민국 정부가 수립되고 이범석이 초대 국무총리 겸 국방장관으로 취임한다. 이범석의 권유에 의해 국방경비대에 입대하게 된 박임항은 그곳에서 박정희를 다시 만나게 된다. 박정희는 대위 계급장을 단 생도대장이었고, 박임항은 제7기 특별사관후보생 234명 중의 한 사람이었다. 앞서 소개한 폭염 아래 구보[61]에서 무사했던 박임항은 1948년 10월 12일 졸업과 동시에 대위로 임관되어 육군본부 작전국에서 근무한다. 기구한 운명의 전력이다.

여순사건이 없었으면 박정희와 박임항은 육군본부에서 새로운 인연을 이어 갔을 것이다. 그러나 이 사건을 계기로 박정희는 숙군의 회오리에서 갈피를 잡지 못하는 상황에 빠졌음은 이미 소개한 바 있다. 이 무렵 방원철이 다시 등장한다. 종전과 더불어 중국 하북성 흥륭(興隆)에서 헤어진 박정희와 방원철이 다시 만난 것은 4년의 세월이 흐른 뒤 육군본부 용산 관사에서다. 아래는 방원철의 회고담이다.

당시 박정희는 육군 소령으로 육군본부 정보국에 근무했으며 저자는 월남한 지 불과 10여 일째 되는 날이다. 박정희의 집에서 오

---

60 졸저 『김구청문회-2』, pp.31-58

61 제2장 2절, '박정희 교관의 과실치사, 그러나 아무런 일도 일어나지 않았다' 참조

수상한 사내와 이상한 여인들 | 271

랜만에 만나게 되자 박정희는 부인을 소개했다.

"제 아내를 소개합니다."

"반갑습니다. 처음 뵙겠습니다." 하자 박정희는,

"만주 군관학교 시절의 선배이며 같은 부대에서 해방을 맞은 분입니다."

얼핏 보니 부인은 보기 드문 미인으로 상냥한 모습이었다. 오랜만에 만난 두 사람은 지난 이야기를 나누며 모처럼의 해후에 시간 가는 줄 모르고 회포를 풀었다.

두 사람은 상면한 후 각자의 생활을 영위해 가면서 가끔 만났으나 특별히 기록할 만한 사건은 일어나지 않은 채 세월이 흐르는 가운데 저자도 1949년 12월 24일 육군 소령으로 현지 임관되었다.[62]

박정희 정권 시절 이현란에 대한 언급은 신성불가침의 영역이었다. 모두들 입을 꼭 다물고 있어야 했었다. 박정희는 죽었고 세월이 꽤 흐른 후 작성된 방원철의 글에서도 '이현란'이란 이름 세 글자를 밝히지 않는다. 이현란을 '후랏빠'라고 표현한 하우스만의 글에도 이(李) 여사 혹은 이(李) 여인으로 표현하고 있다. 박 정권 시절에는 이현란을 언급하는 자체가 박정희에 대한 불경을 저지르는 것으로 생각되었을 터이고, 이후에는 이현란의 명예를 지켜 줘야 한다는 의미로 실명을 거론하지 않았을 것으로 짐작된다. 사실 방원철의 글에는 이현란에 대한 별다른 정보가 없다. 박정희의 부인이 "보기 드문 미인으로 상냥한 모습"을 하고 있었다는 표현 정도다. 그런데 세월이 좀 더 흐른 후

---

62 『김종필 정체』, pp.57–58

박정희와 다시 만났을 때 방원철은 묘한 장면을 언급한다.

이런 세월이 흐르는 동안 박정희는 1951년 2월 초순께 대구로 옮겨진 육군본부에 근무하고 있을 저녁 무렵 오랜만에 만났더니 그는, "집에 가서 저녁이나 합시다."

함께 가 보았더니 박정희는 단칸방에 부인이 갓난아기와 함께 있었는데 얼핏 보니 서울서 본 부인이 아니기에 어리둥절해 있었다. 이러한 모습을 재빠르게 알아차린 박정희는,

"민주군관학교 선배입니다." 하고 소개하니 그 부인은,

"처음 뵙겠습니다."

"갑자기 찾아와서 죄송합니다. 앞으로 자주 폐를 끼치게 될 것입니다."

"자주 오십시오."

하고 첫 상면을 한 그가 육영수 여사였고, 그 옆이 갓난아이는 박근혜였음을 후일에 알게 되었다.[63]

상기 인용 글에 오류가 없다면, 굉장히 큰 혼란이 일어난다. 왜냐하면 박근혜의 친모가 누구냐 하는 문제가 생기게 되기 때문이다. 박정희와 육영수가 처음 만난 때는 1950년 8월경이다. 그리고 그해 12월 12일에 결혼했다. 그러므로 1951년 2월 초순께에는 아이를 가질 수 없는 시기였다. 그러면 이 무렵 육영수가 함께 있었다는 갓난아이는 어떤 사연의 존재일까? 사실 방원철의 증언은 몇 가지 착오가 있

---

63 『김종필 정체』, pp.58–59

다. 박정희의 이력을 살펴보면 1951년 2월 초순경의 박정희는 제9사단 참모장으로 근무 중이었다. 박정희가 다시 육본[64]으로 돌아온 시기는 1951년 12월 10일경이다. 이 무렵 박정희의 군 이력을 정리하면 다음과 같다.

- 1950년 9월 15일: 중령진급, 육군본부 수송작전지휘관
- 10월 25일: 제9사단 참모장 전보
- 1951년 4월 15일: 대령 진급
- 5월 25일: 육군정보학교장 전보
- 12월 10일: 육군본부 작전교육국장 전보
- 1953년 2월 16일: 제2군단 포병사령관 임명

1951년 2월 초순경 육영수와 박근혜를 처음 만났다고 한 것은 아무래도 방원철의 착오거나 출판사의 오타로 보인다. 1952년이라면 모든 것이 맞다. 그 무렵이라면 박정희가 육군본부 작전교육국장으로 근무하고 있을 때이고, 박근혜의 생일이 1952년 2월 2일이므로 육영수가 갓난아이 박근혜와 함께 있는 장면이 성립된다. 착각 여부를 떠나 방원철이 놀란 것은 사실로 보인다. 몇 년 전 보았던 "보기 드문 미인으로 상냥한 모습"의 여인 대신 갓난아이와 함께 있는 육영수를 보고 방원철은 무슨 생각을 했을까? 아쉽게도 이현란에 대한 정보는 방원철로부터 더 이상 얻을 수 없다.

---

64 육군본부는 1950년 6월 27일 오후 1시 시흥으로 철수하였다. 이후 수원·대전·대구·부산으로 이동한 육군본부는 8월 22일 대구로 올라온 이후 1955년 3월 1일 서울에 돌아왔다.

| 사랑과 집착 |

이현란에 대한 궁금증은 조갑제로부터 많은 부분이 풀리기 시작한다. 조갑제 역시 처음에는 실명을 거론하지 않고 '이○○ 여인'으로 표현했다.[65] 1992년 초판이 발간된 『박정희①불만과 불운의 세월』란 책은 아래와 같은 정보를 제공해 주고 있다.[66]

- 박정희가 이현란을 처음 본 것은 박경원(춘천 8연대 경리장교)의 결혼식장이었다(1947년 12월).
- 김점곤은 신랑의 들러리였고, 이현란은 신부의 들러리였다.
- 이현란은 원산 루시 여고를 졸업했고, 이화여대 재학 중이었다. 미인이고 성격도 쾌활했다.
- 몇 달 뒤, 김점곤이 용산 관사에서 박과 동거하고 있는 이현란을 보고 깜짝 놀랐다.
- 중매를 선 이는 육사2기 동기생 회장인 이효[67]였다.
- 이현란은 다음과 같은 증언을 남겼다.
  "그때 나는 전성기였지. 이화여대 다닙네 하고 포부도 크고 했어. 키도 조그만 양반이 볼품은 없었고, 일본 육사 나왔다는데 박력이나 기품은 있었어요. 그는 일요일마다 기숙사로 나를 찾아왔어요. 나는 그때 있는 돈도 다 없애고 있었어. 부모는 북쪽

---

65 『박정희①불만과 불운의 세월』, p.171
66 『박정희①불만과 불운의 세월』, pp.171-176
67 이현란(李蘭賢)은 이효(李曉)의 6촌 누이동생이다. 《위키백과, 이효》 참조

에서 안 나오시고 나 혼자 있을 때였기에…. 만나자면 만나고 데리고 나가서 식사도 사 주고. 이효 씨 부인이 와서 약혼하라고 해요. 그때는 부모님도 안 계시고 돈도 떨어져 가고 의지할 데가 필요했어요. 두 달 정도의 방학 동안 돈도 좀 벌어야 되는데, 그이가 학비 7천5백 원을 대 준다고 해요. 나는 책 구입과 모양내기를 좋아했어요. 나에게 잘하니까 역시 여자이므로 끌렸어요. 당시 미스터 박은 태릉 육사의 제2중대장이었는데, 약혼식은 성대히 했지요. 24세 때 만나 27세 되던 해(1950년) 2월 6일에 떠났습니다. 한마디로 남편이 좀 더 좋은 사람이었으면 하는 맘이 있었는데, 양쪽이 다 부추겨 옷도 제대로 못 입은 채로 약혼식에 끌려갔어요. 화장도 하지 않은 상태였고, 우리 친구들도 하나도 몰랐어. 지금 독일에 간 친구 하나만 참석하게 됐는데…. 피아노 책 구입하려고 기숙사에서 나오는데 미스터 박이 '이의 없죠?' 하길래 부끄러워 대답 못했는데 그것이 응한 걸로 됐어요. 가보니 여러 사람이 와 있더군요."

- 두 사람의 동거 생활은 순탄하지 않았다. 박정희는 진심으로 이현란을 사랑했지만, 이 여인 쪽에서는 선뜻 마음에 내키지 않았던 것 같다.

- 숙군 수사 무렵, 박정희의 체포와 투옥으로 두 사람의 관계에 큰 틈이 벌어졌다.

- 박정희가 구속되어 조사를 받고 있을 무렵, 김점곤이 위로차 이현란을 방문했을 때 "남편이 빨갱이인 줄 모르고 결혼했다."며 불평을 하고 다닌다는 소문을 들었다.

- 석방 다음 날 아침 김점곤이 박 소령의 집을 방문했을 때 이현란

은 아주 냉랭한 표정을 하고 있었다.

- 1949년 여름, 이현란은 음독자살을 시도한 일이 있다. 목격자는 문경에서 교사로 있을 때의 하숙집 여주인의 아들인 임창발이다.

- 이현란은 본처 김호남과의 이속수속이 지지부진한 데 불만이 컸다. 아래는 그녀의 증언이다.

"그때는 본인들이 없으면 이혼이 안 돼요. 미스터 박이 초조해 재옥 엄마를 찾았으나 결국은 행방이 묘연하여 나 몰래 이혼수속을 못했던 것이지요. 그러나 난 배신감으로 용서가 안 됐어요. 미스터 박은 나한테 무척 잘했어요. 그때는 이제 죽어도 여한이 없겠다 싶을 정도로 잘해 줬어요. 그게 고마웠어요. 괘씸한 생각도 들고 해서 가출은 여러 번 했지만 그때마다 잡혀 오고 … 나를 알기 전에 왜 이혼 처리를 못했나 이거지. 그 사람이 국방장관 재목감은 된다고 생각했지. 대통령 감이라는 생각은 못했어요. 그랬으면 그대로 살았을지도 모르지요. 1950년 2월 6일에 (집 나간다는) 메모를 써 놓고…. 미스터 박은 홀에서 공부한답시고… 페치카에 불을 때고 관사는 하이클라스야. (사이가 나빠져) 의자로 홀에 바리케이드를 치고 잠잘 때인데 몰래 나왔어. 남자가 부아가 나서 살겠어? 미스터 박은 술 먹고 자고 있었고, 내 몸 하나 빠져나왔지요. 편지에는 '그동안 고마웠고 마음이 돌아서질 않으니 나를 찾지 말고, 나를 찾으면 투신자살해 버리겠다.'라고 썼어요. 시장에서 고향 아줌마를 만나 '지금 남자는 결혼 경력이 있고 게다가 빨갱이니' 하고 푸념을 했더니 그 아줌마는 '그냥 살지, 여자가 뭐….'라고 했어요."

- 박정희는 이현란의 동생을 데리고 이현란을 찾으러 여기저기 돌아다녔다.

- 1950년 봄, 육본 정보국 방첩대장으로 부임한 육사동기 한웅진은 다음과 같은 증언을 남겼다.

"그때의 박정희는 그의 생애에서 가장 비참했을 것입니다. 잠도 못 이루고 고민하면서 때로는 하염없이 울기도 했지요. 아내는 집을 나가고 어머니는 가장 아끼던 막내아들의 불행으로 충격을 받아 죽고, 친구들은 그를 피하고, 생활은 어렵고, 그래서 술을 잔뜩 마시고 내 방에 기어 들어와 하소연을 하다가 흐느끼고…. 그때 저는 방첩대장이었기 때문에 안심하고 그를 만날 수 있었지만 다른 동료들은 그와 친했다간 또 무슨 오해를 받을까 싶어 피한 것도 이해할 만한 상황이었죠."

- 이현란은 박정희를 떠난 후 곧 결혼을 했다. 임신 2개월이었을 때 대구 육본 정보과에 근무하던 박정희를 마주친 적이 있었다. 아래는 이현란의 증언이다.

"내가 모양내고 원피스 입고 싹 빼고 가는데 지프차의 빵빵대는 소리가 들려요. 사변 통에 월북했으리라 생각했었는데 돌아다보고 깜짝 놀랐어요. 박 씨가 내리려고 해서 나 살려라 하고 뛰었지요. 마침 트럭이 지나가서 만나지 못했어요. 박 대통령 돌아가던 날도 밥도 한 그릇 더 먹었어요. 저녁을 먹고 숟가락을 놓을 때에 내 친구가 전화를 걸어왔는데 '너 참 독하구나'고 해. 곱게 돌아가시지 못한 게 마음 아파요. 옷자락만 스쳐도 인연이라는데 내가 너무했다는 생각이야. 표현을 하고 안 하고가 아니라 명복을 빌어 주었으면 좋았을 텐데 말이야. 내가 왜 그랬는지 몰라. 옛날 추억이 자꾸 생각났으면 이렇게 살지 않았지요. 미안하다는 생각뿐이야. 지금은 지극히 사랑해 줬던 사람이니 극락세계에 갔으면 하고 생각하지요."

만남, 사랑, 갈등, 집착, 이별 그리고 에피소드…. 한 편의 드라마 같다. 아무튼 조갑제의 발굴로 인해 박정희의 동거녀 이현란이란 인물의 실체가 상당히 구체적으로 드러난다. 하우스만 등 여러 사람이 회고한 바와 같이 박정희가 이현란을 아끼고 사랑했던 것은 맞는 것 같다. 하지만 박정희에 대한 이현란의 감정은 보다 현실적이었던 것으로 보인다.

지적할 것이 하나 있다. 이현란의 회고에 의하면, 연애 초창기 박정희는 그녀의 환심을 사기 위해 물질적 투자를 꽤 했다고 한다. 책구입과 모양내기 게다가 학비까지…. 그러면 박정희는 그 돈을 어떻게 융통했을까? 알다시피 박정희는 가난한 농가의 막내아들이다. 자신 이외 교육을 제대로 받은 형제들이 없었고 이재에 밝은 사람도 없었다. 그나마 집안의 대들보 역할을 하던 셋째 형 박상희마저 10월 항쟁의 와중에서 죽고 말았다.

박정희가 이현란을 만나기 위해 일요일마다 기숙사로 찾아들 무렵, 그의 계급은 육군대위였고 직책은 육사 교관 겸 생도 대장이었을 때다. 고향에는 그가 부양해야 할 가족이 있었다. 모친을 제외하더라도 처와 딸이 있었다. 그리고 이제 과부가 된 형수(박상희의 처)와 조카들도 있었다. 자신의 월급 전체를 고향에 송금하더라도 궁핍을 면할 수 없었을 것이다.[68] 살아가기에 급급해야 할 육군대위 박정희는, 도대체 무슨 돈으로 이현란의 관심을 끌 수 있었을까?

박정희의 일방적 구애 끝에 약혼식을 했고 동거 생활에 들어간다. 신뢰와 사랑이 밑받침되지 못한 두 사람의 만남이 오래갈 리 없었다. 이현란이 토로한 박정희에 대한 불만은 볼품없는 외모, 체포와 투옥, 전처와의 이혼 처리 문제 등이다. 이러한 갈등 끝에 이현란은 음독자살을 시도하기도 했으니, 두 사람의 관계는 더 이상 지속될 수 없었을 것이다.

상당히 예민한 문제까지 거론했으나, 이야기의 주인공은 어디까지나 이○○ 여인이었다. 이현란(李現蘭)이라는 실명이 등장한 것은 1998년경이다. 박정희가 암살당한 지 20년이 지났고, 이현란 역시 유명을 달리한 지 5년 그리고 그녀와의 인터뷰를 기본으로 서적이 출간된 지 6년이 지난 후였다.

실명을 노출시킨 조갑제는 이현란과 박정희가 함께 찍은 사진까지 선보였다. 《내 무덤에 침을 뱉어라(2권)-전쟁과 사랑》과 《이용문, 젊은 거인의 초상》에 등장하는 박정희와 이현란의 모습을 정리해 보았다.

[1947년]

- 춘천8연대 시절, 원용덕의 아버지의 주선으로 선을 본 적이 있다.

  "원 대령의 아버지는 목사였다. 원 목사의 소개로 어느 철도공

---

68 《국방부, 「군인 및 군무원의 급여 변천사」, 국가기록원, 관리번호CM00012832, 2007》에 의하면, 건군 이전('48 이전)에 소위봉급은 월 125원이었고 가족 있는 자에게는 월봉급액의 25%에 해당되는 수당이 지급되었다. 그리고 정부 수립 이후 건군 초기('48~'50.8.31)에는 대장 3만 원, 소위 1만 원이었다. 당시 물가는 백미 1가마(백 리터 기준) 17,400원으로 장교 월급으로 쌀 1가마를 살 수 없었다. 《창군 이래 군인 봉급 얼마나 올랐나…군인 급여 변천사, 「조선일보」, 2011.11.20.》 참조

무원의 딸과 선을 보려고 원, 김, 박 세 사람이 용산의 철도관사로 간 적이 있었다. 박정희는 처녀의 용모가 마음에 들지 않는다고 퇴짜를 놓았다. 김점곤에 따르면 박정희는 여자를 고르는 심미안이 꽤 높았다고 한다. 박정희가 원용덕을 통해서 원 목사에게 거부 의사를 전달하자 원 목사는 못내 아쉬운 표정이었다. 원용덕은 '그렇게 처녀가 아까우시면 아버님께서 장가드시지요.'라고 우스개를 했다고 한다."

■ 1947년 12월, 박경원의 결혼식장에 박정희와 이현란이 처음 만났다.
"그(박경원)는 '나의 결혼식에 박 대통령이 참석한 것을 기억한다. 그 들러리는 원산에서 여고를 다닌 내 처의 친구였다.'고 했다."

■ 이효의 권유로 들러리를 서게 되었다.
"이효 씨가 들러리를 서 달라고 권유했어. 그때 그(박정희)는 대위였지. 토, 일요일은 미션 계통의 학교라서 이틀간 휴학을 하게 되는데, 토요일 오후 이호 씨가 자꾸 나가자고 해서 명동 삼호정이라는 곳에서 식사를 하게 됐는데, 자기네는 미리 준비했는지 여럿이 나와 있었어요. 윤태일, 이한림, 이주일, 이호 씨 부인 등 8명이 들어가 앉았는데 수줍고 해서, 구석에서 대꾸도 못했어. 식사 후 미스터 박이 소개됐고…."

[1948년]

- 이현란을 만나기 위해 일요일마다 찾아왔다.

"그때 나는 전성기였지. 이화여대 다닙네 하고 포부도 크고 했지. 키도 조그만 양반이 볼품도 없고, 일본 육사 나왔다는데 박력이나 기품은 있었어요. 그는 일요일마다 기숙사로 나를 찾아왔어요. 나는 그때 있는 돈도 없애고 있었습니다. 부모는 북쪽에서 안 나오고 나 혼자 있을 때였기에…. 다른 친구는 이성에 대해 생각할 나이이지만 난 못했어. 만나자면 만나고 데리고 나가서 식사도 사 주고, 이효 씨 부인이 와서 약혼하자고 해요. 그때는 부모님도 없고 돈도 떨어져 가고 의지할 데가 필요했어요."

- 박정희가 등록금을 지원해 주었지만, 학교는 다니지 않았다.

"그때 한번 기숙사에 들어가는 게 소원이라고 하고 자꾸 튀어 나가려고 하니 미스터 박이 2학년 1학기 등록금을 내줬지요. 그런데 다니지 않았지요. 1학년 1학기 등록금은 교장선생이 댔고, 2학기는 벌어서 댔고, 미스터 박이 등록금 내준 건 알지도 못했어요. 내가 어떤 소령하고 약혼했다는 소문이 퍼졌는데 창피해 못 다니겠어요. 가을에 입학한 것이 잘못된 것이다. 처음엔 동국대에 시험 쳤어요. 여학생은 별로 없고 별로 좋은 여학생도 없고, 숙대는 합격했고, 친구는 서울대, 나는 이대로 가자고 해서 이대 시험 쳤어요."

- 박정희는 자신의 결혼 사실을 김점곤에게 편지로 전했다.

"박정희가 8연대에서 육군사관학교 중대장으로 옮긴 것은 1947

년 10월이었다. 그 몇 달 뒤(아마도 1948년 봄) 김점곤은 박정희로부터 편지를 받았다. 결혼하게 되었다는 내용이었다. 다시 몇 달 뒤 김 씨도 육군본부로 전보되었다. 그는 용산의 박정희 대위 관사로 놀러 갔다가 그의 아내를 소개받았다. 김 씨의 짝이었던 바로 그 들러리 아가씨였다."

- 숙군 대상자, 이효가 알려 줬다.
  "용산 관사에 간 지 얼마 안 있다가 며칠 후 숙군 대상자가 되었다는 사실을 누가 연락해 줬어요. 밥해 놓고 기다리고 있는데, 이호 대위가 술에 취해 왔어요. 놀란 표정으로 내 손을 꼭 잡고 내가 어리고 수줍어하니 돈을 얼마 줬지요. '당분간 기다려라. 갑자기 출장 갔다.'고 합디다. 그랬으면 아래채로 전화했거나 인편으로 메모가 왔을 것인데 밤새 생각하니 이상했어요. 근처 강문봉 대령 부인에게 찾아가니 '몰랐느냐'고 남편을 불러 알려 줍디다."

- 김창룡이 박정희의 메모를 전해 줬다.
  "너무 기가 막혀. 지금도 가슴 떨릴 정도로 쇼크 받았어요. 많은 사람이 관사에 왔다 갔다 했어요. 나이는 어리고 의지할 데가 없어 나는 어쩔 줄 몰랐습니다. 이북서 공산당이 싫어서 내려왔는데 빨갱이 마누라라니. 얼마 후 김창룡이가 왔어요. 경위를 설명하고 미스터 박이 메모를 주라고 하더라면서 건네줍디다. '미안해 어쩔 줄 모르겠다. 이것 하나만 믿어 주라. 7기생의 육사 졸업식에 간다고 면도도 하고 아침에 국방부에 출근하니 어떤 사람이 귀띔해 주더라. 내가 얼마든지 차타고 도피할 수 있었는데, ○○이를 사랑하기 때문에 안 갔다. 이건 나한테 얼마나 불리한 줄 아나?' 한 여인 때문에 안 갔다니…. 그러나 난 괘씸했어요. 그것까진 또 괜찮아."

[1949년]

- 박정희는 히틀러를 좋아했었다.

"미스터 박은 방에 누워 책으로 얼굴을 덮고는 연설 연습을 하고 …. 독일의 히틀러가 영웅이라고 하더군. 독재자지만 난사람이라고. 그 사람보고 더는 몰라도 국방장관 자격은 있다고 생각했어요. 나는 아무리 애써도 마음이 돌아서질 않는 거야. 그는 요만큼을 가도 데려가려고 하는 거야. 화장실에 오래 있어도 들여다봐. 어디 갈까 봐. 땅을 치고 울기도 많이 했어요. 내가 그 사람의 마음을 아프게 했기에 지금 내가 이러고 사는지도 몰라. 연분이 아니었지."

- 이현란의 동생 이성준이 육본 정보국에 근무하는 박정희를 방문한 적이 있었다.

"내가 이남에 먼저 나온 다음에 성준이 동생이 나왔어요. 미스터 박이 정보국에 있을 때 남동생이 찾아와 내가 일본으로 간 줄 알았다고 하더랍니다. 정보 제2과로 젊은 학생이 오더니 '당신이 박정희요?'라고 했다고 미스터 박이 나에게 섭섭하다고 합디다. 약혼식 소식을 친정에 안 전했어요. 창피해 안 알렸지요. 그게 다 나이가 어린 탓이었지. 왜 그렇게 앉으라면 앉고 서라면 섰는지 몰라. 손님 한 사람만 와도 벽장에 숨었으니 그게 얼마나 우스운 일이야."

- 1949년 4월 초 박정희와 이현란 두 사람이 함께 찍은 사진이 있다.[69]

  "1949년 4월 초 박정희가 아직 현역으로 정보국 전투정보과장 자리에 있을 때 태릉에 나가서 찍은 사진이다. 그때 같은 과에 있었던 부하가 찍은 것이다. 박 소령의 왼쪽에 그 여자가 앉아 있다. 비록 작은 사진이지만 얼굴의 윤곽이 뚜렷하고 미인이란 느낌이 바로 들 정도다. 긴 얼굴에 여고생 제복 같은 옷차림이 이 여자를 순진하게 돋보여 주고 있다. 당시 전투정보과 선임하사였던 김이진 상사는 박정희가 군복을 벗은 뒤 그의 집에 갈 때마다 냉기를 느낄 수 있었다고 한다."

- **박정희와 함께 야유회를 간 적이 있다.**

  "한번 야유회 간 적은 있지요. 엄정자라는 친구와 같이 갔는데. 우리 아이들도 성격 강해요. 생각도 많이 하고 참기도 많이 참으며 길렀어요. 언젠가 길에서 그 엄정자를 만났는데 야유회 사진을 갖고 있다고 합디다. 태릉에 그 과의 사람만 놀러 갔다는데, 태릉 고아원에 있는 친구를 만나서 갔다가 그이를 만나서 간 것 같아요. 가서 말 한마디 없이 있다가 왔는데 곤색에 흰색 칼라의 옷, 그때 귀엽다고들 했지요. 몇 해 전 편도선이 급성이

---

69 제2장 5절 '국방경비법이란 무엇인가'에 소개된 사진 참조

돼 수술하고 그래 얼굴이 지금처럼 찌그러졌어요.”

- 박정희의 모친이 작고했을 때(1949년 8월 12일) 그의 고향에 간 적
  이 있다.
  “미스터 박이 어머니가 돌아가셨을 때 시골에 따라갔지요. 6월
  사변 나기 전인데 산소에 갔더니 기어 들어가고 기어 나오는 곳
  이야. ‘대학생 제수씨’ 온다고 서울 멋쟁이라고 광목에 물들여
  옷들 해 입고 떡 해 준다고 방아 찧고. 미스터 박의 누나 박재희
  는 없었고, 결혼했다는 얘기는 그때까지 몰랐어요. 알고는 얼굴
  쳐들고 어떻게 가요. 나는 분해서 화장실에도 쫓아가고 하룻밤
  자고 부랴부랴 서울로 왔지요.”

- 본처가 있는 것을 모르고 동거를 했다.
  “내가 애정이 있을 때도 쌀쌀 맞았어요. 날 놓아 달라고 자꾸 그
  러니 울더라고요. 그때도 아무렇지 않았어요. 괘씸하고 가면 같
  았어요. 여자(본처) 하나 있었던 것도 몰랐는데 애까지 내게 입적
  한다는데 천길 만길 뛰겠더라고. 팔자인가 봐.”

- 박상희가 좋아했던 여인으로부터 박정희의 과거를 듣게 되었다.
  “고향에서 박재석(둘째 형 아들)이 고춧가루 등을 갖고 왔어. 재옥
  이 엄마가 알까 봐 서대문형무소도 못 다니게 해. 그때 같이 온
  사람이 박영옥의 아버지가 이전에 좋아했던 여자인데 그 여자가
  집 알려 주러 같이 왔다고 해요. 그녀가 입이 가벼워 ‘이렇게 참
  한 색시가 어쩌나’ 하고…. 재옥 어머니는 인물이 좋았대요. 재

옥을 맡기고 피신했어요. 영옥의 집에. 그때는 본인들이 없으면 이혼이 안 돼요. 미스터 박이 초조해 재옥 엄마를 찾았으나 결국은 행방이 묘연하여 나 몰래 이혼수속을 못했던 것이지요. 그러나 난 배신감으로 용서가 안 됐어요."

- **이현란은 가출을 수없이 했다.**

"미스터 박이 초조해 재옥 엄마를 찾았으나 결국은 행방이 묘연하여 나 몰래 이혼수속을 못했던 것이지요. 그러나 난 배신감으로 용서가 안됐어요. 미스터 박은 나한테 무척 잘했어요. 이만한 나이에 보는 것도 많고 들은 것도 많은데, 그때는 이제 죽어도 여한은 없겠다 싶을 정도로 잘해 줬어요. 그게 고마웠어요. 괘씸한 생각도 들고 해서 가출을 여러 번 했어요. 그때마다 잡혀 오고…."

"지프차 타고 자주 와도 숨길 많이 했어요. 햇수로는 3년이지만 8개월만 살았어요. 트럭으로 가출했다는 말은 거짓말이야. 그래서 낭설이 날까 봐 있는 얘기를 그대로 하는 거야."

[박정희를 떠난 이후의 이현란]

- **이현란은 두 번째 아내였다.**

"박정희의 친족 중에선 박정희와 이 여인의 관계를 '잠깐의 동거'니 '외도'니 하고 있지만, 두 사람이 약 1948~50년에 걸쳐 계속적인 것은 아니었을지라도 사실혼의 관계에 있었음을 부정할 수는 없다. 결혼신고 여부는 확실하지 않지만 박정희나 그의 동료, 부하들이 이 여인을 아내와 부인, 또는 사모님으로 대우했음이 분명하므로 '두 번째 아내'란 표현을 써야 마땅하다."

- 이현란은 남편과 함께 작은 식품가게를 꾸려 가면서 서울에서 살고 있었다.

  "박정희의 두 번째 아내였던 이 모 씨는 지금 66세의 할머니가 돼 서울에서 살고 있다. 남편과 함께 작은 식품가게를 꾸려 가면서, 며느리도 보았고, 이제는 비교적 담담하게 과거 이야기를 할 수 있을 만큼 세파를 겪었다."

- 이북에 있던 가족들과 상봉한 시기는 6·25 발발 이후였다.

  "식구들하고 다시 상봉한 건 6·25사변 나고, 의성서 안동시장서 고향 사람을 만났는데 친정 식구들이 다 내려왔다고 해요. 첫애 뱄을 때인데 너무 맘이 외롭고 고생도 컸지요. 날개 달고 날아가고 싶었어요. '연락해 달라'고 내 소재를 적어 줬지요. OO이가 내려와 상봉했어요. 내가 첫애를 낳고 20일이 됐는데 식구들은 을지로 2가에…."

- 가출 후 전화한 적이 있었다.

  "가출 후 내가 전화했어. 비신사적으로 행동하지 말라고. 한 20일 뒤에 내가 교만하다느니 못됐다느니 했다는 소문이 들렸어. 내 성질이 어떤데. 내가 술집에서 일했다는 건 말도 안 돼."

- 이현란은 자신과 박정희 사이에 아이는 없었다고 한다.

  "미스터 박과 나 사이에 아이가 없었다는 이야기가 있는 모양인

데, 아이를 가질 시간이 없었어요. 나도 약은 여자야. 벽장에
숨어 있으면 그까짓 여자가 없어서 그러느냐고 미스터 박의 동
료들이 얘기하는 소리도 들었어요. 난 못마땅했어.
"요즘 잠 못 자요. 그때 속은 게 분하기도 하고, 내가 애 낳을
새가 어디 있어? 차라리 애가 있으면 붙잡혀 못 나왔을 거야.
그 사람이 얼마나 독한 사람인데."

- 이현란 문제 때문에 육영수가 재떨이로 맞은 적이 있다.
  생각하면 미안한 감이 있고 고인이 되니깐 더 미안해요. 내 얘
  기 나와서 육 여사가 재떨이로 맞기도 했대요. 내 소식을 상당
  히 궁금해했다는 겁니다. 박 대통령께 편지 써라 했다는 것은
  모르는 얘기고, ○○이가 기자라 그이가 춘천에 있을 때 만났대
  요. 나는 '가재미 덴뿌라'를 좋아했는데 그이가 '가재미 덴뿌라'
  를 하도록 하더니 ○○이 보고 '맛있지? 나도 이것 좋아하는데
  누님도 좋아했지.' 했다고 전해 줍디다."

인용한 글은 자유기고가 강인옥이 이현란과 인터뷰한 내용을 바탕
으로 조갑제가 소개한 것이다.[70] 이현란의 증언 중에는 세간에 알려
지지 않은 비화도 꽤 많다. 박정희는 초급 장교 시절부터 히틀러를
숭배했으며, 이현란과의 문제로 인해 육영수가 재떨이로 얻어맞은
사실 등이다. 그중에 김창룡이 이현란을 찾아와 박정희의 메모를 전

---

70 조갑제, 이용문 장군 평전 젊은 거인의 초상⑵ - 최초 기동훈련⑵
 《http://chogabje.com/board/view.asp?C_IDX=9697&C_CC=AC》

달해 주었다는 대목이 있다.

우리가 익히 알고 있는 김창룡이라면, 박정희의 배후와 접촉 인물을 파악하기 위해서라도 이현란을 구속·문초했을 것이다. 그러나 김창룡은 박정희의 사절처럼 행동했다. 구속 경위를 설명해 주었고 친절하게 박정희의 메모를 전달해 주기도 했다고 한다. 박정희의 구명을 제일 먼저 상신한 사람이 김창룡이었다는 것을 앞에서 서술했지만, 아직 피의자 신분인 박정희의 근황을 동거 여인에게 설명해 주고 사적인 편지까지 전달했다는 것은 무슨 의미할까?

박정희의 메모를 김창룡이 직접 전달했다는 것도 이상하지만, 그 내용 역시 이해하기 힘들다. 박정희의 메모는 '나한테 불리함을 무릅쓰고 당신에 대한 사랑 때문에 도피하지 않고 순순히 잡혔다'는 내용이다. 빨갱이로 지목되어 조사를 받고 있다는 것을 이제 이현란도 알고 있을 터이다. 그렇다면 걱정하고 있을 아내에게 '염려하지 말라. 오해로 인해 조사받고 있으니 조만간 곧 풀려나갈 것이다…' 정도의 내용을 보내야 하지 않았을까?

박정희의 당시 신분을 짚어 보자. 남로당의 비밀간부로서 한국군에 위장 입대했다고 보는 견해다. 두 번째는 미군CIC 혹은 G2의 비밀요원으로서 좌익인사들과 접촉을 통하여 정보를 수집하는 임무를 가졌을 경우다.

대부분의 사람들이 믿고 있듯 박정희가 남로당 군사책(軍事責)이었다면, 무조건 도피했어야 하지 않았을까? 당시 숙군 분위기로 볼 때 전향했다고 해서 면책되리라는 보장이 없었다. 그리고 이재복·이중업 등이 잡히지 않은 시점을 고려하면, 김창룡의 입장에서도 수사 중인 박정희의 편리를 봐주기 힘든 시점이었다.

박정희가 미군 정보기관의 프락치 혹은 비밀요원이었다면 많은 의문이 해소된다. 동거녀뿐 아니라 누구에게도 밝힐 수 없는 자신의 신분을 김창룡에게 토로(吐露)하기로 한 것은 이현란에 대한 사랑 때문이었다고 하면, 김창룡의 이해 못할 행위도 납득이 될 것이다.

박정희를 떠난 이현란은 피난 도중에 결혼을 했던 모양이다. "우리 넷째 아들 대학원생" 운운하는 것을 보면, 교사 출신인 남편과의 사이에 적어도 네 명의 자녀가 있었음을 알 수 있다. 가임률이 그리 낮지 않았다는 방증이다. 그렇다면 박정희와의 사이에 자녀는 없었을까 하는 의문을 가질 수 있다. 이 문제에 대하여 이현란은 단호하게 없었다고 한다. "내가 애 낳을 새가 어디 있어? 차라리 애가 있으면 붙잡혀 못 나왔을 거야. 그 사람이 얼마나 독한 사람인데." 이현란의 주장이다.

그러나 두 사람 사이에 아들이 한 명 있었다는 증언이 만만치 않다. 앞에서 소개한 하우스만의 글 중 "박이 풀려난 후 얼마간 같이 살기도 했으나 둘 사이에 태어난 아이가 죽자 영영 집을 나가 버렸다."라는 증언이 있다. 박정희와 이현란 사이에 자녀가 있었다는 내용은 하우스만이 특별히 위증할 만한 사안이 아니다.

보다 결정적인 증거가 있다. 숙군 당시 박정희와 같이 무기징역형을 선고받았으나 박정희와 달리 형을 살다가 한국전쟁을 전후하여 처형당한 김학림의 부인 강 모 씨의 편지다. 정운현 기자에게 보낸 이 편지에는 이현란과의 인연이 상당히 자세하게 언급되어 있다. 아래는 그 일부이다.

고(故) 남편이 이 관사에서 3일 동안 소식이 없이 집에 안 돌아왔었는데 이 여사(李女史)가 저희 집에 와서 우리 남편도 소식이 없다고 하면서 걱정을 하였는데 나중에 체포된 사실을 알고 어찌 할 바를 몰랐었습니다. 그러던 중에 이 여사(李女史)가 출산(出産)하게 되어서 광화문(光化門) 산부인과에 가서 생남(生男)하여서 제가 며칠 같이 있다가 퇴원하여서 이 여사(李女史)는 육아(育兒)에 전념하였으나 약 6개월 후 병명(病名)은 몰랐었지만 사망(死亡)했었습니다. 작명(作名)도 안 했었습니다. 그때 이 여사(李女史)가 한 말이 너는 무슨 기구한 운명으로 애비 얼굴도 모르고 죽었느냐고 하면서 슬피 울었었습니다.

그 후에 소문인데 신당동에서 재혼(再婚)하여서 자식 낳고 잘 산다는 말을 들은 적이 있었고, 또 소문은 이 여사(李女史)의 남동생이 청와대 출입기자여서 이 여사(李女史)의 소식을 고(故) 박정희에게 전하여 주고 서로 연락이 있었다는 소문을 들었습니다. 또 소문에 의하면 육 여사(陸女史)하고 결혼하라고 중매를 했을 때도 이 여사(李女史)의 미련(未練) 때문에 오랫동안(몇 年) 망설였다고 합니다. 이 여사(李女史)는 미인(美人)이고 애교가 있고 매력이 있었기 때문에 잊을 수가 없었다고 하는 말을 들었습니다.[71]

강 여사의 글에는 몇 가지 오류가 있다. 예를 들면 "이 여사(李女史)의 미련(未練) 때문에 오랫동안(몇 年) 망설였다" 했으나, 박정희는 이현란과 헤어진 1950년, 그해 말에 육영수와 결혼했다. 그리고 생후 6개월 후 사망했다는 강 씨의 회고는 해석에 따라 글쓴이의 착오로

71 정운현, "박정희 동거녀 이현란, 아들 낳았다", 「오마이 뉴스」, 2011.5.16.

볼 수 있다. 박정희는 1948년 11월 11일에 구속되어 12월 말경에 석방된 것으로 알려져 있다.[72] 그렇다면 "너는 무슨 기구한 운명으로 애비 얼굴도 모르고 죽었느냐고 하면서 슬피 울었었다."는 표현이 문제가 된다. 애기가 아버지의 얼굴을 볼 수 없었던 시점은 박정희가 구금된 1948년 11월 중순~12월 말경이다. 그렇다면 생후 6개월 후 사망한 것이 아니라 태어나자 곧 사망했다고 보아야 할 것이다.

그러나 "애비 얼굴도 모르고 죽었느냐"란 표현은 다르게 해석할 수도 있다. 6개월 된 갓난아기가 아빠를 알아본다는 것은 거의 불가능하다. 갓난아기가 철이 들기 전에 죽었다는 뜻으로 보아도 된다는 뜻이다. 아무튼 강 씨의 증언은 광화문(光化門) 산부인과에서 출생했다는 등 상당히 구체적이다. 추신에서는 용산 관사의 뒷산에 암매장했다는 사실도 밝히고 있다.

용산 관사 뒷산에 암매장했다는 증언이 실려 있는 강 씨의 '추신' 중 일부

---

72 『박정희①불만과 불운의 세월』, p.167

더욱이 강 씨 역시 이현란의 출산에 대하여 거짓말을 할 이유가 없다. 그렇다면 이현란은 왜 부인했을까? 아마 자식과 며느리를 둔 처지 때문이었을 것으로 추정된다. 아래 사진도 주목할 필요가 있다. 발굴자 조갑제는 이 사진에 등장하는 세 명의 아이를 모두 박정희의 누나 박재희의 자녀들로 기술했다.[73]

숙군수사 후 용산 관사 현관 앞에서 찍은 사진. 앞 줄 좌로부터 이현란, 박재희(박정희의 누님), 박정희 뒷줄 가운데 박재석(둘째 형 박무희의 아들), 오른쪽 인물은 알 수 없다. 나머지 아이들과 소녀는 박재희의 자녀들로 알려져 있다.[74]

그러나 다른 자료에 의하면, 박재희는 1남 1녀를 둔 것으로 알려져 있다.[75] 박정희가 군수기지사령관으로 부임한 직후 매형 한정봉(韓禎鳳)에게 보낸 편지에도 박재희 부부에겐 남매가 있었다고 기록되어 있다.[76] 이러한 정황을 보면, 소개한 사진에서 이현란이 안고 있는 아이는 박정희와 이현란 사이의 소생일 가능성이 높다. 조갑제는 이현란이 생전 박정희의 자식을 출

73 『내 무덤에 침을 뱉어라2– 전쟁과 사랑』, p.237

74 『내 무덤에 침을 뱉어라 2– 전쟁과 사람』, p.237

75 《위키백과, 박상희 편 참조》

76 "龍雄(용웅)이 男妹(남매)도 충실하다 하시오니 甚幸(심행)으로 생각하옵고 仰祝(앙축)하옵나이다." 《조갑제닷컴, 군수기지 사령관 朴正熙의 독한 편지, http://chogabje.com/board/view.asp?C_IDX=36241&C_CC=AC》 조갑제의 다른 글 "박정희와 그의 시대⑴ – 만주에서 돌아오다⑴"를 보면 박재희의 아들은 필터회사 사장 韓熙昇(한희성)으로 나온다. 이유는 알 수 없으나 한용웅에서 한희승으로 개명한 것으로 추정된다.

산한 일이 없다고 강변한 점을 고려하여 상기 코멘트를 단 것으로 보인다.

아무튼 박정희 · 이현란 사이에 벌어진 사건은 에피소드를 넘어 숙군 당시의 현황 파악과 박정희의 실체를 규명하는 데 많은 참고가 되리라 본다. 여기에 하나 더 후일담을 소개한다.

"이 여사(李女史)의 남동생이 청와대 출입기자여서 이 여사(李女史)의 소식을 고(故) 박정희에게 전하여 주고 서로 연락이 있었다는 소문을 들었다."는 김학림의 처 강 씨의 증언은 "내 얘기 나와서 육 여사가 재떨이로 맞기도 했대요. 내 소식을 상당히 궁금해했다는 겁니다. 박 대통령께 편지 써라 했다는 것은 모르는 얘기고, ○○이가 기자라 그이가 춘천에 있을 때 만났대요."라는 이현란의 회고와 정확히 일치한다.

앞글에서 소개했지만, 이현란을 못 잊어 박임항에게 이현란을 찾아 달라고 하소연했던 사연을 기억할 것이다. 대통령이 된 박정희는 결국 이현란을 찾았다. 하지만 만나지는 않고 이현란의 동생을 매개로 서로 간의 소식을 전하는 것으로 과거의 인연을 정리했던 모양이다.

| 축복이 된 한국전쟁 |

1950년 2월 6일, 이현란은 메모 한 장을 남기고 박정희의 곁을 영원히 떠났다. 1947년 12월에 첫 만남을 가졌으니 햇수로는 3년가량의 인연이었다. 그 무렵 박정희의 심경을 표현한 한웅진의 글을 다시 소개한다.

"그때의 박정희는 그의 생애에서 가장 비참했을 것입니다. 잠도 못 이루고 고민하면서 때로는 하염없이 울기도 했지요. 아내는 집을 나가고 어머니는 가장 아끼던 막내아들의 불행으로 충격을 받아 죽고, 친구들은 그를 피하고, 생활은 어렵고, 그래서 술을 잔뜩 마시고 내 방에 기어 들어와 하소연을 하다가 흐느끼고…. 그때 저는 방첩대장이었기 때문에 안심하고 그를 만날 수 있었지만 다른 동료들은 그와 친했다간 또 무슨 오해를 받을까 싶어 피한 것도 이해할 만한 상황이었죠."

한웅진이 말한 박정희 생애 가장 비참했던 시기를 정리해 보자. 그는 고등군법회의 명령 제18호에 의거, 1949년 4월 8일 파면되었다. 그날 이후 무직으로 지내다가 백선엽의 배려에 의해 문관으로 정보국에 근무하게 된다. 8월 12일, 모친 백남의가 작고하고 이 무렵 자신이 그동안 숨겨 왔던 자신의 집안, 가족사 등이 이현란에게 들통난다. 첫아들은 요절했고 이현란이 수없이 가출한 것도 이 무렵이다.

가정 문제 이상으로 박정희를 괴롭히던 것은 그를 바라보는 주위의 시선이었을 것이다. 만약 미군의 비밀정보원이나 프락치가 아니었다면, 박정희는 전향자가 된다. 남로당의 입장에서 보면 배신자다. 당시 박정희에게는 배신자, 프락치, 스파이, 기회주의자 등의 딱지가 붙었을 것이다. 역사 이래 배신자에겐 좋은 평가가 드물다. 물론 받아들인 입장도 마찬가지다. "한 번 배신한 자는 두 번, 세 번 배신한

다."라는 속설은 역사의 교훈이기 때문이다.[77]

　박정희는 파면되었다. 일부 유죄가 인정되었다는 뜻이다. 그러나 육본 정보국은 그를 비공식 문관으로 채용했다. 정보국은 신생 대한민국 육군의 핵심 조직이다. 그러한 중요 부서에 불명예로 전역한 자를 채용한 것은 무슨 뜻일까? 그 대상자가 정보 분야의 전문가이거나 혹은 중요한 정보를 가졌을 경우라면 납득할 수 있을 것이다. 그러나 박정희는 정보 관련 전문가가 아니었다. 만군, 후 광복군 그리고 국방경비대와 한국육군을 거치는 동안 그의 경력에는 정보 관련 경험이 없다. 그렇다면 적대국에 대한 기밀정보를 가지고 있었을까? 박정희의 이력을 검토하면, 그러한 추정 역시 무리한 발상임을 확인할 수 있을 것이다.

　백선엽이 박정희를 정보국 문관으로 채용한 것도 이상하지만, 그 제안을 받아들인 박정희의 행동 역시 이해하기 힘들다. 조갑제의 글에 의하면, 백선엽 국장이 기밀비에서 조금씩 떼어내 박정희의 월급을 마련했다고 한다.[78] 박정희는 유달리 자존심이 강한 사람으로 알려져 있다. 멸시와 모욕을 무릅쓰고 더욱이 고정월급조차 없이 비공식문관으로 출근했던 박정희의 모습은 우리가 익히 알고 있는 박정희가 아니다. 그는 무슨 이유로 군문(軍門)을 떠나지 않았을까?

　박정희에 대한 정보국의 배려는 백선엽으로 끝나지 않는다. 백선엽을 뒤이은 제2대 정보국장 이용문과 박정희의 특별한 인연은 별도의

77　배신의 예로 당나라 말기, 후량을 건국했던 주전충의 예를 많이 든다. 그는 자신의 상관이자 동료였던 황소를 배반하고 당나라에 충성을 맹서했다가 다시 당나라를 배신했다. 그러나 그 역시 아들에게 죽음을 당한다.

78　『내 무덤에 침을 뱉어라 2- 전쟁과 사람』, p.240

장에서 거론하겠지만, 제3대 정보국장 장도영 역시 박정희에게 큰 은혜를 베풀었다. 아래에 장도영의 회고록 일부를 소개한다.

　28일 새벽 서울에 진입한 적정으로 봐서 박 문관은 그가 원하였다면 다르게 행동할 수도 있지 않았겠는가. "확실한 근거도 없이 부하를 의심하는 게 아니야. 저렇게 유능하고 믿을 만한 사람이 몇이나 있을까?" 하고 생각했다. 나는 이때부터 그에 대한 사상적 의혹을 깨끗이 버렸다. 오히려 과거 그를 조금이나마 달리 생각하여 왔다는 것이 참으로 미안하다는 마음이었다. …(중략)… 나는 다시 한 번 박 문관의 서울철수 경위와 그 당시 그의 자세를 상세하게 정 장군에게 이야기했다. 그때서야 정 장군은 "잘 생각해 보자."고 대답했다.
　며칠 후 나는 다시 정 장군에게 박 문관의 현역복직을 상신했다. "정보활동 등은 다시 활발하게 전개해야겠는데, 일선에서 전투하는 장교를 빼내 올 수는 없는 일 아닙니까?" 하면서 재차 건의를 한 바 "그럼 장관에게 같이 가서 말씀드려 보자."는 것이었다. 정 장군과 함께 신성모 장관에게 이 문제를 상세히 보고하고 건의하였던 바, 장관은 쾌히 승낙하고 당장 고급 부관을 불러 인사발령을 하라고 지시하였다.[79]

　장도영에 의하면, 박정희가 다시 양지로 나오게 된 일등공신은 장

79　전최고회의 의장 장도영씨 회고록①, 나는 박정희를 신임했다. 「신동아」, 84년 7월호, pp.136-137

도영 자신이다. 박정희 문관이 현역으로 복귀하려면 두 사람의 승인이 필요했다. 육군참모총장 정일권과 국방부 장관 신성모다. 장도영은 "쓸데없는 구설수에 오르내릴 수 있다."는 정일권의 우려를 무릅쓰고 박정희의 복직에 열과 성을 다했다. 그 이유에 대한 장도영의 답변은 간단했다. "박정희는 유능하며 믿을 만한 사람이다. 그리고 그에 대한 사상적 의혹은 근거 없는 낭설이었다."

정보국장은 육군 전체의 정보를 책임지고 있는 자리다. 그의 말대로 전쟁 전 박정희의 사상을 의심했다면, 정보국장으로서 적절한 조처를 했어야 했다. 그러나 장도영은 박정희를 정보국에 그대로 두고 함께 일했다. 더욱이 박정희에 대한 사상적 의혹을 깨끗이 버렸다고 한 이유도 너무 단순하다. 장도영은 "28일 새벽 서울에 진입한 적정으로 봐서 북측에 귀순할 수도 있었는데 어려움을 무릅쓰고 육군본부에 귀대했다"는 점을 높이 사 박정희에 대한 모든 의심을 버렸고, 오히려 그에게 미안한 감정까지 가지게 되었다고 고백했다.

정보국장으로서 책임감이 결여된 행동이다. 박정희가 인민군에 귀순하지 않았던 것은 좀 더 결정적인 공훈을 세우기 위한 기회주의적 행동으로도 볼 수 있다. 동지들을 배신한 자신의 과오를 씻기 위한 목적으로 육본에 계속 남기로 결정했을 것이라는 의심은 왜 하지 않았을까?

아무튼 박정희는 현역 소령으로 복귀했다. 날짜는 1950년 7월 14일이었고, 보직은 육군본부 작전정보 제1과장이었다. 장도영의 도움이 없었더라면, 박정희는 역사의 그늘에서 숨죽이고 사는 일생으로 삶을 마감했을 것이다. 그러나 장도영은 박정희에게 은혜를 베풀었고, 세월이 흐른 후 박정희는 그를 배신한다.

흔히들 한국전쟁이 박정희를 구했다고 한다. 조갑제의 표현에 의하면, 인민군의 남침이 박정희를 구한 셈이다.[80] 하지만 이러한 견해는 결과론이다. 전쟁의 발발로 인해 복직은 되었지만, 그 무렵 박정희의 심사는 그리 편하지 않았을 것이다. 어쩌면 불안감으로 인해 잠을 설쳤을지도 모른다. 왜냐하면 시간이 지날수록 인민군에 의한 적화통일 가능성이 점점 높아져 가고 있었기 때문이다. 미군이 참전했지만 전황은 그리 호전되지 않았다. 1950년 6월 25일부터 8월 초순까지의 대략전인 전투 상황을 정리해 보기로 한다.

- 6월 25일 새벽: 전쟁 발발
- 6월 26일 오전4시: 유엔 안정보장이사회, 북한군의 전투 중지와 철수 요청 가결
- 6월 27일 새벽4시: 비상 국무회의, 수원 천도 의결
- 6월 27일 10~11시: 서울중앙방송, 이승만의 거짓 녹음방송
- 6월 27일: 유엔 안보리, 대한민국 원조 가결. 트루먼, 맥아더에게 해·공군의 지원 명령
- 6월 28일 새벽 2시 30분경: 한강다리 폭파
- 6월 28일: 인민군 서울 점령
- 7월 1일 새벽: 이승만, 대전 탈출(7월 20일, 인민군 대전 함락)
- 6월 27일 이후 15일간의 이승만 행적: 서울 → 대구 → 대전 → 수원 → 대전 → 이리 → 목포 → 부산 → 대구
- 7월 1일: 미 육군 24사단 21연대 부산 상륙(21연대 제1대대를 특수임

---

80 『내 무덤에 침을 뱉어라 2- 전쟁과 사람』, p.289

무로 지정, 대대장 찰스 스미스 중령)

- 7월 5일: 스미스 부대, 오산 죽미령에서 첫 전투(부대원 540명 중 150명 전사, 장교 5명과 사병 26명 실종, 대부분의 공용화기 소실)
- 7월 7일: 7월 1일의 안보리 결의에 의해 16개국으로 편성된 UN군 결성
- 7월 16일: 한국군의 작전지휘권, 맥아더에게 이양됨. 미8군사령관 지휘권 행사
- 7월 20일: 인민군, 대전 점령(미 24사단 사단장 윌리엄 딘, 36일간 산속을 헤매다가 8월 25일 북한군의 포로가 됨)
- 7월 23일: 광주 함락, 26~27일: 여수 함락, 7월 말: 남한 대부분의 지역 함락됨
- 7월 26일~29일: 미군 제1기갑연대 제2대대 H중대와 미군 폭격기, 노근리 학살
- 8월 1일: 방호산의 제6사단, 호남 돌파, 진주 점령
- 8월 1일 저녁: 미8군사령관 월튼 워커, 낙동강 방어선 구축 명령

1950년 8월 18일, 대구에 있던 정부는 부산으로 피신했다. 그 후 1953년 8월 15일까지 햇수로 3년가량 부산이 임시 수도가 된다. 그 과정에서, 믿었던 UN군 그리고 미군이 연일 패전하고 있다는 소식이 알게 모르게 전해지자, '피난의 도시' 부산마저 불안하다고 부유층, 고위층 인사들이 발 빠르고 은밀하게 고국 탈출을 시도했다. 아래는 그 무렵의 풍경을 그린 박명림의 글이다.

부산에 결집한 상당수 고위층과 부유층 인사들은 배를 부산항에

대놓고 전황이 여의치 않을 경우 일본으로 탈출할 계획을 세웠다. 이미 일부는 제주도로 피난 간 상태였다. 일본으로의 밀항은 이른바 '돼지몰이'로 불렸다. 밀항 주선 비용은 1인당 50만 원, 나중에는 100~150만 원까지 올라갔다. 밀항을 위한 배를 빌리는 돈은 500만 원에서 1천만 원까지 이르렀다. 서울, 대전, 부산에서의 도망 행렬을 볼 때 이들의 국가수호 의지가 어느 정도였는지를 이해하는 것은 어렵지 않다. 법무부 장관 태윤기에 따르면, 임시 수도 부산의 혹심한 상류사회의 비리와 부패는 아예 이곳에 들르고 싶지도 않도록 만들었다.[81]

비단 가진 자들뿐만이 아니었다. 정치인과 고위 장성까지 한국 탈출을 기도했던 모양이다. 당시 육본 작전국장으로 근무했던 강문봉의 회고를 소개한다.

낙동강 방어선이 형성되면서 육군 본부에서는 김익렬 대령에게 헌병 1개 소대를 주어 부산항만 일대의 선박에 대해 수색토록 했다. 유명 정치인과 고위 장성까지 붙들려 왔는데 이들은 도망갈 준비를 하고 배에 탄 채로 염탐을 하고 있었으며, 그중에는 중령급 이상 8명도 포함되어 있어서 체포되었다.[82]

육군참모총장으로 새롭게 임명된 정일권은 창피를 무릅쓰고 다음

---

81 박명림, 『한국 1950 전쟁과 평화』, 나남, 2002, p.174

82 안용현, 『한국전쟁비사2: 낙동강에서 38선』, 경인문화사, 1992, pp.123-124

과 같은 명령을 내리는 결단을 내렸다 한다.

"1. 장병들의 요정 · 식당 출입을 엄금한다.
2. 입원환자의 외출을 엄금한다.
3. 군인의 개인 입장에서의 가옥 차용을 금지한다.
4. 본부 장교는 일체 병영 내에 거주하라.
5. 헌병은 특히 야간순찰을 이행하며 사전 적발에 철저하라.
6. 공용 이외 차량 사용을 금한다."[83]

만약 국군과 UN군이 패배한다면 박정희의 운명은 어떻게 될까? 한국전쟁은 군 복귀라는 선물과 동시에 불안감도 안겨 주었다. 만약 인민군이 이대로 승리를 굳힌다면 박정희의 삶은 끝장날 수도 있는 절체절명(絶體絶命)의 순간이었다. 좌익의 입장에서 보면 박정희는 숙청 대상 제1호로 지목될 만한 전력을 가졌다. 어쨌든 그는 숙군의 최고 공로자의 한 사람이었고 더욱이 보도연맹 등 민간인 학살의 주체였던 육본 정보국 소속이었다.[84]

83 『한국 1950 전쟁과 평화』, pp.174-175
84 최소 20만 명 이상의 학살이 자행된 보도연맹 등 민간인 학살의 주범은 육본 방첩대다. 방첩대는 육본 정보국 산하의 한 과인 특별정보대(SIS)로 출범한 후(48년 11월), 방첩대(CIC)로 개명했고(49년 10월) 그 후 1950년 10월, 정보국에서 분리되어 특부부대(SOU), 방첩대, 보안사, 기무사 등으로 명칭을 바꿔 현재에 이르고 있다.

| 육영수, 김호남 스캔들 |

박정희와 육영수, 이 두 사람의 만남이 성사되는 과정을 이야기하기 전에 육영수에 관한 편견을 제거하는 작업이 먼저 필요할 듯하다. 박정희의 경우, 숭배하는 이들만큼 비판하는 사람도 많다. 하지만 육영수에게 돌을 던지는 사람은 극히 제한적이다. 박정희에게 목숨을 잃을 뻔했던 김대중조차 국민회의 총재 시절 "누구보다 인간적인 장점이 많은 여성"으로 육영수를 소개했다.[85]

사실 육영수의 우상화 작업은 훨씬 오래전부터 시작되었다. 주목할 것은 '청와대 안의 야당'이라는 이미지다. 전기 작가 전목구는 10 · 15 대통령선거가 끝난 이틀 후인 10월 17일, 경주 불국사 관광호텔에서 열린 기자회견 장면을 소개하면서 "이날 육 여사는 야당적인 입장에서 계속 대통령에게 사회의 돌아가는 참모습을 거짓 없이 이야기하겠다."는 육영수의 다짐을 덧붙였다.[86]

청와대 출입 기자였던 김종신 역시 비슷한 시기에 『영시의 횃불』에서 '청와대 내의 야당'론을 소개했다.[87] 주목할 것은 육영수가 "청와대 내의 야당으로 자처"했다는 표현이다. 전목구의 글도 "야당적인 입장"에서 대통령에게 사회의 참모습을 얘기하겠다는 육영수의 다짐을 얘기하고 있다. 즉, '청와대 내의 야당'이라는 이미지는 육영수로부터 시작되었다는 뜻이다.

---

85 DJ눈에 비친 역대 청와대 안방마님 '부인들은 손색없었지요', 「경향신문」, 1997.11.5
86 『傳記 朴正熙 – 人間과 經世』, pp.316–318
87 김종신, 『零時의 횃불』, 한림출판사, 1966, p.246

政治 멀리하는「靑瓦臺안의 野黨」

朴후보夫人
陸英修여사

1971년 4월 24일자 동아일보

다른 사례를 보자. 삼선개헌(1969년 10월 21일)을 통해 장기집권의 기틀을 마련한 박정희와 '40대 기수론' 등 세대교체론의 바람 끝에 신민당의 후보로 선출된 김대중이 1971년 4월 27일 제7대 대통령 선거를 치렀다. 선거 사흘 전인 4월 24일, 동아일보는 박정희 후보의 부인인 육영수를 소개하는 기사를 게재했다. 제목은 '정치 멀리하는 청와대 안의 야당'이다.[88] 육영수의 입으로 시작된 '청와대 내의 야당' 이미지가 기자들의 손을 거쳐 차츰 일반화되었다.

'청와대 내의 야당'으로서 여성과 어린이에 대하여 유달리 관심이 많았다는 육영수의 이미지는 1974년 8월 15일, 그녀가 암살당한 후 학과 목련의 이미지가 추가되어 신화처럼 포장되기 시작한다. 야당 총재와 5선 의원과의 경력을 가진 박순천이 '대통령 영부인 고 육영수 여사 국민장 장의위원'의 자격으로 쓴 조사의 일부를 소개한다.

---

88 정치 멀리하는 청와대 안의 야당, 「동아일보」, 1971.4.24

영부인이시여. 당신을 잃고 슬픔과 외로움에 울부짖는 이 남녀의 호곡 소리가 들리지 않으시나이까. 얼굴과 얼굴에 하염없이 흐르는 슬픈 눈물의 폭포수가 보이지 않으시나이까. 학과 같이 청아하여 학의 천수를 누리라고 믿고 바랐던 여사께서 비명에 가시다니 이게 웬 말입니까. 목련과 같이 청초하여 선녀와 같이 고이 승천하실 줄 알았던 여사께서 그 무지막지한 폭도의 흉탄에 가시다니 이게 웬 말입니까.[89]

야당의 대통령 후보와 총재 출신이 이처럼 육영수 신화 만들기에 일조했으니 여권 및 관변 학자와 문인들이 어떻게 행동했는가는 구태여 소개를 하지 않아도 될 듯싶다. 박정희 정권으로부터 누구 못지않게 수난을 당했던 시인 고은조차 다음과 글을 남겼다. 고은의 『만인보』중 육영수편을 소개한다.

1974년 8월 15일
그녀는 국립극장 단상에서 쓰러졌다
한 송이 백목련이라고
한 마리 날개 접은 백학이라고
그녀의 죽음은 고개 숙여 받들어졌다.

---

89 박순천 여사 조사, 「경향신문」, 1974.8.19

그 정치적 산화(散華) 이후
남편은 황량한 때를 말갈기로 달렸고
딸들과
아들은 하나하나 고아가 되기 시작했다
한국의 성난 성장에 바쳐진 슬픈 가족이었다

그녀는 드물게 영롱한 새소리로
하얀 이빨 시려
불행을 돕는 마음을 일으켜 행복했으나
그 새소리는 더 이상 들을 수 없었다
마침내 그녀는 꽃도 새도 아닌 백자 항아리로 말이 없다

세월이 많이 흘렀다. 박근혜-최순실의 국정농단으로 전국이 탄핵·하야 열풍으로 들끓고 있던 2016년 11월, 김종필이 의외의 발언을 했다.

◆ : 그렇다면 박근혜 대통령 고집이 어머니 쪽을 닮았다는 말이 되는데요.

◇ : 육XX라고 알아? 그(육영수 여사)의 아버지(육종관 씨)가 고향에서 육XX라고 그랬어. 욕심이 많다고. 그뿐이 아니야. 길러 준 사람 고맙다고 하나. 동네 사람들이 그래서 붙인 별명이야. 그만하면 알거 아닌가.

◆ : 어려운 사람들을 따뜻하게 보살핀 분으로 많은 이들이 기억하는데요.

◇ : 얼마나 거시기 했는지 얘기할까. 우리 집사람이 내가 미국 보병학교에 유학 갔을 때 딸(예리)을 낳았지. 돌봐 주는 사람이 없고 쌀도 없으니 굶었대. 그걸 보다 못한 박종규(나중에 청와대 경호실장. JP가 하사관이던 그를 육군종합학교에 보내 소위로 임관)가 제 고향에 내려가 쌀 한 가마를 가져다줘 끼니를 때웠다는구먼. 그래 이게 될 법한 소리야.

◆ : 그게 무슨 말씀이십니까.

◇ : 육 여사가 애를 낳은 산모더러 밥 먹었냐고 물어보지도 않더래. 저쪽에선 숟가락, 밥그릇 달그락거리는 소리가 들리는데도⋯. (벽에 걸린 부인 박 여사 사진을 가리키며) 저 사람이 날 붙들고 울고불고하잖아.

◆ : 어머니같이 온순한 분으로 아는데, 설마?

◇ : 겉으로 보이는 모습 보고 해석하면 백번 틀려.

◆ : 자애로운 국모로 알려져 있는데 그 부분은 정말 상상이 안 가네요.

◇ : 뭐라고? 오죽하면 내가 미국에서 돌아와서 난리를 폈겠어. 남도 아닌 당신네 조카딸 아니냐고. 자기는 밥 먹는 소리 내면서 애 낳고 굶고 있는 산모한테 그럴 수 있냐고 막말을 했어. 말 한마디 못하더군. 남에 대한 배려가 없어. (불우한 사람 돌본다는)그거 대통령 부인이라는 이름에 맞게 행동하는 것처럼 꾸민 거여.

◆ : 육 여사 신화가 깨질까 봐 걱정됩니다.[90]

고집이 세다, 욕심이 많다, 남에 대한 배려가 없다, 불우한 사람 돌본다는 이미지는 대통령 부인이라는 이름에 맞게 행동하는 것처럼 꾸민 것이다… 처숙모 육영수에 관한 김종필의 시각이다. "육 여사 신화가 깨질까 봐 걱정된다."는 시사인 기자들의 반응은 오늘을 살아 가는 우리들 대부분의 느낌과 유사하리라 본다. 육영수의 고집에 관한 일화를 한 편 소개한다.

육 선생이 학교를 그만두게 된 것은 사소한 사건이 그 발단이었 다. 어느 날 옆자리의 남선생이 짓궂게 농담을 걸었던 것이다. 같은 직원실에서 남녀 교사가 몇 마디의 농담을 주고받는 것은 항용 있을 수 있는 일이지만 그것이 육 선생에게는 허용되지 않았다.

　　(그만두자!)

이것은 육 선생으로서는 두 번째 결단이었다. 다음 날 사표를 내 었다. 주위에서 아무리 말려도 막무가내였다.[91]

옆자리의 남선생이 어떤 농담을 했는가는 알 수 없다. 다만 사건 발생 장소가 공적인 공간인 직원실이었고, 지은이(박목월)가 '항용 있을 수 있는 일'이라고 표현했으며, 주위에서 적극적으로 사직을 말렸 다고 한 것으로 보아 인격을 모독했거나 성추행, 성폭력 등 파렴치한

90　김종필 전 총리 인터뷰 "5천만이 시위해도 박대통령 절대 안 물러날 것", 「시사인」, 2016.11.14

91　박목월, 『육영수 여사』, 삼중당, 1976, p.85

농담은 아니었던 것으로 짐작된다.

이 사건으로 인해 육영수는 많은 이들에게 폐를 끼쳤다. 무엇보다 농담을 한 당사자의 처신을 어렵게 만들었을 것이다. 그리고 육영수를 추천한 송재만(宋在萬, 이종6촌, 옥천공립여자전수학교 서무과장)의 입장도 난처했을 것으로 짐작된다. 아무튼 이 사건으로 인해 육영수의 유일한 사회생활은 마감된다.[92]

교사직을 그만둔 뒤 육영수의 행적은 불투명하다. 전기에 의하면 동생 예수와 함께 아버지의 일을 돌보면서 소일하였다고 한다. 그러나 그 기간이 너무 길다. 1950년 7월 13일 피난차 부산에 도착했으니[93] 사표가 수리된 날짜(1947년 2월 10일)부터 3년 6개월 정도를 일정한 직업 없이 보낸 셈이다.

피난 과정도 이해하기 힘들다. 춘천에 있던 홍세표(1935년생, 육영수의 조카, 육인순의 장남)가 옥천으로 피난 왔다. 홍의 부모(홍순일, 육인순)는 서울을 탈출하지 못했고, 서울 진명여고에서 교편을 잡고 있던 외삼촌(육인수, 박심자) 내외도 피난 오지 못했다. 인민군의 선봉부대가 조치원에 들어왔다는 소문이 퍼졌다.

이러한 상황에서 육종관은 부산에서 거처할 집을 구하기 위한 선발대를 보내기로 작정하였는데, 둘째 딸을 선택하였다. 이유는 믿을 수 있는 핏줄이 육영수뿐이라고 여겼기 때문이라고 한다. 육영수의 나이 25세일 때다. 동행자는 언니 육인순의 자녀인 조카 홍정자(10세)와

---

92 육영수는 1945년 11월 25일자로 옥천공립여자전수학교교유로 임명되어 1947년 2월 10일자로 사표가 수리되었다. 옥천공립여자전수학교는 1946년 4월 26일 옥천공립실과여학교로 재인가 되었다가 1950년 5월 옥천여자중학교로 개편되었다.

93 『육영수 여사』, p.95

홍세표(15세)였다.

사실 박목월의 글은 모순으로 가득하다. 먼저 육종관의 행동을 도무지 이해할 수 없게 묘사했다. 부산에서 거처할 집을 구하기 위해 선발대를 보낸다는 설정은 별 무리가 없다. 그런데 육영수를 선정했다는 이유가 납득이 가지 않는다. 선발대의 임무가 피난지에서의 거처 문제였다면 구태여 믿을 수 있는 핏줄을 보낼 필요가 없을 것이다. 집안의 살림살이를 하는 집사 정도에게 임무를 맡겨도 충분했을 것이다.

그러면 믿을 수 있는 핏줄에게만 당부할 임무로 과연 무엇이 있을까? 먼저 예상할 수 있는 것은 재물 관계다. 그 외 누군가에게 특별한 부탁을 할 필요가 있을 경우를 들 수 있을 것이다. 하지만 "중요한 재물은 몸소 지니기로 했다"는 표현 그리고 부산으로 온 지 며칠이 되지 않았는데도 돈이 떨어져 어린 조카에게 "세표야, 너는 그래도 남자 아니냐. 취직이라도 하는 게 어떻겠니?"라고 취업을 권하면서 결국 제5육군병원 9병동에 일자리를 얻게 하는 장면을 보면, 돈 문제는 아닌 듯하다.

그렇다고 어떤 특별한 임무가 육영수에게 부여되었다는 흔적도 없다. 우여곡절 끝에 부산에 도착한 육영수가 만난 사람은 그녀의 사촌 형부 한보영(당시 부산 세관장)뿐이었다. 방문 목적은 육종관 일가의 거처 부탁이다. 그러나 이미 선착한 피란민으로 들어앉을 자리가 없음을 확인하고 난 뒤, 다른 집을 백방으로 수소문 끝에 영도에 소재한 두 평 남짓한 방을 세로 얻었다는 것이 박목월의 글에 묘사된 육영수의 행적이다.

어린 두 조카를 데리고 더욱이 충분한 돈도 없이 험한 피난길로 내

몬 아버지의 의도는 무엇이었을까? 박목월의 글에는 위험한 장면이 꽤 등장한다. 공비(共匪)로 착각한 전투경찰관의 등장과 동승, 전세낸 트럭의 고장, 정체를 알 수 없는 전투경찰관과의 밤길 동행 등 육영수의 고생담이 그려져 있다.

밀양역에서 기차표를 끊어 주는 등 친절하고 착한 전투경찰관을 등장시켰지만, 전란의 와중에 경찰이건 군인이건 믿을 수 있는 사람이 과연 얼마나 될까? 소개한 장면은 아무래도 박목월의 창작으로 짐작된다. 부잣집 규수 육영수도 전쟁 통에는 이렇게 고생했다는 장면을 독자들에게 보여 주고 싶었을 것이다.

박목월의 글이 맞다면, 육영수는 1950년 7월 말에서 8월 초순경에 아버지와 가족을 만나게 된다. 그리고 8월 중순경에는 여동생 육예수와 함께 흰 양장과 진갈색 구두 등을 사 입고 부산 광복동 거리를 누비고 다녔다고 한다.[94] 옥천 갑부집의 딸, 원래의 모습으로 돌아간 셈이다.

이 무렵 박정희의 부하인 송재천 소위가 뜬금없이 중매를 서겠다고 나선다. 신생 대한민국의 미래와 마찬가지로 박정희의 앞날도 불투명할 때였다. 육영수의 전기를 쓴 박목월에 의하면, 그는 육영수의 모친 이경령의 조카다.[95] 그리고 대구사범5기로서 박정희의 1년 후배였고[96] 당시 직책은 포로 심문관이었다.[97] 박정희의 미래를 좌우했

---

94 『육영수 여사』, pp.93-99

95 박목월, 『육영수 여사』, 삼중당, 1976, p.99 《송재천의 어머니와 육영수의 어머니 이경령 (李慶齡)이 4촌이라는 주장도 있다. 이 경우 송재천과 육영수는 이종6촌이 된다. 정진영의 『청년 박정희』 참조》

96 대구사범에 입학 95명, 「동아일보」, 1933.3.15

97 『육영수 여사』, p.99, 101

던 또 다른 정보국 요원이 나타난 셈이다. 1950년 8월 중순, 송재천은 이경령을 찾아와서 육영수의 결혼을 권유한다. 아래는 송재천과 이경령의 대화 일부다.

- 이모님, 마땅한 자리가 있는데, 영수 누이 출가 안 시키겠어요?
- 글쎄….
…(중략)…
- 마땅한 자리라니, 어떤 사람인데.
- 글쎄, 이모님. 제가 모시는 상관입니다. 인품이 그만입니다.
- 성씨는?
- 고령 박씨지요.
- 어디 사람인데?
- 경북 선산 사람입니다. 대구사범 때 저의 선배입니다. 청렴하고 강직하면서도 인정이 넘치는 분입니다. 그분을 모시고 있는 사람들은 누구나 그 인품에 감화를 받지 않는 사람이 없습니다.
- 그렇게 좋은 사람인가?
- 예, 제가 이모님께 허튼소리 하겠습니까. 정말 좋은 혼처지요.
- 그래….

이 여사는 여운을 남겨 두고 송재천 소위를 돌려보냈다. 그날 저녁, 이 말을 들은 육종관 씨도 덩달아 관심 있는 반응을 보여 주었다.

- 잘라 거절하지 말아요. 좀 두고 생각해 봐야지.[98]

다음 차례는 박정희를 설득하는 장면이다.

나는 정보국에 근무하며 포로 심문관이 되어, 과장님 밑에서 일을 하였지요. 그런데 과장님이 가정을 안 가지고 혼자 계셨어요. 정보국에서 함께 생활하다시피 하다 보니, 식사도 함께하고 때로는 대포도 같이 마시는 기회가 있었지요. 그러다 하루는,

- 왜 과장님 혼자 계십니까. 아무리 전쟁 중이라 하더라도 혼자 계시면 고독하고 피로하시지 않으십니까. 가족이 있어야 마음도 든든하고 위로도 되실 것 아닙니까?
- 글쎄 좋은 색시가 있어야지.
- 우리 집안에 이러이러한 규수가 있는데 제가 보기에는 만점이지만 과장님이 보시면 만점이 될지, 몇 점이 될지 모르겠습니다.
- 그런 색시가 있느냐. 그럼 한번 만나 보기나 할까?[99]

맞선 시기는 8월 하순경이었다 한다. 장소는 육종관의 가족이 세들어 살고 있는 부산 영도의 일본식 2층집이었다. 계속해서 육영수의 반응을 보자.

---

98 『육영수 여사』, pp.99-101
99 『육영수 여사』, pp.101-102

맞선 보던 날, 군화를 벗고 계시는 뒷모습이 말할 수 없이 든든해 보였어요. 사람은 얼굴로써는 남을 속일 수 있지만 뒷모습은 남을 속이지 못하는 법이예요. 얼굴보다 뒷모습이 정직하거든요. 그 후 몇 번 만나 뵈니까 그 직감이 틀림없었다는 것을 확인할 수 있었어요. 미덥고 소박하고 아주 정다운 분이세요.

…(중략)…

- 언니, 어때요?
- 얘는.
- 언니, 웃는 걸 보니 마음에 들었나 봐.
- 글쎄. 눈이 번쩍번쩍 광채가 나는데 굉장히 무서웠어.
- 나는 그런 사람이 아니면 믿음직하게 생각되지 않아.
- 콧날이 날카로워 뵈더구나. 그러나 주관이 확고하게 서 있는 듯한 그 눈에 마음이 끌려.[100]

소개한 글은 송재천과 육영수와의 인터뷰를 기초로 박목월이 기록한 내용이다. 박정희 생존 시의 글이므로 한계가 있을 수밖에 없었을 것이다. 그러한 점을 고려하더라도 말의 앞뒤가 맞지 않음을 먼저 지적한다. "사람은 얼굴로써는 남을 속일 수 있지만 뒷모습은 남을 속이지 못하는 법"이라고 말한 육영수는 조금 뒤에 "주관이 확고하게 서 있는 듯한 그 눈에 마음에 끌렸다."고 말을 뒤집는다.

이 정도의 오류는 넘어가자. 정작 문제는 이 결혼을 중매한 송재천

---

100 『육영수 여사』. pp.102-103

의 목적이다. 송 소위가 전한 박정희는 "청렴하고 강직하면서도 인정이 넘치며 인품이 그만"인 상관이다. 친구들이 외면하고 늘 술로 세월을 보내던 박정희에 대해 인품 운운한 송재천의 의도를 모르겠다. 박정희와 육영수의 만남은 전쟁 중에도 피어날 수 있는 사랑 이야기가 아니다. 육영수의 외가 쪽 친척이자 박정희의 부하인 송재천이 중매한 것이다. 중매가 이루어지려면 직업, 학벌, 외모, 가문, 경제력, 부모의 직업 등을 먼저 비교해 보고 난 뒤 상견례가 이루어지는 것이 대개의 순서다. 물론 당사자에 관한 정보가 우선일 것이다.

송재천은 박정희의 대구사범 후배이며 그리 긴 시간은 아니지만 같은 직장에서 함께 근무하고 있었다. 그렇다면 같은 정보국 계통인 한웅진이 증언했던 사실, 즉 좌익전력으로 인해 친구들조차 피하고 있다는 것 그리고 고향에는 본처와 고명딸이 있고 몇 개월 전에 헤어진 동거녀 문제 때문에 늘 괴로워하고 있다는 정도는 알고 있었을 것이다. 게다가 빨갱이 출신, 배신자, 비겁자, 기회주의자 등 박정희에게 부적처럼 따라붙고 있는 주위의 시선을 송재천이 몰랐을 리 없다. 육영수의 전기에는 이러한 문제점을 전혀 거론하지 않는다. 전기에 의하면, 중매쟁이 송재천은 자신의 이모(?)에게 사기를 치고 있는 셈이다.

우리는 도저히 이루어질 수 없는 중매가 차츰 성사되는 모습을 목격하고 있는 중이다. 서른네 살 유부남과 스물여섯 처녀, 가난한 농사꾼의 막내아들과 옥천 갑부의 둘째 딸, 초혼과 삼혼…. 보편적 상식으론 거론조차 할 수 없는 중매였다. 더욱이 좌익전력 등의 전력으로 인해 미래에 대한 보장도 불투명했다. 송재천은 어떤 목적으로 이렇게 무리한 결혼을 주선했을까? 그는 10여 년 후 최고 권력자가 되는 박정희의 미래를 미리 알고 있는 것처럼 행동했다.

아무래도 가장 예민한 문제는 호적상의 처와 딸 문제였을 것이다. 조갑제는 "송재천이 박정희의 이혼 사실을 이경령에게 귀띔을 했다."고 기록했다. 그리고 육영수도 이 사실을 통해서 들었을 것이라고 했다.[101] 황당한 것은 이경령이다. 다른 조건은 모두 이해한다고 쳐도, 유부남에게 자신의 딸을 중매하겠다는 말을 들으면 어떤 기분이 들까? 이경령은 중매쟁이의 뺨을 때리는 대신, 육영수의 사주를 들고 점을 보러 갔다고 한다. "따님은 재혼하는 사람에게 시집가는 것이 좋겠다."라는 것이 점쟁이의 말이다. 더욱이 남편 육종관에겐 박정희의 혼력(婚歷)에 대해 일언반구도 하지 않았다. 이경령의 반응을 보면, 박정희보다 오히려 자신의 딸 육영수에게 말 못할 약점이 있는 것처럼 행동했다.

이쯤에서 박정희의 동서가 될 홍순일(洪淳一, 1910-?)을 소개한다. 박정희와 홍순일의 공통점은 두 사람 모두 친일인명사전에 기록된 것이다. 홍순일의 이력은 박정희와 비교되지 않을 정도로 화려하다. 춘천고등보통학교, 경성제국대학 문과 및 법학과 졸업, 만주 대동학원 졸업은 그의 학력이다. 만주국의 관료를 지내다가 고등관특별적격고시에 합격했으며 해방 전 최종 이력은 만주국 흥농부 마정국 사무관이다. 미군정 시기에는 강원도 경찰국 소방과장으로 근무했다. 정부 수립 이후 교통부 비서실 기획과장, 감사과장 등을 지내다가 한국전쟁 중인 1950년 8월경에 납북되었다.[102] 요즘으로 치면 행정고시를 패스한 서울대 출신의 정통관료로 출세가 보장된 스펙을 가졌다는

---

101 『내 무덤에 침을 뱉어라 2- 전쟁과 사람』, p.316
102 《친일인명사전, 홍순일 편》

뜻이다.

대개 둘째가 욕심이 많다고들 한다. 자매가 있는 집안은 자신의 남편과 형부를 놓고서 서로 갈등을 하며, 조건과 환경, 심지어는 사랑하는 방법까지도 비교하는 것이 보편적인 우리네 일상이다. 육영수는 형부 홍순일과 박정희를 어떻게 비교했을까? 이경령의 입장도 첫째 사위와 둘째 사위를 비교했을 것이다. 하지만 육영수와 이경령 두 사람 모두, 10년쯤 지나면 한국의 최고 권력자가 될 것이라는 예시를 받을 것처럼 행동한다. 도무지 모를 일이다.

우연의 일치인지 박정희·육영수 두 사람이 선을 본 이후 박정희에게 출세의 길이 열리기 시작한다. 1950년 9월 15일 국제 연합군이 인천에 상륙하는 날, 박정희는 중령으로 진급하였다. 소령으로 복직한지 두 달 만이다. 보직은 육군본부 수송작전 지휘관이었다. UN군은 28일에 서울을 탈환했고, 10월 1일에는 38선을 돌파하여 계속 북진을 하였다. 선을 볼 때인 8월과 비교해 전황은 격세지감을 느낄 만큼 변하고 있었다. 이 무렵 박정희와 육영수는 대구 동성로 네거리 자유백화점 옆 왜식집에서 약혼식을 가졌다. 신부의 아버지 육종관에겐 비밀로 한 약혼이었다.

약혼식을 전후한 그 무렵, 박정희의 가장 큰 고민은 첫 부인 김호남과의 이혼 문제 처리였을 것이다. 더불어 전선의 상황도 미묘하게 흐르기 시작했다. 소문으로 떠돌던 중공군(中國軍)이 실제로 압록강을 건너 전투에 참여했다는 것이다. 이 무렵의 전투 상황을 살펴보자.

- 10월 1일: 한국군 제3사단 23연대, 강원도 양양지역에서 최초로 38선을 돌파함

- 10월 8일: 중국, 참전을 결정
- 10월 9일: 맥아더, 북한에게 무조건 항복을 요구
- 10월 11일: 김일성, 맥아더의 항복요구를 거절함
- 10월 15일: 서태평양의 웨이크 섬에서 트루먼과 맥아더 회담
- 10월 19일: 국군과 유엔군, 평양 점령
- 10월 19일: 4개 군, 12개 사단 26만 명의 중국군(중국인민지원군) 압록강 월경
- 10월 25일: 중국군, 최초의 전투
- 11월 30일: 트루먼, 기자회견에서 원자탄 사용 검토를 선언
- 12월 4~8일: 영국 수상 애틀리와 트루먼, 6차에 걸친 정상회담
- 12월 6일: 중국군, 평양 탈환
- 12월 9일: 맥아더, 흥남 철수 명령

　　중령으로 진급한 박정희에게 새로운 보직이 주어졌다. 1950년 10월 25일 제9사단 참모장으로 전보된 것이다. 부대 위치는 대전이다. 박정희와 육영수의 움직임을 보면, 전쟁은 딴 나라의 일처럼 보인다. 박목월에 의하면, 1950년 11월을 전후한 한두 달이 육영수에게 있어서 가장 행복했던 시기였다고 한다. 틈이 날 때마다 예고 없이 옥천을 방문하여 오리티 강에서 육영수·예수 자매와 함께 강물에 돌을 던지면서, 갈대를 꺾으면서, 또 고기를 잡으면서 즐거운 시간을 보냈다고 한다.[103] 박정희는 육영수와의 관계를 그렇게 유지하면서 한편으론 이혼 문제를 해결해야만 했다.

---

103 『육영수 여사』, p.106

김호남과의 호적정리는 이현란과 3년 가까이 동거생활을 할 때에도 해결하지 못했던 박정희의 아킬레스건이었다. 그러나 박정희는 기어코 이혼을 성사시킨다. 박정희의 호적을 보면 1950년 11월 1일자로 이혼이 성립되었음을 알 수 있다. 이제 박정희의 첫 부인 김호남이 등장할 차례다.

박정희의 여인 중 김호남만큼 알려지지 않은 인물도 없을 것이다. 그 이름은 대부분 알고 있지만, 그녀의 일생은 여전히 비밀의 장막 속에 싸여 있다는 뜻이다. 특히 이혼 후 그녀의 삶이 그렇다. 흔히들 오해하고 있는 것이 "남편과 헤어진 뒤 깊은 산속의 절로 들어가 머리를 깎고 여승이 되었으며, 여승이 된 전처는 해인사(또는 통도사) 부근의 조그만 암자에서 살고 있고, 이혼한 남편과 딸의 앞날이 잘되기만을 부처님께 기원하며 살아가고 있다"는 전설이다.

결과를 먼저 말하자면, 김호남은 여승이 된 적이 없을 뿐 아니라 새로운 남자와의 사이에 자식까지 두고 부산 동래를 주 거주지로 생활하다가 1991년 작고했다. 김호남의 삶을 기록으로 남긴 자료는 1986년에 간행된 『박정희와 그 여인들』이 거의 유일하다. 이 책에 박정희의 이혼 과정이 언급되어 있는데, 조갑제의 글과 차이가 많다. 조갑제에 의하면, 박정희의 조카 박재석이 김호남의 아버지 김세호를 찾아가 "법적으로도 가출하여 1년이 지나면 이혼이 가능합니다. 그런데도 도장을 안 찍어 주시면 김씨 집안에 관한 소문이 나쁘게 날 겁니다. 따님은 다른 남자와 살림을 차렸다던데요."라고 말해 이혼이 성립되었다고 한다.

조갑제의 말이 옳다면, 1949년 무렵 즉 박정희와 이현란이 아직 헤어지지 않았을 때에 김호남은 이미 가출하였고 다른 남자와 동거한 것이 된다. 하지만 이 주장은 논리적으로 모순이 있다. 박정희의 행태를 보고 김호남이 새로운 삶을 모색할 수는 있었을 것이다. 하지만 다른 남자와 살림을 하면서 박정희의 이혼 요구를 거절했다는 것은 아무래도 부자연스럽다.

『박정희와 그 여인들』에 의하면, 이혼 후인 1951년경 김호남이 류태경(柳泰敬)이란 사람을 알게 되어 살림을 차리게 되었다고 한다. 지금 누구의 말이 맞는지 확인하기는 어렵다. 다만 『박정희와 그 여인들』에 기록된 내용이 보다 구체적인 사실을 직시하고 있고, 관계자와의 인터뷰 내용을 제시하고 있으며, 더욱이 대부분의 등장인물들의 실명을 거론하고 있는 점을 볼 때 조갑제의 글보다 신뢰할 수 있다는 판단이 든다. 글 일부를 아래에 소개한다.

명색이 부부라고는 했지만 남편이 교사로 객지 생활을 하느라, 이어서 군인이 되기 위해 만주로 일본으로 다니는 동안 한 번도 따뜻한 가정생활을 꾸려 보지 못했던 김호남 여인. 그러나 남편이 무사히 군인의 길을 걸으며 한 계급 한 계급씩 오를 때마다 장한 남편을 둔 자신이 자랑스러웠고, 남편 없는 시집살이가 조금도 고되지 않았다고 전해진다.

이러한 김호남 여인에게 엄청난 일이 닥쳤으니, 1950년 11월 1일자로 된 남편 박정희 씨와의 합의이혼이 바로 그것이다. 당시의 여자들로서는 남편과의 이혼이란 꿈에도 생각하지 못할 끔찍한 노릇이었고, 하늘이 무너져 내리는 아픔이었을 것이다. 김호남 씨로선 당시 사정에 대해 할 말이 많았겠지만, 어쨌든 이걸 계기로 법적인 부부관계가 정리되게 되었다. …(중략)…

사랑하는 딸마저 시집에 남겨 두고 나온 김호남 여인은 할 수 없이 친정집으로 향했다고 한다. 갈 곳이라고는 그곳밖에 없었기 때문이다. 그러나 그녀를 기다리는 것은 완고하기만 한 아버지의 불호령과 질책뿐이었다고 남동생 김승필 씨는 증언했다. …(중략)… 친정집에서 쫓겨난 김 여인은 가까운 절을 찾아갔다고 한다. 평소에도 독실한 불교신자였던 그녀가 몸을 의지할 만한 곳은 그곳밖에 없었을 것이다. 김 여인은 절에 기거하면서 승려들의 밥을 해 주는 공양주가 되었다. 이후 몇 군데의 절을 떠돌아다니다가 1951년쯤엔 조그마한 절(어떤 사람은 암자라고도 한다)로 옮겼다.

　세월이 어느 정도 흐르고 나니 이혼의 상처도 조금은 견딜 수 있게 된 듯하다. 그곳에서 김호남 여인은 역시 독실한 불교신자로 경북 달성군 성서면 본리동(현재의 대구시 서구 본리동)에 살고 있던 류태경 씨를 알게 되었다. 김 여인보다 9살 연상인 류 씨는 이미 결혼을 해서 가정을 이루고 있는 유부남이었다. 그렇지만 그녀의 딱한 사정을 알게 된 류 씨는 만날 때마다 위로의 말을 잊지 않았고, 김 여인 또한 그러한 류 씨가 싫지는 않았을 것이다.

　만나는 횟수가 많아질수록 두 사람의 인간적인 관계는 그에 따라 발전해 갔고, 마침내는 서로 떼려야 뗄 수 없는 사이가 되고 말았다고 한다. 두 사람은 의논한 결과, 대구 시내 변두리에 셋방을 얻어, 1953년 김 여인은 류 씨의 아들을 낳았다. 이때 류 씨는 본처인 박단님이(朴袒任伊)와의 사이에 3남 5녀를 두고 있었다. 막내딸이 김 여인의 아들보다 한 해 먼저인 1952년에 태어났으니까, 류 씨는 모두 4남 5녀를 둔 셈이었다. 류 씨 일가족들은 1963년 경북 경주로 이사를 함과 동시에 본적도 경주로 옮겼다.

그로부터 2년 뒤인 1963년, 류 씨는 그때까지 출생신고조차 하지 않았던 김 여인과의 사이에 태어난 아들을 본처 박 씨의 호적에 올렸다고 전해진다. 그리고 얼마 뒤 김호남 여인은 아들과 함께 부산으로 옮겨 오늘날까지 생활해 오고 있는 것이다.[104]

아무튼 박정희는 김호남과의 이혼 문제를 해결했다. 1936년에 결혼했으니 15년간의 법적인 부부관계가 청산된 셈이다. 딸 재옥이 열세 살이었을 때다. 큰 문제가 해결되고 결혼 날짜도 잡혔으나, 정작 장인될 육종관의 마음은 돌리지 못했다. 아래는 아버지와 딸의 대화다.

- 집안은 알아봤느냐?
- 아뇨.
- 집안도 모르고 시집갈 생각이냐!
- ….
- 이 난리판에 군인에게 시집가다니, 될 법이나 한 일이냐!
- ….
- 자알 생각해 봐. 지금도 늦지 않으니 그만두도록 해라.
- 아버지, 군인으로 그이에게 어떤 일이 일어난다 해도 다 제 운명이라 생각하고 누구도 원망하지 않겠어요.
- 너네 멋대로 해라.[105]

---

104 한국정치문제연구소, 『정풍-2, 박정희와 그 여인들』, 창민사, 1986, pp.162-166
105 『육영수 여사』, p.107

지금까지 살펴본 육영수의 모습은 지고지순한 순애보의 주인공이다. 두 번의 결혼이력과 딸 하나를 둔 유부남, 빨갱이 전력으로 미래마저 불투명한 남자, 언제 죽음을 맞이할지 모르는 현역 군인 신분게다가 돈도 권력도 없고 인물마저 볼품없는 사람… 이러한 남자와 무조건 결혼하겠다고 한다. 만난 지 겨우 2달여 만에 내린 결정이다.

육영수의 결혼 문제에 언니 육인순의 역할이 미미하다는 점도 이해되지 않는다. 앞서 말한 바와 같이 육영수의 형부 되는 홍순일은 박정희와 육영수가 선을 볼 무렵인 8월경에 납북되었다고 한다. 서울이 수복되고 난 뒤 박정희가 육인순을 찾아가는 장면이 조갑제의 글에 실려 있다. 이때 육인순이 홍순일의 납북 이야기를 했고 박정희는 눈물을 흘렸다고 묘사되어 있다. 박정희에 대한 육인순의 평은 "순수하고 정직한 사람"이다. 그리고 "두 사람이 어쩌면 저렇게 부자연스러운 데가 없이 충만하게 보일까?" 하는 생각을 했다고 한다.

덧붙여 육영수의 오빠 육인수의 평을 들어 보자. "키도 참 작더구나. 그런데 사람 하나는 다부지게 생겼더라. 인상은 좋더구나."[106] 박정희는 처형 될 육인순과 처남 육인수 등을 찾아가 인사치레는 했으나, 육영수가 오빠와 언니를 만나 의논을 한 흔적은 없다. 윗글에 인용한 육인순과 육인수 남매의 박정희에 대한 평이 결혼식 전에 말한 것인지 혹은 박정희가 대통령이 되고 난 뒤의 회고담인지는 알 수 없다.

---

106 『내 무덤에 침을 뱉어라 2- 전쟁과 사랑』, pp.333-334

| 박정희 · 육영수의 수상한 만남과 이상한 결혼 |

1950년 12월 12일, 박정희와 육영수의 결혼식 날이다. 얼핏 보면 화려한 결혼식이었다. 대구의 명소로서 전국적으로 알려진 유명한 성당이 예식 장소였으며, 현직 경북도시사가 청첩인의 한 명이었고 현직 대구시장이 주례를 선 결혼이었다. 신랑은 일본육사 출신의 현역 육군 중령이고 신부는 옥천 갑부 육종관의 둘째 딸로서 화려한 결혼식 장면이 어색하지 않은 신분이었다.

하지만 한편으론 이상한 결혼이었다. 8월 말경에 선을 본 지 한 달여 만에 약혼식을 치르고, 그 후 첫 부인과 이혼을 한 뒤 한 달 보름이 안 되어 결혼식을 올렸다 한다. 두 사람이 알게 된 지 4개월이 채 되지 않았고, 중공군의 참전으로 앞으로의 전황이 어떻게 될지 모르는 불확실한 시기에 왜 그렇게 서둘러 결혼식을 강행했는지 알 수 없는 결혼이었다.

박정희와 육영수 두 사람의 결혼은 대개 송재천의 중매에 의한 것으로 알려져 있다. 그러나 엄밀히 말하자면 요즈음 말로 '소개팅'이라고 봐야 한다. 중매혼은 혼인 당사자의 의지보다 부모나 가문의 의사에 따라 이루어지는 혼인을 말한다. 중매혼의 특징은 혼인 결정권자가 혼인 당사자가 속한 가족의 가장이라는 것과 양가의 의견을 조정하는 중매인이 있다는 것이다. 중매혼은 혼인할 양가가 상대방을 상세히 모른다. 그러므로 중매인의 구실이 중요하다.[107]

송재천은 중매인으로서 의무를 다하지 못했다. 신부 측 혼주(婚主)

---

107 《민족문화대백과사전, 혼인의 유형–중매》

인 육종관의 승낙을 얻지 못했고, 박정희의 형과 누나 등 신랑 측 가족은 아예 만나지도 않았다. 송재천은 양가의 의견을 조정하는 중매인으로서의 역할을 제대로 하지 못했다는 뜻이다. 혼인 당사자, 즉 박정희와 육영수가 혼인을 결정했다는 것은 중매혼이 될 수 없다는 방증이다. 청첩장을 살펴보자.[108]

청첩장 전문 내역

전통과 신식을 조화시켜 만든 청첩장이다. 이 청첩장의 가장 큰 문제는 청첩인 명단에 신부 측 사람이 아무도 없다는 점이다. 청첩인은 오덕준(吳德俊)[109], 조재천(曺在千)[110], 신상묵(辛相默)[111], 이성조(李聖祚)[112], 손희선(孫熙善)[113], 박춘식(朴春植)[114] 등 6명인데 모

---

108 『육영수 여사』, p.111

109 오덕준(1921-80), 9사단 사단장(준장), 군사영어학교, 5·16 후 소장예편, 한국수출무역공사 설립

110 조재천(1912-70), 경북도지사, 대구사범강습과, 일본중앙대학, 일제강점기 검사, 해방 후 장관, 국회의원 등 역임 《친일인명사전》 수록

111 신상묵(1916-84), 경북경찰국 보안과장, 대구사범5기, 훈도 재직 중 지원병1호 입소, 일본군 헌병조장 봉직, 해방 후 경찰서장 충남 경찰국장 등 역임 《친일인명사전》 수록

112 이성조(?-2005), 중학교 교감, 1931년 대구사범입학(3기)로 입학했으나, 박정희와 같은 4기로 졸업했다. 해방 후 경북도교육감 역임

113 손희선(1924-09), 9사단 연대장(중령), 육사2기, 소장 예편

114 박춘식(1921-), 9사단 작전참모(대위), 만주 육군훈련학교 7기, 간도특설대 근무, 육사5기, 5·16 주체, 교통부 장관 역임, 소장 예편 《친일인명사전》 수록

두 신랑 측의 관계인들이다. 이들 중 오덕준 · 손희선 · 박춘식 등 3명은 박정희와 같이 9사단에 근무하는 현역 군인이었고, 조재천 · 신상묵 · 이성조는 대구사범 출신의 선후배였다. 비록 신부 측의 아버지가 반대했지만, 최소한의 형식만은 갖춰야 했었다. 이경령, 육영수가 추천할 수 있는 사람이 그렇게 없었을까?

시일과 장소도 배려가 부족했다. 대부분의 직장인들이 한참 근무하고 있을 평일(화요일) 오후 2시에 식을 올려야 할 특별한 이유를 알 수 없다. 천주교 계산동 성당[115]에서 치러진 결혼식 장소도 예상을 벗어난 곳이다. 박정희와 육영수, 두 사람은 모두 가톨릭 신도가 아니다. 가톨릭 교회법상 이들은 성당에서 식을 올릴 수 없는 처지다. 원칙적으로 비신자의 결혼식이 불가능한 곳을 왜 선정했는지 그리고 어떻게 성당에서 결혼식을 올릴 수 있었는지, 그 연유가 궁금하다.[116]

"신랑 육영수 군과 신부 박정희 양은…." 신랑 신부의 이름을 뒤바꿔 주례사를 한 허억 대구시장의 이 실수담은 박정희와 육영수의 결혼을 유명하게 만든 에피소드다. 주례의 이와 같은 조그만 실수가 식장 분위기를 화기애애하게 만드는 촉매 역할을 했다고 한다. 하지만

---

115 대구 계산동성당(桂山洞聖堂)은 1886년 대구 지역 선교 활동을 책임 맡고 부임한 로베르 (Robert ,A.P. 1853~1922) 신부가 지금의 계산동 성당 부지를 매입하면서 건립되기 시작한 유서 깊은 곳이다. 화재로 소실된 한옥 건물을 헐고 1902년 지금의 모습으로 건물이 완공되었다. 박정희와 육영수가 결혼할 당시의 주임신부는 제9대 서정길(요한, 1948.8.18~1954.6.18.)이었다. 1911년 조선교구로부터 분리, 대구대교구 주교좌 본당이 되었고,1981년 9월 25일 사적 제290호로 지정되었다.

116 가톨릭은 일개 국가의 헌법, 법률 이상으로 치밀하게 만들어진 교회법(Ius Canonicum)이 있다. 교회의 조직과 통치, 신자 생활의 영적 선익과 규율 등은 이 법에 따른다. 혼인에 대한 규약은 교회법 제1055조에서 제1165조까지에 정해져 있다. 비신자가 교회(성당)를 이용하여 결혼식을 올리는 것은 원칙적으로 불가능하다.

박정희 · 육영수의 가족사진

친구, 동료들과 함께한 사진

정작 신부는 편하지 않았던 모양이다. 결혼식 사진을 보자. 신부 육영수의 얼굴이 그리 환하지 않음을 알 수 있을 것이다. 조갑제는 이틀 전에 겪은 위경련으로 얼굴이 정상이 아니었다고 변명해 주고 있지만,[117] 결혼식 당일, 전날의 복통은 씻은 듯 나았다고 박목월은 주장한다.[118]

아마 다른 이유가 있었을 것이다. 무엇보다 집안 모두의 축복을 받지 못한 결혼이라는 점이 큰 부담이 되었을 것이다. 초청인에 신부 측 사람이 없었고, 결혼식장에도 어머니와 여동생 외에는 가족 누구도 참석하지 않았다는 것 등이 신부를 괴롭혔을 것으로 짐작된다. 결혼식은 신랑 측에 의해 모든 것이 진행되었다.

신부의 손을 잡은 것도 신랑의 옛 스승 김영기 선생이었다. "창천에 기러기 훨훨 날아가는 맑고 갠 오늘 신랑 박정희 군과 신부 육영수 양은….'"이라는 고색창연한 축사도 김영기가 담당했다. 가족사진

---

117 『내 무덤에 침을 뱉어라 2− 전쟁과 사람』, p.374

118 『육영수 여사』, pp.109−110

을 다시 살펴보자. 앞줄 왼쪽부터 신랑 측 들러리인 최호와 두용규(대구사범 동기)가 있다. 박정희, 육영수 다음에는 신부 측 들러리인 육예수, 장봉희(김재춘 중령의 부인)가 보인다. 뒷줄 왼쪽부터 첫 번째는 아직 확인되지 않은 인물이고 두 번째부터 박영옥(조카, 큰형 박상희의 맏딸), 박재석(조카, 둘째 형 박무희의 장남), 박동희(큰형), 허억(주례, 대구시장), 미상, 송재천의 부인, 이경령(장모), 송재천(중매인, 육영수의 외가 쪽 친척), 김종평(9사단 부사단장) 등의 순서로 서 있다.

육영수 집안사람으로서 결혼식에 참석한 사람은 어머니 이경령과 동생 육예수뿐이었다. 친구, 동료, 지인들과 찍은 사진에도 육영수 쪽의 사람은 거의 없다. 대부분이 군인들이고 박정희 대구사범 동창으로 보이는 사람들뿐이다. 오빠와 언니가 참석하지 않았던 것은 아버지 탓일 터이다. 그러나 친구들마저 보이지 않은 것은 이해하기 힘들다. 친구들이 없다 보니 신부의 들러리는 여동생과 신랑의 부하인 김재춘의 부인 장봉희가 맡아야 했다. 육영수의 얼굴이 어두울 수밖에 없는 이유다.

사실 박정희의 경우도 문제가 많기는 마찬가지였다. 이미 고인이 된 박상희, 박한생을 제외하고 다섯 남매가 그 당시 박정희의 형제였다. 그러나 결혼식장에는 맏형 박동희만 참석했다. 박정희와 그렇게 가까이 지냈다는 누이 박재희, 그리고 둘째 형 박무희, 큰누나 박귀희 모두 불참했으며 형수와 매형들도 결혼식장에 나타나지 않았다. 아마 첫 부인 김호남과의 이혼 문제, 이현란과의 동거 생활 등이 그들을 불편하게 했으리라 짐작된다.

군인 박정희의 뿌리라고 할 수 있는 신경군관학교와 일본육사 출신의 동기, 선후배들도 보이지 않는다. 특히 숙군 당시 박정희를 구명한 은인이라고 할 수 있는 백선엽, 김안일, 김창룡도 참석하지 않았으며 현역으로 복귀시킨 장도영 역시 나타나지 않았다. 주요 인물들이 참석하지 않은 것은 중국군의 38선 돌파로 인한 당시의 전선 현황 탓으로 여겨진다. 겉으로 보기에는 성대한 결혼식이었다. 그러나 실상은 양가 모두가 불편했고 가족 모두의 축복을 받지 못한 결혼식이었다.

이후의 에피소드 몇 가지를 소개한다. 결혼식에 참석한 하객에 관한 이야기다. 먼저 송재천에 관한 정보를 소개한다. 송재천은 박정희보다 두 살 아래인 1919년생으로 충북 옥천의 죽향(竹香)보통학교를 졸업하고 1933년 대구사범 심상과 5기로 입학했다. 1938년 졸업 후 충북 양산공립심상소학교, 옥천의 죽향심상소학교 등에서 훈도를 지내다 해방을 맞았다.[119] 해방 후 고향인 옥천공립농업중학교에서 교편을 잡고 있던 중 학도호국대의 교관도 겸임했던 모양이다.[120]

당시 중학교 이상에는 학도호국단이 편성되었고 교련이 정식과목으로 실시되고 있었다. 교련교관 확보의 일원으로 체육교사 중 일부를 사관학교에 입교시켜 일정기간 교육을 받게 하고 예비역 소위로 임관한 제도를 실시했는데, 이러한 과정을 거친 장교를 '배속장교'라고 했다. 1949년 1월 3일 238명이 입교해 5주간 교육을 받았고, 2월 10일 2차로 156명이 7주간의 교육을 받았다.[121] 송재천의 경우 1차인지 2차인지는 확실하지 않다. 배속장교들은 한국전쟁이 발발하자

---

119 《한국사데이터베이스, 직원록자료》

120 옥천농중호국대 거리에서 청소, 「경향신문」, 1949.4.28

121 『陸士卒業生』, p.293

현역으로 편입되었다. 송재천이 소위 계급을 달고 박정희의 부하가
된 배경이다.

송재천이 박정희와 육영수의 중매를 자처한 목적은 확실하게 알 수
없으나, 고달픈 군 생활과 관련이 있었을 가능성이 있다. 이 중매의
결과로 박정희 혹은 육영수로부터 어떤 혜택을 받았다는 흔적은 없
다. 박정희와 육영수의 일가친지들 대부분이 정치·경제·관계 등에
서 빛을 발하고 있던 박정희 통치 기간 중 유독 송재천의 모습은 보이
지 않는다. 오히려 불편한 소식만 몇 가지 언론에 오르내릴 뿐이다.

1969년 1월 무렵, 송재천이 사기·공갈범으로 구속되었다는 기사
가 보도되었다. 고위층의 이종처남이라고 속여 10여 차례에 60여만
원을 갈취했다는 내용이다.[122] 나이와 한자 이름 등을 보아 박정희
와 육영수의 결혼을 중매한 송재천(宋在千)과 동일 인물로 보인다. 그
렇다면 고위층의 이종처남이라고 속였다는 인용 기사는 오보인 셈이
다. 아무튼 박정희와 육영수의 결합에 결정적 역할을 한 인물이 한낱
사기꾼으로 전락했다는 기사가 씁쓸하다.

육영수가 암살당한 다음 해인 1975년, 삼업협동조합의 전무로 송
재천이 유임되었다는 내용이 보도되었다.[123] 박정희와 육영수 결혼
식의 두 주역인 김재춘과 송재천, 옛날의 인연이 그 무렵까지 이어졌
던 모양이다. 하지만 이듬해인 1976년 연말 또 불미한 사건으로 송재
천이란 이름이 오르내리게 된다. 비록 선고유예를 받았지만, 인삼부

122 '신판 귀하신 몸'을 구속, 「경향신문」, 1969.1.17
123 김재춘 회장 유임, 「매일경제」, 1975.3.4

정사건의 연루자로 송재천 전무가 구속되었다는 내용이다.[124] 송재천에 관한 뉴스는 더 이상 등장하지 않다가 2004년 무렵, 다시 각종 언론에 조명된다. '열린우리당' 당의장이었던 신기남의 부친 신상묵의 친일 관련 문제에 얽힌 증언자의 역할이었다.

"1943년 6월 충북 옥천의 죽향 국민학교 교사로 재직할 때다. 집에서 쉬고 있는데 신상묵이 찾아왔다. 1938년 대구사범학교를 졸업한 뒤 처음 만나는 것이었다. 일본군인이 되었다는 소식은 들었지만 군인이 된 모습을 직접 보기는 처음이었다. 신상묵은 오장 계급이 달린 헌병 군복을 입고 말을 타고 있었는데 자기는 '대전에서 일본군 헌병으로 근무하고 있다'고 했다. 경황이 없어 신상묵에게 차를 내놓거나 식사를 대접하지 못했다. 신상묵은 내게 '일본군 징병기피자들을 찾고 있다. 교사를 하고 있으니 징집을 피해 숨어 다니는 졸업생들과 관련된 정보가 있지 않으냐. 알고 있는 게 있으면 가르쳐 달라.'고 말했다. 나는 '아는 것이 없다'고 답했다. 이 정도의 대화만 나누고 그는 돌아갔다. 수개월이 지난 가을 무렵 신상묵은 다시 집으로 찾아왔다. 그때는 평상복을 입고 있었다. '대전으로 가서 술 한잔하자'고 해서 따라갔다. 그가 잘 다닌다는 대전시내 한 바(Bar)에서 함께 술을 마셨다. 그는 이번엔 군대 얘기는 일절 하지 않고 학창 시절 얘기만 했다."[125]

---

124 서울지법, 인삼부정 정화섭 피고 징역4년을 선고, 「동아일보」, 1976.12.30
125 신기남 열린우리당 의장 부친은 일본군 헌병 오장(伍長)이었다. 「신동아」, 2004년 9월호

박정희의 결혼 청첩인 6명 중의 한 명인 그 신상묵이다. 신상묵은 대구사범 5기로 박정희의 1년 후배이며 송재천과 동기다. 박정희가 결혼할 무렵, 경북경찰국의 보안과장으로 있었다. 대구사범 시절 박정희와 같은 나팔수였다는 인연이 있었으나 동기인 송재천의 권유로 청첩인 명단에 올랐을 것이다.

어떻게 보면 박정희와 신상묵은 닮은 점이 많다. 박정희가 만주 신경군관학교에 입학한 때는 1940년 4월이다. 같은 해 8월, 신상묵은 육군특별지원병 제1기생으로 훈련소에 입소했다. 박정희가 혈서소동으로 장안의 지가를 높였다면, 신상묵은 훈도를 포기하고 일반병으로 자원하여 언론의 집중 조명을 받았다.[126] 다른 점은 그 후의 이력이다. 박정희가 계속 군인의 길을 고집한 반면, 신상묵은 일본헌병 오장, 조장을 거쳐 해방 후에는 경찰로 변신한다.

신상묵의 경우, 어떻게 보면 아들 신기남 때문에 유명해졌는지도 모른다. 2004년, '일제강점하 반민족행위 진상규명에 관한 특별법' 개정으로 한창 논란이 벌어졌을 때 한나라당과 일부 언론에 의해 열린우리당 의장인 신기남의 아버지 신상묵의 친일 문제가 불거졌다. 처음 폭로가 나왔을 때 신기남은 신상묵이 일제 강점기에 교사로만 재직했다고 밝혔고, 이로 인해 거짓 해명 논란 끝에 신기남은 열린우리당 의장직을 사퇴했다. 송재천이 증언한 위 인용문은 신상묵의 친일 이력 증명에 결정타를 가한 셈이었다. 동기였고 박정희의 결혼식 무렵만 해도 절친했던 사이로 보였는데, 이미 작고한 신상묵의 친일 이력에 대하여 송재천이 어떤 의도로 증언을 했는가는 알 수 없다.

---

126 소학교 훈도가 지원병에 응모, 「동아일보」, 1940.2.17

사실 신상묵은 친일파 중에서도 악질로 손꼽힌다. 일본헌병 시절 항일독립군들을 무수히 고문한 사실이 드러났기 때문이다.[127] 독립 지사를 탄압하던 친일 모리배들이 해방 후 경찰 혹은 군인으로 변신하여 빨갱이 잡기의 명수로 거듭나는 사례 중의 하나로서 김창룡, 노덕술 등과 마찬가지다. 그러나 신상묵의 영화는 자유당 시대로 마감된다. 1959년 4월 경찰을 퇴직하고 서남흥업이라는 사업체의 고문으로 있던 중 1964년 지리산 도벌사건의 배후로 구속되는 치욕을 겪는다. 비록 대법원에서 무죄로 판결되었으나 아직까지 혐의로부터 자유롭지 못한 신세다.

조재천의 이력도 흥미롭다. 1912년생으로 박정희보다 다섯 살 위다. 대구사범 동창으로 알려져 있으나, 엄밀히 말해 다른 학교를 다녔다고 보아야 한다. 박정희, 신상묵, 송재천 등이 5년제인 관립대구사범학교 심상과 출신인 반면, 조재천은 1년 과정인 강습과를 수료했기 때문이다. 강습과를 수료한 이가 보통학교 훈도가 되기 위해선 소학교 및 보통학교 교원 시험에 합격해야 했다. 조재천은 무난하게 시험을 치렀고 훈도 생활을 하다가 전북 산업부 농무과 촉탁으로 근무한 바 있다. 이후 일본으로 건너가 주오(中央)대 재학 중인 1940년 8월에 조선변호사 시험에 합격하여 그 후 해방될 때까지 판·검사를 역임했다.

미군정 시기에는 서울지검 부장검사, 철도관구 경찰청장, 제1관구 경찰청장, 내무부 치안국 경무과장을 거쳐 박정희가 결혼할 무렵에는 경북도지사로 근무하다가 1951년 관료 생활을 청산했다. 그 후 변

---

127 《친일인명사전, 신상묵 편 참조》

호사로 활약하면서 민주국민당과 민주당 소속 3선 의원으로 활약하면서 야당의 중진이 되었다. 4월 혁명 후에는 법무장관, 내무장관 등을 역임하는 등 조재천의 시대였다. 하지만 5·16 쿠데타로 인해 정치가의 꿈이 좌절되는데, 이후 민주당의 부총재와 총재를 거치면서 박정희의 공화당과 투쟁하던 중 1970년 7월 5일 사망했다. 반공보수주의자였으나, '황태성 생존설'을 계속 주장하는 등 박정희와의 투쟁으로 많은 주목을 끈 대표적 야당인사였다. 비록 친일인명사전에 수록되기는 했으나, 이승만·박정희와 맞서 싸운 야당 경력은 그의 친일이력을 어느 정도 희석시킬 만한 활약이었다. 박정희의 결혼을 계기로 인연의 끈을 계속 이어 갔으면 그의 일생은 어떻게 변했을까 하는 상상을 해 본다.

그리고 보니 결혼식에 참석했던 사람들 중 박정희와 지속적인 우정을 쌓았던 인물은 거의 없는 것 같다. 그날 참석했던 인물을 다시 정리해 보자. 대구사범출신은 조재천(강습과), 이성조(입학3기, 졸업4기), 두용규(4기), 신상묵(5기), 송재천(5기) 등이 참석했고, 현역군인으로는 오덕준(준장, 9사단 사단장, 군사영어학교), 손희선(중령, 연대장, 육사2기), 김재춘(대위, 9사단 참모, 육사5기), 김종평(대령, 9사단부사단장, 군사영어학교), 박춘식(대위, 9사단참모, 육사5기), 최호(육군종합학교), 송재천(소위) 등이 모습을 보였다.

이들 중 5·16 쿠데타에 직접 가담한 인물은 김재춘, 박춘식 정도다. 그러나 이들 역시 박정희와 함께 영화를 끝까지 누리지 못했다.

결혼식에 참석한 인물 중 신원 파악이 어려운 인물이 있다. 박정희의 들러리 역할을 한 최호(崔琥)다. 그가 어떻게 들러리 역할을 맡았는가는 알 수 없다. 그만큼 그에 대한 정보는 제한적이다. 박목월의 글에는 '전우' 그리고 조갑제의 글에는 '장교'라고만 적혀 있다. 최호에 대한 이력은 '원충연 대령 반혁명사건'의 연루 혐의로 구속되었을 무렵 언론에 언급된 정도다.[128] 기사에 의하면 사건 당시인 1965년에 나이는 35세였다. 육군 종합학교 출신으로서 계급은 중령이었고 육군본부 정보참모부 소속이었다.[129] 그렇다면 그가 박정희의 들러리를 했을 무렵은 종합학교를 갓 나온 신출내기 소위 정도였을 것으로 짐작된다. 비록 기소유예 처분을 받았지만,[130] 반란음모 사건에 거론된 자체가 최호 역시 박정희의 측근이 되지 못했음을 알려 주고 있다.

돈 문제를 잠깐 언급하자. 예나 지금이나 결혼에는 많은 돈이 든다. 거주할 집, 세간, 예단, 예물 등을 비롯하여 예식장 임대, 피로연 식대 등 당일 날의 비용도 만만치 않다. 기이하게도 옥천 갑부 딸 육영수는 거의 돈을 쓰지 않았다. 결혼을 전후하여 필요한 비용은 대부분 박정희 측이 부담했다. 이 또한 이해되지 않는다. 박정희는 어디서 돈을 융통했을까? 그 무렵 육군 중령의 월급은 쌀 한 가마니 값 정도였다. 그리고 숙군의 여파로 박정희는 오랫동안 무급문관으로 지내다가 복직이 된 것은 육 개월이 채 되지 않았다. 저축을 할 형편이 되지 않았다는 뜻이다.

신부는 아버지와의 불화로 인해 돈을 준비하지 못했다고 쳐도, 빈농 출신의 가난한 군인은 어떻게 결혼 비용을 마련했을까? 박정희 전

---

128 반정부음모사건 전모판명, 「동아일보」, 1965.5.25

129 1월부터 거사음모, 「경향신문」, 1965.5.25

130 원 대령 등 9명 기소, 「경향신문」, 1965.6.8

기류에는 주위의 도움으로 결혼을 치렀다고 한다. 박목월의 글에서는 돈 문제가 전혀 거론되지 않는다. 조갑제의 책에 의하면, 김재춘이 신부용 금반지를 두 번 구입하는 것으로 되어 있다. 시계호주머니에 둔 것을 모르고 마음이 다급해진 송재천이 김재춘한테 다시 돈을 타서 반지를 구입했기 때문이다.[131] 그리고 피로연은 대구사범 동기생들이 준비했다고 한다.[132]

그러나 정작 큰돈이 들어가는 주거비용에 대해선 아무런 언급이 없다. 박정희 부부가 세 든 집은 삼덕동(三德洞) 이정우(李正雨)의 집이라고 하는데, 몇 칸짜리 방인지에 대한 박목월과 조갑제의 견해가 다르다. 박목월은 6조와 4조 두 개의 방을 빌려 박정희와 육영수·육예수가 함께 거주했다고 한다. 반면 조갑제는, 방 세 칸짜리 사랑채를 빌려 큰방은 박정희, 두 번째 방은 이경령과 육영수·육예수, 세 번째 방은 운전병과 부관이 썼다고 기록했다.[133] 아무튼 박정희와 육영수 일가가 이정우라는 사람의 집에 세 들어 산 것은 분명한 모양인데, 그 비용을 어떻게 조달했는지 누구도 밝히지 않고 있다. 아무튼 이상하고 수상한 결혼식이었다.

131 『내 무덤에 침을 뱉어라 2— 전쟁과 사랑』, p.375
132 『내 무덤에 침을 뱉어라 2— 전쟁과 사랑』, p.376
133 『내 무덤에 침을 뱉어라 2— 전쟁과 사랑』, p.376

| 새색시 육영수, 전선에 나타나다 |

하우스만의 글에 우리의 가슴을 아프게 하는 구절이 있다. 한국전쟁에 관한 이야기이며 비겁한 한국의 지도자를 비난한 이야기다. 아래에 소개한다.

미국의 명문 하버드대의 고풍 어린 교내 예배당 벽에는 한국전에 목숨을 바친 20여 명의 하버드대 출신 병사들의 이름이 동판에 새겨져 있다. …(중략)…

한국은 많은 학도병들이 방아쇠 당기는 훈련조차 받지 못한 채 전선으로 투입돼 죽었다. 학도병들이었다. 그러나 한국의 어느 학교에도 전사 학도병들의 이름이 새겨져 지나는 자의 머리를 숙이게 하는 표지는 없다.[134]

사실 하우스만은 이런 말을 할 자격이 없다. 무엇보다 친일·부일배를 중심으로 국군을 만들어 '한국군의 아버지'라는 칭송을 받고 있는 사람이 하우스만이다. 하지만 그의 지적 자체는 사실이다. 훈련조차 받지 못한 학도병들이 수없이 죽어 가고 있을 때 대통령, 장성, 국회의원, 국무위원 등 고위 관료들은 자신들의 생명을 지키고 안전을 보장하기에 급급했던 것이 역사적 진실이다. 그러면 박정희의 경우는 어떠했을까? 한국전쟁 동안 박정희의 군 이력을 살펴보자.

박정희·육영수 부부의 신혼생활이 시작된 후 닷새째가 되는 12월

---

134 『한국 대통령을 움직인 미군대위』, pp.288-289

17일, 박정희 중령은 혼인 사흘 전에 이동한 9사단을 뒤쫓아 강원도 평창군 대화를 향해 대구를 떠났다고 한다.[135] 이 말이 옳다면 박정희의 결혼식에 참석한 부사단장(김종평), 참모(김재춘) 등 9사단 핵심 장교 대부분은 근무지를 이탈한 셈이다.

결혼을 전후하여 박정희가 근무했던 9사단은 한국전쟁 시기 박정희가 유일하게 근무했던 전투부대다. 9사단은 원래 서울 방위를 목적으로 창설된 예비사단이었다. 사단창설 과정에 대하여 초대 사단장이었던 장도영은 다음과 같이 회고하였다.

대부분의 전투부대는 다 일선에 투입되었으므로 후방 요지를 확보할 부대는 없었다. 특히 서울을 방위해야 할 부대마저 없는 형편이었다. 긴급히 새로운 사단을 편성하여 수도 서울지역을 방위할 수밖에 없어서 새로이 9사단을 창설하기로 하였다. 환도 후 준장으로 진급한 내가 이 신편 되는 사단장으로 임명되었다. 서울 방위 임무를 띤 사단장이란 나는 시내 청계국민학교에 사단사령부를 두고 예하부대 편성에 착수하였다. 연대장들은 육사 2·3기생 중에서, 사단참모들은 4·5기생 중에서 각각 선발했고 역시 환도 후 승진한 박정희 중령을 사단 참모장으로 발탁·임명하였다.[136]

육본 정보국장으로 근무하던 장도영이 신설된 9사단장으로 임명되자 참모장으로 박정희를 발탁한 이유는 같은 정보국의 부하였고, 현

<hr>

135 『육영수 여사』, p.114

136 전최고회의 의장 장도영씨 회고록①, 나는 박정희를 신임했다, 「신동아」, 84년 7월호, pp.139-140

직 소령으로 복귀시켰던 장본인이 자신이었기 때문으로 짐작된다. 더욱이 중령으로 진급까지 시켰지 않았던가. 박정희 입장으로서도 그렇게 싫지는 않았을 것이다. 그러나 박과 장의 인연은 며칠 되지 않아 당분간 끊어진다. 인민군 패잔군들이 중부지구를 위협하고 있다는 판단하에 9사단 본부가 대전으로 옮긴 지 1주일 후인 10월 29일, 장도영이 김종오 6사단장 후임으로 결정되었기 때문이다.

이후 9사단장은 정신없이 바뀐다. 장도영 → 김종오 → 오덕준 → 김종갑 → 이성가를 거쳐 박정희가 사단을 떠날 무렵의 사단장은 최석 준장이었다. 최석이 사단장으로 부임한 날짜는 1951년 4월 27일이다.[137] 대략 6개월 동안에 재임한 사단장이 6명이었으니 참모장의 역할이 커질 수밖에 없었을 것이다. 사단장의 이동뿐 아니라 사단의 임무와 소속도 변경이 잦았다. 육본 직할 → 1군단 배속 → 3군단 배속 → 1군단 배속 → 3군단 배속, 9사단의 지휘권 이동 이력이다.

서울 방위 임무로 출발한 9사단은 대전으로 사령부를 이동한 후 대전지역 방위를 주 임무로 하면서 대전·대구 지역의 빨치산 토벌에 주력하였던 부대다. 그러나 1950년 10월 19일 중공군의 참전은 모든 것을 바꾸어 놓았다. 같은 달 25일 국군 제1사단과 美제1기병사단이 운산에서 최초로 중공군(제39군)과 교전(~11월 1일)했다. 그리고 국군과 UN군은 청천강 전투(11월 초) 등에서 치욕적인 참패를 당했고 인민군과 중공군은 12월 6일 평양에 입성하였다.

12월 8일, 결국 UN군은 38도선 방어계획을 수립하게 되고, 이에 따라 12월 10일부터 국군 1군단 3사단의 철수를 시작으로 17일에는

---

137 『6·25전쟁사⑧중공군 총공세와 재반격』, 국방부 군사편찬연구소, 2011, p.460

수도사단이 철수하게 된다. 소위 흥남철수작전이다. 9사단의 임무도 변경될 수밖에 없었다. 미8군의 작전 통제하에 있는 국군은 2개 군단 (제2군단, 제3군단)과 8개 사단(제1사단, 제2사단, 제5사단, 제6사단, 제7사단, 제8사단, 제9사단, 제11사단)으로 편성됨에 따라, 9사단은 긴급히 원주, 강릉으로 이동, 춘천 동북쪽의 내평리에서 동해안의 인구리(仁邱里)에 이르는 구간을 담당하게 되었다. 이렇게 혼란한 시기였던 1950년 12월 12일, 박정희는 결혼식을 올렸다. 이 무렵 9사단의 상황을 정리해 본다.

[표11 : 9사단 활동 내역[138]]

사단장	일시	내역	비고
장도영	1950 10.15	제9사단 창설 준비(청계초등학교, 수도방위) 사단장(장도영 준장) 참모장(박정희 중령)	9.28 서울 수복
	10.22	대전으로 이동(대전지역 방위임무)	10.19 중공군 참전
	10.25	국군 제9사단 창설	
김종오	10.29	10월 31일, 김종오 준장 9사단장 취임	10.25 중공군 최초전투
오덕준	11.2	오덕준 준장 9사단장 취임	11월 초 청천강 전투
	11.22	9사단사령부 대전에서 대구로 이동〈조갑제〉	
	12.9?	9사단사령부 대구에서 평창군 대화로 이동	12.6 중공군 평양입성
	12.12	박정희 · 육영수 대구에서 결혼	12.8 유엔군 38도선 방어계획 수립
	12.14?	남진 중공군 대비, 인제—양양선 40km 9사단 관할 [1군단 배속]	[흥남철수작전] 12.10 1군단철수,3사단 12.17 수도사단 철수
	12.17	박정희, 강원 평창군 대화를 향해 대구를 떠남	[흥남철수작전] 12.10 1군단철수,3사단 12.17 수도사단 철수
	12.20	앞(북쪽)으로는 설악산, 뒤로는 오대산 방어, 인민군 2군단과 길원팔 부대가 주적	
	~	9사단, 인민군 10사단 출몰, 영월방면 후퇴	
	12.29	9사단 29연대(연대장 고백규)의 후방 지휘소, 인민군에 포위	12.23 워커 사망 매튜 리지웨이 취임
	12.30	9사단장 오덕준 준장, 1군단 참모장 김종갑 준장과 보직을 맞바꿈	

---

138 『6 · 25전쟁사』 ⑥인천상륙작전과 반격작전 ⑦중공군 참전과 유엔군의 철수 ⑧중공군 총공세와 재반격 및 조갑제의 『내 무덤에 침을 뱉어라 2- 전쟁과 사랑』, 박목월의 『육영수 여사』 등을 참조하여 작성했음

수상한 사내와 이상한 여인들 | 341

김종갑	1.1	인민군 2군단의 공격, 평창군 속사리에 있던 9사단 사령부 후퇴[3군단으로 소속 변경]	1·4후퇴
	1월	영월→상동→정선→경북 봉화군 춘양→강원 정선으로 9사단사령부 이동	
	1.26	제30 포병대 9사단에 배속	
	~	김종갑 사단장, 신병으로 열흘간 후송(박정희, 사단장 대리)	
	2.2	병참참모 김재춘, 대구 출장 송재춘 중위에게 육영수를 진지로 수송 명령	
	2.16	인민군 2, 3군단 9사단 공격, 박정희, 육영수를 지프에 태우고 후퇴(1주일간 군부대 체류)	
이성가	3.3	이성가 준장 9사단장 취임	
	3.6	9사단, [3군단에서 1군단으로 소속 변경]	3.6 리지웨이 리퍼작전
		인민군 10사단과의 전투(송계리 전투)	3.14 서울 재탈환
	3.23	9사단, [3군단의 예비대], 사령부 강릉시 남쪽 6km 명주군 구산리	
	4.15	박정희, 대령 진급	
	4월말	육영수 강릉 방문(1주일), 군용 앰뷸런스 이용	4.20 맥아더 해임, 후임 리지웨이, 미8군사령관 밴플리트 중장
	~	이용문 9사단 부사단장 부임(전임 김종평)	4.20 맥아더 해임, 후임 리지웨이, 미8군사령관 밴플리트 중장
	4.25	9사단, [1군단에서 3군단으로 배속 변경] 사단본부 강릉→오대산 북쪽 용포리로 이동	
최석	4.27	최석 준장 9사단장 부임	
	~	생선회 사건, 박정희 대구 집으로 정양 요구	
	5.10	박정희, 보름간 대구 집에서 정양	
	5.16	9사단 궤멸(현리 전투)	
	5.18	미군, 국군이 현리에 버리고 간 수백 대의 차량과 대포를 폭격, 불태워 버림 총 병력의 35%, 총 화기의 약 80%	
	5.23	유엔군 반격 개시, 실지 회복 밴플리트, 국군3군단 해체, 9사단을 국군 1군단에 배속	

9사단 근무 이전 박정희의 이력을 보면, 현역소령 복귀·육본전투정보 과장(1950년 7월) → 중령 진급·육본수송작전관(1950년 9월) → 제9사단 참모장 전보(1950년 10월) 등이다. 인천상륙작전, 서울 수복, 38선 돌파, 평양 탈환, 압록강 물 마심 등 국군이 자랑하고 있는 달콤한 기억이 박정희와는 무관했다는 뜻이다.

박정희가 전투에 참여한 흔적은 중공군이 참여한 이후인 9사단 참모장 시절이 거의 유일하다. 그러나 9사단은 급조된 부대로서 인민군 패잔병 소탕, 빨치산 토벌 등의 작전만을 수행한 탓에 실제적인 전투 경험은 거의 없는 상태였다. 게다가 하루가 멀다 하고 사단장이 바뀌었고, 1군단과 3군단 사이에서 갈팡질팡하고 있는 지휘라인 역시 큰 문제였다.

9사단의 현황에 대하여 가장 잘 알고 있는 사람은 참모장 박정희 중령이었을 것이다. 만주 신경군관학교와 일본 육사를 우수한 성적으로 졸업했으며, "초급 장교(소위)였던 제8연대(연대장 원용덕 대령) 시절에 연대장교단의 특별교육을 담당하여 작전교육참모로서의 직능을 발휘했다."[139]는 등의 경력으로 대부분의 사람들은 박정희를 대단히 우수한 군인으로 알고 있다. 그러나 9사단 참모장으로 7개월 가까이 근무했지만 박정희가 특별한 공훈을 세웠다는 자료는 거의 없다. 국방부가 편찬한 《6·25전쟁사》에 의하면, 당시 9사단은 이리저리 도망하기에 바빴다고 기술되어 있을 뿐이다. 한편, 조갑제는 인민군의 포격과 기습으로 하루 평균 서른 명꼴로 전사자가 발생한 것이 김종갑 9사단의 실상이었다고 한다.[140] 작전과 기획의 귀재로 알려진 박정희가 9사단 참모장 시절에는 왜 능력을 발휘하지 못했을까?

무엇보다 큰 문제는 박정희가 군기를 위반했다는 점이다. 9사단 사령부가 강원도 영월로, 경북 춘양으로, 다시 강원도 정선으로, 강릉으로 정신없이 이동하고 있을 무렵, 육영수는 두 차례 박정희를 만나

139 『韓國戰爭史-1』, pp.374-379

140 『내 무덤에 침을 뱉어라 2- 전쟁과 사람』, p.402

러 갔다.[141]

  첫 번째는 1950년 2월 초쯤이다. 사단본부가 강원도 정선에 있을 때고 사단장은 김종갑 준장으로 부임한 지 한 달 정도 되었을 무렵이다. 병참 참모 김재춘 중령이 너무 쓸쓸해 보이는 참모장을 위해 대구로 출장 가는 송재천 중위를 시켜 육영수를 데리고 왔다는 것이 사건의 전말이다. 육영수는 1주일 정도 머무르다가, 인민군의 공격으로 9사단이 정선의 사령부를 포기하고 후퇴할 때 대구로 돌아왔다고 한다. 1주일이나 민간인이 전투 지역에 있었는데도 당시 작전참모 손희선 중령은 전혀 몰랐던 모양이다. 그는 다음과 같은 증언을 남겼다.

강릉에서 박정희 대령이 찍은 군복 차림의 육영수

---

141 『육영수 여사』, p.116

"나중에 그 사실을 알았을 때 매우 놀랐습니다. 전투 중인 사단 참모가 아내를 불러다가 며칠이지만 함께 생활했다는 것은 당시로서는 상상도 할 수 없는 군기문란이었습니다. 박정희 참모장은 대구를 오고가는 보급 차량대를 관리하고 있었으니 그런 일을 자연스럽게 할 수 있었을 것입니다."[142]

두 번째는 박정희가 대령으로 진급한 이후인 1951년 4월 말경이다. 사단장은 이성가 준장이었다. 국군 지휘관 자리도 하루가 다르게 요동쳤지만 UN군 최고지휘관 역시 대수술 중이던 시기였다. 4월 20일 맥아더가 해임되었고 신임 UN군 사령관은 리지웨이로 결정되었다. 공석이 된 미8군사령관에는 밴플리트 중장이 취임하였다.

신임 미8군사령관은 취임과 동시에 38도선 확보가 시급함을 지적하였다. 서울이 재탈환(3월 14일)되었지만 중공군의 제4차 공습으로 38도선 확보가 중요하다는 명분이다. 이렇게 혼란한 시점에 박정희는 도무지 이해할 수 없는 명령을 내린다. 대령으로 승진한 며칠 뒤 연락병을 보내 육영수를 데려온 것이다. 운송 차량은 앰뷸런스였다. 육영수는 아무런 이의 없이 그 차를 타고 강릉으로 왔다.

육영수는 두 달 전 박정희를 처음 방문했을 때 인민군의 공격으로, 퇴각병력과 함께 급작스레 후퇴행렬에 끼어 대구로 돌아왔던 경험이 있다. 대포 소리, 총소리를 들으며 군인들과 함께 피난을 했던 경험의 소유라면 또다시 전쟁터로 가고 싶을까? 남편인 박정희도 그렇다. 별도의 휴가를 내 전쟁터가 지척인 강릉을 피해 보다 안전한 후

142 『내 무덤에 침을 뱉어라 2- 전쟁과 사람』, p.401

방 어떤 지역으로 처를 불러내야 하지 않았을까?

아무튼 두 사람은 경포대를 유람하는 등 강릉에서 꿈같은 일주일을 보냈고 함께 찍은 사진 몇 점을 흔적으로 남겼다. 1951년 4월 25일 지었다는 '춘삼월소묘(春三月素描)'라는 시도 남겼다.

한편, 박정희가 육영수를 데려온 것이 아니고 육영수 스스로 군 부대를 방문한 것이 아닐까 하는 추정을 해 본다. 무언가 목적을 갖고 방문했다는 뜻이다. 생각해 보면 육영수의 행적 자체가 의문 스러운 경우가 너무 많다. 지금까지 거론한 그녀의 이력을 다시 정 리해 보자.

첫째, 옥천에서 교사직을 사퇴한 1947년 2월부터 피난길에 나선 1950년 7월까지 3년 6개월 정도의 행적을 알 수 없다.

둘째, 아버지 육종관이 피난선발대로 스물다섯 과년한 딸을 부산으 로 보낸 이유가 석연치 않다.

셋째, 어린 두 조카를 데리고 전세 트럭으로 부산으로 향하던 중 공비로 착각한 전투경찰관을 비좁은 트럭에 태운 선행도 이해하기 힘 들다.

넷째, 트럭이 고장 나자, 밤길을 동행한 그 경찰관이 밀양역에서 차표를 끊어 주었다는 과정 역시 의심스럽다.

다섯째, 부산에 도착한 후 어린 조카 홍세표를 육군병원에 취직시 켰다는 것도 믿기 힘들다.

여섯째, 부산마저 적화된다는 소문이 떠돌던 8월경, 빨갱이 전력 소문 그리고 처와 딸이 있는 유부남 게다가 불과 몇 달 전까지 이현 란과 동거한 사실이 있고 집안마저 비교가 되지 않는 8살 연상의 군 인과 선을 보고 10월 약혼, 12월에는 결혼식을 올렸다는 과정 자체가 미스터리다.

일곱째, 두 번의 전투지역 방문 과정과 이유를 짐작할 수 없다.

육영수가 대구 집으로 돌아간 며칠 후, 또다시 믿기지 않는 일이 발생한다. 박정희 대령의 태업이다. 전쟁터에서 뚜렷한 공적 한 번 세운 바 없는 참모장이 갑자기 아프다면서 출근을 하지 않았다. 그리고 의무부장에게서 진단서를 끊어 와서 대구 집으로 정양을 가야겠다고 했다. 당시 사단장은 부임한 지 며칠 되지 않은 최석 준장이었다. 결국 박정희는 5월 10일 대구 집에 도착했고 보름간 쉬었다 한다.

어떻게 보면 항명이라고 할 수 있는 박정희의 태업은, 신임 사단장과 참모 간의 갈등이 원인이었다. 조갑제의 글에 의하면, 일선 시찰 중 연대배치가 자신의 명령대로 되지 않았다고 생각하여 작전참모를 질타했지만, 실제는 결재한 작전 명령서대로 배치되었다 한다. 최석 사단장이 자신의 오해 혹은 실수를 인정하지 않고 작전참모를 모욕적으로 질타한 것이 문제가 되었던 모양이다. 결국 사단장파와 참모장파로 갈리기 시작했다고 한다.[143]

박정희가 대구 집에서 편안하게 휴식을 취하고 있을 무렵, 한국 전쟁사에서 청천강 전투와 함께 최악의 참패로 알려진 현리 전투가 며칠 전까지 박정희가 머물고 있던 지역에서 일어난다.

---

143 『내 무덤에 침을 뱉어라 2― 전쟁과 사람』, pp.410―415

痛恨의 決意[144]

일천구백오십일 년 오월
오마치의 恨을 품고
山河를 떠도는 怨魂을 달래어
여기 해와 달을 머물게 했노라.

百尺竿頭의 祖國을 지키고자
스스로 떨쳐 일어나
한 점 부끄럼 없이 싸우다
壯烈히 散華한 護國英靈들이시여

그대들은 勇敢했어라
결코 卑怯하지 않았노라
죽음도 두렵지 않았노라
그 무슨 榮華를 바랐으랴

짙푸른 내린천 강물에
젊디젊은 붉은 피로
山岳을 氾濫케 하고
昭陽江 漢江을 이었노라

---

144 현리전투위령비 뒷면 추도문

아 어이 잊으리

痛恨과 悲運의 敎訓을

이제 千秋의 恨을 풀으소서

無敵의 힘을 길러

百折不屈 百戰百勝 雖死不敗하는

精銳山岳軍團의 決意를 다지노니

부디 고이 잠드소서

— 일천구백구십사 년 유월 육 일

현리 전투는 1951년 5월 16일~5월 22일, 유재흥 중장이 이끈 국군 제3군단 산하 2개 사단(3, 9사단)이 중공군 제9병단과 3개 인민군 군단과 맞서 패배한 뼈아픈 전투다. 이 전투를 바라보는 시각은 처해진 위치에 따라 현격히 차이가 난다. 당시 육군참모총장 정일권은 그의 회고록 『전쟁과 휴전』에서 유재흥 3군단장이 오마치 고개의 중요성을 설명했으나, 알몬드 소장은 "왜 인접군단의 작전구역까지 흥미를 갖느냐"고 하면서, 미군의 작전지역으로부터 한국군의 철수를 계속 요구하는 바람에 국군제3군단은 오마치 고개에서 철수했다. 결국 이렇게 해서 엄청난 결과가 빚어지고 말았다고 기록했다. 그러나 백선엽의 의견은 다르다. 아래에 1군단장이었던 백선엽의 글을 소개한다.

이 무렵 중공군은 다시 중부 전선에 집결해 또 한 차례 대공세를 준비하고 있음이 확인됐다. 미 8군은 중공군이 이번에도 서울 공략을 위해 서부전선을 노릴 것으로 판단하며 대비하고 있었다.

중공군의 6차 공세(2차 춘계 공세)는 동쪽을 노리는 것이었다. 5월 16일 저녁 중공군은 피리와 꽹과리를 울리면 인제 서남쪽 소양강 상류를 건너 국군 7사단과 9사단의 협조점인 남전리에 첫 공격을 했다. 이곳은 미 10군단과 국군 3군단과의 접점이기도 했다.

7사단(사단장 김형일 준장)을 일거에 물리친 중공군은 밤새 동남쪽으로 진출해 오마치(五馬峙) 고개를 점령했다. 이것은 엄청난 사건이었다.

현리와 용포에 진출한 3군단 예하 3사단(사단장 김종오 준장)과 9사단(사단장 최석 준장)의 유일한 후방 보급로인 인제-하진부리 간 도로의 허리가 차단된 것이기 때문이다. 3군단은 눈 깜짝할 사이에 앞뒤에서 적군의 협공을 받게 됐다.

전쟁에서는 때와 장소는 달라도 비슷한 상황이 되풀이되는 경우가 많다. 이날 양상은 청천강 중공군 3차 공세와 여러 면에서 유사했다. 우선 지형이 청천강을 소양강으로, 낭림산맥을 태백산맥으로 바꿔 넣으면 판에 박은 듯 비슷하다.

강의 상류는 적군이, 하류는 유엔군이 장악한 상황도 마찬가지다. 유제흥 소장이 군단을 지휘하고 좌익에 미 2사단이 포진한 것도 우연의 일치라 할 수 있다. 중공군에게 후방을 차단당한 것까지도 마찬가지 형국이었다.

협공에 직면한 3군단이 택할 수 있는 방도는 오마치를 차단한 중공군과 결전을 벌여 후방의 적을 돌파하는 것 아니면 산중으로 후퇴하는 것뿐이었다. 물론 산중 후퇴를 위해서는 중장비를 모두 버려야 한다.

3군단은 '결전'이냐 '후퇴'냐 하는 기로에서 후자를 선택했다. 국군은 야포와 트럭을 모두 버리고 남쪽에 치솟은 방대산으로 뿔뿔이 흩어져 달아났다. 병사들은 개인 화기마저 버리고 맨몸으로, 장교들은 계급장마저 떼어 버리고 달아난 경우도 허다했다고 전해진다. 3군단은 부득이 '최악의 선택'을 했겠지만 제대로 싸워 보지도 못한 채 와해됨으로써 전선에는 현리를 중심으로 커다란 구멍이 생겼다.[145]

이후 3군단은 5월 21일까지 계속 후퇴를 하게 되는데, 제3사단은 송계리로 제9사단은 대화로 각각 퇴각하고, 군단사령부는 횡계리에서 영월로 퇴각하여 흩어졌다.[146] 결국 현리에서 한국군 3군단 예하 3사단, 9사단 병력 1만 9천여 명이 희생됐고, 병력의 40%가량만 복귀했으며, 무기는 거의 다 뺏겼다. 5월 20일 16시경 수습된 제3사단의 병력 현황은 아래 도표와 같다.

[표12: 국군 제3군단 수습병력 현황[147]]

3사단			9사단		
구분	지휘소	병력	구분	지휘소	병력
본부	유천리	90	본부	속사리	185
직할대	유천리	860	직할대	속사리	1,167
18연대	피목정	1,052	28연대	속사리	1,350
22연대	칙천리	719	29연대	속사리	990
23연대	역두동	900	30연대	속사리	890
계	3,621명(34.2%)		계	4,582명(40.0%)	

---

145 『군과 나』, pp.220-222

146 『6 · 25전쟁사⑧중공군 총공세와 재반격』, p.540

147 『6 · 25전쟁사⑧중공군 총공세와 재반격』, p.540

현리전투에 대한 후처리가 어느 정도 이루어진 5월 25일경, 밴플리트 사령관이 강릉 공군기로 날아와 다음과 같은 충격적인 선언을 했다고 한다. 배석자는 정일권 육군참모총장, 이준식 전방지휘소장 그리고 백선엽 1군단 사령관 등이었다.

한국군 3군단을 폐지합니다. 또 육군본부의 작전통제권도 없어집니다. 육군본부의 임무는 작전을 제외한 인사 · 행정 · 군수 및 훈련으로만 국한됩니다. 1군단은 나의 지휘하에 두며 육본 전방 지휘소는 폐쇄합니다.[148]

만약 박정희가 최석 사단장과 불화를 일으키지 않았든가 혹은 화해를 하여 현리전투의 현장에 있었다면 그의 일생은 어떻게 되었을까? 9사단 병참부장 김재춘 중령은 "몸이 크게 쇠약해져 있던 박정희 참모장이 부대에 남아 있었더라면 후퇴 과정에서 탈진하여 변을 당했을 가능성이 높다."고 했다."[149] 하지만 다른 경우도 상상해 볼 수 있을 것이다. 박정희가 세간의 평대로 유능하고 용감한 장교였다면, 적군과 싸우다가 전사했을 수도 있다. 아니면 다른 장교들과 같이 계급장을 떼어 버리고 달아나 목숨을 부지했지만 그 비겁함이 평생 족쇄가 되어 쿠데타 따위 꿈꾸지도 못하는 평범한 장교로서 일생을 마쳤을지도 모른다.

---

148 『군과 나』, p.230
149 『내 무덤에 침을 뱉어라 2- 전쟁과 사람』, p.420

| 비밀의 인물, 장태화의 등장 |

현리 전투의 현장에서 박정희를 볼 수 없었던 것이 우연인지 혹은 보이지 않는 힘의 작용인지는 알 수 없다. 사실 이 사건뿐만이 아니다. 박정희는 숱한 위기 속에서도 용케 빠져나오는 행운을 너무 잦게 누렸다. 1946년 12월에 발생한 생도대장 살인 미수 건, 1948년 8월의 훈련생 과실치사건, 같은 해 연말경의 숙군 과정 등 절체절명(絕體絕命)의 상황에서도 박정희는 무사히 살아남았다. 보통 사람이라면 최소한 군문을 떠났을 일련의 사건에서 박정희는 육군 장교의 신분을 무난히 지켜 냈다.

박정희를 보호하는 어떤 힘이 존재했을지 모른다는 의문과 함께 그의 주변에는 보편적 상식으로 이해하지 못할 행적의 사람들이 하나둘 나타나기 시작한다. 제3장 1절에서 소개한 김덕승이라는 수상한 인물의 등장 그리고 장차 영부인이 될 육영수의 기이한 행적 등이 대표적 사례다. 또 다른 수상한 인물이 있다. 어쩌면 박정희에 대한 숱한 의문을 풀 수 있는 열쇠일지도 모르는 인물이다. 그의 이름 석 자는 장태화다.

1963년 10월 15일 치러진 제5대 대통령 선거에서 박정희는 윤보선을 제치고 대통령에 당선됐다. 박정희는 유효투표의 46.6%인 472만 2천여 표를 얻었고 윤보선은 45.1%인 454만6천 표를 얻었다. 두 후보 간 표차는 불과 15만여 표에 불과했다. 이는 역대 대통령 선거 사상 최소 표차다. 그리고 선거 후 두 달쯤 지난 12월 20일경 어떤 모임에 대한 기사가 보도되었다.

5 · 16 당시 동지였지만 쿠데타 성공 이후 알래스카 작전이나 텍사스 작전 등 반혁명사건으로 옥고를 치렀던 인물들과 그 외 반(反) 김종필 라인에 섰던 인물들이 김종필계의 사람들과 한자리에 모였다는 내용이다. 기자는 이 모임을 '오월동주(吳越同舟)'로 표현했다. 참석자는 김동하, 김재춘, 오정근, 오치성 등 많이 알려진 사람들이다.

1963년 12월 20일자 동아일보 기사

주목할 것은 장태화라는 인물이다. 기사는 장태화를 "혁명의 2인자이며, 사실상 민정에서도 제2인자인 김종필 씨의 막후였던 의문의 인물"로 그를 표현했다.[150] 맞다. 장태화는 비밀의 인물이다. 1963년에도 의문의 인물이었지만 오늘 현재 역시 그의 정체는 베일에 싸여 있다. 함께 활동했던 이들에게마저 장태화는 알 수 없는 인물이다.

[김형욱]

"전직 방첩대 문관으로 알려진 장태화(張太和)가 박정희와 김종필

---

150 오 · 월을 넘어…다시 손잡은 5월 주체들, 「동아일보」, 1963.12.20

에게 정보를 물어다 주었다. 이북을 갔다 왔다는 설이 있던 그는 첫인상이 흡사 삼국지에 나오는 조조처럼 영악하고 간지에 차 보였다."[151]

[유원식]

"5 · 16 직후 이병철로부터 2억 환을 편취하여 사설첩보단체를 만들기도 하고, 불량소녀들을 모아 악극단을 만들어 보기도 하며 권력자의 환심을 사려해 온 정체불명의 박 의장 심부름꾼이었다."[152]

전 중앙정보부장 김형욱은 장태화의 이북 왕래설을 확인하지 못했다고 한다. 쿠데타 이후의 군정 시절, 화폐개혁을 주도했던 유원식에게 장태화는 정체불명의 사나이였다. 그래도 이들은 자신의 글로써 장태화를 언급했다. 그러나 보다 가까웠던 인물, 즉 중앙정보부에서의 동료 김종필(부장), 김용태(경제부분 고문, 장태화는 정치고문) 그리고 정부 분야에서 함께 활동했던 하우스만, 고정훈 등은 장태화를 아예 언급하지 않든가 그의 역할을 축소 · 왜곡하고 있다. 이유는 무엇일까?

원래 장태화는 음지의 인물이다. 그러나 쿠데타 성공 이후 양지쪽의 한 곁에서 장태화라는 이름이 조금씩 거론되기 시작한다. 박정희가 대통령으로 당선된 후 새 정부를 움직일 고르기 시작할 무렵, 조각 작업 배후 인물의 한 사람으로 거론된 것이 대표적인 사례다.[153]

---

151 김형욱 · 박사월, 『김형욱 회고록-제1부』, 아침, 1985, p.46

152 유원식, 『혁명은 어디로 갔나』, 인물연구소, 1987, p.360

153 組閣産室(조각산실)(1), 『경향신문』, 1963.12.2

장태화의 숨겨진 힘을 보여 주는 다른 예를 보자. 1963년 4월 말, 특이한 기사가 보도되었다. 전 중앙정보부장 김종필의 정치고문 장태화와 경제고문 김용태 등 2명이 수백만 원을 횡령한 혐의로 구속되었다는 내용이다. 구속영장은 이미 발부되어 집행되었으며 여죄가 더 늘어날 것이라는 등 추가 혐의도 덧붙였다.[154] 하지만 이 기사의 생명은 하루를 넘기지 못했다. 다음 날인 1963년 5월 1일 "그동안 극비밀리에 당국에 구속심문을 받고 있던 전 중앙정보부장 김종필씨의 경제담당고문 김용태 씨와 정치담당 장태화 씨는 30일 밤 구속이 해제되었다고 한다."[155]라는 기사가 보도됨으로써 장와 김의 구속은 해프닝으로 끝나고 말았다.

이 사건이 발생할 무렵, 장태화의 신분은 전직 중앙정보부장 정치고문이다. 김종필의 경우 1963년 2월 20일 "일체의 공직을 떠나 초야의 몸이 되겠다."[156]는 성명을 발표하고 당직을 사퇴한 후 같은 해 25일에는 순회대사 자격으로 동남아·미국 등의 방문차 출국한 상태였다.[157] 소위 '자의 반 타의 반'의 출국이다. 2월 1일 공화당 당의장에 내정된 지 20여 일 만의 극적인 반전이었고 김종필 실각의 주동자는 3대 중앙정보부장 김재춘이었다.[158]

김재춘은 박정희가 9사단 참모장으로 있을 무렵 병참참모로서 박의

---

154 수백만 원 횡령혐의, 「경향신문」, 1963.4.30

155 30일 밤에 석방, 「동아일보」, 1963.5.1

156 김종필씨 당직을 사퇴, 「동아일보」, 1963.2.21

157 김종필씨, 외유등증, 「동아일보」, 1963.2.25

158 초대 중앙정보부장 김종필(1961.6.10.~63.1.4), 2대 김용순(63.1.4~63.2.21), 3대 김재춘(63.2.21~63.7.12) 4대 김형욱(63.7.12~69.10.20)

결혼식을 주관했고 육영수로 하여금 두 번이나 전선에 방문케 하는 등 박정희에게 충성을 다했으며, 5·16 당시엔 쿠데타군의 지휘소로 정한 제6관구사령부 참모장으로서 누구보다 쿠데타의 성공에 일조했다.

그러나 김종필을 밀어내고 박정희 정권의 제2인자로 올라서겠다는 그의 야심은 물거품이 되었다. 4대 의혹사건(증권파동·워커힐·빠칭코·새나라), 긴급통화조치, 공화당 비밀창당 등 세간의 분노를 일으킨 제반 의혹 사건의 배후에 김종필이 있다는 확신으로 김종필을 압박했고, 김종필의 외유로 어느 정도 자신감을 가졌던 김재춘은 김종필의 수족이라고 할 수 있는 장태화와 김용태를 제거하고자 했지만 결국 실패하고 말았다.

도대체 장태화의 힘은 어디에서 비롯된 것일까? 장태화는 역사에 기록된 인물이다. 쿠데타 주체 세력이 만든 『한국군사혁명사』에는 장태화를 비롯한 민간인 참여자에 대하여 다음과 같이 기록했다.

군인들이 주동으로 계획 추진한 혁명막후에서는 몇 몇 민간동지들이 거사자금을 조달하거나 포고문, 격문 등 수많은 인쇄를 자진 담당하는가 하면 기타 음양으로 이들의 성공을 뒷받침한 민간인 동지들의 포섭은 주로 박정희 소장, 이주일 소장과 김종필 중령에 의하여 담당되어 왔다. 재정 담당에는 김용태, 고진영, 김종락, 남상옥, 김덕승 등의 인사가 있었고 인쇄에는 이학수, 정보활동에는 장태화(張泰和) 등의 이름을 들지 않을 수 없다.[159]

---

159 『한국군사혁명사 제1집』, p.203

이들 6명의 민간인 참여자들 중 고진영, 김종락, 남상옥, 이학수 등 4명은 재계에 투신했고, 공화당의 영원한 총무로 알려진 5선 의원 김용태(金龍泰, 1926~2005)는 유일하게 정계에서 활약했다. 김덕승과 장태화 두 사람은 특이한 경우에 속한다. 김덕승은 제3장 1절에서 거론한 바와 같이 마사회 회장을 지낸 이력이 있으며, 장태화는 중앙정보부장 정치고문, 공화당의장 고문 등을 거쳐 서울신문사장 등을 역임한다.

『한국군사혁명사』는 고진영, 김종락, 남상옥, 이학수, 김용태 등이 어떻게 자금조달을 했는가에 대해선 침묵을 지키고 있다. 그러나 이미 소개한 김덕승의 행적과 장태화의 정보활동 등은 비교적 상세하게 설명하고 있다. 장태화가 한 일은 역정보의 투입이다. 족청계 쿠데타설을 흘림으로써 혁명가장공작(革命假裝工作)을 했다는 뜻이다.[160] 그러나 그 정도의 공로로 후일 장태화가 보여 준 힘을 이해할 수 없다.[161]

장태화의 위세(威勢)을 알기 위해선 좀 더 많은 정보가 필요하다. 먼저 소개할 것은 상기 『한국군사혁명사』의 기초 자료가 되는 《5·16 혁명실기》이다. 우리는 이 자료를 통하여 박정희와 장태화의 오랜 인연 그리고 쿠데타 과정에서 장태화가 실제로 어떤 역할을 했는가를 파악할 수 있을 것이다. 먼저 확인할 것은 박정희와 장태화의 첫 만남이다. 그 장면을 소개한다.

박 소장과 장태화는 이미 10여 년 전부터의 친교가 두터운 사이

---

160 『한국군사혁명사 제1집』, pp.211~212

161 쿠데타 역정보에 대해선 다음 장, '쿠데타에 관대한 나라, 대한민국'편에서 보다 자세히 다룰 예정이다.

였었다. 박 소장은 장의 형과 대구사범의 동창으로 그의 아우인 그와도 잘 알고 있는 처지였던 것이다. 그러나 그것만이 두 사람 사이의 가교가 아니었다.

1948년경 박정희 소장이 대위로 육군사관학교에 근무하고 있을 때부터 접촉이 시작되었고, 이듬해인 1949년, 당시 육본의 백선엽 정보국장으로부터 정보국에서 일을 보아 달라는 요청을 받고 인사차 정보국에 들렀다가 그곳에서 제2과장으로 일하던 박 소장을 다시 만나게 되었다.

그때 정보국에는 김종필 중령이 제1과에 있었고 유양수 소장도 일하고 있었다. 우연히 같은 정보국에 근무하게 된 박 소장과 그는 더욱 친교가 두터워졌으며 그때부터 활발한 접촉이 시작되었다. 장은 문관으로서 정보국에 줄곧 근무하여 6 · 25동란이 일어나던 1950년까지 약 1년간 함께 근무하였다. [162]

이 글에서 장태화의 형이 박정희와 대구사범 동기라는 정보를 확인할 수 있다. 그동안 장태화의 정체가 명확하지 않았던 것은 그의 이름이 수없이 바뀌어 왔다는 탓도 있다. 장태화의 본명은 장병태(張炳泰)다. 그리고 그의 형은 장병엽(張炳燁)이며 고향은 경북 칠곡이다.

먼저 장병엽에 관하여 알아보기로 한다. 제1장 2절 〈만년 꼴찌, 박정희 사범학교시절〉에서 1932년 입학 예정인 대구사범 심상과 합격자 명단이 보도된 동아일보 기사를 소개한 바 있다. 이 명단에 장병엽(張炳燁)도 등장한다. 그러므로 장병엽과 박정희가 동기라는 것에

162 《5 · 16 혁명실기-1》, 국사편찬위원회, pp.21-22

대하여 의심할 필요가 없을 것이다. 졸업 후 파악된 장병엽의 이력은
아래와 같다.

- 1937년: 효령보통학교 훈도(訓導)
- 1940년: 산운심상소학교 훈도(訓導)[163]
- 1945.10.5-1946.4.5 진안경찰서 초대 서장[164]
- 전북경찰서 보안과장
- 1949.12.4. 마포경찰서 서장[165]

장병엽은 대구사범을 졸업한 후 보통학교 훈도를 지내다가 해방 후
경찰에 투신했다. 1945년 10월 5일 전북 진안경찰서의 초대 서장에
임명된 것으로 보아 조선경찰학교 제1기생으로 추정된다.[166] 하지만
일반 경찰관이 아니고 처음부터 서장으로 임명된 것은 그의 전력이
경찰 혹은 헌병 등 정보기관에 근무한 게 아닐까 추정된다. 1940년부
터 해방까지 그의 이력이 공란으로 남은 점이 그 가능성을 더욱 높여
주고 있다.

장병엽의 대구사범 1년 후배이며, 박정희의 결혼식 당시 청첩인 6명

---

163 〈한국사데이터베이스. 직원록자료. 장병엽〉

164 〈진안경찰서 홈페이지〉

165 치안국 인사이동, 「경향신문」, 1949.12.4

166 미군정기 경찰은 1945년 9월 18일 집회·시위에 대한 허가제 실시를 시작으로 치안업
무를 시작하였다.1945년10월 2일, 조선경찰관강습소를 조선경찰학교로 개칭하고, 10월
21일 조병옥을 경무국장으로 임명함으로써 본격적인 활동을 하게 된다.《한국 경찰사
참조》같은 해 12월 26일 조선경찰학교 제2기생 430명이 졸업했다는 보도〈조선경찰학
교 제2기생 졸업식 거행예정, 「동아일보」, 1945.12.23.〉를 참조하면, 장병엽은 조선경찰
학교 제1기생 혹은 특채된 것으로 보인다.

중의 1인이었던 신상묵의 경우를 살펴보면 장병엽의 이력을 추정하는 데 도움이 될 것이다. 신의 경우, 보통학교 훈도 생활을 하던 중 1940년 8월 육군특별지원병1기로 입대했다가 일본헌병 오장, 조장을 거쳐 미 군정시절 경찰로 변신한 케이스다.[167] 신상묵은 1948년 10월경 나주 경찰서장을 지냈으며,[168] 이듬해인 1949년 8월에는 장성 경찰서장으로 근무했다.[169] 그리고 박정희가 결혼식을 올렸던 1950년 12월에는 경북 경찰국 보안과장을 지낸 바 있다. 장병엽의 경찰 경력과 대단히 유사하다.

한편, 장병엽의 이력 중 보안과장, 즉 정보계통 경력을 주목할 필요가 있다. 장태화가 5·16 쿠데타에 기여한 분야도 정보관계였고, 무엇보다 치안국 정보과 중앙분실장 최난수(崔蘭洙)의 협조가 컸기 때문이다.[170] 악질 친일 경찰 출신으로 이름 높았던 최난수는 제주4·3 사건 시 악명을 떨쳤고, 1949년 10월경 반민특위사건시 전문 테러리스트 백민태를 고용하여 국회의원 등을 암살하려다가 백민태의 변심으로 인해 홍택희와 함께 2년형을 선고받은 자다.[171] 그러나 그는 불사조처럼 되살아나 총경까지 무난하게 진급한 바 있다.[172]

---

167 〈제3장 6절, 박정희·육영수의 수상한 만남과 이상한 결혼〉 참조
168 패잔병에 대비, 나주 경비에 만전, 「동아일보」, 1948.10.30.
169 지방인사, 「경향신문」, 1949.8.2
170 《5·16 혁명실기-2》, 국사편찬위원회, p.84
171 김정기, 「국회프락치사건의 재발견 I 」, 한울, 2008, pp.430-431
172 「제주의 소리」에 연재된 김관후의 글 "악질 중의 악질 친일경찰 출신 노덕술과 최난수"에 의하면, "그는 일제 때 여자를 나체로 거꾸로 매달아 놓고 고문하는 것을 즐겼다. 제주도에서도 그와 같은 경험을 발휘했다. 임산부의 양쪽 팔에 밧줄을 묶어 팽나무에 매달아 놓고 경찰들이 총검으로 찔러 죽였다. 도주한 오빠를 대신해 끌려온 여성을 고문 끝에 나체로 옷을 벗겨 철창으로 찔러 죽였다. 남편이 입산했다는 이유로 임신부에게 불에 달궈진 총구로 아랫도리를 지졌다. 여자가 실신하자 밭에 내다버리고 머리에 휘발

노덕술(앞줄 왼쪽에서 첫 번째) 최난수(앞줄 왼쪽에서 세 번째)
6 · 25 뒤 노덕술이 헌병사령부 근무 당시의 사진이다.(1973년 6월 30일자 동아일보)

《5 · 16 혁명실기》는 장태화가 최난수와 친밀히 지낼 수 있었던 것
은 "과거에 오랫동안 군 정보계통에 근무한 경력" 때문이라고 한다.
그러나 정보계통에 근무했던 형으로부터 최난수를 소개받지 않았을
까 하는 추정에 보다 무게를 두고 싶다. 다만 장병엽이 한국전쟁 당
시 납북된 것으로 알려져 있어[173] 더 이상의 추적을 할 수 없다는 점
이 아쉽다.

　다시 장태화로 돌아가자. 《5 · 16 혁명실기》에 의하면 "1948년경
박정희와 장태화가 만났고 1949년 육본 정보국에서 제1과장으로 일
하던 박정희를 다시 만나 6 · 25동란이 일어나던 1950년까지 약 1년

유를 끼얹어 불에 태워 죽였다."고 한다.

173 『내 무덤에 침을 뱉어라 2─ 전쟁과 사랑』, p.68

간 함께 근무하였다"고 한다. 하지만 이 글에는 왜곡된 정보가 숨어 있다. 장태화가 육본 정보국에 문관으로 근무할 당시 박정희는 제1과 장이 아니라 비공식 문관 신분이었다.[174] 숙군 과정에서 빨갱이로 몰렸던 박정희의 전력을 의도적으로 숨겼을 것으로 보인다.

주목할 것은 장태화가 어떤 과정을 거쳐 육본 정보국에 취직이 가능했느냐 하는 의문이다. 정보국장 백선엽이 장태화에게 "정보국에서 일을 보아 달라"고 요청했다는 이 말은, 장태화가 정보 분야에서 남다른 경력을 가졌고 특출한 재능을 보유하고 있었다는 말에 다름 아니다.

익히 알려진 장태화의 이력을 살펴보자. 2014년 7월 17일 장태화가 작고했을 때 그가 사장으로 재직했던 서울신문은 물론이고 대부분의 언론들이 그의 죽음을 보도했다. 아래는 한국일보의 보도다.

장태화 전 서울신문 사장이 17일 오전 9시 30분 별세했다. 향년 96세.

경북 칠곡에서 태어난 고인은 일본 도쿄 농과대 대학원을 졸업하고 육군본부 정보국장 고문 등으로 일하다 1961년 5·16 군사 쿠데타에 참여했다. 이후 중앙정보부장 고문과 공화당 의장 고문 등을 거쳐 1965년부터 1972년까지 제12대 서울신문사장과 한국신문발행인협회 이사장, 한국신문협회장 등을 지냈다. 1968년에는 국내 대중오락 주간지 '선데이서울'을 창간했다. 유족으로 장녀 세옥 씨와

---

174 〈제1부 제2장 남로당 프락치 혹은 미군 정보원〉 참조

아들 세진 씨가 있으며…[175]

　많은 언론들이 대부분 비슷한 내용으로 그의 부음을 전했다. 40여
년 동안 은둔 생활을 한 전직 언론인의 죽음치고는 의외의 관심이다.
하지만 장태화라는 인물을 파악하기에는 보도 내용이 부실하고 부분
적으로 오류도 있다. 일본 도쿄 농과대 대학원을 졸업을 했다는 내용
이 한 예다. 좀 더 정확하고 신뢰할 수 있는 장태화의 이력을 살펴보
기로 한다. 장태화는 언론사 사장 출신이지만 그의 이력을 소개하는
자료가 극히 드물고, 자신이 쓴 글은 물론 인터뷰조차 남기지 않았으
나, 한국신문편집인협회가 1988년에 발간한 『신문백년인물사전』에
장태화의 이력이 비교적 자세하게 기록되어 있다.

　장태화(張太和) 1917년 10월 29일생

　전 서울신문 사장

　경상북도 漆谷 출생

　39년 동경농과대학 중퇴

　63년 국방대학 대학원 졸업

　49년 육군본부 정보국장 고문

　50년 육군 CIC 근무

　61년 중앙정보부장 고문

　64년 공화당 의장 고문

　65년 7월 서울신문 사장, 동년 한국신문협회 회장을 겸임한 뒤

---

175 장태화 전 서울신문 사장 별세, 「한국일보」, 2014.7.17

72년 2월 서울신문 퇴사, 동년 서울광고 사장을 지냈다.
국민훈장 무궁화장 수훈[176]

소개한 이력을 중심으로 장태화가 남긴 흔적을 찾아보자. 국민훈장 무궁화장이 수훈되었다는 내역이 먼저 눈에 띈다. 박정희는 1970년 6월 8일 유공언론인(有功言論人)으로 국민훈장 무궁화장을 장태화에게 수여하였다. 조선일보 사장 방우영에겐 아랫단계인 모란장이 수여되었다.[177]

사실 국민훈장 무궁화장은 대단히 받기 어려운 훈장이다.[178] 국민훈장은 민간인이 받을 수 있는 최고의 훈장이다. 이 훈장은 무궁화장, 모란장, 동백장, 목련장, 석류장 등 5등급으로 구분되며 국민포장이 뒤를 잇는다. 장태화는 대한민국 국민으로서 최고의 영예를 누린 셈이다. 조선일보 사장을 뛰어넘는 훈장을, 장태화는 어떤 공적으로 받게 되었을까? 이러한 의문은 박정희와 장태화의 관계를 추적하다 보면 자연스레 풀리리라 믿는다.

장태화의 이력 중 특히 알 수 없는 것은 일제강점기 시기 그리고 해방공간에서의 흔적이다. 이 시기의 행적을 알아야 한국군 정보국장 백선엽이 그를 초빙한 이유 그리고 박정희가 쿠데타를 준비할 때 왜 장태화를 그렇게 신임했는가를 알 수 있기 때문이다. 그러나 장태화는 자신의 흔적을 지우는 데 철저했고, 장태화를 아는 이들조차 장

---

176 『신문백년인물사전』, 한국신문편집인협회, 1988, p.778

177 세 언론인에 훈장, 「경향신문」, 1970.6.8

178 국민훈장 무궁화장은 2014년 현재 총96명에게 수여되었으며, 이승만 시절 28명, 허정 · 윤보선 시기에 3명, 박정희 정권하에서는 49명이 수여된 바 있다.

태화를 거론하는 데 인색함으로써 그는 여전히 비밀의 사나이로 머물 수밖에 없는 실정이다. 이러한 상황에서 제22대 국가정보원 원장(1998~1999)을 지낸 이종찬이 의외의 글을 남겼다.

올 7월 18일자 조간신문엔 이런 부음 기사가 실렸다. '선데이서울 창간 장태화 전 서울신문 사장 별세, 향년 96세'

기사에는, 경북 칠곡 출생으로 일본 유학파인 고인(故人)이 해방 직후 육군본부 정보국장 고문을 지냈으며 5·16 군사정변의 핵심 인물 중 한 명이었다고 짤막하게 기술돼 있다. 그리고 김종필(JP) 초대 중앙정보부장의 정치고문을 맡은 뒤 1965~1972년 서울신문 사장을 지냈다고 쓰고 있다.

하지만 신문기사 어디에도 그가 해방전후에 아나키스트로 활동했다는 내용은 없다. 유원식의 아버지 단주 유림(旦洲 柳林) 선생이 귀국하기 직전인 1945년 9월 29일. 중국, 일본, 그리고 국내에서 활동하던 아나키스트들이 모여 '자유사회건설자연맹(자련·自聯)'이라는 조직을 만든다. 그해 12월 유림이 귀국하자 '자련'은 더욱 활기를 띠게 되고, 이듬해 7월 아나키스트들을 주축으로 독립노농당이 탄생한다.

장태화는 바로 그 '자련'의 멤버였다. 1962년의 '6·10 통화개혁' 와중에 유원식은 하루가 멀다 하고 장태화와 연락을 주고받았다. 장태화는 중앙정보부장 고문이었다.

이종찬의 기억. "당시 '나, 장입니다'라는 전화가 오면 무조건 유원식 장군에게 바꿔 줘야 했습니다. 장태화 고문은 통화개혁을 둘러싼 여론 동향과 대응 전략을 세심하게 조언했습니다. 아버지(유림)는 아들을 외면했지만 아버지의 동지들은 유 장군을 이해했던 것 같습니다."

서울 남산에 있던 옛 타워호텔 설립자인 남상옥도 그랬다. 남상옥은 청년시절 아나키스트 운동에 심취해 유림의 정치노선을 따르던 투사였다. 그러나 사업가로 변신해 성공했다. 그런 남상옥을 끌어들여 5·16 정변 당시 거사자금을 대도록 한 사람이 바로 유원식이었다. 남상옥은 5·16 이후 정부의 지원을 받아 6·25전쟁 참전 16개국을 상징하는 타워호텔을 건립했다. 다시 이종찬의 기억. "내가 유 장군을 모시고 있을 때 남상옥 사장은 거의 매일 유 장군댁을 드나들었다."

한때 아나키즘에 투신했던 인물들이 5·16에 참여한 배경은 뭘까? 단지 유림의 아들 유원식과의 인연 때문일까? 아나키스트와 마르크시스트의 관계를 흔히 '형제이자 적'이라고 표현한다. 인간의 해방을 추구한다는 점은 같지만, 아나키스트들은 공산주의자들의 '독재'를 끔찍하게도 싫어했다. 러시아의 아나키스트 바쿠닌은 "나는 공산주의를 몹시 싫어한다. 그것은 자유의 부정이고, 나는 자유가 없는 인간을 생각할 수 없기 때문이다."라고 말했을 정도다.

항일독립투쟁 시기 민족주의 그룹과 공산주의 그룹의 대립보다, 공산주의 그룹과 아나키스트 그룹의 대결이 더욱 치열했다는 게 그 방증이다. "남북통일을 이루지 못한다면 38선을 베개 삼아 자결하겠다."며 평양으로 떠나는 백범 김구 선생에게 "가지 마시오. 그들의 속셈을 모르십니까?"라고 극력 만류했던 사람도 유림이었다. 그런 아나키스트들이었기에 반공(反共)을 내건 5·16 세력을 돕지 않았을까?[179]

장태화가 아나키스트라는 이종찬의 지적은 중요한 정보다. 장태화를 좌익 혹은 위장전향자로 보고 있는 헨더슨[180]이나 강원룡[181]의 견해와는 배치되는 주장이다. 이종찬의 증언이 옳다는 다른 증거가 있다. 아래에 소개한다.

유림이 귀국하기 전인 1945년 9월 29일 서울에서는 상당수의 아나키스트들이 모여들어 자유사회건설자연맹(약칭 자련)을 조직하였다. 그 조직 구성원은 한국·중국·일본 등 각지에서 활동하던 이들로서 … 기타 각 지방에서 박기홍, 김철, 박호연, 이용규, 공형기, 김건, 임기병, 변순제, 이성근, 박망, 장태화, 차이혁, 김영찬, 이여유, 이종락, 장지필, 박철원 등이 참석하였다.[182]

일제강점기 시절 지하에서 비합법투쟁을 하던 아나키스트들은 해방이 되자 그들도 양지로 나와 꽤 활발한 활동을 했다. 자유사회건설자연맹이 1945년 12월 중순경 결성되었고,[183] 아나키스트 출신 순국독립지사들을 위한 추도회를 개최하는 등 조직의 존재를 선전하는 데

179 선데이서울 장태화-타워호텔 남상옥… 5·16을 도운 그들은 아나키스트였다. 「동아일보」, 2014.9.13
180 『국회프락치사건의 재발견 I 』, p.153
181 강원룡, 『빈들에서』, 사성출판사, p.162
182 김재명, 「정경문화」, 1986년 1월호, pp. 386~407
183 자유사회건설자연맹 결성(아나키스트), 「자유신문」, 1945.12.15

주력했다.[184] 찬탁·반탁 문제로 시국이 극도로 혼란했을 무렵에는 시국수습대책 결의 발표를 하거나 국민운동 실행 방법을 결의하는 등 사회문제에도 적극적으로 개입하였다.[185]

그러나 여운형을 중심으로 한 중도좌익 그룹, 장안파를 흡수한 박헌영의 재건 공산당 등에게 시국의 주도권을 빼앗기자 조직 자체가 와해되어 버렸다. 시간이 상당히 흐른 후 유림(柳林, 1898-1961)을 중심으로 독립노동당 등을 만들어 재기를 도모해 보지만,[186] 시대는 이미 아나키즘을 외면해 버렸다. 이 와중에 많은 아나키스트들이 극우의 길로 돌아섰다. 유관순의 오빠 유우석(柳愚錫, 1899-1968), 장태화 등이 좋은 예다. 두 사람은 극우 청년단체 대한민주청년동맹(대한민청)의 핵심으로 활동하게 된다.

대한민청은 1946년 4월 9일 종로 기독교청년회관에서 결성식을 거행한 단체다. 김구의 임시정부, 미군정하의 미군CIC, 경찰 등을 배후에 두고 정치깡패 김두한을 선봉에 내세워 민주주의 민족전선, 전평, 전농, 조선민주청년동맹 등 좌익단체에게 수많은 테러를 자행했다.[187] 이 단체에서 유우석은 사업부장, 장태화는 정보부장을 맡았다. 회장은 유진산이었으며 김두한은 감찰부장을 맡았다.[188]

이 무렵 장태화는 '장우극(張愚極)'이란 필명을 사용했다.[189] 주목할

184 자유사회건설자연맹, 순국선열 43위의 추도회 예정, 「동아일보」, 1945.12.22

185 탁치배격각당 각계층 대표자회, 국민운동 실행방법 결의, 「동아일보」, 1945.12.29

186 정당스케치(4) : 독립노동당, 「경향신문」, 1952.9.17

187 《졸저 『김두한 출세기』, 책과나무, 2015》참조

188 대한민주청년동맹 의장에 이박사와 김구 총리를 추대, 「동아일보」, 1946.4.13

189 대한민청의 선전부장을 지냈으며 출범의 산파역할을 했던 박용직은 1987년 3월 25일 경향신문에 연재된 '청년운동 반세기'에서 "장우극은 훗날 서울신문사 사장을 지낸 장태

것은 그가 정보부장이란 직책을 맡았다는 점이다. 해방 이전 정보 관련 분야에서 일을 했든가 아니면 정보를 얻을 수 있는 인맥을 가졌다는 뜻이다. 앞에서 거론했지만 장병엽이 정보 관련 경찰이었으므로 형으로부터 직접 혹은 형의 인맥으로부터 정보를 입수할 수 있었을 것이다. 그러나 아무래도 장태화의 이력서 빈칸이 의심스럽다. 1939년 동경농과대학을 중퇴하고 난 뒤 해방 무렵까지, 장태화는 과연 무엇을 했을까?

장태화가 대한민청에 관여했던 시기는 1947년 3월까지다. 김두한이 살인혐의로 구속된 후 대한민청의 조직은 무너졌다. 유진산이 청년조선동맹(청총)으로 재건을 도모했지만 그 영향력은 미미했다. 장태화는 청총에 합류하지 않았다.[190]

대한민청이 해체된 1947년부터 육본 정보국 문관으로 특채된 1949년까지 대략 2년간 장태화의 행적은 불투명하다. 1948년, 육군사관학교에 근무하던 박정희 대위를 만났다는 《5·16 혁명실기》의 기록이 거의 유일한 흔적이다. 이제 다시 《5·16 혁명실기》로 돌아갈 차례다. 이 책은 한국전쟁 이후 장태화의 이력을 밝히고 있는 유일한 자료다. 장태화와 박정희의 접촉 과정과 행적을 표로 정리해 보았다.

화"라고 증언했다.

190 『대한민국 건국청년운동사』, 건국청년운동협의회, 1989, p.798(대한민청의 중앙부서), pp.852–857(청년조선동맹의 조직)

[표13: 박정희와 장태화의 접촉 과정과 행적[191]]

시기	박정희 직책	내역
1948.	육사교관(대위)	박정희와 장태화의 접촉이 시작됨
1949.	육본정보국(문관)	장태화, 정보국 문관으로 1년간 박정희와 함께 근무함
1951.	육군정보학교장(대령)	대구에서 박정희와의 접촉이 재개됨 김종필(중위), 박정희의 집에서 유숙함
1960.6	군수기지사령관 (소장)	더욱 긴밀한 연락망 유지, 중앙에서 종합적인 정세 판단, 월 1회 정도 부산에 내려와 토론할 것을 합의함
7.28	제1관구사령관	박정희, 광주로 이동
8.중순		장태화, 박정희를 만나러 광주로 감 민주당 정권의 몰락을 예측, 군의 역할 토의 정세분석보고서를 월1회 작성하여 보고할 것을 요청함
8.		논산 제2훈련소장 임충식(소장)에게 후생사업 요청, 거절당함
9.15	육본작전참모부장	장태화, 박정희의 자택 방문 최소 매주 토요일마다 종합보고서 제출 요청
9.		논산 훈련소 참모장 손창규 대령을 통하여 후생사업권 성사 (매월 약 20만 원의 수익 발생)
9~10		터키, 파키스탄, 아랍의 혁명 상황 정리 미국의 대한원조 정책 검토, 농촌 문제 연구 나폴레옹의 혁명, 전략의 요점 정리 국제적으로 중요한 역사 사건, 시사성이 많은 국내 종합 정세[192]
12.초	2군부사령관	2주마다 보고서 제출로 변경
1961.3		거사 시기 임박 첫째, 역정보 투입 탐지 둘째, 주간정세분석 보고 셋째, 전반적인 계획의 조언 …4월 19일 전후 쿠데타 계획
4.		정세종합 보고 중단, 김종필 중령과 합세, 격하기 쉬운 김종필에게 조언
4.19		장면 정부의 4·19 1주년 대처로 쿠데타 계획 무산됨

소개한 글은 "이상과 같이 장은 박 소장과 김종필 중령의 막후에서 중요한 조언자 노릇을 하였다."라는 글로 마감하고 있다. 장태화의 역할은 인용한 《5·16 혁명실기》의 다른 장에서 묘사된 다음의 글을 보면 보다 확실히 알 수 있다.

191 《5·16 혁명실기-1》, pp.23~25

192 1961년 10월 국가재건최고회의는 『외국군사혁명개요』란 책을 발간했다. 이 책의 내용을 보면 장태화가 작성한 '정세분석보고서'의 내용과 흡사하다. 그리고 1963년에 발간된 『국가와 혁명과 나』의 내용 중 '제4장 세계사에 부각된 혁명의 각 태상' 역시 비슷하다. 장태화의 '정세분석보고서'를 기초로 거론한 두 책이 편집된 것으로 추정된다.

박 소장은 이미 오래전부터 민간인 장태화를 통하여 국내외 정세를 분석·수집하고 있었으며 그로부터 정기적으로 정세보고를 받아 많은 자료를 가지고 있었다. 그러므로 김 중령과 행정반에서 입안한 정책안에다가 그가 가지고 있는 자료를 기준으로 하여 일부 수정 또는 보안하여 거의 완성된 정책을 만드는 데에 성공한 것이다.

박 소장은 그렇게 하여 만들어진 정책안을 다시 김종필 중령에게 주고 정서하여 보관하도록 지시하였으며, 김 중령은 그것을 다시 행정담당 이석제 중령에게 일임하였다.[193]

이러한 내용은 5·16 쿠데타에 관하여 익히 알려진 바와 전혀 다르다. 대부분의 사람에게 쿠데타를 기획한 것은 김종필로 알려져 있다. 김종필의 육성을 들어 보자.

- 5·16의 설계·실천자이셨는데요.

"혁명의 많은 면에 내 생각이 들어 있지. 하지만 한계가 있어. 박정희 대통령이 부족한 것을 메워서 이끌어 가고, 그리고 상부상조해서 끌고 간 거야."[194]

이 글뿐만이 아니다. "은인자중하던 군부는 드디어 금조미명을 기해서 일제히 행동을…"으로 시작하는 '혁명취지문도 자신이 집필했고, 박정희의 좌익 의혹을 씻기 위해 5·16 반공국시 역시 자신이 넣

---

193 《5·16 혁명실기-1》, p.70

194 "나폴레옹 혁명·사랑 배우려 했지"…5·16으로 세상 뒤집어 '박정희의 진실'에 가장 다 가섰고 그 진실 합작했다, 「중앙일보」, 2015.3.2

었다고 주장하고 있다.[195] 하지만 《5·16 혁명실기》에 의하면 5·16 의 실제 기획자는 장태화가 된다.

무엇보다 수상한 것은 김종필의 글이나 증언에는 장태화가 거의 등 장하지 않는다는 점이다. 《5·16 혁명실기》의 내용 그리고 중앙정부 부장과 공화당 당의장 시절 장태화가 고문을 맡았음이 분명한데도 김 종필이 장태화에 대한 언급을 꺼리고 있음은 이해하기 힘들다. 5·16 쿠데타 과정에 있어서 주체 세력의 역할 부분은 새롭게 규명되어야 할 역사적 과제다. 참고로 《5·16 혁명실기》에 그려진 쿠데타 전날의 풍경을 그린 모습을 소개한다.

이날 각종 문서의 최종적인 검토는 주로 박 소장과 김종필 중령 장태화가 담당하였다. 수정, 가필된 것은 이낙선 소령이 음서하였 다. 이제 지휘부로서 갖추어야 할 대체적인 행동 절차는 완료되었 다. 박 소장, 김종필 중령, 이낙선 소령, 장태화 이렇게 네 사람은 이제 만반의 준비를 해 놓고 6관구로 출발할 시간만을 기다리고 있 는 것이다. …(중략)… 이제 출발 준비는 완료되었다. 박 소장은 김 종필 중령, 이낙선 소령, 장태화를 대동하고 밖으로 나가려고 할 때 육 여사는 "여보! 혜야 숙제 돌봐 주고 나가세요."(…)[196]

지금까지 장태화의 이력을 추적해 보았다. 하지만 그의 삶은 밝혀 진 것보다 숨겨져 있는 부분이 더욱 많다. 특히 박정희, 장태화, 김

---

195 박정희 좌익 의혹 씻기 위해 … 5·16 반공 국시, 내가 넣었다, 「중앙일보」, 2015.3.21
196 《5·16 혁명실기-2》, pp.158-159

종필 세 사람의 관계는 미스터리다.

《5·16 혁명실기》에 의하면 5·16 쿠데타의 핵심은 박정희, 장태화, 김종필로 귀결된다. 《5·16 혁명실기》의 내용이 정확하다면 장태화의 공로는 김종필보다 윗길이거나 적어도 동등한 위치가 된다. 박과 김에 비해 장은 너무 의외라는 느낌이 들 것이다.

인간관계도 장태화가 더욱 오래고 깊은 인연으로 맺은 사이다. 김종필이 조카사위라는 혈연으로 맺어졌다고 하지만, 장태화는 친구의 동생이며 같은 고향 출신이라는 배경이 있다.[197] 중퇴였지만 일본 유학의 경험도 있는 등 학력도 그리 부족하지 않다. 더욱이 박정희가 곤경에 처해 있던 1948년경에도 박정희와 장태화의 인간관계는 끊어지지 않았다. 보편적 상식으로 보면 청와대의 비서실장 정도가 장태화에게 어울리는 직책이었을 것이다. 그러나 장태화는 공화당 의장 고문을 끝으로 정계에서의 공식적인 활동을 접었다. 그 후 서울신문 사장으로 취임하여 언론인으로 변신하였다가 유신 무렵인 1972년 2월 서울신문을 퇴사하고 잠시 서울광고 사장을 지낸 후 은둔의 길을 선택한다. 55세, 한참 일할 나이 때였다.

장태화의 이력은 김용태(金龍泰, 1926-2005)의 경우와 비교해 보면 더욱 이해되지 않는다. 나이, 경력, 쿠데타 기여도 등 모든 면에서 장태화에 비해 미미한 존재였던 김용태는 쿠데타 성공 이후 장과 함께 중앙정보부에 입성했다. 장태화는 중앙정보부장 정치고문, 김용태는 경제고문 자리였다. 그러나 김용태는 공화당의 영원한 총무라는 별

---

197 장태화의 고향은 경북 칠곡이다. 칠곡은 박정희의 아버지가 소작을 하던 곳이며, 선산으로 이주한 뒤에는 박정희의 둘째 형 박무희가 장택상 집안의 소작을 오랫동안 한 바 있다.

칭으로 불리면서 5선 국회의원으로 명망을 누렸다.

김종필이 2인자 역할을 하고 김용태 등이 국회에서 화려한 활약을 할 때, 장태화는 음지에서 활동하다가 몇 년 후 신문사 사장이라는 직함을 끝으로 공식적인 사회생활을 마감하고 말았다. 박정희를 만나는 경우도 비공식 접촉일 따름이었다. 그렇다면 쿠데타 성공 이후 토사구팽당한 것이 아닌가 하는 의문이 들 수도 있다. 그런데 그것은 아닌 것 같다. 어쩌면 새로운 임무가 주어졌을지도 모른다. 박정희의 곁에 늘 있던 장태화가 5·16 이후부터는 김종필을 지키고 있었다. 중앙정보부장 고문, 공화당의장 고문 등의 직책으로 김종필을 보좌하였다. 한편으로는 장태화가 김종필을 지도하고 감시한 것이 아닐까 하는 의심도 든다.

흥미로운 예가 있다. 김종필은 소위 '자의 반 타의 반 외유'를 두 차례 겪었다. 1차 외유(1963년 2월 25일~10월 23일)에서 돌아온 지 1년이 채 되지 않은 1964년 6월 18일, 김종필은 두 번째 외유의 길을 떠났다.[198] 굴욕적인 한일회담의 문책성 외유였다. 김종필이 미국에 있던 무렵, 장태화가 미국으로 떠난다는 기사가 보도되었다.

그런데 장태화를 바라보는 시각이 언론마다 제각각이다. 외유 목적은 동일하다. 미국 선거 시찰이다. 동아일보의 경우, 장태화를 김종필(전 공화당의장)의 개인비서로 표현했고 미국 정부의 초청을 받았다고 보도했다.[199] 반면 경향신문은 개인참모라고 했으며 미국 모 재단의

---

198 김종필 씨 18일 도미, 「경향신문」, 1964.6.15
199 선거시찰차 도미 장태화 씨, 「동아일보」, 1964.7.1

초청으로 도미(渡美)했다고 했다.[200] 김종필이 외유를 떠난 보름 정도 후의 일이다.

　장태화를 김종필의 개인참모나 개인비서로 표현한 것은 당시 언론의 시각을 보여 준다. 박정희 정권의 제2인자 김종필의 수족쯤으로 장태화를 보았다는 뜻이다. 문제가 되는 것은 장태화의 도미 목적과 초청 상대다. 그 무렵의 장태화는 공식적인 직함이 전혀 없는 상태였다. 김종필이 공화당 의장직을 사임함으로써 장태화는 무직 상태였다. 그러므로 전직 중앙정보부장 정치고문, 전직 공화당의장 고문이 그의 경력이었다. 이러한 신분의 사람을 미국 정부(혹은 모 재단)가 미국 선거 시찰을 시키기 위해 초청했다고 한다. 이해할 수도, 믿을 수도 없는 일이다. 무언가 대통령 박정희의 밀명이 있었다는 판단이 든다. 알 수 없는 것은 모 재단의 정체다.

　이 재단의 명칭은 장태화의 귀국과 함께 드러난다. 동아일보는 "지난 6월 미국 반ㆍ테톤 재단의 초청으로 방미 중이던 전 중앙정보부장 고문 장태화씨가 24일 낮 서북항공편으로 귀국했다"고 보도했다. 도대체 반ㆍ테톤 재단의 정체는 무엇일까? 지은이는 아직까지 파악하지 못했음을 고백한다. 독자 제현의 도움을 청한다.

　사실 누가 보더라도 장태화의 도미 목적은 김종필과의 조우였을 것이다. 하지만 어떤 언론도 장태화의 행적에 대하여 추적한 곳은 없다. 장태화의 임무는 그의 귀국 후 자연스레 드러난다. "장의 귀국을 계기로 공화당 주류파가 김종필의 조속한 귀국을 촉진시키기 위한 움직임에 들어갔고, 비주류는 귀국 당일 밤 청와대로 찾아가 박정희와

---

200 장태화 씨 30일 도미, 「경향신문」, 1964.6.29

독대를 한 장태화가 어떤 밀담을 나누었는지 촉각을 곤두세우고 있다"[201]는 보도가 답을 말해 주고 있다. 실제 김종필은 곧 귀국하게 된다. 김종필은 장과 박의 밀담 한 달여 후인 12월 31일에 귀국하고[202] 정계 일선에 다시 복귀하며 이듬해인 1965년 12월 공화당 의장으로 선출되었다.[203]

알 수 없는 것은 장태화가 왜 그렇게 오랫동안 미국에 머물렀을까 하는 의문이다. 그리고 장태화를 초청했다는 반·테톤 재단의 정체는 밝혀야 할 숙제다. 장태화의 정체는 지금까지 여전히 비밀에 싸여 있다.

| 직업이 고문인 사나이, 하우스만과 쿠데타 |

5·16 당시 한국군을 움직이는 실질적인 권한을 가진 미8군사령관과 (대리)대사의 움직임과 전혀 별개로 움직인 미국 군인이 있었다. 제임스 하우스만(James Harry Hausman, 1918-1996)이다. 당시 그의 공식적인 직책은 주한 미8군사령관의 보좌관이었다. 계급은 소령 혹은 중령이었을 것이다. 그러나 하우스만은 계급이나 공식적인 직책보다 국방경비대 고문관, 미군사고문단장 고문, 한국군 참모총장 고문, 국방부 고문, 대통령 고문, 주한미군사령관 특별고문, 유엔군사령관

---

201 밤의 밀어 냄새, 「경향신문」, 1964.11.28
202 김종필씨 31일 귀국, 「동아일보」, 1964.12.26
203 김종필씨 당의장에 정구영씨 국회의장, 「경향신문」, 1965.12.14

특별고문, 국제연합 고문 등으로 알려져 있다. 직업 자체가 고문이라고 해도 될 정도다. 무엇보다 '한국군의 아버지', '한국 대통령을 움직인 미군 대위'라는 세간의 평이 그의 위치를 나타내는 보다 정확한 표현일지도 모른다. 쿠데타 당일, 하우스만의 움직임을 추적해 보자.

한강변에서 총격전이 일어나고 잠시 후 한국 육군본부의 광장이 쿠데타군의 트럭, 지프 등으로 북새통을 이루어 있을 무렵, 미국의 제 요인들은 무엇을 하고 있었을까? 하우스만은 그날의 모습을 다음과 같이 술회했다.

나는 이날 새벽 일찍 미8군 지하벙커의 전쟁상황실에 있었다. 8군 전쟁상황실은 만원이었다. 새벽 일찍 8군사령관 카터 B. 매그루더 대장을 비롯, 주한미고문단장 해밀턴 H. 하우스 소장 등 주요 장성들은 물론 유능한 CIA 요원인 드 · 실바를 비롯한 정보 요원들로 꽉 차 있었다. 미군이 아직도 5만 이상이나 주둔하고 있는 대한민국에 군사 쿠데타가 났다는 것은 엄청난 일이 아닐 수 없었다.

정보 관계자들이 수시로 상황을 보고해 왔고, G2 책임자가 이 상황을 보고할 만한 책임자에게 분초를 다투며 정보를 건넸다. 그러나 3년간 전쟁을 치렀고 아직도 전쟁에 대비해 구성돼 있는 조직적인 전쟁상황실이지만 한국군 쿠데타를 어떻게 다룰 것인가를 판단하고 결정할 능력은 갖추고 있을 리 없었다. 그것은 특히 한미 정치 관계의 매우 주요한 문제이었으며 최종 결심은 백악관의 고유권한에 속하는 것이기도 했다. 그 새벽의 기점에서 보면 미8군은 북한 공산주의자들의 남침 기도를 저지하는 것이 주목적이었고, 미 대사관은 합법적인 선거에 의해 구성된 장면 정부를 지지하고

있는 것임은 말할 나위도 없었다.[204]

　미 대사관은 표면적으로라도 장면 정부를 지지하는 모습을 보여야 했고, 쿠데타군을 처리하는 것은 백악관의 고유 권한이라는 뜻이다. 어쨌든 미8군 전쟁상황실에 모인 주요 인물, 즉 미8군사령관 매그루더, 군사고문단장 하우스, CIA한국지부장 실바, 그리고 하우스만 등에 의해 대략적인 미국의 방침이 정해졌을 것이다.

　그러면 백악관의 명령이 떨어지기 전에, 미국이 한국을 다루는 지침은 존재했을까 하는 의문이 들 수 있다. 새롭게 출범한 케네디 정부의 국무장관 러스크(David Dean Rusk, 1909~1994)는 1961년 1월 24일, 다음과 같은 문서를 남겼다.

　한국의 부정적인 여론에 관한 12월 1일자 대사의 전문은 국무부내에서 지대한 관심 속에 열람되었다. …(중략)… 만약 정부의 교체가 불가피할 경우에는 미국이 지난해 봄 위기상황(4·19 혁명)에서 실행한 것과 같은 정교한 방법을 써야 하고 다시 한 번 그와 같은 성공을 이용하도록 해야 한다. …(중략)… 이러한 목적을 위하여 ①국회의 불신임 투표, ②국회의 해산, ③군대에 의한 쿠데타, ④극우나 극좌세력에 의한 쿠데타, ⑤총리의 암살과 같은 상황에서 대사는 현지 미국 기관과 함께 국무부의 승인을 받을 수 있고, 미국 정부와 그 대표들의 실질적이고 즉각적인 행동을 지휘할 수 있는 계획을 가지고 있어야 한다. 미국 관료들의 견해에 따르면, 이러한 계획을 고

---

204 짐·하우스만, 정일화 공저, 『한국 대통령을 움직인 미군대위』, 한국문원, 1995, pp.47-48

려할 때 대사는 자질이 있고 권위가 있으며 앞으로 5년 안에 지도자로 떠오를 수 있는 사람들의 목록을 준비할 필요가 있다.[205]

이 문서에서 말하는 대사는 매카너기(Walter P. McConaughy, 1908-2000)이다. 그는 1959년 한국에 부임하여 1961년 4월 이임할 때까지 한국의 정치에 깊숙이 관(련)여했다. 특히 4월 혁명의 후처리는 전적으로 그의 작품이다. 이승만 하야 및 망명 그리고 장면 정부의 출범에 큰 역할을 했다.

미 대사관이 국무장관 러스크의 지침에 의해 지도자로 떠오를 수 있는 사람들의 목록을 준비하였는지 그리고 박정희가 그 대상 인물에 포함되었는지는 아직 알 수 없다. 이것은 5 · 16 쿠데타의 미국 '사전 기획설' 혹은 '추후 승인설'에 관한 사안이다. 그린과 매그루더의 향후 행위에 대하여 표면적인 모습만 봐서는 안 된다는 의미로 이 문서를 먼저 소개했다.

미국의 주요 요인들이 미8군 전쟁상황실에서 모임을 가진 직후인 오전 7시경, 박정희는 육군본부에 입성했다. 그런데 이 무렵 묘한 일이 일어난다. 다음은 하우스만의 회고다.

복도에서 박정희 장군을 만났다. 일단의 장교들을 거느리고 총장실 방향으로 오고 있었다. 그는 손을 약간 들어 나에게 흔들었다. 나도 답례했다. 박 장군에게 접근할 여유가 있는 것도 아니었고 또

---

205 AS-88 January 24, 1961, 795B.00/1-2461, Box2181, Decimal, 가드너 문서군 《박태균, 『우방과 제국』, 창비, 2006, pp.192-193 재인용》

그렇게 할 급격한 임무도 없었기 때문에 그냥 지나칠 수밖에 없었다. 박 장군이 가는 방향으로 봐 오른쪽으로 돌면 참모총장실이었고 왼쪽으로 돌면 회의실 등이 있었는데 박 장군 일행은 오른쪽을 돌지 않고 왼쪽으로 갔다. 나는 그날 이른 새벽 박 장군과의 이 짧은 만남이 있은 후 연락관을 통해 부단한 메시지를 주고받았다. 연락관은 한국군 대위였으며 그는 8군의 내 사무실 또는 8군 영내의 내 관사를 방문하면서 쪽지를 전했다. [206]

두 사람의 행동을 보면 야릇하기 그지없다. 서로 간에 말이 필요 없다는, 마치 모든 것을 알고 이해한다는 연인들 간의 몸짓으로 보일 정도다. 그리고 비밀리에 쪽지를 주고받는다는 것은 무슨 뜻인가?

한편, 기억할 것은 매그루더의 직선적인 명령선 상에 있지 않다는 하우스만의 주장이다. [207] 1961년 5월, 그 당시 하우스만의 공식적인 직함은 주한미군사령관 보좌관이었고, 사무실은 미8군사령관 옆방이었다. 하우스만은 미군사고문단(KMAG) 소속으로 근무하다가 본국으로 돌아간 뒤에는 미 국방부 한국담당정보과장을 역임했다. 다시 한국으로 온 뒤의 직책이 미8군사령관 보좌관이다. 그렇다면 실제 그의 임무와 소속은 어디일까? 일단 생각해 볼 수 있는 것은 CIC 혹은 CIA다. 이 문제는 일단 미루어 두자.

아무튼 박정희와의 짧은 만남 이후 그는 육본을 떠났고 육군참모총장실에는 고문단장 하우스 소장과 박정희 그리고 장도영이 서로가 어

206 『한국 대통령을 움직인 미군대위』, pp.48-49

207 『한국 대통령을 움직인 미군대위』, p.49 (나는 사실 매그루더 장군의 직선적인 명령선 상에 있지 않아 내 나름대로 행동했으므로 하우스 장군처럼 몇 시에 육본을 방문했는지 기억이 없다.)

색하게 마주 앉게 되었다. 세 사람의 만남에 대하여 박정희는 장도영 반혁명사건의 증인심문에서 "아침 6시쯤 장 장군이 만나자고 해서 육군참모총장실에 갔다. 그 자리에는 미군사고문단장 파우스 대장[208]도 있었는데 장 장군은 몹시 원망스러운 태도로 나를 노려보았다."라고 말했다. 반면 장도영은 이 모임에 큰 비중을 두고 회고록에서 자세하게 설명하였다. 주요 의제는 박정희가 장도영에게 쿠데타군의 지휘를 요청한 것과 계엄령 선포건 이었다. 이 글에서는 하우스만이 먼 후일 하우스 소장의 회고를 빌어 작성한 내용을 소개한다.

　하우스 장군은 박정희 장군과 얼굴을 맞대고 마주 앉아 있었다. 하우스 장군은 뒤에 박 장군을 '애국자'라고 평가하기는 했지만 생면부지의 이 두 군인이 이른 새벽 어색한 자리에서 같이 앉아 무슨 말을 했으며 어떻게 행동했을 것인지를 상상해 보면 절로 웃음이 날 지경이다. …(중략)… 하우스는 박에게 "왜 당신은 여기에 왔느냐?"고 물었다. 박은 "우리는 장도영 참모총장에게 우리의 군사혁명을 이끌어 달라는 요청을 하기 위해 여기 왔다."고 말했다. 하우스는 "만일 장 참모총장이 이를 거절하면 어떻게 하겠는가?"라고 물었다. 박은 "만약 거절한다면 우리는 모든 적절한 조처를 취해 참모총장직을 접수할 것"이라고 말했다.

　몇 마디 더 말이 오갔으나 통역자의 잘못이었는지 서로 뜻이 통하지 않았다. 두 빳빳한 장군은 입을 다문 채 얼마를 앉아 있었다. 박은 짙은 레이번 안경을 쓰고 있어 도무지 표정을 읽을 수 없었

---

208 미군사고문단장은 파우스 대장이 아니고 하우스 소장이다.

다. 하우스 장군은 장 총장실을 방문하기에 앞서 매그루더 사령관으로부터 "정치 문제에는 절대로 개입하지 말라."는 명령을 받았기 때문에 더 이상 질문하는 것을 조심했고, 박도 하우스와의 대화를 통해서는 얻을 것이 없다는 판단을 해서인지 자리에서 일어나 버렸다는 것이다.[209]

  하우스만의 글에는 정작 중요한 장도영과 박정희의 대화가 생략되어 있다. 장도영의 회고에 의하면, 그는 박정희를 만나기 전에 몇 가지 상황을 파악하였다고 한다. 기본적인 방침은 물론 유혈극 방지였다. 아무튼 장도영, 박정희, 하우스의 만남은 별 결론도 없이 서로 간에 감정의 앙금만 남긴 채 헤어진 것은 사실로 보인다.

  하우스만의 증언에 따르면, 이날(5월 16일) 오전 박정희의 쪽지를 혁명위(革命委) 소속 한 대위로부터 받았다고 한다. 혁명위원회에 하우스만이 참여해 주길 바란다는 내용이다. 혁명위에 나갈 입장이 아니었지만, "한·미 간의 대화 통로가 끊어진 지금 기꺼이 그 중재자로 나설 것을 결심했다"[210]고 하는 것이 하우스만의 주장이다.

  이 증언은 대단히 중요하다. 하우스만의 주장이 옳다면 그는 5·16 쿠데타 주체 세력과 사전에 모의를 한 적이 없는 것으로 된다. 그러나 그의 행적을 보면 대화 통로의 중재자 정도가 아니라 쿠데타 세력의 대변인 혹은 적극 가담자처럼 보인다. 쿠데타 이틀 후인 5월 18일 저녁에 일어난 일을 살펴보자.

209 『한국 대통령을 움직인 미군대위』, pp.49-51
210 『한국 대통령을 움직인 미군대위』, pp.51-52

1961년 5월 18일, 박정희는 미8군 캠퍼스 안에 있는 하우스만의 집을 방문했다. 통역자는 강문봉(姜文奉)[211]이었다. 강문봉은 박정희의 학교 후배(신경군관학교 5기, 일본육사 59기)였으나 박정희보다 일찍 귀국하여 군사영어학교를 나온 관계로 한국 군문에서는 오히려 상관이었다. 김창룡 암살 관계로 구속되어 형을 살다가 4월 혁명 이후 출옥하였고, 5·16 쿠데타와는 전혀 관계가 없는 신분이었다. 쿠데타 주체 중의 한 명을 선택하지 않고 왜 강문봉을 대동했는가는 정확히 알 수 없다. 아마 강과 하우스만의 친분 관계 때문일 것이라는 하우스만의 느낌이 맞을지 모르겠다.

박정희의 첫 인사말은 "강문봉이 참모총장이 되어야 하는데….."였다. 이에 대한 하우스만의 대답은 "당신은 모자를 써야 한다."였다. 허수아비 장도영을 내세우지 말고 당신이 직접 전면에 나서라는 뜻이다. 이에 대한 박정희의 답변은 "혁명위는 하우스만 당신 친구들이 거의 전부이니 당신네들 혁명이오."였다. 하우스만은 농담으로 치부했지만, 군사작전권이 없는 한국군의 현실을 말하는 진담이었을 것

---

211 姜文奉(1923-1988) 만주 용정(龍井) 출생, 1942년 만주군관학교를 수석으로 졸업(5기)한 뒤 일본 육군사관학교에 편입하였다. 1945년 제59기로 졸업하고 일본군 육군소위로 임관되었다. 8·15광복을 맞아 귀국하였으며 한때 여운형(呂運亨)을 추종하였으나 그의 좌경적인 행위에 실망, 그해 12월 군사영어학교를 마친 뒤 창군(創軍)에 참가하였다. 1949년 대령이 되었으며 1951년 준장, 소장으로 계속 진급한 뒤, 미국 육군참모학교에 유학하였다. 1953년 중장으로 진급한 뒤 1954년 제2군사령관이 되었다. 1956년 11월, 그해 1월 30일에 발생했던 김창룡(金昌龍) 육군특무부대장 암살사건의 배후 책임자로 지목되어 구속되었다. 이듬해 4월 사형이 선고되었으나 무기형으로 감형되었으며 4·19 혁명 이후 사면, 석방되었다. 그 뒤 1963년 미국 조지워싱턴대학 대학원을 마치고 귀국, 같은 해 민정당(民政黨) 전국구 국회의원이 되었으며, 공화당 정권의 배려로 1967년 스웨덴대사를 시작으로 1971년 스위스·바티칸대사를 역임하였고, 1973년유신회(維新會) 국회의원이 되었다. 1976년 <특별범죄가중처벌법> 위반사건에 휘말려 수뢰혐의로 구속되었다가 석방된 뒤 정계를 떠났으며, 1983년 연세대학교에서 행정학박사 학위를 받았다. 1986년 이후 옛 전우와 관련된 회고록을 쓰기 위한 작업에 몰두하여 왔으나 신병으로 미국에서 죽었다. 을지무공훈장·충무무공 훈장·태극무공훈장 등을 받았다. 《한국민족문화대백과사전》

으로 믿는다. 아래는 그날 있었던 상황을 하우스만이 정리한 글이다.

　박은 "하우스만 씨, 나를 위해 미국에 좀 갔다 오지 않겠소?"라고 정중하게 물어 왔다. 나는 웃었다. 대답 대신 내 방으로 들어가 미국행 항공 티켓을 박에게 보여 줬다. 바로 그 이튿날 나와 아내는 반(半)공무 겸 반휴가 겸으로 본국에 들어갈 예정이었다.
　나는 박이 부탁하지 않아도 사실 남의 눈에 뜨이지 않게 본국에 돌아가 한국 사태의 자초지종을 보고할 예정에 있었다. 박정희는 놀라는 표정도 없이 "잘 부탁하오."라고 말했다.
　워싱턴에 도착한 후 즉시 미합참의장 라이먼 렘니처 장군에게 직접 보고하러 들어갔다. 한국 사태를 소상히 보고했고, 박정희라는 인물에 관해서도 말했다. 박이 나의 관사를 찾아와 얘기한 것은 물론, 미국과의 관계를 가까이하기를 바라고 있다는 것을 보고했다.
　그리고 김종오(金鍾五) 장군에 관한 얘기가 있었다. 마침 렘니처 대장은 쿠데타가 일어나기 직전 한국을 방문해 한국측 합참의장인 김 장군의 안내를 받았었는데 김은 렘니처에게 쿠데타에 관해 일언반구도 하지 않았다는 것이다.
　렘니처가 김포공항을 떠난 바로 그 이튿날 쿠데타가 일어났기 때문에 김종오는 무언가를 속였을 것이라는 오해가 있었다. 나는 김종오 대장이 결코 쿠데타 기도를 몰랐다는 것을 확인했다고 말했다.
　이어 육군참모총장 조지 H. 데커 장군께 보고했다. 미중앙정보국(CIA), 국무부, 그리고 그 외의 몇몇 요로를 찾아 한국 사태를 설명했다. 이때는 박의 쿠데타군을 무력으로 진압할 것인가 어쩔 것인가, 그를 외교적으로 고립시킬 것인가 등을 두고 국무부와 국방부의 의견이 일치하지 않았고, 국방부, 육군, 합참 안에서 상당한 견해 차이가 있을 때여서 나의 보고는 그들의 한국 사태 진단에 상당한 도움이 된 것으로 보였다.

나는 이 보고에 힘입어 그 후 미 국방장관으로부터 장문의 공적서와 함께 국방장관 공로표창장을 받았다.[212]

하우스만의 행적을 살펴보면 이해되지 않는 행위가 너무 많다. 그는 미8군사령관으로부터 직접적인 명령을 받지 않고 자신 나름대로 행동할 수 있는 신분이며, 귀국 후 합참의장과 육군참모총장에게 직접 보고하곤 한다. 그리고 미중앙정보국(CIA), 국무부 그 외 관계 요로에 직접 설명을 하는 것도 그의 임무다. 영관급 장교로서 이러한 움직임을 보여 줄 수 있는 직책은 단 하나다. 하우스만은 정보요원인 것이다.

이렇게 단정할 수 있는 이유는 공식적인 그의 이력을 보면 알 수 있기 때문이다. 하우스만은 1946년 미군정요원(미 육군 대위)으로 한국에 파견된 후 1981년 한국을 떠나 영구 귀국할 때까지 단 한 차례 미국에서 근무했다. 한국전쟁 도중 미 국방부 한국담당 정보과장을 지낸 이력이다. 그 후 1952년 주한미고문단에 재배속되어 한국군뿐 아니라 정치에까지 절대적인 영향력을 행사했다. 1951년 이후 미군 정보계통(G2, CIC, DIA등)에서 근무했다고 보면, 5·16 쿠데타 당시 하우스만의 행적이 이해되리라 본다. 하우스만 자신의 말을 들어 보자.

212 『한국 대통령을 움직인 미군대위』, pp.63-64

당시 나는 대위, 소령의 계급이었지만 미고문단의 참모장이었으며 윌리엄 로버트 고문단장(준장)은 본국 출장이 잦아 참모장인 나에게 단장 직무대행을 맡기곤 했기 때문에 한국 군부대에 나가 있는 중령, 대령 고문관들도 나의 명령권 안에 있었다. 나는 이 문제에 관한 한 국방부와 백악관의 확실한 보장을 받고 있었다. [213]

박은 내게 상당히 솔직한 것 같았다. 내가 말하기를 머뭇거리거나 입을 다물고 있으면 "여보, 하우스만 씨, 당신은 G2(정보)이고 나도 G2가 아니오. 우리 솔직히 얘기합시다."라고 곧잘 말했다. 박은 한국군 정보과장 출신이며 나도 미 국방부의 정보과장을 지낸 같은 정보장교였다. [214]

앞의 글은 이승만 정권 당시 자신의 위치를 하우스만 스스로 설명한 글이다. 뒷글에 묘사된 대화가 이루어진 시기는 쿠데타 성공 이후 박정희가 국가재건최고회의 부의장 시절이다. 장소는 부의장실이 있던 회현동의 구 해군본부 3층 건물의 옥상 휴게실이었다. 정리해 보면 한국에서의 하우스만의 주요 직책은 다음과 같다. 국방경비대 창설요원, 미고문단(PMAG 및 KMAG) 참모장, 미8군사령관 보좌관 및 고문 등이다.

여러 정황을 살펴볼 때 5·16 당시 하우스만의 표면적인 직책은 미8군사령관 보좌관이었지만, 실제로는 미8군과 한국군의 정보를 담당하는 CIC요원이었을 것으로 추정된다. 어쨌든 5·16 쿠데타에 하우

---

213 『한국 대통령을 움직인 미군대위』, p.24
214 『한국 대통령을 움직인 미군대위』, p.74

스만이 적극적으로 개입한 것은 틀림없다. 5·16 후 미 국방장관으로부터 장문의 공적서와 함께 국방장관 공로표창장을 받았다는 것이 무엇보다 중요한 증거가 된다.

하우스만의 증언록을 보면 뭔가 숨기고 있다는 느낌이 든다. 박정희와의 관계가 그렇다. 특히 박정희에 대한 비판과 불만을 많이 노출시키고 있다. 몇 가지 예를 들어 보자.

- 1979년 6월 29일 카터 미 대통령이 한국에 왔다. … 그 뒤 가발 공장 여종업원들을 신민당사에서 끌어낸 소위 YH사건, 김영삼 총재의 국회의원 제명사건 등 계속 불행한 사태가 한국에서 발생했고 미 국무부는 '개탄한다' 등의 비외교적 용어까지 써 가며 박정희 정부를 비난했었다.[215]
- 하우스만의 후임으로 온 신임 8연대장 원용덕은 "박에게 매우 강한 외국인 혐오증이 있다."는 말을 들었다.[216]
- 그는 그를 어려울 때 구해 준 동료·선배·후배들의 발뒤꿈치를 사정없이 무는 사람이라고 해서 가끔 미군들 사이에서는 '스네이크 박'이라고 불리기도 했다.[217]

하우스만이 박정희를 이렇게 평가했다면, 5·16 쿠데타 발발 시 하우스만의 행적을 이해할 수 없게 된다. 그러나 상부로부터 뭔가 명령

---

215 『한국 대통령을 움직인 미군대위』, p.20
216 『한국 대통령을 움직인 미군대위』, p.31
217 『한국 대통령을 움직인 미군대위』, p.33

을 받았다면 문제는 달라진다. 한편, 박정희와의 인연 그리고 접촉 과정을 설명하는 하우스만의 발언은 또 다른 시각을 보여 주고 있다. 제2장 3절에서 6절에서 거론했지만, 하우스만이 박정희를 처음만난 곳은 여순사건 토벌 현장에서다. 통역관 고정훈으로부터 박정희를 소개받은 이후 박정희란 존재를 알게 되었다. 그 후 박정희가 육본 정보과에서 문관으로 있을 때는 직책상 맞닥뜨릴 경우가 많지 않았다고 한다.[218] 그러나 4·19 이후 별 둘을 달고 육본작전참모부장으로 부임해 온 이후에는 8군 고문인 자기와 많은 접촉을 하지 않을 수 없었고, 이때 많은 대화를 했다고 기억한다.[219]

하우스만의 증언에 따르면, 이 무렵부터 박정희의 쿠데타 기도에 대한 상당한 증거를 갖고 정보를 포착했으며,[220] 1961년 3월 1일 실제 쿠데타가 일어나기 45일 전 하우스만은 한국군 내에 쿠데타 기도가 있음을 상부에 보고했다고 했다. 그뿐 아니라 매그루더 주한UN군사령관은 장도영 육군참모총장에게 적어도 한 차례 이상 "군 내부의 쿠데타 기도를 주의하라."고 경고했다고 주장하고 있다.[221]

문제는 여기서부터 발생하게 된다. 하우스만이 얘기하는 상부가 주한UN군사령관뿐이라면 5·16 당시 그리고 그 후 그의 행적을 도저히 설명할 수 없다. 하지만 그 상부에 미 합참 혹은 국방부가 포함된다면 이야기가 달라진다. 지은이는 하우스만이 미 본국에 틀림없이 보고했을 것으로 믿는다. 왜냐하면 그는 자신이 말한 바와 같이 매그

---

218 『한국 대통령을 움직인 미군대위』, p.36
219 『한국 대통령을 움직인 미군대위』, pp.36-37
220 『한국 대통령을 움직인 미군대위』, p.60
221 『한국 대통령을 움직인 미군대위』, p.45

루더로부터 직접 명령을 받지 않는 신분이었고 미 합참의장에게 직접 보고할 수 있는 권한을 갖고 있었기 때문이다. 그가 CIC 소속이었는지 혹은 다른 정보부에 속했는지는 풀어야 할 숙제다.

| 정치군인 박정희의 성격과 술버릇 |

국군 최악의 전투로 꼽히고 있는 현리전투에서 자신의 상관, 동료, 부하들이 죽거나 모욕적인 탈출로 위기를 모면하고 있을 때, 박정희는 대구에서 육영수와 뒤늦은 신혼 생활을 즐기고 있었다. 눈여겨볼 것은 박정희의 보직이다. 별을 달기 전 박정희의 이력은 대부분 참모직이었다. 흔히들 얘기하는 '군의 꽃'이라는 연대장직을 맡은 적이 없다. 지휘관 경력이 거의 없었다는 뜻이다. 박정희는 전쟁이 끝난 이후인 1953년 11월 25일 준장으로 진급하고 그 후 미 육군 포병학교 유학, 2군단 포병사령관 등을 거쳐 1955년 7월 1일에 제5사단장으로 임명되었다. 한국군에 입문한 지 9년, 일본(만주)군 시절을 포함하면 군 입문 15년 만에 야전군 지휘관이 된 셈이다.

박정희의 초급장교 시절, 보이지 않는 힘의 도움으로 옷을 벗어야 할 여러 차례의 위기에서 벗어난 사례는 이미 거론한 바 있다. 박정희를 돕는 행운의 여신은 사단장이 되어서도 여전히 그의 곁을 떠나지 않았던 모양이다.

그가 제5사단장으로 있을 때, 부대 텐트 위에 쌓인 눈으로 인해 텐트가 무너져 잠든 수십 명의 장병이 몰사한 일이 있었다. 그리고 7사

1955년 11월 3일 이승만 대통령(오른쪽)이 강원도 인제군의 3군단을 찾아
예하 5사단장이던 박정희 준장과 악수하고 있다. [대한뉴스 캡처]

단장 시절에는 화재에 의해 장병들의 겨울 피복을 몽땅 태워 버린 사
건이 일어났다. 사단장으로서 당장 옷을 벗어야 할 사건들이었다. 하
지만 이번에도 박정희는 무사했다.

하우스만의 주장에 의하면, 박을 보호한 사람은 송요찬이었다. 육
본 감찰반에서 박에게 관대한 송의 태도를 문제 삼아 경고장까지 보
냈으나, 송은 못 본 체하고 지나쳐 버렸다 한다. 한 번도 아니고 두
번이나 박을 구명한 이유는 무엇일까? "왜 그랬는지 모르지만 박을
무척 좋아했다. 아마도 비슷한 가난한 농촌 출신인 데서 동료의식을
느꼈을 것이고, 중학교도 못 나온 채 지원병으로 일군에 들어갔던 자
신과는 달리 당당히 사범학교를 나와 일본 육사까지 나온 박이 어쩌
면 존경스럽기까지 했기 때문이었을 것이다." 송요찬이 하우스만에

게 한 말이다.[222]

아무래도 뭔가 어색하다. 박정희가 5군사령관이었을 때 송요찬은 제3군단장이었고, 7사단장이었을 때는 제1군 야전사령관이었다. 군 사령관은 육참총장 그리고 국방장관, 대통령의 지휘를 받아야 하는 입장이며, 군단장은 군사령관 휘하다. 자신의 경력에 누가 될 게 뻔한데 아무런 연고도 없고 구해야 할 뚜렷한 명분도 없는 박정희를 왜 구했을까?

아무튼 이러한 불운과 행운을 거쳐 박정희는 1958년 3월 1일부로 소장으로 진급한다. 그의 나이 마흔 하나일 때다. 그동안 군인들만의 세계에 갇혀 있던 박정희에게 정치인, 관료, 언론인 등 민간인들과 접촉할 기회가 찾아온다. 서울 방위를 책임져야 할 6관구사령관에 임명된 것이다. 특히 군수기지사령관으로 전보된 것은 또 다른 행운이었다. 대구사범 동문 그리고 부산이란 지역을 통하여 새로운 인맥이 형성된 것이다. 주목할 인물은 황용주와 이병주 그리고 김종신이다. 황용주는 비록 졸업은 못했지만 박정희와 같은 해 대구사범에 입학한 동기이자 1960년 현재 부산일보의 주필 겸 편집국장이었으며 김종신은 군 출입 기자였다. 그리고 일본에서 황용주와 함께 유학을 한 사이였던 이병주는 국제신보의 주필 겸 편집국장이었다. 박정희는 이들을 통하여 정치군인에게 있어 언론이 왜 중요한가를 깨달았을 것으로 짐작된다.

이들과의 접촉을 통하여 새로운 인맥이 형성되기도 했지만, 한편으론 박정희란 인물의 성격과 인격 등이 민간인들에게 노출되기도 했

---

222 『한국 대통령을 움직인 미군대위』, p.70

다. 박정희의 성격을 보는 시각은 여러 갈래다. 독재자 박정희를 떠올리는 이들은 '독선'이라는 단어를 먼저 생각할 것이다. 한편, 박정희를 긍정적으로 보는 이들은 '독선'이 아니라 '카리스마'라고 항변하리라 본다.

박정희 주변의 인물들 역시 제각각 다른 시선으로 평가하고 있다. 1969년 10월부터 1978년 12월까지 박정희의 최장수 비서실장이었던 김정렴은 "박 대통령은 과묵한 분이며 남의 의견을 충분히 듣고 난상토론을 거친 후 결단을 내리면 소기의 성과가 날 때까지 초지일관 꾸준히 추진하는 분이었다."[223]고 소개한다. 박 정권의 2인자였던 김종필은 의외의 답변을 한다. "박 대통령에게 모자란 점이 몇 가지 있어. 약해. 알려진 것과 달라. 그렇게 약한 사람이 없어. 약하니 의심을 잘하고."[224]

궁금한 것은 대통령이 되기 이전 박정희의 성격이다. 그의 성격은 쿠데타 발발 원인 중 하나라고 본다. 실제 일어났던 에피소드를 중심으로 박정희의 성격을 파악해 보자. 처음 소개할 사례는 하우스만의 경험담이다. 술과 담배 이야기가 얽힌 흥미로운 내용이다.

나는 그를 둘러싼 군부 쿠데타설에 이미 신경을 곤두세우고 있었다. 그는 줄담배를 피웠다. 작전참모인 그는 8군 고문인 나와 자연히 많은 접촉을 하지 않을 수 없었는데, 대화가 오갈 때면 내가 탁자에 꺼내 놓은 살렘 담배를 서슴지 않고 마구 꺼내 피우곤 했다.

223 김정렴, 『아, 박정희』, 중앙M&B, 1997, P.341
224 김종필 전 총리 인터뷰 "5천만이 시위해도 박대통령 절대 안 물러날 것", 「시사인」, 2016.11.14.

박정희는 아마도 술과 담배를 통해 그의 무뚝뚝하고 정이 없어 보이는 자신의 이미지를 친근하고 정이 있는 모습으로 바꿔 온 것 같았다. 한국인들은 술과 담배를 같이 나눠 마시고 피우는 것을 통해 동료 의식 같은 것을 느낀다.

박은 여순반란 진압 작전 때부터 술·담배를 많이 했다. 동료·상사들이 술을 산다면 박은 거의 거절하는 법이 없었고, 술만 얻어마시는 것이 아니라 술 사는 사람의 담배까지도 즐거이 피워 댔던 것이다. 고정훈, 김점곤, 장도영… 이런 사람들의 술·담배는 박정희의 것이라 해도 과언이 아닐 지경이었다. 작전참모부장 시절 그가 나의 살렘 담뱃갑에서 열심히 담배 개비를 빼내 가던 모습은 지금도 어제 일처럼 생생하다.[225]

대체적으로 박정희는 과묵하고 내성적인 성격으로 알려져 있다. 하지만 술과 담배가 등장하는 장면에서는 오히려 외향적인 면을 보여준다. 하우스만은 박정희의 행동에 대하여, 계급이 우선인 군대에서 나이가 한참 아래인 상사들에게 흔히 말하는 '립 서비스'를 할 처지가 못 되었기 때문에, 상사에 대한 존경심을 갖고 있다는 증거로 '술 좀 사 주시오', '담배 한 대 사 주시오'라고 했다[226]는 해석을 내렸다. 박정희가 애주가요 끽연가라는 사실은 많이 알려진 이야기다. 술에 얽힌 비화는 소설가 이병주가 많이 제공해 준다. 이병주의 경험담을 들어 보자.

---

225 『한국 대통령을 움직인 미군대위』, p.37
226 『한국 대통령을 움직인 미군대위』, p.39

어째서 S[227]만 벼락부자로 만들어 주었는가 하는 것이 화제에 올랐을 때 나는 이런 얘기를 들었다. 박정희가 최고회의 의장을 하고 있었을 때이다. S씨의 생일날에 그를 마포에 있는 S씨 집에 초대했다. 최고회의 의장이 온다는 바람에 많은 동기동창생이 모였다. 그 가운데 학생 시절부터 만나기만 하면 박정희와 싸우는 친구가 있었다. 그 친구가 거나하게 술에 취하자 옛날의 버릇대로 박정희에게 시비를 걸었다. 그런데 그 시비가 조금 악성이었다.

"쪼맨한 난쟁이 X길이만 한 놈이 무슨 간을 키워 갖고 쿠데타를 했노."

이 말에 격분한 박 의장은,

"나를 망신 주려고 청했나!"

하곤 일어서서 술판을 뒤엎고, 그대로 분이 풀리지 않아 세간을 마구 부수는데 부엌에 있는 그릇까지 작살을 내고 말았다.

그 후 대통령이 된 뒤 S씨에게 그때의 일을 사과하고 부순 세간을 물어 주겠노라고 하자 S씨가 보상은 불가능할 것이라고 말하고, 내 집에 있는 세간은 모두 이조(李朝)의 목각품(木刻品)이고 그릇은 죄다 고려자기(高麗瓷器)라고 농담을 했다.

"이조 목각이건 고려자기이건, 몇 백억이 된들 내가 그걸 못 물어 줄 줄 아나?"

하고 박 대통령도 농담으로 받았다. 그런데 이게 말빚이 되어 S씨

---

227 서정귀(徐廷貴, 1917-1974)를 말한다. 경상남도 충무 출생. 1937년 대구사범학교를 나온 뒤 1945년 경성법학전문학교 졸업했다. 같은 해 고등문관시험에 합격하였다. 4·5대 민의원을 지냈으며, 1960년 재무부 정무차관에 발탁되었다. 5·16 군사정변 후 정계를 떠나 실업계에 투신, 1964년 《국제신보》 사장에 취임하였다. 1966~1967년 흥국상사 사장, 1968년 회장에 취임하였다. 1970년 호남정유 사장에 취임하여 한국 정유업계의 중진으로 활약하였다. 서정귀의 딸 서옥로는 이후락 장남 이동진과 결혼했다.

가 큼직한 특혜를 받게 되었다는 얘기이다. 이런 얘기를 하며 S씨는 장난기를 섞었다. 농담과 진담 반반으로 이해해야 할 것 같다.[228]

이 삽화의 진위는 알 수 없다. 하지만 동기들 사이에 박정희의 주사(酒邪)가 이렇게 회자되는 자체가 무엇을 뜻하고 있는가? 사실 박정희는 외로운 사람이었다. 조금 다른 관점이지만 김종신 전 청와대 비서관도 박정희의 고독에 대하여 거론한 바 있다.[229] 그에게 부하는 있어도 동료나 친구는 없었다.

한국 사회에 있어서 학연은 혈연 이상으로 중요한 역할을 하는 것이 보편적 인식일 것이다. 박정희의 학력은 구미보통학교, 대구사범, 만주 신경군관학교, 일본 육사 등이다. 그 외 조선경비대(육사)도 추가할 수 있다. 가장 영향력이 크다고 볼 수 있는 세 곳의 사관학교 경력은 동기들이 대부분 박정희보다 4, 5세 이상 연하였으므로 진정한 친구를 사귀기 힘들었을 것으로 짐작된다. 보통학교 출신들은 가는 길이 너무 다른 처지가 대부분이었으므로 결국 남는 것은 대구사범뿐이다.

대구사범 시절의 박정희에 대해선 제1장 4절 '만년 꼴찌, 박정희 사범학교 시절'에서 거론한 바 있지만, 어떻게 보면 박정희 콤플렉스의 뿌리가 그 시절에 있었을 것으로 짐작된다. 가난한 집안, 배우지 못한 형제들, 자신의 성적은 꼴지에 머물고, 게다가 사교성이 없는 성격…. 이병주는 박정희란 인물을 보다 정확하게 파악하기 위하여 그

---

228 이병주, 『대통령들의 초상』, 서당, 1991, pp.179–180
229 김종신, 『박정희 대통령과 주변 사람들』, 한국논단, 1997, pp.199–242(외로운 권력자)

의 대구사범 시절의 동창생들을 틈이 나면 "박정희를 어떻게 생각하느냐?"라고 물었던 모양이다. 이병주의 질문에 대한 동문들의 답변을 소개한다.

① 그를 계도하려다가 실패한 H[230]는, "너 알면서 왜 그런 걸 묻노?" 했을 뿐이다.

② 민정이양을 할 때 자문을 받곤 그의 민정참여를 극구 반대했다가 미움을 사서 절교 상태에 있었다던 변호사 K[231]씨는 내 물음에 눈만 깜박거리곤 대답하지 않았다.

③ 그보다 한두 해 선배인, 해방 직후 김규식 선생의 비서실장을 한 적이 있는 S[232]씨는 "바탕은 나쁜 사람이 아닌데." 하고 뒷말을 어물어물해 버렸다.

④ K신문의 서울 지사장으로 있었던 또 하나의 S[233]씨는 사범학교 기숙사 시절 눈을 치우다가 삽을 들고 한바탕 싸웠다는 얘길 했을 뿐 더 이상 말이 없었다.

⑤ 청와대에서 정보비서 노릇을 한 K[234]씨는, "꼼꼼한 성격이었소, 대단히 꼼꼼한 사람입니다." 했을 뿐이다.

---

230 황용주(1918-2001)일 것이다. 5·16 후 부산일보 사장, MBC사장 등을 지내다가 '세대'지 1964년 11월호에 '강력한 통일정부에의 의지 : 민족적 민주주의의 내용과 방향'이란 논설을 발표한 필화사건의 당사자다. 징역1년, 자격정지 1년, 집행유예 3년의 형을 선고받았다.

231 김종길(1917-사망)일 것이다. 박정희와 대구사범 동기로서 1974년 인혁당 사건 때 피고인의 변론을 맡았다.

232 송남헌(1914-2001)일 것이다. 대구사범 1기로 박정희의 3년 선배다.

233 석광수일 것이다. 국제신문 상무를 역임했다.

234 권상하일 것이다. 청와대 정보비서관을 역임했으며, 주로 친인척 관리를 맡았다.

⑥ 굳이 이름을 밝히길 거부한 X씨는 만주군관학교에 같이 가자고 권유를 받은 적이 있었다며, '자기완 전연 성미가 맞지 않는 사람'이라고 했다.

⑦ 그의 특혜로 벼락부자가 된 S[235]씨는, "그 사람 경제 공부는 많이 했더마." 하고 너털웃음을 웃었다.

⑧ M[236]이란 학자는, "아이큐만 되게 높고 교양은 빈약한 사람."이라고 잘라 말했다.

⑨ 유일하게 그를 훌륭하다고 말을 아끼지 않은 한 사람은 전에 고려대학의 교수를 하다가 H군 후임으로 부산일보의 사장을 한 O[237]씨이다.

이 글에 등장하는 인물들은 자기 분야에서 어느 정도 성공을 거두었으며, 박정희의 후광을 입은 동문들이다. 그럼에도 박정희를 긍정적으로 평가하는 이는 극히 제한적이다. 대부분이 냉소적으로 말하거나 아예 입을 다물고 있다. 이들 중 박정희를 진정한 친구였다고 말하는 사람은 단 한 사람도 없다.

박정희가 동기들에게 신망을 얻지 못한 이유는, 열등했던 과거를 가진 자의 지나친 과시욕에 대한 반발로 짐작된다. 이번에는 조갑제가 발굴한 자료를 통하여 대구사범 시절의 박정희에 대한 기억을 재조명해 보자. 아래의 인용 글은 이낙선(상공부 장관 역임)이 육군소령으

---

235 서정귀일 것이다. 호남정유 회장을 지냈다.

236 김병희로 추정된다. 인하대 학장을 지냈다.

237 왕학수(1917-1992)일 것이다. 서울대, 고려대 등에서 교편을 잡았으며, 영남TV 사장, 대구문화방송 사장, 부산일보 사장 등을 역임했다.

로서 국가재건최고회의 의장 비서로 있을 때인 1962년 모아 두었던 '박정희 파일' 중의 일부라고 한다.[238]

말이 없고 항상 성난 사람처럼 웃음을 모르고 사색하는 듯한 태도가 인상 깊었다. 동기생 중 누구와 친하게 지냈는지조차 알 수 없다. 5학년 때 검도를 시작했으므로 크게 기술이 있었다고는 보지 않는다. 권투는 기숙사에서 그저 연습을 했을 정도이지 도장에는 나가지 않았다. 군악대에 들어가서 나팔수가 되었다. 축구도 잘했고 주로 자신의 심신 연마에 노력했다. 성적에는 두각을 나타내지는 못했지만 (머리는) 우수한 편이었고 열심히 시험공부를 하지는 않았다.[239]

대체로 내성적인 편이었고 항상 무엇인가를 구상하고 있는 듯하였으나 외표(外表)하지 않은 관계로 그의 진정한 위인 됨을 파악한 학우가 희소하였다. 다른 학우들은 장차의 이상 및 포부에 대하여 종종 피력하였으나 그는 일절 침묵을 지켜 왔고 교우의 범위도 그다지 넓지 않았다고 기억한다.

검도에는 전교에서 손꼽히는 용자로서 방과 후에는 죽도를 들고 연습을 하는 모습을 종종 발견할 수 있었다. 평소에 학우들과 장난칠 때도 검도하는 흉내를 내어 머리를 치곤했다.

나팔의 1인자로서 큰 버드나무 아래서 하급생들을 데리고 나팔 연

---

238 〈조갑제, '눈물 젖은 朴正熙' ③ – 상반된 면모를 지닌 '야무진 少年', 조갑제닷컴〉
239 동기생(대구사범 4회) 石光守(석광수 · 작고 · 〈국제신문〉 상무 역임)가 이낙선 소령에게 보낸 편지

습하는 모습이 기억에 새롭다. 기계체조도 잘했다. 4,5학년 여름휴가 때는 대구 8연대에 들어가서 군사 훈련을 받았는데 박정희는 교련에 매우 취미를 가진 것으로 기억난다. 시범 때 그가 자주 조교로 뽑혀 나왔다. 특히 총검술은 직업군인을 능가할 정도로 우수하였다.[240]

　열심히 시험공부를 하지 않았고, 친하게 지내는 동기생이 없었으며, 장래의 이상 및 포부에 관한 토론에도 끼이지 않았다. 학창 시절 친구들과 '도원결의'나 '의형제 맺기' 같은 치기 어린 행위를 한 흔적도 없다. 거의 은둔형 외톨이의 모습이다. 이러한 성격의 인물이 힘을 가졌을 때, 권력을 쟁취했을 때 어떻게 돌변할까? 동기들의 모임에서 술상을 뒤엎는 앞의 글을 통하며 박정희 성격의 한 단면을 이미 엿보았다. 다른 예를 보자. 아직 확실한 권력을 잡기 이전, 별 둘을 달고 부산 군수기지 사령관으로 재직할 무렵의 장면이다. 다음은 이병주의 증언이다.

　회의가 시작되기 얼마 전, 여윈 몸집으로 작달막한 군인이 육군 소장의 계급장을 달고 색안경을 쓰고 가죽으로 된 말채찍을 든 채 회의장에 들어섰다. 도지사와 인사를 나누고 도지사가 지정한 자리에 가서 앉았다. 그리곤 색안경을 쓴 채로 회의장을 둘러보는 듯하더니 후다닥 일어서 휙 나가 버렸다.
　회의가 시작되었는데도 그는 돌아오지 않았다. 호기심이 있었다. 회의가 끝난 후 도지사에게 물어보았다. 그 군인이 누구이며

---

240 동기생 曺增出(조증출 · 작고 · 부산 문화방송 사장 역임)이 써 보낸 인물評

무슨 까닭으로 이곳까지 왔다가 불참하고 돌아간 이유가 뭐냐고.

신도성이 쓴웃음을 띠고 한 대답을 요약하면, 그는 2관구[241] 사령관 박정희 소장인데 자리가 도지사석과 시장과는 먼 말석인 것이 불만이라서 화를 내고 돌아갔다는 것이다.[242]

글쓴이 이병주가 계엄령이 선포되기 전의 에피소드라고 한 것으로 보아, 상기 장면이 묘사된 시기는 1960년 3·15 부정선거와 계엄령이 선포된 4월 10일 사이의 어느 날일 것이다. 도시사 신도성이 기관장 회의를 소집했으며 참석 대상은 부산시장, 각 신문사 사장, 군수기지사령관 등이었다. 사장을 대리하여 참석했던 이병주(당시 국제신문의 주필 겸 편집국장)는 회의의 목적을 기억할 수 없었다고 했지만, 부정선거로 인한 사회혼란에 대한 대책회의였던 것으로 짐작된다. 장소는 경상남도 도청 의회 회의실이었다.

부산·경남 지역을 관할하는 기관장과 언론사 대표들이 모인 회의에 색안경을 쓰고 말채찍을 든 모습으로 참석한 것만 해도 납득하기 힘든 일이었겠지만, 아무런 해명도 하지 않고 휙 나가 버린 장군을 보고 그날 회의에 참석한 이들은 어떤 생각을 했을까? 이병주가 박정희란 존재를 알게 된 최초의 만남이었다.

이병주가 박정희를 다시 만난 것은 위 사건이 일어난 얼마 후, 계엄령이 내렸을 때다. 부산지구 계엄사무소장이 된 박정희가 부산·경남지역 유력자들을 군수기지사령부로 호출했던 모양이다. 색안경

---

241 종래 2관구는 군수기지로 개편되었으며, 박정희는 당시 (초대)군수기지 사령관이었다.

242 『대통령들의 초상』, pp.89-90

을 쓰고 말채찍을 든 모습은 여전했고 거기에 다부지고 야멸차다는 인상이 덧붙여졌다고 이병주는 말한다.

이때 부산일보를 대표하여 참석했던 황용주가 "아, 너 복세이키 아니냐?"고 하고 박정희가 "음. 너 코류슈로구나." 하고 응대하면서 서로 간의 재회[243]를 나누고 난 뒤 황의 소개로 박을 정식으로 소개받았다고 하는 것이 이병주의 주장이다. [244]

아무튼 이 무렵부터 박정희는 대구사범 동기들을 만나기 시작했으며, 특히 부산 초량에서 병원을 개업하고 있던 조증출, 황용주 등과 자주 어울렸으며 이병주도 가끔 초대를 받았다고 한다. 술자리에서 있었던 박정희 발언 일부를 이병주의 기억에 의존해 몇 가지 정리해 본다.

"여기 도의적으로 말짱한 사람이 있어, 걱정하지 마."

"민주주의고 나발이고 집어치워. 그런 쓸데없는 소리 말고 술이나 마시자."

"일본의 군인이 천황절대주의 하는 게 왜 나쁜가. 그리고 국수주의가 어째서 나쁜가!"

"그런 잠꼬대 같은 소릴 하고 있으니까 글 쓰는 놈들을 믿을 수가 없다."

"아까 너 일본의 국수주의 장교들이 일본을 망쳤다고 했는데 일

---

243 황용주 평전을 쓴 안경환의 주장은 다르다. 그에 따르면 황과 박이 재회한 때는 박정희가 군수기지 사령관으로 부임하기 수년전 황용주가 세종학교 교장으로 있을 무렵 광주에서다. 한 교사의 병역기피 문제로 도움을 받기 위해 황이 박을 찾아갔다고 한다. 『황용주 그와 박정희의 시대』, p.322

244 『대통령들의 초상』, pp.90-91

본이 망한 게 뭐꼬. 지금 잘해 나가고 있지 않나. 역사를 바로 봐야 해. 패전 후 얼마 되지 않아 일본은 일어서지 않았나."

"자유주의? 자유주의 갖고 뭐가 돼? 국수주의자들의 기백이 일본국민의 저변에 흐르고 있어. 그 기백이 오늘의 일본을 만든 거야. 너나 오해하지 마. 우리는 그 기백을 배워야 하네."

"도의는 다음 문제다. 기백이 먼저다."[245]

이병주의 평처럼 알맹이도 없이 엉성하고 시끄러운 토론이었다. 그러나 취중진담(醉中眞談)이란 말이 있는 것처럼 박정희는 술의 힘을 빌려 자신의 속내를 털어놓았는지도 모른다. 그는 파시스트였으며 군부의 힘으로 민족을 빙자한 파시즘 국가를 꿈꾸었던 것이다. 평전에 의하면 "황용주가 박정희의 장자방이며 쿠데타의 모의에 깊이 관여하고 있었고 박정희 군사정권에 이론을 제공한 당사자였다."[246]고 하고 있으나, 아래의 예화를 보면 무리한 주장임을 확인할 수 있으리라 본다.

H가 잔뜩 술에 취해 통일론을 시작했다. 얼마 동안 횡설수설하고 있더니 지금 통일의 유일한 방법은 군인들이 궐기하여 정권을 잡고 즉시 북쪽의 김일성을 판문점으로 불러 당장 휴전선을 틔워 한 나라를 만들어 버리는 데 있다고 열을 올렸다. H의 이 말에 얼굴이 일순 핼쑥하게 되더니 박 장군이 자리를 박차고 일어섰다. 그리곤,

---

245 『대통령들의 초상』, pp.95-96
246 『황용주 그와 박정희의 시대』, p.323

"너 무슨 말을 해. 위험천만한 놈이로구나. 너 같은 놈하곤 술자리를 같이 못하겠어."

하는 말을 뱉(아)어 놓고 방문을 걷어차 열곤 돌아가 버렸다. …(중략)… 그런 일이 있고 후론 박정희와 술자리를 같이 한 적이 없다. 그는 얼마 되지 않아 자리를 딴 곳으로 옮겼다고 들었다.[247]

박정희는 황용주의 혁명(쿠데타)운운하는 말에 불같이 화를 내며 술자리를 박차고 나가 버렸다. 다시는 술을 같이 마시지 않겠다고 하면서…. 이 삽화는 무엇을 말하는가? 사실 이 무렵은 장태화가 한 달에 한 번씩 부산에 내려와 종합적인 정세 판단을 하며 쿠데타의 가능성과 문제점 등을 토의하고 있던 시점이다. 박정희가 황용주를 진정 동지로 생각했으면 장태화를 당연히 소개했을 것이다. 황용주를 쿠데타참여자의 일원으로 생각하지 않았다는 뜻이다.

박정희에게 친구들과의 술자리는 세간의 여론을 탐색하는 수단의 하나였을 것이다. 특히 사회주의자라고 알려진 현직 언론인 황용주와 자유주의자로 알려진 이병주를 통하여 그들의 정치·사회관, 군에 대한 판단 등을 듣고 싶었을 것이다. 어쩌면 그동안 못 가졌던 편한 술자리와 함께 우정이란 단어를 생각했을지도 모른다. 그러나 그에겐 무엇보다 중요한 쿠데타란 일생의 목적이 있었다. 황용주가 '혁명(쿠데타)'이란 단어를 언급했을 때 속내를 들킨 것 같아 두려움을 감추려고 화를 냈는지도 모른다.

박정희가 친구 혹은 지인들을 단지 수단으로밖에 생각하지 않았

---

247 『대통령들의 초상』, pp.95

다는 예는 차고 넘친다. 황용주와 이병주의 경우도 마찬가지였다. 1961년 5월 16일 쿠데타가 일어난 후 황과 이는 나란히 구금되었다. 이병주는 5월 20일 체포되어 영도경찰서에 구금되었다가 며칠 후 경남도경 유치장에서 황용주를 만났다. 황용주는 6월 말쯤 석방되었지만 이병주는 2년 7개월간 실형을 살았다. 이병주가 출옥하고 난 후인 1964년 11월경, MBC사장으로 있던 황용주가 필화사건으로 구속된 사연은 이 글의 사족이다.

제2부

쿠데타와 미국

"혁명이 절대로 실패해서는 안 되고
여러분이 실패하지 않도록 본관이 보장하겠다."

– 1961년 7월 21일, 밴플리트

1장

쿠데타에 관대한 나라,
대한민국

| 쿠데타 미수사건, 1952년의 이종찬과 이용문 그리고 박정희 |

하우스만은 박정희가 5·16 이전에 적어도 두 번 쿠데타를 시도했다고 한다. 첫 번째 음모는 부산 정치파동으로 시국이 어수선하던 1952년 무렵 이용문 장군을 업고 계획한 것으로 보고 있다. 두 번째는 진해 육군학교에 입교한 1957년부터 싹을 키웠다. 육군학교 입학 동기생인 최주종 등 일부 장군 그리고 전두열 등 영관장교들과 토론을 하면서 쿠데타의 뼈대를 잡아 갔다고 전한다. 그 후 1960년 4월경 쿠데타를 일으키려고 했으나 4·19 혁명의 발발로 인해 무산되었다는 것이 하우스만의 주장이다.[1]

하우스만의 지적은 대체적으로 맞지만 쿠데타의 구성 요원, 진행과정 등에서 오류가 다소 있다. 하우스만도 박정희에게 직접 물어보

---

1 『한국 대통령을 움직인 미군대위』, pp.74-77

지 못했다고 고백하는 등 자신이 입수한 정보의 한계를 인정했다. 그러면 1952년 쿠데타 미수사건은 왜 일어났을까? 사건의 원인은 이승만의 권력욕 때문이다. 1950년 5월 30일 치러진 제2대 총선의 결과에 대한 반동이 원인이었다.

5 · 30선거의 결과는 여 · 야 모두의 참패였다. 전체 210석 가운데 민주국민당 24, 대한국민당 24, 국민회 14, 대한청년당 10, 일민구락부 3, 대한노총 3, 사회당 2명, 무소속 126명이었다. 야당인 민국당의 중진들 그리고 이승만 친위세력이 대부분 낙선했다. 중도세력을 원한 민의의 결과였다. 친여당 세력은 대한국민당을 포함하여 57명 정도였다.[2] 야당인 민국당 역시 타격이 컸지만, 무엇보다 다음 대통령 선거에서 이승만의 낙선이 유력시되는 개표 결과였다.

5 · 30총선의 참패로 인해 재집권이 어렵다고 판단한 이승만이 선택한 것은 대통령직선제였다. 그러나 이승만의 직선제 개헌안은 처참하게 부결된다. 1952년 1월 말 출석의원 163명 중 찬성 19, 반대 143, 기권 1이라는 압도적인 표차가 개표의 결과였다. 불안하기는 민국당도 마찬가지였던 모양이다. 야당이 선택한 방법은 내각제 개헌이었다.

1952년 3월 말까지 내각제 개헌안에 서명한 의원은 146명에 이르렀지만, 4월 17일 무소속의 곽상훈 의원을 대표로 하여 발의한 내각책임제 개헌안은 123명으로, 통과에 필요한 정족수 3분의 2를 1명 초과한 불안한 상황이었다. 그러나 더욱 초조했던 것은 여당 측이었다. 결국 이승만은 계엄령이라는 무법의 힘을 꺼내들고 만다. 1952년 5

---

2   서중석, 『한국현대민족운동 2』, 역사비평사, 1996, pp.317-318

월 24일에 일어난 폭거였다.[3] 소위 부산정치파동의 시작이었다.

이제 이승만은 온 국민의 공적이 되었다. 이 무렵 은밀하게 움직이기 시작한 집단이 정치군인들이다. 핵심은 육군참모총장 이종찬 중장, 육본작전교육국 국장 이용문 준장 그리고 차장 박정희 대령이었다. 미 대사관과 미8군도 상황을 예의주시하기 시작했다. 무초 대사, 라이트너 참사관, 미8군 사령관 밴플리트 중장, 유엔군 사령관 클라크 대장 등이 무대의 주인공들이다.

부산 정치파동은 알려진 것보다 훨씬 복잡한 사건이다. 이 사건을 이해하기 위해선 계엄령 선포를 전후하여 미 대사관, 동경 극동군사령부, 미 합동참모본부의 움직임을 검토할 필요가 있다. 계엄령을 선포하기 하루 전인 1952년 5월 23일, 이승만은 귀국인사차 들른 무초 대사에게 계엄령 선포를 예고했다. 이 자리에는 라이트너 참사관도 동행했다. 무초는 면담 내용을 다음과 같이 남겼다.

대통령이 국방장관과 협의했는데, 장관은 (부산) 동래 지역과 인근 두 지역에 계엄 선포를 요청했다고 말했다. 대통령은 그것을 승인했으며, 계엄 지역에 부산을 포함시키라고 국방장관에 지시했다는 것이다. 그는 다시 사태를 잘 장악하고 있으며, 이 사태에 대해 책임을 물어야 할 부패하고 타락하고 비애국적인 분자들이 무도한 목적을 달성하지 못하게 할 것이라고 확언했다. … 이러한 돌출적 발언에 대한 나의 유일한 답변은 전 세계의 이목이 한국에 집중되어 있고, 이 사태가 자유세계의 눈에 한국을 불신케 할 수 있는 이

---

3   김정기, 『국회프락치사건의 재조명 I』, 한울아카데미, 2008, pp.287-289

상, 만일 내부의 사태가 한국 지도자들에게 심각하게 영향을 끼칠 만큼 발전하면, 그것은 한국에 가장 불행한 일이 되리라는 것이었다. (주한 미 대사의 대화비망록, 1952년 5월 23일)[4]

무초는 워싱턴으로 떠났고, 라이트너가 약 10일간 대리대사 역할을 하게 된다. 이승만은 5월 25일 자정을 기해 부산지역에 계엄령을 선포했다. 영남지구 계엄사령관에 원용덕 소장(당시 신태영 국방장관 보좌관)을 임명하고, 그에게 계엄지역 내 육해공군 통솔권한을 부여했다. 비상대권을 거머쥔 원용덕은 출근하는 50여 명의 국회의원들을 버스에 태운 채 크레인으로 끌어다가 헌병대에 억류했다. 원용덕은 다음날인 27일, 일부 의원들은 석방했지만 이석기·정헌주 등 12명의 의원을 체포·구금해 놓고, 이들이 국제공산당의 비밀공작비와 관련 있다고 공표했다. 체포된 의원들은 소장파로서 이승만을 반대하는 선봉장들이었다. 5월 28일, 국회는 계엄령 즉각 해제와 구속의원의 즉각 석방을 결의했지만, 이승만은 묵살했다.[5]

계엄을 선포하고 국회의원을 납치하는 등 폭거를 저질렀지만 사실 이승만은 내심 초조했을 것이다. 왜냐하면 당시 부산에는 2개 중대 규모의 비전투병력밖에 없었는데, 육군참모총장 이종찬이 항명을 했기 때문이다. 더욱이 미국의 반응도 호의적이지 않았다. 한국군의 작전·지휘권을 맥아더에게 이양한 1950년 7월 14일, 그날을 기억하며 자신의 손목을 쳐다봤을지도 모른다. 이종찬의 항명 과정을 살

---

4 『국회프락치사건의 재조명Ⅰ』, p.300

5 강성재, 『참군인 이종찬 장군』, 동아일보사, 1986, p.74

펴보자.

국방장관 신태영의 판단으론 계엄유지를 위해선 최소한 2개 대대의 병력이 필요했다. 문제는 병력 동원을 위해선 유엔군 사령관의 허락을 받아야 하는 현실이었다. 육본으로 전화를 걸었으나 참모총장도 작전국장 그리고 차장마저 전화를 받지 않았던 모양이다. 이 상황에 대하여 당시 육본 작전국 편제과장이었던 이근양은 다음과 같은 증언을 남겼다.

총장도 참모차장도 자리를 피했고 박정희 작전교육국 차장도 아프다고 결근했다. 자연히 선임 과장인 내가 신 장관 전화를 받게 됐다. 후방의 2개 대대를 부산으로 보내라는 이야기였는데 과장인 내가 어떻게 할 수가 없는 일이었다.[6]

소개한 에피소드가 일어난 시기는 정확하지 않다. 다만 육본 내의 주요 인사들은 이승만의 친위쿠데타가 미군(유엔군)의 허락이 떨어지지 않은 상황에서 선포되었다는 것은 모두 알았던 것으로 보인다. 아무튼 육군본부는 군 차출을 거부했다. 이승만의 입장으로선 반역이었다. 게다가 5월 27일 발표된 육군 훈령 제217호는 분명히 이승만에 대한 불복종이었다. 육군 훈령 제217호를 먼저 감상하자.

군의 본연의 존재 이유와 군인의 본분은 엄연히 확립되어 있는 바이므로 지금 새삼스러이 이를 운조할 필요조차 없는 바이나 현하

---

6 『참군인 이종찬장군』, pp.75-76

미묘 복잡한 국내외 정세가 바야흐로 비상 중대화되어 가고 있음에 감하여 군의 본질과 군인의 본분에 대하여 투철한 인식을 견지하고 군인으로서 그 거취에 있어 소호의 유감이 없도록 육군 전 장병의 냉정한 군리 판단과 신중한 주의를 환기코자 하는 바이다.

군은 국가 민족의 수호를 유일한 사명으로 하고 있으므로 어느 기관이나 개인에 예속된 것이 아닐 뿐만 아니라 변천 무쌍한 정사에 좌우될 수도 없는 국가와 더불어 영구 불멸히 존재하여야 할 신성한 국가의 공기이므로 군인의 본분 역시 이러한 군 본연의 사명에 귀일되어야 할 것이다. 그러므로 군인 된 자, 誰何를 막론하고 국가방위와 민족의 수호라는 그 본분을 떠나서는 일거수일투족이라도 절대로 허용되지 아니함은 재론할 여지가 없는 것이다.

이러한 견지에서 군이 현하 혼돈한 국내 정세에 처하여 그 권외에서 초연하게 본연의 임무에 매진하고 있는 것이고, 특히 거번 발생한 일대 불상사인 徐昌善대위 피살사건에 대하여서도 실로 통분을 금치 못하였으나 역시 법치국가의 군대로서 군의 본질과 사건의 성질에 비추어 냉정히 사태의 추이를 직시하면서 공평무사한 사직의 손으로써 법률에 의하여 그 시비곡절이 구명될 것을 소기하고 있는 것도 군의 존재이념에서 볼 때 당연한 처사인 것이다.

그러므로 밖으로는 호시탐탐 침공의 기회를 노리는 적을 대하고 안으로는 복잡다단한 제반 정세에 처하여 있는 군에 있어서 군인 개인으로서나 또는 부대로서나 만약 지엄한 군 통수계통을 문란하게 하는 언동을 하거나 현하와 같은 정치변혁기에 乘하여 군의 본질과 군인의 본분을 망각하고 의식, 무의식을 막론하고 정사에 관여하여 경거망동하는 자가 있다면 건군 역사상 불식할 수 없는 일

대 오점을 남기게 됨은 물론 累卵의 위기에 있는 국가의 운명을 일
조에 멸망의 심연에 빠지게 되어 한을 천추에 남기게 될 것이니,
국가의 운명을 雙肩에 지고 조국수호의 성전에 멸사 헌신하는 육군
장병은 몽상 간에도 군의 본연의 사명과 군인의 본분을 念念 명심
하여 그 맡은 바 임무를 완수하여 주기를 바라는 바이다.

충용한 육군 장병 제군, 거듭 제군의 각성과 자중을 촉구하노니
제군의 일거일동은 국가의 운명을 직접 좌우하거늘 제군은 여하한
사태하에서라도 신성한 군 통수계통을 준수하고 시종일관 군인의
본분을 사수하여 오로지 조국과 민족의 수호에 매진함으로써만이
조국의 앞길에 영광이 있다는 것과 군은 국가의 공기임을 다시금
깊이 명기하고 각자의 소임에 일심불란 헌신하여 주기를 간절히 바
라는 바이다.[7]

군의 정치적 중립을 강조한 이 훈령의 기초는 박정희가 작성한 것
으로 알려져 있다.[8] 알 수 없는 일이다. 박정희는 이 무렵부터 쿠데
타를 준비하고 있었고 그 후 실제로 쿠데타를 일으켜 권력을 쟁취했
다. 글과 행동이 다른 대표적 예일 것이다. 작성자가 누구였든 훈령
제217호는 육군참모총장 이종찬의 이름으로 선포되었다. 많은 사람
들이 '참군인'으로 이종찬을 존경하는 연유다. 하지만 다른 시각으로
평가하는 이들도 있다.

---

7 〈육군본부 훈령 제217호, 육군 장병에 고함〉, 육군본부 경북 대구, 앞 숯부대장, 《한국전
   쟁사료 제65권, 639〜640쪽, 자료 대한민국사 제25권》
8 『참군인 이종찬장군』, p.76

그 항명 사건이야말로 두고두고 시비 거리가 될 것이다. 국가 원수의 병력 동원 명령을 이 총장이 스스로 판단하여 거부한 것은, 비록 야당 정치인으로부터는 찬사를 받았지만 그 자체가 너무 정치적인 월권이 아니었나 생각한다. 전쟁에도 바쁘니 정치파동에 군대를 동원하지 말고 경찰을 쓰는 것이 어떻겠느냐는 식으로 명령의 수정을 건의하는 것은 참모총장의 의무이지만 국가 주권을 대표하는 대통령이 그 직권 아래서 내린 명령을 부하가 거부한 것은 결코 잘한 일은 아니라고 생각한다. 나라가 올바로 되려면 그런 일이 칭송의 대상이 돼서는 안 될 것이다. [9]

1952년 무렵 가장 치열했던 저격능선전투를 지휘한 강문봉의 견해다. 이종찬의 행위는 항명이자 정치적인 월권이라는 강문봉의 의견도 일리 있지만, 좀 더 깊은 사연이 있었을 것이라고 짐작된다.

이종찬은 특이한 경력의 소유자다. 일본육사 49기 출신으로서 금치훈장을 받는 등 일본군의 정예로 활동하다가 소좌(소령) 계급을 달고 종전을 맞았다. 누구보다 화려한 일군 이력을 가졌지만 국군 입대는 대단히 늦게 시작했다.

그러나 군사영어학교를 거치지 않았음에도 누구보다 진급이 빨랐다. 1949년 6월, 형식적인 육사특례 입교 과정마저 거치지 않고 육군대령으로 임관해 국방부 제1국장 겸 정훈국장에 임명되었다. 수도경비사령관, 제3사단장을 거쳐 1951년 6월 육군소장으로 진급해 육군참모총장에 올랐다. 입대한 지 2년 만에 육군의 최정상에 오른 셈이

---

9 《조갑제닷컴; 이승만 대통령 제거계획 – 52년6월초의 육본심야회의(2)》

다. 군단장을 거치지 않고 참모총장에 임명된 것은 거의 유례가 없는 특혜였다. 1952년 1월에는 중장으로 진급하면서 부산정치파동을 겪게 된다.

이러한 파격적인 인사는 이기붕의 배려가 컸다. 서울시장 재임 시 이기붕은 이종찬의 입대를 적극 권유했으며, 그가 국방장관일 때는 육군참모총장으로 이종찬을 이승만에게 적극 천거했다. 이후 이종찬에 대한 이승만의 기대는 남달랐다. 이러한 연유를 생각하면 이승만을 도저히 배신할 수 없었을 것이다. 그러나 이종찬은 이승만에게 칼을 들었고, 이승만 역시 그를 배척했지만 숙청은 하지 못했다. 도대체 어떻게 된 사연일까? 이종찬의 항명 이후의 과정을 좀 더 자세히 알아보자.

1952년 5월 27일 오전, 이종찬은 부산으로 내려오라는 이승만의 전화를 받았다. 28일 부산역에 도착한 이종찬은 밴플리트와 함께 대통령 임시 관저로 갔다. 다음은 이 세 사람 간의 대화다.

◇ 이승만: 귀관은 어찌하여 나라에 반역하고 나한테 반역하는가!

◆ 이종찬: 저희들은 전선을 잘 지킴으로써 대통령 각하의 뜻을 받들자는 것이지, 각하께서 하시는 일에 반대하는 것은 아닙니다.

◇ 이승만: 내가 원용덕에게 군대를 부산에 진주시키도록 지시해도 자네가 반대해서 일하기가 어렵다는 거야.

◇ 이승만(밴플리트에게): 일부 불순분자들이 정치적 장난을 하려고 하는데 그들 손에 정치를 맡긴다면, 나라는 그르쳐지고 말 것입니다. 나는 이 나라를 그들에게 맡길 수는 없습니다. … 그래서 몇 개 대대를 부산에 파견하도록….

◎ 밴플리트: 그것은 어렵다고 판단합니다. 적과 대치하고 있는 전방 부대를 평화스런 후방으로 빼는 것은 현명한 일이 아니라고 생각합니다.

◇ 이승만: 밴플리트 장군! 내 말을 들으시오. 이같이 어려운 때에 우리 이 장군이 나라를 그르치려는 사람들과 손을 잡고 나를 배반하니, 나는 이것을 그대로 둘 수 없습니다.

◆ 이종찬: 본직의 훈령을 지적한 것으로 생각됩니다마는, 그 훈령은 군은 조국의 방파제이기 때문에 결코 정치에 관여해서는 안 된다는 신념에 기초를 둔 것입니다. 〈포켓에서 사표를 꺼내 제출함〉

◎ 밴플리트: 〈이종찬의 언동에 찬동한다는 뜻으로 고개를 끄덕임〉

◇ 이승만: 〈밴플리트의 냉담한 시선을 의식하며〉 아니야, 귀관에 대한 신임은 변함이 없어. 〈사표를 반려함〉

◇ 이승만(밴플리트에게): 이 사람은 작년에 나에게 반기를 들어 사임한 이시영 부통령과 같은 집안사람으로 그간 사사건건 나에게 항거해 온 사람이다. 〈밴플리트, 자리를 잠깐 뜸〉

◇ 이승만(이종찬을 쏘아보며): 작전지휘권 운운하면서 밴플리트의 말은 듣고 군 최고통수권자인 내 말은 듣지 않겠다고 하니 자네는 대한민국 참모총장인가, 아니면 미8군 참모총장인가!

◆ 이종찬: 각하께서 서명한 대전협정에 따라 작전지휘권이 미 측에 ...

◇ 이승만: 그게 무슨 얘기냐! 〈밴플리트, 다시 들어옴〉

◇ 이승만: 〈감정을 수습하며〉 점심을 먹고 오후 2시경 다시 만나 얘기를 나누자.

◆ 이종찬: 각하, 정치적으로 복잡한 이때 무리하게 군대를 동원할 수

는 있습니다. 그러나 그렇게 될 경우 군은 정치에 엄정 중립을 지켜야 한다는 이 원칙은 깨지게 될 것이고, 그런 전례는 잘못된 것으로 역사에 기록될 것입니다.

◇ 이승만: 〈책상을 치며〉 60만 대군 중에서 내 명령을 안 듣는 사람은 오직 자네 하나뿐이야.

◇ 이승만: 〈흥분을 가라앉히며〉 본건에 관해서는 내가 틀렸는지 귀관이 틀렸는지 모르겠지만, 누가 틀렸든 간에 앞으로 어떻게 수습했으면 좋겠냐?

◆ 이종찬: 각하, 본직을 계엄사령관으로 임명한 만큼 저한테 맡겨 줄 수 없습니까?

◇ 이승만: 자신이 있느냐?

◆ 이종찬: 계엄민사부장 이호 준장을 부산에 주재시켜서 사태를 처리시키겠습니다.

- 원용덕: 잠깐 기다려 주십시오. 그러면 내 입장은 어떻게 됩니까? 각하께서는 직접 본관을 영남지구 계엄사령관으로 임명한 것으로 알고 있습니다. 〈포켓에서 임명장을 꺼내 제출함〉

◎ 밴플리트: 본직은 한국의 내정에 관여할 수는 없습니다. 그러나 한국군의 지휘권을 위탁받고 있는 입장에서 말하면, 이번 일에 제일선의 한국군 병력은 한 명도 투입할 여유는 없습니다.[10]

어떻게 보면 한편의 희극 같다. 자신이 제안하고 사인하여 넘긴 작전지휘권을 인정하지 않으려는 이승만, 속으로는 쿠데타를 생각하고

---

10 『참군인 이종찬장군』, pp.78-81

있으면서 군의 정치중립을 외치는 이종찬, 이승만의 제거를 기획하면서도 원칙론만을 제기하는 밴플리트. 소개한 대화만 본다면, 이종찬은 참 군인으로 칭송받을 만하다. 대통령 앞에서도 굴하지 않고 자신의 신념과 원칙을 설파하는 모습이 대중의 환호를 받을 만하다. 그러나 주한 미 대사 무초의 방미로 인해 대리 역할을 하고 있던 라이트너는 전혀 의외의 증언을 남겼다. 한국 육군 참모총장으로부터 쿠데타 제안을 받았다는 증언이다.[11]

주한 대리대사 라이트너가 국무에 보낸
문서 (1952년 6월 1일, 부산)

1952년 5월 말의 어느 날 밤늦게 이종찬이 그를 찾아 '무혈쿠데타'를 제안했다고 한다. 미국은 '못 본 체'하고만 있어 달라는 것이 이종찬의 제안이었다. 라이트너는 워싱턴에 이를 받아들일 것을 권고했다. 외형적으로 한국 내정에 간섭한다는 부담 없이 독재자 이승만을 제거할 수 있는 절호의 기호자라고 여겼던 모양이다. 이날부터 라이트너는 수없이 많은 문서를 워싱턴과 주고받았다. 몇 가지 중요한 자료를 소개한다.

<hr>

11 『국회프락치사건의 재조명Ⅰ』, pp.279−280

【이승만을 연금하라】

즉각적으로 시행될 업무는 다음 사항을 포함한다.

1. 이승만과 국무회의의 전면적인 협조를 요구하고 수락을 보장받기 위해 필요한 감시를 시행할 것. 만일 거부하는 경우 대통령을 보호연금.

2. 한국 경찰권과 부산의 군 시설을 접수.

3. 국회의원과 가족을 보호하고 국회가 열리도록 자유를 보장하며, 구속되거나 체포된 사람을 석방함.

4. 정보 매체에 지령을 발함.

5. 현지 당국에 대한 적절한 통보를 포함해 이런 조치를 취한 이유에 관해 최대한 홍보를 함.[12]

Matthews files, lot 53 D 413: Telegram

The Commander in Chief, United Nations Command (Clark) to the Joint Chiefs of Staff[1]

TOP SECRET ROUTINE   TOKYO, July 5, 1952—4:21 a. m.

CX 51399. Ref JCS 912098, 26 [25] Jun,[2] CX 50901, 27 Jun,[3] DA 912291, 28 Jun.[4]

1. The detailed plans referred to in para 3 of CX 50901 have been prepared covering a series of eventualities. These plans have been co-ordinated with Eighth Army and discussed with Muccio. I had my rep meet with UNCURK and explain my plan but UNCURK has not been apprised of the existence of any plans for intervention.

2. Ref para 4a, part 2 of JCS 912098—do not cons that UNCURK, Embassy and CINCUNC jointly shld present any demands on Rhee until decisive action has been rqst by the nations involved and all plans have been perfected for subsequent action if demands are not complied with. Ref para 4b, part 2 of JCS 912098—I do not believe that I shld recommend to US JCS that intervention be auth based on a rqst fr UNCURK and my rep has not informed UNCURK. In my opin proper procedure wld be for UNCURK to pres their recommendations through their normal rptg channels. UNCURK undoubtedly feels that CINCUNC shld make strong stand vis-à-vis Rhee but seems unwilling to anticipate any subsequent action in case strong stand by CINCUNC is ignored by Rhee.

3. Ref para 5 of JCS 912098—the principles gen agreed to are that in any action short of estab of a UNC govt the symbol of the ROK Govt

동경 극동군 사령관이 미 합동참모본부에게 보낸 1952년 6월 5일자 전문

라이트너가 협의한 대상은 플림솔 UNCURK 의장, 밴플리트 8군 사령관의 부산 대표인 헤렌 소장 등이었다. 몇몇 야당 국회의원들과 지인들도 협의했을 가능성이 있다. 놀라운 것은 유엔사에 의한 계엄령을 제안했다는 사실이다.

---

12 The Charge in Korea(Lightner) to the Departtment od state, FRUS 1952–1954, Vol. XV, pp.279–280

이승만을 연금하는 등 진행 과정도 서술되었다. 라이트너 대리 대사의 강력한 이승만 제재 조치와 별도로 동경에 있는 극동군 사령관 클라크도 미 합동참모본부에 한국의 문제에 대하여 다음과 같은 보고를 하였다.

a. 이승만을 서울이나 다른 지역으로 초대하여 부산에서 벗어나게 한다.
b. 유엔군 사령관이 부산지역으로 들어가, 독재적 행동을 한 5-10명의 지도자를 체포하고 한국기관을 보호한다.
c. 이승만에게 위와 같은 행동을 통고하고 계엄령 해제, 국회활동의 자유, 언론의 자유를 승인할 것을 요구한다.
d. 만약 이승만이 이를 거부하면 보호감금하고, 장택상 국무총리에게 이를 요구한다.
e. 만약 장택상도 거부하면 유엔군 과도정부를 수립한다.
f. 만약 이승만·장택상이 동의하는 경우, 불가피하게 유엔군이 개입하여 불법적인 행위를 한 몇몇 개인을 제거했다는 성명을 발표하고, 한국 정부는 계속 활동을 지속할 것이라는 성명서를 발표한다.[13]

라이트너의 제안보다 좀 더 구체적이다. 발송 날짜는 라이트너가 국무부에 보낸 날(6월 1일)보다 나흘 후(6월 5일)이니, 라이트너의 문서

---

13 The Commander in Chief, United Nations Commander(Clark) to the The Joint Chiefs of Staff, FRUS 1952-1954, Vol. XV, pp.377-378

The Joint Chiefs of Staff to the Commander in Chief, Far East (Clark) [1]

TOP SECRET   WASHINGTON, June 25, 1952—3:50 p. m.
OPERATIONAL IMMEDIATE

JCS 912098. From JCS. Reur CX 50416 [2] and Muccio's 1395. [3]
CINCUNC pass to Muccio.

Part I. As Def and State now view polit sit created by Rhee, two different gen lines of development appear possible.

1. First, there may not be any sudden or critical development requiring, on purely mil grounds, direct intervention, or providing adequate

미 합동참모본부가 동경 극동군 사령관에게 보낸 1952년 6월 25일자 전문(JCS912098)

를 참고하여 동경 극동군 사령부의 입장을 전했을 가능성이 높다. 여기까지의 진행 과정을 보면, 한국군에 의한 쿠데타가 아니라 유엔군(미군)에 의한 쿠데타가 발발하여, 유엔군 과도정부, 즉 미군정이 다시 시작되었을지도 모른다는 생각이 든다. 끔찍한 상상을 일단 접어 두고, 이러한 제안에 대하여 미 합동참모본부는 어떤 답변을 했는지 확인해 보자.

국방부와 국무부는 이승만에 의해 야기된 정치 정세에 두 가지 가능성이 있다고 판단한다.

첫째는 갑작스런 사태 발전이 없이 지금처럼 정치적 대응책으로 문제 해결을 추구하는 방향이다. 둘째 가능성은 사태가 악화되어 유엔의 군사작전이 방해받지 않도록 하기 위하여 부득이 직접 개입을 해야 할 경우다. 이런 경우에 대비하여 상세한 정치 및 군사계획을 수립, 워싱턴에 보고하길 요망한다.

그 계획의 누설은 미국 정부를 심히 곤혹스럽게 만들 것이므로 유엔한국통일부흥위원단(UNCURK)의 이 계획 수립에의 참여는 가능한 제한되어야 한다. 그 계획을 세우는 데 있어서 가이드라인을 다음과 같이 지시한다.

첫째, 그 계획의 실천은 미국 대통령의 재가를 받아서 수행한다. 그러나 갑작스런 폭동 등이 발생, 즉각적인 대응이 필요할 때는 유엔군사령관이 그 계획의 실천을 명령할 수 있다.

둘째, 그렇게 심하지 않은 비상사태에서는 유엔한국통일부흥위원단, 미국대사관, 유엔군사령부가 이승만 대통령에게 적절한 조치를 취하도록 요구한다. 만약 이 요구가 묵살되면 유엔군사령부는 유엔한국통일부흥위원단의 요청에 따라 미국 정부에 대해 내정간섭의 허락을 요청해야 한다. '유엔을 대신해서 행동하라'는 미국 정부의 허락이 떨어지면 유엔군사령부는 다음과 같은 조치를 취해야 한다.

(1) 한국 육군참모총장에게 육군과 경찰 및 유사 군사집단의 모든 병력을 장악하도록 명령한 뒤 부산지역에 직접 계엄령을 선포, 그 업무에 당하도록 지시하라. 정책상 한국군만 동원하도록 할 것.

(2) 계엄통치를 할 경우에도 한국 육군의 포고령은 한국 정부의 기능을 주권의 상징으로서 충분히 발휘할 수 있도록 하고, 조속한 민간정부로 복귀토록 하는 선에서 발효되어야 한다.

이상과 같은 사항과 관련하여 한국 육군참모총장의 신뢰도를 평가하여 보고하라. 특히 이승만 대통령이 예방조치로 1950년 7월

14일에 유엔군에게 이양한 작전권을 되찾아갈 경우를 가정하라.[14]

주한 미 대사관과 극동군 사령부의 강경대응책을 접한 미 합동참모
본부는 조금은 유연한 대응책을 제시했다. 첫째는 종전과 같은 정치
적 압력을 가하여 문제 해결을 추구하라는 방향이다. 이것이 불가능
할 때 한국군으로 하여금 쿠데타를 실행하라는 내용이다. 단서조항
으로 "계획의 실천은 미국 대통령의 재가를 받아서" 할 것이며, 주요
인물로 부상한 "한국 육군참모총장의 신뢰도를 평가하여" 보고하라
는 내용이 포함되어 있다.

미국의 이러한 움직임을 전혀 몰랐을 한국군 쿠데타 세력은 앞의
글에서 언급한 바와 같이, 미국이 '못 본 체'하고만 있어 주면 한국군
이 알아서 '무혈쿠데타'를 성공시키겠다고 했다. 이종찬의 돌출 행동
보다 더욱 황당한 장면이 있다. 이용문이 선우종원을 방문하여 쿠데
타 참여를 권유하는 모습이다.

이렇게 부산시내가 소란에 빠져 있던 5월 14일 밤, 돌연 지금은
고인이 된 육군본부 작전교육국장인 이용문 준장의 방문을 받았
다. 그는 비밀을 지키기 위해 자기가 직접 운전을 하고 왔노라고
말하면서 손으로 '커버'가 씌워진 별판을 가리켰다. 그것은 3성 장
군의 표지였다. 그것으로 이 준장은 자기의 내방 목적이 중요하다
는 것을 말하는 듯싶었다. 이 준장이 차를 얻어 탈 수 있는 3성 장

---

14 The Joint Chiefs of Staff to the Commander in Chief, Far East(Clark), FRUS 1952–
    1954, Vol. XV, pp.358–360

군이라면 육군 참모총장인 이종찬 중장밖에는 없다. 일부러 그 차를 타고 왔다는 것은 곧 이 중장의 특명을 받고 왔음을 무언중에 설명하는 것이었다.[15]

선우종원의 기억이 정확하다면 이승만이 계엄령을 선포하기 이전인 5월 14일경에 이종찬, 이용문 등이 이미 쿠데타를 계획하고 있었다는 뜻이 된다. 계속해서 다음 장면을 살펴보자.

"우리는 이 박사를 엎어 버릴 쿠데타를 하자는 거야. 너희 쪽 사정은 어떤가?"

선우 씨는 '우리'란 표현에 주목했다.

"우리라니? 선배님 말고 많은 장군들이 가담하고 있습니까?"

"아니야… 자넨 왜 쓸데없는 데 신경을 쓰는가? 너희들이 찬성하면 장면박사 추대하고 곧 혁명 일으키겠어."

"이 박사는 어떻게 한다는 겁니까?"

"죽여야지."

"죽여요? 난 못합니다. 민주주의란 수단과 절차가 중요한데 아무리 목적이 좋더라도…. 더구나 우리 집안은 3대째 천주교 신자입니다."

"야 이 사람아, 이런 판국에서 페어플레이가 있을 수 있나? 조금도 주저 말고 거사하세. 참모총장도 알고, 밴플리트 8군 사령관의 묵계도 받아 두었어."

---

15 『국회프락치사건의 재조명 Ⅰ』, p.324

이런 식으로 두 사람은 두 시간쯤 열띤 토론을 벌였다. 후배인 선우 씨가 설득당하지 않자, 이 장군은 탁자를 쾅 치면서 일어났다. 희끄무레 동이 터 오는 바깥으로 나가는 이 장군에게 선우 씨가 말했다.

　"선배님, 오늘 일은 내 목숨 다할 때까지 입을 열지 않겠습니다."

　"자네는 그걸 말이라고 하나. 그렇지 않다면 내가 여기 오지도 않았을 거야."[16]

　조갑제의 말에 의하면, 이날의 만남 이후 두 사람은 영영 만나지 못하게 되었다고 한다. 쿠데타 계획은 미수로 끝났고, 이용문은 1953년 6월 24일 비행기 사고로 유명을 달리했기 때문이다. 이용문이 선우종원에게 한 말의 골자는 "실장(장면 총리 비서실장)만 허락만 해 준다면 장 박사를 추대하고 곧 혁명을 일으키겠다."는 주장이다. 이 말의 진위는 확실히 알 수 없다. 이처럼 중대한 사실을 장면 본인에게 직접 하지 않았다는 점이 좀 어색하다. 하지만 이용문이 장면을 포섭하려고 선우종원을 접촉한 것은 사실로 보인다. 선우종원이 이용문과의 만남 자체를 조작할 필요가 없기 때문이다. 다음으로 소개할 것은 1952년 6월 초의 육본 심야회의다. 증언자는 정래혁의 후임으로 총장비서실장으로 있던 안광호다.

　비상계엄령 선포 1주일쯤 지난 6월 2,3일경 새벽, 총장 전속부관인 유병일 중령으로부터 참모회의가 있다는 전갈을 받고 육본 회의

---

16 《조갑제닷컴; 이승만 대통령 제거계획 – 52년 6월 초의 육본심야회의(1)》

실로 갔습니다. …(중략)…

  회의의 의제는 원용덕의 헌병대를 견제하기 위해 전남에 주둔하
고 있던 이용 연대에서 1개 대대, 거창의 박경원 연대에서 1개 대
대 등 2개 대대를 부산시내에 파견하자는 것이었습니다. 1천 5백
명 넘는 전투병력이 부산에 들어가면 불과 3,4백 명에 불과한 원용
덕의 부대는 무력화될 것이고 그렇게 될 경우 야당이 우세한 국회
에서 이승만을 실각시킬 수도 있는 것이었습니다. …(중략)…

  나는 유 장군을 지프에 태워 육본으로 가면서 육본 회의실의 분
위기와 상황을 설명했지요. 그랬더니 "어떻게 했으면 좋겠느냐?"
고 물어요. 그래서 미국의 지지가 중요한데 밴플리트가 이 총장을
자주 찾아오긴 했다. 그러나 이 총장은 "미군이 이런 생각을 하고
있는데 진의가 무엇인지 모르겠다."고 가끔 말한 점으로 보아 힌트
를 준 것 같지만 않았다. 더욱이 성공해도 군이 혁명했다는 오점을
남기게 된다. 대강 이렇게 얘기했더니 유 장군은 "안 대령, 그러면
군이 정치 불개입을 선언한 5월 27일 현재의 입장엔 변함이 없다고
하면 어떨까?"고 물어, 나는 그때 "좋겠다."고 찬동했습니다.

  유 장군은 회의장에 입장, 사회를 보면서 각자의 의견을 말하도
록 했는데, 박정희 대령은 "그 문제는 상부에서 결심하시기에 달려
있습니다. 그러나 한다고 결정되면 지장이 없게끔 수배되어 있습
니다."는 의견을 제시했습니다.

  참모들의 견해를 다 들은 유 장군은 "그러면 육본의 태도를 분명
히 하겠다. 오늘 현재 지난번 육본의 결심엔 변함이 없다."고 천명
하면서 "안 비서실장은 이 회의 결과를 총장에게 보고하시오."라는
말로 회의를 끝냈다.

새벽 5시쯤 공관으로 총장을 찾아가 보고했더니 이미 회의 내용을 알고 있었습니다. 총장은 빙그레 웃으시면서 "육군본부 결심은 하등 변동이 없느냐?"고 반문하고는 "군이 정치에 개입해서는 안 된다는 내 지론을 알아주었구먼." 하는 코멘트를 남겼습니다. 당시 이 총장에게 정권욕이 있었다면 얼마든지 쿠데타를 일으켜 성공할 수 있었다고 지금도 생각할 때가 많습니다.[17]

해프닝으로 끝난 이 회의를 대단한 역사의 한 장으로 기억하는 이들이 꽤 있는 것 같다. 박정희가 기획을 했고, 이용문·이종찬이란 군의 거물이 주도했다는 이유일 것이다. 5·16 성공 후 안광호는 이종찬에게 "이왕이면 그때 했을 걸…." 하고 운을 떼다가 호된 꾸지람을 들었다고 한 것이 좋은 예다. 하지만 예나 지금이나 잊고 있는 것이 있다. 앞에서 소개한 이승만과 이종찬의 대화를 다시 기억해 보자.

◇ 이승만(이종찬을 쏘아보며): 작전지휘권 운운하면서 밴플리트의 말은 듣고 군 최고통수권자인 내 말은 듣지 않겠다고 하니 자네는 대한민국 참모총장인가, 아니면 미8군 참모총장인가!
◆ 이종찬: 각하께서 서명한 대전협정에 따라 작전지휘권이 미 측에 ….

심야회의가 정말 쿠데타 모의가 되기 위해선, 이종찬이나 이용문 둘 중 한 명은 참석했어야 하며, 참석자들에게 미군의 허락이 있었다

---

17 『참군인 이종찬장군』, pp.92-93

는 확신을 주었어야 했다. 유재홍(육본 참모차장, 소장)으로선 당연히 군의 중립 운운하면서 며칠 전 발표된 육군 훈령 제217호를 제시할 수밖에 없었을 터이다. 이로써 이종찬·이용문·박정희가 계획했던 쿠데타는 완전히 무산되었다. 어쩌면 1952년 이종찬, 이용문, 박정희 등이 계획했던 쿠데타는 밴플리트의 말장난에 넘어간 코미디였을지도 모른다. 밴플리트가 이종찬에게 쿠데타를 부추겼을 가능성은 있다. 그러나 그는 단독으로 쿠데타를 거행할 권한이 없었다. 한국에서의 쿠데타는 미 백악관의 담보가 있어야만 하는 사항이었다. 이것은 5·16 때도 마찬가지였다. 5·16 당시의 매그루더와 1952년 밴플리트는 똑같은 입장이었다.

하우스만은 이 쿠데타 모의사건이 원인이 되어 이용문이 암살당하지 않았나 하는 의심을 가지고 있었다. 이용문은 1952년 6월 24일 지리산에서 비행기 사고로 죽었다. 사고 원인은 휘발유가 떨어진 것으로 판명되었는데, 짧은 비행 거리에서 휘발유가 떨어졌다는 것에 의문을 제기했다. 그리고 누군가가 휘발유를 고의로 뽑아 버렸든지 아니면 무슨 폭발물을 장치했는지도 모른다고 추정했다.[18]

이용문은 암살당했을 수도 있다. 그러나 쿠데타 미수건으로 인한 응징은 아닌 듯싶다. 이용문이 죽은 시기는 부산 정치파동이 한참 진행 중일 때였고, 쿠데타 미수 건 정도의 사건에 신경 쓰기엔 이승만의 처지가 다른 일로 너무 바쁠 때였다. 부산 정치파동은 미국의 정책이 바뀜으로써 의외로 쉽게 결말난다.

태평양을 사이에 두고 여러 가지 의견이 오고갔지만, 사실 결론은

---

18 『한국 대통령을 움직인 미군대위』, p.75

이미 오래전에 났다. 1952년 6월 4일, 애치슨 장관이 주재한 국무부–합참합동회의에서 이승만 대통령 유지를 전제로 이승만과 국회간에 타협을 결정한 것이다. 유엔군에 의한 계엄령안은 애초에 무리한 발상이었고, 그 외 장면·신익희·허정·이범석·이종찬 등을 검토했지만 전시하에 이승만을 대체할 자원으로 낙점하기엔 무리라고 판단했던 것 같다. 결국 그들은 이승만을 대신할 대안 대신 이승만의 독재를 승인하고 말았다.

6월 25일, 미 합동참모본부는 동경 극동군 사령관에게 보내는 전문에서 정치적 대응과 직접 개입, 즉 쿠데타의 가능성 등 두 가지 방안을 검토하라고 훈령을 내렸지만, 국무부와 합참은 내부적으로 이미 첫째 안을 채택하기로 결정한 것이다. 결론은 발췌개헌안이었다. 이승만의 직선제와 야당의 내각제를 일부 혼합하는, 즉 장택상 총리가 제안한 발췌개헌안이 정치적 해결의 정답이 되었다.

비록 표면에 나서지는 않았지만 실질적으로 깊숙이 개입했던 박정희에게 1952년 쿠데타 미수 사건은 많은 것을 깨닫게 했을 것이다. 이용문의 죽음, 이종찬의 총장직 박탈 그리고 발췌개헌안으로 귀결된 이승만의 정치적 승리 등을 보면서 이제 자신이 스스로 정면에 나서야겠다고 결심했는지도 모른다. 소위 예비학습이 된 셈이다.

| 콜론보고서와 군인바보론 |

1960년 1월, 주목할 논문이 두 곳의 잡지사에서 동시에 발표되었다. 「사상계[19]」는 '콜론·어쏘시에이츠報告書(보고서)' 그리고 「새벽[20]」은 '주목되는 콜론報告(보고)'를 제목으로 선정했다.

「사상계」 1960년 1월호 표지

「새벽」 1960년도 2월호 표지

---

19 《사상계》는 1952년 8월 21일 문교부 기관지인 《사상》(1–4호)으로 출발하여 1953년 4월에 장준하가 인수하여 《사상계》(5–204호)로 개칭한 이후 1970년 5월 1일 필화사건으로 폐간될 때까지 발행된 1950년대와 1960년대 대표적인 지식인 잡지라고 할 수 있다. 《사상계》는 한국의 지성계뿐만 아니라 행정부와 정당의 정책에 이르기까지 다양한 영향을 미친 한국현대사에서 가장 중요한 월간지의 하나이다. 《사상계》는 발행 도중 정부에 대한 비판과 관련하여 여러 가지 어려움을 겪었지만, 18년 동안 명맥을 유지하였다(박태균의 논문, '해방 후 잡지 해제' 참조).

20 《새벽》은 1926년 5월 25일에 창간되어 통권 40호로 1932년 11월 1일에 종간된 《東光》을 복간한 잡지로서, 도산 안창호의 '무실역행'의 정신을 실행한다는 취지하에 재창간되었다. 평론, 교양, 학술, 문화 등으로 구성된 종합잡지로서 1954년 8월 1일에 창간되어 1960년 12월 15일 제7권 12호로 종간되었다. 매호에 《국내시평》이 실리는데, 각 분야별 당시의 상황을 시간흐름에 따라 재구성하는데, 도움이 될 자료라고 할 수 있다. 《새벽》의 발행인은 朱耀翰으로 김영선과 함께 민주당 신파의 핵심적인 이데올로그였다(박태균의 논문, '해방 후 잡지 해제' 참조).

부제가 흥미롭다. '국내정계에 충격', '대한강경책을 미 정부에 촉구'는 「새벽」의 선택이고, '미국의 대아시아정책'은 「사상계」의 몫이었다. 「새벽」의 편집진이 보다 자극적인 문구를 사용했음을 알 수 있다. 이것은 그 후 진행된 두 잡지사의 행보와도 관계있다. 단지 내용의 소개에 그친 「사상계」에 비해 「새벽」은 보다 적극적으로 콜론보고서를 분석하고자 했다.

「사상계」는 1월호에 이어 5월호까지 다섯 번에 걸쳐 콜론보고서[21] 전문을 모두 실었다.[22] 반면 「새벽」의 경우 한국 관련 부분만 1월호에 싣고, 2월호에는 장택상(민의원, 무소속)과 김상협(고려대 교수)의 논평을 그리고 한국 관련 부분을 작성한 스칼라피노(Robert A. Scalapino) 교수의 '위기에 선 일본사회주의'란 글을 3월호에 소개했다. 아래는 '콜론보고서' 관련 기사 목록이다.

---

21 콜론 · 어쏘시에이츠 보고서는 향후 콜론보고서로 약칭한다.

22 콜론 · 어쏘시에이츠 보고서는 Ⅰ보고개요, Ⅱ결론 및 제언, Ⅲ보고본문(제1부 미국의 대아시아 정책 제2부 南亞에 있어서의 미 외교정책 제3부 동남아에 있어서의 미 외교정책 제4부 동북아에 있어서의 미 외교정책) 등으로 구성되어 있다. 한국 관련은 ①일본 ②오키나와 ③한국 ④중국 및 대만으로 작성된 '동북아에 있어서의 미 외교정책' 중에 포함되어 있다. 보고서를 작성한 콜론 · 어쏘시에이츠社는 1956년 설립된 조사기관으로서 주로 아시아 문제를 포함한 국제 문제에 관한 정보를 수집 · 조사하여 미국 정부나 기타 민간회사에 제공해 주는 민간연구소였다. 샌프란시스코에 본사를 두었다.

잡지	게재 날짜	내역
사상계	8, (1960년1월), pp.122-129	美國의 對亞細亞政策 : 美國上院 外交委員會의 要請으로 「콜론 · 어쏘시에이츠」社가 作成한 報告書
	8, (1960년2월), pp.289-305,327	콜론 · 어쏘시에이츠報告全文
	제8권 제3호 통권 제80호, (1960년3월), pp.140-149	콜론 · 어쏘시에이츠報告全文, 3 : 아시아에 있어서의 美國外交政策
	제8권 제4호 통권제81호, (1960년4월), pp.140-157	콜론 · 어쏘시에이츠報告全文, 4 : 東北亞에 있어서의 美外交政策
	8, (1960년5월), pp.137-153	콜론 · 어쏘시에이츠報告全文 : 中共에 있어서의 美外交政策
새벽	제7권 제1호 (1960년 1월), pp.75-86	注目되는 〈콜론〉報告 : 對韓强硬策을 美政府에 促求
	제7권 제2호 (1960년2월), pp.94-96	콜론報告書에 對한 나의 意見 / 張澤相
	제7권 제2호 (1960년2월) pp.104-106	콜론報告에 對한 意見 / 金相浹
	제7권 제3호 (1960년3월) pp.123-133	危機에선 日本社會主義 : 〈콜론報告〉作成者가 分析하는 日本政治의 病理 / 스칼라피노

궁금한 것은 미국 상원 외교위원회가 주관한 보고서를 한국에 소개한 의도다. 특히 「사상계」는 엄청난 분량의 보고서 전체를 모두 번역하는 수고를 거쳐 5개월에 걸쳐 분할 연재하는 성의를 보였다.

보고서가 한국에 소개된 1960년 1월은 곧 제4대 정 · 부통령을 선출하는 선거가 예정되어 있는 엄중한 시점이었다. 다가오는 선거에 결정적인 영향을 줄 수 있는 내용의 글을, 민감한 시기에 왜 발표했을까? 보고서가 지적하는 한국의 실정은 대체로 다음과 같다.

- 한국은 비공산주의 세계에서조차 고립되어 있다.
- 미국 원조 없이는 한국 경제가 붕괴할 것이다.
- 미국의 원조가 한국인 백만장자들을 너무 많이 배출했다.
- 한국에 민주주의의 껍질만 남은 것도 기적이다.

- 한국에는 민주주의가 부적당한 것 같다. 차라리 인자한 전제정치가 타당할지도 모른다.
- 지식인들이 프롤레타리아로 전락할 상당한 위험성이 있다.
- 부익부 빈익빈, 목적을 위해 수단 방법을 가리지 않는 자가 출세하는 사회가 한국이다.
- 한국은 양당제도라기보다 1.5정당제를 가졌다고 할 수 있다.
- 이승만 박사와 그를 추종하는 집단은 결코 정권을 내놓을 생각이 없을 것이다.
- 순조로운 정권 교체는 그 실현가능성이 매우 희박하다.
- 한국과 일본의 관계 개선은 미국이 위험을 무릅쓰고라도 해 볼 만한 정도로 미국의 전반적인 이익에 있어 중요한 문제다.

보고서에 나타난 내용대로 한국의 정치 지형도가 흘러간 것은 깊게 검토해야 할 사안이다. 콜론보고서는 쿠데타의 가능성뿐 아니라 이승만의 은퇴 혹은 사망할 시 보수 정당의 집권과 분열 그리고 신당의 출현도 예측하고 있다. 조병옥이 민주당의 대통령 후보로 지명될 것이라는 것 역시 정확하게 짚고 있다.

특히 중요한 것은 미국의 대한 정책을 제시하고 있다는 점인데, 한일관계의 재조정과 한국 통일에 관한 제안은 현재까지도 영향을 미치고 있는 것으로 보인다. 보고서는 한일회담이 미국의 우선적인 현안임을 확인시키고 또한 한국을 재통일시킬 가능한 방법이 없다고 함으로써 분단한국의 영구화가 미국의 입장이라는 것을 표명하고 있다. 내정간섭 정도가 아니라 강대국의 횡포로 보이는 폭언으로 점철된 이 문서의 내용에 대하여 여·야를 포함한 대부분의 한국의 정치인들은 어떻게 반응했을까?

아쉽게도 당시 여당인 자유당과 야당인 민주당의 공식적인 반응은 알 수 없다. 신익희, 장면, 조병옥, 이범석 등 유력 정치인들도 견해를 남기지 않았다. 다만 장택상이 "콜론보고서에 대한 나의 의견"이란 제목으로 「새벽」 2월호를 통하여 자신의 '느낌'을 발표하였다.[23]

장택상에 의하면, 자신은 콜론보고서가 국내에 들어오기 전 이미 영자(英字)신문을 통해서 봤다고 한다. 장택상은 보고서에 지적된 한국의 현 상황과 문제점에 대하여 한 가지도 이의를 달 만한 구절을 찾아볼 수가 없었다고 운을 떼면서 글을 시작하였다. 장택상이 말하는 바의 요점은 "언론의 자유와 선거에 대한 탄압 없는 보장을 주장하면서 우리가 공산국가 아닌 민주우방의 동정을 받아야 할 것"이라는 주장이다. 야당 정치인으로서 원론적인 답변만을 한 셈이다.

눈여겨볼 것은 김상협의 글이다. 「새벽」에 기고한 김상협의 분석은 많은 점을 시사하고 있다. 그의 글 일부를 아래에 소개한다.[24]

동 보고서는 후진사회의 정치적 특성 또는 정치적 후진성이 어떠한 것인가에 관하여서는 체계적으로 설명을 가한 일이 없고 그 구제책에 이르러서는 일언반구도 언급한 일이 없으니 어찌된 셈일까? … 그렇기에 동 보고서는 정치적 후진성의 명확한 정의와 이에 대한 확고한 대책을 강구함 없이 한국의 민주정치를 소아마비 상태로부터 소생시키는 미국의 대한정책이라 해서 막연하게 다음의 몇

---

23 콜론報告書에 對한 나의 意見/張澤相, 「새벽」, 제7권 제2호 (1960년 2월), pp.94-96
24 김상협, 콜론보고에 대한 의견, 「새벽」, 1960년 1월호, pp.104-106

가지를 열거하였다. …

　미국의 언론계를 동원하여 한국 정치의 탈선을 항상 감시하고 미국의 지도자들을 한국에 파견하여 민주사회의 기본 조건을 설복시키도록 하고 한국에서의 인권침해는 곧 한미관계에 악영향을 미친다는 경고를 발하고 또 이러한 경고에 실효를 주기 위해 통렬한 수단을 취하겠다는 협박을 가하고 하면 한국의 위정자들은 그 압력에 못 이겨 민주정치에 대한 파괴행위를 중단하고 따라서 한국의 민주정치는 소생의 본궤도로 들어서게 될 것이라고 단언할 수 있겠는가 말이다.

　김상협은 한국의 정치적 후진성을 인정한다. 그러나 콜론보고서가 제시하고 있는 미국의 대한정책에 대해서는 강력하게 제동을 걸고 있다. 경고, 감시, 협박보다는 문제의 본질을 먼저 파악해야 할 것이라고 주장한다. 그의 글을 좀 더 살펴보자.

　한국도 후진사회인 만큼 그 후진사회에 특유한 '정권의 잉여가치'를 누리기 위해서 일부러 잠을 위장하고 있는 것이다. 선진국가의 정권에는 그다지 큰 잉여가치가 수반되는 일이 없지만 후진국가의 정권에는 반드시 막대한 양의 잉여가치가 따라오기 마련이다. 정권을 잡은 사람은 물론이요 그 추종자라 할지라도 일단 세도의 길에 올라서기만 하면 며칠이 못 되어서 부자도 될 수 있고 사회적인 명망도 얻을 수 있고 오락단체나 체육단체의 장도 될 수 있고 자녀의 학교 입학도 자유로워지고 심지어 바둑급수까지 높아질 수 있다. 이에 반하여 정권이나 관직에서 물러서는 날이면 일전천락(一轉

千落)하여 초라한 필부로 화해 버리고 자칫 잘못하다가는 민족반역자의 낙인까지 찍히게 된다. 그렇기 때문에 후진사회에서는 모든 것이 정권을 통해서 있고 정권을 위하여 있는 것이나 다름이 없다 하여도 과언이 아닌 것이다.

한국 정치 파행의 원인이 '정권의 잉여가치' 때문이라고 주장한다. 김상협의 견해에 의하면, 2017년 현재까지도 한국은 전형적인 후진사회다. 5·16이나 12·12 같은 쿠데타 후의 정치·사회·경제 분야의 지각 변동뿐 아니라 각종 선거 후의 결과를 보아도 '정권의 잉여가치'는 지금도 유효한 것이 한국의 모습이다.

"정권을 잡은 사람은 물론이요, 그 추종자라 할지라도 일단 세도의 길에 올라서기만 하면 며칠이 못 되어서 부자도 될 수 있고 사회적인 명망도 얻을 수 있고 오락단체나 체육단체의 장도 될 수 있고 자녀의 학교 입학도 자유로워지고 심지어 바둑급수까지 높아질 수 있다."

정확한 지적이다. 김상협은 '정권 잉여가치'의 소멸 또는 감소 작업을 넘어서 '금전의 잉여가치'까지 축소되어야 한다고 목소리를 높인다. 이러한 작업이 선행되지 않는 한, 민주당이 정권을 잡든 또 어느 정당이 정권을 잡든 사태는 여전히 동일하리라는 것을 잊어서는 안 된다고 주장하였다. 김상협은 정치학자로서 콜론보고서를 상당히 깊게 분석했고 대안도 제시했다. 아쉬운 것은 쿠데타 발발의 가능성에 대해 언급을 하지 않은 점 정도다.

1960년 1월 현재, 「사상계」와 「새벽」은 야당지로 보아야 할 것이다. 그 무렵 「사상계」의 발행인 장준하는 자유당을 비판하는 입장에서 활동했고, 「새벽」의 발행인 주요한 역시 재야인사로서 민주당 신파의 핵심적인 이데올로그였다. 이러한 점을 고려하면 다가오는 선거에서 이승만을 실각시키고 자유당을 몰락시키고자 하는 의도하에 콜론보고서를 게재했다고 보아도 무방할 것이다. 그 당시 콜론보고서가 실제로 어떻게 인용되었는가를 살펴보면 게재 목적을 보다 뚜렷이 확인할 수 있으리라 본다.

…이즈음 국내 모모지에 번역 전재된 이른바 콜론보고서는 우리나라 지식층에게 심대한 쇼크를 준 것으로 알려져 있다. 정부와 그 여당은 신국가보안법의 제정 · 시행과 경향신문의 폐 · 정간 등으로써 자기네들에게 불리한 사실보도와 논평을 억압하는 데 성공했다고 자부하고 있을지는 몰라도, 우방 원조국가 측에서의 여론의 점고와 대한(對韓) 관심의 심화는 국내 여론에 못지않게 "현 정권을 갈아야겠다."는 우리 국민의 결심을 굳게 하는 계기가 되는지도 모른다. [25]

1960년 1월 4일자 동아일보 사설 중 일부다. 언론의 자유를 억압하는 자유당의 행패를 지적 · 비판하는 데 콜론보고서를 인용했음을 알 수 있다. 같은 신문에 게재된 "정치운동법률제정의 필요성"이라는 논단도 콜론보고서를 인용함으로써 자신의 주장에 대한 당위성을 확보

---

25 자유 · 민주 양당이 대결할 금춘선거, 「동아일보」, 1960.1.4

하고 있다. 지은이는 김제윤으로 현직 서울시 의원이며 민주당 소속이었다.

　정치운동에 관한 법률제정은 이미 8년 전 부산임시수도 당시 …(중략)…

　전에도 영국의 런던타임스가 평하기를 "한국에서 민주주의의 개화를 바라는 것은 시궁창에서 장미꽃이 피기를 바라는 것과 마찬가지라"고 한 것은 이미 논자들이 많이 인용한 바 있으나 최근 미국 상원외교위원회에서 채택된 콜론보고에는 "한국의 지도자들은 한국이 반공국가로 존재하는 한 한국에 무슨 사태가 벌어지든 미국인은 무관심하다고 지금 믿고 있다"고 지적하고…. [26]

　콜론보고서에서도 지적된 바와 같이 우리 한국은 양당제도가 아니라 한 개 반 정당 제도가 존재하고 있을 뿐이다. 즉, 집권당인 자유당은 완전한 일개정당이나 야당인 민주당은 반개 정당밖에 못되는 것이다. [27]

　콜론보고서 중 한국 관련 내용은 ① 한국경제 ② 한국의 정치 및 사회 ③ 한국외교정책 ④ 한국에서의 미국 정책 등 4가지 분야를 다루고 있다. 보고서에서 지적하고 있는 내용은 아프지만, 이승만 독재 정권하의 엄연한 현실이었다. 1961년 4월 혁명이 일어난 후 각 언론

26　정치운동법률제정의 필요성(상), 「동아일보」, 1960.1.21
27　정치운동법률제정의 필요성(하), 「동아일보」, 1960.1.24

들은 분야별로 이승만 정권하의 각종 문제점들을 제기하면서 콜론보고서를 이용하기 시작했다. 몇 가지 사례를 살펴보자.

　원인의 다섯째는 특권층 및 여당 본위의 차별정치다. 행정부나 군부의 특권 계급은 그 권력에 아부하여 엽관이나 이권 운동을 위하여 가져다 바치는 금품도 물밀듯하지마는 그 권력으로 이권을 잡게 되기 때문에 다 기업체를 가지고 있게 되고 화려하고 광대한 저택을 가지고 있으며 미국 기타 우방에서 오는 원조자금이 특권층에 몇 사람의 백만장자를 만들어 주었을 뿐이요, 경제 자립의 기초를 닦을 생산기관은 위축되고 말았다는 것은 콜론보고서가 이를 증거한다.[28]

　김윤경(연세대 교수)은 4·19 학생의거의 의의를 논하면서 근인(近因)으로는 3·15 협잡선거를 지적하면서, 근본적인 원인으로 정치파동, 한글파동, 사사오입 개헌파동, 이사파동, 특권층 및 여당본위의 차별정치 등 다섯 가지를 꼽았다. 이 중 특권층 및 여당본위의 차별정치를 설명할 때 위의 인용문처럼 콜론보고서를 증거자료로 제시했다. 다음은 외교 분야를 다룰 때 사용한 예를 보자.

　일인전단 외교는 필연적인 사세로서 고립화 방면으로 줄달음치지 않을 수 없었다. 그것은 시정과 충고의 방도나 문이 없었기 때문이다. 콜론보고서에 지적된 바와 같이 한국은 대만·월남·비율

---

28 4·19 학생의거의 의의(상), 「동아일보」, 1960.4.30

빈과 미국과의 특수 관계를 제외하고 외교적으로 사실상 고립되고 있었던 것이다.[29]

국회외무위 전문위원으로 활동하던 정형모는 '4·26(四·二六)과 외교민주화(外交民主化)'란 글에서 한국이 처해진 외교고립화의 현실을 설명할 때 콜론보고서의 지적을 인용하고 있다. 이철범(문예비평가)은 콜론보고서 내용 중 일부를 앞머리 글에 올리면서 자신의 논지를 펴고 있다.

한국의 민주주의는 현재 불안정한 상태에 있다. 약간의 진전이 있기는 하였으며 지난 10년, 아니 지난 반세기의 제 조건을 생각해 볼 때 민주주의의 외형이나마 현존하고 있다는 것은 아마 기적에 가까운 일이다. 그럼에도 불구하고 지금 곧 민주주의의 제 제도는 극히 심한 시련에 직명하고 있으며 그 결과는 예측할 수 없다(콜론보고서). 그렇다. 누구도….[30]

대부분의 학자, 문필가, 정치가들이 이승만의 독재와 실정을 공격할 때 금과옥조로 사용되던 콜론보고서가 5·16 쿠데타 이후에 갑자기 다른 용도로 사용되기 시작했다. 글을 쓴 스칼라피노 교수는 쿠데타를 예측한 사람으로 둔갑되고, 콜론보고서는 쿠데타 필연론의 대명사가 되어 버렸다. 먼저 스칼라피노의 인터뷰 기사 일부를 소개한다.

---

29 四·二六과 外交民主化, 「경향신문」, 1960.5.6
30 사적현실과 정치적 시련(상), 「경향신문」, 1960.10.10

문: 귀하는 이른바 콜론보고서에서 한국에 '폭발적'인 군사봉기가 일어날 가능성을 예언한 바 있는데 지금에 이르러서는 어떠한 전망을 갖게 되었는가.

답: 오늘날의 한국사태는 복잡하고도 유동적이다. 내 견해로는 단순한 분석만으로는 제반 사실을 올바로 판단할 수 없다고 본다. 앞서 내가 지난 일주일 동안에 이곳에서 모은 정보를 연구하고자 하며 그것을 반영시키고자 한다. 그러나 그에 앞선 논평으로 나는 다음과 같은 점을 말하고자 한다. 즉, 누구나 현 정부가 당면하고 있는 커다란 난관을 인정해야 할 것이고 잘되기를 바라야 할 것이다. 최근 몇 달 동안에 분명히 몇 가지 진전이 있었는데 그것은 고무적이고 희망을 주는 것이다. 현 지도권의 성실성과 봉사는 그 한 예이다.

부패, 경제적 후진성 및 기타 그와 같은 제 문제가 깊이 뿌리박고 있는 곳에 공격을 가한 그 정력 역시 추장할 만하다. 물론 이런 문제들은 조속히 또는 쉽사리 해결될 수는 없다. 또한 나는 현 정부가 시민의 자유와 민주주의 제도를 지지하기 위하여 그리고 적당한 범위 내에서 중앙정보부의 활동을 유지케 하기 위하여 장기적으로 어떤 태도와 정책을 취할 것인가를 보고자 기다리고 있다.[31]

기자가 "한국에 '폭발적'인 군사봉기가 일어날 가능성을 예언한 바

---

31 스카라피노 박사, 본사 기자와 단독회견 "한국의 민주주의는 실험기", 「동아일보」, 1962.1.11

있는데…"라고 했지만 스칼라피노는 이에 대한 언급을 전혀 하지 않았다. 질문에 대한 답변은 거의 동문서답 수준이다. 그는 군사정부 특히 중앙정보부의 전횡에 주시하고 있다는 발언 등 자신이 생각하고 판단하고 있는 한국의 상황에 대해 얘기하고 있다.

사실 콜론보고서에는 쿠데타를 예측하거나 한국에서 쿠데타가 일어나야 할 이유 등의 내용이 없다. 스칼라피노 교수는 보고서에서 "이승만의 수명과 1960년 선거의 결과와 관계없이 민간 보수 정권이 계속될 것"을 예측했다. 다만 "한국 민주주의가 시련을 받고 있으므로 금후 수삼 년의 향배가 한국민의 지지를 받을 수 있는가"가 중요하다고 지적했을 따름이다.

군부 문제는 "한국육군은 한국의 경제력에 더욱 적합한 비율로 축소시켜도 무방할 것"이라고 했다. 별도의 장에서 다시 거론하겠지만, 아이젠하워 정부의 '뉴룩' 정책에 충실한 견해다. 스칼라피노가 특히 강조한 것은 한국과 일본 사이의 긴밀한 관계다. 이 정책 역시 미국의 기본 방향이다. 가까운 장래에 통일이 불가능할 것이라는 견해 역시 미국의 정책 틀 안에서의 발언이다.

스칼라피노 교수의 방한에서 만족할 만한 대답, 즉 '쿠데타 필연론'을 얻지 못한 박정희 군부는 다른 방법으로 이 사안을 관철시키고자 한다. 역사학자를 동원한 '역사 조작'이 그것이다. 고대 교수로 재직 중이던 신석호가 이 임무를 떠맡았다.

『한국군사혁명사』란 두툼한 책이 있다. 1963년 8월, 국가재건최고회의가 '한국군사혁명사 편찬위원회'란 조직을 구성하여 상·하 두 권으로 만든 책이다. 상권 1,856쪽, 하권 714쪽으로 이루어진 방대한 분량이다. 유홍열, 신석호, 이낙선, 김성근, 이한용, 전봉덕 등이 주요 필진으로 참여했다.[32] '민족해방과 대한민국정부수립'은 유홍렬이 원고를 집필했고, 신석호가 '6 · 25동란', '자유당의 부정과 부패', '4 · 19 학생의거', '민주당의 부패와 무능 · 무위', '군사혁명의 원인' 부분을 맡았다. 그리고 '군사혁명의 전모'는 이낙선, '혁명의 성공과 국내외의 반향'은 김성근, '혁명정부의 성립과 변천'을 이한용이, '반혁명사건'은 전봉덕이 책임을 졌다.

'1961년 5월 16일 군부가 왜 일어났는가?' 하는 것은 쿠데타의 당위성을 설명하는 매우 중요한 사안이다. 신석호는 다음과 같은 다섯 가지 이유를 들어 박정희 군부 세력에게 면죄부를 주었다. 첫째로 용공사상의 대두, 둘째 경제적 위기, 셋째 고질화된 정치풍토, 넷째 사회적 혼란과 국민도의의 퇴폐(頹廢) 그리고 마지막으로 한국군의 발전과 군사혁명의 필연성 등이다.[33] 한편, 신석호는 다섯 번째 항목에서 '군인바보론'과 '콜론보고서'를 거론했다. 아래는 글의 일부다.

항간에서는 '군인바보론'이 공공연히 유포되어 젊은 지성인들의 얼굴을 붉게 하였다. 그 이유는 군인들도 국민과 같이 사태의 판단에 일치하고 정당한 불평에 공명하며 유일한 구국방략에 찬동하면서도 그 젊음 집단력 좋은 무기를 든 채 명백한 윤리적 의무를 저버리고 요지부동(搖之不動)하니 '비겁자'요 바보라는 것이다.

특히 국제 정세의 추이에 있어서는 괄목할 만한 충격적인 쿠데타가 잇달아 히트를 쳐 비약적인 호성과를 보이고 있는 판인데 한국

---

32 이들 중 신석호, 전봉덕은 친일인명사전에 기재된 인물들이다.

33 『한국군사혁명사 제1집(상)』, 국가재건최고회의, 1963, pp.173-194

군은 민족성이 약하고 인물이 없어 그것도 못한다고 혹평(酷評)하면서 결국 국군은 특정정당과 특정인의 주구에 불과하다고 멸시하기도 하였다.

정말 군에 대한 국민의 여망은 절실한 것이었다. 비근한 예로 4·19 때 계엄군의 출동에 대한 시민의 박수와 꽃다발이며 4·26정변 날 오전 9시 데모대 대표 14명이 경무대를 방문하게 되자 학생대표 김선봉, 한규철, 유일라, 김기일 등이 "여야정객은 모두 믿을 수 없으니 군정을 포고해 달라"고 대통령에게 직언한 것을 보더라도 '군의 비중'과 '군의 대국민신망도'를 넉넉히 짐작할 수 있는 것이다. 그렇다면 과연 군은 바보였을까. 이 문제에 대한 회답은 콜론보고서의 일절로써 어느 정도 짐작이 갈 수 있는 것이다.[34]

신석호는 한국 내 사회 어떤 분야보다도 군대가 더욱 민주주의에 충실하고 언론이 자유로웠던 것으로 판단한 모양이다. 그리고 이러한 토대 위에서 누군가가 혁명을 일으켜야 한다는 여론이 형성되고 있었다고 주장한다. 쿠데타로 집권한 나라가 비약적인 성과를 과시하고 있는 국제 정세를 본 국민들도 군인들의 쿠데타를 절실하게 여망하고 있는데, 침묵만 지키고 있는 한국군은 '바보'고 '비겁자'였다는 것이 신석호의 주장이다.

덧붙여 신석호는 "5·16 이야말로 '군의 비중'과 '군의 대국민신망도'를 충족시킨 것이다."라고 결론을 내렸다. 이에 대한 방증으로 콜론보고서를 제시하고 있다. 박정희와 일부 군인들이 "한국군은 바보

---

34 『한국군사혁명사 제1집(상)』, p.192

가 아니다"라는 것을 증명했다는 뜻이다. 다음은 신석호가 인용한 콜론보고서의 내용이다.

　…가난한 가정의 유능한 자제들이 대학에 진학할 기회는 학비 부족 때문에 극히 드물다. 그들에게 진학의 기회가 있다면 대개는 군의 학교이다. 이리하여 경제적 하층계급 출신의 유위(有爲)한 청년장교가 많이 생겨나 이들이 특권적 관리, 정치가들에게 분노를 느끼고 있다. 이것은 폭발하고 말지도 모른다.

　넓은 의미에서 한국이 다른 나라의 예에 따라 군사지배가 정당에 대체되지 않을까 의심하는 것은 정당한 것이다. 이것은 있을 수 있는 일이나 지금 당장으로서는 그렇게 될 가망은 적다. 만약 정당정치가 전적으로 실패하면 언젠가는 군사지배가 나타날 것은 확실히 가능한 일이다.[35]

　신석호는 콜론보고서를 제시하면서 쿠데타 필연론을 설명하고 있다. 그는 "한국에 있어서 국가적인 위기를 타개할 수 있는 유일한 세력 층이 군부밖에는 없다"고 하면서 그 근거로 국내외의 정치가와 평론가의 형안(炯眼)을 들고 있다. 그가 말하는 국내외의 정치가와 평론가는 물론 콜론보고서 중 한국 부분을 집필한 스칼라피노(Robert A. Scalapino)일 것이다. 그리고 신석호는 "사회 어떤 분야보다도 더욱 민주주의에 충실하고 언론이 자유로웠던" 세력으로서 군부를 거론하면서 한편으론 군부의 독재를 촉구하고 있다. 그 근거로 다시 콜론보고

---

35 『한국군사혁명사 제1집(상)』, p.192

서를 인용하고 있다.

…민주주의는 한국처럼 내우외환이 있는 사회에서는 부적당할지 모른다. 적어도 초기 단계에 있어서는 어느 정도 민주주의에 규제를 가할 필요가 있을 것이요, 과도기에는 어느 정도의 지도가 필요할지도 모른다. 한국의 정치적 장래는 명확하지 않다. 양 보수정당은 현재 다 같이 조잡한 잡탕이요, 그 속에서 여러 파벌들이 서로 정권을 노리고 싸우고 있다. 2대 정당이 다 같이 내부에 파벌이 생긴 것은 정책이나 사상 때문이 아니고 지위와 권력 때문이다. 따라서 파벌의 연합은 항상 복잡하고 변화는 예측을 불허한다.[36]

콜론보고서를 자세히 읽고, 스칼라피노의 인터뷰 기사를 잘 검토해 보면 '군인바보론'이나 '쿠데타필연론' 등이 얼마나 허황된 주장이며, 논리적으로도 얼마나 모순된 것인가를 알 수 있을 것이다. 하지만 현실에서는 이 두 주장이 진실인 것처럼 유통되고 있었다.

| 두 번째 음모와 4월 혁명 그리고 김동하의 수난 |

콜론보고서에는 많은 오류가 있다. 특히 군부를 보는 시각이다. "가난한 가정의 유능한 자제가 학비 부족으로"으로 군부학교를 택했다는 콜론보고서의 주장은 1951년에 입학한 육사11기 이후를 대상으

---

36 『한국군사혁명사 제1집(상)』, p.193

로 하면 어느 정도 수긍이 간다. 하지만 5 · 16 쿠데타를 일으킨 세력에게는 해당 사항이 없다. 쿠데타 주체 세력 중 박정희를 비롯한 고위 장성들은 만주군관학교(박정희, 이주일, 최주종, 송석하)와 대학 출신(최홍희–일본중앙대, 한웅진–일본중앙대)이 다수다.

영관급 장교 중에서도 김종필(서울사대), 홍종철(서울상대), 송찬호(중앙대), 이원엽(단국대), 채명신(성대) 등 많은 이들이 대학을 다니다가 혹은 졸업 후 새로운 길을 찾는 방편으로 군문을 선택한 사람들이다. 그리고 미군정의 정책에 의해 단기간의 교육을 받고 장교에 임명된 자들이다.[37]

"육군 내부에 많은 야심가가 있지만 커다란 정치적 신망이나 조직력을 가진 군인은 없다."는 판단도 틀렸다. 커다란 정치적 신망을 가졌던 인물은 아니지만 박정희의 경우 1952년부터 조직을 구축하기 시작하여 결국 1961년에는 쿠데타를 일으켜 성공했다.

"만일 정당정부가 완전히 실패하면 언제나 한번은 군사지배가 출현할 것이라는 것은 확실히 가능하다. 그러나 가까운 장래에 그것이 발생될 것 같지는 않다."라는 주장 역시 설득력이 없다. 박정희를 비롯한 쿠데타 세력은 정당정부의 실패와 관계없이 쿠데타를 일으켰고, 콜론보고서가 발표된 지 1년 6개월도 채 되지 않은 시점에 쿠데타가 발생했다.

콜론보고서의 영향력 확대와 상관없이, 박정희가 오래전부터 쿠데타를 준비해 왔다는 사실은 이미 거론한 바 있다. 1952년 부산정치파

---

37 한용원, 『대한민국 국군 100년사』, 오름, 2014, pp.207–212 《조선경비사관학교 1기(교육기관: 1·5개월), 2기(3개월), 3기(3개월), 4기(4개월), 5기(6개월), 6기(3개월), 육군사관학교 7기정기(3개월), 7시 특별(2개월), 7기후기(1개월), 8기 정기(6개월), 8기특별1(3주), 8기특별2(5주), 8기특별3(3개월), 8기특별4(5주/9주), 9기(6개월), 10기(1년)》

동 와중에 도모한 쿠데타가 해프닝으로 끝난 후, 다시 음모를 꾸미기 시작한 시기는 1956년 7월 그가 육군대학에 입교했을 때부터다. 이 무렵 진해 육군대학에 입학한 장군들은 임선하, 최홍희, 소병기, 박정희, 김득모, 최주종, 강태민, 이용 등 15명쯤 됐다.[38] 영관급으로선 전두열(全斗烈)이 있었고, 교관으로 박태준이 근무했다. 육군대학에서 함께 생활한 이들 중 최주종(신경3기), 전두열(정훈1기), 박태준(육사6기) 등이 쿠데타 주도 세력 중에 포함된 것을 보면, 박정희는 이 무렵부터 동지들을 포섭하기 시작했던 것으로 보인다.

박정희는 쿠데타 참여 세력을 철저히 점조직으로 관리했다. 김종필을 축으로 한 육사8기 그룹, 김재춘이 중심이 된 육사5기 등 과거 사제 사이였던 그룹 등은 많이 알려진 조직들이다. 그 외 비선조직이라고 할 수 있는 장태화를 비롯한 정보계통이 있었으며, 방원철 등 만군 출신 그룹 그리고 유원식 계열도 있었다. 여기에서 유원식의 경우 조금 설명이 필요하다.

유원식(柳原植, 1915?-1987)은 아나키스트로 알려진 독립운동가 유림(1898-1961)의 아들로서 5·16 쿠데타에 주도적으로 참여한 인물이다. 그는 1945년 종전 후 북경에서 〈광복군 잠편 독립 제1대대(평진 대대)〉 편성 때 박정희를 처음 알았다고 한다.[39] 유원식의 주장에 의하면, 자신이 먼저 쿠데타를 기획했으며 박정희를 포섭한 것이 된다. 그의 증언을 들어 보자.

---

38 『한국 대통령을 움직인 미군대위』, p.76
39 유원식, 『혁명은 어디로 갔나』, 인물연구소, 1987, p.104

내가 국방 대학원에 입교한 것은 거사를 준비하기 위해서였다. …(중략)… 1959년 1월 2일 나는 그때 원주 야전군 사령부 참모장을 지내던 박정희 소장에게 전화를 걸었더니, 놀러 오라고 하여 지프차의 정비도 부탁할 겸 그곳으로 갔다. 나와 박 소장은 정세에 관한 의견 교환을 나누었다. …(중략)…

그 후 어느 때인가, 박 장군이 내 집에 와서 활동 분야의 책임을 서로 분담하자고 제의하였다. 그래서 군 관계는 박 장군이 맡고, 정치 관계는 내가 맡기로 하였다. …(중략)…

나는 1960년 정초부터 양쪽 발꿈치에 근육염을 앓아 집에서 치료하며 쉬고 있는데 하루는 박 장군이 찾아왔다.

"유형! 거사를 합시다."

"조직은 다 준비되어 있습니까?"

"아직 준비되지 않았습니다."

"그럼 성공할 공산이 희박합니다. 조금만 더 기다려 봅시다."

"그렇다면 유형 생각에는 언제 거사하는 게 좋겠소?"

"5월에 대통령과 그 일행이 진해에 휴양하러 가니, 그때 대통령과 아첨하러 온 참모총장을 비롯하여 실력자들을 체포한 뒤 선실에 가두고 녹음 마이크만 들이대면 될 것입니다."

"그럼 혁명 후의 뒷수습은 유형이 다해 주셔야 됩니다."

"그것은 걱정 마시오."

나와 박 장군은 거사에 대해서 이렇게 타협을 본 뒤 그날을 기다리기로 하였다. …(중략)…

1959년 7월에 국방 대학원을 졸업하고 육군본부 군사발전국 차장으로 임명된 나는 그날부터 조속한 시일 내에 혁명을 일으킬 것을 결심하고 사력을 다하였다. …(중략)…

이 박사가 죽은 후에는 이기붕이 후계자가 될 것이라는 설까지 나돌았다. 이런 정세하에서는 하루가 급했다. 그래서 나는 박 장군과 상의하여 혁명 거사 일을 이 해 11월 20일로 하고 모든 준비를 서둘렀다. 그런데 뜻밖으로 거사 일을 앞두고서 박 장군과 박병권 장군이 빨갱이라는 설이 나돌아 부산 군수기지 사령관으로 전출되는 바람에 거사 일을 다시 12월 24일로 연기했다가 여의치 않아 그대로 해를 넘기고 말았던 것이다. …(중략)…

그러나 박 장군이 내가 대구에 잠깐 다녀오는 동안에 나 몰래 당시 계엄사령관 송요찬 육군참모장에게 밀서를 보냈다. 군의 의향을 밝히고, 송 장군에게 참모총장을 사임하라는 권고문이었다. 그 결과는 즉각적으로 나타났다. 송 장군은 계엄군의 증강을 결심하고, 서울에 2개 사단(수도사단)을 진주시켜 군의 동요를 억제하려고 하였다. …(중략)…

"형님! 서울에 올라가십시오. 만약 최영희가 와서 함부로 행동한다면 그 자리에서 잡아넣고 말겠습니다. 만약 부산서 거사했다는 소식이 가거든 서울에서도 곧 거사를 합시다. 그리고 서울에 가시거든 이종찬(당시 국방부 장관)이를 만나 보십시오. 그가 형님한테는 바른 대로 이야기할 것입니다."

모든 일이 잘되었다고 생각한 나머지 이튿날 아침 부산으로 떠난 최영희가 부산역에 도착하는 그 시간에 서울에 올라온 나는 부산에서 연락이 오기를 아무리 기다려도 소식이 없었다. 그러다가 하루는 연락이 왔다. 사실은 최영희 장군이 부산지구 계엄사령관을 인계받으라는 명령을 받고 부산에 왔다는 소식이었다.

그런데 막상 보니 부산의 공기가 인수인계를 하게 될 것 같지 않아 사령부에 도착하여 브리핑을 받고 나서, 바로 그 자리에서 여럿이 들을 수 있도록 큰 소리로 송요찬 참모총장에게 전화로 보고를 하였다는 것이다.

"여기는 박정희 장군이 잘하고 있으니 아무 걱정이 없습니다. 저는 곧바로 올라가겠습니다."

뒤를 이어 이종찬 국방부 장관이 부산에 내려가 전 장교를 집합시켜 놓고, 몇 가지 공약을 하고 돌아갔다는 이야기도 전해 왔다. 이리하여 결국 군사혁명은 대기 상태에 들어가 무기 연기되고 말았다.[40]

유원식의 주장을 시기별로 정리하면 다음과 같다.

① 1959년 1월 2일: 유원식, 박정희(1군 참모장)와 쿠데타에 관한 의견 교환
② 1959년 7월: 유원식, 국방 대학원 졸업, 육군본부 군사발전국 차장 임명
  〈혁명 거사 일을 1959년 11월 20일로 잠정 합의 → 박정희와 박병권의 빨갱이설로 부산 전출, 12월 24일로 연기〉
③ 1960년 1월 21일: 박정희, 부산 군수기지 사령부로 전출
④ 1960년 정초: 5월경 이승만의 진해 휴양 때 거사 결행 합의
⑤ 1960년 4월 26일: 유원식, 박정희에게 쿠데타 거행을 권유하나

---

40 『혁명은 어디로 갔나』, 249–261

박정희 거절함

⑥ 1960년 5월: 박정희, 송요찬에게 사임 요구

〈송요찬, 박정희의 제거를 위해 최영희를 부산지역 계엄사령관
으로 임명하고자 하나 이종찬의 압력으로 실패함〉

⑦ 쿠데타 무기 연기

그의 증언은 쿠데타를 준비하던 박정희의 행적을 파악할 때 많은
참고가 된다. 특히 1960년 5 · 8 쿠데타 과정을 설명하고 있는《5 · 16
혁명실기》에서 부족한 부분을 보완해 주고 있다. 이승만의 진해 휴양
때 거사를 결행하는 과정이 그렇다. 하지만 유원식은 박정희가 별도
의 조직을 가동하고 있었다는 사실을 몰랐던 것 같다. 지금부터 거론
할 예정인 김동하 역시 유원식의 조직을 몰랐음에 틀림없다. 부산 군
수기지 사령관으로 박정희가 전출되었을 때, 유원식은 쿠데타가 단
지 연기되는 것으로만 알았다. 그러나 박정희는 별도의 구상을 하고
있었다.

1960년 1월 27일, 부산 군수기지 사령관으로 임명된 박정희 소장
은 본격적으로 쿠데타를 준비하기 시작한다. 박정희 재임 중 군수기
지 사령부의 참모진은 참모장 황필주 → 김용순 준장, 인사참모 박태
준 대령, 작전참모 김경옥 대령, 헌병부장 김시진 대령, 비서실장 윤
필용 중령, 공보실장 이낙선 소령 등이었다. 이들 중 김용순, 박태
준, 윤필용, 이낙선 등은 박정희 군부세력의 핵심이 될 인사들이다.

같은 해 2월 초, 박정희는 중요한 회합을 갖는다. 장소는 동래온
천장 '백악관'이란 곳이다. 초청대상자는 김동하 준장(해병 제1상륙 사단
장), 이주일 소장(제2군 참모장), 홍종철 중령(재부산 제33고사포 대대장), 전

두열(육군본부) 등이었다.[41] 이들 중 김동하, 이주일은 신경1기로서 박정희의 1년 선배였고, 전두열은 진해 육군대학 입교 동기생이었다. 홍종철의 경우, 박정희와 특별한 인연은 없었으나 육사8기 동기인 김종필의 추천이 있었을 것으로 짐작된다. 이쯤에서 당시 쿠데타를 함께 모의했던 전두열[42]의 증언을 들어 보자.

육군대학 교육을 받으면서 많은 이야기를 나누는 과정에서 자연스럽게 3 · 15 부정선거 등 정치권 돌아가는 얘기를 하게 됐습니다. 그 과정에서 '군이 나서서라도 나라를 바로 세워야 하는 것 아니냐' 는 얘기가 오간 것이죠. 당시의 논의에는 이주일 2군사령부 참모장, 김동하 해병대 사령관, 최주종 육군본부 군사감, 윤태일 안동 예비사단장, 홍종철 33고사포대대장 등도 뜻을 같이했습니다. 송요찬 육군 참모총장이 미국으로 떠나는 1960년 5월 8일을 거사일로 정하고, 4월 17일 부산으로 내려가 제가 직접 작성한 혁명공약을 전달했습니다. 4월 19일 아침 기차를 타고 상경하던 도중 4 · 19 혁명 소식을 들었죠. 그것으로 거사는 없었던 일이 돼 버렸어요.[43]

41 《5 · 16 革命實記1-Ⅲ 擧事計劃, p.2》

42 전두열(全斗烈), 함경도 출신. 1937년 고향에서 중학교를 졸업한 뒤 일본으로 건너가 메이지(明治)대 등에서 공부하다 귀국해 만주에서 한때 중학교 교사를 지내기도 했다. 1946년 4월 월남해 청년운동에 참여했다. 1947년 육군 정훈 1기생으로 입대해 소위로 임관했다. 이후 육군 정훈감실 지도과장, 제1야전사령부 정훈부장, 제2군사령부 군사(軍史)부장, 국방부 병무국 기획과장, 육군본부 작전참모부 전사(戰史)과장 등을 거쳐 1964년 9월 대령으로 예편했다. 1965년 (원충연)반혁명 모의 때는 민간인 신분이었다. 5 · 16 쿠데타 후 군 정시기에는 최고회의 재정분과위원장 보좌관을 지냈다.

43 [추적특종] "김재규, 10 · 26 1년 전 박정희 시해 모의", 1965년 '反혁명사건' 관련자 접촉… 핵심 인물 급사로 물거품, 「월간중앙」, 2005년 9월호

전두열의 증언은 《5·16 혁명실기》의 내용과 대부분 일치한다. 혁명실기에 의하면, 이들은 1960년 2월 한 달 내내 해운대 호텔, 백록관, 박정희 숙소 등 장소를 옮겨 가며 거사를 위한 준비를 진전시켜 갔다고 한다.

2월 하순경, 박정희와 김동하는 경주 불국사 등에서 비밀리에 만나 거사 시기와 병력동원 문제 등을 장시간 논의한다. 육군참모총장 송요찬의 도미 시기 중에 거사할 것[44]과 김동하, 홍종철 산하의 부대와 부산 주둔 육군병력을 동원할 것 등을 대략 검토하였으나, 부산을 중심으로 거사하는 것에 고민을 했던 모양이다. 병력을 비행기나 열차편으로 이동하여 중앙에 있는 조직과 합류한다고 합의했으나, 무리한 계획임을 그들도 알았을 것이다.

또한 제2군사령관 장도영 중장의 참가 여부도 큰 문제였다. 마침 부산으로 내려온 장도영을 박정희가 해운대 호텔로 초대하여 장의 의향을 떠보았으나, "이승만의 건강 상태가 안 좋으니 금년 내 이기붕이 집권할 듯하다. 그때 군이 비상수단을 쓰는 것이 어떠냐." 하는 답을 듣고 장의 참여를 포기하고 만다.

예상외로 여러 가지 문제점이 속출되는 가운데, 사회 분위기는 그들을 초조하게 만들었다. 3·15 부정선거 후 마산을 시발로 전국적으로 봉기가 일어났던 것이다. 이에 따라 쿠데타계획단은 거사 일을 4월 초로 잡았다. 그러나 동지들의 포섭이 순조롭지 않았고, 데모로 인해 자유당 정부의 신경이 날카로울 때였으므로 거사 계획을 확정하

---

44 1960년 2월경 이 무렵은 송요찬의 도미 시기가 정해지지 않았다. 혁명실기 편자의 착오로 보인다.

는 것이 쉽지 않았다.

결국 서울의 동지들을 만나 결론을 내리기로 했다. 당시 중앙에서는 유원식 대령, 박창암 대령, 이석련 대령 그리고 김종필 중령을 비롯한 육사8기생 클럽이 쿠데타를 준비하고 있었다. 이 무렵 결정된 사항은 다음과 같다.

첫째, 거사 시기는 이승만이 진해로 휴양을 가는 5월 초로 내정한다. 이때 이승만을 체포, 구금하고 거사를 행한다.

둘째, 송요찬을 부산으로 유인하여 혁명 참여를 설득해 보고, 여의치 않을 경우 그를 연금하고 거사를 단행한다.

그러나 두 가지 방안 모두 문제가 많았다. 그러던 중 송요찬이 5월 초 미 국방성의 초청으로 도미(渡美)한다는 소식이 전해지자, 송의 도미 중 거사를 거행하기로 결정하였다. 만일 송이 도미하지 않을 경우에는 송요찬과 장도영을 부산으로 유인·연금하고 즉시 쿠데타를 일으킬 것을 최종 합의했다. 마침 송의 도미 날짜가 5월 5일로 발표됨으로써 거사 날짜는 자연스레 5월 8일로 결정된다. 이 쿠데타의 주요 가담 인물과 담당 임무는 다음과 같다.

- 서울지구: 최주종 준장(육본 전사감), 유원식 대령(육본), 전두열 대령(육본), 김종필 중령(육본), 정석윤 중령(인천주둔 제505고사포대 대장, 거사 시 서울로 출동), 육본 영관급 장교(결사대 조직, 요인체포)
- 부산지구: 군수기지사령부 전 병력, 홍종철 중령(부산주둔 제33고 사포대대장)
- 대구지역: 장도영 중장(포섭예정, 2군사령관) 이주일 소장(참모장, 예하 병력 동원)

- 영천지구: 윤태일 준장(안동주둔 제36사단장, 대구지구가 문제가 있을 시 대구까지 담당)
- 야전군, 육군대학: 동지 포섭 공작 중
- 기타: 송찬호 준장을 박정희가 포섭했으나 실패함[45]

작전 계획은 해병 제1상륙사단을 주력으로 하는 약 5,000명의 병력을 동원하여 서울에 투입하려고 계획했다. 5·8 쿠데타에 동원 예정된 병력은 아래와 같다.

- 육군본부결사대: 약 30명
- 부산군수기지사령부: 약 1,000명
- 부산 제33고사포대대: 약 500명
- 인천 제505고사포대대: 약 500명
- 안동 제36사단: 약 1,000명
- 포항해병상륙사단: 약 1,000명
- 대구 제2군사령부예하부대: 약 500명[46]

그러나 이 계획은 4·19 혁명이 일어나면서 중지되고 말았다. 미수로 끝난 5·8 쿠데타를 간략히 살펴보았다. 만약 4월 혁명이 일어나지 않았다면 이 쿠데타가 성공할 수 있었을까? 문외한의 입장에서 살펴보아도 너무 허술하고 무모한 시도였음을 파악할 수 있으리라 본

---

45 《5·16 革命實記1-Ⅲ 擧事計劃, pp.3-4》
46 『한국군사혁명사 제1집(상)』, p.206

다. 1952년 쿠데타 미수사건과 마찬가지로 또 한 번의 예행연습을 한 셈이다. 이후 쿠데타를 주도한 박정희, 김동하 두 사람의 운명은 크게 바뀌게 된다. 4월 혁명 이후 박과 김 두 사람에게 닥친 시련을 살펴보자.

1960년 6월 26일, 기묘한 국방부 인사가 발표되었다. "해군준장 김동하 면−해병제1상륙사단장, 임−해군 소장(임시), 명−예비역 편입."[47] 소장으로 진급시킨 날 파면을 시킨 것이다. 허정 과도내각 시절에 일어난 일이다. 예편 이유도 모호하다. 당시 국방부 장관 이종찬은 "군인신분령 제20조(정원초과) 해당으로 조처하였다"고 예편경위를 설명하였다. 도대체 어떻게 된 일일까?

자신의 예편이 부당함을 항거하며 행정소송을 제기한 김동하의 기고문. 1960년 7월 17일자 경향신문

김동하는 "1960년 3월 10일경 3·15 부정선거 실행 방법으로 4할 사전투표와 영내에서의 3인조 투표실시를 감행하라는 직속상사(해병대 사령관 김대식 중장)의 지시와 자유당원의 강요를 일축했다"는 잘못밖에 없다고 항변하며 허정 총리와 이종찬 국방장관을 상대로 행정처분취소청구소송

47 국방부 인사, 「동아일보」, 1960.6.26

을 제기했다.[48] 헌정사상 초유의 일이다.

재판 과정에서 김동하의 변호인 이병필 변호사는 "피신청인 허정 국무총리가 신청인 김동하 씨를 예비역으로 편입(1960.6.25)한 것은 3·15 부정선거를 관리했다는 허무맹랑한 누명을 씌워 중앙위원회의 심사도 거치지 않고 불법적인 예편조치를 한 것이며 ① 징계처분을 받지 않았고 ② 과오가 없고 ③ 정원이 초과되지 않았으며 ④ 당사자의 사전 승낙 없이 예비역으로 편입조치한 일은 없으므로 김 씨는 당연히 현역으로 복귀되어야 한다."고 주장했다.[49] 그러나 법원은 "이유 없다"고 기각 결정을 내렸다.[50] 재판은 더 이상 계속되지 않았다.

이 사건은 지금도 미제로 남아 있다. 사건에 관련 있는 김대식(중장, 해병대사령관), 이종찬(국방부 장관), 허정(국무총리) 등이 아무런 증언을 남기지 않았고, 김동하 역시 더 이상 문제를 삼지 않는다. 곧이어 발발하는 5·16 쿠데타의 성공으로 김동하가 현역으로 복귀하기 때문이다.

조그만 단서가 있다. 『대한민국 대통령 실록』이란 책에 "김동하가 김대식 중장을 공격한 일로 예편한 것에 대해 불편한 마음을 가지고 있었다."[51]란 표현이 등장한다. 김동하가 김대식을 공격했다는 구절이다. 그러나 왜 공격을 했으며, 그 일이 어떻게 김동하의 예편으로 이어졌는가에 대한 설명이 없다. 이러한 의문에 대한 해답을 제공하는 글을 소개한다.

---

48 예비역 편입 항거 제1호, 행정소송을 제기, 「경향신문」, 1960.7.16
49 현역복귀 주장 김 소장 첫 심문서, 「경향신문」, 1960.8.26
50 이유 없어 기각, 예비역 편입집행정지 가처분 신청, 「동아일보」, 1960.9.23
51 박영규, 『한 권으로 읽는 대한민국 대통령실록』, 웅진지식하우스, 2016

3·15 부정선거가 직접적인 도화선이 되어 종말을 고하게 된 자유당 정권과 때를 같이하여 중임 임기를 마치게 된 김대식 사령관이 사단을 방문하자 중임을 한 것부터 탐탁지 않게 여겨 왔던 사단장 김동하 소장(준장의 오기, 1920년생)이 "자유당 정권에 충성을 다하신 양반…" 운운하며 듣기 거북한 항명성 발언을 한 것이 발단이 되어(부사단장 송인명 준장도 가세를 했다는 소문이 있음) 참을 수 없는 모욕감을 느끼게 된 김대식 사령관(1918년생)이 상경하는 즉시 이종찬 국방장관(5월 2일 취임)에게 눈물을 흘리며 분함을 직소함에 따라 격분을 한 이종찬 장관이 김동하 장군의 언동을 하극상으로 단정하여 장관 자신과 국방차관, 해군참모총장, 해병대 사령관 및 부사령관 등 5명의 위원으로 구성된 특별징계 위원회를 열어 사단장의 직위를 해임하는 결의를 한 다음 소장의 계급으로 예편시켰던 것으로 알려지고 있다.[52]

지은이는 알 수 없지만 해병대 마니아쯤으로 추정된다. 상당히 설득력 있는 글이다. 하지만 여전히 남는 의문은, 김동하가 이제 곧 민간인이 될 직속상사에게 왜 모욕감을 느낄 수 있는 발언을 했는가 하는 점과 이종찬이 왜 김동하를 전역시켰는가에 대한 이유다. 사실 김동하와 김대식의 문제는 해프닝으로 끝날 수 있는 사안이었다. 그러나 이종찬은 특별징계 위원회까지 열어 김동하의 행위를 하극상으로 단정했다.

---

52 《사단장 김동하 소장 해임사건, 해병대 전통비화, http://blog.daum.net/mc341/7659543》

그건 그렇고 하극상의 범죄 행위로 예편 예정인 사람에게 진급은 왜 시켰을까? 기묘한 이 사건은 군부 내의 파벌싸움과 연결시켜야 할 듯싶다. 즉, 이종찬으로 대표되는 일본육사 그룹과 김동하로 대표되는 만주 군맥의 헤게모니 다툼이 원인일 가능성이 높다는 뜻이다. 김동하와 신경군관학교동기(1기)인 방원철이 비슷한 견해를 남겼다. 방은 "이종찬 장군은 당시 암암리에 만주군 출신과 민족청년단 세력들 사이에 주도권 싸움을 벌이고 있던 중이었다. 이종찬 장군은 만주군 출신들 가운데 가장 지도력이 크다고 생각되는 사람으로 김동하 소장을 지목해 왔고 만주군 세력의 배타정신에 입각하여 행해진 횡포였다."[53]는 글을 남겼다.

이해할 수 없을 정도로 김동하를 가혹하게 대했던 이종찬은 어떤 까닭인지 박정희에겐 한없이 너그럽게 대한다. 1960년 5월 초순경, 박정희는 김동하와 비교할 수 없는 항명죄를 저지른다. 직속상관에게 퇴임하라는 편지를 보낸 것이다. 그 내용을 소개한다.

참모총장 각하. 다난한 계엄 업무와 군내의 제 업무의 처리에 골몰하심을 위로 드리는 바입니다. 각하로부터 많은 은고를 입으며 각하를 존경함에 누구 못지않을 본인이 지금 그 높으신 은공에 보답하는 길은 오직 각하의 처신을 그르치지 않게 충고 드리옴이 유일한 방도일까 짐작되옵니다. 지금 3·15 부정선거에 관련된 많은 사람들이 선거 부정 관리의 책임으로 규탄되고 있으며 군 역시나 내부적·외부적 양면에서 이와 같은 비난과 정화에서 예외 될 수는

53 방원철, 『김종필 정체』, 단군, 1995, p.41

없을 것이오니 미구에 닥쳐올 격동의 냉각기에는 이것이 문제화될 것은 명약관화한 일이며 현재 일부 국회 국방위원 들이 대군추궁을 위한 증거자료를 수집 중임도 이것을 뒷받침하는 것이옵니다.

비견이오나 군은 상명하복의 엄숙한 통수계통에 있는 것이므로 군의 최고명령자인 각하께서 부정선거에 대한 전 책임을 지시어 정화의 태풍이 군내에 파급되기 전에 자진용퇴하신 다면 얼마나 떳떳한 것이겠습니까. 각하께서는 4 · 19 이후의 민주적인 제반처사에 의하여 절찬을 받으시오니 부정의 책임감을 희박해지며 국민이 보내는 갈채만을 기억하시겠습니다마는 사실은 불일내에 밝혀질 것입니다. 차라리 국민이 아쉬워할 이 시기를 놓치지 마시고 처신을 배려하심이 각하의 장래를 보장하며 과거를 장식케 하는 유일한 방도일까 아뢰옵니다.

4 · 19 사태를 민주적으로 원만히 수습하신 각하의 공적이 절찬에 값하는 바임은 물론이오나 3 · 15 부정선거에 대한 책임도 또한 결코 면할 수 없는 것이며 따라서 그 공과는 상쇄가 불가능한 사실에 비추어 가급 조속히 진퇴를 영단하심이 국민과 군의 진의에 영합되는 것이라 사료되옵니다. 현명한 상관은 부하의 성심을 수락함에 인색치 않을 것입니다. 각별한 은혜를 입은 부하로서 각하를 길이 받들려는 미충에서 감히 진언 드리는 충고를 경청하시어 성심에 답하는 재량 있으시기를 복망하옵니다. 외람되오나 각하와의 두터운 신의에 의지하여 이 글을 올리오니 두루 해량하시와 본인으로서의 심사숙고된 성심을 참작하여 주시기 아뢰옵나이다.[54]

---

54 『내 무덤에 침을 뱉어라 3- 혁명전야』, pp.196-198

박정희가 송요찬에게 상기 편지를 보낸 때는 김동하가 예편되기(6월 26일) 훨씬 전인 5월 초순경(5월 2,3일로 추정)이다. 이 무렵이면 육군참모총장 송요찬의 시대일 때다. 물론 그는 군의 부정선거 가담에 자유로운 입장이 아니다. 하지만 사월혁명 당시 시민에게 발포한 경찰과 달리 계엄군은 시위대에게 발포하지 않았다. 이러한 공로로 인해 송은 시민들에게 영웅적 대접을 받고 있었다.

더욱이 송요찬은 박정희에게 은인이었다. 사단장 시절, 최소한 전역을 각오해야 할 사건이 일어났을 때 그를 구해 준 은혜를 생각한다면 그에게 도저히 돌을 던질 입장이 아니었다.[55] 영웅이자 은인인 송요찬에게 물러나란 편지를 보낸 박정희의 속셈은 무엇일까? 자신에게 독이 될지도 모를 위험한 일을 박정희는 왜 저질렀을까?

의문을 풀기 위해선 김정렬의 도움이 필요하다. 이승만의 하야성명이 발표된 다음 날인 1960년 4월 27일, 경무대를 거쳐 육군본부를 방문한 김정렬(당시 국방장관)은 엄청난 내용이 담긴 미8군 공문을 접하게 된다. 아래는 그 내용이다.

첫째, 대단한 변동을 겪는 한국에서 미국 정부는 앞으로 송요찬 장군을 수반으로 하는 정부를 적극적으로 지원할 것이다.

둘째, 이번 소요를 통해서 절실히 데모 진압에 훈련된 부대가 필요하다고 느꼈다. 적어도 2개 사단에 적절한 장비를 주어서 시위 장비를 주어서 시위 진압 훈련을 시키는 것이 필요하다고 생각된다.[56]

55 제1부 제3장 "정치군인 박정희의 성격과 술버릇" 참조
56 김정렬, 『항공의 경종』, 대희, 2010, p.242–251

입수 경위에는 몇 가지 우연이 겹쳤다. 김정렬이 송요찬과 이야기를 나누고 있을 때 참모총장 부관 김운룡 소령이 때마침 들어온 것이 첫 번째다. 그리고 한국 군사고문단장 하우츠(Ham. Howtz) 소장이 보낸 편지를 송요찬이 부관에게 읽어 보라고 한 것이 두 번째 우연이라고 할 수 있을 것이다.

"송 장군은 어떻게 생각하시오?"라는 질문에 "아이고, 만고역적이 되게요."라고 난색을 표명하는 송요찬의 대답을 진심으로 받아들이지 않은 김정렬의 눈에 송요찬의 내심 좋아하는 표정이 띄었던 모양이다. 김은 곧장 미8군 사령부로 갔다. 사령관 매그루더를 만나 민간 지도자가 정부의 수반이 되어야 함을 설명하고 난 다음에는 즉시 주한미대사관 매카나기 대사를 만나 다음과 같은 대화를 나누었다.

◆ 김정렬: 미국 정부가 민주주의를 표방하면서 군인이 수반이 되는 정부를 지원한다는 것은 있을 수 없는 일이오. 이게 도대체 어떻게 된 것이오?

◇ 매카나기: 아니, 지금 한국 상황에서 다른 대안이 있는 거요?

◆ 김정렬: 대안이 있고 없고가 문제가 아니고, 미국의 발상이 알 수가 없는 것이오. 그리고 또 한국에는 지금 허정 씨를 외무부 장관으로 임명하고, 과도정부의 수반이 되어 사태를 해결하기로 다 되어 있는데, 이것을 엎고 송요찬 장군에게 정권을 잡으라는 어조로 의사를 전달하니 이게 말이나 되는 일이오?

◇ 매카나기: 하지만 나는 허정 씨를 모르오!

◆ 김정렬: 당신이 허정 씨를 모르는 게 미국 측이 이러한 결정을 내리게 된 원인이오?

◇ 매카나기: 그렇지는 않소. 미국은 민간정부를 원하고 있지만 현 단계에서는 송요찬 장군을 수반으로 한 정부가 당분간 소요 사태를 진정시킬 책임을 맡는 게 현명하다고 판단하였을 따름이오.

◆ 김정렬: 그것은 대단히 틀린 이야기이고, 미국이 역사상으로 오점을 남길 일이오. 지금 이러한 미국의 방침이 수정되어야 한다고 생각하는데 이러한 정책을 변경할 여지는 있는 거요?

◇ 매카나기: 오늘 전보를 쳐서 다른 훈령을 받기를 요청하면 가능할 것이오. 시차도 있고 해서, 내일 아침쯤이면 그 결과를 알 수 있을 것이오.

결국 다음 날인 4월 28일 아침 "미 국무성이 허정을 과도정부의 수반으로 옹립하는데 동의를 하였다"는 소식이 매카나기로부터 왔다. 그리고 4월 29일에는 허정 수반과 매카나기 대사, 매그루더 8군사령관, 모이어 유솜 처장, 크롱크 미대사관 경제담당참사관 등이 회합하여 주로 경제 문제를 논의하고 공동 성명서를 발표하였다. 허터 미 국무장관이 아래와 같은 메시지를 허정에게 공식적으로 전달한 것은 1960년 5월 7일이었다.

귀하는 귀하의 위대한 나라가 용감하게 추구하고 있는 정의와 평화를 보존하는 데 있어서, 앞에 놓인 여러 가지 어려운 과제들을 실천하는 데 있어서, 우리의 완전한 동정과 협조를 받을 수 있다는 보장을 받으실 수 있습니다. 본인은 대한민국 정부의 대통령 대리 국무위원으로서 중책을 맡게 된 것에 대하여 본인 자신의 축하를 드리는 바입니다. 본인은 귀하가 수반이 되고 있는 과도정부를 대신하

여 귀하가 우의와 협조를 표명하신 것을 깊이 감사하는 바입니다.[57]

　어쩌면 김정렬이야말로 5·16 쿠데타 성공의 일등공신이라고 불수 있지 않을까? 만약 김정렬의 활약이 없었고, 미국이 최초로 예정한 바와 같이 송요찬이 과도정부의 수반이 되었다면 역사는 어떻게 흘러갔을까? "민주주의를 표방하면서 군인이 수반이 되는 정부를지원한다는 것은 있을 수 없다."고 한 김정렬의 말은 5·16 쿠데타가 일어난 뒤 누구보다 빨리 지지 의사를 밝힌 태도와 배치된다. 결국 그는 군인의 집권을 반대한 것이 아니라 송요찬이 대권을 잡는 것을 거부했다고 보아야 할 것이다. 그러면 그 이유는 무엇일까? 다음장에서 다시 거론할 예정이지만 그가 퇴임하는 데 결정적으로 권한을행사하는 이종찬의 태도를 보면 짐작할 수 있다. 우연의 일치인지 이종찬·김정렬·박정희는 일본 육사 출신이고 송요찬은 일본육군 하사관 출신이었다.

　송요찬과 이종찬의 악연을 보여 주는 에피소드가 있다. 방원철의증언이다. 허정 과도정부가 들어서면서 이종찬이 국방부 장관으로취임한 것은 이미 말한 바 있다. 방원철에 의하면, 이종찬은 취임하자마자 자신의 의도하는 방향으로 인사권을 대폭 휘둘렀던 모양이다. 한 예가 송석하 소장의 보직 문제였다. 육군대학 총장에 송석하장군을 임명할 것을 상신했으나, 장관이 임의로 문형태 장군으로 발령해 버렸다. 화가치민 송은 이종찬에게 전화를 걸어 "당신이 총장까지 다 해먹으시오." 하고 항의를 한 다음 바로 사표를 제출해 버렸다

57 『항공의 경종』, pp.241

고 한다.[58] 송요찬의 사퇴는 정군 문제를 다룰 다음 장에서 더 거론할 예정이다.

이외에도 6관구사령관의 임의발령, 교체한 지 한 달도 못 된 정보국장과 CIC대장의 해임, 헌병감·감찰감·HID대장의 교체, 청렴결백하다고 자타가 공인하는 한신 장군의 보직 해임, 육군 법무감의 관례를 무시한 임용 등의 횡포가 이종찬의 권력욕을 나타내는 대표적인 사례라고 방원철은 밝히고 있다.[59]

| 정군을 빙자한 쿠데타 명분 찾기 |

김동하 장군의 '허정 총리와 이종찬 국방장관을 상대로 행정처분취소청구소송'과 '송요찬 육군참모총장의 사퇴' 건은 허정 과도내각이 처한 위치를 나타내는 대표적인 사건이라고 할 수 있다. 허정의 증언을 들어 보자.

오히려 문제는 불문을 원칙으로 했던 군에서 생겼다. … 5월 20일, 육군참모총장 겸 계엄사령관이었던 송요찬 장군이 갑자기 사표를 제출했다. 나는 즉시 이종찬 국방장관에게 사표 제출의 경위를 조사해 보라고 지시했다. 그 결과, 젊은 장교들이 송 장군을 찾아와 부정선거 관련자로서 사퇴를 강요한 사건이 있었음이 밝혀졌

58 『김종필 정체』, pp.43-44
59 『김종필 정체』, p.52

다. 이종찬 국방장관과 매그루더 유엔군사령관은 사표를 수리하지 말고 유임시키라는 의견을 말했고, 나도 유임시킬 의사였다. 그러나 송 장군은 나나 국방부장관과 한마디의 사전 협의도 없이 일방적으로 기자회견을 갖고 사임을 발표했다. 이제 그의 유임은 불가능하게 되어, 국방부장관의 천거에 따라 최영희 장군을 송 장군의 후임으로 임명했다. 후에 송 장군은 매그루더 사령관의 알선으로 미국 유학을 떠났다.[60]

이러한 상황에 처해진 것은 허정의 잘못된 판단이 주 원인이다. 그는 군의 3·15 부정선거 관련을 인정하면서도 군에 대해서는 일체 불문에 붙이기로 결정했다. 그 이유가 너무 구차하다. 부정선거 사범을 처벌하는 것이 어떻게 정치사건에 군을 끌어들이는 행위인가? 군이 부정선거에 관여했다는 사실이 오히려 정치적 행위일 것이다. 그는 군이 두려웠던 것이다.

허정은 사후처리 면에서도 앞뒤가 맞지 않는 처신을 보였다. 군의 부정선거를 일체불문에 붙이기로 했으면, 그 문제를 들고 나오는 군인들에 대해선 단호한 처단을 했어야 했다. 박정희는 두 가지 잘못을 저질렀다. 상관에 대한 항명과 더불어 내각수반이 제기하지 말라는 군의 부정선거 문제로 직속상관을 능멸했다. 연판장 사건에 연루된 영관급 장교 문제도 마찬가지였다. 허정은 군 문제 처리에 아무런 영향을 발휘하지 못했다.

다시 송요찬과 박정희 문제로 돌아가자. 박정희는 아무래도 김정

60 허정, 『내일을 위한 증언』, 샘터사, 1979, p247

렬 혹은 이종찬으로부터 "미국이 송요찬을 과도정부의 수반으로 옹립할 계획이 있었다."는 모종의 정보를 받고난 뒤 문제의 서신을 보냈을 가능성이 크다. 김정렬의 기지에 찬 그리고 재빠른 판단으로 수습을 했지만, 송요찬이 계엄사령관으로 있는 한 그가 언제 욕심을 부릴지 모를 일이 아닌가? 박정희의 프로그램에는 송요찬이 없었다.

결국 그는 은인을 배신하기로 결단을 내렸다. 앞장에서 소개한 문제의 서신을 보낸 것이다. 송요찬의 반응은 불을 보듯 뻔한 일이었다. 박정희는 송의 반격이 있기 전 자신의 친위부대를 출동시켰다. 연판장 사건의 당사자 김형욱의 증언을 소개한다.

5월 8일 밤, 김종필의 집에 김종필과 나를 포함한 여덟 명의 8기생 중령들이 모였다. 길재호, 옥창호, 신윤창, 석정선, 최준명, 오상균, 김종필 그리고 나였다. …(중략)…

우리 8명은 위와 같은 원칙 아래서 정군을 요구하는 연판장을 국방장관과 육군참모총장에게 제출하기로 하고 정군운동을 전군적 규모로 확대하기 위해 동지 한 사람당 열 명씩 장교들을 포섭한다는 조직방침을 세웠다. 연판장은 김종필이 초안하여 전원이 재검토하여 확정하기로 하고 연판장 제출일자를 5월 18일로 잡았다. 그러나 이 비밀 모임의 내막은 그림을 그리듯이 정확히 송요찬에게 보고되었다. …(중략)…

나와 김종필이 이런 대화를 나눈 지 얼마 안 되어 우리 8명은 육군 보안사령부 요원에 의해 전격적으로 체포되었다. 혐의사항은 쿠데타 음모와 국가반란죄였다. 꼭 같이 잡혀 온 마당에 누가 배신

을 했는지 알아낼 수가 없었다. [61]

사건의 결말부터 말하겠다. 5월 19일 밤, 송요찬의 일장훈시를 듣고 난 후 이들은 석방되었으며 다음 날 아침 송요찬은 사임했다. 어떻게 이런 일이 일어날 수 있을까? 같은 결말이지만 조갑제는 좀 다른 에피소드를 곁들였다. 김종필의 증언이라고 소개한 송요찬과 김종필의 대화는 다음과 같다.

송: 날더러 군복 벗고 나가라 했나?
김: 그렇습니다.
송: 이유가 뭐냐?
김: 우리나라가 4·19 혁명으로 일대 전환점을 맞이했는데 그 시발이 3·15 부정선거입니다. 총장께서는 이 부정선거에 앞장서지 않았습니까? 이기붕에게 표를 120% 몰아주었다고 자랑하지 않았습니까? 이제 참신한 후계자를 골라서 넘겨주시고 깨끗이 물러나십시오. 저희들도 나가겠습니다. 군대가 깨끗하고 건실해야 그 뒤에서 제대로 정치를 할 수 있지 않겠습니까? 사회로부터 지탄받는 군 내부의 요인들을 참모총장께서 안고 나가 주십시오.
송: 나도 이 격동하는 상태하에서 생각이 왜 없겠나. 귀관들이 그런다면 한 이틀만 여유를 주게. 나도 생각해 보고 결심하겠네.
김: 안 됩니다. 오늘 저녁에 결심하십시오,
송: 그래, 이틀도 여유를 못 준단 말이야?

---

61 김형욱 · 박사월, 『김형욱 회고록 제Ⅰ부』, 아침, 1985, pp.29-30

김: 시간을 가지시면 결심이 또 물러집니다. 그러니 오늘 저에게 아
주 수모를 당하시는 자리에서 결심하시는 게 좋습니다.

송: 그래, 내 행동은 스스로 결심할 테니까…. 고생했어. 나가 보시
오.[62]

김종필의 증언에 따르면, 송종찬의 퇴임에는 김종필의 역할이 결정
적이었다고 할 수 있다. 실제 이러한 대화가 있었는가는 알 수 없다.
하지만 김의 주장이 맞다 하더라도 문제는 여전히 존재한다. 송은 김
의 요구에 따라 육군총장직을 물러났을 뿐 아니라 옷까지 벗었다. 하
지만 연판장 사건에 연루된 8명 중 누구도 군문을 나간 사람은 없었
다. 김종필은 자기 말에 책임을 지지 않았다. 김종필은 여전히 군 생
활을 영위하며 쿠데타 성사를 위해 몸을 사리지 않았다.

사실 송요찬은 큰 실수를 했다. 비록 국방장관 이종찬의 방해로 박
정희를 구속시키거나 옷을 벗게 하지는 못했지만, 최소한 김종필을
비롯한 연판장 서명자 8명은 처벌했어야 했다. 쿠데타 음모와 국가반
란죄로 그들을 구금시켰음에도 아무런 문책 없이 그들을 풀어준 것은
송요찬이 한국군, 나아가서 국가와 민족에게 큰 누를 끼친 셈이다.

1960년 5월 27일, 송요찬의 뒤를 이어 육군참모총장 겸 계엄사령
관으로 임명된 최영희는 기자회견에서 다음과 같은 말을 한 적이 있
다. "연판장 운동 등으로 하극상의 불미한 일이 드러나면 단호히 구
속 처단하겠다."[63] 그러나 그 후로도 정군을 빙자한 하극상은 여전히

---

62 『내 무덤에 침을 뱉어라 3- 혁명전야』, pp.210-211

63 기구개편을 추진, 하극상 기도하면 구속처단, 최 육군참모총장담, 「경향신문」, 1960.5.27

발생했고, 쿠데타 주체들이 정군을 마감하고 본격적으로 쿠데타를 준비하는 시점에야 멈추었다.

박정희 역시 처벌을 받지 않았다. 박정희는 4월 혁명 이후 첫 선거가 치러진 7·29 총선 이틀 전인 7월 27일 1관구 사령관으로 전보되었다.[64] 어느 정도 문책성 인사라고도 볼 수 있는 보직이동이었다. 그러나 채 두 달도 되지 않은 9월 10일, 요직이라고 할 수 있는 육군본부 작전참모부장으로 임명된다.[65]

한 달 보름 남짓한 이 시기에 많은 일들이 일어났다. 8월 19일 장면은 국무총리에 선출되어 다음 날인 8월 20일부터 조각에 착수하였으나, 민주당 내 신·구파 싸움에 휘말리게 된다. 대표적인 경우가 국방장관의 경우다. 8월 23일 현석호가 취임했으나 구파를 영입하여 거국내각을 만든다는 명목으로 20일 만에 권중돈에게 넘겨주고 만다.

군부에도 많은 변화가 있었다. 7월 29일, 육군참모차장으로 있던 최경록이 총장으로 영전되고, 최영희는 연합참모부총장으로 이동하였다.[66] 그리고 육군참모차장에는 김형일 중장이 9월 3일자로 발령되었다.[67] 박정희가 육본으로 복귀한 것은 이미 말하였다.

그러면 정군파들은 무엇을 하고 있었을까? 한동안 조용하던 정군 주동자들은 현 정부의 구체적인 정군계획을 듣겠다는 목적으로 현석호 국방장관과 직접 담판을 벌이고자 방문했으나, 비서진의 벽을 뚫

---

64 관구사령관급 이동, 「경향신문」, 1960.7.27

65 육본인사이동, 「경향신문」, 1960.9.10

66 연참총장 최영희 중장, 육참총장 최경록 중장, 정부발령, 「동아일보」, 1960.8.30

67 육군참모차장 김형일 중장 임명, 「동아일보」, 1960.9.4

지 못해 좌절하고 만다.[68] 방문자는 김형욱, 김종필, 오치성, 길재호, 옥창호, 석정선, 김동환, 이택근(이택균의 오류), 김달훈, 석창희, 신윤창 등 11명이었고, 방문일자는 1960년 9월 10일이었다.[69]

겉으로는 정군을 내세웠지만 본심은 쿠데타였음을 증명하듯, 국방부에서 물러난 그들은 쿠데타를 모의하기 위해 한 음식점으로 발길을 돌렸다. 박정희가 육본으로 금의환향한 날과 같은 날(9월 10일) 소위 '충무가 결의'를 거행한 것이다. 장소는 서울시내 충무로에 있는 화식(和食)집인 충무가 2층이었다. 이날 참석한 사람은 김종필, 오치성, 김형욱, 김동환, 길재호, 옥창호, 정문순, 신윤창, 우형룡 등 9명의 중령이다. 모두 육사8기였다. 모임의 주빈격인 김종필은 다음과 같은 인사말을 했다.

우리들 젊은 장교들의 견실하고 애국적인 정군건의가 과거의 부정부패에 젖어 있는 정객이나 군 장성들이 실권을 지고 있는 동안은 그 실시가 불가능함을 확신하게 이르렀다. 이제 우리는 힘과 마음을 모아 조국의 유신대업에 바치기로 엄숙히 맹세하자! 이 순간부터 우리는 일거일동에 세심한 주의를 기울여야 할 것이며 조그마한 일도 관심과 열성을 다하여 오직 뜻을 이루도록 각자 노력하기를 맹세하자.[70]

---

68 『김형욱 회고록 제 I 부』, p.36
69 『한국군사혁명사 제1집』, p.196
70 《5 · 16 혁명실기-1/I 혁명에의 비약》, p.6

숙연한 분위기 속에서 그들은 "이제 미온적인 정군(整軍)운동은 그 방법을 전환하여 무력수단에 의한 정국(整國, 쿠데타)으로 방법이 결정되었다"고 선언했다. 그리고 누구 한 사람의 이론도 없이 박정희 소장을 지도자로 추도하기로 만장일치로 결정하였다. 《5·16 혁명실기》에는 의례적인 이야기뿐 아니라 놀랄 만한 정보도 숨겨져 있다.

5개월 전만 하더라도 거사하기에 거의 충분한 조직이 갖추어져 있었으나 그 계획을 포기하였을 때에 그때의 조직을 모두 포기해 버렸던 까닭으로 이날을 계기로 하여 새로운 계획에 따라 다시 조직을 갖추지 않으면 안 되게 되었다.[71]

5개월 전에 포기했던 계획이란, 앞장에서 서술한 1960년 5·8 쿠데타 미수사건을 말한다. 이것으로 분명해졌다. 쿠데타 음모는 결코 포기된 것이 아니었다. 하지만 5·8 쿠데타는 이승만 독재 정권 타도라는 명분이라도 있었지만, 이제 갓 출범한 민주당 정권을 무너뜨리기 위해선 무엇을 어떻게 해야만 할 것인가? 쿠데타의 명분은 그들의 원천적인 고민이었을 것이다. 정군 운동은 명분을 축적하기 위한 모험이었다. 박정희를 비롯하여 육사8기생들이 정군을 빙자한 항명을 했지만, 아무도 다치지 않았다. 모험이 성공했다고 그들은 확신했다.

확연히 달라진 것은, 5·8 쿠데타 진행 과정에서 조연에 머물렀던 육사8기들이 이제부터는 주연이 되겠다는 의지였다. 충무가 결의는 쿠데타 거행 결의일 뿐 아니라 육사8기생들이 역사의 주인이 되겠다

71 《5·16 혁명실기-1/Ⅰ 혁명에의 비약》, p.6

는 다짐이었다. 새로운 조직을 구성하기 위해선 그동안 함께 활동했던 동지들에 대한 검증이 필요했다. 결국 석정선, 석창희, 최준명, 이택균 등 네 사람을 포기하기로 했다.《5·16 혁명실기》에 기록되어 있는 이유는 다음과 같다.

석정선, 석창희 두 중령은 그들의 성격상 이에 가담할 수 없는 위인이기 때문에 그들을 보이콧하기로 했으며 최준명 중령도 백인엽 장군과의 특수 관계를 고려하여 동지로서 생사를 같이할 수 없다는 결정을 내렸으며 또한 이택균 중령 역시, 최영희 중장과의 관계를 어찌할 수 없어 제거키로 결정을 하게 되었다.[72]

도중 탈락자 네 사람에 대한 제명 이유를 김형욱은 좀 다르게 기록했다. 김의 주장을 들어 보자.

석정선은 이미 참모차장 김형일과의 긴밀한 관계로 인해 자기 영향하의 인물들을 빼돌리고 있다는 정보가 있었으므로 크게 문제될 것이 없었다. 연판장 사건을 전후하여 최준명이 우리를 배신하고 돌아선 바 있었고, 참모총장 최경록의 비서실에 있었던 이택균도 자진 가담하여 몰래 정보를 뽑아내고 있다가 하극상 사건을 전후하여 석창희, 석정선 등과 함께 우리의 대열에서 탈락하였다.[73]

---

72 《5·16 혁명실기-1/ I 혁명에의 비약》, p.7
73 『김형욱 회고록 제 I 부』, p.39

1962년 2월 동남아 6개국 순방 당시 김종필 중앙정보부장(오른쪽)과
석정선 정보부 2국장(2015년 3월 16일자 중앙일보)

　두 가지 기록 중 어느 쪽이 진실인가는 알 수 없다. 다만 분명한 것은 네 사람 모두 5·16 쿠데타의 주체 세력에 포함되지 않았다는 점이다. 그러나 밀고는 하지 않았던 모양이다. 그러한 까닭인지 쿠데타 성공 후 이들에게도 조그마한 보상이 주어진다. 석정선의 경우는 특이한 경우다.

　육본정보국 시절부터 김종필과 석정선은 둘도 없는 친구로 알려져 있다.[74] 초창기 정군운동의 핵심이었던 석정선이 5·16 쿠데타에 참가하지 않은 이유는 사람마다 다르게 해석한다. 김종필의 경우, "나는 처자식이 있는 몸이라 못하겠다."며 빠졌다고 한다.[75] 김형욱은

74　『내 무덤에 침을 뱉어라 4- 국가개조』, p.145

75　김종필 증언록 소이부답, 「중앙일보」, 2015.3.16

"참모차장 김형일과의 긴밀한 관계로 인해" 탈락했다고 주장한다. 이낙선의 〈5·16 혁명사 증언록〉에는 "석정선, 석창희 중령은 쿠데타를 반대했다."고 기록되어 있다.[76] 그리고 《5·16 혁명실기》에 의한 탈락 이유는 성격 문제가 된다.

전혀 다른 증언도 있다. '경비사관학교 생도대장 살인미수 사건'의 피해자 이치업은, 그 무렵 자신과 함께 별도의 쿠데타를 준비하다가 5·16이 먼저 일어나는 바람에 포기했다고 한다.[77]

아무튼 5·16 쿠데타에 불참함으로써 실의에 빠져 있던 석정선에게 구원의 손길을 보낸 것은 김종필이었다. 의리 때문이었는지 능력이 탐이 났던지, 김종필의 배려로 중앙정보부에 입성한 석정선은 초창기 중앙정보부의 핵심이 된다. 친구를 상관으로 모시는 수모를 무릅쓰고 중앙정보부에서 조그만 권력을 누리던 석정선과 김종필의 우애는 그리 오래가지 않았다.

16인 하극상 사건으로 인해 김종필과 함께 예편했던[78] 석정선은 오랫동안 음지에서 머물다가 중앙정보부가 창설되자 중앙정보부 제2국장으로 새로운 인생을 설계하게 되었다. 1962년 2월 초순경, 김종필이 특사자격으로 동남아를 순방할 때는 수행원으로 함께하는 등 김종필의 수족 노릇을 톡톡히 했다.[79]

나름대로 능력을 발휘하며 중앙정보부에서 입지를 굳혀 가던 석정선이 감당할 수 없는 암초에 부딪친 것은 중정부장이 김종필에서 김

76 『내 무덤에 침을 뱉어라 3- 혁명전야』, p.226

77 『번개장군』, pp.193-199

78 두 중령 곧 예편 16명 장교사건 주동한 혐의로, 「동아일보」, 1961.2.11

79 김종필 특사 동남아 역방, 「동아일보」, 1962.2.2

용순을 거쳐 김재춘이 제3대 부장으로 취임한 이후부터다. 김재춘이 손을 댄 것은 소위 4대 의혹사건[80]으로 불리는 중앙정보부의 부정·부패 문제였다. 목표는 김종필이었으나 희생양은 석정선으로 귀결되어 결국 그는 구속되었다.[81] 물론 얼마 지나지 않아 곧 풀려나게 되지만[82], 그의 정치 실험은 이렇게 마감되고 만다. 중앙정보부 차장보가 그의 공직생활 마지막 직책이었다.

정치적 야인이 된 석정선은 1965년 일간경제신문사장, 1966년 일요신문사장·건축지 공간 창간, 1968년 현대문화공사 사장 등을 지냈다. 육사8기동기들이 국무총리, 중앙정보부장, 국회의원, 장관 등을 지낼 때 석정선은 조그마한 언론사의 사장 등을 지내다가 1970년경 결국 미국으로 이민의 길을 떠나게 된다. 아마 나름대로 회환이 컸을 것이다. 충무가 9인 회담에 참석하지 못한 그의 불찰 탓일 것이다. 무엇보다 그 무렵 그는 권력의 속성을 몰랐음에 틀림없다.

좀 길게 석정선의 이력을 소개했다. 다시 충무가로 돌아가자. 석정선 등 4명의 동기를 쿠데타 주체에서 제명하고 난 뒤, 충무가 결의 9인들은 김종필(기획전반 연락), 김형욱(정보), 정문순(정보), 오치성(인사), 김동환(경제), 길재호(사법), 옥창호(작전), 신윤창(작전), 우형룡(작전) 등

---

80 ① 증권파동 : 1962~63년에 중앙정보부가 증권회사들을 설립하고 대한증권거래소를 직접 장악하여 주가조작을 통해 엄청난 부당이득을 챙긴 사건. ② 워커힐사건 : 중앙정보부가 외화 획득 목적을 빙자하여 정부자금으로 종합위락시설인 워커힐을 마련하면서 그중 상당한 액수를 횡령한 사건. ③ 새나라자동차사건 : 중앙정보부가 일본에서 승용차를 불법 반입한 뒤 이를 시가의 2배 이상으로 국내시장에 판매하여 거액의 폭리를 취한 사건. ④ 회전당구기사건 : 법적으로 금지되어 있는 도박기계인 회전당구기 100대를 재일교포의 재산 반입처럼 세관을 속여 국내에 수입하도록 허용하고, 서울 시내 33곳에 당구장 개설을 승인하려 한 사건 등을 말한다.

81 전 중앙정보부 차장보 석정선 예비역 대령 구속. 「동아일보」, 1963.3.11

82 석정선 씨 석방. 「경향신문」, 1963.4.11

으로 활동부서를 정했다.

충무가에서 쿠데타 모의 결의를 한 지 보름이 채 안 된 9월 24일, 예상치 못한 사건이 일어났다. 16명 사건으로 알려진 하극상 사건이다. 미 국방성 군원국장 파머 대장의 발언이 사건의 발단이었다. 사건의 개요는 1960년 11월 24일자 경향신문에 잘 정리되어 있다.

미 국방성 해외군원 국장 파머 대장은 지난 9월 중순 군원업무 시찰차 내한, 3일간에 걸쳐 한미 군 수뇌와 접촉을 갖고 9월 21일 하오 4시 김포공항을 떠나 이한했다. 그런데 이날 파머 장군은 공식 스케줄에 없었던 기자회견을 김포공항에서 가졌다. 이 회견에서 파머 장군은 "한국군의 감군은 등뼈를 깎아 내는 무모한 일"이며 "역전의 유능한 장성들이 하급 장성들의 압력으로 강제로 예편되는 등의 처사로 불안에 싸여 있다."고 선언하였다.

파머 대장의 성명이 보도되자 최 육군참모총장은 이튿날 기자회견을 자청하고 "파머 대장의 성명은 노골적인 내정간섭이며 국가주권을 유린하는 행위"라고 한·미간의 우호관례로 보아 이례적인 강력한 반발을 가했다.

김명환 대령을 비롯한 16명의 장교는 9월 24일 상오 11시 반 최경록 참모총장과 임무를 교대하고 연참총장으로 전임된 최영희 중장을 방문하여 전기와 같은 경위에 관련하여 정군 문제에 대한 의견을 교환하겠다는 구실로 연참본부로 몰려갔다. 그들 말로는 파머 장군을 전송할 때 최 중장이 곁에 서 있는 것이 신문에 보도된 사진에 나타나 있을 뿐 아니라 육군 선임 장군의 하나이기 때문에 직접 찾아가서 정군의 전망을 타진하려 했다는 것이다.

당시 최 장군은 군의 통수 계통으로 보아 하급자들이 집단 하여 근무 시간 중에 상관을 방문하여 군 정책을 운운하는 것은 용인할 수 없다고 일단 면담을 거절했다가 각자 개인 자격이라는 조건 밑에 헌병감 심흥선 준장 등 3명의 장군 입회하에 만났던 것이다. 그 뒤 16명은 군기유해 혐의로 중앙 징계위원회에 회부되어 판정단계에 이르렀으나 지난 11월 초순에 다시 군재로 회부된 것이다.[83]

사실 이 사건의 본질은 한국군의 감군정책이다. 아이젠하워 정권의 뉴룩정책에 따라, 장면 신정권도 10만 감군을 통해 한국 경제의 자립도를 높이고자 했다.[84] 그러나 한·미 양국의 군부 고위층 대부분은 감군을 반대했다. 파머 역시 감군비판론자였으며, 한국을 떠나기 전에 자신의 견해를 확실히 밝혀 두어야겠다는 결심으로 예정에 없던 기자회견을 했던 것이다. 그리고 감군정책 비판과 더불어 최근 문제가 되고 있는 고급 장성들의 퇴역[85]에 대한 우려도 첨언했을 뿐이다.

감군정책과 정군 문제는 엄연히 다른 사안이다. 감군 문제는 정부 차원에서 다룰 문제이고, 정군은 군 내부의 문제이다. 하지만 최경록은 두 가지 사안을 묶어서 추진하고자 했다. 장면이 임명한 최경록은 장면 정권의 기본 원칙인 감군정책에 충실히 따른 자이다. 육참총장 취임사에서 "민생 안전이나 건전한 국가 경제의 발전을 꾀하자면

---

83 장교집단 사퇴권고 군재심판부 구성, 「경향신문」, 1960.11.24

84 뉴룩 정책은 '핵이 최고다! 아이젠하워의 뉴룩전략과 장면 정권의 감군정책'에서 자세히 다룰 예정이다.

85 4월 혁명 이후, 전역한 장성들은 다음과 같다. 《육군: 송요찬 중장(참모총장), 하갑청 소장(특무부대장), 엄홍섭 소장(6관구사령관), 백선엽 대장(연합참모본부총장), 백인엽 중장(참모총보좌관), 유재흥 중장(1군사령관), 이종찬 중장(과정국방부장관 취임으로 인함) 공군: 김창규 중장(참모총장) 해병대: 김대식 중장(사령관) 김석범 중장(장관특별보좌관), 김동하 소장(해병상륙사단장)》

감군은 불가피한 것"이라고 긍정하면서도 그 단행의 시기에 관해서는 신중해야 한다고 말한 바 있다.[86]

한편, 최경록 신임 육군참모총장은 "4·19 이전에 부정·불법 등 과오를 범한 장교들에게는 다시 한 번 자숙·자각과 용퇴의 기회를 주어 스스로 물러날 길을 트여 줄 것이지만, 끝내 반성의 빛이 보이지 않을 때에는 지휘 및 수사권의 발동도 불사한다."고 정군에 대한 의지도 분명히 밝혔다.

문제는 파머의 발언에 대한 과잉반응이었다. 감군과 정군을 추진하던 최경록에게 파머의 성명은 '노골적인 내정간섭이며 국가 주권을 유린하는 행위'라고 판단할 수 있었을 것이다. 이 사건은 정치적 타협으로 쉽게 끝낼 수 있는 사안이었다. 왜냐하면 파마의 발언에 대해 미 국방성은 "파머 대외군원 국장이 한국군 장교의 정치적인 정군에 관하여 성명을 공표하는 가운데서 한국군 내 문제에 간섭할 의도를 가진 바 없었다."고 말했으며, 권중돈 국방부 장관도 "이번의 일은 국가 대 국가 간의 문제라기보다 파머 장군과 최 장군 사이의 개인적인 견해의 차로 본다. 한·미 양측의 협조에는 변함이 없다."[87]는 발언을 함으로써, 사건의 조속한 해결을 원했던 것이 한·미 군 수뇌부의 의지였음을 알 수 있다.

사고는 젊은 장교들이 일으켰다. 김형욱의 증언에 의하면, 주모자는 김형욱 자신이다. 정군대상자, 즉 숙청대상자 제1호로 꼽혔던 최영희를 제거하기 위한 절호의 기회로 여겼던 김형욱은 즉시 정군파

---

86 감군에 신중 최 육참총장담. 「경향신문」. 1960.8.31
87 정군의 필요성과 파머 장군 발언에 대하여, 「경향신문」. 1960.9.23

장교들에게 비상소집을 걸었다고 한다. 그러나 16명의 장교들이 최영희의 사무실로 들이닥칠 때, 사실상의 주동자였던 김종필과 석정선 그리고 자신은 다음 과업을 위해 현장에서 슬쩍 빠졌다고 김형욱은 고백하고 있다.[88]

이날 구속된 장교들은 김동복, 김명환, 한주홍, 한국찬, 유승원(이상 대령), 길재호, 옥창호, 우형룡, 이석제, 황영일, 장수영, 조병호, 권정용, 정래창, 황청, 이종학(이상 중령) 등 16명이었다. "병종구입 화종구출(病從口入, 禍從口出)", 즉 "병은 입으로 들어오고, 화는 입에서 나온다."는 옛말이 있다. 김동복 대령의 농담 같은 진담 한마디가 이 사건을 복잡하게 만들고 말았다. 김동복은 재판 도중 최영희에게 "각하는 행운아이십니다. 사단장, 군단장, 군사령관을 거쳐 참모총장까지 역임하고 연참총장직에 올랐으니 다른 장성들처럼 국방장관이나 외국대사로 영전하여 후진에게 길을 열어 주는 것이 어떻겠습니까?"[89]라는 모욕적인 발언을 쏟아 버렸다.

최영희에게 쏘아붙인 이 한마디는 김동복에게 평생의 족쇄가 된다. 정군을 외치고 있는 육군참모총장 최경록에게 이들 16인은 범죄자가 될 수 없었다. 그들에게 적용될 법도 애초에는 국방경비법 47조에 의한 "군기유해죄"였다. 그러나 3회 공판 후 변호사가 요구한 동조 10호에 규정된 "부내 내에서의 무질서죄"(최고형 징역 1개월)로 보정해 줄 것을 신청한 것이 채택되었다.[90] 결국 김동복을 제외한 15인에게는

---

88 『김형욱 회고록 제 I 부』, p.37

89 군기유해군재 군내무질서엔 전원 무죄 판정, 「경향신문」, 1960.12.13

90 무질서 죄로 바꿔, 「경향신문」, 1960.12.3

무죄가 선고된다.[91]

　김동복은 홀로 재판을 받게 되었다. 그에게 적용된 죄목은 "상관
불경죄"였다. 파면 · 전 급료몰수 · 징역 3월이 구형되었고, 징역 1개
월 · 파면 · 전 급료몰수가 최종 언도되었다.[92] 어떻게 보면 가벼운 처
벌이었다. 그러나 동지 · 동료들은 모두 석방되어 원대 복귀했는데,
유독 자신만이 군을 떠나야 한다는 현실을 받아들이기 어려웠을 것이
다. 특히 거사를 충동하고 주도했던 김형욱, 김종필, 석정선은 현장
에서 몰래 빠져나가 구속조차 되지 않았다. 마침내 김동복은 배후를
폭로하기로 결심했다.

　김형욱, 김종필, 석정선 등 세 사람은 헌병대로 소환되었다. 하지
만 김형욱은 구속되지 않고 풀려나게 된다. 김형욱의 증언에 의하면,
고향 친구인 헌병 중령 김사도 그리고 부하였던 권영수 헌병대위 등
의 도움으로 풀려났다고 한다.[93] 김종필과 석정선도 곧 풀려나지만
그들은 옷을 벗어야만 했다.[94]

　얼마 되지 않아 김동복 역시 형무소를 나오게 된다. 하지만 그는
세상이 뒤집어지는 광경을 목격하게 되었다. 쿠데타가 일어난 것이
다. 뭔가 이상했다. 배신자였던 김종필과 김형욱은 준장으로 예편하
고 난 뒤 각각 중앙정보부장, 최고회의 위원으로 세상을 요리하고 있
었다. 석정선도 중장정보부 요원으로서 막강한 권력을 휘두르고 있
었다. 함께 구속되었던 길재호, 옥창호 등도 최고회의 위원이었다.

---

91 15명에 무죄 판정. 「동아일보」, 1960.12.13
92 파면에 징역 1개월, 김동복 대령에 언도, 「경향신문」, 1960.12.19
93 『김형욱 회고록 제Ⅰ부』, pp.37-39
94 두 중령 곧 예편, 16명 장교사건 주동한 혐의로, 동아일보, 1961.2.11

자신은 전과자로 낙인찍혀 생계의 위협을 받고 있는 동안 그들은 쿠데타를 준비하고 있었던 것이다. 그때서야 속았고 이용당했다는 것을 깨달았다. 분노에 찬 김동복은 군 시절의 동기·동료들을 찾아 다니며 울분을 터뜨리곤 했다. 옛적 하극상사건을 함께 일으켰던 일부 동료들도 만나 보았다.

그들 중 육사7기 동기인 조상훈과 어느 정도 합의가 되었던 모양이다. 이들은 쿠데타를 준비했다. 그러나 쿠데타는 아무나 하는 것이 아니었다. 준비조차 채 되지 않은 상태에서 그들은 구속되고 만다. 복잡한 이 사건의 전개 과정은 생략하고, 재판 중 진술한 김동복의 심정을 소개하겠다.

조를 전방에 보내어 김·이 소령에게 편지를 전하게 한 것은 사실이며 내가 쿠데타를 기도했다는 사실도 시인한다. 그러나 그 시기와 수단 방법은 생각한 일 없으며 전차 동원 문제를 타진한 것은 장차 국내외적으로 다시 위기가 닥쳐오면 젊은이로서 좌시할 수 없기 때문에 미리 알아두기 위해서였다. 장 중장 사건과 기타 과거 구정권 때 과오가 있었던 인사를 요직에 기용하는 것을 보고 인사 문제에 불만이었다.[95]

혁명정부가 표방하는 일벌백계의 원칙에 따라 내가 사형을 받은 것은 무섭지 않으나 죄를 범한 상(上)피고인 조상훈에 대해서는 무죄를 선고해 달라. 4·19 이후 16명의 장교의 하극상 사건으로 나와 함께 예편되었던 일부 장교들이 그 사건의 공으로 인정되어 현

---

95 쿠데타기도 사실, 요직 인사 문제에 불만, 김 피고인 증언, 「동아일보」, 1961.11.4

역 복귀되었는데 나만은 전과자 처우를 받았고 자유당 때 부정선거에 적극 가담했던 장군들이 요직에 들어앉는 등 혁명정부의 편파적인 인사정책 등에 불만을 품어 온 것은 사실이나 터무니없는 불만은 아니었다. 나의 옳고 그른 것은 후세 사람들이 판단해 줄 일이지, 이 자리에서 논할 수는 없는 것이다.[96]

김동복은 최소한 비겁자는 아니었다. 그는 쿠데타를 기도했다는 사실을 인정했고, 모든 죄는 자신이 감당하겠으며 동기이자 동료인 조상훈에게는 무죄를 선고해 달라고 요구했다. 5·16 쿠데타 주체들은 상기 사건을 〈예비역기갑장교 반혁명사건〉이라고 이름 지었다. 김동복, 조상훈 두 사람에게 적용된 죄명은 '특수범죄처벌에 관한 특별법 위반'이다. 김동복에게 사형 구형에 무기징역형이 언도되었고, 조상훈은 7년이 구형되었으나 3년 징역에 5년 집행유예로 판결되었다.[97] 김동복의 뜻이 어느 정도 반영된 셈이다.

김동복은 예상외로 일찍 출감했다. 1963년 8월 15일, 광복절 특사로 형무소를 나왔다.[98] 하지만 그에겐 또 다른 고난이 기다리고 있었다. 생활고였다. 건강도 예전 같지 않았다. 그리고 원한과 증오가 나날이 증폭되고 있었다. 세상은 김동복을 완전히 잊은 듯싶었다. 1966년 8월의 어느 날, 한동안 관심을 두지 않았던 언론이 '김동복'이란 이름 석 자를 대서특필로 보도했다. 김동복이 자살했다는 기사다.

96　편파적 인사정책에 불만, 나의 잘못 후세에 밝혀질 터, 「경향신문」, 1961.11.7

97　김동복 피고에 무기징역, 「동아일보」, 1961.11.12

98　반혁명 행위자 17명 석방키로, 「경향신문」, 1963.8.13

前 1軍機甲部隊長 豫備役 大領 金東馥씨 自殺

김동복의 자살을 보도한 1966년 8월 17일자 경향신문

　한과 원망, 증오만 남은 김동복에게 생을 지탱하게 한 원동력은 오로지 복수였을 것이다. 그가 기다린 것은 정정법(정치활동규제법)의 해소였다. 그러나 출옥 3년이 지났지만 가능성은 희박했다. 결국 그가 선택한 것은 죽음이었다. 참으로 기구한 삶이었다.

　쿠데타를 준비하는 자들에겐 김동복의 고통, 한, 증오, 복수 따위는 고려 대상조차 되지 않았을 것이다. 그들에겐 16인 하극상 사건으로 인해 발생한 김종필, 석정선의 예편이 더욱 중요했다. 사실 석정선은 이미 충무가 결의에서 제외된 인물이기에 김종필의 예편에 따른 조처가 더욱 심각했다. 그리고 하극상사건에 참여했던 옥창호, 길재호, 우형룡 등이 징계위원회에 회부되어 징계대상으로 매일 조사를 받게 된 점도 성가신 일이었다. 그러나 하극상사건으로 얻게 된 이점도 많았다. 비록 고난을 받았지만, 표면으로는 정군이라는 명목 아

래, 이면으로는 쿠데타 계획을 추진할 수 있었던 것이다.[99]

"16인 하극상 사건을 마지막으로 끝나게 된 정군사건은 사실은 혁명계획 편린의 극소한 일모(一貌)로, 이 사건의 발생이 사직당국의 주목을 흐리게 하여 혁명의 준비는 쉽게 진행할 수 있었다. 정군 문제의 종결은 혁명으로 전개되었다."[100] 그들이 내린 최종 결론이다.

1960년 11월 9일 밤, 박정희 소장의 신당동 집에서 두 번째로 모임을 가졌다. 충무가 결의 후 약 2개월이 된 시점이다. 눈엣가시 같던 최영희도 전역을 했다.[101] 그들의 완벽한 승리였다. 정군을 빙자한 쿠데타 모의가 순조롭게 진행되고 있다는 뜻이다. 박정희의 집에서 그들은 이제부터 본격적인 쿠데타 계획을 수립하기로 하였다. 무

1967년 무렵의 박정희 전 대통령 신당동 가옥(서울시 제공)

99 『한국군사혁명사(제1집 上)』, 국가재건최고회의 한국군사혁명사편찬위원회, 1963, p.197

100 『한국군사혁명사(제1집 上)』, p.196

101 예편결정 최 연참총장, 「동아일보」, 1960.10.8

엇보다 시급한 것은 조직의 확대였다. 그리고 명분이었다. 이날 박정희는 긴 훈시를 하였다. "첫째, 우리나라는…" 운운하며

이날 쿠데타 주체들이 합의한 사항은 다음과 같다. 첫째, 2군사 관하 각 예비사단 및 그 부대장급의 포섭은 박 소장이 맡기로 하고, 둘째, 9명의 동지들은 중앙에서 재경 각 부대의 동지들을 목표로 포섭을 담당하기로 하였다.

이 무렵 하극상 사건에 관련되었던 중령 이석제와 대령 유승원이 자발적으로 가담한다. 이석제는 육사8기 특별반 출신이고, 유승원은 육사8기 동기생이었다. 이제는 조직을 확대할 시점이었다. 이제 핵심 요원은 11명이 되었다. 정군은 끝났다. 이제부터는 실질적인 쿠데타를 준비할 때가 된 것이다. 지금까지 진행된 정군 관련 모임 및 관련자들을 표로 정리해 보았다.

[표15: 정군 관련자 명단]

	소속	연판장 5.8(8명)	국방장관방문 9.10(11명)	총무장결의 9.10(9명)	하극상사건 9.24/ 12.12	신당동모임 11.9(11명)
김종필	(육8)/예)중령	○	○	○	☆	○
석정선	(육8)/예)중령		○		☆	
김형욱	(육8)육본/중령	○	○	○		○
석창희	(육8)육본/중령	○	○			
길재호	(육8)육본/중령	○	○	○	○	○
옥창호	(육8)육본/중령	○	○	○	○	○
신윤창	(육8)6군단포병/중령	○	○	○		○
최준명	(육8)육본/중령	○				
오상균	(육8)육본/중령	○				
오치성	(육8)육본/대령		○	○		○
김동환	(육8)육본/중령		○			
이택균	(육8)육본/중령		○			
김달훈	(육8)육대/중령		○			
정문순	(육8)육대/중령			○		○
우형룡	(육8)육본/예)중령			○	○	○

이름	계급					
이석제	(육8특)육본/중령				◎	○
유승원	(육8)육본/대령				◎	○
황영일	중령				◆	
장수영	중령				◆	
조병호	중령				◆	
권정용	중령				◆	
정래창	중령				◆	
황청	중령				◆	
이종학	중령				◆	
김동복	(육7)대령(징역1월)				★	
김명환	대령				◆	
한주홍	대령				◆	
한국찬	대령				◆	

| 비둘기 작전을 도용하라, 세 번째 쿠데타 시도 |

  1961년 신축(辛丑)년 새해가 밝아 왔다. 이해 오월, 쿠데타가 일어나 길고 긴 군부독재가 시작되리라 예측한 사람은 얼마나 될까? 5월 16일의 쿠데타가 가능했던 것에는 여러 요인이 있겠지만, 그 가운데 '사월 위기설'과 '폭동진압훈련'에 주목할 필요가 있다.

  새해 벽두부터 출처 불명의 괴소문이 퍼지기 시작했다. "3월부터 시작되는 춘궁기에 전국의 2백여 만 절량 농민들이 대중 봉기할 것이다."[102] "3·1 독립선언일, 4·19 1주년 기념일을 전후하여 자유당의 부패를 농단하고, 게다가 무능하기 짝이 없는 정부를 규탄하는 대대적인 반정부 데모가 학생을 중심으로 전국적으로 일어날 것이며, 약체 정부에서는 그것을 수습하지 못할 것이다." 등 장면 정부 위기설이 때와 장소를 가리지 않고 대두되었다.

---

102 괴뢰, 농민봉기 선동, 「경향신문」, 1961.2.18

당연히 출처와 대응책이 궁금할 것이다. 당황한 정부는 근거 없는 뜬소문이라고 했다가, 북괴와 조총련의 사주에 의한 유언비어라고 하는 등 갈피를 잡지 못했다. 2월 23일 상오 장면 총리는 중앙청에서 열린 정례 기자회견에서 사월위기설을 묻는 기자들 질문에 "그러한 말이 어디에서 나왔는지 알 수 없다."고 답변했다.[103]

그러나 전날인 22일 하오 신현돈 내무장관은 3·4월 위기설에 언급하며 "사실이다"라고 잘라 말했다. 그뿐만 아니라 "내무당국도 이에 대한 정보를 입수하고 수사 중이다."라고 말하며 "조련계와 접선한 불순 세력이 각종 단체를 중심으로 세포조직을 끝낸 후 이를 선동하고 있다. 상당한 자금도 들어온 흔적이 있으며 이들은 혁신세력을 자처하는 것으로 안다."고 말했다.[104] 조재천 법무장관도 23일 하오 기자들에게 "3월 봉기설이 근거가 있다."고 말했다.[105] 장면 내각의 각료들이 뉘앙스가 다른 견해를 각기 발표했지만, 내각 내의 분위기는 사월위기설을 심각하게 받아들이고 있다는 것을 알 수 있다.

문제는 그들의 대처 방안이다. 첫째, 24시간 전 옥외집회계(屋外集會屆) 제출. 둘째, 경찰기동대 편성. 셋째, 정치요인 경호 강화. 넷째, 데모규제법 제정 추진. 다섯째, 총리직속 정보기관(시국정화 운동본부) 설치 등이 그들이 강구한 시책이다. 그리고 내부적으로 군에 대해 폭동진압 훈련을 지시했으며, 이 지시를 받은 군에서는 제6관구 사령관 지휘하에 이 훈련이 강력히 실시되고 있었다.[106] 장면을 비롯한

---

103 사월위기설 근거 없다, 「동아일보」, 1961.2.23
104 3·4월경 반정부봉기를 획책, 「경향신문」, 1961.2.23
105 3월 봉기설 근거 있는 말, 「민족일보」, 1961.2.24
106 『한국군사혁명사(제1집 上)』, p.207

각료들은 1년 전 4월 혁명 때 시민과 학생들의 데모만 생각했던 것이 틀림없다.

왜 그들은 군인들에 의한 위기를 생각하지 못했을까? 사월 위기설을 쿠데타 가능성으로 생각했던 사람이 몇 명 있기는 했다. 당시 서울시 경찰국장 정태섭[107]은 4월 위기설을 학생의 봉기, 민중의 봉기 그리고 군부의 쿠데타 등으로 파악하고, 박정희를 감시하며 전화를 도청했다고 한다.[108] 재무장관 김영선 역시 쿠데타의 가능성에 결부시키며 박정희를 연상했던 모양이다. 장면에게 보고를 하고 각료회의까지 열었으나 쿠데타설을 일축했다고 한다. 미군 5만 명이 주둔해 있고, 작전권이 미군사령관에게 있는 한 쿠데타는 불가능하다고 판단한 것이다.[109]

그러나 그들이 놓치고 있는 것이 있었다. 장면 정권을 신뢰하며 보호하는 미국인도 있었지만, 쿠데타를 사주하여 정권을 전복시키고자 하는 미국인도 있을 가능성을 염두에 두어야 했다. 무엇보다 사월위기설의 출처를 알아내어야 했다. 그들이 누구인지 그리고 목적이 무엇인지 파악해야만 했다. 학생·민중·농민 등이 출처라면, 봉기에 대한 정보는 철저히 은폐되었을 가능성을 민주당 각료들은 왜 생각하지 못했을까?

쿠데타 주체들이 고의로 사월위기설을 유포했을 가능성은 충분히

---

107 정태섭은 제15대 서울시 경찰국장을 역임했다. 그의 재임기간은 1960년 5월 6일~1960년 11월 22일이다. 김형욱의 착오로 보인다. 1961년 상반기 무렵의 국장은 이귀영(1960년 11월 22일 ~ 1961년 5월 16일)이었다.

108 『김형욱 회고록 제 I 부』, pp.56-57

109 『김형욱 회고록 제 I 부』, pp.59-61

있다. 글 말미에 다시 언급하겠지만, 그들은 학생들의 폭동을 유도하기 위한 비밀조직을 운영했다. 그리고 《5·16 혁명실기》에는 "어떤 사람은 그 설의 발상이 군대라고 보는 이도 있었다."[110]고 기록함으로써 자신들이 사월위기설의 배후라는 것을 굳이 부정하지 않았다.

이것이 현실 위정자의 사고방식이라면 정말 한심한 일이다. 자기의 무능의 실책을 군대의 힘이나 경찰의 희생으로 해결하려는 일이란 우미(愚昧) 중의 우미가 아닐 수 없다. 지금 위정자는 진심에 돌아가야 한다. '국민의 진정한 소원이 무엇인가?'를 알고 이를 해결해 주기 위해서다.[111]

1961년 2월 28일자 마산일보에 개제된
사월위기설 관련 칼럼

지방신문인 마산일보에 개제된 칼럼의 일부다. 정권 안보 차원이 아니라 민중의, 국민의 입장에 서서 그들을 위한 정책을 펴야 한다는 충고다. "국민의 진정한 소원이 무엇인가?"를 알고 이를 해결할 마음이 진정 있었다면, '집회와 시위운동에 관한 법률안'과 '반공을 위한 특별법' 등 2대 악법의 제정 시도를 하지 않았을 것이다. 그리고 경찰과 군인 등 총칼로 시민들을 억압하려는

---

110 《5·16 혁명실기-1, Ⅲ 거사계획》, p.6

111 사월위기설, 국민들은 이중으로 고통을 느낀다. 「마산일보」, 1961.2.28

정책을 포기했더라면, 군인들에게 정권을 찬탈당하지 않았을 것이라고 믿는다.

장면 정부의 또 다른 실수는 육군참모총장의 경질 건이다. 최경록은 허정과도내각 때 총장직 물망에 올랐으나 사양하고 장면 내각 출범 후 총장에 취임했던 인물이다. 강력한 정군을 주창했으며, 장도영의 경우 정군파동 시 예편을 출원했으나 최경록이 반려한 적이 있었다.[112] 장도영은 3 · 15 부정선거에 대한 책임 등 정군대상자였다는 뜻이다.

당연히 국회에서 반발이 일어났다. 이필원 등 다수의 의원들은 집권 반년여 만에 참모총장을 세 번이나 경질한 이유와 특히 임기만료 전에 최경록 총장을 해임한 이유를 따졌으나, 현석호 국방장관으로부터 원론적인 대답만을 들을 수밖에 없었다.[113] 최경록이 경질된 것은 파머 대장 사건 탓일 것이다. 그는 미국에 반항한 장군으로 찍혔으며 무엇보다 감군을 반대하고 있는 미 군부 측의 입장을 고려해 해임되었으리라 본다. 횡재한 것은 장도영이었다. 사표까지 던졌는데 졸지에 육군참모총장이란 감투가 저절로 굴러온 셈이 되었다. 장면 정부가 더 큰 악수를 둔 것은 폭동진압 훈련을 암암리에 승인한 것이다. 그 이유를 설명한《5 · 16 혁명실기》의 내용을 소개한다.

정부의 그러한 대비책을 관망해 오던 혁명군조직에서는 정부가 추진하는 폭동진압훈련을 최대한으로 역이용함으로써 거사를 단행할 계획을 암암리에 추진하게 된 것이다. 즉, 정부에서 실시하는

---

112 연내로 정군을 단행, 지휘 수사권 발동도 불사, 「경향신문」, 1960.9.21
113 민의원 국방위 육군 참모총장 경질 경위 추궁, 「경향신문」, 1961.2.23

계획에 의해 그 계획상 출동부대로 선정된 부대요원들을 포섭 조직화함으로써 폭동진압부대로 하여금 혁명군으로 편성하여 유사시에는 폭동을 진압한다는 명목으로 출동하여 그 자리에서 혁명을 단행하는 계획을 착안한 것이다.

이월하순경부터 폭동진압훈련이 본 괘도에 들어서고 이 훈련계획에 의거하여 출동부대가 선정되자 재빨리 그 부대들을 포섭하여 혁명군으로 조직하는 데 성공한 것이다. 그런 줄도 모르고 정부에서는 군이 건재하는 이상 데모나 어떤 비상사태가 일어나도 두려워할 바가 못 된다고 확신하고 회심의 웃음을 짓고 있는 것이다.[114]

실제로 폭동진압 훈련은 쿠데타 주체들에게 엄청난 힘을 안겨 주었다. 폭동진압 훈련을 역이용하는 가운데 쿠데타 세력의 조직을 3월을 고비로 거의 완성시킬 수 있었고, 4월 7일에는 거사일시를 4월 19일로 결정할 수 있었다.[115] 소위 〈비둘기 작전〉으로 알려진 폭동진압훈련의 상세한 내역은 생략한다. 다만 거사계획 중 〈데모유치 공작〉이란 정보조작 건을 소개하고자 한다. 주인공은 김종필과 박종규 그리고 조웅 목사로 알려진 조병규다. 조연으로는 비밀의 인물 장태화가 등장한다.

박정희와 쿠데타 주체들은 4월 19일에 학생들의 데모가 일어날 것을 기대했고, 당시 사회 상황으로 보아 거의 필연적인 것으로 확신했다. 그러나 예상을 뒤집는 일이 발생하지 않는다고 누가 단정할 수

114 《5·16 혁명실기-1, III 거사계획》, p.5

115 《5·16 혁명실기-1, III 거사계획》, p.6

있겠는가? 이러한 분위기 속에서 "사전에 대대적인 데모를 일으키도록 학생들을 포섭하여 유치공작을 하자"는 착상이 나왔다. 김종필의 제안이었다.

김종필은 자금도 자신이 부담했다. 예산은 대략 3백만 환 정도가 예상되었다. 김종필은 전역 시 받은 퇴직금 백여만 환과 부인의 곗돈까지 동원했으나 턱없이 부족하였다. 이때 도움을 받은 사람이 김용태다. 그는 김종필과 서울사대 동문이며 한국전쟁 기간 중에는 박정희의 집에서 함께 지내기도 했으며, 정보국에서 함께 근무한 동료이기도 했다.

김용태는 이 무렵부터 쿠데타에 깊숙이 개입하고, 결국 민간인 참여자로 인정되어 쿠데타 성공 후, 중앙정보부의 경제고문을 맡는 등 주체 세력의 일원으로 활약하게 된다. 그 후 공화당의 영원한 총무로 불리면서 5선 의원으로 일세를 풍미했으니 대단한 투자를 한 셈이다.

돈 문제보다 더 큰 고민은 계획을 공작할 적절한 인물을 선택하는 것이었다. 마침 적절한 인물이 떠올랐다. 박종규다. 박정희의 경호실장을 하며 한때 김종필 이상의 권력을 휘둘렀던 바로 그 박종규다. 박종규는 당시 국방부 소속 현역 소령이었으나 하사관 시절 김종필의 보좌관으로 있던 경력이 있었다. 근 10여 년의 인연이다. 박종규는 김종필로부터 학생 조직 관리와 데모유발 공작 임무를 부여받았다. 3월 초순경의 일이다.

색다른 임무가 주어진 박종규는 먼저 장소를 물색하기 시작했다. 이 문제는 의외로 쉽게 풀렸다. 오래전부터 친분이 있던 터키 혁명가의 딸인 미국 여성 사이데 양에게 부탁하기로 하였다. "학생들과 영어강습회를 가지고 싶으니 방을 빌려 달라"고 꾸며대어 그녀의 승낙

을 받았다. 박정희 소장의 자택 인근인 신당동이라는 위치도 안성맞
춤이었다.

3월 7일 저녁8시경, 7명의 학생들이 신당동의 조용한 외국인 집에
서 첫 토론회를 가졌다. 건국대 정치과 조병규 · 이두현, 고려대 정외
과 김수길 등의 학생회 간부들이었다. 이들의 대화는 은밀하게 모두
녹음되었다.

3월 9일, 두 번째 토론회가 같은 장소에서 열렸다. 인원이 몇 명 늘
어 서울대, 고대, 건대 등 10명의 학생들이 참석했다. 이들을 중심
으로 조직을 확대한 결과, 거사일인 4월 19일 직전에는 약 500여 명
의 학생들을 조직할 수 있었다. 삐라의 내용은 "학생이여 궐기하라!
4 · 19의 피가 헛되었다. 이런 사회를 만들기 위해 피를 흘렸던가!"로
정했다.

박종규는 국제호텔에 있는 '쟝글'이라는 이름의 바 그리고 시청 앞
에 있는 한일다방을 연락처로 삼았다. 연락원은 종로 2가 모 다방 마
담이었던 김영신이었고, 학생 측은 고려대 학생 한 명과 모 여대생
한 명이었다. 박종규는 김영신과 함께 있다가 학생들로부터 연락을
받으면 김영신이 즉시 김종필에게 보고하도록 조직을 꾸몄다.

드디어 기념식이 끝나고 시가행진에 들어갔다. 그러나 행진은 계속
되어도 기대했던 일은 일어나지 않았다. 평온한 가운데 광화문 인근
까지 왔으나 광화문에 도착하자 두 가지 세력이 대립을 하기 시작했
다. 데모를 과격한 방향으로 이끌려는 학생들과 만류하는 학생들 간
에 격렬한 시비가 붙은 것이다. 사복경찰들이 합세하여 데모대는 완
전히 포위되고 데모 주동자들은 고립되고 말았다. 오후 5시경부터 경
찰들이 데모 주동자들을 체포하려 한다는 보고가 박종규에게 들어왔

다. 모든 기대가 무너졌다. 애써 준비했던 삐라 2만 장을 한 장도 뿌리지 못했다. 그때부터 학생들의 연락도 끊기고 말았다. 모두들 잠적하고 만 것이다.

한편, 은성을 본부로 하여 하루 종일 들락날락하면서 사태의 추이를 주시하던 쿠데타 주체들은 결국 그곳에서 물러날 수밖에 없었다. 그들은 "이제부터는 학생들을 믿을 것이 아니라 우리의 힘만으로 기어코 초지(初志)를 관철하도록 하자"는 재출발의 결의를 다짐하였다고 한다.[116]

후일담이 있다. 지금까지 등장하지 않았던 장태화가 등장한다. 장태화는 사건의 결말을 미리 짐작하고 있었던 모양이다. 김형욱은 시국정화위원회의 활동이 못내 마음에 걸렸다. 상황을 파악하기 위해 서울 문리대, 고려대, 연세대 등의 교정을 쏘다니며 학생들의 동향을 살폈다. 하지만 어느 곳에도 대규모 데모를 준비하고 있는 듯한 분위기와 대화는 찾을 수 없었다. "제기랄! 장태화의 보고가 맞군." 김형욱이 내뱉은 말이다. 아래는 거사일 며칠 전에 박정희와 김형욱이 나눈 대화를 정리한 것이다.

"4월 19일에 관한 정보보고는 어떻소?"

박정희는 단도직입적으로 나에게 물어 와서 나는 나도 모르게 흠칫하였다.

"네. 정보보고를 종합해 볼 것 같으면 오는 19일에 예상처럼 그런 폭동은 없을 것 같습니다."

---

116 《5·16 혁명실기-1, Ⅲ 거사계획》, pp.20–25

"그래요? 그게 누구의 보고요."

"네. 장태화 씨의 보고를 저와 종필이가 같이 들었습니다. 미심쩍어 제가 오늘 아침부터 시내와 대학들을 돌아다니며 확인하고 오는 길입니다."

"무엇을 확인했소?"

"장태화 씨의 보고와가 비교적 정확하다고 생각했습니다. 시국정화위원회 운동본부 측에서 상당한 자금을 푼 것으로 보입니다."

"아니. 매수공작을 했단 말인가!"

"그렇습니다. 약2천만 환 상당의 자금이 흘러 나갔다는 정보도 있었습니다."

"그럼 우리 측은 무얼 했소?"

"우리 측으로도 최선을 다하고는 있습니다. 그러나 워낙 자금규모가 비교가 안 되고 또….."

"또?"

"자금으로써는 얼마간의 망나니 학생들을 동원할 수 있을지는 모르나 대규모의 데모를 유발시키기 어렵다고 판단합니다. 학생들은 제가 생각했던 것보다 훨씬 신중한 태도를 취하고 있었습니다."

"으흠….."

박정희는 신음 소리를 냈다.

"아무튼 기다려 봅시다. 나는 내일 대구로 내려가서 기다리고 있겠소. 비둘기 작전 명령이 떨어지면 김재춘 대령은 지체 없이 연락하시오."

"알겠습니다. 각하."

"4월 19일이 안 되면 여러 주체 동지들의 긴장이 풀어지기 전에 5

월 초순에 해치웁시다. 그러나 아직은 4월 19일에 학생들이 봉기하지 않으리라 포기하지 마시오. 기다려 봅시다."

그렇게 말하고 떠난 박정희는 대구에 내려가자마자 기다리기 시작했다.[117]

다시 광화문 근처로 장소를 옮긴다. 비를 맞으며 혼자 밤거리를 걷던 김종필은 우연히 박종규를 만났다. 술에 흠뻑 젖은 채 박 소령과 헤어지고 화신 쪽으로 걸어가다가 늘 들르던 희(囍)다방에 들어갔다. 그곳에 장태화가 있었다.

"장형… 정말 울고 싶은 심정이요…."

"울지 맙시다. 다음에 우리들 스스로가 모든 것을 다 끝마치고 난 다음에 마음껏 울어 봅시다."

울음마저 나오지도 않았다. 두 사람은 밖으로 나와 걸었다.

"동지들이 은성에 있다. 가서 그들을 격려하여야겠다."

김 중령이 중얼거렸다. 은성에는 많은 동지들이 비탄에 넘쳐 술로써 눈물을 마시고 있었다.

"지금 서로 술 기분으로는 그런 이야길 하지 않는 것이 좋소. 오늘은 이대로 서로 헤어져야 합니다."

두 사람은 한없이 포도(鋪道)를 거닐었다. 빗방울도 포도를 적시고

---

117 『김형욱 회고록 제 I 부』, pp.69-71

있었다.[118]

이 정도의 상황에 처했다면 다음의 쿠데타 시도는 불가능했어야 했다. 그러나 아무도 배신을 하지 않았고 조직도 흔들리지 않았다. 비둘기 작전을 빙자하여 쿠데타를 일으키려고 했던 세력들 즉 육본, 6관구, 1공수, 33사단, 30사단, 6군단포병, 육군대학, 육사, 항공학교 그리고 민간인 참여자들 그 외 2군사령부 및 5사단, 고사포여단을 비롯한 야전군 일부 등 모두가 조직을 지켰다. 더욱이 해병 1여단이 추가로 참여했다. 기이한 일이었다.

4월 19일 예정의 거사가 실패한 뒤, 5월 12일로 변경했다가 다시 5월 16일로 변경되었어도, 박정희와 김종필에 대한 신뢰를 거두지 않았다는 것은 정말 불가사의한 일이라고 아니할 수 없다. 정말 하늘이 그들을 돕고 있었단 말인가. 아무래도 우리가 모르는 비밀이 숨겨져 있다는 의심을 거둘 수 없다.

| 1961년 5월 16일 새벽, 한강변의 총소리 |

쿠데타에 성공한 박정희는 집권 3년 차인 1963년 『국가와 혁명과 나』를 발간하여 자신의 행위에 대해 스스로 면죄부를 주고자 했다.

책 내용 중 흥미로운 부분이 있다. 〈세계사에 부각된 혁명의 각 태

---

118 《5·16 혁명실기-1, Ⅲ 거사계획》, p.25

향문사 발간 『국가와 혁명과 나』의
초판본 표지(1963년, 293쪽)

상〉이란 제목으로 소개된 제4장이다. 세계사에 부각된 혁명이라면 프랑스 대혁명, 러시아혁명을 먼저 떠올리는 것이 자연스럽겠지만 박정희는 다르게 생각했던 모양이다. 그는 혁명을 각 민족의 근대화와 연결시켜 중국의 신해혁명, 일본의 명치유신을 필두로 케말파샤가 주도한 터키 혁명 그리고 나세르의 이집트 혁명을 우선적으로 소개하고 있다.

특히, 왕정 타파와 외세 배격 · 외군 철수를 주창한 이집트 혁명은 반공을 국시로 선언한 5 · 16 쿠데타와 명분 · 목적에서 전혀 다르고 혁명 기간에도 차이가 많지만, 권력 쟁탈 과정은 너무나 흡사하다. 이집트 혁명은 다음과 같은 수순으로 전개되었다.

- 1952년 7월 23일: 나세르(Nasser, 1918~1970) 중령이 1차 중동전쟁의 영웅 '모하메드 나기브' 중장을 앞세우고 군사쿠데타를 일으킴, 국왕 추방 및 독재권 장악, 혁명평의회 구성(의장 나기브, 부의장 나세르)
- 1952년 9월: 사회개혁단행, 제정당 해산명령
- 1952년 12월: 공화국 선언, 초대 대통령 나기브 유력
- 1953년 6월: 대통령 겸 수상(나기브) 부수상 겸 내무상(나세르)
- 1954년 2월: 나기브 실각, 농민출신 나세르 중령 복면 벗어던지고 정면 등장

- 1954년 3월: 모히딘 소령 영도 나기브 복직 쿠데타, 나기브 대통령 복직
- 1954년 4월: 나세르 수상 취임
- 1954년 11월: 나기브 대통령 사임 및 모든 직위 박탈
- 1956년 6월: 6년 임기의 대통령에 당선되어 제2대 대통령에 공식 취임

　나기브와 나세르 두 사람의 관계는 장도영과 박정희 혹은 박정희와 김종필의 관계 정도로 볼 수 있을 것이다. 박정희와 김종필 중 누가 나세르 역할을 한 것인가 하는 해답은 이 책을 통해서 차츰 파악할 수 있으리라 본다. 한편 박정희는 제3세계에서 발생한 정변을 후진국의 쿠데타로 치부하면서도 명칭은 '혁명으'로 부르는 모순을 보인다. 그가 언급하고 있는 곳은 버마·세일론·이집트·에티오피아·이란·이라크·파키스탄·수단·시리아·태국·터키·예멘 등 아시아·아프리카 지역과 아르헨티나·볼리비아·콜롬비아·도미니카·에콰도르·과테말라·아이티·온두라스·파라과이·니카라과·파나마·베네수엘라 등 중남미 지역의 여러 나라들이다.[119]

　박정희가 설명한 내용과는 별개로, 제2차 세계대전 종전 후 열강 제국주의로부터 오랜 식민지 상황에서 벗어난 제3세계 국가들은 후진병으로 치부될 정도로 수많은 곳에서 쿠데타라는 마물로부터 몸살을 앓아 왔던 것이 사실이다. 그리고 쿠데타의 주체는 대부분 군부였다. 1948년 8월 정부 수립 이후 세계 곳곳에서 발생한 쿠데타 소식을

119　박정희(조갑제 해설), 『국가와 혁명과 나』, 지구촌, pp.161-207

정리해 보았다.

날짜	기사 제목
1949.04.01	「시리아」에 쿠데타 陸軍主體(육군주체)로 軍政府樹立(군정부수립)
1950.01.31	泰(태)쿠데다失敗說(실패설)
1952.07.25	埃及(애급)에 革命(혁명) 나기브中將(중장)이指揮(지휘)
1952.07.28	세계의 표정(5) 애굽의 쿠데타
1953.03.02	이란에 暴動(폭동) 야기, 모사데크政權(정권) 타도 〈CIA관련설〉
1953.06.17	코롬비아軍(군) 쿠데타 成功(성공)
1956.12.24	叛亂軍頭目(반란군두목) 罷免(파면)
1957.03.09	인도네시아의 정치적 위기
1957.04.17	요르단의 정변과 중동의 위기
1957.06.16	하이티政權顚覆(정권전복) 陸軍(육군)서쿠데타 · 非常事態宣佈(비상사태선포)
1957.09.18	태국의 정변이 의미하는 것
1958.07.15	「이락」에 「쿠데타」 發生(발생) 君主制廢止(군주제폐지) · 아랍共和國宣布(공화국선포)
1958.07.25	「수단」에도 「쿠데타」 陰謀(음모)
1958.07.29	라오스에 武力革命氣運(무력혁명기운)
1958.07.31	하이티 반란 실패, 주모자 파 대위 등 피살
1958.09.12	「베네주에라」 쿠데타說(설) 否認(부인)
1958.09.28	「버마」 쿠데타에 成功(성공) 陸軍無血(육군무혈)로 政權接受(정권접수)
1958.10.22	태국, 무혈정변에 성공
1958.11.18	「수단」에 政變(정변) 陸軍司令官(육군사령관)이 執權(집권)
1958.11.20	알젠틴 副統領(부통령) 辭任(사임)
1959.01.12	「라오스」에쿠데타說(설) 緊急議會(긴급의회), 共產浸透問題檢討(공산침투문제검토)
1959.02.01	파키스탄 무혈쿠데타, 모하멛드 · 아유브 · 칸 중장 집권
1960.05.28	土耳其에 무혈혁명 성공
1960.06.10	陸軍革命說(육군혁명설) 印尼政府(인니정부)서 否認(부인)
1960.07.06	이락將校團(장교단) 쿠데타陰謀(음모) 아랍共(공) 支援(지원)으로
1960.08.04	土耳其, 일대숙군단행, 장군만 235명
1960.08.11	라오스 외군(미군과 프랑스군)철수를 주장
1960.08.12	미, 라오스혁명정부 불승인
1960.08.23	라오스 양군 첫 교전
1960.09.15	콩고軍部(군부)서 無血(무혈)「쿠데타」 「모부투」 參謀總長(참모총장), 전권장악 성명
1960.10.27	엘 · 살바돌에 무혈혁명
1960.11.11	필리핀 반정부군, 대통령관저 포위
1960.11.12	越南政變(월남정변) 豫測(예측)을 不許(불허)
1960.11.13	越南(월남)쿠데타 완전 실패 空挺部隊(공정부대), 政府軍(정부군)에 投降(투항)
1960.11.14	과테마라 육군반란 실패
1960.12.15	「에치오피아」서 쿠데타 發生(발생)
1960.12.18	「에치오피아」, 「쿠데타」 企圖(기도)가 失敗(실패)
1961.04.23	「알제리아」, 주둔군 대반란
1961.04.26	「알제리아」 「쿠데타」의 주모자로 생각되는 「모리스 · 샬르」 장군의 항복을 발표

거의 유행병 수준으로 전개되는 세계 각지 군부의 쿠데타 소식에 남의 나라 소식이 아닐지도 모른다는 우려를 했던 식자층이 일부 있었다. 다음에 소개하는 경향신문의 사설은 이러한 염려를 잘 보여 준다.

후진지역의 군부 쿠데타가 또 하나 발생하였다. 즉 수단국 육군 총사령관 파리그 · 압드 장군이 17일 무력정변으로 정권을 장악하고 국회를 해산시키며 임시헌법을 폐지하며 모든 정당의 해산과 신문의 정간을 명하였다는 것이다. 애굽의 나깁혁명은 이미 6년의 역사를 가졌고 금일까지 나세르 중령 집권하에 있거니와, 최근만 해도 시리아가 군부집권에 뒤이어 애굽과 합방하여 통일아랍공화국을 이루었고, 래바논의 내란은 역시 육군참모총장 세하브 장군을 대통령으로 선출함으로써 겨우 타협을 맺었다.

이락은 군부의 폭력집정으로 국왕과 정부요인이 살해되는 참화를 가졌으며, 이어서 파키스탄도 미르자 대통령에 의하여 국회가 해산되고 아유브 칸 장군을 행정수반으로 임명하였다가, 미구에 아유브 칸 장군이 미르자의 사임을 강요하고 유일집권자가 되었다.

비르마에 있어서는 건국 이래의 11년간의 실권자인 우 · 누 수상이 자진 퇴임하고 네윈 장군이 집권하게 되었으며, 약간 경위는 다르지만 타이에 있어서도 군인 출신인 피분 · 송그람이 작년 9월에 같은 군인인 사리트에게 정권을 빼앗겼고 최근에는 사리트가 다시 타놈 수상을 파면하고 계엄령하에서 헌법정지, 국회해산을 단행하는 전형적 쿠데타를 연출하였다.

필리핀에서도 육군 장교의 혁명계획이 있다는 풍설이 있었으나 미연에 방지된 모양이고, 투르키의 멘데레스 수상의 탄압정치에 대항하는 군부봉기설도 산문(散聞)되는 바 있다. 후진지역뿐 아니라, 민주주의의 역사가 오랜 프랑스에서도 드골 장군의 손에서 제4공화국이 종명(終命)하고 강력한 행정력을 표방하는 제5공화국이 출현한 것이다.

이러한 시대 역행적인 정변의 원인은 나라를 따라 사정이 구구하거니와, 대체로 의회정치가 당파난립과 정쟁격심의 폐단에 빠져 행정력을 충분히 발휘 못하는 것이 중요 요인이요, 그밖에 일부에는 군부 내의 파벌투쟁이 폭발한 경우도 있다.

애굽·이락의 경우와 같이 봉건잔재에 대한 근대혁명의 선두에 군인이 나선 경우도 있거니와, 파키스탄·수단 같이 의회정치에 대한 환멸이 근인을 지은 경우도 있다.

문제는 유행성을 띤 군인집권이 과연 그 나라들의 정치적 질환을 치료할 수 있느냐 함에 있다. 그 대답은 불행히도 부정적인 면이 크다. 첫째로 칼로써 얻은 권력은 칼로써 망하기 쉽다. 한번 호헌 준법을 침범하면, 재범·삼범을 정당화한다. 국민적인 혁명의 경우를 제외하고 소수인의 폭력으로 탈취한 권력은 다시 소수인의 흉모로써 전복되기 쉽다. 애굽, 이락, 타이 등의 경우는 이미 군부 자체 내의 파벌싸움이 항상 정국을 동요시키고 있음을 증명한다.

둘째로 독재적인 권력은 부패와 남권을 필연적으로 가져오고, 군인독재의 경우에도 예외가 없는 것이 십중팔구다. 비록 부패숙청의 명분이 쿠데타의 정인(正因)이라고 할지라도 독재정권은 미구에 부패하는 것이며 그것을 합법적인 정변(의회정치에 있어서의 내각경질)으로써 때때로 청소하는 안전판이 상실되고 마는 것이다.

결국 군인 쿠데타의 발생은 의회제도의 결함을 말하는 것이 아니고, 그 국민의 낙후성을 증명하는 것뿐이다. 경제가 근대화되지 못하고 교육이 보급되지 못한 나라에서 이런 일이 잦은 것이다. 이러한 나라에서의 의회정치의 발전은 결국 국민 전체의 경제적·문화적 발전과 각성이 고도화한 뒤에라야 기대되는 것이 아닌가 한다.[120]

이들 쿠데타 혹은 혁명의 명분은 각 나라마다 차이가 있다. 왕정타파를 주창한 민주혁명, 사회주의 혁명, 외세를 배격하고자 한 민족주의 국가 추구, 미·소를 비롯한 강대국의 이권과 패권 추구에 이용당하고 있는 부류, 단순한 권력투쟁 등으로 분류할 수 있을 것이다. 위 사설을 쓴 기자의 관점은, 명분을 떠나 군인이 주도하는 쿠데타의 위험성을 지적하고 있다. "군부쿠데타는 의회 제도를 부정하는 독재 체제로 운용될 것이 분명함으로써 새로운 부패와 권력 남용을 낳게 되고 결국 제2, 3의 쿠데타로 이어지는 악순환을 되풀이하게 될 것"이라는 경고다. 정확한 지적이다.

그러나 위정자를 비롯한 대부분의 국민들은 이러한 경종에 귀를 기울이지 않았다. 오히려 우리 민족은 다르다는 우월감에 도취된 이들도 있었을 것으로 짐작된다. 다른 나라들은 군부에 의한 쿠데타를 겪고 있지만 우리 민족은 학생들을 중심으로 한 민중의 힘으로 이승만 독재 권력을 타도했다는 것이 그 이유였을 것이다. 하지만 군인들에 의한 쿠데타 그리고 군부독재의 그늘은 전염병처럼 우리에게도 찾아

---

120 쿠데타 유행은 후진병이요 의회제도의 결함은 아니다, 「경향신문」, 1958.11.20

오고 말았다. 1961년 5월 16일 새벽, 한강 인도교 부근에서 울린 총성은 그 시작을 알리는 조종(弔鐘)이었다.

　민간인으로서 쿠데타 현장에서 겪은 체험담을 글로 남긴 이가 있다. 경향신문 서병현 기자다. 그는 야근을 마치고 집으로 돌아가던 도중 김포 방면에서 서울로 입성하여 시내로 진입하려던 쿠데타군과 이를 저지하려던 헌병대원들 간에 벌어진 총격전을 직접 목격하고 당일 경향신문에 〈기자가 본 혁명군 입성〉이란 제목으로 보도하여 당시의 상황을 실감나게 알려 주었다.

16일 새벽 2시 50분!

　야근을 마치고 집(흑석동 소재)으로 돌아가기 위해 회사 지프차를 몰았다. 한강인도교에 다다르자 북한강 파출소 남방 5미터 지점에 무슨 공사를 하는지 땅이 패어져 있고 군인들이 서성거리고 있는 것이 눈에 띄었다.

　"페루 대통령의 내한에 대비해서 길을 닦는 것일까? 그러나 갑작스레 밤중에 길을 닦다니 좀 이상한데." 하는 생각을 하며 이곳을 스쳤다.

　다음 순간 갑작스럽게 뚱뚱한 헌병 대위를 필두로 10여 명의 헌병이 뛰어나와 통행을 막으며 "사고가 났으니 되돌아가라."고 말하는 것이었다. 하는 수 없이 차를 돌리고 북한강 파출소에 들어가려고 차를 내리는 순간 "팡! 팡! 팡!" 인도교 남쪽에서 수십 발인지 수백 발의 총탄이 날아왔다. 헌병들은 이내 몸을 피했다. 차는 다시 속력을 내어 삼각지에 다다랐다. 총성은 뒤에서 계속 들렸다. 삼각지 파출소에 들어가 무슨 일인지를 물었으나 입초 순경은 그도 모른다고 했다. 약 10분 후 2백여 명의 해병대원이 헌병들과 충돌한 것이라는 뉴스를 경비전화로 입수했다. 잇달아 서울역 쪽에서 완전무장한 군인(나중에 해병대로 밝혀짐)들이 10여 대의 트럭에 분승하여 육군본부 쪽으로 들어갔다.

총성은 남쪽에서 계속 울리고─"군인끼리 싸움에 이렇게 심한 총질을 할 수 있을까?" 군부 쿠데타란 염두에도 못 둔 기자는 그때까지도 단지 군인들끼리의 싸움을 헌병이 막으려고 시도하는 줄 알았다. 심상치 않은 동태에 놀란 기자는 신문사에 조간개판 준비를 부탁하는 한편 데스크에 연락한 후 곧 용산서로 차를 몰았다. 용산서에서도 숙직 계장 이하 10여 명이 경관들이 무슨 영문인지를 몰라 서성거리고 있었다.

새벽 4시 5분경 시경에서 관하 경관 비상소집령이 내렸으며 30분경이 되자 총성이 또 울리고 수대의 군 트럭이 경찰서쪽으로 진격해 오는 것 같았으나 경찰서를 점령할 줄은 몰랐다. 갑작스런 고함소리와 함께 1개 중대의 해병대원들이 용산서를 포위, 문을 차고 들어왔다. 경찰관들은 2층, 3층으로 몸을 피했다. 군인들이 총을 겨누며 몰려왔고 나는 중대장 대위에게로 인도되었다. "뭐냐?" "민간인이요." "우리는 경찰도 해치진 않소."

그는 나의 윗주머니에서 신분증을 꺼내 보고 내가 신문기자임을 알자 "안심하시오. 이젠 다 끝났소. 백만 명이 동원되었소. 우리의 행동을 잘 보도해 주시오."라고 당부했다. 이때야 직감적으로 쿠데타임을 안 기자는 사람들이 다치지 않게 해 달라고 부탁하자 그는 쾌히 승낙했다. 곧 2층 3층에 숨었던 경찰관들이 나오고 무장을 해제 당했다.

이제 30을 갓 넘었을 중대장은 경찰서 내에 있던 모든 인원을 정문 앞에 앉히고 부하들에게 폭행을 하지 말도록 명령했으며 지나가던 차량을 징발하여 경찰서 앞에 바리케이드를 쌓았다.

중대장은 그들이 취한 행동을 "어떤 정당이나 단체의 조종에 의한 것이 아니고 불안정한 이 나라 정세를 바로 잡자는 구국의 일념에서 나온 것이라"고 설명한 후 "우리가 일선에서 여기까지 오는데 35분 걸렸다. 괴뢰가 휴전선을 넘어 서울까지 오는데 30분이면 충분하다 그런데도 저 썩어빠진 정치인들은 정쟁에만 여념이 없으니 그냥 둘 수 있느냐?"고 반문했다. 그는 "이 일에 가담, 아니 상부의 지시에 따라 움직였지만 군부가 정권을 잡아 이 나라를 바로잡지 않으면 안 된다."고 재삼 강조했다. 그는 기자의 질문에 다음과 같이 대답했다.

문: 이 일은 해병대 단독인가. 딴 군에서도 가담했는가.
답: 딴 데서도 가담하고 있다. 조금 후에 항공기가 서울 상공을 날 것이며 오늘 낮에는 인천 앞바다에 함정이 도착할 것이다.
　　(이는 3군이 합동한 것을 뜻한다.)
문: 3군의 고급 장성도 이 일을 아는가.
답: 알고 있다.
문: 한강에서 사상자가 났는가.
답: 헌병들이 저항해 와서 내 부하가 한 명 사망하고 나는 발뒤꿈치에 총탄을 맞았다.

그는 포켓에서 돈을 꺼내 경찰서 앞 약방에서 마이신을 사먹고 병원에 가자는 부하들의 권고를 그럴 시기가 아니라는 이유로 물리쳤다.

새벽 다섯 시가 되자 비상소집에 응해 달려온 경관들이 무장해제를 당한 채 계속 붙들려 왔고 민간인들은 도로 보내 주었다. 아침 여섯 시가 되어 서울 전역을 군부가 장악했다는 방송이 있자 우리 신문사원들은 이름을 적어 놓고 풀려나왔다. 헤어질 때 그 중대장은 부상으로 쩔뚝거리는 다리를 끌며 굳게 악수한 후 "우리의 의도를 국민에게 잘 알려 달라."고 거듭 부탁하였다.[121]

기자가 면담한 쿠데타군 장교는 이준섭[122]일 것이다. 그날의 총격전으로 부상당한 사람과 숫자는 자료에 따라 차이가 많다. 정말 이상한 일이다. 5·16 쿠데타 전 기간을 통틀어 유일하게 희생자가 발생한 경우가 한강 인도교 총격전이다. 서 기자의 보도에 의하면 면담에 응한 해병대 장교의 부하가 한 명 사망했다고 한다. 그런데 어떤 연유로 이 사건을 정확하게 밝히지 않는지 그 이유가 정말 궁금하다. 우선 앞에서 소개한 경향신문 기자와 면담한 해병대 장교의 증언부터 여러 다른 자료와 어긋난다. 먼저 공식적인 자료부터 살펴보자.

1963년 8월 한국군사혁명사편찬위원회가 발간한 『한국군사혁명사』에 의하면 해병 제2중대장을 비롯한 7, 8명의 사병이 부상을 당했다

---

121 記者(기자)가 본 革命軍入城(혁명군입성), 「경향신문」, 1961.5.16

122 이준섭(李俊燮), 1933년생, 5·16 쿠데타 당시 해병 제1여단 제2중대장(계급: 대위)으로서 한강 인도교에서의 충돌로 부상을 당하였음. 1972년 대령으로 예편하였고 중장정보부 충남·충북 지부장과 10대 국회의원을 역임하였음.

고 기록되어 있다.[123] 같은 해 4월 민주한국혁명청사편찬위원회의
『민주한국혁명청사』는 당시의 상황을 다르게 묘사하고 있다. 이 책은
"저항대를 강력한 부대로 오인한 진공부대는 북한산 파출소를 수류
탄으로 폭파시키고 순식간에 저항을 침묵시켰다."[124]라고 기술할 뿐
사상자에 대한 언급은 전혀 없다. 쿠데타로 집권한 군부가 발간한 또
다른 중요한 자료인 『한국혁명재판사』의 기록은 이 사건의 실체를 더
욱 알 수 없게 만든다.

　박정희의 권력 장악이 어느 정도 기정사실화된 이후, 곧이어 발생
한 권력투쟁의 과정에서 장도영 전 육군참모총장이 〈장도영일파반혁
명사건〉으로 구속된다. 이 사건의 공소 내용과 판결문이 『한국혁명재
판사』에 소개되어 있다. 1961년 10월 21일 작성된 공소문에는 "…동
(同)혁명군이 제2선에 접근하자 무차별 발사케 함으로써 혁명군 일등
해병 김목사 外 8명에게 총상을 가하고…"[125]라고 되어 있어 해병군
인이 8명 부상당했음을 주장하고 있다.

　그러나 1심 판결문 중 이유 부분을 보면 상기 공소문과 다르게 기
록되어 있다. 내용은 다음과 같다. "…전기 해병의 진입을 저지하기
위하여 실탄 약 100발을 발사 교전 끝에 해병 이최우(李最雨) 외 5명에
게 총상을 가하여…"[126] 한편 같은 판결문 증거 설명 편에는 "헌병이
실탄을 발사하기 시작한 것은 노량진 파출소 쪽에서 2명의 헌병이 부

123 『한국군사혁명사(제1집 上)』, 국가재건최고회의 한국군사혁명사편찬위원회, 1963, pp.233-
　　234
124 『민주한국혁명청사』, 민주한국혁명청사편찬위원회(성공사), 1963, p.22
125 『한국혁명재판사(제4집)』, 한국혁명재판사편찬위원회, 1962, p.439
126 『한국혁명재판사(제4집)』, p.466

상당하고 한강 파출소 쪽에서 또 3명의 헌병이 부상당하게 되어 발사를 하게 되었는데 해병대 쪽에서의 발사가 심하여 감당할 수 없어서 …"[127]라고 서술함으로써 비로소 헌병대쪽의 부상자 수를 알 수 있게 만든다. 즉, 혁명재판소 심판관에 의하면 헌병 5명, 해병 6인이 부상당한 것이 된다. 아마 이 숫자가 진실에 가장 가까운 사실일 것이다.[128] 그리고 해병 이최우는 이준섭의 가명으로 짐작되나, 일등해병 김목사가 누구인지는 알 수 없다.

1961년 5월 16일자 경향신문, 무혈 쿠데타임을 강조하고 있다.

이준섭 대위의 부상 사실은 각종 회고록에 실명으로 등장한다. 김형욱은 그의 회고록에서 "선두의 이준섭 대위가 총탄에 쓰러졌다."[129]고 말하고 있고. 그 외 쿠데타 당시 혁명군 선봉 소대장이었다는 김 모라는 사람이 인터넷에 기고한 〈5·16 혁명 수기〉에서 자신의 중대장 이 대위가 먼저 총에 맞아 쓰러졌음을 증언하고 있다.[130] 그러면 왜 이렇게 부상자의 수가 뒤죽박죽이며 어느 정도 부

127 『한국혁명재판사(제4집)』, p.495
128 조갑제는 헌병 3명, 이준섭 대위 등 해병 6명이 부상당했다고 주장하고 있다.
129 김형욱·박사월, 『김형욱회고록(제Ⅰ부)』, 아침, 1985, p.136
130 http://blog.naver.com/ojh7071/30114374801

상당했으며 부상자의 정확한 실명 등이 은폐되고 있을까? 이에 대한 답변은 앞글에서 소개한 김 모 소위의 답변이 참고가 될 것이다.

1961년 5월 16일 새벽의 그 '치열했던'(그때 나에게는 그렇게 느껴졌다) '한강교 총격전'은, 그러나 '하나의 잊힌 전투'(The forgotton battle)가 되었다. 거기서 부상당한 장병들에게 무슨 보상이 주어진 일도 없다. 5·16 혁명의 최선봉에 서서, 최초의 반혁명군을 물리치고, 그래서 5·16 혁명을 가능케 했던, 우리 해병부대 누구에게도 무슨 공로를 인정하는 상훈 같은 것도 없었다(내가 아는 한도 내에서는). 혁명 주도 측에서는, '5·16이 무혈혁명이라는 명분을 내세우기 위해' 그리고 5·16 혁명을 인정하지 않는 측에서는, '아무런 가치 없는 총격전'이라고 비하하는 가운데, 그날 새벽, 목숨을 걸고 싸운 우리 해병대의 희생은 철저히 그렇게 역사에서 무시되고 잊혀 갔다.

맞다. 5·16 쿠데타의 두 주역인 김종필과 박정희부터 이 사건을 정확하게 밝히길 꺼리고 있다. 이미 소개한 〈장도영일파반혁명사건〉에서 증인으로 나선 박정희는 다음과 같은 증언을 한 바 있다.

문: 한강에 헌병이 배치된 사실을 알고 있었나?
답: 그날 밤 해병대 여단을 따라 서울로 입성 중 한강에 이르니 트럭으로 길을 겹겹이 막아 놓았었다. 그 트럭들은 부속품을 다 떼어 버려 움직일 수 없었기 때문에 탱크로 밀어 버리려 했으나 탱크부대가 올 시간이 안 되어 인력으로 움직이려 한 순간 헌병 측에서 총알이 날아오고 그동안에 시간이 흘러 아이들이 거리에 나와

구경까지 하게 되어 초조하기 짝이 없었다.[131]

그날 희생당한 이들은 관심 밖이라는 박정희의 태도를 확인할 수 있으리라 본다. 게다가 아이들이 거리에 나와 구경까지 하게 되었다는 황당한 위증까지 하고 있다. 초조했다는 말만은 맞을 것이다. 김종필 역시 마찬가지다. 최근 그는 중앙일보를 통하여 회고담을 구술하고 있는데, 한강 인도교 총격 당시에 부상당한 이들을 전혀 거론하지 않음은 박정희와 똑같다. 그날의 상황을 박정희 영웅 만들기에 이용하는 위증도 있다. 아래는 김종필의 증언이다.

사전 작전회의 때 나는 신윤창 중령에게 "절대 미군을 쏴선 안 된다."고 강조했다. 검문소 미군은 7~8명 정도. 그들이 통과를 거부하면 그냥 몸으로 껴안아 서울까지 데려오라고 얘기했다. 신 중령은 "미군이 발포를 하면 어떻게 하나?"고 물었다. 나는 "그래도 응사하지 말라. 우리 쪽 희생자가 나더라도 맨손으로 대응하라."고 했다.

그 얘기를 들은 박 소장은 "잘했다. 우리의 혁명은 무혈이어야 한다."고 역설했다. 그때 검문소 미군과의 다툼이 없었다.

…(중략)…

한강 인도교로 진입했다. 상황은 험악해졌다. 인도교에서 해병대와 육본 헌병 사이에 총격전이 벌어졌다. 헌병대는 50여 명, 장 총장의 지시로 급파된 저지 병력이다. 헌병대는 GMC 트럭 7대로

---

131 밝혀진 5 · 16 혁명의 전후, 「경향신문」, 1961.11.6

바리케이드를 쳤다.

해병대는 그 차량 봉쇄를 뚫었다. 하지만 한강 다리 중간 지점에 헌병대의 새로운 저지선이 있었다. 박 소장은 차에서 내렸다. 헌병대 쪽에서 총알이 날아왔다. 박 소장은 무시한 채 다리 위를 앞장서 걸었다. 그 장면은 지도자의 강력한 의지와 침착한 솔선수범이었다. "나를 따르라"는 박 소장의 결의는 극적으로 실천되고 있었다.[132]

헌병 1명이 위독하다고 보도한 1961년 5월 16일 동아일보의 기사

글을 계속하기 전에 자그마한 결론부터 먼저 내려야 할 것 같다. 5 · 16 쿠데타는 흔히 알려진 것처럼 무혈쿠데타가 아니다. 경향신문이 보도한 한 명 사망설은 아직 진위가 밝혀지지 않았지만, 적어도 8명 이상의 부상자가 발생한 것은 누구도 부정하지 않고 있다. 그리고 부상당한 해병장교는 해병 제2중대장 이준섭 대위로 밝혀졌다. 피는 이미 흘렸다는 뜻이다. 그 피의 양이 어느 정도였는가는 이제 우리가 알아내야 할 과제다. 부상자 수와 부상 정도 그리고 혹 사망자는 발생하지 않았나 하는 의문을 풀기 위해선, 당시 피해자의 증언이라도 나와야 할 것이다.

---

132 [김종필 증언록 '소이부답'] 〈10〉 역사상 가장 긴 하루, 「중앙일보」, 2015.3.23

아이러니한 것은 한강교 총격전에 등장하는 방어군과 쿠데타군, 양쪽 모두 반혁명사건으로 기소된다는 사실이다. 방어를 추진한 방자명 중령(육사8기, 제15CID대장), 김석률 대위(종합22기, 제7헌병중대장)는 〈장도영일파반혁명사건〉으로 기소되어 방자명은 무기 구형에 15년 판결을 받았다. 상소는 기각되었다. 그리고 김석률은 10년 구형에 5년 형을 선고받았으나, 2심에서 무죄가 확정되어 석방되었다.[133]

한편, 한강 인도교 돌파의 최고 공로자라고 할 수 있는 해병대 측의 주요 인사들인 김동하 예비역 해병소장, 김윤근 준장(해병 제1여단장), 오정근 중령(해병 제1대대장) 등도 소위 알래스카토벌작전으로 알려진 〈군 일부 쿠데타음모사건〉에 연루되어 구속·송치되는 수모를 겪게 된다. 죄목은 특정범죄처벌에 관한 임시특례법 위반, 국가보안법 제1조·제3조 위반, 군사비밀누설, 총포화약류단속법 위반 등이다. 김동하는 구속되었으나, 김윤근은 음모에 소극적이었다는 심증 아래 불기소되었고, 오정근의 경우 외유 중이라는 이유로 기소중지 되었다.[134] 김동하는 12년 구형에 7년형이 선고되었다.[135] 이로써 해병대는 5·16의 주체에서 완전히 배제되고 말았다.

---

133 『한국혁명재판사(제4집)』, 공소장(pp.435-440), 판결(pp.453-663)

134 쿠데타 음모사건 관련자 34명 군재송치, 「동아일보」, 1963.4.16

135 김동하 박창암 피고에 7년, 박준호 등 4명엔 6년, 「경향신문」, 1963.9.27

| 5 · 16을 보는 세계의 눈, 북한의 눈 |

한강 인도교에서 다수의 사상자가 발생하면서 쿠데타는 기정사실
이 되어 버렸다. 쿠데타 주체들은 이제 루비콘강을 건넌 셈이다. 목
표는 오직 쿠데타의 성공뿐이었다. 그들이 권력을 찬탈하는 과정을
표로 정리해 보았다.

[표17: 나흘간의 쿠데타 일지[136]]

5월 15일	
19:00	30예비사단(수색)에서 박상훈 · 이상훈 대령이 사단장에게 쿠데타 계획을 보고
20:00	30사단장 이상국 준장, 장도영 육참총장에게 보고
~	장도영, 제6관구 사령관 서종철에게 전화를 하나 연락이 되지 않음
~	장도영, 15일 밤의 모든 야간훈련 취소 통보(공수단 · 33예비사단 등)
22:30	6관구 참모장 김재춘, 박정희에게 '거사 탄로' 보고
23:30	박정희, 신당동 자택 출발
24:00	장도영, 은성에서 기다리고 있던 장창국 · 김용국 장군과 식사를 하며 현황 설명
5월 16일(오전)	
00:00	김종필, 광명인쇄소에서 혁명공약 인쇄
~	장도영, 장교 20여명이 6관구에 모인다는 보고접수, 헌병감 조흥만에게 해산명령
~	서종철, 참모장 김재춘 · 작전참교 박원빈이 쿠데타 주역임을 모르고 있는 상황임
~	해산하러 갔던 헌병차감 이광선이 쿠데타군에 합류함
~	장도영, 박정희에게 전화하나 통화하지 못함
00:15	박정희, 6관구 사령부에 도착
~	장도영, 박정희와 통화(승인 없는 거사 시행을 사과함)
~	장도영, 서울지구방첩대장 이희영으로 부터 박정희의 서한을 전달받음
~	김재춘, 장도영에게 6관구 상황 허위보고
01:00	해병대1여단(김포) 출동, 병력 약 1,500명
02:00	장도영, 장면과 윤보선에게 상황 보고
02:10	공수특전단(김포) 출동, 병력 약 600명
02:30	박정희, 염창교에서 해병대와 합류
~	제15CID대장(방자명)과 제7헌병중대장(김석률), 한강교의 긴급 상황 보고
~	장도영, 장면과 윤보선에게 상황 보고
~	CIA한국지부장 실바, 2시 30분경 무전기 신호를 듣고 기상, 사무실로 출근함
~	실바, 대사관 및 관계기관에게 연락

---

136 『한국군사혁명사(제1집 上)』를 기본으로, 장면 · 장도영 · 이한림 · 윤보선 · 실바 · 하우스만
등의 회고록을 참조하여 작성했음

03:00	매그루더, 장도영으로부터 전화연락을 받음(미군 헌병의 해병대 저지 요청, 거절)
03:20	한강 인도교에서 총격전 발생(헌병 및 해병 다수 부상)
~	장도영, 30사단장 이상국에게 진압군 출동 지시
03:30	매그루더, 그린에게 전화, 총소리에 대한 문의
~	실바, 장면에게 전화, 장면의 피신으로 쿠데타군 박종규와 통화함
~	그린, 장도영으로부터 유엔군사령관이 반란군을 진압해 줄 것을 요청받음
03:40	6군단 포병단, 육본 점령(병력 약 1,300명)
04:00	30예비사단 일부(1개 중대), 서울 시청 앞 도착
04:02	이한림, 육본참모차장 장창국의 전화 연락으로 쿠데타 발발 소식을 들음
04:15	해병대·공수단, 한강교 돌파
~	장면, 미 대사관과 사택을 거쳐 혜화동의 수녀원으로 피신
~	장면, 유엔군사령관이 맡아서 처리해달라고 전화로 그린에게 요청
04:25	공수단, 반도호텔 포위, 장면 체포 실패
~	실바, 반도호텔에서 박종규를 만남
~	특별임무조, 내무·국방부 장관 등 요인 체포, 방송시설 점거, 통신망 절단, 삐라 살포
04:30	장도영, 육본 현관에서 송찬호·윤태일 준장을 만남
~	6군단장 김웅수와 미1군단장 라이언, 6군단 포병 출동 사실을 모름을 확인
~	해병사령관 김성은, 해병대의 출동을 몰랐음을 확인
~	장도영, 매그루더와 면담
05:00	그린, 백악관에 쿠데타 발생 상황 보고
~	실바, 반도호텔에서 박종규를 만남
05:00	KBS라디오 혁명취지문 발표(박종세 아나운서)
~	33예비사단(부평) 출동, 서대문형무소·을지로3가 배전소 등 병력 배치
05:30	매그루더, 그린에게 재차 전화함
05:30	1군 예하 군단장과 사단장들이 군사령관 공관에 집결 완료함
~	이한림, 제1군단장 임부택 소장에게 반란군 토벌을 위한 출동 준비를 명령
~	이한림, 3명의 장교를 서울로 파견
~	이한림, 군 수석고문관 자부란스키 준장을 통하여 미8군과 연락을 유지케 함
~	이한림, 각 군단장 및 사단장에게 귀대하여 차후의 명령을 기다리라고 함
~	최석, 귀대 후 일부 병력 출동 준비 명령 후 취소
~	김웅수, 군단비상령을 선포
06:30	매그루더, 장도영과 면담
~	미8군'전쟁상황실', 매그루더·그린·하우스·실바·하우스만 등 대책회의
07:00	박정희, 육본 입성
~	하우스만, 연락관을 통해 쪽지로 의견 교환할 것을 박정희와 합의
~	참모총장실에서 장도영, 하우스, 박정희와 면담
08:00	장도영, 박정희에게 출동부대의 원위치 복귀를 명령
~	박정희, 장도영에게 계엄령 선포 요구, 장도영은 거절
09:00	전국 비상계엄령 선포(쿠데타군, 장도영의 명의를 도용)
09:00	최석, 비밀리에 출동 준비를 지시
~	실바, 박종규를 만난 후 김종필을 방문, 3시간가량 면담
10:00	30예비사단, 중앙청·수색변전소 등 접수
10:18	매그루더와 그린, 미국의 소리와 AFKN을 통해 장면 정부지지 선언
10:20	최석, 방문한 인근 군수 및 경찰서장에게 계엄령이 무효라고 함

~	최석, 미 고문 측의 통신망을 이용하여 유엔군의 동향을 관망함
10:30	박정희와 장도영, 윤보선과 면담, 윤보선의 '올 것이 왔구나!' 발언, 계엄추인 거부
11:10	매그루더와 그린, 윤보선과 면담
~	윤보선, 매그루더에게 미군 동원 요청, 매그루더는 한국군의 동원을 제안

	5월 16일(오후)
오후	매그루더, 장도영과 몇 차례 면담
14:00	김웅수, 포병사령부 선임 장교 최두원과 서울 출동 후 귀대한 홍종철을 연금
15:00	김웅수, 8사단장 정강에게 출동준비명령을 하달(제21연대 준비)
16:30	장도영, 박정희 요청을 수락, 혁명대열 참가 선언
~	미제1군단장 라이언, 포병대의 출동은 군단장에게 있다고 질책〈군사혁명사〉
17:00	(미국 새벽3시) 백악관 긴급대책회의
18:00	(미국 오전4시) 백악관, 향후 어떠한 성명도 발표하지 말 것을 지시함 렘니처 합참의장 → 매그루더에게 경고 통보 볼즈 국무장관대리 → 그린에게 표현은 온건하나 질책성 전문을 보냄
18:00	김웅수, 라이언으로부터 오늘 저녁 체포예정이라는 전달을 받음〈김웅수회고록〉
~	라이언, 김웅수의 피신을 권유함
~	김웅수, 포병단의 부대복귀명령을 전달할 것을 부 군단장 박창록에게 지시
~	김웅수, 군단전차대대장 이성재에게 허가 없는 부대의 서울 이동을 제지토록 지시

	5월 17일
08:00	이한림, 참모장 황헌친 준장에게 12사단 1개대대 병력을 원주에 출동시킴
~	이한림, 6군단포병단 철수를 육본 장도영 총장에게 건의
~	이한림, '1군장병에게 고함'이란 성명서를 준비했으나, 쿠데타 세력에 의해 좌절됨
~	김웅수, 2군단장 민기식에게 수차례 전화를 했으나 연락이 되지 않음
~	김웅수, 그린으로부터 미8군 명의에 의한 정통 정부에 귀속하라는 요청서한 받음
09:00	실바, 박종규의 인도하에 박정희 방문, 2시간가량 면담
10:00	정치적 중립 선언, '1군 장병에게 고함' 인쇄 완료→혁명주체 방해로 휴지화됨
12:00	육본 인사참모부장, '부대이탈자(6군단포병단)보고'를 지시함
14:00	이한림, 윤보선의 친서를 휴대한 김남·김준하 비서관을 면담
14:50	이한림, 매그루더와 면담
15:00	정강, 8사단의 출동계획 수립
~	육·해·공군 및 해병대 사령관, 육본총장실에서 회의, 지지 육성방송 좌절
~	대통령 친서 전달(군사령관 및 각 군단장), 대통령 비서진 오후 7시경 귀경
17:00	이한림, 혁명지지 방송
~	이한림, 윤태일의 9사단장 취임을 거절
18:30	박창록, 철수명령서 포병단에 전달
~	김웅수, 철수명령에 불복한 포병사령관 문재준을 해임
20:00	혁명위에서 귀대한 조창대 중령, 군사령관 체포 제의
21:00	6군단포병단 원대복귀 무산
~	강영훈, 라이언 및 김웅수와의 연락혐의 그리고 육사생도 시위반대 건으로 연금

	5월 18일
00:30	장면, 중앙청 국무회의실에 나타남
00:30	조창대, 이희성에게 전화, 새벽 4시까지 춘천 출동, 사단장 박춘식에게 보고
~	박춘식, 군단장 민기식에게 보고
02:00	채명신, 제5사단 일부 병력 출동 준비
03:00	민기식 제2군단장, 춘천방송국에서 혁명지지 방송

04:10	조창대, 헌병참모 박태원 대령에게 심리전 중대의 2개 소대 동원 요청
04:50	채명신, 퇴계원에서 1군부사령관 윤 소장과 다툼, 박정희의 등장으로 토론 종결
06:00	박태원, 사령관 숙소 포위
~	조창대 · 박용기 · 엄병길 등, 이한림 1군사령관 체포
09:00	육사생 및 기간장교, 동대문에서 혁명지지 행진을 시작
10:05	시청 앞에서 육사생의 혁명지지 행사가 개최됨
11:50	서울 도착, 대한문에서 김형욱 · 김동환 · 박근배 중령에게 이한림을 인계함
~	박임항, 혁명위로부터 제1군사령관 대행을 명받음
12:00	장면, 마지막이 되는 제69차 임시 국무회의를 주재함
저녁	박정희, 강문봉을 통역으로 하우스만 자택 방문
5월 19일	
15:00	국가재건최고회의 발족
~	하우스만, 워싱턴으로 출발 → 육군참모총장(조지H.데커) · CIA · 국무부 등 방문 → 국방장관 공로표창장 수여

　서울에서 쿠데타가 일어났고, 일부 군부 세력이 권력을 찬탈했다는 소식에 전 세계가 놀랐다. 1961년 5월 16일부터 며칠간은 온 세계의 눈이 한반도 남쪽을 주목한 시기다. 5월 19일의 미 국무성을 시작으로 대만, 필리핀 등은 공식 논평을 발표했다. 의례적인 각국의 논평보다는 그 무렵의 세계 여론을 짐작할 수 있는 언론의 시각을 살펴보는 것이 5 · 16 쿠데타의 실체를 짐작하는 데 도움이 되리라 본다. 가장 주요한 나라는 물론 미국과 북한이다. 이 두 나라를 비롯하여 세계 각국의 언론인들이 5 · 16 쿠데타를 어떻게 보도했는지 살펴보자. 먼저 소개할 곳은 북한이다.

　남한과 북한이라는 분단국가의 존재는 서로 상대방의 정치에 영향을 미칠 수밖에 없다. 그러나 관련 자료의 입수와 접근이 제한됨으로써, 한쪽의 정치상황 변동이 다른 쪽에게 어떤 영향을 주었는가를 규명하는 것은 불가능한 것으로 인식되었다. 5 · 16도 마찬가지다. 북한이 5 · 16을 어떻게 평가하는지 그리고 주도 세력을 어느 정도 파악하고 있는가를 알아보는 것은 대단히 중요한 작업이다.

지금까지는 "쿠데타 발발 최초에는 환영했으나 곧이어 격렬한 비난으로 입장을 바꾸었다."라는 것이 정설로 알려져 있다. 북한학을 전공하고 있는 신종대는, 미국 사주 → 기대 →지지 검토 → 우려 표명으로 정리한 바 있다.[137] 북한이 기대를 했으며 지지 검토의 단계로까지 갔다고 보는 이유는 "박정희가 한때 남로당원이었으며, 그의 형이 혁명 활동(1946년 10월 항쟁)을 하다가 죽었다."고 보는 시각 탓이다.

그러나 박상희, 박정희 두 형제는 사회주의자가 아니며 조선공산당, 근로인민당, 조선신민당, 민족혁명당, 남로당 등 사회주의 계열 정당에 가입한 적이 없었다는 것을 이미 거론한 바 있다.[138] 박상희, 박정희 두 사람이 사회주의자였다는 선입관을 배제하고 당시 보도된 기사를 검토해 보자.

처음 검토할 언론은 「레닌기치[139]」다. 1937년 스탈린에 의하여 소련 원동에 살던 고려인들이 중앙아시아로 이주된 뒤 만든 신문이다. 이 신문은 5·16에 대해 5월 17일에 첫 보도를 한 뒤 19일자 신문은 거의 한 면 전체를 할애하여 상세하게 보도하고 있다.

---

137 《신종대의 논문, 5·16 쿠데타에 대한 북한의 인식과 대응, 「정신문화연구 제33권 제1호」, p.87》

138 제1장 9~10절, 제2장 3절~6절 참조

139 1938년 5월 15일 카자흐스탄공화국 크질오르다(Kzyl-Orda)시에서 창간되어 1978년 8월 알마아타(Alma Ata)시로 이전하여 발행되었다. 창간 시에는 「레닌의 기치」라는 제호로 발간되었다. 소련어 제호는 'Ленин кичи'로, 소련에서 발행되고 있는 것으로는 유일한 한글 전국신문이었다. 「레닌기치」는 구(舊) 소련이 붕괴되기 바로 1년 전인 1990년 12월 31일 폐간되었다. 한편, 「고려일보(高麗日報)」가 「레닌기치」와는 무관하게 "재소고려인전국신문"으로서 1991년 1월 1일자로 소련 중앙정부로부터 정기간행물 발간허가를 얻어 발행되었다.

남 조선에서의 정 변

(뉴욕, 5월 16일 발 따쓰 통신). 아쏘시에이뗴드 쁘레쓰 통신사 기자가 서울로부터 전하는 바에 의하면 남조선 국방군 장교들이 오늘 이른 아침 국가 정변을 일으키고 정부 라지오 방송국과 기타 정부 청사들을 점령하였다.

유나이떼드 쁘레쓰 인떼르네이스날 통신사 기자가 서울에서 전하는 바에 의하면 5월 16일 이른 아침 서울 거리들에서는 남조선 해군 육전대와 헌병 간에 맹렬한 교전이 있었다. 입수된 통신에 의하면 해군 육전대 병사들은 외무성 청사를 포함한 수 개의 정부 청사를 점령하였다고 한다. 남조선 주둔 미군 사령관 카르메르 에. 마그루데르 장군은 자기의 8 군에 《사태 수습》 명령을 내리였다.

서울 방송에 의하면 군사 혁명 위원회가 조직되였는 데 동위원회 위원장으로 장도 양 중장이 임명되였다.

× × ×

(뉴욕, 5월 16일 발 따쓰 통신). 서울 라지오를 인증하면서 아쏘시에이뗴드 쁘레쓰 통신사가 전한 바에 의하면 오늘 아침에 국가 정변을 일으킨 군사 위원회는 일제 남조선 지역에 계엄령을 선포하였다.

5 · 16 쿠데타를 처음 보도한
1961년 5월 17일자 레닌기치

5월 19일자 신문 중 평양에서 발신된 기사는 다음과 같다. 발신 날짜는 5월 16이며, 발신처는 「타스통신」이다.

평양, 5월 16일 타스 기자, 베 · 끌라예브스끼가 다음과 같이 전한다. : 서울 통신에 의하면 오늘 지방 시간으로 아침 3시에 남조선에서 군사정변이 일어났다. 정변 조직자는 박존히(박정희) 장관(장군)이고 직접 지도자는 중장이며 남조선 육군 참모부장(참모총장)인 장도영이다. 정변 참가자들을 받드는 무력이 대통령의 서울 관저와 국제 연락 통신사와 서울 라디오와 중앙청을 점령하였다. 그들은 대도시들을 통제한다. 장면과 기타 정치 수뇌자들은 가택 구류를 당하였다고 보도들 한다. 서울에서 사소한 무장 충돌이 있었는데 희생이 좀 생기었다고 서방 통신사들이 보도한다.

아침 7시에 정변은 끝났다. 혁명군사위원회라고 하는 기관이 조성되었다. 이 기관을 장도영이 지도한다. 혁명군사위원회는 반동적 성격을 가진 선언서를 발표하였다. 장면의 정부는 형식적으로만 공산주의를 반대하였으므로 이 흠점을 퇴치해야 한다는 것이 선언서에 언급되었다. 위원회는 국제연합 기구 규약과 국제 협정에 대한 자기의 충성을 선언하였으며, 자유우방들과의 연락 공고를 약속하였다. 이 나라의 통일을 위해서는 반공산주의 투쟁이 강화되어야 한다는 것이 선언서에 언급되었다.

이 선언서의 과업을 능히 실천할 두목(정치인)이 나선다면 그에게 정권이 양도될 수 있다.

아침 6시에 서울 라디오는 남조선 공민들이 안심하라는 혁명군사위원회의 경고문을 방송하였다. 사무원과 노동자들이 취업하라고 제의하였다. 혁명군사위원회에서 발표한 명령 제1호에 의하여 서울 시간으로 5월 16일 아침 9시부터 국내에 계엄령이 발표되었고 국내에서의 공민들의 통행과 그들의 국외 출행이 금지되었고 출판물의 보도에 대한 검열이 지정되었고 혁명군사위원회와 위원들에게 대한 출판물의 평론이 금지되었다(이 규정은 남조선 내 외국 출판물과 통신사 대표들의 활동에도 관계되는 것이다).

명령으로써 태업도 금지되었다. 19시부터 아침 3시까지 통행금지령이 서울에 발표되었다. 이 명령 위반자는 체포되어 엄중한 처벌을 당할 것이라고 혁명군사위원회가 성명하였다.

위원회의 명령 제2호와 제3호에 따라 5월 16일 아침 9시부터 남조선에서의 온갖 재정상 활동이 중지되었으며 무역항들이 폐쇄되었다. 국제 은행 지부들과 외국 배들은 이상 명령들의 영향을 받지 않는다. 조선 사람들이나 외국 사람들의 승선이 금지되었으며 비행기들이 검열을 당하며 내도하는 배들과 출발하는 배들이 역시 검열을 당한다.

모든 것에 의하여 판단하면 이 군사정변은, 지난해 4월 사변 이후 남조선 인민의 투쟁을 중지시킬 수 없었고 도리어 자기 활동으로써 남조선의 정치적 및 경제적 위기를 심각화한 장면 정부가 정권을 잡은 다음 극비밀리에 준비된 반동의 공모로 되어 있다. 남조선에서 각종 주민 중의 반미 기운과 이 나라의 평화적 통일을 위한 운동 전개에 놀란 극반동 세력이 정변을 일으킨 것이다.

군사정변의 직접 지도자인 장도영 중장 자체부터 가증스런 인물이다. 이 작자는 반중국 일본의 침략전쟁에 특히 남경진공전에 참가하였던 것이다. 1945년 8월 15일 이후에 그는 북조선 신의주 중학교에서 교원 노릇을 하였다. 중학교에서 그가 지도한 비밀단체가 탄로된 1945년 말에 장도영은 남조선으로 도주하였던 것이다. 남조선 내 미국 군정 소속 사관학교를 졸업한 때부터 그의 장교적 출세가 시작되었다.

1952년 6월에 그는 육군 참모부 일꾼 양성 미국 소재 사관학교로 파견되었다. 1954년 10월에 그는 중장이란 칭호를 받았다. 미국에서 돌아온 장도영은 남조선 육군 참모부장으로 중요 직위를 차지하고 있었다. 이 마흔 살짜리 중장의 이력에는 아주 특이한 사건이 있다. 이것은 그의 반동적 면모를 보여 주는 것이다. 군대에서 반 이승만 폭동이 일어났던 1948년에 서울시에서 그는 빨갱이란 죄를 받은 조선공민 400명을 직접 총살하였다. 장도영은 이승만의 밑에서 큰 직위를 차지하였던 것이며 여러 가지 훈장을 받았던 것이다.[140]

평양에 머물고 있던 소련 기자가 쓴 기사다. 이 기사에는 북한의 공식적인 견해가 담기지 않았다. 하지만 박정희를 언급했고 특히 장

---

140 남조선에서의 군사정변, 「레닌기치」, 1961.5.19

도영의 이력을 상세하게 거론한 것은 북한의 정보 관련 인사가 기자에게 도움을 준 것으로 보인다. 기사는 특히 장도영의 행태에 대하여 자세하게 언급하고 있다. 일본 군인으로서 남경진공전에 참가했으며, "군대에서 반 이승만 폭동이 일어났던 1948년에 서울시에서 그는 빨갱이란 죄를 받은 조선공민 400명을 직접 총살하였다."는 구체적인 사례를 들며 장도영의 반동성을 강조하고 있다. 북한의 공식적인 반응을 취급한 기사는 다음과 같다.

5·16 당일의 서울상황과 북한의 반응을 보도한 1961년 5월 19일자 레닌기치

(평양, 5월 18일발 타스통신) 어제 저녁에 여기에서는 군사정변으로 조성된 남조선 정세에 대한 조선중앙통신사의 성명이 발표되었다. 성명에 언급된 바 5월 16일 서울에서 온종일 혼란 상태가 계속되었다. 이 혼란은 남조선 육군 참모장 장도영과 그의 동료들이 실천한 군사정변으로 시작되었다. 지금 남조선의 전체 지역에서 계엄령이 발표되었으며 일체 정당들과 사회단체들의 정치적 활동이 금지되었으며 출판물 보도들은 엄중한 검열을 당하고 있다. 남조선 인민들의 유일한 출로는 미 제국주의의 식민주의적 통치를 숙청하고 자기들의 힘으로 조선의 평화적 통일을 달성하는 데 있

다. 그러므로 남조선에서 장면의 반역적 정체가 붕괴된 후에 해당한 역사적 교훈을 타산하면서 남조선 인민들의 생활상 문제를 해결하며 민족의 이해관계에 맞추어 활동할 그런 주권이 수립되어야 할 것이었다.

그러나 군사정변을 일으킨 장도영의 말과 일(행동)은 반동적 성격을 띠었다. 소위 군사혁명위원회의 성명에서 그는 '반공산주의 투쟁'과 '반공산주의 체제의 공고화'를 '민족정책의 첫째 문제'로 제기하였으며 미 제국주의자들에게 굴종하는 길에 들어섰다. 지금 미 제국주의자들은 남조선 인민들을 탄압하며 기만하며 진정시킬 계획을 꾸미고 있다. 장도영은 미 제국주의자와 공모하는 길로 나간다. 군사정변에 참가한 남조선 장병들은 인민의 편에 서야 할 것이며 그들의 요구를 배반하며 민족의 이해관계를 팔아먹은 자들의 술책을 결단적으로 거절하고 인민과 함께 애국적 활동에로 즉시 넘어가야 할 것이다. 그들은 반동적인 '반공산주의적', '친미'노선을 단호히 거부하고 민족 자주권과 통일의 길에 들어서야 할 것이다.

남조선 장병들은 조국의 평화적 통일을 열망하는 일체 정당들과 사회단체들의 자유로운 합법적 활동을 즉시 회복시키기 위하여, 인민들에게 광범한 민주주의적 자유—언론, 출판, 집회, 단체 조직 및 시위운동 등의 자유를 보장하기 위하여 진출해야 할 것이다. 총결적 승리는 한갓 군대의 힘으로써는 달성될 수 없다고 성명에 언급되었다. 군대는 오직 인민의 편에서 인민과 함께 미 제국주의자들과 고용 관료주의자들을 반대하여, 평화적 통일과 인민의 의지에 방해되는 적당들을 반대하여 결정적으로 투쟁해야 할 것이다.

미 제국주의자들은 조선에서 즉시 물러가야 한다.[141]

이 기사에 실린 조선중앙통신사의 성명은 타스통신 기사와 논조가 거의 같다. 장도영 일파는 "미 제국주의자들에게 굴종하는 길"에 들어섰으며, "공모하는 길"로 나가고 있는 자들이다. 그러므로 남조선 장병들 즉 쿠데타에 가담하지 않은 군인들은 "오직 인민의 편에서 인민과 함께 미 제국주의자들과 고용 관료주의자들을 반대"해야 할 것이다. 그리고 "평화적 통일과 인민의 의지에 방해되는 적당들을 반대하여 결정적으로 투쟁"해야만 한다. 성명은 미 제국주의자들은 조선에서 즉시 물러날 것을 요구하는 것으로 결론을 내리고 있다.

소개한 두 기사를 보면, 쿠데타가 발생한 무렵의 평양은 박정희라는 존재를 잘 몰랐던 것으로 보인다. 모든 초점은 장도영에게 맞춰져 있다. 박정희는 북한이 특별히 주목할 만한 인물이 아니었다는 뜻이다. 이것은 다른 사료를 통해서도 확인된다.

쿠데타 당일인 16일 오후 6시 30분, 당시 부수상 김일이 북한주재 중국대사관 측에 남한의 쿠데타에 대해 설명했다.[142] 주요 내용은, 당초 북한은 미국이 그들의 '파시스트' 지배 강화를 위하여 쿠데타를 사주한 것으로 추측했다. 그러나 유엔군 사령관과 주한 미 대리대사가 장면 정권 지지를 표방하는 방송을 듣고 진보적인 군인들의 행동일 가능성을 검토하고 있다고 분석했다. 이 문서에도 박정희는 등장

---

141 남조선 정세에 관하여, 「레닌기치」, 1961.5.19

142 "The South Korean Military Coup Situation", May 16, 1961, No.106–00581–03, PRCFMA 《신종대, 5 · 16 쿠데타에 대한 북한의 인식과 대응, 「정신문화연구 제33권 제1호」, p.85》 재인용

하지 않는다. 북한은 며칠 지나지 않아 매그루더와 그린의 발언에 의미를 두지 않고, 자신들이 처음 예상한 대로 반동적 쿠데타로 규정한다.

쿠데타 다음 날 개최된 노동당 중앙당사에서 열린 긴급 정치위원회에서 김일성의 질책 역시 마찬가지 맥락이다. 김일성은 쿠데타 주도세력의 성향 등 남한의 상황에 대해 제대로 파악하지 못한 대남부서 관계자들에게 호된 질책을 했다고 한다.[143] 이러한 과정을 거쳐 발표된 것이 앞에서 소개한 '조선중앙통신사의 성명'이다.

「레닌기치」는 남조선에서 발발한 쿠데타를 보도하며 세계 곳곳의 소식도 전했다. 하지만 파리, 런던, 동경 등에서 취재한 기사를 소개하면서도 미국에서 보는 관점은 보도하지 않았다. 쿠바사건 등으로 미·소 관계가 최악의 상황이었던 탓일 터이다. 「레닌기치」의 보도 중 영국과 일본에서 발신된 기사 두 꼭지가 특히 눈에 띈다. 아래는 기사 전문이다.

(런던, 5월 17일발 타스통신) 서울에서 레이메르 통신사 기자가 전하는 바와 같이 워싱턴 국무성과 협의 없이 미국 대사관이 국가정변을 반대하여 어제 발표한 그 성명은 미국이 국가정변의 발기자로 되었다는 소문을 될 수 있는 대로 신속히 반박하려는 목적을 가진 것이라고 서울 주재 미국 대사관 직원이 말하였다.

(동경, 5월 17일발 타스통신) 남조선 군사정변을 해설하는 여러 일본

---

143 유영구, 『남북을 오고 간 사람들』, 도서출판 글, 1993, p.214

신문들은 군사정변의 진짜 지도자들은 남조선 내 미국 군정 당국이라고 인정한다. 반미 기분의 장성과 조선 통일을 위한 인민대중의 폭동에 놀란 또는 조성된 정세를 감당할 기능이 장면의 당국에 없는 것을 확인한 남조선 내 미국 군정 당국은 그런 정변이 요구되었던 것이다.

유력한 일본 부르조아 신문 '마이니찌'의 평론가는 이렇게 지적하였다. "정변의 직접 원인은 조선통일을 위하여 5월 20일 판문점에서 집행하기로 예정된 모임을 용납하지 않으려는 데 있다."

런던에서 보낸 내용은, 쿠데타의 주범은 미국이며 미국 대사관의 장면 정부 지지는 미국의 책임 회피용 연막전술이라는 주장이다. 한편, 동경에서의 소식 역시 쿠데타의 배후는 미국이라는 점에 있어서 런던과 동일하나, 쿠데타를 일으킨 목적을 서술하고 있다. 조선 통일을 위해 미국을 타도해야 하며 판문점으로 직접 가서 당사자들끼리 회담을 해야 한다는 조선민중의 요구를 미국은 용납할 수 없었던 것이 이번 쿠데타의 원인이었다고 보도했다. 런던과 동경, 두 곳 모두 미국이 친위 쿠데타를 일으켰다는 점에 의견이 일치하고 있는 셈이다. 이러한 견해는 일본의 다른 언론에도 비슷한 내용으로 기사화된 바 있다.

시기적으로 좀 늦었지만, 5월 20일 발간한 도쿄의 잡지 「주간신조」는 "CIA는 약하고 무능한 장면 내각을 무너뜨리고 '강력한 반공정부'로 교체시키기 위하여 군부에게 쿠데타를 감행하도록 교사하였고, 그 후 그런 전략을 은폐시키기 위하여 미 국무성을 배후에서 조종하여 서울의 미 대사관과 미군 당국에 장면 정권 지지 성명을 발표하도

록 했다."고 보도했다.[144]

「오리엔탈 이코노미스트」는 보다 확신에 찬 태도로 보도했다. 5월 30일자 동지(同誌)는 "얼마 전에 발생한 군사 쿠데타의 원동력이 미국에 있음은 분명하다. 현지 당국이 쿠데타를 비판하고 워싱턴이 대외적으로 신중한 태도를 취하고 있다는 사실만으로 미국이 쿠데타 사건에 관련되지 않았다고 생각하는 것은 너무나도 어리석은 일이다."라고 분명한 결론을 내리고 있다.

매그루더 미8군사령관의 행위에 대해선 논란이 많았다. AP통신의 서울 특파원은 색다른 관점에서 그를 관찰했다. 그는 매그루더가 5월 16일부터 6월 5일까지 미군에게 금족령을 내렸다는 것에 주목했다. 그리고 결론을 내렸다. 매그루더 장군은 한국군 60만과 미군 23,000명의 병력을 지휘하고 있었음에도 불구하고, 겨우 3,600여 명의 반란군을 가진 박정희에게 한국의 전체 정치기구를 장악하는 것을 허락했다고 기사화했다.[145]

사실 그 당시 기자들뿐 아니라, 대부분의 정치 평론가들을 곤혹스럽게 했던 것은, "미8군사령관과 미(대리)대사가 장면 정부를 지지한다고 했는데, 어떻게 쿠데타가 성공할 수 있었을까?" 하는 의문이었다. 미국이 배후였다고 기사를 송고한 기자들의 지적은 정확했다. 그러나 강력한 반공정부를 내세우기 위해 쿠데타를 사주했다던가, 매그루더와 그린의 장면 정권 지지 선언이 미국의 전략을 은폐하기 위한 위장된 행위였다는 주장은 좀 더 검증이 필요한 사안이다. 그리고

---

144 『남한, 그 불행한 역사』, p.125
145 AP(워싱턴) 1961년 7월 21일, 《『남한, 그 불행한 역사』, p.122》 재인용

CIA의 음모였다는 주장 역시 마찬가지다. 5·16 쿠데타의 배후와 목적은 이 책을 통하여 계속 거론할 주제이지만, 미국 국무부나 CIA보다는 미 군부가 배후였을 가능성이 훨씬 높다. 그리고 감군 정책과 한일관계의 정상화 등이 쿠데타의 원인이자 목적이었을 가능성 역시 크다. 이 문제에 대해서는 다음 장에서 좀 더 깊이 다룰 예정이다.

그러면 정작 한국과 미국에서는 어떠했을까? 미국의 대표적 언론 「뉴욕타임스」는 쿠데타가 일어난 날부터 며칠간 계속 장문의 기사를 보도했다. 5월 16일 기사의 제목은 '군사혁명위원회, 한국의 지배권 장악'이다. 그리고 17일 '한국 정부, 쿠데타로 장면 정부 붕괴했다고 믿다', 18일 '1군사령관, 군사혁명위원회지지', 19일 '워싱턴, 조속한 민정복귀 희망', '윤 대통령, 군사혁명위지지', '윤 대통령 사임, 쿠데타 지도자들에게 타격', '한국의 장래' 등이 쿠데타 이후 보도된 기사들의 제목이다. 물론 미국이 쿠데타의 배후라는 내용은 없다. 쿠데타의 목적이나 이유에 대한 분석도 하지 않았다. 쿠데타의 진행에 초점을 맞추고 한국의 상황이 점차 안정되어 가고 있다는 내용이 주류다.

「뉴욕타임스」의 기사를 보면 워싱턴의 홍보지 같은 느낌을 지울 수 없다. "매그루더 미8군사령관 겸 UN군사령관은 8군에 비상을 걸었으나 방관적 정책을 취했다. 매그루더 장군은 미군이 영내에 머물도록 지시하여 이번 분쟁에 말려들지 않도록 했다. 그는 휘하 지휘관들에게 안전조치를 강화하도록 지시했다."[146]고 보도했는데, 장면 지지 성명과 배치되는 결정이 아닌지 의문을 제시하지 않았다. 한국의 쿠데타에 대한 총평을 내린 듯한 5월 17일자 기사 전문을 소개한다.

---

146 미국이 본 5·16 군사정권, 「신동아」, 1982년 3월호, p.185

미국의 관리들은 한국의 군사쿠데타는 성공했으며 따라서 장면 정부는 끝장이 날 것으로 믿고 있다. 이 때문에 미국 관리들은 현재의 혼란 상태보다는 서울에 새로운 정부가 수립되는 문제에 관심을 기울이고 있다. 워싱턴의 희망은 한국의 상충하는 세력들인 군부와 정치인들이 화해하여 민정의 질서 있는 회복이 빨리 이룩될 수 있었으면 하는 것이다.

이러한 노력의 중심인물은 윤보선 대통령인 것처럼 보인다. 상징적인 지위였던 윤 대통령은 장면 정부를 전복시킨 군사혁명위원회의 지도자 및 도피하지 않은 장면 체제의 관리들과 긴밀한 접촉을 하고 있는 것으로 보도되고 있다. 8군사령부 및 주한미국대사관의 관리들도 윤 대통령과 상의하고 있다. 한국과 미국대사관의 관리들은 장면 총리와 내각의 조속한 사임, 새 개혁정부의 빠른 형성, 그리고 국방임무로 되돌아가기를 희망하고 있는 것 같다.

주한미군사령관 매그루더 장군과 미국대사관이 장면 내각을 지지하도록 요청한 호소는 별 효과가 없는 것으로 판명되었다. 서울로부터의 보도는 장도영 중장이 지휘하는 혁명위원회가 대부분의 군구(軍區)와 대중들로부터 공개적, 혹은 묵시적 지지를 받고 있다는 것을 시사하고 있다. 매그루더 장군은 내달에 퇴역한다. 새뮤엘 D 버거 씨가 주한 대사로 임명되었으며 곧 서울에 부임한다.

워싱턴은 새 8군사령관과 버거 대사가 한국의 어떠한 새로운 체제와도 우호적인 유대를 맺을 수 있을 것이라고 기대하고 있다. 워싱턴은 장면 총리가 단호한 입장을 취하지 못하고 장면 정부의 생존을 위해 싸우지 못했다는 데 대해 실망감을 감추지 못하고 있다. 장 총리는 군부가 서울을 장악한 이후 피신 중이다.

소식통들은 군부와 정계에서 장면 씨에 대한 반대가 강력했다는 것은 이미 알려졌던 사실이라고 말했다. 부정부패를 제거하는 데 실패했고, 실업 문제를 해결치 못했으며 농촌의 곤궁이 그 이유들이다. 하지만 그가 축출된 형태나 군부의 움직임이 신속했다는 것은 놀랄 만한 일이다. 미국 관리들은 장 박사에 대항하는 움직임이 극비리에 계획되고 실행되지 않았다면 아마도 실패했을 것이 명백하다고 보고 있다. 군부에 대항하여 싸우기보다는 도망가기로 한 장 박사의 결정이 실망적이라는 것은 명백하다.

체스터 볼스 국무차관은 상원외교분과위원회 소속 의원들에게 한국의 쿠데타 지도자들이 부패를 제거하기를 원하며 그 뒤에 정부에서 떠나겠다고 성명한 것에 고무받았다고 말했다. 볼스 차관은 최근의 대외관계를 검토하는 비공개 상원회의에 참석했으며 한국의 상황이 중점적으로 토의됐다.

상원외교분과위원회 위원장 풀브라이트 의원은 볼스 차관이 서울을 통치하고 있는 군부에 대한 미국의 정책이 아직 결정되지 않았다고 말했다고 전했다. 볼스 차관은 한국의 상황이 분열적인 것이라고 표현했으나 안정의 전망에 대해서는 그렇게 낙담하고 있지 않는 것처럼 보도되었다.

외교기술상으로는 한국의 새 체제를 공식으로 승인하는 데는 아무런 문제가 없다. 미국대사는 국무총리도, 내각도 아닌 윤 대통령에게 공식으로 신임장을 내는 것이다. 매그루더 장군과 마샬 그린 대리 대사의 성명은 미국과 새 지도층과의 관계를 미묘하게 만든

것으로 믿어지고 있다.[147]

「뉴욕타임스」는 장면의 비겁함을 지적하면서, 출범한 지 8개월 정
도밖에 되지 않은 정부에게 "부정부패를 제거하는 데 실패했고, 실업
문제를 해결치 못했으며 농촌의 곤궁을 해결하지 못했다."고 공격을
하고 있다. 한국의 구조적 문제에는 전혀 관심이 없다는 증거다. 쿠
데타는 기정사실화되었으니 하루라도 빨리 새 정부가 들어서 안정을
취하라는 것이 「뉴욕타임스」의 주문이다.

이 신문은 5월 19일자 사설에선 "쿠데타 지도자들은 미국과의 우호
관계 유지를 원하고 공산침략에 대항하기 위한 한국의 힘을 증강시키
기를 원하는 유능하고도 애국적인 인물들이다. 그들은 부패를 일소
하는 데 전력을 기울이고 있으며 파당으로 분열된 이전의 약체 정부
보다 더욱 능률적인 정부를 운영하고 있다…"[148]라고 아예 쿠데타 세
력을 무소불위의 능력자로 칭송하고 있다.

장면 정부를 비하하고 쿠데타 군부세력을 칭송하는 이러한 경향은
다른 언론도 대동소이하다. 「뉴욕 포스트」 지는 5월 17일자 사설에
서, "장면 정부는 부패와 빈곤을 일소하는 데 속수무책이었다. 그러
기에 장면 정부에 대한 국민들의 지지를 규합하려던 미국의 노력도
실패한 것이다."라고 장면 정부를 자유당 정부와 혼동하는 모습을 보
이고 있다. 「더 월드 데이 그람 앤드 썬」이란 매체는 쿠데타 주체들의
대변지가 아닐까 하는 착각이 들 정도의 기사를 올렸다. 이 신문의 5

---

147 미국이 본 5·16 군사정권, 「신동아」, 1982년 3월호, pp.185-187
148 미국이 본 5·16 군사정권, 「신동아」, 1982년 3월호, p.191

월 19일자 논평이다.

장면 전 국무총리가 사임함에 있어 그의 집권 시의 한국 사태에 대하여 자신의 도의적 정치적 책임을 고백한 것은 한국의 현실적 변혁의 필요성에 대처하는 데 있어 그가 부적당했고 무감각했다는 사실을 고백한 것이다. 민주주의는 아직도 한국에 도달하지 않았다. 한국 정부 세입의 30%를 제공하고 있는 미국은 지난 10년 동안 한국의 안정을 위한 노력에 있어 '달러' 이상의 무엇을 가르쳐 주어야 했다.

미국은 이제 별수 없이 새 정부를 지지해야 한다. 그러나 전망은 희망적이다. 라오스와 쿠바와는 대조적으로 한국의 이번 혁명은 여전히 친미 · 반공적인 정권에 의해 주도되었다.[149]

이 신문이 언급하고 있는 "달러 이상의 무엇을 가르쳐 주어야 했다"는 것은 무엇을 뜻하는 것일까? 대다수 미국 언론의 보도 입장은 명확하다. 그들은 쿠데타 집단이 누구며 그들의 목적이 무엇인지 관심이 없었다. 아니, 알 필요도 없었다. 자기들의 세금으로 먹고 살면서도 미국의 은혜를 모르는 그리고 미개한 국민들, 게다가 정부는 무능할 뿐 아니라 부정부패한 집단이므로 결국 그들에게 민주주의는 사치이고 군부독재로 그들을 길들여야만 한다. 이 정도가 한국을 바라보는 시선이었을 것으로 짐작된다. 미국이 한국의 쿠데타에 관대할 수밖에 없었던 이유다.

---

149 『한국군사혁명사(제1집 上)』, p.305

2장

누구나 알고 있고,
아무도 말리지 않는
이상한 쿠데타

| CIA한국지부장 실바, '박정희 소장의 쿠데타 모의' 제보를 받다 |

한국군의 작전 · 지휘권을 가진 유엔군사령관이자 미8군사령관인 매그루더와 미국을 대표한 (대리)대사 그린이 쿠데타 첫날인 1961년 5월 16일 오전 10시경, 미국의 소리와 AFKN을 통해 장면 정부 지지를 선언했음에도 쿠데타는 별 문제없이 진행되었다. 5 · 16의 가장 큰 미스터리다. 쿠데타 주도 세력의 배후에 미8군사령관과 주한미대사관을 능가하는 힘이 있었다는 방증인데, 그렇다면 그 실체는 무엇일까?

이러한 의문을 원천적으로 차단하는 기사가 갑자기 보도되었다. 5 · 16 쿠데타가 발발한 지 일주일 정도 지난 후다. 동아일보, 조선일보, 경향신문 등 대부분의 언론들이 다루었다. 편집에서만 차이가 날 뿐 내용은 거의 같다. 미국은 한국의 군사혁명을 전혀 몰랐고, CIA와 미 국무성, 국방성이 서로 책임을 전가하고 있으며, 이에 따라 미

1961년 5월 24일자 경향신문   1961년 5월 25일자 동아일보

1961년 5월 24일자 조선일보

국은 정보기능을 재검토하고 있다는 보도다.

　기사가 옳다면, 박정희를 비롯한 쿠데타 주체들은 미국의 정보망을 희롱하며 자신들만의 힘으로 쿠데타를 일으킨 셈이 된다. 5·16 신화 만들기의 첫걸음이 되는 보도였다. 사실을 정확히 파악하기 위한 작업의 일환으로 기사 전문을 먼저 소개한다.

(워싱턴 발) *NEA*(동양) 레이 · 크롬러 기(記): 왜 미국은 한국의 군사 혁명을 사전에 충분히 정확히 탐지하지 못했는가, 이에 대한 해답이 나올 때 미국의 정보수집 방법에 대한 전면적인 검토가 있을 것으로 보인다.

혁명 발생 후 *48*시간 가까이 경과되었을 때까지도 미국 정부는 군부혁명을 지휘한 사람이 누구이며 혁명의 목적이 무엇인지 또는 그것이 앞으로 정치적으로 어떤 방향을 취해 나갈 것인지 확실히 알지 못하고 있었다.

중앙정보국(CIA), 국무성 및 국방성은 어떻게 그와 같은 일이 생길 수 있었는지 추궁을 당하고 있으며 또 자문하고 있다. 미국은 현재 한국에 어떤 다른 외국보다도 더 많은 정부 및 군사기관을 주재시키고 있다는 사실에 상도할 때 문제는 더욱 까다로워진다. 그리고 미국은 다른 어떤 나라의 장교들보다도 이번 군부혁명의 배후역할을 한 것이 분명한 한국의 젊은 장성들과 보다 밀접한 관계를 가졌던 것으로 되어 있는 것을 생각할 때 더욱 그렇다.

앞으로 군부혁명이 예상되었다는 것을 말해 주는 워싱턴으로부터의 보도가 있을 것이다. 한 가지 면에서 이 보도들은 사실일 것이다. 그동안 한국에는 항상 불만과 반발의 풍문이 있다는 것이 상식처럼 되어 왔다. 이(李) 정권을 전복시킨 사월혁명 일주년 기념일 날 봉기가 있을는지도 모른다는 예언까지 있었다. 그러나 사월위기설은 무사히 지나갔다. 그래서 당분간은 아무 일도 없을 것으로 생각되었던 것이다.

미국 정부 관변 측에서는 서로 책임을 전가하고 있으며 가장 비난의 대상이 되고 있는 것은 CIA이다. CIA는 미국의 대외정치 정보에 대한 책임을 지고 있다. 그러나 CIA뿐 아니라 상당수의 직원과 기관을 한국에 주재시키고 있는 국무 · 국방 양성 역시 모르고 있었던 것이다. 미국정보기관들의 이와 같은 실책은 미국정보활동의 실패를 조사 중인 맥스웰 테일러 장군의 특별조사단의 추궁 대상이 될 것으로 예상된다.

쿠바에 있어서의 CIA의 실패만도 통렬한 비난을 받았다. 그러나 한국에서 미국정보원들은 비교적 활동의 자유를 누리고 있다. 따라서 이번에는 정보수집, 신속한 정보보고 및 정보 분석 등 전반적인 정보활동에 대한 전면 검토를 가하도록 강력한 압력이 있을 것이다.

한국에서의 이번 정보활동 실패는 미국의 현 정보제도의 또 하나의 약점을 가리키고 있다. 미국정보기관들은 이번 군부혁명을 정확히 예언하지 못했을 뿐만 아니라 혁명 후의 정보활동에 있어서도 지지부진 상태에 있다. 어쩌면 보다 중요한 것은 그들이 정보를 입수했을 때 그것을 검토하는 상부기관에 중계하는 데 오랜 시간이 걸린다는 사실이다. 한 관리는 다음과 같이 말하고 있다. "미국의 정보기관은 느리고 비능률적이다. 신문기자들의 활동이 더 신속하다." 〈군검필(軍檢畢)〉[1]

위 기사가 전하는 소식은 대략 다섯 가지 정도다. 첫째, 미국 정부는 쿠데타 발생 후 이틀이 지나도록 쿠데타 주체 세력과 그들의 목적을 파악하지 못했다. 둘째, 쿠데타를 주도하고 있는 장성들과 누구보

---

1   미, 5 · 16 혁명 전혀 몰랐다고, 「경향신문」, 1961.5.24

다 밀접한 관계에 있던 CIA · 국무성 · 국방성 등은 쿠데타 발발의 책임을 져야만 할 것이다. 셋째, 향후 워싱턴은 군부혁명을 예상하고 있었다는 보도를 할 것이다. 넷째, 가장 비난의 대상이 되고 있는 것은 CIA이다. 다섯째, 신문기자들보다 못한 미국의 정보기관들은 현 정보기관의 약점을 그대로 노출시켰다.

우리는 이러한 지적들이 맞는지 알아볼 것이다. 주목할 것은 위 기사를 검열까지 해가면서 보도한 쿠데타 주체들의 의도다. 아마 자신들만의 힘으로 '우국을 위한 혁명'을 거사했다는 홍보용일 것으로 짐작된다. 또 한편으로는 이번의 쿠데타와 미국은 전혀 관계가 없다는 은폐용으로 상기 기사의 내용을 조작했을 가능성이 높다.

세계 최고의 정보기관임을 자랑하고 있는 CIA에게 치명적인 모욕을 준 이 기사는 사실 신뢰성에 의문이 가는 보도다. 왜냐하면 최초로 기사를 송고한 NEA(동양)란 통신사와 레이 · 크롬러란 기자에 대한 정보가 부족하고, 무엇보다 이렇게 중요한 기사를 AP통신, 뉴욕타임스, 뉴욕포스트 등 미국 유수의 언론기관이 전혀 보도하지 않았다는 것이 너무 부자연스럽기 때문이다.

군정 기간 중인 1961년 5월 24일(일부 신문 25일 조간)에 보도된 기사의 사실 여부에 관하여 의문을 제기했지만 오랜 세월 동안 이 문제는 묻히어 왔다. 5 · 16 쿠데타의 배후에 대한 의문이 다시 제기된 것은 일본인 역사학자 오오에시노부(大江志乃夫)에 의해서다. 그는 1978년, 미국 중앙정보부(CIA)부장을 역임한 알렌 덜레스(아이젠하워 시절 국무장관 존 포스터 덜레스의 아우)의 발언을 인용하여 5 · 16 쿠데타와 CIA와의 관련에 대하여 다음과 같이 말했다.

그는 퇴임 후 영국의 *BBC* 방송프로에 출연해서 "내가 재임 중 *CIA*의 해외 활동에서 가장 성공한 것은 이 혁명(5 · 16 쿠데타)이다." 라고 말했다.[2]

위 문장을 문자 그대로 해석하면, CIA가 5 · 16 쿠데타를 기획 · 사주한 것이 된다. 그러나 덜레스의 주장 역시 의문스럽기는 마찬가지다. 재임 중 가장 성공한 업적으로 5 · 16 쿠데타를 제시한 덜레스가 정작 자신의 공개수기[3]에서는 한국의 쿠데타를 전혀 언급하지 않았다. 더욱이 이후락 예비역 소장의 체포는 CIA배후설에 의문을 제기하게 만든다. 그는 CIA와 긴밀한 관계에 있던 중앙정보연구위원회 연구실장(차관급)이었다.

한편, 당시 한국CIA 지부장이었던 실바의 증언을 검토하면, CIA는 박정희의 쿠데타를 예상하고 있었지만 사전에 박정희와 김종필을 사주하거나 만난 흔적은 없다. 실바의 주장이 옳다면, CIA의 5 · 16 쿠데타 기획설은 폐기되어야만 한다. 그렇다면 누가, 어떤 기관이 배후 역할을 했을까? 5 · 16을 전후한 한국CIA의 움직임을 파악하는 것은 5 · 16 쿠데타의 배후와 실체를 규명하는 데 필수 작업일 것이다. 실바의 증언을 듣기 전에 5월 16일 쿠데타가 일어난 직후 덜레스 국장이 케네디 대통령에게 보낸 보고서를 살펴보자. 다음은 중앙정보국 한국지부가 박정희의 쿠데타 계획을 워싱턴 본부에 보고한 내용이다.

2　오오에시노부(大江志乃夫), 『戒嚴令』, 岩波書店, 1978, p.23

3　알렌 W 덜레스, 최을림 역, 『스파이전 비록』, 보음출판사, 1966

중앙정보국이 박정희 소장에 의한 한국에서의 쿠데타 계획에 관해 4월 21일부터 다음과 같이 보고했음.

- 4월 21일: 한국 정부를 뒤엎으려는 두 개의 쿠데타 중 하나는 2군 부사령관 박정희 소장이 주도하고 있음. 다른 하나는 이범석과 민족 청년단원들이 주도하고 있음. 계획은 사단장들을 포함하여 한국 육군 전체에서 논의되고 있음. 육군 지도자들은 현 정치인들이 부패하고 나약하다고 보며 군부가 집단적으로나 개인적으로 피해받아 온 상황을 그들이 초래하거나 방치했다고 믿음.

- 4월 21일: 군사 쿠데타 가능성에 대한 요약. 명백한 위협이 있음. 그러나 정치가 더 안정되고, 폭력과 사회 혼란이 없으며, 경찰이 강화된다면 쿠데타 시도는 저지될지 모름.

- 4월 23일: 적극적이고 진지하게 쿠데타를 논의하고 계획하는 중요한 집단이 있는데, 그들은 대부분 거칠고 조급하며 단호할 뿐만 아니라 신속하고도 폭력적인 행동을 취할 수 있다고 판단할 만한 충분한 근거가 있다고 믿음.

- 4월 23일: 이 음모는 육군과 학생 그리고 개혁가들이 지지하고 있음. 지도자는 박정희 장군으로 보이는데 6관구 사령관 서종철 장군도 가까운 지지자임. 군부 지지자들에 대하여 상세하게 나와 있음.

- 4월 24일: 군부 음모에 대한 장도영 육군 참모총장의 견해. 박정희를 체포하고 싶지만 증거가 불충분함. 체포가 쿠데타를 촉발하게 될지 모른다고 믿음. 이범석과 민족 청년단이 쿠데타를 지지할지 모른다고 믿음.

- 4월 25일: 한국 육군 방첩대가 쿠데타를 수사하고 있음. 만약 쿠데타가 4월 26일 시도되지 않는다면 그들은 더 좋은 때를 기다릴 것임. 장도영에 따르면, 장면은 4월 24일까지 쿠데타를 모르고 있지만, 한 신문 발행인이 4월 25일 그에게 알려 줄 계획임.

- 4월 25일: (1줄 미만 삭제) 4월 24일 장도영 육군 참모총장을 1시간 동안 만나 쿠데타에 관한 정보가 한국 지부에 자발적으로 제공되었는데, 매그루더 사령관에게 즉시 보고될 것이며, 그러면 매그루더는 아마 장면과 이 일을 논의하게 될 것이라고 말했음. 장면은 박정희가 자신에게 일주일 전에 얘기했다고 밝혔음. 장면은 쿠데타가 즉시 일어날 것 같지 않다고 말함.

- 4월 26일: 장면 총리는 육군 내의 불만 집단이 쿠데타를 모의하고 있다는 소문을 알고 있음. 그는 이러한 소문을 심각하게 받아들이지 않으며 상황이 결코 위험하지 않다고 믿음. 그는 장도영 육군 참모총장의 직무 수행에 만족함. 그는 장도영이 강력하고 유능하며 미군들의 존경을 받는다고 믿음. 그는 장도영을 2년 임기 내내 유임시키려고 계획함[4]

이 문서에 의하면, 한국에서 쿠데타가 일어나기 최소한 20일 전에 미국의 대통령, CIA국장, 한국CIA 지부장, 유엔군사령관, 한국군 육군참모총장, 국무총리 등은 박정희가 쿠데타를 모의하고 있다는 사실을 알고 있었다. 그리고 이 자료는 1961년 5월 16일 이후 한국의 언론들이 보도한 기사가 허위보도였다는 것을 증명한다.

---

4   《주제: 1961년 4월 21일부터 26일까지 중앙정보국의 한국쿠데타 관련 보고, ("Memorandum From Director of Central Intelligence to President", May16,1961, FRUS 1961-1963, Vol. X XII, pp.456-457)

CIA는 오래전부터 박정희가 쿠데타를 계획·준비하고 있었다는 사실을 알고 있었다는 뜻이다. 이제 나머지 의문은 CIA의 5·16 쿠데타 배후·기획설에 대한 것이다. 이 문제는 한국CIA 지부장 실바의 움직임을 살펴보면 어느 정도 파악할 수 있다.

1961년 5월 후반, 박정희 장군과 그를 따르는 동료 장교들이 장면 정부에 대해 무력군사혁명을 일으켰다. 우리는 박정희 직속참모의 일원인 어느 한국군 장교로부터 며칠 전에 군사혁명에 관한 사전제보를 받았었다. 그 장교는 우리 분실의 내 부하요원과 친한 사이였다. 나는 매카나기 대사에게 이 사실을 보고했다. 그는 이 보고를 확인해 볼 방법이 없으므로 당분간 기다려 보는 수밖에 없

서브로자―미국 CIA비밀공작부―의 표지

다는 자세를 취했다. 그러나 그는 내가 장 총리에게 통보해 주는 것을 허락했다. 나는 내 정보의 출처를 밝히지 않은 채 장 총리에게 그와 그의 정부에 대한 군사혁명이 계획되고 있으며, 행동 개시 일자만이 확정되지 않은 상태라고 알려 주었다. 장 총리는 이 보고를 심각하게 받아들이는 것 같지 않았으며, 아직도 작년의 선거에서 압승한 도취감에 빠져 있었다. 그는 나에게 '적절한 조치'를 취하겠다고 말했지만 이 보고서 내용대로 어떤 일이 일어나리라고는 믿지 않고 있었다. 몇 달 전부터 군사혁명에 관한 다른 루머들이 있었다.[5]

실바는 4월 21일부터 26일까지 여덟 차례에 걸쳐 박정희의 쿠데타 가능성에 대하여 상부에 보고하였다. 그리고 쿠데타 며칠 전에는 확실한 증언까지 확보했다. 그러나 그의 행동을 보면, 쿠데타를 방지하려는 의지가 전혀 보이지 않는다. 정보의 출처를 알리지 않은 채 장면에게 쿠데타의 가능성만 통보하고 있다. 어떻게 보면 장면의 능력을 테스트하는 것처럼 보일 정도다. 매카나기 역시 방관자처럼 "당분간 기다려 보는 수밖에 없다."고 한다.

"박정희의 쿠데타 기도에 대한 상당한 증거를 확보했으며, 쿠데타가 일어나기 45일 전인 3월 1일경 쿠데타 기도가 있음을 상부에 보고했다."는 하우스만의 증언을 기억할 것이다. 그리고 매그루더 주한 UN군사령관은 장도영 육군참모총장에게 적어도 한차례 이상 "군 내

5   피어 드 실바, 이기홍 옮김, 『서브 로자』, 인문당, 1983, p.206

부의 쿠데타 기도를 주의하라."고 경고했음도 서술한 바 있다.[6]

다시 정리해 보자. 1961년 3월 1일(하우스만, 쿠데타 기도에 대한 증거 확보)→ 4월 21일부터 26일(실바, 쿠데타 가능성 보고)→ 5월 13일경(쿠데타에 대한 확실한 제보입수)… 이러한 상황에서 증거타령을 하는 국무총리 장면, 육군 참모총장 장도영 등의 행동을 어떻게 받아들여야 할까? 더욱이 보다 정확한 정보를 가지고 있는 주한 미 대사 매카나기, 미8군 사령관 매그루더의 움직임은 도무지 이해할 수 없다.

아무래도 그들은 한국에서 쿠데타가 일어나길 바라는 입장 같다. 이쯤에서 케네디 정부의 신임 국무장관 러스크가 1961년 1월 24일자로 주한 미 대사 매카나기에게 보낸 문서를 살펴볼 필요가 있다. 아래에 일부를 소개한다.

만약 현재의 한국 정부에 의해서 이것이 불가능하다고 판명된다면, 아마도 의회의 절차 또는 초법적인 채널을 통해서 새로운 정부가 출현할 것이다. 따라서 미국은 현재의 정부가 그러한 도전에 대응하도록 계속해서 도와주고 격려해야 할 뿐만 아니라 동시에 대체할 수 있는 정치적 지도자들과 지도력 있는 그룹들을 인지하고 만약 정부의 교체가 불가피할 경우에는 미국이 지난봄 위기상황(4·19혁명)에서 실행한 것과 같은 정교한 방법을 써야 하고 다시 한 번 그와 같은 성공을 이용하도록 해야 한다. …(중략)…

이러한 목적을 위하여 ① 국회의 불신임 투표, ② 국회의 해산, ③ 군대에 의한 쿠데타, ④ 극우나 극좌세력에 의한 쿠데타, ⑤

---

6   제3장 9절 '직업이 고문인 사나이, 하우스만과 쿠데타' 편 참조

총리의 암살과 같은 상황에서 대사는 현지 미국기관과 함께 국무부의 승인을 받을 수 있고 미국 정부와 그 대표들의 실질적이고 즉각적인 행동을 지휘할 수 있는 계획을 가지고 있어야 한다.[7]

러스크의 지침에 의하면, 박정희 일파의 동향은 세 번째 항목인 "군대에 의한 쿠데타"에 해당한다. 그렇다면 미 대사관 (대리)대사 그린, 미8군사령관 매그루더, CIA한국 지부장 실바, 그리고 특수요원 하우스만은 즉시 회의를 갖고 본국의 지침을 따랐어야 했다. 그러나 그들은 수수방관하는 입장을 취했다.

다시 실바의 움직임으로 돌아가자. 장면에게 불확실한 정보를 전달한 그는 임박한 쿠데타의 발발 시점을 파악하기 위해 비상사태에 돌입했다. 실바가 행한 조처는 다음과 같다.

서울의 취약한 상황과 장 총리에 대한 군사혁명의 가능성이 짙어가고 있었기 때문에 나는 대사관 사택 제2단지 내에 있는 내 집에 소형 송수신기 무전기를 설치하고 대사관 건물 옥상에 있는 내 전용 통신실과 연락할 수 있도록 했다. 전용 통신실에는 2명의 무선사들이 밤낮없이 24시간 근무하도록 했다. 문제의 그날 밤 새벽 2시 30분경, 나의 무전기가 삑삑 울려 잠이 깼다.[8]

자신의 정보망을 통하여 쿠데타가 일어난 사실을 알았다는 실바의

---

7 AS-88 January 24,1961, 795B.00-2461, Box2181, Decimal File, 1960-1963

8 『서브 로자』, p.206

증언을 믿는다면, 그가 박정희 일파와 쿠데타를 모의한 것으로는 보이지 않는다. 실바는 대사관으로 즉시 출근하여 긴급 용무를 처리하고 난 뒤 현 상황을 파악하기 위해 반도호텔에 거주하고 있는 장면에게 비밀리에 전화를 걸었던 모양이다. 하지만 상대방은 박종규 소령이었다. 박종규는 쿠데타 주체 중 실바를 만난 최초의 사람이다. 다음으로 만난 사람은 김종필이다.

아침 9시쯤 박종규를 잠깐 만나고 곧 국회의사당 4층에 있는 김종필의 집무실에서 면담을 가졌다. 계엄령이 9시에 포고되었으니 계엄령하에서 두 사람이 처음 만난 셈이다. 대략의 내용을 아래에 소개한다.

나의 서울 주제 기간이 16개월로 접어들면서 사태 발전에 따라 내가 박정희 장군 주도하의 정부와 접촉하는 데 있어 김○○ 중령은 시종일관 주요 대상 인물이었다. 박 정권이 집권 2개월 후 한국중앙정보부(KCIA)를 창설하게 되면서 우리들의 이 관계는 더욱 그럴싸하게 되었다. 접촉이 시작되면서 김○○은 미국 CIA중견간부라는 나의 지위에 대해 예리하고 지속적인 관심을 보였다. 그는 미국 CIA가 미국 정부조직상 어떤 법적 지위를 갖고 있는가에 대해 정중하나 주의 깊게 질문했다. …(중략)…

나는 그들이 이제 대한민국을 통치할 책임을 떠맡았으므로 그들이 이니시어티브를 갖고 미국 대사관 및 미군 사령부와 우호적인 업무관계를 재확립해야 한다고 강조했다. 나는 한국동란 동안 함께 많은 피를 흘렸던 미국이 적대적 관계로 되면 이것은 비극이라고 말했다.

한국과 미국, 양측 모두가 너무도 많은 생명을 잃었던 점을 감안해서라도 앞으로 닥쳐올 불안 몇 주일 동안 우리의 공동 유대를 부정하는 어떤 자기주장도 용납할 수 없다고 말했다. 우리는 이 문제에 대하여 몇 시간 동안 대담했다.

김은 내 말을 경청하면서 간간이 박 소령에게 내가 말한 어떤 내용을 유념하라는 제스처를 하기도 했다. 우리의 첫 번째 대담이 자연스럽게 끝나자, 김은 우리가 나눈 대화의 전체적 성격과 함께 내가 말한 모든 내용을 그날 저녁 박 장군에게 전하겠다고 말하고 내일 아침 박 장군을 그의 지휘소에서 만나지 않겠느냐고 제의를 했다. 나는 만나고 싶다고 했다. 그리하여 다음 날 아침 9시 박종규 소령이 미국대사관 정문에 와서 나를 데리고 가기로 약속이 되었다.[9]

실바가 의도적으로 거짓말을 하지 않았다면, 이 글은 CIA가 5 · 16 쿠데타를 사전 기획했다는 가설을 부정하는 강력한 증거가 된다. 실바의 글을 통하여 확인할 수 있는 것은, 쿠데타 첫날 CIA는 박정희와 김종필의 집권을 인정했다는 점이다. 그리고 향후 김종필이 중앙정보부를 설립할 때 실바로부터 많은 자문을 받았다는 점도 알 수 있다.

김종필과의 면담을 끝난 후 그린과 만난 것으로 실바는 회고록에 기록했다. 그리고 매그루더가 박정희에 대하여 부정적인 견해를 가지고 있다는 것, 매그루더의 정보참모가 박정희의 좌익 경력에 대하여 보고했다는 것 등에 관한 이야기를 나누었던 모양이다. 하지만 실바는 박정희의 좌익 이력에 대하여 벌써 알고 있었다. 실바는 그린에

---

9 『서브 로자』, pp.210–212

게 "박정희는 공산주의자가 아니며 개인적으로 공산주의자와 연관을 갖거나 동조한 사실이 없다."라고 박정희의 배경에 관하여 상세하게 설명한 뒤, 매그루더의 태도를 돌려놓아야 한다고 말했다.

그러나 그린은 "별도지침이 내릴 때까지 박정희를 만나지 말라."는 지시 내용을 이미 받았다. 혼란스러울 수밖에 없는 상황이었다. 결국 그린은, 미묘한 정치적 배경문제가 어떤 방향으로든 해결이 날 때까지 실바가 김종필과 박종규를 계속 접촉하는 것으로 결론을 내렸다.[10]

지금까지 거론한 내용은, 계엄령이 선포되었으며, 추인을 받기 위해 박정희와 장도영이 윤보선을 방문했으나 소기의 목적을 달성하지 못했고, 그린과 매그루더의 경우 장면 정부 옹호 성명서를 발표한 후 윤보선을 만났으나 그들 역시 특별한 결과를 얻지 못한 후에 일어난 일이다. 이렇게 쿠데타 첫날의 오전이 지나갔다.

처한 위치에 따라 제각각 의혹과 의심, 초조 그리고 분노로 길고 긴 하루를 보냈지만 지난밤과 달리 1961년 5월 16일 밤은 별다른 일이 발생하지 않았다. 쿠데타 둘째 날인 17일 새벽도 조용하게 밝아왔다. 그러나 쿠데타에 동참 혹은 찬성하는 측과 쿠데타를 진압·반대하는 측과의 대립은 폭풍전야나 다름없었다. 그러면 이 중요한 날 아침에 박정희는 무엇을 하고 있었을까? 그는 의외로 자신의 집무실에서 CIA한국지부장 실바를 기다리고 있었다. 실바의 증언을 들어보자.

---

10 『서브 로자』, p213

다음 날 아침 정각 9시경, 박 소령이 정문에 와있다고 해병대 경비병이 전화로 알려 왔다. …(중략)…박 소령은 어느 문을 두드린 후 안으로 들어갔다가 잠시 후 다시 나오더니 나에게 들어오라고 손짓했다. 박 소령은 다시 통역을 맡았으며 이것이 박 장군과의 첫 번째 만남이었다. …(중략)… 그는 매우 지치고 피로한 표정이었다. …(중략)… 그는 이미 매그루더 장군을 만나보려고 시도했었지만 매그루더 장군은 너무 바쁘다는 이유로 거절했다며 불평을 하기 시작했다. 박 장군은 박 소령이 이런 말들을 나에게 통역해 주고 있을 때 엷은 미소를 지었다. 한국 정부를 전복하는 군사혁명이 일어난 지금, 미군을 지휘하는 장군이 바쁘다는 이유로 그 나라의 새로운 지도자를 만나지 않겠다고 언명했다는 사실을 알게 되자 나는 안절부절못하게 되었다. 나는 할 말이 없었다.

박 장군은 언제든 매그루더 장군을 만날 용의가 있으며, 대리 대사도 물론 만나고 싶다고 말하고 그의 생각을 그들에게 전달해 주도록 나에게 부탁했다. 그는 하루나 이틀 후에 다시 만나 그의 협조 제의에 대한 반응을 알려 줄 수 있느냐고 내게 물었다. 박 소령은 내가 그에게 전화를 걸면 언제라도 박 장군과 면담할 수 있도록 추진하겠다고 말했다.

이번 대담은 동양식인 신중함과 꼼꼼함 때문에 대화가 앞뒤로 왔다 갔다 했다. 약 2시간 후, 마침내 논리적이고 합당한 결론에 도달하게 되었다. 박 장군은 내가 김 중령과 계속 접촉하면 좋겠으며 내가 김에게 준 메시지는 모두 그가 볼 수 있게 될 것이라고 거듭 말했다. 그리고 만일 긴급한 용무가 있으면 김 중령이 자신을 만날

수 있게 주선할 것이라고 덧붙였다.[11]

박정희와 실바가 대담을 나눈 시간은 2시간가량이다. 쿠데타 둘째
날 오전, 두 사람은 전화도 차단한 채 밀담을 나누었다. 사실 대화
내용은 그리 특별한 것이 없다. 매그루더와 박정희의 면담을 실바가
주선하기로 한 것 그리고 향후 김종필을 지속적으로 만나 서로 간의
정보 교환을 하자는 정도다. 박정희가 이처럼 느긋하게 시간을 보내
고 있을 때, 꼭두각시 장도영을 앞세운 육군본부는 "미군의 개입으로
인해 야전군이 동요하고 있으며 혁명이 위기에 처해 있다."는 정보로
인해 살벌한 분위기하에 있었던 모양이다.

전날 오전 10시 18분에 발표된 매그루더와 그린이 발표한 성명 때
문이었다. 그러나 쿠데타 첫날이 지난 후의 백악관은 쿠데타가 이미
성공적으로 완료되었다고 판단했다. 백악관의 반응에 대해선 다음
장에서 좀 더 자세히 다룰 예정이다.

실바의 회고록에는 더 이상 박정희가 등장하지 않는다. 1962년 7
월 한국을 떠날 때까지 실바가 주로 만난 사람은 김종필과 박종규였
다. 실바가 서울을 떠나기 전에 마지막으로 한 일은 자신의 정보원을
보호하는 작업이었다. 실바의 증언을 들어 보자.

군사혁명이 성공한 뒤 정보 제공자인 그 군인 친구는 심각한 불
안에 빠졌다. 우리가 사전에 군사혁명에 대한 계획을 알고 있었으
며, 그 정보원이 누구였는지를 박 장군이 알게 될 때 그의 운명이

---

11 『서브 로자』, pp.213-215

어떻게 될 것인지 두려웠던 것이다. 그는 당장 미국으로 탈출하여 망명처를 구하겠다고 요구해 왔다. 그가 우리를 위해서 한 일의 성격에 비추어 그를 도와주기로 동의하는 길밖에 없었다. 우리는 그를 군용기에 실어서 오키나와의 대기지역으로 옮겼다. 거기에서 다시 그의 가족을 미국으로 옮겨 가 살았으며 내가 서울을 떠나 홍콩으로 간 뒤까지 그곳에 거주하고 있었다. 그러나 결국 논두렁의 향기와 김치, 마늘 냄새가 그리운 등 향수를 참다못해 박 장군의 밀사와 접촉, 면책 보장을 받은 후 가족과 함께 서울로 돌아왔다. 박 장군 덕택으로 그는 처벌을 받지 않고 아직도 한국에서 평화롭게 살고 있다.[12]

실바에게 정보를 제공한 사람이 누구인가는 아직도 밝혀지지 않았다. 실바가 제공한 정보는 "박정희 직속참모의 일원인 어느 한국군 장교"라는 것 그리고 "박 장군이 정권을 인수하기 전에 그의 참모"로 있었다는 단서뿐이다. 쿠데타 며칠 전에 정보를 제공했다는 점을 기억하면, 그는 대구 2군사령부에서 근무하던 장교였을 것이다. 실바는 이 제보자의 이름을 밝히지 않았다.

아무튼 실바는 박정희가 쿠데타가 일으킬 것을 분명히 알았다. 그리고 쿠데타가 일어난 첫날 박정희가 권력을 쟁취했음을 인정했다. 실바가 한국을 떠난 때는 김종필이 중앙정보부를 발족(61년 6월 19일)시키는 것을 지켜본 다음 해인 1962년 7월경이다. 한국의 쿠데타를 재빨리 인정한 실바와 달리 매그루더는 1961년 6월 20일 퇴역했고, 대

---

12 『서브 로자』, pp.220-221

리대사 그린은 1961년 9월경 홍콩 총영사로 전보됐다. 반면, 쿠데타 당시 박정희를 음으로 양으로 도운 하우스만은 1981년까지 한국에서 근무했다.

| 방첩대는 무엇을 했는가? |

5·16 쿠데타가 실패했다면 쿠데타 주체들은 어떻게 되었을까? 민주당 정부의 기능이 정상적으로 발휘되었다면, 그들은 '국방경비법'[13]에 의해 사형 또는 무기징역형 등의 처벌을 받았을 것이다. 그러나 역사는 비정상을 택했다. 처벌을 받아야 할 자들이 수사하고 판결해야 하는 이들을 오히려 체포·구금·처벌하였다. 그들이 적용한 법률은 '특수범죄처벌에관한특별법'[14]이란 소급법이다.

박정희 일파의 쿠데타 음모가 성공할 수 있었던 것은 육본 정보국과 방첩대(CIC)[15], 첩보대(HID), 헌병대(CID) 등 군 정보·수사기관들의 무능·무책임 탓이 크다. 특히 군내 군사기밀의 보안·관리, 군내 주요 범죄 수사 등을 담당하는 방첩대의 책임이 무겁다.

---

13 국방경비법 제18조 (폭동 또는 반란) 부대 내의 폭동 혹은 반란을 기도 또는 착수, 선동 작인 또는 해 폭동 혹은 반란에 가담하는 여하한 군법피적용자든지 군법회의 판결에 의하여 사형 또는 타 형벌에 처함.

14 특수범죄처벌에관한특별법 [시행 1957.12.21] [법률 제633호, 1961.6.22, 제정] 제1조 (목적) 본법은 국가재건비상조치법 제22조제1항에 규정된 범죄행위를 처벌함을 목적으로 한다. (중략) 부칙 〈법률 제633호, 1961.6.22.〉 본법은 공포한 날로부터 3년 6월까지 소급하여 적용한다.

15 방첩대의 모체는 1948년 5월 27일 창설된 육군정보국 정보처 특별조사과이다. 1950년 10월 육군정보국에서 분리되어 육군 직할의 특무부대(特務部隊, CIC)가 창설되었으며, 960년에 육군 방첩부대(防諜部隊)로 개칭되었다. 1968년 육군 보안사령부(保安司令部)로 개칭되었으나, 1990년부터 국군기무사령부로 불리고 있다.

이상한 것은 방첩대 주요 요인들이 쿠데타 주체에 포함되지 않았음에도 불구하고, 쿠데타에 대한 수사를 제대로 한 흔적이 거의 없다는 점이다. 결과적으로 보면 그들은 직무유기의 죄를 범했다고 볼 수 있다. 그들은 도대체 무엇을 하고 있었을까?

앞글에서 소개한 실바(한국CIA지부장)가 덜레스(CIA국장)에게 보낸 4월 25일자 전문에는 "한국 육군 방첩대가 쿠데타를 수사하고 있음. 만약 쿠데타가 4월 26일 시도되지 않는다면 그들은 더 좋은 때를 기다릴 것임. 장도영에 따르면, 장면은 4월 24일까지 쿠데타를 모르고 있지만, 한 신문 발행인이 4월 25일 그에게 알려 줄 계획"이라는 내용이 담겨 있다.

이 문서를 보면, 방첩대는 박정희 일파의 쿠데타 음모를 인지(認知)하고 있었음에 틀림없다. 그러나 내용이 너무 허술하다. 4월 25일이면 쿠데타 발발 20여 일 전이다. 일주일 전 '비둘기 작전'을 빙자한 쿠데타 시도가 무산되었고, 5월 초 혹은 5월 12일경에 쿠데타를 다시 시도하려고 준비할 때다. 군부 내의 정보를 총괄하고 있는 방첩대가 4월 19일 예정이었던 쿠데타 음모를 몰랐던 것이 도무지 이해되지 않는다. 정보체계가 정상적으로 가동되고 있었다면, 무엇보다 '비둘기 작전'을 빙자한 쿠데타 시도에 대한 수사가 본격적으로 진행되고 있어야 할 시기였다. 그러나 방첩대 대장 이철희, 육군참모총장 장도영은 이에 대한 수사지침을 내린 적이 없었다. 게다가 총리 장면은 비공식 기관을 통하여 쿠데타에 대한 정보를 얻게 된다고 한다. '방첩대 → 육군참모총장 → 국방부 → 국무총리'로 이어져야 할 공식적인 정보전달 체계가 전혀 이루어지 않고 있었다. 좀 더 구체적으로 알아보자. 먼저 방첩대의 역대 지휘관을 소개한다.

	성명	계급	기간	비고
특무부대장				
초대	김형일(金炯一)[16]	대령	1950. 10. 20. ~ 1950. 12. 15.	군사영어학교
2대	백인엽(白仁燁)[17]	준장	1950. 12. 15. ~ 1951. 1. 13.	군사영어학교
3대	이한림(李翰林)[18]	준장	1951. 1. 13. ~ 1951. 4. 6.	군사영어학교
4대	김종면(金宗勉)[19]	준장	1951. 4. 19. ~ 1951. 5.15.	군사영어학교
5대	김창룡(金昌龍)[20]	준장→소장	1951. 5. 15. ~ 1956. 1. 30.	육사 3기
6대	정인택(鄭麟澤)[21]	준장	1956. 1. 30. ~ 1957. 9. 25.	육사 3기
7대	김재현(金在鉉)[22]	준장	1957. 9. 25. ~ 1959. 10. 10.	육사 2기
8대	하갑청(河甲淸)[23]	준장	1959. 10. 10. ~ 1960. 5. 1.	육사 2기
9대	이소동(李召東)[24]	준장	1960. 5. 1. ~ 1960. 6. 1.	육사 2기
육군방첩부대장				
10대	박창록(朴昌錄)[25]	준장	1960. 6. 1. ~ 1961. 4. 1.	육사 3기
11대	이철희(李哲熙)[26]	준장	1961. 4. 1. ~ 1961. 6. 10.	육사 2기
12대	김재춘(金在春)[27]	준장	1961. 6. 10. ~ 1962. 7. 12.	육사 5기

16 특무부대장, 2군단장, 육군참모차장 등을 거쳤다가 5·16 군사정변 이후 중장으로 예편. 이후 제6대, 7대, 8대, 9대 국회의원(민정당, 신민당) 역임

17 백선엽 장군의 동생, 1960년 육군중장 예편, 선인학원이사장 역임

18 1961년 5·16 군사정변 당시 제1야전군사령관으로 군의 정치개입에 반대하다 강제 예편, 제9대 건설부 장관, 주 오스트레일리아·주 터키 대사 역임

19 육군본부 정보국장(1951), 서울신문 전무이사(1974), 민주평화통일자문회의 자문위원(1981)

20 관동군 헌병 오장 출신, 1956년 1월 출근길에 같은 특무부대 출신 군인들에게 암살

21 제1군사령부참모, 육군 정보국차장, 1군 행정참모부장, 1964년 예편, 재향군인회 사무총장, 중앙고속사장으로 역임

22 전 쌍용그룹 부회장, 국방부 합동수사단장, 예편 후 철도청장, 관세청장, 쌍용그룹 부회장, 국민대 재단 이사장 역임

23 학도기간대 창설

24 5·16 후 치안국장, 9사단장, 6관구 사령관, 6군단장, 육군전투병과기지 사령관, 1군사령관 등 역임

25 제6군단 부군단장, 건설군납조합 전무이사, 명성컨트리클럽 사장

26 중앙정보부 차장 역임, 1980년대 장영자·이철희 금융사기 사건 당사자

27 중앙정보부장, 주 대만대사, 무임소장관, 자민당 최고위원, 제8·9대 국회의원 역임

방첩대 대장 출신은 먼 후일 두 명의 대통령(전두환, 노태우)을 비롯하여 수많은 대장(정승화, 박준병, 안필준, 이종구, 고명승, 조남풍, 구창회, 이남신)을 배출하게 되지만, 5·16 이전 방첩대 대장 이력을 가진 자로 대장까지 승진한 이는 이소동이 유일하다. 5·16을 전후하여 방첩대 대장으로 재임했던 박창록과 이철희는 준장으로 전역했다. 하지만 이들도 명성컨트리클럽 사장(박창록), 중앙정보부 차장(이철희) 등으로 어느 정도의 사회적 신분을 보장받았다.

5·16 쿠데타 무렵의 방첩대 지휘체계는 육군참모총장 장도영 중장 → 방첩대 대장 이철희 준장(부대장 백운상 대령) → 506방첩대 대장 이희영 대령 등으로 구성되었다. 주요 인물의 대략적인 이력은 아래 표와 같다.

[표19: 5·16 당시 육군 방첩대 주요 인물]

	성명	계급	직책	전력	육사	비고
본부	이철희	준장	대장	일본, 육군정보학교	육2기	중정차장, 대화산업회장 장영자 남편
	백운상	대령	부대장			5·16 후 도피
	이형주	중령	?		육8기특3	
506 방첩대	이희영	대령	대장		육5기	반혁명행위사건으로, 1심(20년→15년) 2심 무죄
	이상무	중령?	방첩처장	관동군 헌병학교		중앙정보부 보안과장 6대 국회의원
	전영태	소령	조사과장			숙청을 모면함
	김응수	대위	정보과			쿠데타 전날, 박정희 미행

5·16을 전후한 방첩대의 활동을 기록한 자료는 거의 없다. 핵심이라고 할 수 있는 이철희는 끝까지 침묵을 지켰다. 다른 사람의 증언을 통하여 이들의 움직임을 파악할 수밖에 없는데, 5·16 직후 방첩

대 대장으로 취임한 김재춘이 경향신문을 통하여 인터뷰한 자료가 남아 있다. 아래에 그 일부를 소개한다.

김재춘 방첩대장의 구술을 기록한 1962년 5월 20일자 경향신문

거사 목표를 두 번이나 연기한 데 분개와 초조를 참지 못한 주체 세력들은 12일 밤 남강 식당에 모였다. …(중략)… 이때에 우연의 일치라면 너무나 운명적이라 할 이만큼 그때 그들은 의외의 인물들과 맞부딪쳤다. 방첩부대장 이철희 장군, 서울지구 방첩부대장 이희영 대령, 이형주 중령 등이 먼저 남강에 와 있었던 것이다. "나갈까, 그대로 태연히 말을 계속할까?" 네 사람(박정희, 송찬호, 박치옥, 김재춘)은 서로 망설였다. 기밀누설이 아닌가 하는 생각으로 소름이 끼쳤으나 네 사람은 엉뚱한 화제로 순간을 모면했다.[28]

30사단에서 기밀이 누설되어 소동이 나자 30사단장 이상국 준장은 사태의 심상치 않음을 깨닫고 우선 자기 집으로 달려가 가족피신과 이사부터 시켜 놓은 다음 이 사실을 장도영 육군참모총장에게 보고했다. …(중략)…

이 보고가 있은 후 비혁명군 측에서도 이상국 30사단장, 조흥만 헌병감, 서종철 6관구사령관, 이철희 방첩부대장, 이희영 506부대

---

28 혁명의 동맥 김 합동수사본부장(2), 「경향신문」, 1962.5.18

장 등이 긴급히 모여 혁명군의 검거 또는 포위작전을 세워 각기 임무배당을 하였다. 그중 혁명군의 총지휘자인 박정희 소장을 미행하라는 사명을 받은 이희영 506부대장은 5넘버가 붙은 지프차 2대로 박 장군을 미행했다. …(중략)… 언젠가 김재춘 본부장은 박 의장이 옛날 16인 하극상 사건 당시에 겪은 에피소드 한 토막을 털어놓은 일이 있다. 그에 의하면 "16인하극상사건 때 배후의 주동 인물이 박정희·박병권 양 장군이라 해서 철저한 미행을 당하고 있었지요. 그런데 하루는 난데없는 군고구마 장수가 박정희 짚 앞에다 자리를 잡더라나요. …(중략)… 그래서 박 의장은 곧 자기의 친지(김종필 부장?)에게 그자의 사진을 찍어라 부탁을 해서 앞모습과 옆모습으로 된 그자의 사진 2매를 저에게 보여 주시지 않겠어요. 그래서 나는 곧 나와 같은 육사5기생이고 또 우리의 중대장과 교관이었던 박정희 장군의 신임을 받아 온 헌병차감 문종욱 대령에게 전화를 해서 결국 CID의 윤양 대위가 그 고구마 장수를 잡았습니다. 잡고 보니 그자는 바로 506특무대의 상사였어요. 그때부터 혁명이 성공되기까지 박 의장은 이러한 감시망 속에서 살아온 것입니다." 한국의 역사가 바뀌려는 순간은 이렇게 고난 속에서 싹터 가고 있었던 것이다.[29]

김재춘은 세 가지 에피소드를 기자에게 소개했다. 사월혁명 일주년을 맞아 예정되었던 4월 19일 거사가 무산되었고, 그 뒤 합의된 5월 12일 거사마저 예기치 못했던 공수단의 안성훈련으로 인해 부득이

---

29 혁명의 동맥 김 합동수사본부장⑷, 「경향신문」, 1962.5.20

연기할 수밖에 없었던 그날 밤, 박정희·송찬호·박치옥·김재춘 등 네 사람이 남강식당에 들렀을 때 먼저 자리를 잡고 있던 방첩대의 이철희 대장, 이희영 대령, 이형주 중령 등과 우연히 맞부딪쳐 소름이 끼쳤다는 이야기와 5·16 거사 전날 방첩대 김홍서(김응수?) 대위가 박정희를 미행했으나[30] 특무대 이상무 방첩처장의 기지로 위기를 모면했다는 이야기 그다음은 16인하극상사건(1960년 9월 24일) 때 배후의 주동 인물로 지목된 박정희를 방첩대 모 상사가 고구마 장수로 변장하여 감시했다는 이야기다.

사실여부는 확실히 알 수 없다. 김재춘이 이러한 에피소드를 꺼낸 목적은, 이러한 고난과 감시 속에도 불구하고 쿠데타를 성공시켰다는 박정희의 영웅적인 행동을 선전하기 위한 것으로 짐작된다. 다만 방첩대가 박종희를 감시, 조사했던 것은 틀림없다.

흥미로운 것은 백운상 대령의 활약이다. 장도영의 기억에 의하면 시기는 5·16 약 10여 일 전쯤이다. 방첩대 부대장인 백운상 대령이 장도영의 자택을 방문했다고 한다. 두 사람의 대화를 들어 보자.[31]

◇ 박정희 소장을 중심으로 하는 군대 거사설이 박 장군에 대한 모함이 아니라 사실인 것 같습니다. 그리고 족청계 쿠데타설은 아직 그 계획이 진척되어 있는 것은 아니고, 혹은 역정보인지도 모르겠습니다. 오히려 박 소장의 계획이 사실이며 그것이 더 많이 진척

---

30 506방첩대 조사과장 전영태(소령)의 회고에 의하면, 5·16 혁명 전날 방첩부대는 비상근무령이 내려 모든 장병이 비상근무를 하고 있었다며, 506방첩대는 박정희 장군의 신당동 자택을 감시하고 있었다고 한다. 박정희 장군 자택을 감시하고 있던 사람은 506방첩대 정보과 김응수 대위였다. 《전영태, 5·16 군사혁명 전야의 회고, 2012.5.16》
31 장도영, 나의 쿠데타 가담설은 조작이다. 「신동아」, 1984년 8월호, pp.153-154

된 것 같습니다.

◆ 그럼 박 소장 거사계획에 관한 무슨 증거가 있는가?

◇ 그게 문제입니다. 서울에서는 너무 복잡해서 그 증거를 잡기가 아주 곤란합니다.

◆ 그럼 대구에 직접 내려가서 조사하는 것이 어떻겠소?

◇ 그럴까요.

◆ 여보, 이것은 중대한 문제이니 내일 당장 당신이 직접 내려가서 조사하시오.

백운상은 족청계 쿠데타설이 장태화가 흘린 역정보임을 간파한 것으로 보인다. 문제는 그 역시 '비둘기 작전'을 빙자한 쿠데타기도 계획을 전혀 눈치 채지 못했다는 데 있다. 장도영의 경우는 더욱 알 수 없다. 방첩대 2인자가 집까지 찾아와서 이렇게 중대한 사실을 고변했다면, CIA한국지부장인 실바나 미 대사관 등에 관련 정보를 직접 알아봤어야 했다. 더욱이 1년 전 해운대에서 쿠데타를 권유하던 박정희의 모습을 다시 기억했어야 한다. 그러나 그는 그때까지 누군가가 박정희를 모략하고 있지 않나 의심하고 있다. 4, 5일 후 백 대령이 장도영의 집으로 다시 찾아왔다.

◆ 중요한 보고를 드리겠습니다.

〈백운상의 보고는, 결론적으로 박정희 소장 지휘하에 쿠데타를 하려 한다는 것은 거의 확실한데, 그 세부방법과 조직은 알 수 없다는 것이었다.〉

◇ 여보, 2군사령부 참모들은 박 소장을 비롯해서 내가 잘 아는 사람들

인데, 그들이 그런 음모를 한다면 내가 전혀 모를 리가 없는데….

◆ 〈백 대령은, 그 조직은 주로 육군본부에 있고, 2군사령부 참모진 밖에서 이뤄지고 있다고 보고했다. 그리고 장 총장과 가까운 참모들은 현재 소외된 상태이다. 그러므로 육군본부에 있는 몇몇 장성을 체포하여 구금·조사할 것을 건의했다.〉

◇ 무슨 증거를 가져야지. 이 혼란한 시기에 장성들을 쿠데타음모 혐의로 체포하였다가 증거불충분으로 질질 끌어가면 군의 내외가 어떻게 될 것 같소.

◆ 증거라고는 박 소장이 잘 다니는 중국요리 집과 청수장이란 한식집에서 장교들과 식사를 하는 것뿐인데, 어떻게 합니까.

◇ 나도 대구에서 근무할 때 그 두 군데에서 때때로 장교들과 식사를 했는데, 그것만으로 무슨 증거가 될까? 여하간 실제 모의에 관한 시일과 장소 내용, 또 조직 등 무엇이든 간에 증거가 있어야 하지 않을까. 특히 장성들을 체포하려면….

◆ ….

◇ 백 대령, 좀 수고스럽지만 다시 대구에 내려가서 무엇이든 증거가 될 만한 것을 하나만이라도 잡아 오시오. 일거에 육본 내의 조직을 일망타진합시다.

◆ 알았습니다. 내일 새벽 대구로 다시 내려가겠습니다. 돌아와서 보고하겠습니다.

인용 글은 장도영 자신이 쓴 회고록 중의 일부다. 아무래도 자신의 입장을 고려하며 썼을 것이다. 윗글의 내용이 사실이라고 해도 장도영의 행동은 너무나 상식을 벗어난다. 장도영은 왜 그렇게 대구에만 집착했을까? 조직은 주로 육군본부에 있다는 백운상의 말에 대해 왜 좀 더 깊이 생각하지 않았을까? 장성의 체포가 힘들다면 영관급 장교들을 체포·구금할 생각은 왜 하지 않았을까? 백운상의 활약은 여기까지다. 곧 쿠데타가 일어나기 때문이다.

백운상이 대구로 내려간 지 2, 3일 후 2군사령부 인사참모[32]인 송인율 대령이 장도영의 집으로 찾아왔다. 인사차 들렀다는 송 대령이 박정희의 쿠데타 모의 소문을 전한다. 백운상 대령의 정보와 같은 맥락의 내용이다.[33]

백운상의 행동 중 이해되지 않는 부분이 있다. 증거를 그렇게 외치는 장도영에게 이종태 사건을 왜 이야기하지 않았는지 모르겠다. 백운상이 장도영에게 박정희의 쿠데타 음모를 보고한 시점은 이종태가 방첩대에 이미 체포되어 조사를 받고 있던 시점이다. 제1부 제3장 '박정희의 술친구 김덕승의 정체' 편에서 이종태 사건을 거론했지만, 좀 더 자세한 연유를 알아보기로 하자.

이종태가 육군본부 통근버스 안에서 장세현 중령에게 쿠데타 참여를 권유한 시기는 4월 21일이다. 4월 19일 예정의 쿠데타 시도가 5월 12일로 연기된 시점이다. 이때 그는 "정부를 뒤집어엎어야 한다. 그러게 하려면 젊은 사람이 정신을 차려 피로 뭉쳐야 한다. 정부를 뒤집어엎는다면 장도영 중장밖에 없다." 등의 말을 했다.[34]

---

32 정보참모의 오기이다. 1959년 10월 7일경 장도영(2군사령관)이 군사시설 시찰 차 미국으로 떠났을 때 수행원 중 송인율 대령이 포함되어 있다. 이때 그의 직무는 2군사령부 정보참모였다. 장도영이 송 대령의 직무를 왜 인사참모로 표기했는지 이유가 꺼림칙하다. 송이 전한 정보의 신뢰성을 떨어뜨릴 목적하에 의도적으로 조작한 것이 아닌가 하는 의심이 든다. 《장 중장 일행 곧 도미, 「동아일보」, 1959.10.7》

33 장도영, 나는 역사의 죄인이다, 「신동아」, 1984년 9월호, p.131

34 「한국군사혁명사(제1집 上)」, pp.376-377

그 후 4월 24일경에는 506방첩대장 이희영 대령을 만나 "간첩을 잡는 길은 혁명을 일으키는 것이 제일 빠르다.", "4월 14일에 대구에서 박정희 장군의 승낙을 받았다.", "참모총장을 모시고 하는 것이다.", "육군본부 작전참모부 교육지도과 장교 중에는 쓸 만한 사람이 없다." 등의 말을 한 바 있다.

이종태는 그동안 자신의 발언이 문제가 된다는 것을 깨달았던 모양인지 이틀 후인 4월 26일경, 다시 이희영을 방문하여 "앞으로는 절대로 군사혁명에 관한 이야기는 하지 않겠다. 입이 가벼워서 곤란하다."는 말로 자신의 실수를 덮으려고 했다. 그러나 때는 이미 늦었다. 그는 이 일로 특무대에서 조사를 받았고, 쿠데타가 성공적으로 마감되었을 때 군사혁명재판소는 이종태에게 무기 구형에 7년형을

증언 선서하는 서종철 소장과 이종태 대령

선고했다.[35] 5·16 쿠데타 전 과정을 통하여 '쿠데타 기밀누설' 혐의로 실형을 선고받은 사람은 이종태가 유일하다. 장도영은 이종태 건에 대해서는 일체 보고를 받지 않았다고 주장한다. 장도영의 변명을 들어 보자.

　이철희 장군은 방첩부대장으로서 내가 참모총장으로 취임 후 특별히 불러서 업무 지시를 하는 것 이외에는 자기 스스로 와서 나에게 업무를 보고하거나 상신하는 경우는 극히 드물었다. …(생략)… 나중에 안 것인데, 박정희 장군이 주도하는 군대거사에 관한 비밀이 이종태 대령의 발설로 누설되어 이 대령은 서울특무대에서 조사를 받았다는 것이다. 그러므로 5월 12일에 거사할 처음 계획을 연기하게 되었다는 것이고, 이 비밀계획은 모두 장 총장에게 보고되었으나 장 총장이 이것을 덮어 두어서 무사했으며, 4일 후인 5월 16일에 거사를 감행할 수 있었다고 하는 것이 소위 혁명주체 측의 주장이다. 사실은 그렇지 않다. 이철희 준장은 그의 예하부대인 서울특무대에서 그 조사보고를 받았다는 것인데, 내게는 일체 보고하지 않았다. 그러므로 이종태 대령이 비밀을 누설하였다는 것도, 또 그가 서울특무대에서 조사를 받았다는 것도 내게는 전혀 보고가 없었다. 나는 모르고 있었다.[36]

　만약 그의 말이 맞다면, 장도영은 애초에 육군참모총장으로서 자격

---

35 『한국군사혁명사(제1집 上)』, pp.375-385
36 장도영, 나의 쿠데타 가담설은 조작이다, 「신동아」, 1984년 8월호, p.149

이 없다고 할 수 있다. 그가 참모총장으로 임명된 날짜는 1961년 2월 17일자다.[37] 총장으로 임명된 지 2개월 후에 일어난 사건이다. 게다가 사건 피의자의 말 중에는 박정희의 쿠데타 음모뿐만 아니라 자신의 이름도 거론되었다. 장도영의 주장대로 이 중요한 사건을 방첩대가 보고하지 않았다면, 방첩대가 장도영을 육군참모총장으로 인정하지 않고 있다는 뜻이 된다.

장도영은 억울할 것이다. 장도영은 방첩대 대장 이철희를 원망한다. 물론 장도영의 주장이 맞을 수도 있다. 이철희가 쿠데타 세력의 숨은 비선일 경우를 예상해 볼 수 있다. 장도영의 증언을 계속 들어보자.

5·16 새벽 6관구사령부에 있던 박정희 장군과 내가 통화를 하고 난 뒤, 내가 박 장군에게 야간훈련이 모두 취소됐으니 속히 귀대하라고 명령하는 것을 옆에서 들은 서울지구 방첩대장 이희영(李熙永) 대령이 내게 슬그머니 종이쪽지를 내보이는 것이다. 그 쪽지에는 소위 박정희 장군이 주도하는 혁명조직 표와 주동자 명단이 적혀 있었다.

내가 놀란 얼굴로 이희영 대령을 쳐다보니 이 대령도 이상한 얼굴을 하면서 "아니, 총장께서 모르셨습니까?" 하는 것이었다. 이희영 대령은 그의 부대장인 이철희 장군이 나에게 다 보고한 것으로만 알고 있었던 모양이다. 사실 나는 그때까지 전혀 그런 보고를 받지 않았다. 그럼에도 불구하고 이철희 장군은 법정에서 이희영

---

37 육군참모총장에 장도영 중장을 임명. 「경향신문」. 1961.2.17

대령에게 그런 보고를 받고 그것을 총장인 나에게 다 보고했다고
태연하게 진술하였다. 그런 허위진술을 하여 소위 주체 세력의 주
장에 동조해 주었는지 모르나 이 장군은 5·16 이후 최근 경제사범
으로 투옥될 때까지 많은 요직을 차지하였고, 또 치부도 하였다고
한다.[38]

  "박정희 장군이 주도하는 혁명조직 표와 주동자 명단"을 방첩대는
가지고 있었다. 방첩대는 모든 것을 알고 있었다는 방증이다. 그렇다
면 누군가가 정보를 차단하고 있었다는 뜻이 되는데, 장도영은 이철
희를 의심하고 있다. 김재춘의 증언에 의하면 특무대 이상무 방첩처
장은 그들의 프락치였다. 정리를 해 보자.

- 방첩대 대장 이철희: ?
- 방첩대 부대장 백운상: 박정희를 쿠데타의 주범으로 의심
- 506방첩대 대장 이희영: 장도영과 박정희를 동맹으로 봄, 장도
  영 추종
- 506특무대(방첩대) 방첩처장 이상무: 쿠데타 세력이 심은 프락치

  이종태 대령의 취조를 맡은 곳은 서울지구 506방첩대다. 그러므로
이희영, 이상무 등은 쿠데타 주동 인물과 조직 등의 상황을 이종태
로부터 입수하였을 것이다. 문제는 보고라인이다. 정상적인 조직이
라면, 이희영 → 이철희 → 장도영 → 장면 순으로 보고되어야 한다.

---

38 장도영, 나의 쿠데타 가담설은 조작이다, 「신동아」, 1984년 8월호, pp.149-150

그러나 이철희 선에서 보고 라인이 끊겨 버렸다. 물론 장도영의 증언이 맞을 경우다. 여기서 중요한 인물이 이희영이다. 40년 동안 침묵을 지키던 이희영이 말문을 열었다. 2001년 5월 11일 방영된 MBC 〈이제는 말할 수 있다〉란 방송을 통해서다.

이희영은 방송에서 "두 분들이 짜고 하시는 걸로 그때 난 그 당시에 그렇게 알았다."[39]라고 말했다. 이희영의 말을 믿는다면, 5·16 쿠데타를 전후한 방첩대의 이상한 행동에 대하여 납득할 수 있게 된다. 이희영이 전해 준 쪽지를 보고 놀란 장도영의 모습도 이해할 수 있다.

이희영은 박정희의 쿠데타 음모 사실을 이철희에게 보고했지만, 보

506방첩대 대장 이희영 대령(MBC 화면 캡처)

---

39 《MBC 이제는 말할 수 있다 31회, 장도영과 5·16 그리고 박정희 배반의 역사, 2001.5.11》

다 구체적인 지시를 내리지 않았던 것은 박정희의 배후에 장도영이 있기 때문이라고 생각했을 것이다. 그가 진실을 알게 된 때는 5·16이 발발하고 난 후였다. 이철희가 정보를 차단했기 때문에 장도영은 한강 인도교에 나타난 해병대를 보고 나서야 모든 것을 깨달았다. 그는 속았고 이용당했던 것이다. 박정희 쿠데타 주체들은 족청계 쿠데타설로 혼란을 일으켰을 뿐 아니라, 박정희가 주도하는 쿠데타 배후에는 육군참모총장 장도영이 있음을 은근히 유포했던 것이다.

이철희는 백운상과 장도영에게 박정희의 쿠데타 음모 사실이 전달되지 않도록 정보를 차단했던 것으로 보인다. 506방첩대는 방첩처장 이상무가 박정희를 보호하는 역할을 맡았을 것이다. 이철희, 이상무 두 사람이 5·16 주체 세력에 포함되지 않았던 이유는 정보를 다루는 자들의 숙명으로 봐야 한다.

하지만 그들은 보상을 받았다. 이철희의 경우, 장도영의 말처럼 중앙정보부 차장 등 많은 요직을 차지하였고, 또 치부도 하였다. 이상무의 경우도 마찬가지다. 그는 중앙정보부 보안과장을 거쳐, 공화당 창당 요원으로 국회에 진출하여 6대 국회의원을 역임한 바 있다.[40] 쿠데타의 성공을 위하여 그들은 음지에서 결정적 역할을 한 셈이다. 두 사람이 모두 중앙정보부에 들어간 배경이다. 방첩대장 이철희는 이종태 건은 정보를 차단했지만, 그 후 일어난 김덕승[41] 사기 건은 막을 수가 없었다. 경찰과 검찰이 관여된 사건이기 때문이다. 그 대신 그는 족청계 쿠데타설을 강조했다. 장도영의 회고를 계

---

40 적수 6·8 핵지대 현지 르포 ⑴경주 월성, 「동아일보」, 1967.5.23
41 제1부 제3장 '박정희의 술친구 김덕승의 정체' 참조

속 소개한다.

박정희 장군은 거사에 자금을 대고 있다는, 대구에서 모 요정을 경영하는 김덕승이란 자를 5월 12일 서울시경에서 체포하여 취조하고 있다는 것을 경찰로부터 연락받았다. 나는 지금 우리도 그 음모사건을 조사하고 있는 중이니 우리하고 합동조사를 하자고 제의를 하고 곧 이철희 장군을 불러 군경합동조사를 하라고 명하였다. 그 후 이철희 장군이 나의 사무실로 와서 김덕승에 대한 합동조사결과를 보고하기를, 박정희 장군이 거사한다는 것은 전혀 사실무근한 낭설이고 김덕승이란 자는 순전히 사기꾼이란 것이었다. 방첩대장인 이 장군이 이렇게 보고한 것은 쿠데타를 위한 군부대의 출동시간 겨우 7~8시간 전인 15일 오후 5시가 넘어서였다.

그뿐 아니라 이철희 장군은 계속해서 보고하기를 "대구의 박정희 장군에 관한 모략은 총장께서 잘 아시다시피 과거나 현재나 많이 유포되고 있는 것 아닙니까. 이것도 또 하나의 그런 모략인 것 같으니 오히려 다른 것(족청계 장교들의 거사모의 설을 말함)을 더 잘 조사해 보아야 할 것 같습니다." 하는 것이었다. 나도 "박정희 장군, 그 사람, 참 모략을 많이 받는 사람이야." 했다.[42]

김덕승 사건은 이미 거론한 바 있다. 쿠데타가 임박해서 이런 중요한 정보가 입수되었다면, 장도영은 방첩대장에게만 맡길 것이 아니라 좀 더 다른 각도에서 바라볼 필요도 있었을 것이나, 장도영은 이

---

42 장도영, 나의 쿠데타 가담설은 조작이다, 「신동아」, 1984년 8월호, p.150

철희의 보고만 믿었다 한다. 이쯤에서 장도영이 입수한 쿠데타 관련 정보를 정리해 보자.

① 1960년 2월 하순경: 박정희의 초청으로 해운대 호텔에서 만났을 때 박이 장에게 쿠데타 참여 의향을 떠봄(1960년 5·8 쿠데타 미수사건)[43]

② 1961년 4월 21일~5월 초: 이종태 군사혁명정보누설사건(장도영은 이 사건을 전혀 보고 받지 않았다고 주장함)[44]

③ 1961년 5월 5~6일경: 백운상 대령의 1차 보고

④ 1961년 5월 10일경: 백운상 대령의 2차 보고

⑤ 1961년 5월 12일경: 김덕승 사건을 경찰로부터 연락받음 → 15일, 사기꾼으로 결론

⑥ 1961년 5월 13일경: 송인율 대령의 제보

⑦ 1961년 5월 13일경: 실바의 정보 제공[45]

결국 근본적인 문제는 장도영이 너무 미국을 믿었다는 데 있다. 미군이 주둔하고 미8군사령관이 자신을 신뢰하는 한 군부의 반란은 결코 일어나지 않을 것이란 그의 맹신이 화근이었다. 그는 미국이 자신을 버릴 수 있다는 생각을 왜 하지 못했을까?

하우스만의 예를 들어 보자. 장도영과 하우스만은 매우 친했다. 장

---

43 제2부 제1장 '두 번째 음모와 4월 혁명 그리고 김동하의 수난' 참조
44 장도영, 나의 쿠데타 가담설은 조작이다, 「신동아」, 1984년 8월호, p.149
45 제2부 제2장 'CIA한국지부장 실바, 박정희 쿠데타 모의 제보를 받다' 참조

의 아내 백앨렌과 하우스만의 아내 버트는 매 주말마다 모임을 가질 정도로 친밀했고, 아이들도 가족처럼 지내던 사이였다. 이러 처지임에도 하우스만은 박정희에게 "적어도 한 개 이상의 공식적인 최고 직책을 가져야 한다."고 충고했다.[46] 장도영의 모자를 뺏어 써야 한다며 박정희를 부추기는 하우스만의 행위를 장도영은 전혀 예상하지 못했다. 에피소드가 하나 있다. 백운상 대령의 이야기다. 조갑제는 김재춘(전 중앙정보부장)으로부터 다음과 같은 말을 들었다고 한다.

5·16 직후 내가 육군방첩대장으로 부임했는데 부대장인 백운상(白雲祥) 대령이 며칠간이나 보이지 않았습니다. 미8군 정보부대에 문의했더니 자기들이 오키나와를 거쳐 미국으로 피신시켰다고 실토하더군요.

백운상이 도피했다는 것은 사실이다. 506방첩대 조사과장 전영태는 다음과 같은 증언을 남겼다.

5월16일 거사가 성공하고 혁명공약이 공포된 후, 혁명주체 세력인 이낙선(전 상공부장관, 고인), 강춘길(동기생, 전 중앙정보부 부지부장, 고인), 구자춘(전 내무부장관, 고인)의 세 사람으로부터 나에게 국회 의사당(지금의 세종 문화회관)으로 나오라는 전화가 왔다. 그들은 같은 포병의 전우로 나와 친한 사이였다.

그들이 나에게 "너를 혁명동지로 넣으려다 여러 사람이 방첩대

---

46 『한국 대통령을 움직인 미군 대위』, p.56

요원을 동지로 넣을 수 없다고 반대를 하였다. 지금부터 숙청이 있을 것이다. 너는 506방첩대 간부였으니 무사할 수 없다. 그러나 우리 혁명과업 수행에 방첩부대의 역할이 필요하니 우리에게 협조하면 너의 신상은 우리가 지켜 주마."라는 제안을 해왔다. 나는 그들의 제안에 승낙을 하였다. 예측대로 우리 방첩부대에 일대 숙청 바람이 불었다.

백운상 부부대장은 체포령이 내리자 도망가고, 대원 약 200명, 문관 70명이 해고되고, 우리 서울지구 506방첩대장, 방첩과장, 정보과장들 간부는 모두 구속되거나 옷을 벗기고, 많은 대원들이 숙청되어 부대가 쑥대밭이 되었다. 그런 가운데 나는 혼자 숙청대상에서 살아남았다. 506방첩대장으로 전재덕 대령이 부임했다. 전재덕 대령은 육사 8기로 엘리트에 속하는 분이다. 그분 밑에서 혁명과업의 뒤치다꺼리를 같이하였다.[47]

정보관계 종사자의 숙명이다. 전영태 소령이 쿠데타 주체들의 제안에 승낙을 했다고 욕할 맘은 없다. 혼자 숙청대상에서 살아남았다고 한 고백도 마찬가지다. 아무튼 그의 글 중에 "백운상에게 체포령이 내렸고 그는 도망갔다."는 구절이 있다. 김재춘의 말과 일치한다. 박정희 쿠데타 음모에 대하여 집요할 정도로 추적하여 장도영에게 보고한 탓일 것이다.

흥미로운 것은 "미8군 정보부대가 백운상을 오키나와를 거쳐 미국으로 피신시켰다."는 이야기다. 실바가 자신의 정보원을 "오키나와

---

47 《전영태, 5·16 군사혁명 전야의 회고, 2012.5.16》

로 옮겼다가 미국으로 데리고 갔다. 가족도 데려다주었다."는 주장
과 정확히 일치한다. 조갑제는 실바가 이름을 밝히지 않은 제보자를
백운상으로 추정하면서도, "그는 박 대통령으로부터 면책 보장을 받
은 뒤 한국으로 돌아가 지금 평화롭게 살고 있다."라는 실바의 말과
"백 씨는 미국에 정착, 잘 살고 있다."는 자신의 취재 결과를 비교하
면서 착각일 수도 있다고 정리했다.[48]

  사실 실바의 말과 배치되는 것은 또 있다. 실바는 제보자가 박정희
의 직속참모의 일원으로서 자신의 부하와 친한 사이였다고 했지만,
백운상은 박정희의 부하가 아닌 방첩대 요원이었다. 이런 상이점이
있지만, 백운상이 문제의 도피 인물일 가능성은 매우 높다고 본다.
왜냐하면 송인율 대령을 등장시키면 어느 정도 정리가 되기 때문이
다. 송인율은 2군사령부 정보참모로서 박정희의 직속 참모가 맞고,
2군사령부 내에서 박정희파가 아닌 장도영파로서 백운상에게 정보를
제공한 장본인일 가능성이 높다. 송인율로부터 정보를 제공받은 백
운상이 장도영에게 보고를 하였고, 쿠데타 후 도피한 백 대령을 실바
가 미국으로 보내었다는 추정을 해 본다. 분명한 것은 백운상, 송인
율 두 사람 모두 5 · 16 후에는 음지의 인물이 되었다는 사실이다.

  결론을 내릴 때다. 군부 최고의 정보기관 육군방첩대는 박정희 일
파의 쿠데타 모의 사실을 정확하게 알았지만, 그들은 쿠데타를 저지
하지 않았다.

---

48 《조갑제, 한국 내의 美CIA⑤, 조갑제닷컴》

| 장면에게 미국은 무엇이었는가? |

쿠데타군은 주위의 반응에 상관없이 움직였다. 그들에게 주어진 목표는 수도 서울의 완전한 장악이었다. 가장 중요한 임무는 요인 체포였을 것이다. 당시 최고 권력자는 총리 장면이다. 장면을 비롯한 주요 인물 체포와 방송 등 통신시설을 장악하는 특수임무는 공수단에게 주어졌다. 아래는 특수임무조의 각종 활동 계획을 정리한 것이다.[49]

(1) 방송시설
- HLKY(기독교방송)와 방송중계소 사전 정찰: 유승원 대령(육군본부)
- HLKA(중앙방송국) 점령: 이석재(육군군수참모부과장) · 이형주 중령

(2) 장면 및 요인 체포
① 담당: 박종규 소령(박정희 부관, 공수단장 박치옥 대령, 대대장 김제민 중령과 협의)
② 반도호텔 점령조
- 에레베타 조: 대위 차지철
- 계단조: 대위 김인식
- 정문계단조: 대위 유승준
- 우측 층계조: 대위 장종원
- 좌측 층계조: 대위 이동웅
- 우측문조: 대위 탁병섭

---

49 『한국군사혁명사(제1집 上)』, pp.215-217

③ 요인 체포

- 내무부 장관: 대위 김상목
- 외무부 장관: 대위 오필성
- 국방부 장관: 대위 손기훈
- 무임소 장관: 대위 이덕기
- 치안국장: 대위 안충인

(3) 격문과 혁명공약의 인쇄

- 책임: 이학수(광명인쇄공사 사장)
- 인쇄 내용: 혁명취지문, 혁명공약, 포고문 등

(4) 삐라산포

- 책임: 이원엽 대령(광주 소재 육군항공학교장)
- 박정희로부터 이주일 소장(제2군사령부참모장)과 상의하라는 밀명을 받음

(5) 통신망 절단

- 책임: 김재춘 대령(제6관구참모장)
- 담당: 남궁진 소령(제6관구 통신근무대장)

　계획은 대체로 순조롭게 이행되었다. 다만 가장 핵심 임무였던 장면 체포는 실패했다. 이 문제를 검토하기 전에 이 무렵 미국인들의 움직임을 먼저 살펴보기로 하자. 5월 16일 한강 인도교에서 울려 퍼진 총격 소리는 인근 시민들의 단잠을 깨웠을 것이다. 물론 그들은

연유를 몰랐을 것이다. 하지만 특히 예민하게 반응한 이들이 있었다. 사건 현장을 중심으로 미8군, 육군본부가 가깝게 위치하고 있었고 조금 떨어진 시청·광화문 부근에는 미 대사관, 중앙청 등 정부기관이 소재하고 있었다. 당연히 미8군과 미 대사관 주요 인사들은 분주히 움직였다.

불행히도 이들의 동정은 한국의 공식 문서에는 등장하지 않는다. 핵심 인사는 미8군사령관 매그루더 대장(Carter B. Magruder; 1900-88), 주한 미 대사관 대리 대사 그린(Marshall Green; 1916-1998), CIA한국지부장 실바(Peer de Silva; 재임기간 1959-1962), 미국 군사고문단장 하우즈 소장(Hamilton. H. Howze; 1908-1998) 그리고 흑막의 인물 하우스만(James Harry Hausman; 1918-1996) 등이다. 이상하게도 이들의 증언은 제각각이다. 먼저 그린의 주장을 소개한다.

1982년 3월 5일자 동아일보, 5·16 쿠데타 발생 20년 후 당시의 상황을 증언하는 그린의 인터뷰 기사가 실려 있다.

아, 기억이 또렷해요. 16일 새벽 3시 반경에 매그루더 유엔군사령관으로부터 전화가 왔어요. "총소리를 들었느냐"고 묻습디다. 그래 "아니 못 들었다. 창문을 열면 들리겠지."라고 대답했지요. 나는 이렇게 5·16을 처음 알게 되었습니다.

우리들은 어떻게 해야 할지를 토론했습니다. 저는 처음에 그에게 "우리는 쿠데타에 대해 아무엇도 모르고 책임도 없는 것 아니냐. 책임은 장면 정권에 있는 것이라는 점을 명백히 하자."고 말했습니다. 매그루더는 나의 의견에 동조 않더군요. 두 시간가량 뒤인 5시 반쯤 그에게서 또 전화가 왔어요. 그의 얘기는 우선 성명을 발표하는 것이 필요하다는 것이었습니다. 시간도 없었고 성명 발표에 대한 워싱턴의 허가도 없었지만 우리는 미국이 쿠데타와 관련이 없었으며 여전히 민선정부를 지지한다는 입장이었지요.

그런데 워싱턴은 어땠느냐, 완전 침묵 상태였습니다. 케네디 대통령과 러스크 국무장관은 그때 캐나다에 가 있었습니다. 나는 당시 그 사실을 몰랐습니다. 유일한 책임자인 채스터볼즈 차관은 상황판단을 못하고 있었어요. 그 이후 48시간 동안 저는 완전히 혼자 뛰었습니다. 정말 고독했습니다. 내가 1차로 낸 성명은 국무성의 사전 허가를 받지 않은 것이었습니다.[50]

다음 차례는 실바의 회고담이다. 그는 1973년, CIA를 은퇴한 뒤 『서브로자(Sub Rosa, 'under the rose'라는 뜻의 라틴어)』라는 회고록을 남겼다. 총격전이 발생한 5·16 새벽 무렵부터, 실바가 취한 동선을 살펴보자.

서울의 취약한 상황과 장면 총리에 대한 군사혁명의 가능성이 짙어 가고 있었기 때문에 나는 대사관 사택 제2단지 내에 있는 내 집에 소형 송수신 무전기를 설치하고 대사관 건물 옥상에 있는 내 전용 통신실과 연락할 수 있도록 했다. 전용 통신실에는 2명의 무선사

---

50 東亞인터뷰 5·16 때 駐韓대리大使(대사) 마셜 그린, 「동아일보」, 1982.3.5

들이 밤낮없이 24시간 근무하도록 했다. …(중략)… 그 뒤 45분 동안 서울 중심가에서 총소리가 들려왔으나 그 밖에 어떤 사태가 벌어지고 있는지 알아낼 도리가 없었다. 사무실에 앉아 커피를 마시고 문득 장 총리에게 연락을 해 보기로 결심하고 그의 비밀전화를 돌렸다. …(중략)… 상대방은 긴장된 목소리로 장 총리는 실각했으며, 그곳에 없고 도주 중이며, 혁명이 이미 시작되었다고 말했다. 내가 상대방의 이름을 묻자 그는 이렇게 대답했다. "나는 박ㅇㅇ 소령입니다. 국민혁명을 대표합니다." 나는 호텔 객실로 가서 그를 만나고 싶다고 말한 후 대답을 듣지 않은 채 수화기를 내려놓았다. 이때가 새벽 5시경이었다. …(중략)…

8층으로 올라와 오른쪽 장 총리의 방으로 갔다. 문을 두드리자 마른 얼굴에 호리호리한, 잘생긴 한국군 소령이 문을 열어 주었다. 그는 신경이 곤두서 있었고 기진맥진한 표정이 역력했다. 그러나 무장은 철저했다. 무기를 든 채 서 있거나 앉아 있는 다른 공수 단원들이 몇 명 더 있었는데, 모두가 초긴장 상태였다. 내가 박ㅇㅇ 소령이냐고 묻자 그는 고개를 끄덕이며 나를 안으로 안내했다. 그는 내가 전에 국무총리와 몇 차례 식사를 나눈 바 있는 방으로 나를 안내했으며 우리는 그곳에서 당번 사병이 급히 끓여 온 커피를 들었다. 박 소령은 그의 신상에 대하여 설명을 하였다. 그는 박정희 장군의 경호대장이며 …(중략)… 그는 볼멘 목소리로, 그가 도착했을 때 장면과 그의 측근 보좌관들은 아마 도주했더라면서 박 장군을 찾아서 보고하려던 중이라고 말했다. …(중략)… 나는 일어서서 사과를 한 후 돌아갈 터이니 내가 그와 박 장군을 위해 도움이 될

"張都暎총장 믿었던게 恨"

피신 總理 만나 수습論議 하자고

권총차며 숨은쥐 잡으러 가자고

張총리 流血우려 ·尹대통령도 鎭壓거부

그린大使의 메그루더의 "슐호 擊破樣지지" 설임은
워싱턴과 事前協議하지않아 효용못얻어

그린과 비슷한 시기에 인터뷰에 의한 위태커,
1982년 5월 27일자 동아일보

일이 있으면 전화를 하라고
했다.[51]

CIA한국지부장 실바가 쿠데타 주체 중 가장 먼저 만난 사람이 박종규라는 점이 흥미롭다. 당초의 목적인 장면을 만나지는 못했으나 실바는 쿠데타 핵심 인물 중의 한 명인 박종규를 만났고 그를 끈으로 김종필, 박정희 등을 연속으로 만나게 된다. 아무튼 지금까지의 글만 보면 실바가 5·16 쿠데타에 직접적인 관계를 하지 않은 것으로 보인다. 장면의 도피에도 도움을 주지 못했고…. 그렇다면 장면은 누구에게 정보를 받아 그렇게 재빨리 피신할 수 있었을까? 이에 대한 답변은 위태커가 제공해 준다.

장 총리는 왜 피신하게 된 것인가요?
"장 총장이 급히 피신하도록 연락한 것입니다. 16일 새벽 3시 반 반도호텔에서 자고 있는 장 총리에게 장 총장으로부터 전화가 왔습니다. 모든 것은 자신의 지휘하에 있으니까 조금도 염려하지 말라고요. 그런 다음 한 시간 반쯤 지난 새벽 5시 다시 전화가 와 피신

---

51 『서브로자』, pp.206-209

하는 것이 좋겠다고 말해 왔습니다.”

처음에는 안국동에 있는 미 대사관 관저로 갔다죠. 왜 하필이면 그쪽으로 간 것인가요?

“육본이나 중앙청으로 가면 체포될 것이고 체포되면 아무 일도 못하고 끝나는 것이니까, 그린 대사와 연락해 사태를 수습하기 위해서였죠. 그러나 미 대사관 관사에서 신분을 밝히지 않아 못 들어가고 평소 혜화동 자택에서 가까워 잘 아는 칼멜수녀원으로 가게 된 것입니다.”[52]

지금까지 알려진 장면 도피설과는 상당히 다른 내용이다. 상기 내용은 실바의 증언과도 어느 정도 일치한다.

나중에 안 일이지만 장 총리는 첫 총성을 듣자마자 지프를 타고는 나와 연락을 취하러 우리 대사관 사택으로 왔었다(나는 벌써 대사관으로 가고 있었다). 그는 정문이 닫힌 뒤에 도착했으며 아무렇게나 옷을 주워 입은 모습으로 신분을 밝히지 않았기 때문에 들어가지 못했다.[53]

장면은 왜 신분을 밝히지 않았을까? 어쩌면 그 당시의 장면은 미국 CIA가 이번 쿠데타의 배후라고 생각했을지도 모르겠다. 그러면 당사자인 장면의 목소리를 들어 보자.

---

52 장도영 총장 믿었던 게 한, 「동아일보」, 1982.5.27
53 「서브로자」, p.209

다음 날 1961년 5월 16일 새벽 2시경이다. 장도영에게서 전화가 왔다. 나에게 직접 온 것이 아니고 경호실을 통한 보고였다. 그때 나는 반도호텔 809호실에 있었고 경호실은 808호실이었다. 30사단에서 장난을 하려는 것을 막아 놓았고, 지금 해병대, 공수부대가 입경하려는 것을 한강에서 제지시키고 있다는 보고가 아닌가.

"아무 염려 마시고 그저 그런 일이 있다는 것만 알고 계십시오."

여전히 무사하다는 말이었다. 깜짝 놀란 나는 "한 주일 전에 내가 말한 그거 아닌가?"

"아니 별것 아닙니다. 염려 마시고 제게 맡기십시오."

"염려 말라는 말만 말고 내게 곧 와 줘. 와서 직접 자세히 보고하게, 매그루더 사령관에게도 보고했나?"

"네, 했습니다."

"그래, 곧 좀 왔다 가게."

"곧 가겠습니다."

경호원을 호텔에 대기시키고, 불안과 초조 속에서 장도영을 기다렸으나 종내 나타나지 않았다. 얼마 후에 총성이 요란하게 들렸다. 신변의 위협을 느꼈다. 이성을 잃은 군인들이 무슨 짓을 못하랴 싶었다. 사세 부득이 그 자리를 피했다. 반도호텔에 군인이 들어오기 전과 불과 10분 앞서서였다.

가야 할 목적지를 정하고 나선 것은 아니다. 우선 길 건너 미 대사관으로 가 보려 했으나 문이 절벽으로 잠겨 있었다. 무교동 골목으로 빠져 청진동으로 달려가. 한국일보사 맞은편 미 대사관 사택의 문을 두드렸다.

어떤 엄명이 내렸는지 문이 열리지 않았다. 집으로 돌아갈 수도

혜화동 소재 갈멜 수도원

없고 길에서 방황할 수도 없어 일단 안전한 곳에서 정세를 파악하기 위해 잠시 몸을 피하기로 했다. 어디로 가야겠다는 작정은 없었다. 잠시 피신해 정세를 보기 위해서 아무도 짐작 못할 혜화동의 수녀원으로 가 보았다. 내자가 진부터 친교가 있던 원장에게 사정을 말하고 허락을 받아 방 하나를 얻었다. 혹자는 겁에 질려 꼭 꼭 숨어만 있던 것처럼 알려져 있으나 사실이 그런 것만은 아니다. 거기서 무엇을 어떻게 했는지는 아직 말할 단계가 아니므로 보류해 둔다. 이때 받은 충격은 너무나 컸다. 무슨 까닭으로 이런 변을 당하는지도 알 수 없었다.[54]

---

54 장면, 『한 알의 밀이 죽지 않고는(장면회고록)』, 가톨릭출판사, 1967, pp.86-90

장면의 도피는 알려진 사실과는 상당히 다른 듯하다. 먼저 오해를 풀어야 할 사항은 장면이 아무런 조처도 취하지 않고 기도원에서 기도만 했다는 세간의 인식이다. 그리고 '비겁한 장면' 혹은 '겁쟁이 장면'이라는 비평도 재검토해야 할 사안이다. 장면이 친미주의자이고 자신의 운명 역시 전적으로 미국에 달렸다고 인식하는 것은 그의 한계일 따름이다. 사실 장면은 적극적으로 당시의 상황을 타개하려고 노력한 흔적이 보인다. 장도영을 믿을 수 없다는 판단이 서자, 그는 미 대사관의 도움을 가장 먼저 요청한 것이다.

그러나 대사관의 문은 굳게 닫혔고 인근에 있는 미 대사관의 사택마저 그를 들여보내 주지 않았다. 왜 문이 열리지 않았을까? 이 부분에 대하여 실바, 위태커의 설명과 장면의 인식은 전혀 다르다. 실바는 "아무렇게나 옷을 주워 입은 모습으로 신분을 밝히지 않았기 때문에 들어가지 못했다."고 했고, 위태커 역시 미 대사관 관사에서 신분을 밝히지 않아 못 들어갔다고 했으나, 장면은 "어떤 엄명이 내렸는지 문이 열리지 않았다."고 증언했다. 아마 장면의 주장이 맞을 것이다.

상식적으로 생각해 보아도, 미 대사관과 사택에서 근무하는 경비원들이 평범한 각료나 국회의원도 아니고 한국의 최고 권력자를 몰라볼 수 있겠는가? 누추한 옷이 아니라 벌거벗고 있는 모습이라도 당연히 알아보았을 것이다. 그리고 장면이 왜 신분을 밝히지 않았겠는가? 더욱이 실바의 회고록에 의하면 사택의 경비원은 한국인이었다.[55] 경비원들이 출입을 제지한 것은 장면의 말처럼 모종의 명령이 있었다고

---

55 「서브로자」, p.207

판단할 수밖에 없다.

그래도 이해할 수 없는 것은 장면의 술회다. 그는 "거기서 무엇을 어떻게 했는지는 아직 말할 단계가 아니므로 보류해 둔다. 이때 받은 충격은 너무나 컸다. 무슨 까닭으로 이런 변을 당하는지도 알 수 없었다."라는 애매모호한 메시지를 남겨 후인의 궁금증을 유발하게 했다. 인용한 회고록이 발간된 시기는 1967년이다. 장면은, 총리 사퇴 → 군사혁명재판소 증인 → 연금 → 구 이주당계 사건의 배후로 지목 → 법정구속 → 1심 구형(사형) 선고(10년) → 병보석 → 2심(3년 징역, 5년 집행유예)을 거쳐 지병인 간염과 당뇨병에 시달리고 있는 상태에서 《한 알의 밀알이 죽지 않고는》라는 회고록을 집필하다가 1966년 6월 4일 서울 종로구 명륜동 자택에서 간장염, 당뇨병 등의 합병증으로 사망하였다. 그러므로 그의 회고록은 유고를 출판한 셈이다.

장면은 위에서 언급한 인신 구속의 고통 외 정치정화법에 묶여 1963년의 선거를 통한 명예회복의 기회도 놓치는 등 박정희로부터 온갖 박해와 수모를 겪었다. 그는 회고록을 통하여 박정희에 대한 증오를 드러내고 박정희의 정체를 폭로하는 데 주저하지 않았다. 그리고 장도영과 윤보선에 대한 유감과 원망도 무수히 쏟아내었다. 하지만 이상하게도 자신의 정치고문인 위태커 그리고 그린, 매그루더, 실바, 하우스만 등 주요 미국인에 대한 언급이 거의 없다. 유엔군 사령관 매그루더 장군마저 장도영에게 농락을 당한 인물로 그리고 있다.

장면이 "너무나 충격을 받았다"는 그 내용은 무엇일까? 그리고 그는 왜 "거기서 무엇을 어떻게 했는지는 아직 말할 단계가 아니므로 보류해 둔다."라고 갈멜 수녀원 은신 사흘 동안의 행위에 대하여 침묵했을까? 사실 장면은 나름대로 몸부림을 치고 있었다. 이 무렵 장면이 시도했던 것은 미국의 지원이었다. 장면 내각의 외무부 장관이었던 정일형과 장면의 움직임을 기록한 미국의 기밀문서를 소개한다.

그러는 동안 총리와 외무장관(정일형)이 대사관에 전화를 걸었다. 외무장관은 집에 있으며 분명히 체포되지 않았다고 알려 왔다. 총리는 나에게 "그렇게 멀리 있지 않다."고 말했지만, 분명한 이유들(전화도청으로 추측된다) 때문에 우리는 그가 정확히 어디에 있는지 문의할 수 없었다. 나는 그에게 유엔군 사령관과 내가 발표한 성명을 알려 주었다. 그는 깊은 감사의 뜻을 나타내면서 유엔군사령관이 "권한을 행사해야 한다."고 촉구했다. …(중략)…

장도영 장군과 박 장군 그리고 혁명위원회의 다른 장교들은 아마 11쯤에 만날 것이다. 장면 총리는 11시 30분 대사관에 (다시) 전화를 해서 그가 안전하며 정치담당 참사관이 이 말을 그의 내각에 전해 주었으면 한다고 요청했다. 참사관은 청와대에서 대통과의 만남을 위해 떠난 뒤였다.[56]

장면이 피신을 하고 미 대사관과의 접촉을 시도한 것은 그로선 최선의 선택이었을 것이다. 그러나 그는 첫째, 유엔군사령관은 워싱턴의 명령을 받아야 하는 신분이었고 둘째, 미국은 이미 자신을 버렸다는 두 가지 현실을 몰랐다. 그에게 주어진 순서는 몰락이었다. 그렇

---

56 "Embtel No.1350", May16, 1961, 795B, 00/5-1661, Box2181, Decimal File, 1960-1963
    《박태균, 『우방과 제국』, pp.203-204 재인용》

미국의 5·16 쿠데타 배후설을 조심스럽게 제기하는
장순(MBC 화면 캡처)

다면 장면은 어떻게 행동을 해야 했을까?

5·16 쿠데타 당시는 어쩔 수 없었다 하더라도, 회고록을 쓴 시점에선 좀 더 확실한 정보를 후세들에게 전해야만 했다. "아직 말할 단계가 아니므로 보류한다." 따위의 연막을 치기보다 자신이 그렇게 충격받은 이유를 분명히 말했어야만 했다. 장면이 보류한 대답을 그의 아들 장순이 진실에 근접한 증언을 한 바 있다.

5·16 쿠데타를 전후한 방첩대의 활동에 관한 506방첩대장 이희영의 증언이 방송을 통하여 소개된 것을 기억할 것이다. 같은 프로그램에서 장면의 아들 장순이 중요한 발언을 했다. 갈멜 수녀원으로 도피한 장면의 행적에 관한 것이다.

쿠데타가 나고 아버지가 행방불명되었을 때, 장순은 미 국방성의 랜스데일 장군을 찾아갔다고 한다. "당신 아버지 어디 계신지 아니까 걱정하지 말라. 잘 계시고 안전하게 계시니까 걱정하지 말라."고 하면서 장순을 안심시킨 이는 랜스데일이다. 쿠데타 바로 직후, 갈멜 수녀원으로 간 것을 말하는 것이다. 장순은 분명히 자신의 귀로 들었다고 강조했다.

장순은 어머니(김옥윤)의 의견도 말했다. 김옥윤은 장면으로부터, "미국 대사관에서 거절했다고 문 안 열어 주고 위에서 하지 말라고 하니까 안 한 것"이라고 들었다고 한다. 어머니는 "미국이 손 끊은 걸로 해석했다."고 장순은 증언했다.

"미국에서는 그럼 대강 어떤 일이 일어나고 있는지 알고 있었다는 말 아닙니까?"라는 PD의 질문에 장순은 확실하게 답했다. "알고 있었을 뿐만 아니라 협조했을 걸요. 협조 이상으로 뒤에서 계획했을지도 모르죠. 만일 이후에 미국이 뒤에서 계획했다는 서류가 나온다 해도 나는 놀라지 않을 겁니다."[57]

미국이 "사후에 쿠데타세력에게 협조를 했는지" 혹은 "뒤에서 계획했는가" 하는 의문은 이 책의 주제다. 이 문제는 글을 전개하면서 계속 다룰 것이며, 의혹을 계속 제기할 것이다. 사실 장면은 미국으로부터 배신을 당했다. 장면은 미국이 자신을 버릴 수 있다는 것을 처음부터 알았어야 했다. 그러면 장면은 쿠데타 발생 가능성에 대하여 어떻게 생각하고 있었을까? 결론부터 말하면, 그는 쿠데타 정보를 묵살했다. 장면에게 보고된 쿠데타에 관한 정보를 알아보자.

당시 외무부 장관 정일형의 아들 정대철은 『장면은 왜 수녀원에 숨어 있었나』라는 그의 저서에서 10건의 쿠데타 정보가 묵살 되었다고

---

57 《MBC 이제는 말할 수 있다 31회. 장도영과 5 · 16 그리고 박정희 배반의 역사. 2001.5.11》

주장한다. 구체적인 내용은 다음과 같다.[58]

① 김응주(부산, 4 · 5 · 7 · 8대 민주당 의원)의 증언
• 1961년 4월 초순경, 윤병한(5대 민주당 의원)이 김응주에게 제보함.
• 장면은 장도영에게 확인했으나, 그럴 리 없다는 장도영의 말을 믿음.
② 선우종원 조폐공사(전 장면 부통령 비서실장)의 증언
• 3대 국회의원 송우범이 박정희와 김종필이 포함된 도표를 제시함(출처, 이성가 장군)
• 송우범 · 이성가 · 선우종원 등 3인 회동 후 선우종원이 장면을 방문함
• 장면, 장도영에게 문제의 도표 확인 → 장도영은 눈물을 글썽이며 부인함
• 장도영, 선우종원에게 전화로 항의함
③ 김덕승 사건
• 송원영(장면의 공보담당 비서)의 회고
– 5월 6일, 윤병한 의원이 김덕승 사건으로 장면을 방문함
– 장면이 검찰총장에게 수사지시, 검찰총장은 서울시 경찰부국장에게 전화함
– 검찰총장의 무성의한 태도로 사건이 흐지부지됨

---

58 정대철, 『장면은 왜 수녀원에 숨어 있었나』, 지식공작소, 2001, pp.188–205

- 검찰총장 이태희의 증언
- 윤병한으로 부터 정보 입수 후 장면이 호출함
- 장도영·이태희·장면 등 3인의 회동 → 장도영이 조사하기로
  결론
- 검찰 나름대로 조사함

- 김흥수(서울지검 부장검사)의 증언[59]
- 5월 12일, 김덕승의 신병을 확보, 남대문 근처 태평장 호텔에서
  심문
- 김덕승, 쿠데타 모의사실을 모두 털어놓음, 일단 사기미수로 구
  속 → 검찰총장에게 보고
- 검찰총장이 장도영에게 전화함 → 장도영이 박정희에게 문의한
  결과, 사실무근이라 함
- 5월 13일, 전화·전보 체크, 쿠데타 확신 → 검찰총장에게 보
  고, 검찰총장의 안색이 변함
- 수사 진행 중 쿠데타가 일어남

④ 한창우(경향신문 사장)의 제보(박종률 전 총리비서관의 증언)
- 박정희·윤태일·송찬호·김동하 등 주동자 명단 제시, 장도영
  도 포함
- 장면과 장도영, 20~30분간 면담

---

59 김흥수의 증언은 《5·16 혁명실기》의 내용과 많이 다르다. 《5·16 혁명실기》에는 김덕
    승이 사기꾼 행세를 했기 때문에 비밀이 탄로 나지 않아 쿠데타가 성공할 수 있었다고
    한다. 그러나 김흥수는 김덕승이 쿠데타 모의사실을 모두 자백했다고 말했다.

- 장도영, 반대파들이 자신을 모함하기 위한 허위정보라고 주장
- 검찰총장, 김덕승 검거

⑤ 정주성 보고서(박종률 전 총리비서관의 증언)
- 5월 초, 정주성 비서관(이귀영 정보담당 비서관 휘하)의 보고서 내용 "모 여성들의 계 조직에 모인 돈이 쿠데타 자금으로 쓰이고 있다." → 장 총리, 건성으로 들음
- 5월 6일, 서울시경 국장 해당 여성 추적 → 이학수 구속
- 이학수 취조 결과, 박정희 · 송찬호 · 박치옥 · 문재준 · 오치성 등 쿠데타 주동 6인 명단 확인
- 장면 · 장도영 · 이태희 회동 → 장도영, 파벌싸움으로 인한 오해라고 극구 부인

⑥ 현석호(국방장관)의 증언
- 쿠데타 발생 10여 일 전, 국방부 조사대장 김재현 중령 보고서 제출
- 박정희의 쿠데타 모의, 장 총장도 알고 있음
- 장도영, 박 장군에 대한 모략임, 자신도 가담했다는 루머가 떠돌고 있다고 이야기함
- 5만의 미군이 있는데 누가 어리석게 자살행위를 하겠는가?

⑦ 김재규(국방부 총무과장)의 보고(우희창 국방차관의 증언)
- 김재규, 현석주(현석호의 동생, 육사2기)의 추천으로 현과 함께 준장 진급

- 김재규, 박정희의 쿠데타 참여 권유 사실을 현 장관에게 보고, 박의 즉각 구속 요구
- 현석호, 김재규의 정보를 보여 주면서 장도영에게 박정희 구속을 요구함
- 장도영, "내가 참모총장으로 있는 한 누구도 쿠데타를 할 수 없다."

⑧ 방자명 중령(제15범죄수사대장)의 증언
- 5월 8일, 범죄수사과장 오기수 대위, 박정희 중심 쿠데타 정보 보고
- 박정희, 김종필, 김형욱 등이 정부 전복 기도
- 박정희 위에 별 셋이 그려져 있는 구성표: 장도영, 장창국(참모차장), 이한림(1군사령관), 최경록(2군사령관), 김종오(연합참모본부의장)
- 헌병감 조흥만 준장에게 보고 → 총장보좌관 김동수 소령에게 전달 부탁
- 2~3일 후, 총장에게 별 셋이 누구냐고 질문함 → 장도영의 면박

⑨ 미국 CIA의 정보 보고[60]
⑩ 장도영의 쿠데타 정보 입수(백운상 대령의 조사)[61]

주요 내용은 이미 거론한 바 있는 김덕승 사건과 이종태 비밀누설

---

60 제2부 제2장 'CIA한국지부장 실바' 참조
61 제2부 제2장

건이다. 그 외 이학수의 자금 모집 건도 있다. 놀라운 것은 박정희를 암살한 김재규가 그 무렵 박정희로부터 쿠데타 권유를 받았고, 이 사실을 현석호 장관에게 보고했다는 증언이다. 김재규는 박정희의 즉각 구속을 요구했다고 한다. 사실 여부를 좀 더 정확하게 증명할 수 없는 것이 아쉽다.

아무튼 이렇게 다양한 경로로 박정희의 쿠데타 음모에 대한 정보가 쏟아져 들어왔는데도 쿠데타를 방지하지 못했다는 것이 불가사의하다. 군작작전 지휘권이 미8군에게 있고, 5만 미군이 주둔하고 있더라도, 이 정도의 정보가 입수되었다면 당연히 경각심을 가져야 정상일 것이다. 무엇보다 이해할 수 없는 것은, 쿠데타 모의 혐의를 받고 있는 장도영에게 모든 것을 믿고 의지하는 장면의 태도다. 장면뿐만 아니다. 국방장관, 검찰총장, 국회의원, 총리비서관 등도 사태의 심각성을 깨닫지 못한 것은 장면 정권이 무너질 수밖에 없는 한계를 보여주고 있다. 누구나 알고 있는 쿠데타 음모를, 누구도 막지 않았다는 뜻이다.

| 대통령 윤보선의 '올 것이 왔구나!' 논란 |

박정희와 윤보선의 첫 만남 때 윤보선은 "올 것이 왔구나!"라는 탄성을 제1성으로 내뱉었다고 한다. 윤보선의 이 말은 지금도 논란이 분분하다. 윤보선은 쿠데타 계획을 이미 알았음에도 장면과의 권력 다툼 때문에 묵인하고 있었다는 유력한 증거로 "올 것이 왔구나!"란 말을 했다는 뜻이다.

쿠데타 계획을 윤보선에게 미리 알렸다고 주장
한 유원식의 대담기사 (1962년 5월 4일자 동아일보)

윤보선의 발언이 문제화
되기 시작한 것은 5·16 쿠
데타 1주년을 며칠 앞둔 무
렵, 유원식(최고위원)이 동아
일보와의 대담에서 "윤 대통
령에겐 1960년 말경 쿠데타
계획을 미리 알렸다"[62]는 발
언을 한 이후부터다. 이 보
도 이전엔 윤보선이 이런 발
언을 했다는 사실을 대부분
몰랐다. 먼저 회고록을 통하여 당시 장면을 술회한 유원식의 주장부
터 들어 보자.

이렇게 하여 참모총장과 우리 일행은 청와대로 가서 대통령의 인
가를 받기로 합의를 보았다. 장도영 장군은 일이 있다고 먼저 떠나
고 약간 늦게 박 장군과 함께 청와대로 향하였다. 청와대의 소회견
실에 들어섰을 때 우리는 이상한 장면에 직면하였다. 그곳에서는
먼저 도착한 사람들이 뜻밖에도 반란 진압책을 의논하고 있었던 것
이다. …(중략)…

모든 사람들이 밖으로 나간 후, 나는 대통령에게

"이제부터 모든 일을 믿고 상의하실 분은 제가 아니고 여기 계시
는 박정희 장군입니다. 그러니, 앞으로는 모든 일을 이 박 장군과

---

62 尹大統領(윤대통령)엔 미리 알려, 「동아일보」, 1962.5.4

상의하십시오." 하였다. 그러자, 박 장군은

"우리가 거사한 것은 인조반정과 같은 것입니다."라는 등 구구한 소리를 늘어놓은 다음 육군본부로 되돌아왔다. 그런데, 이때까지도 장도영 참모총장은 계엄령 선포를 반대하고 있었다.

"계엄령 선포란 일단 국무회의에서 가결해야 대통령이 인준할 수 있소. 따라서 국무회의를 거치지 않고 대통령이 직접 인가한 것은 위법이니 이를 선포해서는 안 되오."

한 낮이 되도록 결말을 보지 못하자, 이제나 저제나 하고 기다리던 청년 장교들 중에서 차지철 대위가 분통을 터뜨렸다. 그는 권총을 뽑아 들더니 장 장군의 배에 들이대며 계엄령 선포를 요구하였다.

"각하, 정 이러시기요? 또 다시 거절하신다면, 쏘아 버리겠습니다." 이렇게 하여 드디어는 계엄령이 선포되고, 전국으로 이 사실이 방송되었다.

그동안 청와대에는 여러 사람이 다녀갔다. 그중에서도 유엔군 사령관 겸 8군사령관 매그루더 장군은 열 시가 지나서 윤 대통령에게 폭동 진압 요청서에 서명해 줄 것을 요구하였으나, 대통령은

"나는 이 혁명을 지지하니 반대할 수 없소." 하며 명백하게 그의 입장을 밝혔다고 전해졌다.[63]

유원식의 글은 역사적 사실을 기록했다고 하기에는 오류가 너무 많다. 우선 이 글만 해도 내용 자체가 뒤죽박죽이다. 대통령의 인가를

---

63 유원식, 『혁명은 어디로 갔나』, 인물연구소, 1987, pp.288-290

받기 위해 청와대로 갔다고 했다. 중간에도 "저희들 목적은 계엄령 선포의 추인을 받으러 온 것인데, 각하께서 이를 추인하셨으니, 이제 저희들 용무는 끝났습니다. 그럼, 바쁘니까 저희들은 이만 돌아가겠습니다."라고 했다. 그들이 윤보선을 만날 무렵은 오전 9시부로 계엄령이 이미 선포되었으므로 맞는 말이다.

그러나 그 뒤의 서술이 엉망이다. 대통령이 이미 추인한 계엄령을 참모총장이 반대한다고 해서 총을 들이대고, 위협에 못 이긴 총장이 마지못해 허락하자 계엄을 선포했다고 한다. 도저히 신뢰할 수 없는 글이다. 그리고 자신이 쿠데타의 주역처럼 표현한 것도 눈에 거슬린다. 무엇보다 확실한 것은 박정희와 윤보선의 첫 회동에서 윤 대통령은 계엄령 선포의 추인을 하지 않았다는 점이다.[64] 윤보선은 내각의 의결을 거친 정상적인 절차를 요구한 것이다. 장도영의 말을 들어 보자.

대통령의 의도나 지시는 두 가지로 요약할 수 있었다. 하나는 법 절차를 밟아 계엄을 선포하는 것, 또 하나는 피를 흘리지 않고 이 사태를 수습해야 한다는 것이었다.[65]

그리고 "올 것이 왔구나!"란 탄식은 "지극히 험악하고 혼란한 정국이 계속되는 가운데 이러다가는 결국 무슨 참변이 일어나고야 말 것 같은 불길한 예감마저 있었는데, 드디어 군대가 일어나고야 말았구

---

64 실제 계엄령이 추인된 것은, 장면 주제하에 내각이 계엄령을 의결한 5월 18일이다.
65 장도영, 나는 역사의 죄인이다, 「신동아」300호, 1984년 9월호, p.146

나 하는 비통한 한 심정의 토로였다."고 장도영은 해석했다. 윤보선
도 1989년 동아일보에 연재한 자신의 회고록『외로운 선택의 나날』에
서 장도영의 의견과 동일하게 술회했다. 회담 분위기는 유원식의 표
현처럼 살벌했던 것 같다. 윤보선의 탄식은 5·16 쿠데타의 승인이라
는 역사적 의미가 있는 소재다. 당시 청와대 대변인 김준하가「신동
아」에 기고한 회고록은 당시 상황을 좀 더 자세하게 묘사하고 있다.

  오전 9시. 장도영 장군과 박정희 장군이 권총을 찬 점퍼 차림의
군복으로 지프에서 내려 청와대 현관에 들어섰다. 두 장군은 약속
이나 한 듯이 청와대 정문 입구에서 차렷 자세를 취했다. 그들 앞
에는 무기를 예치하는 작은 석재 탁자가 놓여 있었고 경호실 직원
한 사람이 부동자세로 권총의 예치를 요구했기 때문이다. 나는 장
도영 장군은 전에 몇 번 만난 적이 있으나 박정희 장군은 그 순간이
첫 대면이었다. …(중략)…
  "도대체 이게 어떻게 된 일입니까?"
  우리들 질문에 김 대령은 서슴없이 말했다.
  "장면(張勉) 총리를 놓쳤습니다. 그들을 잡아서 인천 앞바다에 있
는 섬에서 재판을 해 처단하려고 했는데 장관들이 도망가는 바람에
일을 그르쳤습니다."
  김 대령은 표정하나 바꾸지 않고 당당한 자세로 말했다. 쿠데타
를 말로만 듣고 알았던 나는 그 순간 섬뜩한 전율을 느꼈다. 피를
보려는 쿠데타가 가상이 아닌 현실로 다가오고 있음을 직감했다.
…(중략)…
  대통령은 이미 나의 보고를 통해 김재춘 대령의 충격적인 발언을

알고 있었기 때문에 '생'과 '사'에 대해 어느 정도 초월한 듯해 보였고 비장한 각오가 서 있는 듯했다. 먼저 장도영 혁명위원회의장이 말문을 열었다.

"군의 책임자로서 문제를 일으켜 심려를 끼쳐 드린 데 대해 죄송하게 생각한다."고 했다.

곧이어 박정희 소장이 입을 열었다.

"근심을 끼쳐 대단히 죄송합니다. 저희도 처자가 있는 젊은 몸으로서 오직 국가와 민족을 위하는 애국심에서 인조반정(仁祖反正)을 한 심정으로, 목숨을 걸고 이 혁명을 일으켰습니다."

이때 박 소장은 "목숨을 걸고…"라는 말을 사용했는데 얼마 후의 일이지만 '정쟁법'의 제정을 말리던 윤 대통령을 향해서 "나는 목숨을 걸고 하겠습니다."라고 말한 바가 있어서, 박 소장이 입버릇처럼 자주 사용하던 "목숨을 걸고"라는 어휘가 아직도 나의 머릿속에 인상적으로 남아 있다. 박 소장은 자신이 넘친 표정으로 "국방부와 육군본부를 비롯해 서울 전체가 수중에 들어왔다."고 말한 다음 이미 선포한 계엄령을 인준해 줄 것을 대통령에게 단도직입적으로 요청했다. …(중략)…

대통령은 단호히 말했다.

"아니, 계엄령을 누가 쳐놓고 나에게 추인을 하라는 것인가? 헌법상 대통령이 계엄을 추인하게 되어 있지만 그것은 반드시 계엄령을 선포하기 전에 하는 것인데 계엄령은 이미 선포되었으니 이제 와서 추인하라는 것은 있을 수 없는 일이다."

이미 말한 바 있지만 5·16 직전의 혼란한 사회를 수습하기 위해 청와대에 설치된 '대통령 자문회의'(나중에 자세히 설명하겠다)에서 긴급

조치의 발동과 계엄령 선포문제가 자주 거론됐기 때문에 대통령은 두 가지 조치에 수반되는 법률문제에 대해 자세한 브리핑을 받고 있었다. 따지고 보면 '혁명위원회' 자체가 법적인 근거가 없었을 뿐 아니라 설혹 '혁명위원회'가 3권을 장악했다고 하더라도 당시 내각책임제 헌법 제64조에는 "대통령은 국무회의 의결에 의하여 계엄을 선포한다."고 규정하고 있을 뿐 아니라 "계엄령 선포가 부당하다고 인정될 때에는 대통령은 국무회의의 결의에도 불구하고 선포를 거부할 수 있다."고 규정하고 있었다. …(중략)…

5·16 아침 계엄령을 선포하고 대통령의 인준을 받으려는 박정희 소장의 노력은 완전히 실패로 돌아갔고 혁명을 지지하도록 요청한 박 소장의 희망 또한 물거품이 되고 말았다. 그러나 대통령과 면담을 끝낸 장도영 박정희 장군은 군인답게 거수경례로 예의를 갖추고 청와대를 떠났다.

그런데 여기서 빠뜨려서는 안 될 일이 하나 있다. 대통령이 소접견실에서 군인들과 처음 대면하는 순간 혼잣말로 "올 것이 왔구나…."라고 탄식하는 어조로 중얼거렸던 사실이다. 군인들도 들었고 나도 들었다. 피신을 하지 않은 것 못지않게 이날의 대통령의 독백은 오늘날까지도 윤 대통령을 비난하는 데 이용되고 있다. "5·16이 올 것을 미리 알고 있었기 때문에 '올 것이 왔다'는 말을 했지 않았느냐?" 하는 것이다.

돌이켜보면 5·16 직전까지 윤 대통령과 장면 총리는 솔직히 원만한 사이가 아니었다. 대통령은 장 총리를 가리켜 "그 사람 아주 속이 좁은 사람이야.", "약속해 놓고도 지키지 않는 사람이야."라고 가끔 비난도 했다. '거국내각', '국군 통수권', '비상대권 발동'

등의 문제를 둘러싸고 혁명 직전까지 견해의 차이를 보여 왔던 것도 사실이다. 그러나 두 사람은 이승만 독재정권 밑에서 야당인 민주당을 함께 창당해서 생사를 걸고 민주화 투쟁을 벌여 온 사이이기도 했다.

혁명 직전의 국내 사정을 볼 때 혁신계가 주도했던 사회적 혼란은 극한에 이르고 있었다. 서울 거리는 매일 같이 데모대에 의해 점령되고 밤에는 횃불 데모가 일어났으며 여기저기서 "김일성 만세" 소리가 들려올 판국이었다. '4월 위기설', '5월 위기설'이 매일 신문 제목을 장식했고 예상치 못할 국란(國亂)이 마치 내일로 다가올 것과 같은 환상에 온 국민이 사로잡혀 있었다. 시국수습 방법을 둘러싸고 대통령과 국무총리가 예리한 대립을 보이기도 했다.

한마디로 말해 대통령은 약체 내각을 개편해서 강력한 거국내각을 만들고 '긴급조치권'을 발동해 나라의 혼돈 상태를 힘으로 수습하자고 했다. 그러나 총리 측에서는 내각의 개조 요구를 일종의 도각운동(倒閣運動)으로 오해했고, 심지어 청와대를 음모지로 비유할 만큼 견해의 대립이 심각했다. 그래서 대통령의 입장에서 볼 때 "내가 그토록 이야기해도 듣지를 않더니 마침내 군대의 반란이 일어난 것이 아니냐?"라는 뜻에서 "올 것이 왔구나." 하는 탄식의 소리가 나왔다고 보아야 한다. 그 이상도 이하도 아닌 것이다.[66]

대통령 독백의 연유와 계엄령을 추인하지 않았다는 것은 앞글에서 거론한 바와 같다. 그러나 가장 큰 문제는 윤보선도 장도영과 마찬가

---

66 김준하, 군사쿠데타의 숨겨진 진실, 「신동아」, 2001년 7월호

지로 결정적인 실수를 하고 있다. 두 사람은 똑같이 "절대 피를 흘려서는 안 된다"고 주장하고 있다. 물론 동족상잔처럼 불행한 일이 어디 있겠는가? 더욱이 우리 민족은 여순사건과 한국전쟁을 통하여 뼈아픈 체험을 하지 않았든가….

그러나 상대방은 피 흘림을 아랑곳하지 않고 무력을 내세우는데, 그 상대편을 향하여 "절대 피를 흘리지 말자"라고 주문처럼 외우고 있으니, 속된 말로 자신의 패를 다 보여 주고 고스톱을 치는 셈이다. "나는 죽을 각오가 되어 있다. 그러나 당신들도 무사하지 못할 것이다. 각오들 하시라…." 공갈이라도 이처럼 강력하게 나갈 수 없었을까? 어쩌면 쿠데타 주도 세력들이야말로 공포에 떨고 있었을 것이라는 판단을 왜 하지 못했을까? 부질없는 상상이요, 푸념이다. 아무튼 역사의 추는 쿠데타 세력들에게 점점 기울고 있는 중이었다.

박정희 · 장도영이 윤보선을 만나고 난 얼마 후, 미8군사령관 매그루더와 미 대사관 대리대사 그린이 청와대로 왔다. 회의 참석자 중 매그루더는 별다른 회고록을 남긴 바 없고, 그린 역시 동아일보와의 인터뷰에서 짧게 언급했을 뿐이다. 그러나 비밀 해제된 미국의 기밀문서에는 그린, 매그루더, 윤보선의 대화 내용이 구체적으로 등장한다. 음미해 보기로 하자.

매그루더는 총구에서 시작된 소규모 그룹에 의한 정권 찬탈은 한국의 미래에 재난이 될 것이라고 (윤보선에게) 강조했다.

그리고 나서 나(그린 대리대사)는 매그루더 장군과 내가 오늘 아침 일찍 발표한 성명을 언급했고, 나는 합헌적으로 한국에서 수립된 정부를 지지하며, 매그루더 장군이 말한 것과 같이 총구에서 야기된 정부의 어떠한 변화도 (4·19 혁명으로) 거대한 사회적 비용을 치르고 획득한 한국의 민주적 기관의 생존에 장기적으로 부정적인 결과를 가져올 것으로 믿는다고 강조했다. 쿠데타는 또 다른 쿠데타를 불러올 것이다. 아울러 나는 그러한 쿠데타의 성공이 한국의 국제적인 위치에 영향을 끼칠 것이며, 한국의 민주적 기관과 자유선거로 수립된 정부는 북쪽의 공산주의 전체주의자들과의 대결에서 가장 큰 재산이 된다고 말했다.

대통령은 자신의 견해가 매그루더 장군과 나의 견해와는 다르다고 말했다. 현 정부에 대한 불만과 환멸은 광범위하게 퍼져 있으며, 국민들은 더 이상 장면 내각의 약속을 믿지 않는다고 주장했다. (제2공화국의) 헌법은 사회적 고통을 충분히 줄이지 못했으며, 약속한 실업문제 해결에 실패했다. 그는 부패가 매우 심각하며, 중석 스캔들에서 증명된 바와 같이 정부 고위직 사이에 널리 퍼져있다고 말했다. 대통령은 한국사회가 강한 정부를 원하고 있으며, 장면이 그러한 지도력을 제공하기에는 부족하다고 말했다. …(중략)…

그는 이 (쿠데타) 그룹들에 어떠한 약속도 하지 않았지만, 자신이 직위에서 물러나야 할 어떠한 조치도 있어서는 안 된다는 말도 하지 않았다고 말했다. 대통령은 사태의 해결을 위하여 국회 안팎에 있는 지도자들을 포함하는 초당적인 거국내각을 구성해야 한다는 견해를 피력했다. …(중략)…

지금까지 무장한 쿠데타 세력을 묵인해서는 안 된다고 매그루더 장군과 내가 재차 강조한 것은 어느 정도 효과를 보았다. 대통령은 어떠한 형식의 정부 개편이든 먼저 쿠데타군이 서울에서 철수한 다음 합법적인 수단에 의해서 이루어져야 한다는 점에 동의했다.

논평: 우리의 대담 초기에 윤 대통령은 쿠데타의 목적에 동정적인 어조로 말했지만, 우선적인 문제가 한국의 헌법 과정을 지키는 것이라는 우리의 토론 결정에 부분적으로 동의하는 것 같았다. 그러나 그는 장 총리의 사임을 보장하면서 즉각적인 난관을 이끌어나갈 거국내각을 구성해야 한다는 언질을 쿠데타 세력으로로부터 받은 듯하다.[67]

"매그루더는, 한국군(제1군)을 동원하여 쿠데타군을 진압할 것을 요청했다.", "미 대사관과 미8군은 전적으로 장면 정부를 지지한다." 그러나 "윤보선은, 유혈충돌의 가능성을 들며 매그루더의 요청을 거부했다.", "아무래도 윤보선과 쿠데타 세력 간에 어떤 밀약이 있는 것 같다." 등이 상기 문서의 주요 내용이다.

매그루더는 윤보선을 쿠데타 세력과 어떤 묵계가 있었던 것으로 몰아가고 있으며, 자신들이 쿠데타 세력을 진압하지 않는 이유를 장도영, 장면, 윤보선에게 있는 것으로 보고하고 있다. 아래에 소개하는 그린의 짧은 인터뷰도 이러한 추정에 무게를 실어 준다.

문: 당시 매그루더 장군은 미8군이나 한국군1군을 사용해서 혁명군을 진압할 계획이었습니까?
답: 아니오. 매그루더는 처음부터 미군이 개입해서는 안 된다는 입장이었어요. 우리와 이한림 1군사령관과의 관계에 대해서는 잘 모

---

67 "Embtel No.1536", Section one of two, Section two of two, May16, 1961, 795B. 00/5-1661, Box2181, Decimal File, 1960-1963《박태균, 『우방과 제국』, pp.204-206 재인용》

르겠습니다. 복잡한 문제였어요. 아무튼 매그루더는 이 장군에게 상황이 매우 곤란하고 미국은 아무 관련이 없다는 것을 명백히 했어요. 그런데 당신의 질문은 매우 흥미롭군요. 좌우간 저는 모르겠어요. 그런데 제가 아는 것은 미국이 쿠데타에 관여했다는 많은 루머들이 돌았는데 매그루더나 나는 그것은 아니라고 명백히 했습니다. …(중략)…

문: 군사혁명이 일어난 뒤 윤 대통령의 첫 반응에 대해서 기억나시는 대로 말씀해 주시겠습니까?

답: 굉장히 당황하신 것 같았습니다. 처음에는 어떻게 해야 할지 모르시는 것 같더군요. 그 이상은 얘기하고 싶지 않습니다.[68]

"매그루더는 처음부터 미군이 개입해서는 안 된다는 입장이었다."라는 그린의 말은 하등 새로울 것이 없는 증언이다. 이러한 보편적 정보만 제공하곤 정작 윤보선과의 대담 내용에 대해서는 대답하기를 회피하고 있다. 그 이유는 무엇일까? 윤보선의 입장에서 글을 쓴 김준하의 주장을 살펴보자.

5·16 아침 혁명 주체들이 다녀간 후 11시를 전후해 주한미국 대리대사인 마셜 그린과 매그루더 유엔군사령관이 청와대에 도착했다. 5·16 쿠데타의 분수령을 맞이하게 된 것이다. 왜냐하면 이날 아침 미 대사관이 "장면 정부를 지지한다."는 성명을 발표한 바 있었기 때문에 합법적인 정권을 무력으로 쓰러뜨린 쿠데타를 미국이

---

68 東亞인터뷰 5·16 때 駐韓대리大使(대사) 마셜 그린, 「동아일보」, 1982.3.5

지지할 리가 만무했기 때문이다. …(중략)…

먼저 입을 연 것은 매그루더 장군이었다. "지금 서울 시내에 들어온 반란군의 병력은 약 3,600명이다. 야전사령부인 1군은 요지 부동이고 대구 지방에 있는 국군 가운데서 약간의 병력이 반란에 참여하고 있으나 현재 속속 원대복귀 중에 있다." 그리고 "제1군 산하 병력 가운데서 반란군 병력의 10배인 4만 명을 동원하면 혁명군은 항복할 것이고 진압할 수 있다."는 요지의 말을 했다. 결국 대통령에게 1군의 동원령을 내려 달라는 취지였다. …(중략)…

대통령은 망설이지 않을 수 없었다. 얼마 전 장 총리가 국군의 통수권은 총리에게 있다고 공언한 사실이 머리에 떠올랐기 때문이다. 과연 대통령은 국군에게 명령을 내리는 국군 통수권을 가지고 있을까? …(중략)…

점심까지 들면서 대통령과 마셜 그린 대리대사와의 대화는 원점에서 맴돌다가 끝이 났다. 결국 미국 측의 한국군 동원 요청은 대통령이 거부하고 미군을 동원해 반란군을 진압해 달라는 대통령의 요청은 미 측에 의해 거부되는 형국이 되고 말았다.

대통령의 미군 동원 요청은 세상에 알려지지 않고 오로지 국군의 동원을 거부한 사실만 널리 알려지게 됨으로써 이 또한 대통령에 대한 큰 오해를 일으키게 된다.

그러나 2001년 5월14일 5·16 쿠데타 40주년을 이틀 앞두고 모 방송사는 미 국무성에서 입수한 자료를 인용, 다음과 같은 사실을 알려주었다. "칼멜 수녀원에 숨어 있었던 장면 총리는 자신은 쿠데타를 반대하며 유엔군사령관이 맡아서 처리해 달라고 전화로 마셜 그린에게 요청했다."는 것이다.

헌법기관이며 국군통수권자인 국무총리가 '미8군사령관이 처리할 것'을 미국대사에게 요청한 사실이 40년 만에 처음으로 밝혀진 것이다. 대통령과 국무총리는 똑같이 8군사령관이며 유엔군사령관인 매그루더 장군에게 이 나라의 운명을 부탁했던 것이다.[69]

김준하의 글은 많은 정보를 제공해 주고 있다. 첫째, 장면은 수녀원에서 그린에게 전화를 걸어 유엔군사령관이 쿠데타군을 진압해 달라고 요청했다. 둘째, 매그루더는 윤보선에게 제1군의 일부를 동원하여 쿠데타군을 진압할 것을 권유했다. 셋째, 윤보선은 매그루더에게 미군이 반란군을 진압해 줄 것을 요구했다. 넷째, 윤보선은 그린의 내정간섭 운운하는 대답에 4·19 당시 주한 미 대사였던 매카나기의 행동은 내정간섭이 아니었냐고 항변했다.

"대통령과 국무총리는 똑같이 8군사령관이며 유엔군사령관인 매그루더 장군에게 이 나라의 운명을 부탁했다."는 김준하의 주장이 옳다면 5·16 쿠데타는 새로운 각도로 재해석해야 할 것이다. 이중적인 매그루더의 행위에 대하여 데이비드 콘드는 당시 보도된 언론을 취합하여 다음과 같은 견해를 제시했다.

이 두 성명은 보도기관을 염두에 두고 발표된 것이지만, 붕괴된 장면 정부에 대한 지지는 고작 이 정도뿐이었다. 매그루더 장군은 한국군 60만과 23,000명의 병력을 지휘하고 있었음에도 불구하고, 이에 비해 상대적으로 열세인 박정희의 반란군 약 3,600명이 무력

---

69 김준하, 군사쿠데타의 숨겨진 진실, 「신동아」, 2001년 7월호

과 폭력으로 전체 정치기구를 장악하는 것을 허락한 것이다. 사전에 쿠데타에 대한 경고가 있었음에도 불구하고 그는 5월 16일부터 6월 5일까지 미군에게 금족령을 내렸을 뿐이다.

AP통신의 서울 특파원은 이러한 소극적인 태도에 대하여, 매그루더와 그린은 미국이 쿠데타를 후원하고 있다는 인상을 감추기 위해 쿠데타에 반대하는 입장의 표명이 필요하다고 느꼈을 것이라고 논평했다. AP통신이 워싱턴 소식통의 정보를 인용하며 보도한 바에 의하면, 장도영 장군은 오전 3시에 매그루더 장군에게 미군을 장면 지지로 돌려달라고 요청했지만, "매그루더는 이 요청을 거절했다."[70]는 것이다.

그밖에도 미국의 UPI통신사가 뉴욕 발로 보도한 바에 따르면, "꽤 유력한 한 관계자의 말에 의하면 한국군의 공식적 반란 지도자 장도영 장군은 마지막 단계에서 미군의 개입을 요청하여 쿠데타를 저지하고자 했다."[71]는 사실이 확인되었다.

따라서 미군과 유엔군 사령부는 '합헌적으로 수립된 정부'가 붕괴되려 할 때, 그 정부를 보호하는 것이 미군의 한국 주둔 이유 가운데 하나임에도 불구하고 '불간섭 정책'을 취했던 것이다. 국무성의 요셉 W. 리프 보도 담당관은 5월 17일, 주한 미군은 "어떤 형태로도 정권의 탈취에 관계된 일이 없으며, 앞으로도 없을 것이다."라고 말했다. 하지만 행동을 삼가라는 이러한 결정, 즉 쿠데타를 묵

---

70 AP(워싱턴) 1961.7.21 《데이비드 W. 콩드, 장종익 옮김, 『남한, 그 불행한 역사』, 좋은책, 1988, p.122 재인용》

71 UPI(뉴욕) 1961.5.17. 《데이비드 W. 콩드, 장종익 옮김, 『남한, 그 불행한 역사』, 좋은책, 1988, p.122 재인용》

인한다는 결정이 서울에서 내려진 것은 아니라는 사실이 명백해졌다. 월 스트리트 저널 역시 워싱턴이 "일부 국가에서 무력으로 정부를 전복시키는 사태에 대한 미국의 입장이 호의적이라는 인상을 주지 않기 위해 각별히 배려하고 있다."고 설명했다.[72]

데이비드 콩드는 장도영이 매그루더에게 쿠데타군의 진압을 위해선 미군의 개입이 필요하다고 요청한 사실을 지적하고 있다. 그리고 미군의 불간섭 정책 자체가 쿠데타군의 불법적 행위를 허락하는 것이며, 이는 미 백악관의 결정이라는 결론을 내렸다. 매그루더와 그린의 발언은 백악관의 명분 쌓기용이라는 뜻이다. 장면과 윤보선이 미군의 출동을 요구했다는 사실을 파악하지 못한 점을 제외하곤 콩드의 판단은 대부분 정확하다. 콩드의 분석은 앞장에서 소개한 미국 기밀문서의 내용과도 거의 유사하다.

작전권이 없는 한국 대통령에게 한국군을 출동시켜 진압하라고 권유하는 미8군사령관, 그리고 작전권이 당신들에게 있으니 당신이 책임지고 반란군을 박멸하라고 주문하는 대신 미군을 출동시켜 달라고 애걸하는 대통령, 쿠데타 첫날 아침의 모습이었다.

---

72 A.Baturin "The South Korean Coup" New Times, No.22(May31, 1961) p.14 《데이비드 W. 콩드, 장종익 옮김, 『남한, 그 불행한 역사』, 좋은책, 1988, p.122 재인용》

| 이한림, 쿠데타를 제압할 수 있는 마지막 기회를 놓치다 |

박정희에게 이용당한 것을 깨달은 장도영이 뒤늦게 사태 수습을 위해 몸부림치고 있을 무렵, 제1군 사령관 이한림은 무엇을 하고 있었을까? 아래는 이한림의 증언이다. 이한림의 육성 그대로를 전재한다.

계속되는 번민과 피로 탓에 깊은 잠에 빠졌었다. 누군가의 노크 소리에 잠을 깼다. 시계를 보니 새벽4시 2분을 가리키고 있었다. 전화가 왔다기에 송수화기를 드니 뜻밖에 육군본부 참모차장 장창국 장군으로부터의 전화였다.

"아니, 이 꼭두새벽에 웬일이요?"

"쿠데타가 발생하였소."

"무엇이?"

"군사 쿠데타 말이오."

나는 그동안 소문으로만 듣던 쿠데타가 다가오리라고는 생각할 수 없었다. 말이 쿠데타지, 쿠데타라면 역모인데 옛날 같으면 3족을 멸하는 국사범으로 누가 이 대명천지에서 하랴 싶었다. 안이한 생각이었던 것 같다. 나는 정신을 차리고 의문의 핵심을 찔렀다.

"주모자가 누구요?"

"박정희 소장이오."

"기어코 그가 일을 저질렀군."

"지금 상황은 어떻소?"

"3시 조금 지나서 쿠데타 부대가 육군본부에 진입했소."

나는 힘없이 송수화기를 놓았다. 이렇게 쉽게 육군본부가 그들의 손에 장악이 되었다면 육군참모총장 이하 모든 실권이 이미 그들의 손에 넘어갔다고 보아야 할 것 같았다. 나는 순간 내가 해야 할 지금의 임무가 무엇인가를 생각했다.

첫째는 전 전선의 방어태세를 완전히 갖추어 적의 오판에 의한 도발을 철저히 방지하는 일이라고 생각했다. 그리고 두 번째는 대통령이나 국무총리의 지시, 즉 쿠데타군에 대한 진압 지시라든가 어떤 대비책에 대해 준비를 해야겠다는 생각을 했고, 끝으로 군의 작전통제권이 미 제8군사령관에게 있기 때문에 향후 군 사용에 대한 그들로부터의 의견을 들어야 한다는 결론을 내렸다.

나는 즉각 원주에서 어제 있었던 1군 창설 기념행사 관계로 원주 시내에 유숙 중인 군단장 및 사단장들의 긴급 소집을 지시했다. 군단장과 사단장들이 군사령관 공관에 집결 완료한 시간은 새벽 5시 30분경이었다.

그들은 아직 서울에서 있었던 쿠데타 소식을 알지 못하고 있는 눈치였다. 나는 군 참모들로 하여금 육군본부 및 정부기관과 연락을 취하게 하는 한편, 군단장 및 사단장들에게 서울의 쿠데타 소식을 알리고, 제1군단장 임부택 소장에게 반란군 토벌을 위한 출동 준비를 명령했다. 당시 제1군단은 군 예비였다. 나는 군단장 및 사단장들에게 즉각 귀대하여 전선 방어에 역점을 주되 추가 지시를 대기하라고 명했다.

토벌 준비 명령을 받은 제1군단장 임 장군은 나에게 굳은 결의를 표명하고 다른 군단장보다 앞서 군단으로 향했다. 참모들에게 지시한 정부와의 연락은 전혀 안 된다는 보고였고, 국무총리실에 전화를 걸어도 통화가 되지 않을뿐더러 국무총리 장면 박사의 행방이 묘연하다는 것이다.

나는 우선 국무총리의 행방을 찾아야겠다는 생각과 어떤 방법을 통해서라도 정부와 연락을 유지하여 명확한 명령을 받아야겠다고 생각해서 3명의 장교를 서울로 파견했다. 한편, 군 수석고문관 자부란스키 준장을 통하여 미8군과 연락을 유지케 했다. 나는 사령부에 도착, 긴급 참모회의를 소집하여 군사령관으로서의 공식 입장을 밝혔다.

"나는 군인이다. 국군은 정치에 엄정 중립을 지키고 국토방위에 전념할 때 그 존재 의미가 있다. 정치는 정치인이 하는 것이다. 따라서 이번 서울에서 발생한 쿠데타는 분명히 국기를 흔드는 중대한 국사범의 범법행위이므로 동조할 수 없음을 분명히 밝힌다. 야전군은 현 시점에서 추호의 동요 없이 대북 경계태세를 강화하여 어떤 적의 도발에도 즉각 응징할 수 있는 태세를 갖추도록 하라. 또한 나는 정부 당국과 밀접한 관계를 유지하여 필요 시 토벌해야 할 임무를 수행할 것이다. 따라서 군 예비인 제1군단에는 이미 토벌 준비를 하달한 바 있다. 참모들은 후속조치에 임하라."

참모회의를 끝내고 집무실에 돌아와 다시 알아보았으나 정부와의 연락이 전혀 되지 않는다는 것이었다. 현재의 내 위치에서 군 통수권자의 진압명령 없이 야전군의 병력을 움직일 수 없다고 생각하고 있었기 때문에 참모총장, 국방장관, 국무총리 등 어느 누구 한 사람과도 대화해야 할 처지인 것이다. 그러함에도 아무 지시도 없었고 연락도 되지 않으니 참으로 답답한 시간이 흘렀다.

만약 내가 제1군단을 출동시켜 쿠데타군을 진압한다고 할 때, 군의 상호 충돌에서 오는 대혼란을 감당할 수 없었다. 그 결과는 군뿐만 아니라 정치적인 문제로까지 학대될 소지가 있다고 판단했기 때문이다.

당시 군의 책임자는 육군참모총장 장도영 장군과 합참의장 김종오 장군이었는데, 일체 연락이 안 될 뿐만 아니라 상황의 전개 과정에서 볼 때 이미 박정희 소장과 야합이 된 상태였다. 나는 하는 수 없이 16일 밤까지는 대통령, 국무총리 등 통수권자로부터 아무 지시가 없는 마당에서 쿠데타군 토벌작전은 단념할 수밖에 없었다.[73]

이한림이 말한 세 가지 임무는 원론적으론 옳다. 그러나 그의 말을 분석해 보면 모순점이 드러난다. 이한림의 예측에 의하면 군부는 이미 박정희의 손에 들어간 것으로 된다. 그렇기 때문에 대통령이나 국무총리의 명령을 받아야 되는데, 그들과는 연락이 두절되어 쿠데타 첫날을 아무런 행동도 하지 못한 채 보냈다고 한다. 하지만 대통령과 국무총리 역시 쿠데타군에게 억류되었을 것이라는 예측은 왜 하지 못했을까?

사실 대통령과 국무총리와 연락이 되었더라도 아무런 행동도 하지 못했을 것이다. 왜냐하면 그들 역시 매그루더의 허락이 없으면 야전군을 움직이지 못하는 처지였기 때문이다. 한국군의 작전권은 유엔군사령관 겸 미8군사령관 매그루더에게 있는 것이 현실이었다. 장면 총리, 윤보선 대통령, 장도영 육군참모총장 거기에 덧붙여 이한림 제1군사령관 모두 정직한 이유를 말하길 회피하고 있

73 이한림, 『세기의 격랑』, 팔복원, 1994, pp.355-358

다. 미군이 허락하지 않아 진압군을 출동시키지 못했다고 그들은 결코 증언하지 않았다. 그러면 제1군 산하 군단장과 사단장들은 어떻게 행동했을까?

5·16 쿠데타 당시 제1군 산하에는 제1군단(군단장 소장 임부택), 제2군단(중장 민기식), 제3군단(중장 최석), 제5군단(중장 박임항), 제6군단(소장 김웅수) 등 5개 군단 20개 사단이 있었다. 이한림의 말에 의하면, 20개 사단이라면 통상 2 내지 3개 군의 규모로서 제1군의 규모는 세계에서 가장 큰 군이었다고 한다(물론 병력 수만 따질 경우일 것이다).

그리고 5개 군 중 제6군단의 경우 행정·군수 면은 자기(이한림)가 직접 지휘했지만 작전통제는 미군으로부터 직접 받았다고 말했다.[74] 그런데 이 6군단이 움직였다. 이한림이 말이 옳다면 제6군단장 김웅수는 직속상관 이한림뿐 아니라 미군의 통제도 벗어난 행위가 된다. 김웅수로부터 직접 증언을 들어 본다.

나는 예하 사단의 동행과 의견을 모으기 위해 4개 사단장을 군단 예비 8사단 사령부에 소집하였다. 8사단장인 정강 준장은 그간 쿠데타군의 병력과 서울 배치 상황을 소상히 파악하고 있었다. 한 사단장은 민주당에 대한 불평을 털어놓기도 하였다. 그중 정강 장군은 쿠데타를 허용해서는 안 된다는 강한 의견을 가지고 있었다. 사단장들은 혁명을 찬성하든지 반대하든지 군단이 통일된 행동을 취해야 한다며 나의 판단에 따르겠다는 의견을 모아 주었다. 20사단

---

74 이한림, 『세기의 격랑』, p.349

은 행정적으로 나에게 속하고 있었으나 작전상으로는 미1군단에 직속되어 나의 작전 지휘권 밖에 있었다. 나는 내 예하 부대가 쿠데타 진압부대로 사용될 기회는 없으리라 판단하였었다. …(중략)…

오후 4-5시경에 군단 고문관을 통해 미1군단장 Ryan 중장이 의정부에 있는 자기 사무실에서 만나기를 원한다는 전갈을 받았다. 그 이유를 물어보았다. 소식통에 의하면 내가 체포될 것이라는 내용이었다. 나는 생각하였다. 쿠데타는 한국 정치 문제이었다. 내가 비록 미1군단에 예속되어 있지만 국내 정치 문제로 외국지휘관의 보호를 자청할 수 있을 것인가. 나이는 어렸지만 그래도 4개 사단을 거느리는 지휘관이다. 나는 그런 이유로는 갈 수 없다는 의사를 전달시켰다.

약 2시간이 넘어 어둠이 덮이기 시작할 때 다시 전화가 왔다. 공무를 위해 와 달라는 내용으로 거절할 이유가 없었다. 내 숙소에서 차로 30분 거리였다. 헬기를 보낸다 하였다. 고문단에 속한 트럭과 차량 불로 비춰 주는 연병장에서 중형 헬기에 단신 탑승하였다. 미1군단 헬기장에는 환자용 앰뷸런스가 대기하고 있었다. 밤이라 차 밖은 보이지 아니하였다. 차는 한참 돌더니 한 사무실 앞에 도착하였다. Ryan 장군의 숙소이었다. 보안을 위한 처사로 경험 있는 미군이 다르다고 생각되었다.

Ryan 장군의 말에는 소식통에 의하면 오늘 저녁 내가 체포된다는 말이다. 내가 그런 이유로는 자기 방문을 거절하니 공용으로 보자고 했다고 하였다. 서울 소식과 아울러 애급의 나기브 이야기를 해 주었다. 역시 미군이 군사 쿠데타의 좌경성을 우려하는 듯하였다. 그러면서 내 숙소 대신 자기 숙소에서 당분간 머물 것을 제의 하였다. 나의 가족 사항을 물으며 자기네들이 보호할 수 있다는 이야기와 필요하면 나의 망명도 가능하다는 암시를 주었다. 나는 왜 나에 대해 그리 관심을 갖느냐고 물었다. …(중략)… Ryan 장군은 내일이면 좀 더 사정이 확실해질 터이니 오늘 밤만이라도 지나고 가라고 권고하였다. 나의 대한 불리한 말을 들으니 나도 기분이 언짢은 일이니 오늘 저녁은 나의 잠자리를 부대 내 다른 곳으로 옮기겠다고 일러 주었다, 내가 돌아가리라 생각 못했든 보좌관들이 치웠든 헬기를 다시 동원하는 데 시간이 걸렸으나 나는 다시 그날 밤 군단으로 돌아오게 되었다. Ryan 장군의 처사를 보아서는 나의 포병이 쿠데타군에 가담했다는 환경에서도 나를 의심하는 기색은 감지하지 못했다. …(중략)…

부대 복귀 명령을 부군단장 박창록 준장으로 하여금 육본에 가서 중대장 이상을 소집하여 하달시켰다. 그 당시 상황하에서 이런 명령을 쿠데타 참석 지휘관들에게 전달한다는 것은 생명을 거는 일이었으나 묵묵히 나의 지시를 받아 준 박 장군의 용기와 군인 정신에 감사하였다. 박 장군은 그 일로 후일 구속되었다가 강제 예편되었다. …(중략)…

5월17일이 되었다. 육군본부에서 회의가 열린다고 들었다. 참모들의 공기도 들떠 있었다. 나의 매부인 육사 교장 강영훈 중장도 회의에 참석하였다 한다. 나는 야전군 사령관에게 군단장 회의를 건의키 위해 수차례 전화를 시도하였으나 전화를 받아주지 아니하였다. 적어도 국가 비상시국에 군단장의 의견이라도 통합되어야 하겠다는 생각이었다. 야전군 참모장인 황현친 장군에게 그 뜻을 전하며 화를 냈다. 자기도 연락을 못한다는 것이었다. 믿을 수가 없었다. 그 당시 참모들 이야기론 5군단장인 박림항 장군은 혁명에 동조적이라 하였다. 그는 박정희 장군과 같은 만주군 출신이니 그러할 수 있었을 것이다. 1군단장 최석 장군은 학병출신으로 5·16 날 아침 군 사령관실에 모였을 때부터 혁명을 허용해서는 안 된다는 의견이었다. 나는 같은 학병 출신인 2군단장인 민기식 장군에게 수차례 전화를 시도했으나 연결이 되지 아니하였다. …(중략)… 장도영 참모총장도 예하 군 사령관들과 국가 위기를 같이 고민한 증거가 있는 것 같지 않다. 군사 쿠데타 성공의 이면에는 이런 군의 통수 능력 장애의 원인이 컸으리라 생각된다. 군의 지휘 계통뿐 아니라 정치적 통수 계통도 낳을 것은 없었다. 국무총리는 수도원에 잠적하여 8군사령관의 접촉 노력을 불가능케 했으며 대통령은 유혈을 희망치 아니한다는 일반 논리로 국가 위기시의 군사력 사용을 실질적으로 불가능케 만들었다. 국가를 위해 군이 유혈을 기피한다는 말은 어쩌면 군사력을 쓰지 못하게 하는 말이 된다. 공산 혁명이라도 쉽게 달성할 수 있었으리라 생각하면 참으로 나라를 위해 운이 좋았던 것 같다.

17일 아침, 8군을 통해 마샬 그린 미국 부대사의 군은 헌정에 의한 정통 정부에 귀속하라는 요청서한이 도착하였다. 당시 대사의 궐석으로 그린 부대사가 대사 대리를 하였다. 참모장 이준학 준장은 이 서한의 부대 하달을 망설였다. 나는 그 공문이 쿠데타 참여군이나 기타 부대에 대한 주의로 받아드렸으며 나의 의사를 부대에 확실히 할 필요가 있다고 생각 하여 그 공문의 예하 부대 하달을 지시하였다. 이것 역시 나의 반혁명 죄목의 하나가 되었다. 참모들의 보고에 의하면 야전군 사령관 이한림 장군이 춘천 방송국을 통해

혁명지지 연설이 있었다고 들었다. 후에 그레고리 헨더슨 미 대사
관 공보관의 5·16 일지에는 방송 장소가 춘천이 아니라 원주라고
적혀 있음을 읽었다. 군사 쿠데타는 혁명으로 자리를 굳혀 가고 있
었다. 저녁에 포병 단장인 문 대령으로 부터 명령 없이 포병을 서
울로 달려간 것에 대해 미안하다는 사죄와 함께 양해해 달라는 전
화를 해 왔다. 밤늦게 장도영 참모총장으로부터도 포병을 곳 돌려
보낼 터이니 장교들에게 심하게 대해 주지 않키를 요청해 왔다. 그
러나 약속과 달리 포병은 돌아오지 아니하였다. 최근에 나온 장도
영 장군의 자서전에는 6군단 포병을 돌려보냈다고 되어 있다. 장장
군의 지시가 통하지 아니하였음을 짐작케 한다.[75]

6군단은 4개 사단(8·25·28·20사단) 그리고 5개 대대로 구성되었
으며 작전상으론 미1군단에 속했고 특히 20사단은 미1군단의 직접
지휘를 받는 부대였다. 이중 쿠데타에 참여한 부대는 8인치 포 대
대를 제외한 군단포병 4개 대대 약 1,300여명이었다. 주요 지휘
관은 포병사령관 대령 문재준(육사5기)를 비롯하여 홍종철(육사8기·
대령·작전참모), 신윤창(육사8기·중령·6군단포병단 대대장), 정오경(육사
8기·6군단포병단 대대장), 구자춘(육사8기·중령·993대대), 백태하(육사9
기·중령·822대대), 김인화(육사9기·중령·911대대) 등이다. 그러나 이
들 중 문재준은 장도영일파반혁명사건에 연루되어 1심에서 무기구
형, 무기선고를 받았다.
반면 군단장 김웅수(군영·중장), 부군단장 박창록(육사3기·준장),

75 김웅수, 『김웅수 회고록』, 새로운 사람들, 2007

제8사단장 정강(군영·준장)은 제6군단반혁명사건으로 기소되었다. 쿠데타 주체 세력과 반 쿠데타 세력에서 골고루 반혁명세력이 나온 셈이다. 이러한 과정은 향후 일어날 일이니, 쿠데타 발생 당시로 돌아가자.

김웅수의 자서전은 이한림이 미처 얘기하지 못한 정보를 몇 가지 제공해 주고 있다. 아마 기소(무기)를 당해 징역형(10년)을 선고받은 자와 단지 구속되었을 뿐 기소는 되지 않은 이한림과의 차이일지도 모른다. 사실, 이한림도 오후에 매그루더를 만나기 전엔 쿠데타군 진압을 위한 작은 시도를 했었다. 바로 12사단 일부 병력 출동명령이다.

이한림·김웅수·정강보다 쿠데타군 측의 작전이 보다 세밀하였다. 사실 따지고 보면 진압군을 구성한다는 자체가 무리한 시도였다. 이들은 자신들의 참모들 중 일부가 쿠데타군의 주체들이었다는 사실 조차 몰랐다. 장도영과 박정희의 관계 역시 제대로 파악하지 못했다. 특히 장도영이 꼭두각시라는 것을 파악한 이들은 거의 없었다. 그리고 무엇보다 결정적인 것은 미군의 진정한 의도를 몰랐던 점이다. 냉정하게 보면, 쿠데타군을 적극적으로 지지하지 않았다는 것이 그들의 죄목일 것이다.

『한국군사혁명사』에 의하면, '위기에 선 17일' '3각의 반혁명거점' '제6군단의 음모' '위기일발의 17일 밤' 등의 자극적인 제목으로 반란군을 진압하기 위한 움직임이 조직적으로 일어난 것으로 묘사했지만, 실제로는 찻잔속의 태풍 정도의 몸부림 정도였다. 그리고 매그루더가 "공식적으로 이한림 중장과 라이언 중장에게 진압

지시를 하달했다"[76]는 것은 분명히 역사 왜곡이다. 김웅수의 증언 중 주목할 부분이 있다. 미1군단장 존 L 라이언 2세 중장과의 관계다. 『한국군사혁명사』에 기록되어 있는 부분을 인용한다.

이렇게 제6군단에서 서울반격계획이 획책되고 있을 때 미제1군단장 라이언 중장으로부터 6군단장에게 심한 꾸중이 들어 닥쳤다. 라이언 중장은 5개 대대의 출동은 그 책임이 군단장에게 있는 것이라고 추궁하여 그들의 즉각적인 철수령을 하달하도록 요구한 것이었다. 즉시 철수명령서가 각 부대에 전달하기 위하여 작성되었다.

그 요지는 "정당한 지휘관의 명령 없는 전선이탈은 우리의 피의 대가로 전취한 반공전선의 약화를 초래한다. 당 군단의 작전운용은 미제1군단(집단)의 지휘하에 있다. 동기의 여하를 막론하고 부대이탈은 국가적으로는 유엔군과의 협정위반이며 또 현실적으로 군단임무수행에 큰 위기를 조성한다. 따라서 서울에 위치한 당 군단 장병 여러분은 최단시간 내에 지휘관 인솔하에 혹은 장병 각자를 설득하여 원대로 복귀할 것을 명령한다."는 것이었다.

이 철수 명령서는 하오 6시 반경 부군단장에 의하여 육본에 주둔한 혁명출동부대에 전달되어 끈덕진 철수종용이 있었으나 허사가 되고 말았다. 17일 군단장은 그의 철수명령에 불복하여 복귀를 반대한 포병사령관 및 각 부대장들의 처사에 격노하여 우선 포병사령관의 직권을 박탈하기 위하여 그를 해직하고 새 포병사령관의 임명승인을 군사령부에 타전하였다. 그러나 이 특명상신은 군사

76 『한국군사혁명사(제1집 上)』, p.252

령부포병참모에 의하여 '교체불가'로 회전되어 그의 기도도 어긋나 버렸다.[77]

상기 인용 글과 김웅수의 회고록 외 사건의 진행상황 등을 고려하면 라이언이 김웅수에게 서울에 주둔 중인 포병단의 철수를 명령한 것은 사실로 보인다. 김웅수는 이 명령에 따라 부군단장 박창록 준장을 육본으로 급파하여 철수명령서를 전달하게 한 것이다. 그러나 『한국군사혁명사』의 기록처럼 라이언이 김웅수를 꾸중했다는 표현은 자의적인 표현 같다.

당시 제6군단 포병단의 지휘체계는 포병사령관, 제6군단장, 제1군사령관, 육군참모총장으로 이어졌다. 그러나 미제1군단장과 미8군사령관, 유엔군사령관으로 이어지는 계통으로부터 보다 직접적인 작전·통제 명령을 받게 되어 있었다.

만약 미8군이 쿠데타군을 반란군으로 규정했다면, 6군단장 김웅수를 비롯하여 제1군사령관 이한림과 육군참모총장 장도영 순으로 포병단 이탈의 지휘 책임을 져야 했을 것이다. 물론 미제1군단장 라이언에게도 응분의 책임을 물었을 것이다. 그러나 어느 누구도 이 사건에 대하여 책임을 진 사람은 없었다. 미8군이 쿠데타군의 행위를 인정했다는 뜻이다.

쿠데타군이 김웅수를 체포할 것이라는 정보를 입수한 라이언은, 김웅수의 신변을 염려하며 자신의 부대에 머물든가 망명까지 권유하였다고 한다. 미8군이 쿠데타를 인정하지 않았다면 있을 수 없는 일이

---

77 『한국군사혁명사(제1집 上)』, p.257

다. 8군단 포병단의 위치이탈의 책임을 물어 김웅수를 체포할 수 있는 권한은 제1군사령부나 육군본부 혹은 미제1군단과 미8군일 것이다. 그러나 라이언은 "미군 지휘하에 있는 지휘관이 체포된다는 사실은 묵과할 수 없다"는 명목으로 김웅수의 피신을 권유하고 있다. 바로 이 부분이 5월 16일 당일 미8군이 예하 부대에게 쿠데타군을 인정하라고 명령을 하달했다는 증거가 된다.

5월 16일 오후 4−5시경에 쿠데타군에 의한 김웅수 체포 건을 미군이 이미 용인했다는 것은 시사하는 바가 크다. 제6군단장 김웅수와 8사단장 정강의 반란군 진압 시도나 이를 저지하기 위한 쿠데타군의 치열한 정보작전 등은 무대 뒤에 있는 미국의 음모에 놀아나는 삐에로에 다름 아닌 행위였다. 장도영의 거짓말을 지적해야겠다. 자서전을 통한 그의 회고를 인용한다.

내 방으로 돌아오자 곧 박 장군을 불렀다. "아무 말 말고 곧 6군단포병대를 속히 원위치로 돌려보내시오. UN군사령부에서 작전지휘권을 주장하면서 강력하게 요구하고 있소."라고 말했다.

박 소장은 한참 동안 아무 말 없이 서 있다가 "출동부대의 주력인 포병단을 어떻게 오늘 당장 돌려보냅니까." 하며 그도 한숨을 짓는 것이었다. "그런 것이 아니요. 포병을 속히 돌려보내는 것이 사태수습을 하는데 필요하다는 말이요. 우리 부대들끼리 충돌이나 접전은 생각조차 할 수 없는 일이 아니요. 또 UN군사령관의 권한과 입장도 이해해 줘야 할 것이니 어서 속히 돌려보내시오." 했더니 박 장군도 마지못해 "그렇게 해 보겠습니다." 하고 돌아갔다. 박 장군이 설득에 설득을 거듭하여 결국 다음 날인 17일 오전

이 돼서야 6군단포병단은 그 주력이 육본광장을 떠나 원위치로 돌아갔다.[78]

김웅수가 지적하고 있는 문제의 장면이다. 박정희가 포병대의 원대복귀를 요청한 장도영의 요구를 승낙했던 것은 맞다. 그러나 이후 포병대대장들의 항의에 못 이겨 원대복귀가 시기상조라고 결론을 내린 것은 누락하였다. 그 무렵의 젊은 장교들은 장도영은 물론 박정희 조차 통제할 수 없는 집단들이었다. 『한국군사혁명사』에 실려 있는 당시 상황을 소개한다.

박 소장이 장 중장의 요청을 승인할 듯이 보이자 포병대대장들은 맹렬한 반대를 들고 나섰다. 하루 동안 들어온 정보가 그렇듯 험악한데 지금 포병단이 복귀하고 나면 서울에는 소수병력이 남을 뿐이니 그 결과는 반혁명군의 반격에 길을 터 주는 것과 마찬가지였다.

그러나 대대장들은 박 소장이 일단 동의했기 때문에 부득이 원대복귀하기로 하고 밤 9시경 참모총장실에서 장 중장에게 복귀신고를 하게 되었다.

문재준 대령과 신윤창, 구자춘, 김인화, 백태하, 정오경 중령 등은 총장에게 신고차 방에 들어가서는 몇 가지 조건을 제시하고 조건의 수락 여하에 따라서 복귀하겠다는 강경한 항변을 시작했다. 대대장들은 "우리가 돌아가고 나면 남아 있는 동지들의 안전을 총장께서 보장하겠느냐? 또 우리들을 굳이 철수시키는 명령은

---

78 장도영, 나는 역사의 죄인이다, 「신동아」300호, 1984년 9월호, pp.149–150

미제8군사령관의 명령인지 또는 장 중장의 명령인지? 확연히 해 달라. 또 장 중장이 동지들의 안전을 보장하겠다는 약속이 없으면 갈 수 없다."고 하며 대대장들은 그대로 총장실에 주저앉아 "못 가 겠다."고 버티었다.

　방안의 공기가 살벌해지자 그들의 주장이 사실상 무리 아닌 것을 알고 있던 장 중장은 아주 답에 궁하였다. "재고하겠다."는 답으 로서 절박한 시간이 흐르고 있을 때 박정희 소장으로부터 원대복 귀가 시기상조라는 이의가 있어 사태는 그것으로 낙착되어 17일의 위기가 별고 없이 지나게 되었다.[79]

　믿을 수 없는 장면이다. 대대장들의 주장과 질문에 답이 궁했다는 것부터 이해되지 않는다. 박정희를 설득할 때, UN군사령부에서 작 전지휘권을 주장하면서 강력하게 요구하고 있고, UN군사령관의 권 한과 입장도 이해해 줘야 사태를 수습할 수 있다는 말을 대대장들에 겐 왜 설명하지 못했을까? 더욱이 그들은 현재 쿠데타군의 총지휘지 인 박정희와 명목상이지만 육군 최고의 지휘관인 자기에게 항명을 하 고 있는데, 장도영은 왜 그렇게 쩔쩔매야 했는가? 젊은 장교들의 협 박에 못 이겨 원대복귀를 미루었다고 짐작해 본다.

　6군단포병대의 원대복귀 문제는 쿠데타의 향방을 가늠 짓는 중요 한 사안이었다. 장도영은 원대복귀 시키겠다는 박정희의 약속을 믿 고 쿠데타군에 합류하기로 결정했다. 장도영의 합류로 인해 장면 정 권 인수선언이 포함된 〈군사혁명위원회포고〉 제4호가 순조롭게 공포

79 『한국군사혁명사(제1집 上)』, p.263

된 것을 생각해 보면 장도영의 행위는 아쉽기만 하다. 어쩌면 이미 엎질러진 물이라고 생각했을지도 모르겠다. 왜냐하면 박정희의 약속을 믿고 쿠데타 합류 선언을 한 시간은 1961년 5월 16일 오후 4시 반경이고, 포병대 문제가 불거 터진 것은 그날 오후 9시경이었기 때문이다. 만약 박정희의 구두약속을 믿지 않고, 포병대 철수가 실제로 이루어진 것을 확인하고 난 뒤 쿠데타군에 합류했다면 역사는 어떻게 흘러갔을까?

포병대의 원대복귀 문제가 포천에 있던 제6군단사령부와 서울의 육본에서 한참 쟁점이 되고 있을 무렵인 5월 17일 오후 3시경, 매그루더가 원주에 있는 제1군사령부를 방문했다. 미8군사령관 매그루더와 제1군사령관 이한림의 면담은 쿠데타의 성패를 결정짓는 큰 분수령이었다. 우연인지는 모르겠으나 매그루더가 도착하기 바로 전에 윤보선의 비서관 두 사람이 먼저 방문했다. 두 사람 중 한 명은 공보담당 김준하다. 김에 의하면 윤보선의 친서 내용은 다음과 같다.

대통령은 친서에서 "작금 돌발적으로 발생한 사태에 처해서 우리 군의 행동은 국내외적으로 큰 파동을 주었으며 이 사태를 우리가 어떻게 처리하느냐 하는 것에 우리의 운명이 달려 있는 것입니다."라고 5·16의 중대성을 강조하고 "더욱이 우리나라가 이 중대한 사태를 수습하는 데 불상사가 발생하거나 조금이라도 희생이 발생해서는 안 됩니다."라고 경고했다.

끝으로 친서는 "귀하는 이 나라 국민을 생각해 이러한 면에 특별한 관심을 가지고 군의 정신적인 안정을 도모해 주셔야 할 것이며 휴전선 방위에 만전을 기하고 이 나라에 유리한 방향으로 귀하의 충성심과 노력이 발휘되기를 바랍니다. 나는 또한 전 국민에 대해서 이 중대한 사태를 수습하는 데 불상사가 없도록 걱정하고 진력할 것을 부언하는 바입니다."라고 강한 사태수습 의지를 다짐했다.[80]

이한림과 두 명의 비서관이 만난 곳은 이한림의 관사가 아니고 비행장 옆에 위치한 KMAG(미국 '고문단')막사였다. 김준하는 친서의 내용이 세상이 널리 알려진 것처럼 '피를 흘리는' 운운의 단어가 없었다고 강변하고 있으나, 이한림은 "국군끼리의 충돌과 출혈을 하지 말라."는 지시와 명령으로 받아들였던 모양이다.[81] 아무튼 다음 차례는 매그루더와의 대담 내용을 파악할 순서다. 아래는 이한림의 증언이다.

오후 2시 50분경, 미제8군사령관 매그루더 장군이 군 사령부로 나를 찾아왔다. 그와의 회담 내용을 요약하면 대개 다음과 같다.

첫째, 미제8군은 박정희 소장의 쿠데타를 처음부터 반대한다는 분명한 자세였다.

둘째, 박정희 소장의 폭거를 도저히 용납할 수 없다는 것이었다.

셋째, 민주당 정부의 회복을 위한 군의 행동을 찬동한다는 뜻을 비쳤다.

계속해서 시국에 대한 8군 당국의 견해를 상세히 피력하였다. 그

---

80 김준하, 군사쿠데타의 숨겨진 진실, 「신동아」, 2001년 7월호
81 이한림, 『세기의 격랑』, p.359

는 민주주의에 대해 철저한 인식을 가지고 있었고 쿠데타의 부당성, 즉 군부가 문민정부를 무너뜨리는 폭거에 대해 철저한 비판을 가했다.[82]

미8군의 입장이 위와 같다면 이한림은 당장 부대를 출동해야만 했다. 그러나 그는 묘한 논리를 앞세워 자신의 입장을 모호하게 만들고 있다. 이한림은, "지금의 정부 입장이 불명확하고 내각책임제하의 국무총리로부터 어떤 지시도 없는데다 윤보선 대통령의 친서 내용으로 보아 그에게 어떤 확실한 내 의자를 표명할 수 없었다."고 말한다. 그리고 매그루더에게 "충분히 뜻을 알았다."고 하면서 그와의 만남을 끝냈다고 한다. 그러면 매그루더는 이 면담을 어떻게 생각했을까?

오늘 오후 본인은 호제(Howze) 장군을 동반하고 이한림(Lee Han Lim) 장군과 대화를 하기 위하여 한국군 제1군단에 갔다. 이장군은 강력한 입장을 유지하고 있었으며 강한 성격을 소유하고 있었다. 그는 다른 한국군 장교들로부터 매우 존경받고 있다. 그는 안정적이며 신뢰할 만하다. 그는 자신의 휘하에 있는 군대를 장악하고 있었으며 어떠한 공산주의자들의 침략도 격퇴시킬 준비를 갖추고 있었다.

우리는 상황을 재검토했다. 본인과 마찬가지로 이장군도 총리가 정부의 지지를 모을 수 있기에는 너무나 오래 시간을 끌었으므로

---

82 이한림, 『세기의 격랑』, p.359

비록 그가 그렇게 하려고 결심해도 이제는 할 수 없다고 느끼고 있었다. 이장군은 또한 혁명그룹의 계속된 성공과 혁명그룹이 자신의 많은 부하장교들과 갖고 있는 긴밀한 개인적 접촉 때문에 서울을 접수하기 위하여 움직이는 것이 점점 어려워지고 있다고 느끼고 있었다.

우리는 그러므로 장차 행해져야 할 것들을 연구하였다. 본인이 보기에 이장군이 제1군을 완전히 장악하고 있는 상태로 남아있는 것이 중요하다. 그렇게 되면 그는 어떠한 적의 도발에도 의연히 대처할 수 있을 것이다.

본인은 이한림 장군이 행사할 수 있는 영향력과 입장을 약화시키지 않도록 미국이 혁명집단의 지지나 승인을 의미하는 어떠한 것도 하지 않을 것을 권고한다.

이 메시지를 준비하고 나서 이 장군이 군사혁명을 지지하는 성명을 발표했다는 것을 알았다. 쟈블론스키(Jablonsky) 장군이 이것을 확인했을 때 이장군은 그 성명을 인정했으나 그는 본인과 토론했던 자신의 오후의 입장을 변경하지는 않았다고 말했다. 이 장군의 입장이 분명해지는 대로 다시 보고하겠다. [83]

이 문서는 5·16 쿠데타 발발 이후 매그루더(Carter B. Magruder, 1900-1988)의 의문스러운 행동을 이해하는 데 많은 참고가 된다. 상기 문서가 발송된 시기는 5월 17일(한국날짜 5월 18일)이다. 쿠데타 둘째 날이

---

83 John F. Kennedy Library, National Security Files, W. C. Amstrong이 대통령 특별보좌관 O'Donnell에게 보낸 서신 중 첨부문서(관리번호: 001-102-2001-0000008 Box 127), 1961.5.19.

저물 무렵 작성했을 것이다.

쿠데타 둘째 날까지 매그루더가 만난 한국의 주요 인사는 장도영, 윤보선, 이한림 정도다. 반면 정보계통인 실바와 하우스만은 쿠데타 세력인 박정희, 김종필, 박종규 등을 만난다. 이러한 사실은 무엇을 말하는가? 반란군을 진압하기 위해선 정확한 정보의 입수가 선결과제일 것이다. 쿠데타군의 조직과 주도 인물 그리고 무엇보다 백악관의 방침을 알아야만 적절한 대처를 할 수 있을 것이다.

그렇다면 이러한 열쇠는 누가 가지고 있을까? 아무래도 정답에 가장 가까운 인물은 CIA한국지부장 실바일 것이다. 그러나 진압군 측은 누구도 실바와 접촉하지 않았다. 한국 측의 장도영, 윤보선뿐 아니라 미8군사령관 매그루더도 CIA 정보망의 필요성을 인식하지 못한 것으로 보인다. 어쩌면 실바가 이들을 피했을지도 모른다. 어쨌든 정보전쟁에서 쿠데타군은 우위를 보였고, 이것은 쿠데타 승리의 발판이 된다.

5월 17일까지 매그루더의 동선을 살펴보면, 분명히 쿠데타를 진압하겠다는 방침을 세웠다. 5월 16일 오전 10시 18분, 문제의 장면 정권 지지 발언 이후 백악관으로부터 "향후 어떠한 성명도 발표하지 말라"는 경고를 받은 이후에도 윤보선, 이한림 등을 만나며 반란군을 제압하라는 요청을 거듭한다. 매그루더의 이러한 행동은 쿠데타에 대한 거부 반응과 좌익전력자 박정희에 대한 반감 탓으로 해석된다.

미군을 출동시키거나 한국군에 직접적인 명령을 내리지 못한 것은, 무엇보다 백악관이나 미 합참의 지시를 따라야만 하는 직위의 한계 때문이었을 것이다. 매그루더는 자신의 판단이 옳다는 근거를 제시하여 반란군 진압에 대한 확실한 지침을 받고자 상기 문서를 합참의장 렘니처에게 보낸 것으로 볼 수 있다. 실제 이 문서는 소개한 이한림 관련 사항 외에 많은 정보를 보고하고 있다. 박정희 좌익전력, 쿠데타군의 무례함과 폭력성, 6군단 산하 8 · 20 · 28사단장들이 5월 20일 새벽을 기점으로 반혁명쿠데타를 계획하고 있다는 정보 등을 다루고 있다.

한편, 매그루더는 "장면이 시간을 너무 오래 끌었기에 반란군을 진압하기가 점점 어려워지고 있다." 그러므로 이한림이 "제1군을 완전히 장악하고 있는 상태로 남아 있는 것이 중요하다."라고 하면서 "본인은 이한림 장군이 행사할 수 있는 영향력과 입장을 약화시키지 않도록 미국이 혁명 집단의 지지나 승인을 의미하는 어떠한 것도 하지 않을 것을 권고한다."라는 것으로 자신의 견해를 검토해 줄 것을 요청하고 있다. 다만, 자신의 뜻과 달리 이한림이 쿠데타 지지를 선언함으로써 혼란 상태인데 제1군의 군사고문인 쟈블론스키(Jablonsky) 장군을 통해 이한림의 진정한 뜻을 파악하고 있는 중임을 덧붙였다.

이 문서의 내용을 액면 그대로 받아들이면, 매그루더는 이한림을 옹립하는 역(逆)쿠데타를 모의했다는 뜻이 된다. 매그루더가 떠난 후, 이한림이 고뇌하는 모습은 매그루더의 제안 내용을 다시금 분석할 필요가 있게 한다. 다시 그의 회고록으로 돌아가자.

나는 8군사령관이 돌아간 다음 깊은 고뇌에 빠졌다. 어느 누구와도 상의할 수 없는 이 고독한 공간에서 나는 어떤 결심이건 결심을 내려야 할 때라고 생각했지만, 그 결심이라는 것을 내리기에는 첩

첩 장벽이 있었다.[84]

이한림의 이 증언은 많은 이들을 혼란스럽게 한다. 단순하게 보면, 쿠데타를 반대할 것인가 혹은 찬성할 것인가 하는 고민으로 볼 수 있다. 하지만 "어느 누구와도 상의할 수 없는 고독한 공간"이라는 표현이 고개를 갸웃거리게 만든다. 이한림은 이 무렵 자기 산하 부대원들의 성향을 어느 정도는 파악하고 있는 상태였다.

박임항 제5군단장, 채명신 제5사단장, 박춘식 제12사단장, 제6군단 포병단장 문재준 등이 처음부터 쿠데타 음모에 가담한 자들이고, 또 군사령부 참모들인 조창대, 이종근, 심의섭, 엄병길 등이 모의를 계속하고 있다는 사실을 알고 있었다. 반면 쿠데타에 부정적인 입장은 제6군단장 김웅수, 제8사단장 정강 등이 강력하게 진압을 주장하는 편이며 제3군단장 최석은 상황에 따라 유동적으로 움직일 사람이었다.

그렇다면 답은 뻔하다. 쿠데타 진압 혹은 찬성에 따라 상기 지휘관들과 상의를 하면 될 것이다. 그러나 그는 누구에게도 마음을 터놓지 않았다. 이한림의 이러한 행동은 매그루더가 역(逆)쿠데타를 제의했다고 보면 이해가 될 것이다. 역(逆)쿠데타는 반(反)쿠데타와 다르다. 명분이 필요하다는 뜻이다. 박정희 일당의 쿠데타도 문제지만 민주당의 문제 역시 지적해야 할 입장이 되는 것이다. 계속해서 이한림의 고백을 들어 보자.

---

84 이한림, 『세기의 격랑』, p.360

또 내가 쿠데타군에 대해 토벌을 결심하지 않은 마지막 결정적 이유는 다음과 같다.

첫째, 민주당 정권의 부실 때문이다. 민주당 자체의 파벌싸움에서부터 같은 배를 탄 윤보선 대통령과 장면 국무총리의 불화 및 그들의 결단력 부족에서 오는 통치능력의 회의

둘째, 지난 30여 시간여에 보여 준 장면 총리의 도피 행각과 그 정권의 철저한 위기관리 능력의 전무 상태

셋째, 마약 내가 토벌군을 진압하여 민주당 정부에서 국권을 회복시켜 준다고 할 때 과연 이를 지탱할 능력이 있겠느냐는 회의

이상과 같은 상황이라면, 내가 박정희 일파를 무찌르고 실권을 내 손에 쥐었을 때, 어차피 군정 이외에 방법이 없다는 것은 명확하다고 결론을 내리게 된다.

바로 이 글에서 매그루더와의 대화 내용이 역(逆)쿠데타에 관한 음모였다는 흔적이 들어 난다. 이한림의 마지막 결정적 이유라는 것은 모두 정치적 이유다. 야전군 사령관인 그가 당시의 정치적 상황을 과연 정확하게 판단하고 있었었다고 할 수 있을까? 게다가 뜬금없이 반란군 토벌 후에 자신이 실권을 가진 군정을 할 수밖에 없을 것이라고 단정을 내린다. 이러한 결론을 내린 것은 결국 매그루더와의 대화 때문이었을 것으로 짐작된다. 이한림의 고백은 계속된다.

나는 체질적으로 현시점에서의 민주당 정권의 타도를 용납할 수도 없었고, 또한 군사정권의 수립도 내 철학에 맞지 않는 일이다. 즉, 그 말은 박정희 일파를 토벌하고 민주당 정권의 회복이 안 될

경우 나를 중심으로 한 군사정부 수립을 가정할 수 있지만, 그건 애초에 내 철학에 맞지 않는다는 이야기로 집약된다.

그렇다면, 결론적으로 대통령의 명령에 따르는 길밖에 없으므로, 박정희 일파에게 무저항하여 그들 정권 찬탈을 묵인할 수밖에 없는 처절한 입장이 되는 것이다.

혈맹의 우방군이며 한국군의 작전통제권을 갖는 미제8군사령관에는 미안한 일이지만, 어쩔 수 없는 곤경에 처할 수밖에 없는 것이었다. 내가 지금까지 30여 시간 버티어 온 것이 모두 무위로 끝나는 슬픈 결과가 닥쳐오게 된 것이다.

이한림의 말에 의하면 작전통제권을 가진 매그루더의 명령을 거역하고, 대통령 윤보선의 뜻을 따라 "박정희 일파에게 무저항하여 그들 정권 찬탈을 묵인한다."고 한다. 도무지 앞뒤 말이 맞지 않는다. 군인이라면 상명하복의 원칙에 따라야 할 것이다. 더욱이 윤보선의 뜻을 자의적으로 해석하고 있다. 대통령의 친서 어디에도 박정희 일파에게 무저항으로 대하라는 내용은 없다. 가장 중요한 휴전선 방위에 만전을 기하고, 다만 "이 나라에 유리한 방향으로 귀하의 충성심과 노력이 발휘되기를 바란다."란 다소 애매모호한 표현이 있을 뿐이다. 이 나라에 유리한 방향은 과연 무엇을 뜻할까?

보다 근원적인 것은 그 무렵의 이한림은 자기 휘하의 제1군을 제대로 장악하지 못하고 있었다. 자신도 회고록을 통하여 제1군의 지휘관들이 반쿠데타, 찬쿠데타로 분열되어 있었다고 고백했지만, 대통령 특사 김준하의 시선이 좀 더 객관적일 것 같아 아래에 소개한다.

명령에 죽고 명령에 사는 군인들이라고 하지만 5·16 쿠데타는 군인의 본분을 무참하게 짓밟고 말살해 버렸다. 그리고 군대를 지리멸렬 상태로 분열시켰다. 미국의 눈치를, 그리고 혁명군의 눈치를 살피면서 생존을 위해 몸부림쳤던 것이 5·16 당시 일선 장군들의 모습이 아니었을까? 전군에 침투해 있던 쿠데타 세력의 무력행사만이 일선 장군들의 행로를 결정한 길잡이가 된 것이다. …(중략)…

17일 밤 8시30분경 나는 대통령과 단독으로 만났다. 박정희 소장 앞에서 말할 수 없었던 이야기들을 대통령에게 추가로 보고했다. 이한림 1군사령관이 박정희 소장을 불신한다는 것, 민기식 군단장이 장면 정권에 비판적이라는 것, 최석 장군은 민 장군과는 정반대로 언제든 명령만 떨어지면 쿠데타 진압에 나설 것 같다는 등등. 보고 들은 대로 보고했다. 그리고 나는 야전군에 대한 나름의 결론도 진언했다.

첫째, 1군사령관인 이한림 장군은 "1군은 아무 걱정이 없다"고 호언하고 있으나 그는 예하 군단장에 대한 지휘권을 사실상 상실한 상태였다는 것.

둘째, 군단장들도 예하 사단장에 대한 확고한 지휘권을 확보하지 못하고 자신들의 처신 문제를 놓고 고민에 빠져 있다는 것.

셋째, 군 내부는 혁명 지지파와 반대파로 분열되어 경우에 따라서는 일촉즉발의 위험이 감지되었다는 것.

넷째, 현재 군의 상황은 누구도 지휘할 수 없는, 다시 말해 미8군사령관이라 할지라도 사실상 지휘권을 상실한 것과 다름없어 보

인다고 보고했다.[85]

매그루더는 "자신의 휘하에 있는 군대를 장악하고 있었으며 어떠한 공산주의자들의 침략도 격퇴시킬 준비를 갖추고 있었다."라고 이한림을 평가했으나, 현실은 그렇지 않았던 것이다. 흥미로운 것은 앞에서 인용한, 매그루더가 렘니처에게 보낸 문서의 입수 경로다. 동 문서는 암스트롱(W. C. Amstrong)이라는 사람이 대통령 특별보좌관 도넬(O'Donnell)에게 보낸 서신에 첨부된 형태로 되어 있다.

매그루더가 미 합참의장에게 보낸 비밀문서가 오타와에 있는 Classy Formal Wear 주식회사로부터 임대한 만찬용 윗저고리의 주머니에서 발견되어, 대사관을 거쳐 백악관으로 통보한다는 것이 대략적인 경로다.[86] 내용은 앞에서 거론한 바와 같이 특별한 것은 없다. 문제는 이러한 문서가 왜 캐나다에 있는 영리회사의 만찬용 윗저고리의 주머니에서 발견되었나하는 의문이다. 이 점에 대해선 향후의 과제로 남겨 둔다.

매그루더가 이한림을 부추겨 역쿠데타를 모의했다는 증거는 없다. 어쩌면 이한림이라는 인물을 자기 나름대로 테스트했는지도 모를 일이다. 하지만 매그루더가 돌아간 얼마 후, 이한림은 혁명 지지를 선언한다. 매그루더가 예상하지 못한 돌출 행동이었다. 내용은 다음과 같다.

---

85 김준하, 군사쿠데타의 숨겨진 진실, 「신동아」, 2001년 8월호

86 John F. Kennedy Library, National Security Files, W. C. Amstrong이 대통령 특별보좌관 O'Donnell에게 보낸 서신(관리번호: 001-102-2001-0000008 Box 127), 1961.5.19.

장병 여러분, 군이 정치에 개입하는 비극의 시간입니다. 나는 근본적으로 군의 정치에의 개입을 반대합니다. 있어서도 안 되고 용서할 수도 없습니다. 그러나 현실은 내 생각이나 내 의지와는 관계없이 대세는 원하지 않는 방향으로 흐릅니다. 북한군이 호시탐탐 노리고 있는 이 시기에 내란으로 치달을 위기를 조성할 수 없다고 판단되어 부득이 나는 쿠데타 반대 입장에서 묵인하는 입장으로 전환하였음을 여러 장병께 알립니다.[87]

이한림은 1군사령부 국기 강하식에서 훈시 형식으로 말했다고 했지만, 이 항복선언은 방송으로도 전해졌던 모양이다. 김웅수에 의하면 "참모들의 보고에 의하면 야전군 사령관 이한림 장군이 춘천 방송국을 통해 혁명 지지 연설이 있었다."고 들었으며 "후에 그레고리 헨더슨 미 대사관 공보관의 5·16 일지에는 방송 장소가 춘천이 아니라 원주라고 적혀 있음을 읽었다."고 한다.[88] 아무튼 매그루더의 방문을 전후하여 이한림의 원칙이 바뀌었음은 이미 거론했다. 묘한 것은, 윤보선 역시 매그루더와의 면담 이후 쿠데타 지지로 돌아선 점이다.

아무튼 만주의 신경군관학교 동기(신경2기)이자 일본 육사 동기(57기)인 옛 친구 박정희에게 굴복을 했지만, 마음만은 그에게 굴복할 수는 없다는 자존심 등으로 심란했을 것이다. 이 무렵 박정희로부터 전화가 왔던 모양이다. 이한림과 박정희의 통화내역을 들어 보자.

87 이한림, 『세기의 격랑』, p.362
88 김웅수 회고록—제2 인생을 걷게 한 5·16⑼, 『미주 한국일보』, 2008.3.5

박정희와 직접 통화해 본 지도 1년이 더 되는 것 같았다. 지나간 생도 시절 형제간처럼 다정하게 지냈던 감정이 마음 한편에서 솟아오르는 것을 느꼈다. 엉겁결에 "가족은 다 무사하냐?"고 물었다. "무사하다."는 대답이었다. 나는 다시 말을 이었다. 나는 약간 흥분되기 시작했다. "가족들 조심하라고 그래." 하고 언성을 약간 높이니 "알았어."라고만 대답하는 것이었다. 사실 그때 심정 그대로 표현한다면 그를 때려죽이고 싶도록 미웠다. 그러나 나는 꾹 참았다.

"너 쿠데타에 나는 묵인한다."

내 이 말에 박정희는 차가운 목소리로

"고맙다."

라고 짧게 대답했다. 나는 이어서 내 소신을 그에게 알렸다.

"나는 야전군의 일을 맡아 할 터이니 그리 알라. 너는 서울 쪽을 하고, 내가 하는 일에 간섭하지 말라."

"그래, 알았어."

나는 박정희의 대답을 듣고 송수화기를 놓았다.[89]

결과적으로 박정희는 약속을 지키지 않았다. 다음 날 아침, 이한림은 쿠데타 주체 세력이자 자신의 부하들에게 압송되는 신세가 된다. 이로서 쿠데타군을 제압할 수 있는 마지막 희망이 사라졌다.

쿠데타 발발 이후 이틀을 정리해 보면, 장면 총리를 검거하는 데 실패했을 뿐 대개의 진행사항은 쿠데타를 기획한 측의 의도대로 흘러가고 있었다. 특히 장도영이 쿠데타군에 합류하여 〈군사혁명위원회

---

89 이한림, 『세기의 격랑』, pp.362-363

포고 제4호)를 선언할 수 있게 된 것은 쿠데타 진영의 큰 성과였다. 이 포고문을 통하여 장면 정권 인수를 공식적으로 표명하게 된 것이다. 어쩌면 나머지 과정은 요식 행위였을지도 모른다. 이제 남은 것은 사후처리였다. 그중 하나가 제1군사령관 이한림 문제였다.

이한림은 5월 17일 오후5시 혁명지지를 선언한 후 박정희와 통화를 했을 때만해도 자신의 현 직위 제1군 사령관직은 유지되는 것으로 생각했다. 그러나 쿠데타 측의 생각은 달랐다. 이한림은 무시 못 할 존재였고 향후 어떤 역할로 쿠데타 측을 곤란하게 할지 모를 '뜨거운 감자'였다. 결국 그들은 이한림을 구속하기로 결정했다. 주역은 이한림의 참모들이다. 다시 이한림의 증언을 들을 차례다.

새벽 4시경이었다. 근무병이 급히 노크를 했다. 물론 나는 잠자지 않고 있었으므로 즉시 "누구냐"고 물었다. "박정희 장군이 보낸 한신 소장과 전두열 대령이 면회를 요청"한다는 대답이었다. 나는 일어나 거실로 나와 두 사람을 만났다. 한신 소장은 박정희와 육사 동기생이고, 전두열 대령은 박정희의 심복인 정훈 장교였다. 이 사람들은 쿠데타 본부가 위치한 육군본부에서 박정희와 만나서 그로부터 지시를 받고 한밤중에 육군본부를 떠나 지프차로 왔다는 것이다. 이들이 박정희로부터 받았다는 지시 사항은 다음과 같다.

"즉시 1군사령부에 가서 군사령관에게 국군끼리의 충돌을 피하도록 설득하라는 것과, 최고회의(군사혁명위원회의 착오) 의장으로 추대한 육군참모총장 장도영 장군은 믿을 수 없으니 나 이한림을 리더로 모시겠다는 취지를 전하고 설득해 달라는 것"이었다. 한신 소장은 약 30분간 나에게 혁명의 당위성과 상호 충돌 방지에 관한 것을 반복 설명하였다. 나는 한신 소장에게 간단한 답을 했다.

"나를 이집트의 나기브로 만들겠다는 말이냐."고 응수했다. 그리고 한신에게 유혈충돌은 없을 것이라고 분명히 말해 주고, 야전군에서 쿠데타군으로 출동한 부대들은 속히 원대 복귀시키도록 하라고 당부했다. 그리고 그에게 쿠데타를 한 장교들 가운데는 불순하고 지탄의 대상이 되는 자가 많다고 지적하고는 피곤할 테니 빨리 서울로 되돌아가라고 말한 후 나는 곧 침실로 들어갔다. 침실로 들어와 생각할수록 기가 막혔다. 이 무슨 장난이란 말인가. 상황은 이미 끝난 것인데 나를 뭐로 보고 흥정을 하는 것인가.[90]

이해하기 어려운 장면이다. 전날 5시경에 항복 선언을 했고 박정희와 통화를 할 때도 쿠데타를 묵인한다고 분명히 밝혔는데, 한밤중에 다시 사람을 보내어 "쿠데타군의 리더로 모시겠다." 운운하면서 이한림을 설득시키려는 시도를 했다는 것은 아무래도 부자연스럽다. 이한림을 믿지 못한 박정희가 그를 체포하기에 앞서, 동정을 살펴보기 위하여 한신과 전두열을 밀파했을 것이라는 정도로 추정해 본다. 계속 그의 증언을 살펴보겠다.

민주당 정부의 붕괴를 내 운명과 같이했던 나는 18일 아침 6시 30분경 침실에서 식당 방으로 옮겨 갔다. 참모장 황헌친 장군, 군수참모 박원근 장군과 식탁에 마주 앉아 있을 일들에 대한 이야기를 하고 있었다. 당시까지만 해도 5월 16일 새벽 이후 육군 수뇌들

---

90 이한림, 『세기의 격랑』, pp.366-367

과는 일체 대화가 없었기 때문에 모든 일들을 우리가 알아서 해야 했다. 나는 육군 수뇌와의 연락이 안 되어 해군참모총장과 공군참모총장과의 대화를 시도해 보겠다는 생각으로 준비 중이었다. 그때 군화를 벗지 않고 신은 채 무례하게 식당으로 들이닥친 험상궂은 인상의 중령 1명이 시선을 옮겼다. 매우 불손한 태도였다. 그러나 나는 상황이 상황이니만큼 참을 수밖에 없었다.

"사령관님, 서울로 모시고 가려고 왔습니다. 밖으로 나가시지요." 중령은 상기된 얼굴로 나에게 말해 왔다. 나는 이미 당시의 상황 진행을 알고 있었고 거기에 대한 마음의 준비도 되어 있었으므로 구태여 이 위기를 모면할 생각이 없었다. "알았다. 가지." 하고 일어서서 침실로 들어가 권총을 차고 모자를 챙겨 쓰고 책상 위에 놓여 있는 묵주를 주머니에 넣고 밖으로 나섰다. 밖으로 나오니 황헌친, 박원근 장군과 전속부관 박준병 대위가 기다리고 있었다.

서울로 나를 호송하겠다는 쿠데타군의 중령 1명과 대위 1명도 지프차의 문을 열고 기다리고 있었다. 후에 안 일이지만, 그 중령은 내 휘하 1군사령부의 작전처 소속의 엄병길이었다. 바로 8기생 쿠데타 주역 김종필과 동기생이었다. 그는 쿠데타 성공 이후 강원도 지사, 감사원 감사위원의 요직을 거쳤는데, 군에서는 실력이나 신망 면에서 뒤쳐졌던 장교라는 것이다. 지금은 그가 살았는지 죽었는지 알 길이 없다. 그의 생김생김이나 언동으로 보아 쿠데타에는 적임자인 것같이 생각됐다.

그는 나에게 권총을 내놓으라고 요구했다. 나는 이를 거부했다. 그가 다시 권총을 요구하자, 박권근 장군이 나에게 양해를 구한 후 권총에서 실탄을 뺀 후 다시 꽂아 주었다. 나는 그 중령보고 어디 있는 장교냐고 물었더니 자기 소속을 댔다. 나는 다시 그를 똑바로 보고 "그대는 야전군 마크를 떼라. 그 마크를 붙이고는 야전군 사령관인 나를 구인할 수 없다."고 큰 소리로 말했다. 그러자 대위 한 명이 지프차 뒤에 올라타기에 자네는 누구냐고 하니 자기 소속을 밝히는 것이었다. 그 뒤를 이어 전속부관 박준병 대위가 따라 올라타는 것이 아닌가.

"박 대위, 나는 죽으러 가는 길이야. 이 길은 같이 갈 수 없어." 하고 잡아끌었다. 그러나 그는 막무가내였다. 그가 간청하므로 할 수 없이 다시 올라타는 것을 제지하지 못하고 지프차 앞좌석에 앉았다. 두 장군이 지켜보는 가운데 나는 쿠데타군에 구인되어 공관을 떠났다.[91]

글을 읽다 보면, 순순히 체포에 응한 이한림의 태도가 의아할 것이다. 그러나 이 무렵 쿠데타군은 사령부를 완전히 장악한 상태였다. 『한국군사혁명사』는 의문에 대한 답변을 제공해 준다.

이 책에 의하면, 쿠데타군은 원래 전날 오후부터 이한림 체포 계획을 준비했었다고 한다. 쿠데타군 본진에 있다가 17일 하오 귀대한 조창대(중령·육사8기·1군사작전처)는 밤 8시경에 동료들과 회합하여 이한림을 연행하려고 했으나 일부의 신중론으로 다음 날 새벽에 거사를 행하기로 했던 모양이다. 한신이 이한림과 대화를 할 때는 쿠데타군이 관사를 이미 포위한 상태였다. 『한국군사혁명사』가 묘사한 당시의 장면은 다음과 같다.

---

91 이한림, 『세기의 격랑』, pp.368-370

그러나 밤새 상황실을 지키던 심이섭(육사8기 · 1군사참모) 중령이 접수한 정보는 일각을 더 연기할 수 없는 상태였으므로 조창대, 이종근(육사8기 · 1군사작전처) 중령과 합의하여 18일 새벽에 사령관을 체포하기로 했다. 새벽 4시 10분경, 조 중령은 박태원(육사6기) 대령에게 심리전 중대의 2개 소대병력을 요청했다. 새벽 6시 헌병참모 박 대령은 헌병을 모두 요소에서 철수시키고 사령관 호송을 위한 경호차와 헌병을 선발했고, 심리전 참모 허(허순오 · 육사7기) 대령은 대적선전중대 2개 소대 병력으로 사령관 관사를 포위했다.

심 중령은 교환대를 점령하여 통신망을 차단했고, 주번사령과 반혁명을 책동하던 본부사령을 작전상황실에 연금했다. 포병참모 정(정봉욱, 귀순특임) 대령은 고사포 1개 중대를 동원하여 사령부본청을 포위했고 그중 1개 포대로서 사령관 숙소를 포위했다. 조창대, 박용기(육사8기 · 1군사작전처), 엄병길 중령 등 일행은 헌병부 조사과장의 안내를 받아 사령관 숙소에 들어갔다.

이들이 사령관 침실에 들어가 "혁명위에서 사령관을 모시러 왔다."고 말하니 "1군 마크를 붙인 군인은 나를 체포 못해." 하며 사령관이 호통을 쳤다. 엄 중령은 마크를 떼어 버리고 공손하게 사령관을 모시고 대기시킨 KAHQ1 지프에 태워 길을 떠났다. 상오 7시 출발 여주를 경유하여 서울로 직해 11시 50분에 서울에 도착하여 대한문에서 김형욱, 김동환, 박배근 중령에게 인계했다.[92]

그리 큰 문제는 아니지만 체포 장소가 식당과 침실 정도의 차이

---

92 『한국군사혁명사(제1집 上)』, p.265

가 난다. "야전군 마크를 떼라"는 에피소드는 신기할 정도로 똑같다. 체포 경위는 마치 영화의 한 장면 같다. 그만큼 쿠데타군은 철저히 준비했다는 뜻이다. 1군사령부 산하 작전처, 참모진 게다가 헌병까지 동원되었으니 사령관 이한림은 어쩔 수 없었을 터이다. 어쨌든 이로써 쿠데타 제1막은 종료되었다고 보아야 할 것이다.

한국군 60만 중 40만의 군령권을 가진 제1군사령관 이한림은 자신의 부하 중 한 명인 육군 중령의 마크를 뜯어내는 것을 마지막으로 군 생활을 마감하게 되었다. 쿠데타 주도 세력은 이한림 대신 자신들의 동지였던 제5군단장 박임항 중장으로 하여금 제1군사령관직을 대행하게 하였다. 이한림이 가졌던 권한이나 위치를 고려하면 엄청난 사건이었지만, 그의 구속과 직위박탈 건에 대해서 모든 언론은 침묵을 지켰다. 이한림이 잡혀갈 때에 미군사고문 자부란스키 장군이 눈물로 배웅을 했다고 하지만,[93] 아마 연민 탓이었을 것이다. 이한림 체포 건은 미국 측에서도 그리 심각하게 보지 않았다. 공개된 미국의 기밀문서를 보아도 이한림 체포에 대한 내용은 거의 없다는 것이 그 방증이다.

| 유엔군사령관 겸 미8군사령관이 막을 수 없었던 쿠데타 |

1961년 5월 15일 오후 5시 21분(한국시간 16일 오전 6시 21분), 한국에서 쿠데타가 발생했다는 전문이 워싱턴의 미 국무부에 도착했

---

93 이한림, 『세기의 격랑』, p.371

다. 주한 미 대리대사 그린이 보낸 시간은 16일 오전 5시다. 전문 내역을 아래에 소개한다.

박정희 소장 주도로 쿠데타가 발생했다고 국무부에 보고한 주한 미 대사관의 전문(1961. 5. 16 오전 5시)

해병대의 몇 개 중대와 하나 또는 두 개의 예비사단이 지원하고 있으며, 박정희 소장이 이끄는 것으로 알려진 쿠데타가 진행 중이라고 유엔군 사령관이 알려 왔다. 좀 더 자세한 내용은 아래와 같다.

장도영 육군참모총장은 유엔군 사령관에게 쿠데타 진압에 미군을 동원할 수 있겠는가를 물어 왔다. 유엔군사령관은 미군을 동원할 수 없다고 답변했다. 우리는 당연히 적절한 헌법절차를 거쳐 이곳에서 수립된 정권을 지지하고 있다는 점을 명확히 밝히겠지만, 나는 이러한 결정에 동의한다.

워싱턴시각 2시 5분(한국시각 새벽 3시5분) 대사관용 주거지에서 작은 총성을 들을 수 있었다. 총성은 서울 남쪽의 육군본부에서 들린 것이다.[94]

---

94 《Political Situation, May 1961, INCOMING Department of Sate, Contro: 9258》

이 전문을 보면, 1961년 5월 16일 새벽 무렵 장도영은 쿠데타군을 진압할 의사가 있었던 것으로 보인다. 이해할 수 없는 것은 그가 왜 미군의 지원을 받으려고 했는가 하는 의문이다. 1952년 쿠데타 미수 사건 때도 미군은 한국군만을 동원해야(하) 한다는 점을 강조했으며, 이것은 주한 미군의 원칙이었다.

물론 야전군의 동원을 허락했을지 의문이지만, 그렇다 해도 장도영이 제1군의 동원을 왜 요청하지 않았는지 그 이유가 정말 궁금하다. 장도영만이 아니다. 그 후 장면, 윤보선 등도 미군의 동원을 바라는데, 왜 야전군 동원을 요청하지 않았는지 아쉽다. 그린이 전문을 보낸 시각은 한강변에서 총격전이 일어나고 공수부대가 서울 시내를 장악하고 난 뒤다.

5월 16일의 이른 새벽 한국 육군본부의 광장이 쿠데타군의 트럭, 반트럭, 지프 등으로 북새통을 이루어 있을 무렵, 미8군의 상황을 알려 주는 문서는 거의 없다. 어쩌면 하우스만의 회고록이 유일할지도 모르겠다. 하우스만은 그날의 모습을 다음과 같이 술회했다.

나는 이날 새벽 일찍 미8군 지하벙커의 전쟁상황실에 있었다. 8군 전쟁상황실은 만원이었다. 새벽 일찍 8군사령관 카터 B. 매그루더 대장을 비롯, 주한미고문단장 해밀턴 H. 하우스 소장 등 주요 장성들은 물론 유능한 CIA 요원인 드·실바를 비롯한 정보 요원들로 꽉 차 있었다. 미군이 아직도 5만 이상이나 주둔하고 있는 대한민국에 군사 쿠데타가 났다는 것은 엄청난 일이 아닐 수 없었다. 정보 관계자들이 수시로 상황을 보고해 왔고, G2 책임자가 이 상황을 보고할 만한 책임자에게 분초를 다투며 정보를 건넸다.

그러나 3년간 전쟁을 치렀고 아직도 전쟁에 대비해 구성돼 있는 조직적인 전쟁상황실이지만 한국군 쿠데타를 어떻게 다룰 것인가를 판단하고 결정할 능력은 갖추고 있을 리 없었다. 그것은 특히 한미 정치 관계의 매우 주요한 문제이었으며 최종 결심은 백악관의 고유 권한에 속하는 것이기도 했다. 그 새벽의 기점에서 보면 미8군은 북한 공산주의자들의 남침 기도를 저지하는 것이 주목적이었고, 미 대사관은 합법적인 선거에 의해 구성된 장면 정부를 지지하고 있는 것임은 말할 나위도 없었다.[95]

미 대사관은 표면적으로라도 장면 정부를 지지하는 모습을 보여야 했고, 쿠데타군을 어떻게 처리해야 하는가 하는 것은 백악관의 고유 권한이라는 뜻이다. 어쨌든 8군 전쟁상황실에 모인 주요 인물, 즉 미8군사령관 매그루더, 군사고문단장 하우스, CIA한국지부장 실바, 그리고 하우스만 등에 의해 대략적인 미국의 방침이 정해졌을 것이다.

그러면 백악관의 명령이 떨어지기 전에, 미국이 한국을 다루는 지침은 존재했을까 하는 의문이 들 수 있다. 새롭게 출범한 케네디 정부의 국무장관 러스크(David Dean Rusk, 1909~1994)는 1961년 1월 24일, 다음과 같은 문서를 남겼다.

한국의 부정적인 여론에 관한 12월 1일자 대사의 전문은 국무부 내에서 지대한 관심 속에 열람되었다. 극적인 계획, 적극적인 지도력 그리고 한국 정부에 의한 더 나은 대중 홍보계획이 필요하다

---

95 짐·하우스만, 정일화 공저, 『한국 대통령을 움직인 미군대위』, 한국문원, 1995, pp.47-48

는 대사관의 결론은 충분히 인정된다. …(중략)… 물론 현재의 문제가 돌아 올 수 없는 지점을 지나기 전에 이러한 파도를 막아야 한다. 만약 현재의 한국행정부에 의해서 이것이 불가능하다고 판명된다면, 아마도 의회의 절차 또는 초법적인 채널을 통해서 새로운 정부가 출현할 것이다.

따라서 미국은 현재의 정부가 그러한 도전에 대응하도록 계속해서 도와주고 격려해야 할 뿐만 아니라 동시에 대체할 수 있는 정치적 지도자들과 지도력 있는 그룹들을 인지하고 만약 정부의 교체가 불가피할 경우에는 미국이 지난해 봄 위기상황(4 · 19 혁명)에서 실행한 것과 같은 정교한 방법을 써야 하고 다시 한 번 그와 같은 성공을 이용하도록 해야 한다. 미국은 또한 헌법적인 과정을 통해 어떠한 변화가 일어날 수 있다는 사실, 새로운 지도자들은 통치할 능력을 갖추고 있어야 한다는 사실, 그리고 새로운 정부는 미국과 자유세계의 원칙과 정책에 우호적으로 남아 있어야 한다는 점 등을 보장하도록 추구해야 한다.

이러한 목적을 위하여 ①국회의 불신임 투표, ②국회의 해산, ③군대에 의한 쿠데타, ④극우나 극좌세력에 의한 쿠데타, ⑤총리의 암살과 같은 상황에서 대사는 현지 미국기관과 함께 국무부의 승인을 받을 수 있고, 미국 정부와 그 대표들의 실질적이고 즉각적인 행동을 지휘할 수 있는 계획을 가지고 있어야 한다. 미국 관료들의 견해에 따르면 이러한 계획을 고려할 때 대사는 자질이 있고 권위가 있으며 앞으로 5년 안에 지도자로 떠오를 수 있는 사람들의 목

록을 준비할 필요가 있다.[96]

이 문서에서 말하는 대사는 매카너기(Walter P. McConaughy, 1908-2000)다. 그는 1959년 한국에 부임하여 1961년 4월 이임할 때까지 한국의 정치에 깊숙이 관련했다. 특히 4월 혁명의 후처리는 전적으로 그의 작품이다. 이승만 하야 및 망명 그리고 장면 정부의 출범에 큰 역할을 했다는 뜻이다.

미 대사관이 국무장관 러스크의 지침에 의해 지도자로 떠오를 수 있는 사람들의 목록을 준비하였는지 그리고 박정희가 그 대상인물에 포함되었는가는 아직 알 수 없다. 이것은 5 · 16 쿠데타의 미국 사전 기획설 혹은 추후승인설을 다룰 때 좀 더 자세히 검토할 사안이다. 그린과 매그루더의 향후 행위에 대하여 표면적인 모습만 봐서는 안 된다는 의미로 이 문서를 소개했다.

그러나 매그루더와 그린은 백악관의 지침을 따르지 않는, 자의적인 성명을 발표하고 만다. 장도영과 박정희를 비롯한 쿠데타 주도 세력들이 윤보선을 만나기 직전인 1961년 5월 16일 오전 10시 18분, 미 8군사령관 매그루더와 대리대사 그린은 '5 · 16 쿠데타'를 해석하는 데 엄청난 혼란을 주는 성명서를 발표했다. 성명서는 '미국의 소리'와 AFKN(주한미군방송)을 통해서 방송되었고, 쿠데타 세력들은 검열을 통하여 보도를 통제했다.

---

96 AS-88 January 24, 1961, 795B.00/1-2461, Box2181, Decimal, 가드너 문서군《박태균, 『우방과 제국』, 창비, 2006, pp.192-193 재인용》

매그루더와 그린의 성명을 삭제한 1961년 5월 16일자 동아일보(석간)

매그루더와 그린의 성명을 삭제한 1961년 5월 16일자 경향신문(석간)과
사설의 일부가 삭제된 1961년 5월 16일자 조선일보(석간)

삭제된 성명서의 내용은 다음과 같다.

11(c) *10시 18분쯤 다음과 같은 성명서가 PIO EUSA*(Public Information
Office, Eoghts U.S. Army, 미8군공보처)를 통해 발표되었다: 매그루더 장
군은 유엔군 사령관의 권한 아래 있는 모든 군인들이 장면 총리가
이끄는, 적절한 절차를 거쳐 승인된 한국 정부를 지지할 것을 요청
한다. 매그루더 장군은 통제권을 즉각 정부의 권한 밑으로 복귀시
키고, 군대 안에서 질서가 회복되도록 한국군 책임자들이 그들의

권한과 영향력을 행사하기를 희망한다. *12(c)* 거의 동시에 다음과 같은 성명이 미국대사관 그린 대리대사에 의해 발표되었다: 자유롭게 선택되고 합법적으로 수립된 한국 정부를 지지하라는 유엔군 사령관의 입장에 나는 전적으로 동의한다. 나는 미국이 지난해 7월 한국 국민들에 의해 선출되고 지난 8월의 총리선거에 따라 구성된 한국의 정부를 지지한다는 점을 확실하게 하고자 한다.

이 성명서에 따르면, 쿠데타군은 즉시 항복을 선언해야만 했다. 60만 한국군의 작전통제권을 가지고 있는 유엔군사령관 매그루더가 장면 정부를 지지한다고 선언했는데 어떻게 쿠데타를 계속 진행할 수 있겠는가? 그러나 우리가 알고 있는 바대로 쿠데타는 계속되었고 미국은 곧 쿠데타를 승인하게 된다. 상식적으로 이해되지 않는 이 상황을 이해하기 위해선 미 국무장관 대리 체스터 볼스 차관이 케네디에게 보낸 비망록〈주한 미국대표들이 발표한 성명들의 배경〉과 매그루더가 상기 성명을 발표하기 전, 장도영을 만났을 때 어떠한 대화가 오갔는지를 확인할 필요가 있다. 먼저 볼스의 비망록을 살펴보자.

5월 15일 오전 한국의 군사쿠데타 초기 몇 시간 동안, 대한민국 유엔군 사령관 카터 매그루더(Carter Magruder) 대장은 자신의 휘하에 있는 모든 군인들에게 장면 총리가 이끄는 대한민국 정부를 지지하고 한국 군대의 질서를 회복할 것을 호소하는 성명을 발표했다. 이 성명은 우리의 대리대사 마셜 그린(Marshall Green)과 협조하에 발표되었는데 그린도 유사한 성명에서 매그루더 장군의 입장에 전적으로 동의했으며 미국은 한국 국민들이 선출되고 정당하게 법률적 절차

에 의하여 구성된 합헌적 대한민국 정부를 지지한다고 강조했다.

이들 성명들은 국무부에 의하여 사전에 권한을 부여받지는 않았으나 한국의 상황과 관련하여, 그것들은 민주적 제도를 유지 강화할 목적을 가진 확립된 정책의 확인으로서 정당성을 갖는다. 미국은 해방자 및 보호자로서 그리고 경제·군사적 지지의 근원으로서 한국과 오랜 관련으로 인하여 한국에서 특별한 역할을 향유하고 있다. 한국 국민과 정부는 정부 수립 이래 위기의 시기에 계속 미국에게 지도를 기대해 왔다.

1960년 4월 혁명 동안 서울주재 우리 대사관이 발표한 공개성명들은 학생시위 기간에 더 많은 피 흘림을 방지하는 데, 그리고 이승만 행정부로부터 한국의 헌법적 과정에 의한 과도정부에게 권력을 질서 있게 이양하도록 준비하는 데 매우 중요하였다. 국무부는 대한민국이 공산주의와 투쟁에 있어서 공화국의 중요한 자산들로서 민주적 절차와 헌법적 절차를 유지하는 것이 특별히 중요하다고 믿고 있다. 이러한 상황에서 이 정부를 지지하는 국내세력들이 강화되어야 한다는 믿음을 갖고 적법한 정부에 우리의 영향력을 행사하는 것은 적절한 결정이었다. 그렇게 하지 않았더라면 혁명주의자들의 입지를 강화시켰을 것이다.

매그루더 장군은 또한 우리에게 자신과 대리대사의 성명은 대한민국 제1군단을 경계선상에 유지하고 중립적인 경향이 있는 군부대들이 항명분자들의 명분에 참여하는 것을 방지하는 노력을 돕기 위하여 이한림(Lee Han Lim) 장군의 충고에 따라 발표되었다고 알려왔다. 매그루더 장군은 이들 성명들은 대한민국이 가능한 한 조속히 민간의 헌법적 정부로 환원되어야 하며 어떠한 정치권력 투쟁으로부터도 군대를 제거해야 할 필요성을 강조하였다고 지적하였다. 매그루더 장군은 또한 분명히 이들 성명이 그럼에도 불구하고 그 효과가 무한정 지속될 것으로 볼 수 없다고 논평하였다.

한국에 주재하는 우리의 대표들은 또한 알제리에서 우익세력의 불법적인 쿠데타 후에 프랑스에서 널리 퍼졌던 소문과 같은 추측을 미연에 방지하기 위해서 미국 정부가 혁명집단에 연관되어 있지 않다는 것을 즉시 분명히 밝히는 것이 필요하다고 느꼈다.[97]

비망록에서 주목할 것은 알제리 쿠데타와 한국의 사태를 연결한 점이다. 1961년의 알제리는 여러 면에서 한국과 비슷했다. 1830년 프랑스군의 '알제리 원정'을 통해 식민지로 전락한 알제리는 1961년에도 프랑스의 종속국 상황 그대로였다. 제2차 세계대전 이후 튀니지와 모로코 등 프랑스의 식민 국가들이 하나둘 독립국가로 새롭게 출범했지만 알제리만 예외였다. 당연히 거센 반발이 일어날 수밖에 없었다. 산발적인 게릴라전으로 저항하던 알제리 독립군들이 함께 뭉쳐 출발한 조직이 1954년 10월에 결성된 민족해방전선(Front deLiberation, FLN)이다.

1958년 6월, 권좌에 복귀 재집권한 드골이 오히려 알제리의 해방을 선언하는 기상천외 사건이 발생한다. 알제리에 거주하는 프랑스인뿐 아니라 본국인들마저 내전에 지쳤을 무렵인 1959년 9월에 알제리 문제는 알제리인 스스로가 결정해야 한다는 원칙을 발표한 것이다.

---

97 John F. Kennedy Library, National Security Files, 대통령을 위한 비망록, 1961.5.18

알제리 우익 군부가 일으킨 쿠데타는 발생 5일 만인 4월 26일에 진압되지만, 한국의 군부집권은 5 · 16 후 30년간이나 지속된다. 더욱이 알제리의 경우 이 우익 쿠데타를 계기로 드골이 알제리의 독립을 승인하여, 1962년 3월에 에비앙 협정이 체결되면서 130년간에 걸친 프랑스 식민지 시대가 종언하게 되었던 것이다.[98]

볼스 차관이 말한 "프랑스에서 널리 퍼졌던 소문"의 확실한 내용은 확인이 되지 않았다. 다만 비극으로 끝난 알제리의 우익 군부쿠데타 그리고 알제리 쿠데타와 비슷한 시기에 CIA주도로 쿠바를 전복하려다가 실패한 '피그스 만 침공' 등을 고려해 보면, 쿠데타 등 제3세계의 정변 문제에 미국은 전혀 관여하지 않는다는 입장을 표명해야만 했을 것으로 짐작된다. 즉, 한국의 쿠데타는 한국 내부의 문제이므로 한국인들 스스로 해결해야 한다는 것이 미국의 표면적 입장이었을 것이다. 속된 말로 장면 정부에게 립 서비스를 했다는 뜻이다.

볼스의 비망록을 보면 5 · 16 쿠데타 이후 매그루더의 비상식적인 발언과 행동이 이해되리라 본다. 한 가지 더 있다. 바로 쿠데타 세력 길들이기다. "그렇게 하지 않았더라면 혁명주의자들의 입지를 강화시켰을 것이다."라는 발언이 바로 그 의미다. 실제로 쿠데타 주체들은 당황했다. 앞에서 소개한, 매그루더와 그린의 성명 내용을 삭제한 언론 검열이 한 예다.

다음은 장도영과 매그루더의 대화를 확인해 보자. 먼저 장도영의 회고를 소개한다. 장도영이 매그루더에게 처음 연락한 것은 박

---

98 프란츠 파농, 홍지화 옮김, 『알제리 혁명 5년』, 인간사랑, 2008 참조

정희로부터 서한을 받은 이후다. 박정희가 서울지구방첩대장인 이희영 대령을 통해 전달한 내용은 다음과 같다.

각하의 사전승인을 얻지 않고 독단거사하게 된 것을 죄송하게 생각하옵니다. 그러나 백천간두에 놓인 국가 민족을 구하고 …(중략)… 민족적 사명감에 일철(一徹)하여 결사감행하게 된 것입니다. 만약에 우리들이 택한 방법이 조국과 겨레에 반역이 되는 결과가 된다면 …(중략)…전원자결하기를 맹서합니다. …(중략)… 여불비재배(餘不備 再拜) 5월 16일 소장 박정희[99]

장도영에 의하면 이때에야 박정희에게 속았고, 방첩대장 이철희로부터 농락당했음을 알게 되었다 한다. 이 무렵 방첩부대장실에 있던 장도영은 즉시 국방부 장관·국무총리·대통령에게 전화를 하고 UN군사령관 매그루더에게 전화를 했던 모양이다. 시간은 새벽 3시쯤일 것이다. 매그루더와 장도영이 만난 시간은 한강교 총격, 장면 도피, 방송국 점령 및 혁명취지문 발표 등 한차례 폭풍이 지나고 난 뒤인 오전 6시 30분경이다. 장도영의 육성을 소개한다.

나는 먼저 간밤에 일어난 사건에 관해서 매그루더 장군에게 자세히 설명했다. 서울근교에 주둔하는 부대들이 육본에서 작성한 '비상사태를 위한 부대총출동계획'을 역이용하여 서울에 진입하였으며, 또 일선전투부대인 해병여단과 6군단포병단들은 그들의 상부

---

99 장도영, 나는 역사의 죄인이다, 「신동아」300호, 1984년 9월호, p.136

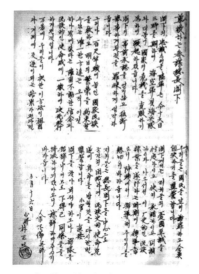
1961년 5월 16일 밤, 박정희가 장도영에게 보낸 편지

명령 없이 서울에 출동하여 각 요소를 점령하였다는 요지의 설명을 했다.

그리고 내가 이 부대들을 속히 원위치로 복귀시켜야겠다고 말하니 매그루더 장군 역시 "속히 그렇게 해야 한다."면서 동의를 표했다.

그러나 나는 해병대를 지휘할 수 없으며, 6군단포병단도 따지고 보면 행정상으로 육본에 속해 있을 뿐이지 작전행동에 관해서는 실질적으로 UN군사령관의 지휘하에 있다는 점을 매그루더 장군에게 얘기했다.

그 당시 육군참모총장인 내가 서울에 불법 진입하는 부대를 막으려 하거나 또는 몰아내려고 내 독단으로 일선부대를 출동시켜 투입할 수는 없는 일이었다. 군 내외에서 그 당시 막연하게 알고 있던 육군참모총장의 책임과 그것을 수행하기 위한 권한과는 엄청난 차이가 있었던 것이다. 특히 UN군사령관의 양해와 협조가 있어야만 했다.[100]

장도영은 회고록에서 매그루더의 반응을 더 이상 자세하게 기록하

---

100 장도영, 나는 역사의 죄인이다, 「신동아」300호, 1984년 9월호, p.142

지 않았다. 윗글을 보면 매그루더는 원론적인 답변만 했음을 알 수 있다. 부대가 원위치로 돌아가야 한다는 말에 무슨 말을 하겠는가? 글의 앞뒤 맥락을 보아, 쿠데타군의 진압과 해병대와 6군단 포병단 철수 등 장도영의 요구를 매그루더는 거절했음이 틀림없다.

완곡한 표현을 사용했지만 장도영의 이 글에 5 · 16 이후 군 출동을 둘러싼 온갖 해프닝에 대한 답변이 숨겨져 있다. 지금도 그렇지만 한국군의 작전권은 참모총장을 비롯하여 1군사령관, 각 군단장, 사단장뿐 아니라 대통령, 국무총리에게도 권한이 없다. 한국군의 출동, 작전에 관한 모든 권한은 UN군사령관인 매그루더에 있는 것이다. 이제 매그루더가 당시 미 합참의장인 렘니처(L. L. Lemnitzer)에게 보낸 전문을 볼 차례다.

군사정변 직후인 5월 16일 새벽 3시 한국군참모총장 장도영은 유엔군사령관 매그루더(Carter Magruder)에게 전화로 "대한민국정부를 전복시키기 위한 군사쿠데타의 시도가 진행 중"임을 알리고 미군 헌병들이 대한민국해병대를 저지할 것을 요청하였으나 매그루더는 이를 거절하였다. 매그루더의 요청으로 장도영은 6시 30분 매그루더를 방문한 자리에서 자신은 혁명에 가담하지 않았지만 유혈사태를 막기 위하여 혁명세력과 협상하기를 원한다고 하였다.

또한 그는 혁명을 반대하는 데 있어서 한국의 군부지도자들로부터 지지를 보장받기 위하여 그들과 대화를 했으면 좋겠다고 말했으나 군대를 불러들이는 것은 주저하였다. 장도영은 박정희가 정부를 통하여 일을 추진하도록 설득하기 위하여 그와 협상 중이며 정부에 그의 요구 조건을 알리도록 요청하였다고 말했다. 장도영은 윤보선 대통령에게 자신을 계엄사령관으로 삼아 계엄령을 선포할 것을 요청함으로써 박정희에 대한 자신의 위상을 높일 것이라고 매그루더에게 말했다.

오전10시경 정변세력이 정부의 주요 관공서와 방송국 등을 점령하여 혁명공약을 발표하는 동안 매그루더는 장면 정부를 합법정부로 지지한다는 성명을 발표하였고, 뒤이어 미국대사대리 그린(Marshall Green)(매카나기의 이임 후 대사직이 공석이었으므로 그린이 대리로 근무함)도 동의하는 성명을 발표하였다. 그러나 백악관은 이 두 사람이 너무나 앞서가고 있다고 판단하고 이후에는 어떠한 성명도 발표하지 말라고 지시하였다.

매그루더와 그린은 정오를 전후하여 윤보선 대통령을 방문하여 군사정변이 남한의 장래에 미칠 위험성을 경고하였으나, 윤보선은 장면 정부의 무능과 부패를 비난하면서 해결책은 초당적인 거국중립 내각의 구성이라고 말함으로써 군사정변을 억제할 의사가 없음을 분명히 했다.[101]

매그루더는 계속해서 미군은 출동할 수 없다고 한다. 그리고 한국인들(장도영, 윤보선, 이한림 등)에게 한국군을 출동하라고 한다. 사실 앞뒤가 맞지 않는 말이다. 한국군의 출동 역시 자신의 권한이지 않은가. 자신이 책임을 지겠으니 한국군을 출동하여 쿠데타군을

---

101 213. Telegram from the Commander in Chief, U.S. Forces Korea (Magruder) to the Joint Chiefs of Staff, May 16, 1961, http://www.state.gov/frusXXII/201to240.html; 214. Telegram from the Chairman of the Joint Chiefs of Staff (Lemnitzer) to Magruder, May 16, 1961, ibid.; 215. Telegram from the Department of State to Secretary of State Rusk at Geneva, May 16, 1961, ibid.

진압하라고 해야 이치에 맞을 것이다.

그러나 매그루더는 장면의 경우 "군대를 불러들이는 것은 주저하였다.", 윤보선은 "군사정변을 억제할 의사가 없음을 분명히 했다."라고 연막을 치고 있다. 한편, 장면 역시 그린을 통하여 유엔군사령관이 쿠데타군을 진압해 달라는 요청이 있었다는 자료도 있다.[102] 장면, 장도영, 윤보선 모두 쿠데타군을 진압해 달라고 요청했지만 모두 거절했다는 뜻이다. 겉으론 장면 정권을 지지한다고 말하면서, 실제 행동은 쿠데타군을 인정한 것이 5·16 당시 미군의 모습이었다. 그러나 매그루더와 그린의 성명은 백악관의 권위를 건드렸음이 틀림없다. 먼저 미 국무성이 서울의 미 대사관에 보낸 전문을 살펴보자.

백악관, 국무부, 기타 다른 관련부서들은 쿠데타 위기에 관한 대사관과 유엔사령부의 보고를 매우 주의 깊게 보고 있다. … 우리는 한국인들이 그들의 헌법에 의하여 자유롭게 선택한 정부를 전복하려는 군인들의 무모한 도전에 대하여 합법적인 정부의 권위가 회복되는 것이 바람직하다고 여긴다. … 그러나 장면 총리가 사라진 상황에서 대통령, 군부지도자, 다른 주요 관리들이 이상할 정도로 쿠데타를 진압할 의지가 없거나 어느 편에 서기를 꺼리고 있는 점은 장면 정부가 무사히 위기를 넘길 것이라는 견해를 가질 수 없도록 한다. 쿠데타를 처리할 권한을 가진 이들 관리들의 우유부단함과 장면 정부의 운명에 대한 일반 대중들의 무관심은 미국이 장면

---

102 김준하, 군사쿠데타의 숨겨진 진실, 「신동아」, 2001년 7월호

정부 편에 서서 영향력을 행사할 근거를 박탈하고 있다. 그러므로 (미국은) 상황이 분명해지기를 기다리면서 관망하는 신중한 태도를 취하고 있다.[103]

보낸 날짜는 1961년 5월 16일 오후(미국 시간)다. 한국 시간으론 쿠데타 둘째 날이다. 되풀이해 이야기하지만, 미 국무성은 장면을 비롯한 한국의 주요 지도자들이 우유부단함을 넘어서 쿠데타를 진압할 의지가 아예 없는 것으로 치부하고 있다. 그 외 국무성 관리들의 한국 쿠데타 관련 발언을 정리해 보자.[104]

- 동아시아담당 차관보 매카너기 ; 16일 아침(미국시간) 국무장관 참모회의
  "장면 정부를 지지한다는 그린-매카너기 성명에 대하여 (케네디) 대통령은 혼란스러워하고 있으며 더 이상의 논평을 삼갈 것을 요구하였다.
- 국무부 공보담당관 ; 정오 브리핑
  "우리는 … 상황이 매우 유동적이며 불확실하기 때문에 실질적인 논평을 할 수 없다. 매그루더 장군과 그린 대리대사의 성명은 그들의 지위에서 그들이 가진 권한 범위 내에서 발표된 것이다."
- 볼스(Chester Bowles) 차관
  "아직 장면 정부의 붕괴를 전제로 하여 미국의 진로를 잡는 것은

---

103 216. Telegram from the Department of State to the Embassy in Korea, May 16, 1961, ibid.

104 상기 문서와 동일한 출처

너무 이르지만 (우리는) 이것을 생각하고 있다. 대사관의 권고를
바란다."

쿠데타가 일어난 지 하루 만에, 미 국무성은 장면 정부를 버리기로
결정했음을 확인할 수 있다. 볼스의 견해를 좀 더 자세히 살펴보자.
그는 캐나다 오타와에 머물고 있던 케네디와 다음과 같은 대화를 했
다. 시간은 5월 16일 오후 6시 5분(미국시간)이다.

한국의 상황이 어떻게 전개되고 있는지 대통령이 질문했다. 볼
스는 쿠데타가 성공했다는 것이 조금 전에 도착한 전문의 내용이
라고 말했다. 쿠데타 세력은 우리가 동요한다는 사실을 알고 있는
것으로 보이며, 현지 기관은 내일 전체 내용을 담은 전문을 보낼
것이라고 전했다. 대통령은 (백악관으로) 돌아가게 되면 그들의 설명
을 듣고 싶다고 말했다. 두 종류의 성명이 발표되었냐고 대통령은
물었다. 볼스는 매그루더와 대사관이 발표했다고 말했다.[105]

한국에선 매그루더와 그린의 성명으로 인해 "미국은 한국의 쿠데타
를 반대한다."고 판단하고 있을 무렵, 정작 백악관의 관료들은 "쿠데
타가 성공했다"고 판단하고 있었다. 그러면 매그루더의 상급기관인
미 합참은 어떤 반응을 (부)보였을까? 5월 16일 오전 11시 20분(한국시
간 5월 17일 새벽 0시 20분) 렘니처 미합동참모본부 의장은 유엔군 사령관

---

[105] "Telegram From the Chairman of the Joint Chiefs of the Staff(Lemnitzer) to the
Commander in Chiefs U.S. Forces Korea(Magruder)", May16, 1961, FRUS1961-1963,
Vol. X X II, 451~52면 《박태균, 『우방과 제국』, p.215 재인용》

매그루더에게 다음과 전문을 발송했다.

① 나는 지금 막 백악관의 모임에서 돌아왔다. 이 모임은 오늘 11시 30분 열릴 정규적인 언론 브리핑에서 대통령 언론 담당 비서관 쎄링거가 한국의 상황에 대한 질문에 적절하게 답변하도록 하기 위한 모임이었다. 매카너기도 참석했다.

② 우리의 모임은 대부분의 시간을 다음과 같은 질문에 매달렸다. "(케네디) 대통령은 매그루더 장군과 그린 대리대사가 발표한 성명을 충분히 승인할 것인가?" 장군이 아는 바와 같이 합동참모본부 의장인 김(종오) 장군이 두 개의 성명서가 너무 앞서 나갔다고 보고되었다.

③ 백악관 모임에 제출된 견해들은 장군의 성명이 한국의 내정에 심각하게 간섭하지 않은 상태에서 할 수 있는 내용을 담고 있다고 동의했으며, 이 사실을 장군에게 알리는 것이 이 메시지를 보내는 목적이다. 그러므로 가능한 한 더 이상의 설명을 피하고 공산주의의 침략으로부터 한국의 국방을 유지하는, 유엔군 사령관에게 부과된 임무에 충실할 수 있는 논평만을 해 줄 것을 제안하는 바이다.

매그루더와 그린이 백악관 혹은 미합동참모본부의 승인 없이 '장면 정부 지지' 성명을 발표한 것은 맞는 말 같다. 그러나 엎질러진 물인 두 사람의 발언을 취소시킨다는 것은 너무나 위험한 일이었을 것이다. 결국 '장면 정부 지지' 성명은 "한국의 내정에 심각하게 간섭하지 않은 상태에서 할 수 있는 내용을 담고 있었다."는 정도로 마무리하고, 향후는 "유엔군 사령관에게 부과된 임무에 충실할 수 있는 논평"만을 할 것을 제안(실제로는 명령)했던 것이다. 미국의 이러한 움직임에 대하여 일본의 몇 몇 언론은 주목할 만한 기사를 보도했다. 도쿄의 잡지《주간신조》5월 20일 호에 의하면,

　미군이 사전에 쿠데타를 알고 있었음이 틀림없으며, 만약 미군 사령부가 사전에 미리 군사혁명위원회가 정권 지배의 야욕을 취소시키지 않으면 금후 일체의 군사보급 내지 원조를 중단시키겠다고 명확히 대처했다면 그와 같은 모험은 저지할 수 있었다고 지적했다.
　한편, CIA는 약하고 무능한 장면 내각을 무너뜨리고 "강력한 반공정부"로 교체시키기 위하여 군부에게 쿠데타를 감행하도록 교사하였고, 그 후 그런 전략을 은폐시키기 위하여 "미 국무성을 배후에서 조종하여 서울의 미 대사관과 미군 당국에게 장면지지 성명을 발표하도록 했다."는 것이다. [106]

　'CIA사주'설 등은 논외로 치더라도 이 잡지는 대단히 중요한 지적을 했다. "정권 지배의 야욕을 취소시키지 않으면 금후 일체의 군사보급 내지 원조를 중단시키겠다."는 것이다. 당시 USAID(U.S. Agency for International Development, 미국국제개발처)의 원조에 거의 전적으로 의존하던 한국의 사정상, AID지원만 중단시키겠다는 협박만으로도 쿠데타 세력을 진압할 수 있었다는 뜻이다. 맞는 말이다. 그러나 매그루더는 장면 정부를 지원한다고 말하면서도 한국군을 출동하여 진압하

---

106 데이비드 W. 콘드, 『남한, 그 불행한 역사』, p.125

라고 주문한다. 조금이라도 지각이 있는 이라면 당연히 수상하게 생각했을 것이다. 일본의 또 다른 언론 보도를 살펴보자. 《오리엔탈 이코노미스트》 5월 30일자 기사다.

얼마 전에 발생한 군사 쿠데타의 원동력이 미국에 있음은 분명하다. 미국의 현지 당국이 쿠데타를 비판하고 워싱턴이 대외적으로 신중한 태도를 취하고 있다는 사실만으로 미국이 쿠데타 사건에 관련되지 않았다고 생각하는 것은 너무나도 어리석은 일이다.[107]

한편, 미국의 AP통신은 기상천외의 논평을 소개했다. 미국이 양다리를 걸치고 있다는 보도다. 날짜는 5월 17일이다. "따라서 군사정권이 정권의 유지에 성공한다 해도 국무성의 고관은 주한 미국 당국의 설명에 구애받지 않고 군사정부에 반대한 기억이 없다는 말을 할 수 있었던 것이다."[108] AP통신의 기자는 한국과 미국이 대등한 관계의 외교를 하고 있다고 생각한 모양이다.

아무튼 이러한 보도가 난무한 것은 매그루더·그린의 발언과 이에 대한 미 국무성의 답변이 보편적 상식을 벗어난 이유 때문일 것이다. 애초부터 한국의 쿠데타는 국무총리 장면을 비롯하여, 육군참모총장 장도영, 제1군사령관 이한림 등 누구라도 막을 수 없는 미국의 작업이었던 것이다.

---

107 데이비드 W. 콩드, 『남한, 그 불행한 역사』, p.126
108 데이비드 W. 콩드, 『남한, 그 불행한 역사』, p.125

3장

케네디 정권의 대한정책

| 핵이 최고다! 아이젠하워의 뉴룩전략과 장면 정권의 감군정책 |

1958년 5월 2일, 놀라운 뉴스가 도하 각 언론에 보도되었다. 한국에서 원자무기가 시범발사 되었다는 기사다. 아래에 관련 기사를 소개한다.

(중부전선 미1군단에서 본사 이원재 특파원 발) "어네스트 · 죤 · 로켓트" 포와 *280㎜* 원자포 및 8인치 곡사포는 *1*일 상오 *11*시 *45*분 동두천 북방 중서부전선 "센트 바바라" 칸트에서 시범발사 되었다. 원자포와 "어네스트 · 죤 · 로켓" 포는 지난 *1*월 *20*일 한국전선에 도입된 후 처음으로 발사된 것이다.

*30*초 간격으로 *2*발이 발사된 "어네스트 · 죤 · 로켓트" 포는 자동추진식에 의하여 검은 연기를 내뿜으면서 발사기점으로부터 *10*마일 떨어진 임진강 북쪽 강변에 떨어졌다. 이어 각각 *1*발씩 발사된

原子砲等發射瞬間！
一日의 示範射擊에서

동두천 인근에서 실시된 "어네스트 ·
죤 · 로켓트" 포 시범발사 장면(1958년 5
월 2일자 조선일보)

280㎜ 원자포와 8인치 곡사포도 명확히 목표의 일부로서 시범사격 되었다. 이날 발사된 탄두는 원자탄두로 고폭성 포탄이 아니고 훈련용인 연막탄이었는데 한국군 1개 군단을 사격 지원하는 전술적인 가상 아래 실시되었다.

이 대통령은 이날 민의원 의장, 김 국방부 장관, 다우링 미 대사, 덱커 유엔군 사령관 및 백 육군참모총장을 비롯한 한 미 고위 장성들과 함께 동 시범발사를 관람하였다.

동 시범발사는 상오 10시 반 미 제1야전포병관측대 의장대의 시범에 이어 8인치 곡사포 및 280㎜ 원자포와 "어네스트 · 죤 · 로켓트"포의 등장과 이에 대한 설명이 있은 후 동 11시 반 이 땅에서 처음으로 원자무기가 발사되어 그 늠름한 위력을 과시한 것이다. 그리고 이날 시범에는 약 50명의 촬영반과 기자들도 참관하였다.[1]

1958년 5월 1일은, 비록 미군에 의한 시범발사였지만 그동안 소문으로 떠돌던 한반도 핵무기 배치설이 현실임을 만천하에 공표한 날

---

1   "어네스트 · 죤 · 로켓포" 시범발사, 「경향신문」, 1958.5.2

이었다. 미국이 핵무기를 자국 외에 배치한 것은 사실 한국이 처음이 아니다. 1955년 8월경 "어네스트 · 존 · 로켓트" 포가 일본에 도착했다는 보도가 있었으며,[2] 1958년 1월경에는 이미 시험 발사는 완료된 상황이었다.[3] 한국이 두 번째인 셈이다.

일본에 핵무기가 있다는 보도 이후 한국 언론은 꾸준히 한국의 핵 배치에 관해 관심을 표명해 왔다. 그러던 중 1957년 6월경 주목되는 기사가 보도되었다. 월슨 미 국방장관이 "주한미군은 원자장비로 장비될 것"이라고 5월 27일 열린 기자회견에서 말했다는 보도다. 그리고 같은 날 신임 유엔군 사령관 죠지 · H · 데커는 "한국군이 원자무기 사용훈련을 받도록 하겠다."는 발언을 하였다.[4]

핵무기의 남한 배치에 대한 논란이 계속되자 미 국무부도 궁금했던 모양이다. 1958년 1월 8일, 미 국무부 극동담당 차관 로버트슨은 국방부 국제안보담당 차관 스프레이그에게 남한에서의 원자탄 배치 시기에 관하여 문의하는 전문을 보냈다.

국방부문서 「933850」과 「93389」에 따라 한국에 '어니스트 존' 로켓과 280㎜ 포를 배치하게 될 시기에 우리는 많은 관심이 있다. 비록 우리가 대대의 이동을 비밀리에 진행하기로 했지만, 한국인들은 이러한 무기들이 한국에 도착했음을 공식적인 성명과 기자회견으로 밝히려 할 것이라고 예상할 수 있다.

---

2   「어네스트 · 존」포 일본 도착. 원자탄두 휴대여부는 미상, 「조선일보」, 1955.8.23
3   일본서 발사된 "어네스트 · 존" 로켓포, 「경향신문」, 1958.1.31
4   한국군에 원자전 훈련, 「조선일보」, 1957.6.29

한국에서 예상되는 반응, 그리고 이중성능의 무기를 한국에 반입한다는 것이 일본과 극동의 다른 나라들에 미칠 영향을 고려할 때 국무부가 배치의 시기와 관련된 계획을 충분히 알아야 할 필요가 있다. 따라서 이러한 배치의 시기를 우리에게 알려 주면 좋겠다.[5]

국방부문서 「933850」과 「93389」는 1957년 12월 11일자로, 극동담당 차관 로버트슨이 유엔군사령관 데커에게 보낸 전문이다. 로버트슨은 이 문건에서 1958년 6월 30일까지 한국군 67만 6,995명 가운데 약 10%인 6만 명을 감축하는 대신 어네스트·존과 280㎜ 원자포를 한국에 배치할 것을 권고했다.[6] 국무부의 요청을 받은 국방부는 1주일 정도 지난 1958년 1월 16일, 어윈 차관보 명의로 1월 31일까지 배치될 것이라고 통보했다. 미 국무부와 국방부의 비밀 회신이 오가는 중 조선일보가 특종을 터뜨렸다. 1958년 1월 29일자 조간 1면에 "한국에 원자무기축 도입"이란 제목으로 헤드라인을 뽑았다.

정확한 출처는 밝히지 않고 단지 "한국의 권위 있는 군사소식통"에 의한 보도라고만 했다. 동 신문은 "지난번 '눈송이 작전' 때 원자성능을 가진 것으로 보이는 거대한 대포를 한국에 도입"했으며, "트루모 장군을 위시한 여러 고위 장교들 입회하에 서울 동북방 14리 지점에 있는 의정부에서 1문 이상의 대형 대포가 화차에서 내려졌다."고 보도했다. 또 "동 신무기가 오키나와 기지에 배치되어 있는 것과 똑같

---

5   Foreign Relations of the United States, 1958–1960, Western Europe, Volume ⅩⅧ, Part 2, p.424

6   FRUS 1955–1957, Vol. ⅩⅢ, Part2, pp.525–527

한국에 원자무기가 도입됐다고 보도한 1958년 1월 29일자 조선일보

은 구경 280㎜ 원자포와 같다."는 목격자의 말도 인용했다. 한편, 이 신문은 이 신 무기의 배치는 "휴전협정 13조가 지난 6월 21일 유엔군에 의해 폐기된 이래 미군이 취한 최초의 중요한 조처가 된 것"이라는 사실을 강조하고 있다.[7]

이 정도로 상세한 내용이 언론에 보도된 이상, 원자무기의 공개를 미룰 필요가 없었을 것이다. 어쩌면 조선일보의 취재원이 미군 관련자 혹은 미 대사관이었을지도 모른다. 아무튼 미군은 1958년 2월 3일 하오 1시 50분부터 미1군단본부 광장에서 거행된 트루도 전 미제1군단장의 이임식에서 원자포와 "어네스트 · 죤 · 로켓트" 포를 공개했다.[8] 곧이어 5월 1일에 시험발사를 했다는 사실은 앞에서 이미 소개했다. 이상이 한국에 핵무기가 배치된 간략한 과정이다.

---

7 한국에 원자무기축 도입 – 눈송이 작전 시 280미리 포사용. 미국, 휴전협정 제 13조 폐기 후 처음으로, 「조선일보」, 1958.1.29

8 공개된 원자포와 어네스트 · 죤 · 로켓트, 「경향신문」, 1958.2.4

유의해서 볼 것은 핵무기 기사가 등장할 때마다 함께 거론되는 한국군의 감축 문제다. 한국에 원자무기가 도입됐다고 최초로 보도한 1958년 1월 29일자 조선일보 1면을 보면, 문제의 기사 좌측면에는 굵은 활자로 뽑은 "국군 6만을 감축"이라는 제목이 눈에 뜨일 것이다. 주미 대사 양유찬이 1월 27일, 한국군 6만 명의 감축에 한국과 미국이 곧 합의에 도달할 것이라는 내용의 기사다.[9] 양유찬은 핵무기를 언급하지 않았다. 하지만 배경에는 핵무기의 한국 배치가 깔려 있었다고 봐야 할 것이다.

유엔군사령관 데커가 한국군의 감축을 지속적으로 언급하고 있는 것도 유의할 점이다. 그는 원자포와 "어네스트 · 죤 · 로켓트" 포를 공개하고 난 뒤 곧 이어 한국군의 병력 삭감을 언급했으며,[10] 시험발사 이후에도 얼마 지나지 않아 한국군의 감축가능성을 제기했다.[11] 핵무기 배치와 한국군의 감군과는 어떤 관계가 있을까? 미국과 이승만의 정책은 어떤 문제를 내포하고 있을까? 이러한 의문을 풀기 위해선 아이젠하워의 기본 정책인 뉴룩 정책에 대한 이해가 따라야 한다.

'트루먼 독트린'과 '마샬 플랜'으로 상징되는 공산세계 봉쇄정책은 트루먼 행정부의 기본 전략이었다. 이에 따라 트루먼 시절은 케인즈적 재정정책으로 대외원조의 급격한 팽창이 이루어졌다.[12] 게다가 국가안보회의 보고서 68(NSC-68)의 승인으로 군사비가 급증했고 그의

9   국군 6만을 감축, 양 대사 언명, 한 · 미간 곧 합의, 「조선일보」, 1958.1.29

10 덱커 유엔군사령관, 국군에 원자무기훈련 확신, 병력삭감 타협도 시사, 「조선일보」, 1958.2.22

11 한국군 감축 가능, 원자무기보유로 전투력 막강, 덱커 장군 언급, 「조선일보」, 1958.7.23

12 박태균, 「우방과 제국, 한미관계의 두 신화」, 창비, 2006, p.157

재임 중 한국전쟁이 발발했다는 것은 앞의 장에서 이미 거론했다.

　반면, 아이젠하워(Dwight D. Eisenhower, 1890-1969) 정부는 소련의 위협에 대응하기 위해 미국의 국방비를 늘려야 하지만, 과다한 국방비 지출이 미국경제를 인플레이션으로 몰아가서 자본주의를 위협할 수 있다고 보았다. 그는 국방비의 과다지출을 유도하는 군산복합체의 성장을 우려했으며, 따라서 보다 값싸게 공산주의를 봉쇄할 필요성을 강조했다.

　아이젠하워 정권이 뉴룩정책을 진행한 이유는 미국의 심각한 경제상황이 원인이었다. 한국전쟁을 수행하면서 미국 국방비는 130억 달러(1950년 회계 기준, GNP대비 5.2%)에서 504억 달러(1953년 기준, GNP의 13.5%)로 크게 팽창했다. 아이젠하워 취임 시 미국의 국방비는 연

1953년 6월 10일, 뉴룩전략이 처음으로 공식화되었다(NSC-153/1).

방예산의 70% 정도로 재정적자는 날로 증가하고 있는 형편이었다. 1953년 이래 미국 정부의 누적 부채는 2,670억 달러로 의회가 승인한 2,750억 달러에 육박하고 있었다.

아이젠하워는 미국이 경제적 파산을 피하면서 가장 적은 비용으로 소련의 위협에 대응하는 방어체계, 즉 육군의 병력을 줄이고 대신 핵무기와 항공력을 증강해야 한다는 정책을 제시했다. 이른바 "건전한 경제위에서 정책을 실행한다."는 의미의 뉴룩(New Look)정책이다. 핵심은 원자무기의 증가다. 아래에 소개하는 표는 뉴룩정책을 기점으로 핵무기가 어느 정도 팽창되었는가를 알려 주는 지표다.

[표21 : 주요 5개국의 연도별 핵무기 보유 현황]

연도	미국	소련	영국	프랑스	중국	합계
1945	6					6
1946	11					11
1947	32					32
1948	110					110
1949	235	1				236
1950	369	5				374
1951	640	25				665
1952	1,005	50				1,055
1953	1,436	120	1			1,557
1954	2,063	150	5			2,218
1955	3,057	200	10			3,269
1956	4,618	426	15			5,059
1957	6,444	660	20			7,124
1958	9,822	869	22			10,713
1959	15,468	1,060	25			16,553
1960	20,434	1,605	30			22,069
1961	24,173	2,471	50			26,694
1962	27,609	3,322	205			31,136
1963	29,808	4,238	280			34,326

1954년 3월 발표된 뉴룩 정책은 미국의 외교 전략이 공산권의 봉쇄를 넘어 롤백(Roll Back)정책으로 전환한다는 의미를 포함했다. 롤백정책은 대량보복전략을 말한다.[13]

뉴룩 정책의 시행은 당장 한국의 현안으로 들어났다. 먼저 미군의 감축이 이루어졌다. 한국전쟁 휴전 시 32만 7천 명이던 주한 미군이 1954년 4개 사단의 철수를 시작으로 1950년대 말에는 약 7만 명으로 줄어들었다.[14] 그다음 차례는 한국군의 감축이었다. 한국군은 한국전쟁을 거치면서 전쟁 전 8개 사단 98,000명에서 1954년 11월 현재 720,000명(잠정수치)으로 확대된 상태였다. 이승만은 이 수치를 백만으로 늘리길 미국에 요구했다고 한다.[15]

한국군의 감축은 우여곡절 끝에 66만 명 선으로 줄어들고(1957년 8월 8일) 다시 1958년 11월에는 63만 명으로 감소된다. 한국군의 축소는 이승만 정부와 미 합동참모본부의 강력한 반발을 불러왔지만, 아이젠하워 정부는 이 정책을 강력히 추진했다. NSC-5702는 한국군의 감축과 대응방안 등을 논의한 문서다.

1957년 1월 14일, NSC기획위원회는 한국군의 감축방안과 관련해 4개의 방안을 제출하였다. 논란 끝에 합참의 제안이 채택되었다. 주 내용은 주한 미군의 현대화, 즉 핵무기 도입과 한국군 4개 사단의 삭감 방침이다. 이로써 주한미군이 핵무장을 하게 되었다.[16]

핵무기는 1958년 1월 18일 예정대로 남한에 배치된다.(1991년 철

---

13   미 뉴룩정책의 전모, 지역별 보복 태세, 「경향신문」, 1954.3.21

14   박태균, 『우방과 제국, 한미관계의 두 신화』, 창비, 2006, p.154

15   국군 백만으로 증가, 「경향신문」, 1954.7.9

16   NSC-5702, January 14, 1957, FRUS 1955-1957, Vol. ⅩⅢ, Part2, pp.374-384

수) 그러나 한국군의 삭감은 제대로 이루어지지 않았다. 한국군의 군축 문제는 미국 내에서도 뜨거운 감자였다. 주한미국 외교지원팀(US Country Team in Korea)은 한국군의 추가 삭감에 관한 반대 보고서를 제출했다. 반면 미 회계검사국(GAO)은 정반대로 감축을 찬성했으며, 헐 유엔군사령관의 경우 몇 개의 현역사단을 추가로 감축하고 대신 예비사단의 증설을 제안했다.

결국 미국은 한국군 추가삭감 규정을 삭제한다. 1959년 6월 25일 논의된 대한정책문서 NSC-5907(NSC-5817의 대체)는 단계적 삭감원칙을 규정한 조항 자체가 삭제된 것이다. 7월 1일 이 문서가 최종 승인된 결과가 NSC-5909다. NSC-5909에서는, 아시아전역에서 공산주의 침략에 대항하기 위해 한국군이 충분한 힘과 능력을 유지한다는 것이 대한정책의 하나로 추가되었다. 긴 논란 끝에 한국군의 추가 감군정책이 폐기되는 방향으로 흐르고 있을 무렵인 1960년 7월경, 장면과 민주당은 예상하지 못했던 정책을 제시했다.

사월혁명으로 집권의 호기를 잡은 민주당은 경제 중시의 정책을 내걸었다. 핵심은 국군 규모의 축소였다. 지금까지 한국군의 감축은 미 정부가 요구를 해왔고 이승만 정부는 결사적으로 반대해 왔다. 그러나 국방비의 증가가 자유당 적폐의 하나라고 인식한 민주당은 경제를 살리겠다는 당의 강령에 국군 감축안을 넣었다.

민주당 정책위원장 주요한은 1960년 7월 2일 하오 선거공약을 해설하는 자리에서 "동 당이 집권할 때 국군을 40만으로 연차적으로 감축 시키는 방안을 세워 국방예산을 국가재정수입에서 20%만 할당할

國軍40萬으로 減縮

郡廢止코 機構簡素化

民主黨政策委

選擧公約解說

민주당은 선거공약으로 국군의 감축을 제시했다. (1960년 7월 3일자 조선일보)

것"[17]이라고 감군 안을 제시했다. 1960년도 한국의 국방예산은 정부 일반예산 약 3,600억 환 중 1,498억 환이었다. 총 재정수입 중 무려 41.6%가 국방비였다.

민주당의 감군 계획안은 총선 과정에서도 적극 개진되었고, 많은 국민들의 호응을 받았다.[18] 선거가 끝난 후, 집권당 총리로 유력시 되던 장면은 "현재 한국이 보유하고 있는 60만 군대를 연차적으로 3분지 1을 감축할 것을 약속"[19]한 바 있다. 이 무렵까지만 해도 국군의 감축은 기정사실화되는 듯했다. 그러나 민주당의 공약이 무력화되는 데는 한 달이 채 걸리지 않았다.

1960년 8월 26일 신임 국방부 장관 현석호가 10만 감군에 신중론을 피력했고,[20] 뒤이어 총리 장면은 1960년 9월 7일 정례 기자회견에서 "국군 감축 문제는 민주당의 당책으로서 국방예산과 국내 정세

17 국군 40만으로 감축, 「조선일보」, 1960.7.3

18 장면 박사, 국군 감축은 화력증강을 전제, 「경향신문」, 1960.7.19

19 제2공화국에 경제위기, 「동아일보」, 1960.8.1

20 선거공약 수포화? 玄錫虎 국방부장관, 10만 감군에 신중론 피력, 「조선일보」, 1960.8.27

를 감안하여 수만의 병력감축을 실현시킬 것이다."[21]라고 하면서 기존의 입장에서 대폭 후퇴했다. 결국 장면 정부는 1960년 10월 12일, 연내에 3만 명을 감축하기로 결정하게 된다. 20만 명 감축안이 10만 명으로 다시 5만 명으로 줄고 그다음은 3만 명으로 줄어들었으니 그야말로 공약(空約)이 되어 버린 셈이다. 장면이 총리로 선출된 지 겨우 1달 보름 만에 일어난 일이다.

국군 감축안을 대폭 하향 조정하겠다는 장면 총리의 발안을 보도한 1960년 9월 8일자 조선일보

민주당 정권의 감군정책은 미국과의 합의 없이 진행했을 가능성이 높다. 무엇보다 1959년 7월 1일 결정된 NSC-5907에서 한국군 추가 삭감 규정이 삭제된 사실을 몰랐음이 틀림없다. 이러한 추정이 사실이라면, 다른 무엇보다도 우선하여 치밀하게 움직였어야만 했다. 우선적으로 군부의 반발을 무마시킬 방안을 준비했어야 했다.

장면 정권은 출범하자마자 허정 과도내각 당시 임명되었던 국방장관(이종찬)과 육군참모총장(최영희)을 경질했다. 후임으로 3, 5대 민의원을 지낸 현석호를 국방장관으로, 최경록을 육군참모총장으로 임명했다. 10만 감군의 선봉장에 민간인과 감군에 소극적인 최경록을 내세운 것이다. 이러한 인사안은 미 국무부의 뜻과도 배치된 것이었다.

---

21 평화선 경계 계속. 張勉 총리 회견담, 국군은 수만 감축, 「조선일보」, 1960.9.8

미 국무부는 한국군부의 안정을 확보하기 위하여 성실성과 능력을 갖추고 신망을 받고 있는 이종찬이 국방부 장관으로 유임되길 희망하였다.[22] 국무부의 이러한 결정은 당시 떠돌던 쿠데타 소문에 가장 효과적으로 대처할 수 있는 사람으로 이종찬을 꼽았기 때문으로 풀이된다.

장면 정부의 입장으로서도 감군을 적극적으로 추진할 수 있는 이종찬이 필요했을 터인데 왜 교체했는지 이유를 알 수 없다. 이종찬은 8월 18일 상오, 퇴임에 앞서 마련된 기자들과의 작별회견에서 "전력을 약화시키지 않는 보장만 있다면 국군 병력을 약 10만 명 정도 줄일 수 있다."는 발언을 하였다. 국방당국자가 감군의 가능성을 천명한 것은 이종찬이 처음이었다.[23] 그리고 1952년 쿠데타 미수사건의 주인공인 점 등을 감안하면, 쿠데타 계획설이 떠돌던 박정희를 제어할 수 있는 거의 유일한 인물이기도 했다.

그러나 장면은 민의원 출신이자 자신의 오른팔 역할을 하던 현석호를 국방장관으로 임명했다. 현석호는 국방장관으로 취임하자마자 10만 감군에 신중론을 피력했던 인물이다. 장면 내각 최악의 인사였다. 감군 중책의 두 축인 국방장관과 육참총장을 시류에 따라 해임, 임명을 반복했던 것도 장면의 큰 실수였다.

4월 혁명 이후 국방장관의 경우, 이종찬(1960.5.2.~1960.8.23.) → 현석호(1960.8.23.~1960.9.12.) → 권중돈(1960.9.12.~1961.1.30.) → 현석호(1961.1.30~1961.5.18.)로 바뀌었고, 육군참모총장의 경우 송요찬

---

22 USDS, op.cit.(1994), p.667 《이재봉, 4월혁명, 제2공화국, 그리고 한미관계, 『제2공화국과 한국민주의』, 나남출판, 1996, p.96)에서 재인용

23 십만감군 가능 이 국방장관 언명, 「경향신문」, 1960.8.18

(1959.2.23.~1960.5.22.) → 최영희(1960.5.23.일~1960.8.28.) → 최경록 (1960.8.29.~1961.2.16.) → 장도영(1961.2.17.~1961.6.5.) 등으로 변경되어 임기를 제대로 채운 사람은 아무도 없었다. 이런 인사 난맥하에서 감군을 추진한다는 자체가 말이 안 되는 일이었다. 장면 정권의 첫 육군참모총장 최경록의 경우, 취임사에서 언급한 감군 문제를 각 언론사가 자의적으로 보도하기도 하였다.

최경록은 1960년 8월 31일 오전 10시 육군참모총장 취임식을 가진 후 기자회견을 가졌다. 그런데 각 언론사들은 제각기 다른 내용의 기사를 보도하였다. 동아일보는 최 총장이 "감군이 불가피하지만 시기에 관해선 신중을 기해야 한다."[24]고 보도했다. 동아일보 기사에 의하면 최경록은 감군론자가 된다. 하지만 조선일보의 보도 내용은 전혀 다르다. 동 신문은 "국가경제와 민생문제만으로 국토방위의 중대 임무를 망각해 가면서까지 감군을 단행한다는 주장은 위험천만한 것"[25]이라고 보도했다. 같은 사람이 같은 시간, 같은 장소에서 한 말을 이렇게 다르게 보도할 수 있을까?

1960년 9월 24일 발생한 16인 하극상사건에서 김동복에 의해 정군의 대상자로 지목되어 수모를 당했던 최영희는 퇴임에 앞서 다음과 같이 말했다. "육군의 정군과는 관계없이 다만 그동안 추진해 온 감군 문제에 관해 미 측과 협의를 보아 실현에 옮길 단계에 이르렀으므로 선임자로서 후진에게 길을 터주기 위한 것이다. 감군은 1차연도인 내년에 5만이 줄어들 것이나 유동숫자를 빼면 실질적으로 줄어드는

---

24 감군에 신중 최 육참총장 담, 「경향신문」, 1960.8.31

25 崔慶祿육군참모총장 신임식에서 언명. 정군은 철저하게, 감군이란 위험천만한 일, 「조선일보」 1960.8.31

병력은 3만 명 내외이고 직업군인(중사 이상인 군공무원)만도 2천 5백 명 내지 3천 명이 군문을 떠나게 될 것이다."[26]

감군정책의 가장 적임자였던 이종찬 국방장관, 감군 문제는 애매모호하게 답했지만 강력한 정군을 주장하던 최경록 육군참모총장 그리고 정군의 대상으로 지목되었지만 감군을 추진하던 연합참모본부의장 최영희 등 세 사람은 군문을 떠났다. 결국 감군 정책의 실행자들은 모두 제거된 셈이 되었다. 군 수뇌부 몇 몇이 감군을 추진하였지만, 물론 군 내부의 분위기는 전혀 달랐다.

병력을 10만 명 줄이겠다고 하니까 각 군 참모총장들이 펄펄뛰며 반대합디다. 하지만 '10만 감군'은 민주당의 오랜 공약인데다 허정 과도정부 때 이종찬 국방장관이 정책으로 이미 발표한 사항이거든요. 그런데도 현석호 국방장관은 제대로 설득조차 못하더군요.[27]

10만을 감축할 경우, 사단장 자리 10개 정도가 없어진다는 뜻이다. 특히 군 입문 12년이 지나도록 별을 배출하지 못한 육사8기생들은 불만이 극도로 달했을 것이다. 김종필을 비롯한 몇몇 장교들이 정군을 빙자하여 하극상을 일으켰지만 감군에 대한 불안감이 보다 컸을 것이다. 그들이 쿠데타를 꿈꾸었던 근본적 배경이다.

1960년 11월 1일 하오, 권중돈 국방장관은 민의원 국방위원회에서 신년도 예산안에 대한 제안 설명 및 시정방침을 언급하면서 감군문제

---

26 내년에 오만감군, 최 연참총장 퇴임에 앞서 언명, 「경향신문」, 160.10.7
27 이용원, 「제2공화국과 장면」, 범우사, 1999, p.236

에 대해 "신예무기의 도입에 의한 전투부대를 증편하고 국군병력을 정병주의에 입각하여 현 병력에서 3만 명을 감소한 60만 명을 확보하겠다."[28]고 말했다. 이로(서)써 장면 정권의 감군정책은 실질적으로 무산되었다.

사실 장면 정부의 감군정책은 미국 군부 쪽에서 반발이 더욱 심했다. 국무부와 재무부 등을 상대로 한국군의 감군 철회를 위해 오랫동안 투쟁해 왔던 곳이 미 군부였다. 그 산물이 1959년 7월 1일 결정된 NSC-5907에서 한국군 추가삭감 규정의 삭제였다. 그런데 엉뚱하게 장면 신정권이 감축 문제를 들고 나왔으니 속이 편하지 않았을 것이다.

유엔군사령관 매그루더는 "한국에서 강력한 경제가 요구되는 이유는 강력한 군대 때문이며, 한국민이 원조를 받는 대가로 희생해야 될 것은 군대를 유지하는 것이다."[29]라는 견해를 피력했다. 한국에서 미 8군 사령관을 지낸 후 육군 참모총장을 거쳐 미 합참의장으로 재임 중이던 렘니처는 1960년 9월 30일 국무부와 합동참모본부 연석회의에서 "또 한 가지 나를 괴롭히는 한국 관련 문제는 상황이 전 세계적으로 위태롭기 때문에 우리는 군대의 증강을 이야기하고 있는데, 한국은 감군을 이야기하고 있다는 것이다."[30]라고 말하면서 장면 정권에 극도의 불신감을 드러내었다.

미 군부의 불만이 노골적으로 표출된 것은 이미 거론한 바 있는 파

---

28 현 병력 60만 확보, 「경향신문」, 1960.11.2

29 홍석률, 『통일문제와 정치·사회적 갈등: 1953-1961』, 서울대학교 출판부, 2003, pp.331-332

30 『통일문제와 정치·사회적 갈등: 1953-1961』, pp.331-332

머 사건 때였다.[31] 이 사건의 여파로 인해 최경록은 육군참모총장에서 대구의 제2군사령관으로 좌천되었다. 1961년 2월 17일, 최경록을 대신하여 제2군사령관에서 육군참모총장으로 부임한 장도영은 재임하는 동안 감군 문제는 일체 입 밖에 내지 않았다.[32] 최경록은 수모를 참아 가며 2군사령부로 부임하였지만, 그곳이 쿠데타의 소굴이었다는 몰랐다는 죄로 5·16 쿠데타 이후 예편할 수밖에 없는 딱한 처지에 놓이게 된다. 장면 정부의 감군 정책을 가로막음으로써, 미국은 5·16 쿠데타 세력이 발호할 수 있는 기회를 마련해 준 셈이 되었다.

| 한국을 직접 통치하라, 팔리보고서 파문 |

박정희가 쿠데타를 꿈꾸기 시작한 것은 1952년경부터다. 그 후 1960년 5월 8일, 1961년 4월 19일, 5월 12일 등 몇 차례의 거사계획이 미수로 끝난 뒤 1961년 5월 16일에 쿠데타를 거행하고 성공적으로 정권을 탈취했다. 긴 세월 동안 쿠데타음모가 발각되지 않았던 것이 천운이었든, CIC나 G2 등 미 군부 혹은 보이지 않는 손이 도와주었든, 쿠데타를 일으킨 시점은 케네디 정부가 들어서고 난 뒤였다. 케네디 정부의 승인이 필요할 수밖에 없었다는 뜻이다. 케네디와 그의 막료들의 대한정책이 중요한 이유다.

케네디는 대통령선거를 전후하여 한국 문제에 대하여 공식적인 의

---

31 제2부 제1장 '정군을 빙자한 쿠데타 명분 찾기' 참조
32 육군참모총장에 장도영 중장, 「동아일보」, 1961.2.18

사를 표명한 적이 없다. 한국통일이라는 중요한 안건에 대해서도 마찬가지다. 1960년 10월 22일 미 상원의원 맨스필드가 상원외교위원회에서 발표한 문건 중 한국의 통일 방안을 오스트리아식 중립국으로 권고하는 내용이 있었다. 충격을 받은 장면 총리는 다음 5가지 항목의 이유를 들어 오스트리아식 한국중립화론을 반박하였다.[33]

① 한국은 오지리(墺地利)와는 달리 소련 및 중공과 인접하여 전력적인 요지에 위치하고 있고

② 오지리는 사실상 강력한 북대서양조약기구의 보호를 받는 데 반해 한국은 한국 자신의 국방력이 극동에 있어서의 자유진영 방위의 중요한 일부를 형성하고 있다.

③ 오지리는 중립침범이 있을 경우 즉각적으로 민주진영 측의 유효한 개입이 가능한 지리적 조건하에 있는 데 반해 한국은 소련 및 중공군이 북한에 접경하고 있는 반면 자유진영의 군대는 바다 저쪽에 있어서 중립침범 시 유효한 적시내원(適時來援)이 불가능하다.

④ 오지리는 4개국 점령하에서도 단일정부를 유지하여 확고한 공산세력의 부식이 없었음에 대해 한국은 공산괴뢰가 10여 년 북한에 존속하고 있으며

⑥ 한국의 정치적·경제적·사회적 및 문화적 제 조건이 오지리보다도 뒤떨어져 있다.

---

33 유엔 감시하에 남북총선실시, 「경향신문」, 1960.11.2

1961년 3월 27일자 조선일보   3월 6일자 민족일보   4월 18일자 민족일보

    장면은 한국통일방안에 대한 정부의 각서를 한창 선거 운동 중이던 공화당의 닉슨 부통령과 민주당의 케네디 상원의원에게 각각 보냈다. 하지만 답신은 없었다. 케네디는 대통령으로 당선된 후에도 한국의 총리에게 한국통일방안에 대한 미국의 방침을 언급하지 않았다. 케네디는 당장 발등의 불을 꺼야만 되는 처지였다. 라오스, 콩고, 쿠바 등에서 일어나고 있는 반미투쟁과 아울러 이들 나라들이 공산화되었거나 되기 일보 직전인 상황이었던 것이다.

    케네디 정부의 안보라인은 백악관의 맥조지 · 번디(41세, 국가안전보장문제담당보좌관, 하버드 대학 문리과대학 학장), 국무장관 딘 · 러스크(51세, 전 록펠러재단이사장), 국방장관 로버트 · 맥나마라(44세, 전 포드자동차회사사장), CIA국장 알렌 · W · 덜레스(67세, 고 덜레스 국무장관의 동생) 등이 주요 구성원이었다. 이외 우리나라와 관계 깊은 인물로는 국무성 차관 체스트 · 볼스(59세, 전 코네티캇트 주지사), 경제담당차관 조지 · W · 볼(51세, 스티븐슨의 법률사무소), 국무성 극동담당차관보 매카너기(53세, 전 주한미국대사), 국가안전보장고문 월트 로스토우(45세, MIT & 택사스 주립대학 경제사 교수) 등을 들 수 있다.

케네디 정부 출범 초기의 제3세계 전략은 반미혁명 억제전략 (Counter-insurgency)과 대미우호 국가발전전략(Nation-building)을 기본으로 유연반응전략을 천명하였다. 유연반응전략은 핵전쟁에서 대 게릴라전에 이르기까지 모든 단계의 전쟁에 대비하여 어떤 규모의 전쟁에도 유연하게 대처한다는 전략이다.[34] 트루먼의 봉쇄정책과 아이젠하워의 뉴룩전략에서 탈피하겠다는 의미이며, 외교적 수단보다 군사적 행동을 포함한 보다 강력한 방법을 선호하겠다는 뜻을 포함하고 있다.

유연반응전략을 안보의 기본으로 발표한 케네디의 특별교시(1961년 5월 26일자 조선일보)

우선순위에 밀려 있던 대한정책(對韓政策)이 심각한 고려의 대상이 된 것은, 1961년 3월초 남한의 정국을 진단한 하나의 보고서가 등장하고부터다. 미국 국제협력처(International Cooperation Administration, ICA)[35]의 기술지원계획 책임자로 1961년 2월 24일까지 주한미군파견단(United States Operations Mission, USOM) 부단장을 역임한 휴 팔리(Hugh D. Farley)가 워싱턴에 복귀하여 백악관·국무

---

34 미 육군 전투기구 완전개편. 기동성을 위주로 극동 등에 공정부대 배치. 케네디 대통령, 특별교서에서 천명, 「조선일보」, 1961.5.26

35 국제협력처(International Cooperation Administration, ICA)는 1961년 11월 3일 국무부 국제개발청 (USAID)으로 변경되었다.

부 · 국방부 · CIA 등 주요 기관에 회람시킨 문서가 바로 그것이다.

대개 〈팔리 보고서〉라고 부른다. 〈팔리 보고서〉는 미국의 정계를 뒤흔들었고, 그 후 미국은 이 권고안의 수순을 밟아 나간다. 하지만 그 무렵 대부분의 언론은 이 문건에 대해 전혀 보도하지 않았다. 당시로는 비밀의 문건이었던 셈이다. 아래에 〈팔리 보고서〉의 서론격인 요약 부분을 먼저 소개한다.

오늘날 한국에 보편적인 세 가지 근본적 상황들이 있으며 그것들은 모두 미국 정부로 하여금 상황의 심각성을 인정하고 그것을 치유하기 위한 신속한 행동을 불가피하게 만들고 있다. 이러한 요소들 중에 어느 한두 가지만 존재해도 확실히 심각하지만 비상수단과 즉각적인 조치를 요하는 정도는 아니다. 그러나 세 가지가 모두 함께 존재하면 경각심을 가질 충분한 이유가 된다. 왜냐하면 그것들은 한국에서 미국의 전체적인 지위를 심각하게 위험에 빠뜨리며 한국의 원조계획뿐만 아니라 상호방위계획 전체를 불신하도록 위협하고 있기 때문이다. 세 가지 요소는 다음과 같다 :

A. 오늘날 한국 사회 주요기관들의 부정, 부패, 사기의 범위와 정도 그리고 결과적으로 한국인들의 이러한 기관, 자기 자신들, 그리고 자신들의 장래에 대한 자신감의 부족, 그리고 미국식 성실성의 부족으로 인하여 미국 내에서의 점증하는 신뢰감의 상실 등, 15년 미국 주둔 이후에 그러한 마음자세를 갖게 된 민족이 공산주의와 다른 급진주의자들의 영향을 받아들이는 것은 자연스러운 현상이다.

B. 특히 향후 몇 달에 걸쳐 남한에서 상황의 역동성이 위험스럽게

악화되는 방향으로 가고 있다. 1960년 4월의 미완성 혁명을 여전히 진작시켜야 할 경제 · 사회적 단계, 정부가 스스로 부패에 연관됨으로써 점차 필요한 조치를 취할 힘의 상실, 그리고 현재 미국의 관점에서 정부와 심지어 혁명에 대한 반작용이 강력한 반미(反美)가 될 수 있는 가능성 등.

C. 한국에 주둔하는 주한미국원조사절단(USOM)의 우유부단하고 부적절한 지도력, 현 시점에서 그것의 중요한 역할, 그리고 USOM과 대한민국 정부의 정책결정자들 사이의 불협화음 등. 이러한 요소들의 설명에 뒤이어 한국에서 사건의 현재 방향을 급히 변화시켜 한-미 안보이익에 도움이 되도록 미국의 진로를 정할 전략을 개략적으로 설명한다.[36]

팔리는 한국의 세 가지 문제점을 지적했다. 첫째, 한국사회 주요 기관들의 부정, 부패, 사기의 범위와 정도. 둘째, 4월 혁명 후 그 반작용으로 강력한 반미 집단의 대두 가능성. 셋째, 주한미국원조사절단(USOM)의 무능 · 무책임과 한국 정부와의 불협화음 등이다. 팔리는 이 세 가지 근본적 상황이 한두 가지만 존재해도 심각하지만, 세 가지가 모두 함께 존재하면 "한국에서 미국의 전체적인 지위를 심각하게 위험"에 빠뜨리게 할 것이며, "한국의 원조계획뿐만 아니라 상호방위계획 전체를 불신하도록 위협"받게 될 것이라고 경고했다.

여러 경로로 떠돌던 〈팔리 보고서〉가 백악관에 정식문서로 소개된 것은 1961년 3월 9일, NSC 스탭인 코머(Robert W. Komer)가 국가안전

---

36 《장준갑 역, 국가안보파일, 1960년대 한미관계, 케네디도서관, p.9》

보장고문(겸 안보담당 특별보좌관 대리) 월트 로스토우(Walt Whitman Rostow)
에게 비망록을 보내고서 부터다. 아래는 그 전문이다.

 월트(Walt) : 귀하의 첫 방문이 한국에서 일들을 실제로 개선시키
기 시작한다면 우리는 휴 팔리(Hugh Farley)가 보고서에서 매우 깔끔
하게 정리한 정치 · 경제적 측면에 우리 자신을 국한시킬 필요가 없
다. 너무나 오랫동안 대외군사원조계획(MAP)의 예산 중 턱없이 많
은 자금이 실제 필요한 규모 이상으로 거대한 한국 군대를 유지하
는 데 소요되었다.

 실제로 이승만의 승계자가 한국 군대를 10만 명까지 감축할 것을
제안했을 때(동맹국이 지금까지 최초로 이러한 일을 제안했다), 반대한 사람
은 우리의 군부였다. 한국에서 우리의 최우선 과제는 앉아서 전쟁
의 재발을 기다리는 것이 아니라(지금까지 8년간 그랬다) 남한이 베트남
처럼 허물어지기 전에 남한을 발전하는 지역으로 만드는 것이다.

 이것은 자금이 소요되며 대한민국은 이미 국방예산을 삭감하여
민간사업에 돌리는 것을 선호하고 있다. 사실 본인은 대한민국의
군대규모가 실제 필요한 규모보다 훨씬 더 방대하다는 국방부의 연
구를 본 적이 있다. 시간을 벌기 위한 제스처로서(우리가 그 밖의 다른
국가들에게 그랬듯이) 그들에게 주둔군지위협정(SOFA)을 주는 것은 어
떤가? 휴 팔리는 현재 대화 가능하며 귀하가 괜찮다면 귀하와 대화
하는 것을 기쁘게 여길 것이다. 그는 매우 능력 있는 사람이다.[37]

---

37 《W. W. Rostow를 위한 비망록, 발신: 코머, 수신: 월트, 관리번호 : 001–102–2001–
　　0000080 Box 127, 1961년 3월 9일, 국가안보파일》

코머의 관점은 당시 국무부의 대한정책과 거의 일치하고 있다. 장면이 추진하다가 실패했던 10만 감군정책을 적극 지지하고 있으며, 베트남처럼 허물어지기 전에 남한을 발전하는 지역으로 만드는 것 등이 그렇다. 특히 로스토우에게 "미국이 다른 국가들에게 그랬듯이 시간을 벌기 위한 제스처로 주둔군지위협정(SOFA)을 한국에 주는 것이 어떤가?"라는 질문이 눈에 띈다. 하지만 〈팔리 보고서〉에는 코머의 관심을 끌었던 한국군 군축 문제이외 보다 강력한 주문이 담겨져 있었다.

코머가 로스토우에게 비망록을 보낸 며칠 후 로스토우는 팔리로부터 직접 서신을 받게 된다. 이 서신에는 지난 3월 6일 보낸 문서를 수정하여 보냈다는 첨언이 달려 있다. 보고서의 제목은 '한국의 상황'이며 앞에서 소개한 요약문 이외 '1. 사회적 청렴성(Integrity), 2. 역동성(Dynamics), 3. 미국의 책임' 등으로 구성되어 있는데, 미국이 취해야 할 12가지 계획안을 제시하고 있다.[38] 〈팔리 보고서(한국의 상황, 1961년 2월)〉 주요 내용은 다음과 같다.

① 61년 2월 한국은 병든 사회다
② 장면 정부의 부패와 무능, 개혁 불가능 → 4월을 넘기기 힘들다(장면 정부에 사형선고)
③ USOM(대외원조기구) 한국지부의 고위 관리 50명 이상 해임 권고
④ 4월 이전에 전권을 가진 대규모 고문단 파견, 총리 및 장관에게 개혁 독려(한일병탄 전 고문정치 연상)

---

38 《H. D. Farley가 Rostow에게 보낸 서신, 발신: 휴 팔리, 수신: 로스토우(참조: 쿨리), 관리번호: 001-102-2001-0000080 Box 127, 1961년 3월 15일, 국가안보파일》

⑤ 조치 미흡 시 군부쿠데타 예언

▶ "한국의 군대조직은, 비록 아직 부패를 청산하기 위하여 갈 길이 멀지만, 최소한 청렴이라는 목표를 받아들였고 미국의 긴밀한 지도로 그것을 향하여 나가고 있다. 그것은 높은 권위를 가지고 1960년의 4월 혁명을 통하여 출현하였다. 그러나 철저히 부패한 사회에서 청렴을 위하여 노력하고 있는 유일한 조직으로서 군대조직은 여전히 심각한 위험 가운데 있다."

▶ "주도권은 명백히 미국의 것으로서 인정되어야 하는 반면, 행동은 한국인이 하는 것처럼 조절되어야 한다. 일부 한국인의 행동 준비를 기다리거나 혹은 추구해야 한다는 것은 의문의 여지가 없다. 우리는 행동을 자극해야 한다. 그러나 행동이 시작된 이후 한국의 책임이 부상할 것이다. 그렇게 되면 미국의 존재는 감소되어야 한다."

▶ "우리는 한반도를 일본에서 해방시켰다. 우리는 마지못해서 남북한의 분열을 받아들였고, 군사정부 기간 이후에 공화국의 설립을 이루었다. 우리는 1950년에 남한의 독립을 보존하기 위하여 중요한 전쟁을 치렀다. 우리는 지금까지 약 20억 달러 이상의 원조를 쏟아부었다. 오늘날 대한민국 군대에 대한 미국의 작전통제권과 미국 병력 2개 사단의 주둔과 미 해군과 공군의 주둔으로 우리는 이 국가의 안보에 대한 기본적인 책임을 지고 있다."

※ "만일 그러한 노력이 실패하고 장면 정부가 몰락한다면 예상대로 일어날 수 있는 최악은 군대의 정권 탈취이다. 이러한 경우에 미국은 분명한 태도를 취하여 국가를 안전하게 지켜야 한다. 그러나 만일 우리가 지금 움직이지 않는다면 우리는 지금부터 일 년 후

에 아무런 방어물도 갖지 못한다. 그러나 만일 우리가 우물쭈물하면서 현재의 정부와 더불어 일 년 더 시간을 벌려고 한다면, 이것은 오직 한국을 잃을 수도 있는 폭발로 이끌 수 있으며 이것은 극동에서 우리의 전체적인 지위를 동요시킬 것이다."

▶ "한국의 주권은 어떻게 되는가 하는 것과 우리가 개입의 비난을 받지는 않을 것인가 하는 것이다. 답변은 우리는 대한민국 정부의 요청과 현재까지 국민들의 기본적인 동의에 따라 이미 개입하고 있다는 것이다. 우리는 개입을 멈출 수 없다. 우리는 스스로 '주권'이라는 용어의 고리에 현혹되어서는 안 된다. 그러나 우리는 한국의 체면을 세울 수 있고 우리의 행동을 조절하여 최대한도로 한국인들이 주도권을 갖고 있는 것처럼 보일 수 있다."

같은 날(3월 15일) 로스토우로 추정되는 이가 케네디에게 〈팔리 보고서〉에 관한 비망록을 보고한다.

대통령께서는 최근까지 한국의 기술지원계획(Technical Assistance Program)을 책임지고 있었던 국제협력처(ICA) 직원 휴 팔리(Hugh Farley)가 작성한 보고서를 읽었을 것입니다. 그는 한국 상황의 위험과 불안정의 정서를 전달하고 특히 정부가 서울 학생시위 기념일인 4월 19일 이전에 행동을 취할 것을 권고하기 위하여 워싱턴에 복귀하였습니다.
국무부는 그의 보고서를 검토하였고 서울주재 대사로부터 평가를 받았습니다(1142, 1961년 3월 11일). 국무부와 대사는 모두 현재 상황의 위험성을 인정하면서도 팔리가 판단하는 것과는 달리 우리는 한국인들의 폭발적인 소요 없이 올봄을 통과할 수 있다고 판단하고 있습니다. 중요한 사실은 모든 관련자들이 한국의 상황이 좋지 않다는 것과 미국의 한국정책은 새로운 고찰을 필요로 한다는 것에 동의하고 있다는 점입니다.

맥 번디(Mac Bundy)와 본인은 배틀(Battle) 씨를 통하여 백악관은 국무부가 한국에서 단기적, 장기적 측면에서 무엇을 할 것인가에 대한 제안을 내놓기를 바랄 것이라고 지적하였습니다. 근본적인 문제는 한국에 대한 우리의 대규모 원조를 단지 한국이 몰락하는 것을 방지하는 차원이 아니라 한국이 앞으로 약진할 수 있는 차원으로 변화시키는 것입니다.

이승만 이후의 상황에서 한국의 정치에는 그러한 약진 노력에 우리와 동참하려는 세력이 있지만 이들 세력은 또한 우리들에게 대항할 수도 있다는 것입니다. 우리는 대통령께서 이러한 상황을 알고 있기를 원합니다. 대통령께서는 러스크(Rusk) 씨와 직접 이것을 논의하고자 할 것입니다.[39]

이 문서를 통하여, 케네디도 〈팔리 보고서〉의 존재를 알고 있으며 이제 이 보고서는 국가차원에서 검토되기 시작했음을 알 수 있다. 로스토우는 이 보고서를 보다 세밀히 검토하기 위하여 국가기획협회(National Planning Association) 연구원이자 NSC의 참모인 존슨(Robert Johnson)의 협조를 요청했던 모양이다. 존슨은 이후로도 여러 차례에

---

39 《대통령을 위한 비망록, 주제: 한국, 관리번호: 001-102-2001-0000080 Box 127, 1961년 3월 15일, 국가안보파일》

걸쳐 로스토우에게 자신의 견해를 밝힌다. 아래는 존슨이 로스토우에게 보낸 첫 번째 비망록이다.

비망록은 최근까지 한국의 기술지원을 책임 맡고 있었던 국제협력처(ICA) 직원 휴 팔리(Hugh Farley)가 작성한 보고서에서 개략적으로 설명된 한국의 문제들에 관하여 어떻게 해야 하는지에 대한 귀하의 조언 요청에 대한 답장이다. 본인은 팔리 보고서를 참조할 수 없는 상태에서 이 서한을 썼다. 행동에 대한 제안을 하기 전에 국무부는 한국 문제의 긴급성을 "시기가 오래된", "전통적인 동양의" 문제들이라는 방식으로 보고 있다는 점을 말하는 것은 유용할 것이다.

상황의 긴급성

팔리 자신의 보고서에서 인정했듯이 한국에서의 부패는 오래된 "동양의 갈취"의 현상으로 이해될 수 있다. 그러나 오늘날 한국에는 그 상황에서 중요한 새로운 세력들이 있다. 가장 중요한 첫째 요소는 작년 3월과 4월의 혁명이 좀 더 많은 혁명적 조치의 잠재력을 지닌 새로운 상황을 도출하였다는 것이다. 그것은 한국 민족주의를 일깨웠고, 새로운 정치세력(학생들과 지식인들)을 부상시켰으며, 공공문제에 있어서 새로운 높은 지점까지 대중적 관심을 일깨웠으며, 특히 미국의 원조자금을 다루는 데 있어서 이승만 행정부를 특징지었던 경제적 부조리와 부패의 종결에 대한 강력한 대중적 압력을 잉태하였다.

비록 타락하기 쉽지만, 언론은 정부에 대하여 매우 비판적이다. 미국 원조의 거대한 규모에 비추어 보면 부패는 매우 눈에 띄기 쉽다. 더욱이 팔리에 따르면 정부는 부패로 철저히 물들어서 심지어는 악순환을 끊고자 하는 공무원조차도 그렇게 할 수 없다. 미국은 이례적인 정도까지 현재의 정권과 동일시되고 있으므로 만일 우리가 실패한다면 심각하게 고통을 받을 것이다.

어떻게 할 수 있는가?

본인이 이해하기로는 팔리의 제안들에 대한 반대의 일반적인 특징은 그것들이 비현실적이라는 것이고, 한국인들은 이미 미국의 "개입"에 민감한데 이들 제안들은 그러한 더 많은 "개입"을 포함하고 있다는 것이다. 본인이 보기에 우리는 우리의 원조에 매우 극단적으로 의존하고 있는 국가에 항상 "개입"할 것이 분명한 것 같다는 것이다. 그렇다면 그것은 고작해야 정도의 문제인 것이다.

우리의 개입이 반대를 불러일으킬 것인지 아닌지는 주로 개입의 형식에 달려 있을 것이다. 일반적으로 현재의 한국 정부는 이승만 정권보다도 경제 문제에 있어서 미국의 조언에 더 수용적이다. 만일 우리가 한국에서 경제적·사회적 개혁을 강조하고, 경제발전에 더 큰 강조점을 부여하면서 군사적 프로그램을 덜 강조하는 우리의 원조 노력의 새로운 방향 설정을 취하고 그것을 공개한다면, 현재 한국의 분위기로 보아, 우리의 조치가 한국 정부와 중요한 정치세력으로부터 환영을 받을 것이다.

이러한 종류의 계획이 4·19 혁명 기념일에 발표되어야 한다는 팔리의 제안은 그 계획이 혁명의 목적을 진전시키기 위하여 의도되었다는 사실을 강조함으로써 우리의 개입을 좀 더 수용 가능하게 하기 위하여 설계되었다. 어떤 특별한 조치들이 취해질 수 있는가?

1. 부패에 관하여

팔리는 스스로 이것들을 상당히 자세히 묘사하고 있다. 그의 제안의 핵심은 우리가 부패한 관리들을 처리하기를 거절해야 하며, 우리는 정부의 몇몇 핵심적인 개인들이 교체되는 것을 보아야 하며, 전체적으로 우리는 우리의 원조계획을 집행하는 데 있어서 그리고 모든 우리의 대한민국과의 관계에 있어서 매우 확고부동하게 문제를 다루어야 한다는 것이다. (이와 관련하여, 미군이 장면 정부가 몇몇 고위 대한민국 군대 장교들을 부패를 이유로 제거하려고 하자 그러한 조치는 단기적으로 대한민국 군대의 능력에 역효과를 가져온다는 이유로 반대했다는 점에 관심을 둘 수 있을 것이다.)

2. 대한민국 군대

현 정권은 선거유세에서 대한민국 군대를 10만 명 감축하겠다고 약속했다. 우리는 군사적인 이유로 그러한 감축에 반대했고 결과적으로 대한민국의 요청은 5,000~10,000명으로 감소되었다. 그들은 계속 좀 더 대규모의 감축을 원하고 있다. 왜 우리는 동의하지 못하는가? 대신, 만일 우리가 대규모 감축으로 발생할 추가적인 실업 문제를 염려한다면, 10만 명이나 혹은 그 이상의 대한민국 병사들을 공공근로와 발전프로젝트에 투입하는 것은 어떤가?

3. 경제발전

군사원조를 줄이고 그에 상응하는 경제원조를 늘린다. 팔리가 제안하듯이 우리들의 계획에 초점을 맞추어 느슨해진 수백 개의 관련 없는 프로젝트에 투입되어 있는 수백 명의 기술자들의 작업을 포기한다. 산업에 대한 강조를 줄이고 상대적으로 소홀했던 농업에 더 많은 강조점을 둔다.

4. 주둔군지위협정(SOFA)

그러한 협정에 대한 미국의 수용은(이에 대하여 대한민국은 찬반논쟁을 하고 있다) 경제와 정치 영역에 미국의 개입을 반대하는 민족주의자들의 주장을 상쇄하는 데 많은 효과가 있을 수 있다. 특사파견에 대한 휴 팔리의 독특한 절차적인 고안의 채택 여부는 우리가 우리 자신을 극적으로 개혁과 진보에 일치시킨다는 일반적 원칙을 채택하는 것만큼 중요하지 않다.

절차

만일 대통령이 한국이 우선적 관심을 요하는 긴급한 문제를 갖고 있다고 동의하고 일반적으로 우리의 접근이 (부패와 우리의 원조계획의 재편에 강경노선을 취하는) 개혁을 촉진하는 것이라는 데 동의한다면 그는 국무부장관에게 그러한 접근을 실행할 수 있는 방법에 대하여 실질적이고 절차적인 권고안을 만들도록 요청하라고 권고하라. 대통령이 2주 이내에 보고서를 올리도록 권고하라고 제안하라.[40]

존슨은 팔리의 의견에 대체적으로 동의한다. 하지만 미국의 '개입'에 우려를 표명하고 있다. "한국의 주권은 어떻게 되는가 하는 것과

---

40 《Rostow를 위한 비망록, 발신: 로버트 존슨, 주제: 한국, 관리번호: 001-102-2001-0000080 Box 127, 1961년 3월 15일, 국가안보파일》

우리가 개입의 비난을 받지는 않을 것인가 하는 것이다. 답변은 우리는 대한민국 정부의 요청과 현재까지 국민들의 기본적인 동의에 따라 이미 개입하고 있다는 것이다. 우리는 개입을 멈출 수 없다. 우리는 스스로 '주권'이라는 용어의 고리에 현혹되어서는 안 된다. 그러나 우리는 한국의 체면을 세울 수 있고 우리의 행동을 조절하여 최대한도로 한국인들이 주도권을 갖고 있는 것처럼 보일 수 있다." 〈팔리 보고서〉 중의 한 구절이다.

사실 팔리는 미국에 의한 직접 통치를 주장하고 있다고 봐야 할 것이다. 한국인들이 주도권을 갖고 있는 것처럼 보이게 하면서 실질적으로는 '주권'이라는 용어의 고리에 현혹되지 말 것을 주문하고 있다. 존슨은 "한국인들은 이미 미국의 '개입'에 민감한데 팔리의 제안들은 더 많은 '개입'을 포함하고 있다."는 것에 대하여 대책이 필요하다고 지적하고 있다.

존슨 역시 한국군의 감축에 대해선 찬성 입장이었던 것 같다. 농업 부분에 더 많은 강조점을 두어야 한다는 주장도 팔리의 제안과 동일하다. 다만 팔리는 좀 더 강력한 주문을 하고 있다. 팔리는 "예를 들면 고위 미국인 농업 고문관은 합의사항을 협상해야 하거나 상대방의 자금 지원을 결정하는 개별집단들의 합동계획이 아니라 한국의 농업 정책의 전반에 대하여 농업부장관(Minister of Agriculture)과 함께 일하는 것이다."라고 제안함으로써, 앞에서 얘기한 "직접 개입하라"는 주장을 재차 강조하고 있다. 주둔군지위협정(SOFA)에 대한 팔리의 의견에 대해선 존슨 역시 공감을 표시하고 있다. 존슨의 비망록이 도착한 그날, 코머도 로스토우에게 비망록을 보냈다.

중요한 문제는 4월 19일의 폭력성 여부가 아니다(팔리는 이것에 너무 많이 매달림으로써 국무부의 반론에 스스로 약점만 노출시켰다). 실질적 현안은 우리가 8년 동안 파악하는 데 실패한 한국의 상황이 긴급한 조치를 취해야 할 만큼 정말로 심각한지 여부이다.

대한민국의 기본적인 문제들을 보자 : (a) 자원과 기술이 거의 없는 가난한 국가, (b) 실제로 유지할 수 있는 수보다(혹은 필요한 수보다) 훨씬 대규모의 군대조직을 부양하는 엄청난 부담, (c) 민주적 정부에 대한 경험부족에 기생하고 있는 부패, (d) 미국이 대한민국에서 그들을 동등하게 대우하지 않으며 통일에 대한 열망을 무시하며 압도적으로 군대를 강조하는 경향을 변화시키기를 거부한다는 믿음에 의해서 위축된 기대감과 점증하는 민족주의 등. 중요한 병폐와 빈곤은 경제적인 것이다. 다음 10년 동안 미국이 노력해야 할 주요 사항은 다음과 같은 것이 되어야 한다. :

A. 긴급 경제발전에 풀린 미국 자금의 전환과 더불어 대한민국 군대 조직의 실질적인 감축. 대한민국의 국방은 대한민국과 미국의 병력, 그리고 한국 외부로부터 즉각적으로 보호할 의도를 가진 미국권의 세력들에 의하여 충족될 수 있다.

B. 공공부문을 강조하는 대한민국 경제의 증강, 노동 집약적 경공업의 육성, 그리고 대한민국의 주요 자원인 국민의 완전한 활용.

C. 대한민국 경제발전을 지도하고 감독하는 데 있어서 훨씬 더 왕성하고 상상력이 풍부한 미국의 행동. 기본적인 장기계획에 추가하여 정치적 효과를 가진 수많은 고효율 단기계획의 수행. 그러한 계획에 대하여 대한민국 정부의 좀 더 긴밀하고 적극적인 교육과 감독뿐만 아니라 그러한 계획의 혜택이 대한민국 정부에 더 많

은 기여를 유도.

D. 어디에서 발견되건 부패, 밀수, 부정이득에 대한 대한민국의 훨씬 더 강력한 단속에 대한 주장. 이러한 사안에 대하여 유죄판결을 받은 미국인들에 대한 미국의 유사한 조치. 현재의 당혹스러운 불균형을 피하기 위하여 대한민국에서 좀 더 스파르타식 미국의 생활기준을 위한 강력한 조치. 정치적 조치 또한 불가피하다 :

a. 만족할 만한 주둔군지위협정(SOFA)을 얻어내기 위하여 강력히 움직일 것. 그렇게 함으로써 우리는 한국 경제 방향에 좀 더 깊이 개입하는 데 필요한 대중적 지지를 얻을 수 있다.

b. 대한민국으로 하여금 통일 문제에 대하여 공세를 취하도록 함과 동시에 주요 공공목표로 삼도록 함. 통일은 한국인들의 불변의 소망이므로 민족주의적 경제적 추진력이다. 미국은 이처럼 좋아하는 통일의 최전방에 자신을 스스로 두면서 대한민국과 자유세계의 이익을 보호한다는 용어를 사용하는 과정에서 이것을 확실히 해야 한다.

c. 한국에서 미국의 군대와 그 대변인의 정치적 역할을 현저하게 줄일 것. 미국대사를 미국의 한국정책에 있어서 이론의 여지가 없는 대변인으로 삼을 것. 미국과 대한민국 사이에 교육자와 노동자의 접촉과 지도자 장학금 등을 크게 확대할 것.[41]

코머는 한국인의 입장에서 사안을 보자는 입장을 가지고 있었던 사람으로 보인다. 이후 아무도 관심을 갖지 않았고, 거론도 하지 않았

---

41 《Rostow를 위한 비망록, 발신: 코머, 제목 : 한국에서의 행동, 관리번호: 001-102-2001-0000080 Box 127, 1961년 3월 15일, 국가안보파일》

지만, "통일은 한국인들의 불변의 소망"이라는 지적이 눈에 띈다. "통일이 민족주의적 경제력 추진력"이라는 구절도 미국인으로서 하기 쉽지 않은 표현이다. 주둔군지위협정(SOFA)에 대한 강력한지지 역시 군축에 대한 소신과 아울러 친한국적이다.

그 외 코머는 한국군의 감축에 따라 절감된 비용을 경제개발비용으로 사용할 것을 제안하며, 공공 부분을 강조하면서 노동집약적 경공업의 육성, 한국의 주요 자원인 인재의 활용 등을 주장하고 있는데, 코머의 제안은 향후 로스토우가 한국의 경제정책을 입안할 때 대부분 반영되게 된다.

존슨은 코머의 비망록을 보고 난 뒤 한국에 관한 새로운 특별 국가정보평가(Special National Intelligence Estimate)를 로스토우에게 첨부하였다. 존슨은 이 문서가 "만일 상황의 긴급성을 의심하는 회의주의자들을 설득할 예리한 논리가 필요하다면 이 평가서가 좋은 수단이 될 것"이며, "한국이 미국 군사·경제 원조의 가장 큰 금액을 지급받고 있다는 사실은 대한민국의 문제에 긴급한 관심을 보여야 하는 상당한 이유"라고 자신의 견해를 밝혔다. 존슨이 첨부한 문서는 특별 국가정보평가(Special National Intelligence Estimate)로 중앙정보국(CIA) 국장에 의하여 제출된 '대한민국의 단기적 전망'이다. 동 문서 중 주둔군지위협정(SOFA)와 통일 문제에 대한 부분을 아래에 소개한다.

남한 사람들은 주한미군의 법적 지위를 제공하는 행정협정체결을 망설이는 미국에 대하여 오랫동안 분개해 왔다. 이승만 시절에 이 주제에 대한 공개적인 표현은 자제 당했고 통제 당했다. 이승만이 떠난 이후 그러한 협정에 대한 대중적 관심은 민족주의 감정의 증대와 함께 크게 고양되었다. 한국인들은 과거에 주둔군지위협정 (SOFA)의 부재의 이유가 무엇이었든 이승만의 몰락과 평화 시기 상황의 실질적 회복(이것은 한-미 상호경제원조협정의 체결에서 인정되었다)은 더 이상 이 문제에 대한 대한민국의 소망을 들어주지 않으려는 미국의 망설임을 정당화시키지 못한다고 주장하고 있다. 1961년 3월 2일 남한 국회는 그러한 협정의 "가장 조속한 체결"을 요구하는 결의안을 만장일치로 통과시켰으며 장면은 미국에게 그러한 조치의 즉각적인 필요성을 주장해 오고 있다.

비록 한국의 통일 문제가 중요한 현안이지만, 그에 대한 관심은 최소한 부분적으로는 한국의 상황에 대한 불만의 결과로서 작년에 상당히 증가되었다. 학생집단들은 과거의 태도를 재검토할 것과 국가의 분단을 종결할 새로운 시작을 주장하는 사람들의 최전선에 서 있다. 정부 자신은 북한으로부터 통일에 대한 선동적 주도권을 빼앗고 싶어 하지만 올봄에 한국 문제에 대한 유엔의 심사숙고 이후까지 어떤 새로운 조치를 취하는 것을 연기해 오고 있다. 통일 문제는 거의 확실히 대한민국과 미국에게 점증적으로 심각한 문제가 될 것이다.[42]

그 후 존슨은 국무부 한국담당 관리 도널드 맥도널드(Donald Macdonald)와 대화를 나눈 뒤 로스토우에게 비망록을 보냈다. 맥도널드는 팔리가 제안한 특사파견에 동의하고 있지만, 국무부가 아닌 부

---

42 《1961년 3월 21일 특별 국가정보평가 (Special National Intelligence Estimate), 대한민국의 단기적 전망, 중앙정보국(CIA) 국장에 의하여 제출됨, 1961년 3월 15일, 국가안보파일》

서에서 논의되고 있다는 점을 지적하면서 문제의 접근에 대한 자신의
의견을 개진하였다.

　본인은 한국에 대한 업무를 파악하기 위한 비공식적인 노력의 일
환으로 국무부 한국과 직원 도널드 맥도널드(Donald Macdonald)와 오
늘 오전 대화를 나누었다. 그는 과거에 본인에게 매우 유능한 직원
이라는 인상을 심어 주었다. 그는 현재 귀하에게 보낼 문서를 작성
중에 있다고 언급했다. 그 문서는 한국의 경제 상황에 대하여 어떻
게 해야 하는가 하는 문제를 다룰 것이며 팔리(Farley) 씨의 정치적
결론에 대한 분석을 포함할 것이다.

　그는 국무부 밖의 다른 곳에서 다루어질 한국에 파견될 특별사절
단에 대한 정확한 지위를 알지 못한다고 말했다. 그는 자신은 그러
한 사절단을 매우 선호하지만 "엄청난 영광으로" 시작된 이후에 그
아이디어가 현재 격하되고 있는 것을 염려했다. 한국 문제를 염려
하는 모든 사람들은 그러한 조치가 필요하다는 것에 동의했다.

　1945년 이래 미국의 한국원조계획을 이끌었던 심리는 임시변통
을 강조했던 것이었다. 만일 기근이 들면 식량을 공급했을 뿐 식량
문제에 관하여 어떻게 해야 하는가에 대한 것은 생각하지 않았다.
한국인 자신들은 현재 이것이 부적절한 접근이라고 인식하고 변화
를 기꺼이 받아들이고 있다.

　어떤 특정 개인의 잘못이 아니지만 한국에서 우리의 원조 사절단
은 무원칙하다고 특징지을 수 있다. 한국에 너무나 많은 사람들이
있지만 그들은 잘못된 종류의 사람들이다. 관료주의와 사소한 사
항에 너무나 많은 관심을 쏟으면서 계획의 좀 더 큰 측면에는 너무

나 관심이 없는 것으로 사절단의 성격을 규정할 수 있다. 문제에 대한 적절한 접근은 세 가지 특징을 갖게 될 것이다. :

a. 한국에 대한 특별사절단은 정말로 유능한 사람들로 구성되어야 한다. 파견된 사람들은 진정한 능력과 위신을 가져야 한다. 우리는 은퇴한 사업가를 보낼 것이 아니라 한국의 정치적 · 경제적 문제에 대한 배경지식과 빠른 통찰력을 갖춘 사람들을 파견해야 한다. 본인은 그가 현재의 국무부 계획은 이러한 관점에서 부적절하다고 생각한다고 추론했다.

b. 특별사절단의 권고를 마무리하기 위한 준비가 이루어져야 한다. 이것은 팔리(Farley)의 제안의 단점이었다. 즉, 그는 특별사절단과 함께 주재하면서 권고가 수행되는 것을 지켜볼 사람들을 들여보내야 한다는 권고를 하지 않았다.

c. 한국에서 원조계획을 운용하기 위하여 소규모의 고위급 사람들이 필요하다. 그는 특별사절단에 관한 계획의 현재 상황에 대한 귀하의 질문이 매우 바람직하다고 생각한다고 말했다. 맥도널드 씨의 논평의 특성상, 그것들은 분명 3급 비밀로 취급되어야 한다.[43]

한국 문제에 대한 접근은 실무자선에서 보다 본질에 접근하고 있는 듯하다. 맥도날드는 한국정책에 대한 근본적인 문제점과 오류, 즉 관료주의와 사소한 사항에 많은 관심을 쏟으면서 계획의 좀 더 큰 측면에는 너무나 관심이 없는 것을 지적하고 있다. 그리고 팔리의 제

---

43 Rostow를 위한 비망록, 발신: 로버트 존슨, 제목 : 한국, 관리번호 : 001-102-2001-0000008 Box 127, 1961년 4월 3일, 국가안보파일》

안의 단점도 거론하면서, 특별사절단을 감사할 기구의 필요성도 제안했다. 이제 존슨은 보다 책임과 권한이 있는 국무부의 관리를 만날 차례가 되었을 것이다. 그가 면담한 사람은 국무부 차관보 매카너기(McConaughy)다. 얼마 전까지 한국 주재 미 대사관의 대사를 역임한 자다. 대담 결과는 다음과 같다.

이것은 어제 우리가 국무부 차관보 매카너기(McConaughy)와 나눈 대화 이후에 작성한 서신이다. 대화 중에 나온 두 가지 현안들은 추가적인 조치를 요구하는 것들이다. :

1. 한국에 대한 특별사절단

본인은 클랩(Clapp) 씨가 제안된 특별사절단을 대표하는 데 분명히 활용될 수 없다는 것과 사절단 제안의 전체적인 지위가 다시 한번 분명치 않을 수도 있다는 것을 듣고 놀랐다. 본인이 오늘 오전에 면담했던 한국과 직원 맥도널드(Macdonald) 씨는 자신은 그 제안이 어떠한 상황에 있는지 알지 못한다고 말했다.

그는 스스로 고위급 사절단의 개념이 가장 중요하다고 생각하고 있으며, 전에도 지적했듯이 사절단을 동행하는 사람들 중 일부는 마무리를 위하여 한국에 남겨져야 한다고 생각한다. 그러나 그는 그 제안에 대하여 아직도 국제협력처(ICA)의 저항이 있다고 지적했다.

권고 : 본인은 귀하가 누구든지 국무부에서 귀하에게 정기적으로 정보를 제공해 온 사람을 접촉하여 사절단 제안의 상황을 확인한 다음 행동의 필요성을 위하여 우리가 누군가에게 영향을 줄 수 있

는지 파악할 것을 권고한다.

본인은 매카너기(McConaughy) 씨는 별 흥미가 없는 것 같다고 생각한다. 볼(Ball) 씨의 사무실과 배틀(Battle) 씨는 그 제안을 좀 더 적극적으로 지지하는 경향이 있다. 본인은 특별사절단에 대하여 오락가락하는 것과 국무부의 누구도 마무리하는 데 진지한 관심을 나타내는 증거가 없음에 상당히 당혹스럽다.

2. 주둔군지위협정(SOFA)

범죄자 재판권문제는 만일 우리가 대한민국의 사법권의 원칙을 인정하는 데 동의하면 대한민국이 사법권을 통상적으로 양보하는 효과를 갖게 될 한국인들과의 양해를 국무부가 작업하라고 어제 매카너기에게 귀하가 제안한 것을 본인은 이해했다. 본인의 판단에 그러한 양해는 렘니처(Lemnitzer) 장군에게도 수용 가능한 것임을 증명할 것이라는 것이 귀하의 생각이라고 믿는다.

그 한국과 직원은 우리는 이미 한국인들이 이러한 노선을 충실히 따를 준비가 되어 있다는 충분한 증거를 갖고 있다고 믿고 있다. 그는 한국인들은 선고된 형량의 집행을 미국에 넘겨줄 준비가 되어있다는 사실을 인용했다. 그는 우리가 현재 분명한 미국의 입장이 없는 상황에서 그 이상 구체적인 어떤 것을 희망할 수 있는지 의아해하고 있다. 그는 국방부와 힘든 협상을 예상하고 있으나 한국인들에게 수용 가능한 미국의 지위를 얻을 전망에 대하여 비관적인 것만은 아니다.

그는 국방부 자체가 분열되어 있다는 증거가 있다고 말하고 있다. 국방부는 이제 막 대한민국의 사법제도를 평가한 보고서를 받았다. 그 보고서는 미국의 입장을 수정하는 데 필요했다. 국방부는 또한 비교적 논쟁의 소지가 적은 일부 주제들을 포괄하고 있는 주둔군지위협정(SOFA)의 첫 부분의 초안을 국무부에 막 제출했다. 맥도널드 씨는 만일 우리가 협정의 이 부분을 조만간 현장에 갖고 나가면 즉시 진전이 있을 것이라고 생각한다. 대한민국은 우리가 범죄자 재판관할권 문제에 직면한 어려움을 충분히 인식하고 있으므로 그것에 대하여 약간 연기할 준비가 되어 있다.

본인은 정부가 국무부와 국방부간의 의견 차이로 진퇴양난에 빠져서는 안 된다는 염려를 표명하였다. 본인은 만일 협상이 무한정 지연된다면 우리는 협정을 교섭하겠다고 천명했던 의지를 통하여 얻었던 모든 것을 잃을지도 모른다는 것을 염려한다고 말했다. 본인은 개인적인 견해로서 만일 협정이 합리적인 속도로 체결될 수 없다면 그 사실을 직시하고 해결을 위하여 백악관에 그 문제를 제출하는 것이 중요하다고 제안했다.

맥도널드 씨는 국무부-국방부의 견해 차이가 일으키는 지연이 현재 직면한 위험이라고 생각하지 않았다. 그러나 그는 이 문제는 결국 해결을 위하여 백악관에 제출될 수도 있다는 것을 인정했다. 그는 우리가 국방부에 이 문제에 대한 관심을 표하는 것이 도움이 될 것이라고 생각했다. 그는 만일 우리가 빌 번디(Bill Bundy)와 같은 사람을 그것에 관심을 갖도록 끌어들일 수 있다면 행동에 속도가 붙을 수 있다고 제안했다.

권고 : 귀하와 매카너기 씨의 대화 중에 귀하는 국무부의 진전에 대하여 귀하의 관심을 표명하였다. 이러한 노력은 국방부의 고위

직에 있는 번디나 혹은 그 밖의 다른 사람에 대한 요청과 함께 병행되는 것이 바람직하다. 한편, 본인은 현재의 일의 진행 상황을 계속 통보하도록 하겠다. …(하략)[44]

맥도널드는 국제협력처(ICA)의 저항이 있다고 지적하고 있으며, 존슨은 특별사절단의 문제점에 대하여 매카너기가 별 흥미를 보이지 않고 있다고 한다. 국무부는 〈팔리 보고서〉로 인해 벌어지고 있는 상황 자체가 달갑지 않았을 것이다. 팔리가 절차를 무시하고 백악관과 직접 접촉했단 사실은 국무부로서 용납하기 힘들었을 것이다.

아무튼 국무부의 분위기와 달리 〈팔리 보고서〉는 위력을 발휘했다. 보고서 등장 이후 CIA의 특별정보평가, 국무부의 주둔군지위협정(SOFA) 개시, 주한 미국대사관의 정책제안 등 한국관련 부서가 바빠지기 시작했다. 대한정책을 새롭게 고려하고자 하는 분위기는 결국, 한국 관련 NSC가 열리게 만들었다.

그 결과 1961년 5월 5일 케네디 대통령이 참석한 제483차 국가안전보장회의(NSC)는 5월 19일 한국정책을 토론하기로 하고 국무부의 동아시아담당 차관보 매카너기의 책임 아래 보고서를 준비할 '한국에 관한 대통령 긴급 임무단(Presidential Task Force on Korea)'을 구성하여 15일까지 토론을 위한 보고서를 마련하여 회람시키기로 결정하였다. 임무단은 국무부, 국방부, 재무부, 중앙정보국 대표들로 구성되도록 하였다. 케네디는 그 결정을 승인하면서 한국에 심각한 문제가 일어

---

44 《Rostow를 위한 비망록, 발신: 로버트 존슨, 주제: 한국, 관리번호: 001-102-2001-0000008 Box 127, 1961년 5월 4일, 국가안보파일》

날 수 있는 상황에 대비하여 그것을 피할 수 있는 계획을 세우되 한국 임무단은 중요한 문제들을 집중적으로 연구하여 주어진 한계범위 내에서 미국이 할 수 있는 행동을 제시해야 한다고 강조하였다.[45]

그러나 5월 19일 열릴 예정이던 NSC는 무산된다. 한국에서 쿠데타가 발발했기 때문이다. '한국에 관한 대통령 긴급 임무단'에 관한 토론은 6월 13일에 개최되는데, 별도의 장에서 거론할 예정이다.

어쩌면 〈팔리 보고서〉 덕분에 5·16 쿠데타가 성공할 수 있었을지도 모른다. 박정희 일파가 쿠데타를 준비하고 있었던 사실을 케네디는 몰랐을 것으로 짐작된다. 만약 〈팔리 보고서〉가 없었다면, 유엔군사령관 매그루더와 그린 대리대사의 민주당지지 선언을 승인했을 가능성이 매우 높다. 왜냐하면 해외업무에 관한 사항은 국무부의 의견을 존중하는 것이 관행이었기 때문이다. 1961년 5월경 케네디의 해외전략은 라오스, 콩고, 쿠바 등에 집중되고 있었을 무렵이었다. 그러나 〈팔리 보고서〉로 인해 한국에 대한 관심이 높아진 상태였고, 더욱이 쿠데타로 인해 예정된 NSC가 취소됨으로써 한국의 사태를 좀 더 세밀히 검토할 필요를 느꼈을 것이다. 매그루더와 그린의 성명이 효력을 발휘할 수 없었던 배경이다.

---

45 Editorial Note, No212 http://www.state.gov/frusXXII/201to240.html, 《장준갑의 논문, '캐네디 행정부의 초기 대한정책: 대미 우호적 국가발전전략》에서 재인용

| 로스토우의 등장과 한국임무단의 출범 |

경제학자로 알려진 로스토우가 케네디 행정부의 군사 · 외교 부문
에서도 막강한 영향력을 행사하고 있다는 소식이 전해지기 시작했
다. 케네디가 대통령으로 취임하기 직전 발생한 RB-47 조종사의 석
방에 로스토우가 결정적 역할을 했다는 사실이 보도되었고,[46] 라오스
문제 해결을 위한 대책회의에 맥나라마 국방장관, 볼스 국무차관, 버
크 해군참모총장, 파슨스 극동담당 국무차관보, 국가안보담당특별보
좌관 번디 등과 함께 참석하였음이 확인되었다.[47]

"아이크 시대에 아담스 고문이 내정을, 덜레스 장관이 외교를 맡아
주관했으나, 케네디의 외교정책은 러스크 국무장관 외에 번디 특별고
문, 로스토우 고문, 스티븐슨 유엔 대사 등으로부터 건책(建策)이 나온
다."는 기사도 보도되었다.[48] 백악관 정치시대가 열렸다는 뜻이다.

한국의 주요 정치가들도 로스토우와의 만남을 관례화하기 시작했
다. 1961년 8월경, 주미대사 정일권이 본국 정부와의 협의차 서울
로 출발하기 전에 백악관특별고문인 번디, 로스토우 양씨, 테일러 장
군, 풀브라이트 상원외교위원장, 렘니처 합동참모본부장, 벨 연방예
산국장, 덜레스 CIA국장, 매카나기 국무차관보 및 당지의 자유중국
및 일본 대사들과의 회담이 들어있다고 언론은 보도하고 있다.[49] 〈팔

---

46 독자적으로 교섭 미 시민, 소 부외상에 권고 RB조종사 석방의 이면, 「동아일보」,
    1961.3.14
47 강경한 라오스대책을 토의, 「경향신문」, 1961.3.22
48 새 바람은 백악관에도, 「경향신문」, 1961.5.24
49 민정복귀성명 대한원조에 큰 영향, 「경향신문」, 1961.8.11

리 보고서〉가 백악관의 주요 정책으로 채택된 후 로스토우 역시 한국에 지대한 관심을 갖기 시작했다.

5·16 쿠데타 후 로스토우가 한국의 정치에 어떤 영향력을 끼쳤는가는 중앙정보부장 김종필의 동정을 보도한 조선일보를 보면 어느 정도 짐작할 수 있다. 아래에 기사 전문을 소개한다.

김종필 중앙정보부장과 로스토우의 회담을 보도한 1962년 11월 3일자 조선일보

방미 중인 김종필 중앙정보부장이 워싱턴에서 만난 미 정부의 여러 고위 당국자들 가운데 한 번이 아니고 두 번이나 만난 사람이 있었다. 국무성정책기획위원회 의장인 월트·W·로스토우 씨다. 러스크 국무장관, 호지스 상무장관, 해밀튼 국제개발처 장관 등과도 만났지만, 왜 로스토우 씨와는 두 번이나 만났을까? 그리고 김 부장은 왜 이 사람에게 앞으로의 민정이양에 관한 계획표를 상세히 설명했을까 하는 의문이 날지도 모른다.

거기에는 그만한 이유가 있던 것 같다. 왜냐하면 로스토우 씨는 케네디 대통령의 브레인·트러스트의 지도급 멤버이기 때문이다. 로스토우 씨는 현재의 국무성정책기획위원회 의장에 임명되기 전엔 백악관에서 외교 문제에 관한 고문으로 있었던 것이다. 케 대통령은 취임 직후 유수한 대학의 저명한 교수들을 여러 전공분야별로 백악관고문으로 초빙하여 소위 브레인 · 트러스트를 형성케 했다.

그 가운데는 메사추세츠 공과대학(MIT)의 경제학 교수였던 로스 토우 씨를 비롯해서 하버드 대학 역사학 교수 케네스 · 갈브레이스(현 주 인도대사) 그리고 하버드 문리대 학장이던 맥 조지 · 번디(현 국방 차관보, 김 부장은 이 사람과도 한국군 현대화 문제 등을 협의했다 등 당대의 쟁쟁 한 인사들이 들어 있는 것이다.

김 부장은 러스크 장관과도 회담했지만, 때마침 쿠바 위기로 러 장관은 몹시 바쁜 몸이기도 했고, 그와의 회담은 역시 의례적인 성 격이 더 짙은 것이라 할 수 있다. 그러기에 김 부장은『경제성장의 과정』,『효과적 외교정책의 관건』등 명저의 저자이기도 하고 케 대 통령의 참모 로스토우 씨와 주미대사관저에서 두 번이나 만나 "앞 으로 4년간은 혁명주체 세력이 민정에 참여하는 과도적인 정부가 되어야 하며 그러기 위해서는 최고위원들이 국회에 진출해야 한 다."는 혁명정부의 정치적 구상을 도표까지 그려 가면서 솔직하게 설명했던 것이다. 로스토우 씨의 주요 임무가 미국이 장차 직면하 게 된 여러 문제를 분석하고 거기에 대한 해결 방안을 긴 안목에서 마련하는 데 있음을 생각할 때 김 로스토우 회담의 의의가 수긍되 는 것 같다.[50]

자타가 공인하는 한국의 2인자 김종필 중앙정보부장이 미국 방문

---

50 케네디 대통령의 참모. 한국에 큰 관심 표시. 국무성 정책기획위장 로스토우 씨, 「조선일 보」, 1962.11.3

중 가장 공들여 만난 사람이 로스토우다. 김종필은 로스토우에게 "민정이양을 하더라도 최고위원, 즉 군인들이 국회에 진출하여 앞으로 4년간은 혁명주체 세력이 주도하는 과도정부가 되어야 한다." 등의 내용을 도표까지 그려 가며 설명했다고 한다. 공화당 창당 작업이 비밀리에 준비되고 있던 시점이다. 글의 분위기로 보면 설명이라기보다는 보고라고 보아도 무방할 듯싶다. 로스토우의 위상을 잘 묘사한 기사다.

다시 5 · 16 무렵으로 되돌아가자. 쿠데타가 일어난 뒤 백악관은 한국관련 문서로 홍수사태를 맞고 있었다. 문서의 생산자는 주한 미대사관, 미8군, 국무부, 국방부, 합참, CIA 등이다. 주요 내용은 쿠데타의 진행 상황과 쿠데타 주체 세력에 대한 분석 그리고 쿠데타를 반대한 이들이 처한 입장 등이다. 보고서는 대부분 국가안전보장문제 담당보좌관 맥조지 · 번디를 거쳐 케네디에게 보고되었다. 보고서 중 CIA국장이 대통령에게 보낸 문서를 소개한다.

1. 약 3,600명의 육군과 해병 병력에 의하여 서울에서 일어난 치밀하게 계획된 쿠데타는 5월 15일 장면 총리의 정부를 전복하였다. 반군은 서울 라디오 방송국을 점령하여 육군참모총장 장도영(Chang To-yong) 중장의 이름으로 전국에 계엄령을 선포한다는 명령을 방송하였다.

2. 반란의 지도자는 군사혁명위원회(Military Revolutionary Committee)에서 실제 권력을 행사하고 있는 박정희(Pak Chnag-hui) 소장이다. 한때 일본군 장교였던 박은 1946년에 한국군에 장교로 임명되었다. 그는 1948년에 공산주의자라는 혐의로 군사재판에 회부되어 10년형

을 선고받았다. 박은 1950년 한국전쟁의 발발로 군복무에 복귀되었고 후에 그의 전쟁기록으로 인하여 사면되었다. 그는 1948년 이래 공산주의자들과 다시 접촉하거나 혹은 남한의 좌익과 연관된 것으로 알려지지 않았다. 이승만 정권의 축출 이후에 박은 이승만 정권을 지지하여 이익을 보았던 육군의 원로장교들을 제거하려는 젊은 장교들의 운동에 연관되어 있었다.

3. 쿠데타 지도자들은 서울에서 어떠한 저항도 없었고 다른 지역에서 보였던 대중의 무관심 혹은 적대감 때문에 쉽게 통제권을 장악할 수 있었다. 총리는 숨어 버렸고 쿠데타에 대항하는 세력을 모으려는 노력을 전혀 하지 않았다. 육군참모총장 장도영 장군은 쿠데타 지도자들과 미국 측에 우호적인 입장을 유지하려고 노력하면서 신중한 입장을 취했다. 장이 여전히 군사혁명위원회의 우두머리로서 집중 조명을 받고 있지만 그는 아마 꼭두각시일 것이다.

4. 윤보선(Yun Po-sun) 대통령은 쿠데타 행동에 그럴듯한 적법성을 제공하고 합헌성의 구조 내에서 정부를 전환하려는 타협에 자신의 영향력을 행사하였다.

5. 장면 총리는 5월 18일 은신처에서 나와 군사혁명위원회 위원장 장도영 중장이 발표한 계엄령은 적법하다고 방송하였다. 그는 헌법에 따라 적법한 전환 조치의 길을 여는 자신의 내각 사퇴를 발표하였다. 이것은 위원회의 정치적 입지를 현저히 강화하였다.

6. 통치위원회의 군사적 토대는 제1군사령관 이한림(Yi Han-lim) 중장이 쿠데타의 공식적 지지를 선언했던 5월 17일에 마련되었다. 확인되지 않은 보도는(검열삭제) 이(한림)가 쿠데타를 전폭적으로 지지하지 않았다는 이유로 직위해제 되었다고 말하고 있다. 박임항

(Pak Lim-hang) 중장이 그 직위에 임명되었다.

7. (검열 삭제) 민간정부로의 조기 환원은 이승만 정권과 연계된 극우세력의 권력 복귀를 허락할 가능성이 있다. 미국대사관은 혁명세력은 현재 경제문제를 다룰 능력이 있는 인사가 부족하므로 아무런 실질적인 경제계획이 없다고 보고하고 있다. 대사관은 위원회는 아마 이런 차이를 메우기 위하여 경제 경험이 있는 이전 정부의 관리들에게 의존할 것이라고 판단하고 있다.

8. 이승만 정권의 전직 관리들이 다시 영향력을 얻을 가능성은 원로들로 구성된 내각이 구성되었다는 5월 17일자 검열된 신문보도에 의하여 드러나고 있다. 그 내각은 백낙준(Paek Nak-chun, George Paek), 이범설(Yi Pom-sol, 이범석의 오기), 변영태(Pyon Yong-tae), 김홍일(Kim Hong-il), 백두진(Paek Tu-chin), 송요찬(Song Yo-chan) 등을 포함하고 있다.

9. 혁명정부는 반공산주의정책을 강화하는 쪽으로 움직이고 있다. 좌익신문 민족일보(Minjok Ilbo)의 간부와 민국일보(Minquk Ilbo)의 편집인이 체포되었다. 가족, 친구, 관련자들을 포함하여 70,000명에 이르는 것으로 보도된 공산주의자 요주의 목록에 올라있는 모든 인사들의 체포명령이 내려졌다. 관대한 처분의 약속하에 6월 20일까지 모든 스파이들에게 항복을 권고하는 포고문이 발표되었다. 그 이후에 체포되는 모든 스파이들은 사형에 처해질 것이다.

10. 처음 공산주의자들의 반응은 정보의 부족을 드러냈다. 뒤이은 논평은 쿠데타 지도자들을 반동으로 규정짓고 미국의 개입을 경고하였다. 쿠데타에 대한 북한의 어떠한 군사적 대응의 증거는 현

재까지 없다.[51]

이 문서의 사본은 맥조지 번디와 클리프톤(Clifton, 육군준장, 백악관 대통령 군사보좌관)에게도 전해졌다. 쿠데타가 거의 마무리된 5월 18일까지의 한국 상황을 정리한 글이다. 이범석을 이범설로 표기하는 등 사소한 오류가 눈에 띄지만 당시의 상황을 구체적으로, 정확하게 분석했다. 다만 "총리는 숨어 버렸고 쿠데타에 대항하는 세력을 모으려는 노력을 전혀 하지 않았다."라고 보고함으로써, 장면이 미 대사관 및 미8군과 연락한 사실을 누락하였는데 그 이유는 확실하지 않다.

덜레스는 몇 가지 중요한 사실을 적시하였다. "쿠데타의 지도자는 박정희이며, 그는 1948년 이래 공산주의자들과 다시 접촉하거나 혹은 남한의 좌익과 연관된 것으로 알려지지 않았다.", "표면적으로 주목을 받고 있는 장도영은 꼭두각시다.", "쿠데타의 성공에 윤보선의 협조가 큰 역할을 했다.", "5월 18일 장면이 은신처에서 나옴으로써 쿠데타 주체들의 정치적 입장이 강화되었다.", "쿠데타 세력은 경제문제에 전혀 문외한들이다.", "공산주의자 및 좌익세력들에게 단호한 처벌을 하고 있다.", "북한은 쿠데타 세력들을 반동으로 규정하고 있으나, 도발의 위험은 지금까지 없다." 등이다.

이 문서에는, 쿠데타를 인정하다고 하더라도 결국 문제는 한국의 경제라는 뜻이 내포되어 있다. 로스토우는 쿠데타의 전개상황과 별도로 한국 문제를 검토하고 있었다. 주요 멤버는〈팔리 보고서〉를 분

---

51 《공식비망록, 발신: 중앙정보국(CIA) 국장, 수신: 대통령, 제목: 남한의 현재상황, 관리번호: 001-102-2001-0000008 Box 127, 1961년 5월 18일, 국가안보파일》

석했던 존슨과 코머 등이다. 1961년 5월 23~4일, 존슨은 이틀 연속 로스토우에게 보내는 비망록을 작성한다.

　본인은 매우 가까운 장래에 우리가 한국인들로부터 얻기 위하여 노력해야 할 3가지 종류의 조치들이 있다고 생각한다:
　1. 최대로 가능한 정권의 문민화와 정치와 행정적 책임을 맡고 있는 장교들과 군사적 책임을 맡고 있는 장교들 사이의 명확한 구분
　2. 최소한의 관리 유지수준을 넘어서서 미국의 장래 원조가 제공될지 여부는 현 행정부의 새로운 원조개념에 따른 한국의 실천에 달렸다는 점을 매우 분명히 함
　3. 부패를 청산하기 위한 조치들. 이것은 특히 인사와 경찰의 개혁, 세금징수제도의 개혁, 계약절차를 개선하는 정부예산과정의 개혁, 그리고 이자율을 현실화하는 조치 등을 포함한다.

〈 첨부 〉
II. 최우선 사항들
A. 필요한 조치들
아래에 설명되는 문제들에 대하여 대한민국 정부와 미국 정부는 우선적인 관심을 기울일 필요가 있다.

정치 및 사회
　1. 한국 군부가 정치적 권력을 휘두르는 상황에서 한국의 군부와 유엔사령부 사이의 관계에 있어서 고질적인 정치적 문제를 최소화하기 위한 수단이 강구되어야 한다.

2. 부패에 대한 불만이 핵심적인 정치적 문제이다. 인사 및 경찰의 개혁, 정부예산집행의 개혁, 세금징수 및 계약절차의 개혁을 포함하는 종합적 반부패정책이 과감히 도입되어야 한다.

3. 한국의 국가적 책임감과 방향감에 대한 기본적인 감각이 부족하기 때문에 한국인들은 국가의 목표와 이상을 명확히 함은 물론 사회적 계획과 행동을 위한 계획을 실행하여야 한다.

경제

4. 한국의 경제발전을 촉진시키려는 미국의 정책의 부족과 연관된 장기적 국가발전계획의 부족은 경제침체와 미국 원조의 비효율적인 활용으로 이어졌다. 계획의 수립과 한국에 적용될 원조에 대한 미국의 새로운 극적인 접근에 긴급한 관심이 모아져야 한다.

5. 전력은 한국의 근대화를 늦추는 가장 중요하고 유일한 장애이다. 한국의 장기적 전력 수요를 해결하기 위한 극적인 조치는 중요한 정치 및 경제적 효과를 가질 것이다. 이러한 조치는 전력률을 높이고 전력회사들을 통합하려는 대한민국의 조치가 함께 수반되어야 한다. 국가건설사업(National Construction Service)은 한국의 대규모 실업문제를 공략하고 있으며 경제발전의 열정을 자극하는 상당한 잠재력을 갖고 있다. 그것은 미국의 잉여농산물에 의하여 장기적 토대 위에서 지원될 필요가 있다.

군사

6. 숙련된 기술자와 경영자가 매우 드문 국가에서 대규모 군대조직은 훈련 프로그램과 민간작업계획에 직접 참여함으로써 발전에

중요한 기여를 할 수 있다. 구체적 계획이 개발될 필요가 있다.

B. 이미 진행 중인 조치들

1. 다음의 경제문제들에 대한 조치는 이미 진행 중이다. 전력계획의 승인에 대한 과거의 지연이 극복되고 있다. 공업용수공급의 확장계획의 완성과 대규모 상수도계획의 개발을 위한 조치가 취해지고 있다. 미국이 지원하는 경영기법과 행정에 대한 훈련계획이 실행되고 있으며 확장되고 있다. 한국 정부는 공기업에 대한 부당한 보조금을 없애고 대출통제를 강화하고 이율을 정상화시키기 위하여 예산과 회계의 절차를 수정하도록 압력을 받고 있다. 주한미국원조사절단(USOM)과 한국 정부는 합동으로 미국 원조자금으로 지어졌으나, 충분히 활용되지 않고 있는 생산설비들에 대한 권고안을 만들고 검토하고 있다. 원조는 농업을 강화하고 다양화하기 위하여 그리고 수산업을 확대하기 위하여 제공되고 있다. 대한민국 정부는 최근 농촌대출 프로그램을 시작하였다. 원조와 기술지원이 석탄산업에도 제공되고 있다. 석탄산에 대한 자금공급이 여전히 문제로 남아 있다. 전반적인 미국의 기술지원 프로그램은 좀 더 즉각적인 필요에 모아지고 있으며 통합되고 있다.[52]

존슨은 지난 5월 5일 열린 제483차 국가안전보장회의(NSC)의 의결 상황 즉 "'한국에 관한 대통령 긴급임무단'을 구성하여 NSC에 보고하

---

52 《Rostow를 위한 비망록, 발신: 로버트 존슨, 주제: 한국에서의 즉각적인 조치들, 관리번호: 001-102-2001-0000008 Box 127, 1961년 5월 23일, 국가안보파일》

라"는 케네디의 주문에 따라 현재의 한국 문제를 검토하고 있는 것을 알 수 있다.

케네디 행정부는 쿠데타로 인하여 장면 정부가 무너지는 것을 크게 개의치 않았다. 그들이 우려하는 것은 새로운 정권이 미국의 영향력에 계속 있을 것인지 그리고 북쪽에 있는 공산주의자들을 막아 내는 보루 역할을 할 수 있는가 하는 점이었다.

존슨은 정치 및 사회, 경제, 군사 부문에 있어서 최우선적으로 필요한 조처를 지적하며 첫째, 정치군인과 야전군을 구별할 것. 둘째, 새 정권은 미국의 새로운 지침에 따라야 원조가 제공된다는 것을 인식할 것. 셋째, 각종 부패에 대한 청산 조치가 이루어 질 것 등을 거론했다. 이 비망록에서 주목할 것은, 군대조직을 민간작업계획에 참여시키자는 제안이다. 군인을 산업현장에 투입시키는 작업은 훗날 박정희 군부정권이 직접 실행하게 된다. 이튿날 존슨이 보고한 비망록을 계속 살펴보자.

본인은 오늘 오전 국무부 동아시아 부차관보(경제담당), 차관실 실장, 한국과 직원, 그리고 중앙정보국(CIA)의 포드(Ford) 씨 등과 함께 한국에 대한 새로운 SNIE(Special National Intelligence Estimate, 특별국가정보평가)의 준비를 논의하기 위한 회의에 참석하였다. 회의의 목적은 다루어지게 될 주제에 관하여 CIA에 지침을 주기 위한 것이었다. 다루어져야 한다고 합의된 것들은 다음과 같다:

1. 유엔사령부–대한민국 군대 관계 : 이것은 유엔사령부의 군사적 권위의 재확립의 문제와 군대가 정부와 군대의 기능을 모두 책

임지게 되어 군대기능에 대해서는 유엔사령부의 지휘하에 있으나 정부기능에 대해서는 그렇지 않은 상황과 관련된 장기적인 정치적 위험의 문제를 다룰 것이다.

2. 쿠데타 지도자들의 배경과 한번 변절한 적이 있는 박정희 장군이 다시 변절하게 될 위험성

3. 군사쿠데타집단 내부의 기능에 대한 식별

4. 쿠데타집단의 동기 및 그 집단이 한국의 문제를 효과적으로 다룰 것으로 예상되는 정도

5. 상황이 진전될 수 있는 가능한 방식과 권력투쟁에서 젊고 거친 장교들이 재통일의 문제를 자신들의 이익과 우리의 손해에 이용할 수 있는 가능성

6. 한-일 관계

이들 현안들에 대한 우리의 정보가 아직도 불분명하지만 우리가 갖고 있는 그러한 모든 정보를 보는 데 있어서, 그리고 우리들 앞에 가로놓일 수 있는 대체상황에 대한 논리적이고 신중한 분석을 하는 데 있어서 실질적인 가치가 있다. 본인은 할 포드(Hal Ford)에게서 매우 비공식적 개인적 입장에 기초한 SNIE에 대한 초안을 받아 귀하에게 첨부하였다. 비록 그 초안이 위에서 언급한 모든 주제를 다루고 있지는 않지만, 본인이 생각하기에 귀하에게 흥미를 유발시킬 것으로 본다. 그는 일반적으로 국무부에 있는 사람들보다도 쿠데타의 결과에 대하여 다소 비관적으로 보인다.

존슨은 전날(5월 23일) 작성한 비망록에서 언급하지 않았던 한국의 쿠데타 문제를 이 문서에서 다루고 있다.

회의는 5월 24일 오전에 개최되었는데, 한국을 SNIE(Special National Intelligence Estimate), 즉 특별국가로 지칭하면서 정보평가를 하고 있는 점이 눈에 띈다. 참석자는 국무부 동아시아 부차관보(경제담당), 차관실 실장, 한국과 직원, 그리고 중앙정보국(CIA)의 포드(Ford) 등이었다. 실무자들의 회의였으니, 작은 NSC가 열린 셈이다. 쿠데타군이 유엔사령부의 허락을 받지 않고 군대를 동원한 문제, 박정희의 좌익 경력, 쿠데타집단의 동기와 능력, 한-일 관계에 대한 정보수집 등이 주요 의제였다. 특히 존슨은 CIA실무자 포드는 쿠데타의 결과에 대하여 다소 비판적으로 보고 있다는 점을 기술하였다. 이 무렵의 장도영은 굉장히 초조했던 모양이다. 유원석은 다음과 같은 일화를 남겼다.

한낮이 되도록 결말을 보지 못하자, 이제나 저제나 하고 기다리던 청년 장교들 중에서 차지철 대위가 분통을 터뜨렸다. 그는 권총을 뽑아 들더니 그대로 장 장군의 배에 들이대며 계엄령 선포를 요구하였다.

"각하! 정 이러기요? 또다시 거절하신다면, 쏘아 버리겠습니다."
이렇게 하여 드디어는 계엄령이 선포되고, 전국으로 이 사실이 방송되었다.[53]

장도영은 "각하 본인의 경의와 신뢰를 받아주십시오."라는 인사를 담은 메시지를 케네디에게 보냈으며,[54] 타일러(Taylor) 장군에게 전화

---

53 유원식, 『혁명은 어디로 갔나』, 인물연구소, 1987, p.290

54 《국무부 발신전문, 발신: 장관대리 볼스(Bowles), 수신: 서울 미국대사관, 전문번호: 1341호, 1961년 5월 19일, 국가안보파일》

를 걸어 케네디가 비엔나에 가기 전에 잠시라도 자신을 만나게 해달라고 부탁했던 모양이다.[55] 하지만 미국의 반응은 차가웠다.

장은 자신이 케네디 대통령이 정상회담을 위하여 떠나기 전에 대통령의 "새로운 대한민국 정부의 공식적이고 완전한 승인"을 얻는 것이 중요하고 긴급하다고 생각하므로 대통령이 떠나기 전에 "한 시간이나 혹은 30분만이라도" 개인적으로 자신이 대통령을 만나고 싶어 한다. …(중략)… 본인은 대통령의 일정은 완전히 꽉 차 있어서 그가 장 장군을 만나는 것은 불가능하다고 대답했다. 본인은 장면의 워싱턴 방문 일정을 잡으려고 노력했던 개인적인 경험으로부터 대통령의 하루 일과가 모두 예약되어 있다는 것을 알았다. 장 장군은 그 사실을 이해해야 한다.[56]

케네디를 만날 수는 없었지만 장도영이 처리해야 할 일이 있었다. 작전통제권 문제였다. 실제 책임은 박정희에게 있었으나, 형식상 쿠데타군의 지휘자였고, 육군참모총장 외 계엄사령관·군사혁명위원회위원장·국가재건최고회의의장·내각수반·국방부장관 등의 감투를 쓴 장도영은, 박정희 소장과 김종필 중령과의 오랜 협상 끝에 5월 26일 15시 미8군사령관 매그루더에게 쿠데타군의 작전명령권 침해에

---

55 《대통령을 위한 비망록, 발신: 맥조지 번디, 관리번호 : 001-102-2001-0000008 Box 127, 1961년 5월 2일, 국가안보파일》

56 《국무부 착신 전문, 발신: 서울 미국대사관(그린), 수신: 국무부장관, 전문번호 : 1661호, 5월 25일 오후 5시(SECTION ONE OF TWO), 국가안보파일》

대한 공동성명에 대하여 합의를 했다.[57]

서울이 쿠데타 후처리 문제로 한참 시끄러울 때인 1961년 5월 31일, 존슨은 로스토우에게 곧 개최될 '한국특별임무단'에 관한 NSC회의에 대하여 몇 가지 조처를 취해야 한다는 비망록을 제출했다. NSC회의에 미8군사령관 겸 유엔군사령관으로 내정된 멜로이(Meloy)가 참석해야 된다는 의견, 주한미대사관 대사로 취임 예정인 버거(Berger)의 임명 진행 상황, 장도영의 방문 시기 등에 관한 내용이다.

존슨은 매카너기(McConaughy)에 의해 한국 특별임무단의 업무에 최종적인 책임 맡도록 임명된 피터슨(Avery F. Peterson)이 6월 중순에 장중장을 미국으로 부를 예정이라고 했지만, 좋은 생각이 아니며 대신에 우리가 어제 선발대에서 논의했던 것처럼 7월에 방문할 것을 제안했다.[58] 하지만 미국은 장도영이 구속될 때까지 결국 그를 부르지 않았다.

---

57 《서울 미국대사관 발신전문, 발신: 대한민국의 Magruder, 수신: 파리의 Lemnitzer·워싱턴의 Bonesteel·하와이 태평양사령부의 Felt, 전문번호: KRA 309호, 관리번호 : 001-102-2001-0000010 Box 127A, 1961년 5월 26일, 국가안보파일》[합의내역: "국가재건최고회의와 유엔군 사령부의 합동 성명. 1.국가재건최고회의는 모든 대한민국 군대의 작전 명령을 공산주의자들의 공격으로부터 한국을 방어하기 위해서만 작전 명령을 사용할 유엔군 사령관에게 돌려주었다고 발표했다. 2.유엔군 사령관은 전에 전선을 방어했던 무력을 회복하기 위해 현재 서울에서 임무를 수행하고 있는 제1해병대와 제6군단 포병부대에게 전의 위치로 복귀할 것을 지시했다. 3.유엔군 사령관은 국가재건최고회의에게 제30, 33 예비사단, 제1공수부대, 전방부대에서 차출한 추가적인 5개 헌병중대의 통제권을 양도했다."]

58 《Rostow를 위한 비망록, 발신: 존슨, 주제: 한국, 관리번호: 001-102-2001-0000010 Box 127A, 1961년 5월 31일, 국가안보파일》

| 군축취소와 한일회담, 쿠데타를 조건부로 승인하다 |

'국가안보회의를 위한 한국 문제 긴급 임무 팀 보고서(Presidential Task Force on Korea, Report to the National Security Council)'의 내용이 완성되었다. 1961년 5월 15일부터 시작된 초고작업은 쿠데타로 잠시 지연되었으나, 그 후 몇 차례의 수정을 거쳐 6월 5일 NSC에 제출되었고, 6월 12일에 공개된 것이다. 5·16 쿠데타 이후 한국의 미래를 좌우할 이 보고서는 케네디가 출석한 NSC회의를 거쳐 6월 13일에 확정될 것이다. 내용이 너무 방대하므로 제목만 발췌하여 먼저 소개한다.

한국 특수임무단의 보고[59]

I. 서론

II. 권고:
분류 1: 즉시 추진되어야 할 미국의 조치들
분류 2: 미국의 후속 조치들
분류 3: 요구되는 한국의 조치들

---

59 《한국에 관한 대통령 특수임무단의 국가안전보장회의(NSC)에 제출한 보고서, 담당: 로버트 존슨(RHJ), 관리번호 : 001-102-2001-0000011 Box 127A, 1961년 6월 5일, 국가안보파일》

III. 토론:

A. 현재 상황: 일반, 정치, 부패문제, 군사, 전망

B. 사회변화를 위한 지도력

C. 주요 경제문제

국가개발계획의 필요, 실업, 전력부족, 물, 경영기법의 부족, 공공행정, 투자재무, 활용되지 않은 과거 원조, 농업 및 수산업, 석탄, 교육의 방향 전환

D. 국제관계

E. 한국의 군대조직

F. 미국의 영향력 행사

별첨:

1) 한국 파견 고위급 사절단에 대한 조건

2) 반부패 프로그램

문제점 / 해결책

I. 한국 정부가 취할 조치들

A. 계약 B. 정부예산편성 및 배분 C. 인사와 경찰개혁

D. 세금제도 E. 이자율 F. 법 시행 G. 기업의 부패

II. 미국 정부가 취할 조치들

A. 일반 B. 계약 C. 한국의 관리들과 관청에 대한 대처

D. 근검절약 운동

3) 1962 회계연도 군사·경제적 지원에 대한 제안

군사, 경제

4) 미국의 대한 경제·군사원조 – 1946~1961 회계연도

5) 대한민국 군대 규모에 대한 국방부의 평가

개요, 포괄적인 미국 정책, 한국의 전략적 중요성, 한국 및
인접지역의 미국 군대, 한국 군대 구조, 이 지역의 군사상
황, 공산중국군대의 전반적인 능력, 북한군의 구조와 능력

미국의 작전개념, 한반도에서 자유세계의 강점과 약점

−미국 군대 −한국 군대 −대한민국 군대의 현대화 −요약

평가 −대한민국 군대의 감축

−1962 회계연도 MAP의 입안

결론

6) 심리적 프로그램에 대한 미국해외정보국(USIA)의 지침

문제, 목적, 행동

의장: 국무부 극동아시아 담당 차관보 월터 매카너기
(Walter P. McConaughy)

한국 특수임무단의 보고서가 완성되기 얼마 전인 1961년 5월 26
일, 한미공동성명이 발표되었음을 앞의 장에서 거론한 바 있다. 작전
명령권 침해에 대한 공동성명과 아울러 쿠데타 이후 이한림 등 일부
장성에 대한 숙청과 보직이동 등이 문제로 대두되었다. 쿠데타 주체
들이 유엔군사령관이 행사해야 할 인사권을 침해했다는 것이다. 미
군의 강력한 항의에 의해 장도영은 국방장관의 이름으로 다음과 같은
사과의 글을 보냈다.

지난번 대한민국 군대 고위층 인사에서 장군들의 인사는 유엔군
사령관과 사전 협의를 통하여 처리되었다. 이것은 대한민국 군대
에 대한 유엔군 사령관의 통솔권한이 손상되지 않았다는 점을 확실
히 하기 위하여 행해진 조치였다. 그러나 1961년 5월 16일의 군사
혁명으로부터 발생한 어쩔 수 없는 상황들 때문에, 우리가 인사 문
제에 있어서 이러한 협조를 잠시 중단했어야만 하는 것은 상당히
유감스러운 일이며, 따라서 혁명 이전에 존재했던 우호적인 행위
를 깨뜨리는 것이다.
국방부는 앞으로 귀하의 양해를 구하기 위하여 충분한 협조와 사
전 협의를 할 것이며 따라서 귀하의 작전상 명령 권한은 존중될 것
임을 분명히 하고자 한다. 그러므로 상당한 책임을 갖고 있는 해
군, 해병대, 공군 장교들을 비롯해서 사단장이나 혹은 그 보다 고
위 장교들로 분류된 고위 장성들은 귀하의 사전 동의 없이 전역
되거나 임명되지 않을 것이다. 이러한 양해는 국가재건최고회의
(SCNR)의 승인을 받았다.

이 사과문은 박정희의 이름으로 보내야 할 사안이었으나, 형식상의 쿠데타군 지휘자 역할을 했던 장도영은 어쩔 수 없이 오물을 뒤집어 쓸 수밖에 없었다. 아래는 매그루더가 장도영에게 보낸 편지다

장 중장 귀하:

본인은 귀하가 국가재건최고회의의 승인을 얻어 군대의 고위 장성들이 임명되거나 해임될 때 본인의 동의가 필수적이라는 지금까지의 관행을 회복하기 위하여 노력하고 있다는 귀하의 서신을 1961년 5월 26일 받았음을 알리는 바이다. 이러한 조치로, 한국 군대에 대해 본인이 염려했던 작전상 통솔권이 1961년 5월 16일 혁명 전의 상당한 정도로까지 회복되었음을 느낀다. 국가재건최고회의가 귀하의 서신이 공표되지 않기를 바라는 것에 따라서, 본인은 만약 그것의 조항들이 파기되지 않는다면 그 내용을 기밀로 유지할 것을 보증한다. 파기의 경우, 본인은 국가재건최고회의가 귀하의 서신이 공표될 것이라는 것을 인정한 것이라고 이해한다.[60]

작전통제권, 한국군 장성의 인사 문제 등은 한국 문제를 처리하는 데 있어서 우선적으로 고려해야 할 사안이었다. 민족주의자라면 도저히 수긍할 수 없는 치욕적인 장면일 것이다. 『한국군사혁명사』는 문제의 사건을 다음과 같이 기술했다.

---

60 《장도영 중장에게 보낸 서신, 발신: 매그루더(Carter B. Magruder)사령관, 미 육군 대장, 관리 번호: 001-102-2001-0000010 Box 127A, 1961년 5월 26일, 국가안보파일》

미국이 아무리 초조하게 생각하고 강경한 태도를 취하려 하여도 군사정부는 까딱하지 않는다. 미국은 매그루더 유엔군사령관이 말했듯이 완전히 경시되고 있는 것이다. 5월 26일 한미공동성명으로 한국군이 유엔군 지휘권 아래 들어간다고 하였지만 그것은 서울에 주재하는 제1해병여단과 제6군단포병부대가 원대 복귀하는 것을 결정한 데 불과하다.

혁명의 주동력이 되었던 사단과 부대는 그대로 최고회의 통제하에 둔 것이다. 미군은 무기 공급 중지 등으로 한국군 행동력을 어느 정도 좌우할 수 있지만 미군이 일전을 결의하지 않는 한, 그것을 어떻게 할 수 없다는 것이 오늘의 실정이다.[61]

쿠데타군과 미군과의 일전 운운하는 글귀가 안쓰럽다. 이글을 작성한 사람이 그리고 쿠데타 주체들이 앞글에서 소개한 장도영의 사과문과 매그루더가 보낸 양해의 글을 보면 어떤 생각이 들까? 창피한 것을 알았던지 장도영도 "자신의 글을 공포하지 말라."고 부탁하고, 매그루더는 "협의한 조항들이 파기되지 않는다면 기밀로 유지할 것을 보증하겠다."고 했다. 사실 장도영만이 굴욕감을 맛본 것은 아니다. 박정희도 매그루더를 방문하여 그 역시 유감의 뜻을 표명했다.[62]

아무튼 작전통제권, 인사권 등은 별 무리 없이 타결되었다. 그러나 한국과 미국과의 관계는 군사 문제만으로 끝나지 않는다. 한국 특수임무단의 보고에 의하면, 이 단체의 역할은 한국의 정치·경제·군

---

61 『한국군사혁명사, 제1집(上)』, p.315

62 《장도영 중장에게 보낸 서신, 발신: 매그루더(Carter B. Magruder)사령관, 미 육군 대장, 관리번호: 001-102-2001-0000010 Box 127A, 1961년 5월 26일, 국가안보파일》

방 · 교육 · 외교 문제 등에 영향력을 행사하는 것이 된다. 팔리가 주장한 바처럼 "미국이 한국을 직접 통치하겠다."는 뜻에 다름 아니다. 보고서 중 'III. 토론, A. 현재 상황' 항목에서 일반 편을 보면 다음과 같이 서술되어 있다.

미국의 한국정책은 자유세계의 측면에서 보면 대한민국을 공고히 유지하는 데, 그리고 최저 생활수준을 유지하는 데 성공하였다. 그러나 미국 정책은 한국인들과 그들의 지도자들의 국가적 방향과 책임감의 부족을 치유하는 데는 성공하지 못했다. 대한민국은 아직도 미국원조에 많이 의존하고 있으며 전체적으로 자급자족의 성장을 향하여 부적절한 진전을 보이고 있다. 계속적인 공산주의 선동에 의하여 악화된 민족주의, 충족되지 않은 기대, 그리고 젊은이들의 조급함의 증폭된 힘은 무너져 내리는 전통적 사회 형태와 부적절한 경제적 · 정치적 제도들에 좀 더 강력하게 압박을 가하고 있다.

12년의 집권 이후에 창조력이 부족한 이승만 정권의 독재는 1960년 이들 세력 앞에서 몰락하였으며, 좋은 의도를 갖고 있으나 약한 장면 정부는 1961년 5월 이들 세력 앞에서 무너졌다. 효율적인 토착적 지도세력과 미국의 지도와 지지는 조속히 이들 세력을 개혁과 발전을 위한 통합된 국가적 노력으로 돌려놓아야 한다. 그렇지 않으면 그들은 더 심화된 혁명적 행동에서, 불안정을 심화시키는 방향으로, 그리고 북쪽의 공산주의자들과 타협으로 출구를 찾으려고 할 것이다.

일반적인 국제적 상황의 변화 없이 실현될 수 없을 것으로 보이는 통일을 기다리는 동안 미국의 목표는 남쪽에서 대한민국의 민주적 성장을 보호하고 촉진시키는 것이다. 미국은 한국의 민주주의 실험의 성공에 무거운 책임을 맡고 있는 데 이것은 북쪽의 공산주의 정권과 직접적으로 경쟁하고 있는 것이다. 그뿐만 아니라 미국의 위신이 걸려 있다. 한반도 남쪽의 지배를 군사전문가들은 서태평양의 방어에 핵심으로 간주하고 있으며 특히 일본의 방어에 중요하다고 보고 있다.

1945년 9월 미군정이 시작된 이래 1961년 현재까지의 경제 관련 수치는 구태여 제시하지 않겠다. 하지만 그들은 "한국인의 최저 생활수준을 유지하는 데 성공하였다."고 주장한다. 다만 "한국인들과 지도자들의 책임감 부족을 치유하지 못했다."고 한다. 미국은 "북쪽의 공산주의 정권과 직접적으로 경쟁하고 있기 때문에 한국의 민주주의 실험의 성공에 무거운 책임을 맡고 있다."라고 표현하고 있다.

더욱이 "남한을 지배하고 있다."고 스스럼없이 말하고 있다. "미국이 남한을 지배하는 목적은 서태평양 방어에 핵심이 있으며, 특히 일본의 방어에 한국이 중요하다."고 한다. 사실 현실을 그대로 지적한 글이다. 미국인들은 한국을 그들의 식민지로 생각하고 있었던 것이다. 한국의 국방 문제를 어떻게 보고 있는가는 더욱 중요한 사안일 것이다. 아래에 소개한다.

한국 군대와 주한미군은 외부의 지원을 받지 않은, 거의 가능성이 없는 북한의 공격에 대하여 재래식 무기로 남한을 방어할 능력이 있으나 공산중국과 북한의 연합군에 대해서는 미국의 실질적인 증원 병력 없이 성공적으로 저항할 수 없다. 1962 회계연도의 미국

군사원조 계획은 현재 한국 군대의 최저 유지비, 일개 NIKE와 일개 HAWK 미사일 대대를 위한 지상 장비의 제공 및 일개 F104 항공전략 편대의 제공을 통하여 한국 공군 방어태세의 개선을 공급하고 있다. 그 프로그램은 그들의 5개년 계획에 있어서 군사원조당국에 의하여 계획된 비율로 군대를 현대화시키지 못한다.

장면의 정강·정책은 한국 군대를 63만 명에서 53만 명으로 감축하는 것이었다. 그 후에 실질적으로 5,000명에서 10,000명을 감소하여 60만 명 규모의 병력을 유지하기로 합의하였다. 군사쿠데타 세력이 통치하는 한 병력 감축이 제의될 가능성은 없다. 그러나 장기적으로 현대화의 요청과 함께 감축이 제의될 것이다. 비록 북한에 있는 즉각적인 대항 병력이 남한의 병력보다도 소규모라고 하더라도 북한은 중국병력으로 즉시 강화될 수 있다. 미국이 한국 군대 조직의 교정에 대한 우발적인 요청에 동의할 것인지 여부는 한국에 대한 군사적, 정치적 위협의 평가를 요한다. 그러나 민간경제에 도움이 되는 기술을 제공하고 전면전에 기여할 추가적인 임무에 병력을 활용하기 위하여 군대의 훈련 범위를 넓힐 필요가 있을 것으로 보인다.

한국은 중국에 대한 미국의 방패막이 역할을 하고 있다는 것을 확인할 수 있다. 특히 이 글에서 중요한 사항은, "군사쿠데타 세력이 통치하는 한 병력 감축이 제의될 가능성은 없다."라고 한 부분이다. 5·16 쿠데타의 발발 요인 중 하나가 장면 정권의 군 감축 프로그램이었다는 뜻에 다름 아니다. 보고서의 소개는 이 정도로 한다. 한국에 관한 특별임무단의 보고서가 관련부서에 배포된 뒤 맥기(Geroge C.

McGhee)와 코머는 로스토우에게 비망록을 전달했다. 국무부 관료 맥기가 제안한 사항을 먼저 살펴보자.

(1) (1957년 8.6%에서 1960년 2.3%로 떨어진) 경제 성장 비율의 하향 경향을 (21쪽의) 울프 보고서(Wolf Report)에서 현실적인 것으로 제시되었던 1차 5개년계획 동안 평균 5%에서 5.5%를 목표로 바꾸는 것.

(2) 현재 35%의 실업과 불완전 고용을 특정 몇 년 안에 현실적인 낮은 숫자로 감소시키는 것.

(3) 합의된 연별(年別) 숫자로 평균 농가 소득을 상승시키고, 농사 대출에 대한 이자 지불 후에 농부들에게 남는 소득에 대한 비율을 상승시키는 것(70%의 인구는 20% 혹은 그 이상의 이자율을 지급하고 난 후에 남은 국민총생산(GNP)의 40%로 생활하게 하지 않아야 할 것이다).

(4) 위에 열거한 다른 목표들의 달성을 방해하지 않을 정도로 그리고 한국의 외환고의 균형을 위한 단계적인 향상을 제공하는 범위 내에서 현재 수출 3천만 달러와 수입 3억 4,500만 달러 사이의 격차를 일정 기간에 걸쳐 일정 액수만큼 줄이는 것.[63]

맥기는 경제성장률, 실업 문제, 대출이자를 포함한 농가 소득 문제, 수출입 등 외환 문제 등 특별 문제 보고서에서 제기된 문제를 한국의 경제계획가들에게 보내기 전에 (a)이미 사용 가능한 자료들(1961년 1월의 상호안보계획의 평가보고서와 1961년 3월 28일의 울프(Wolf) 보고서)의

---

63 《Walt W. Rostow 박사를 위한 비망록, 발신: 맥기(Geroge C. McGhee), 주제: 한국에 관한 특별임무단 보고서와 목표들에 대한 문제, 관리번호: 001-102-2001-0000010 Box 127A, 1961년 6월 9일, 국가안보파일》

연구와 ⓑ정부의 책임 있는 관리들과의 협의를 통하여 그러한 목표를 정교화하고 잠정적인 완료시기를 정하는 작업을 시작할 것을 제안하고 있다. 이 문서를 통하여, 미국은 한국의 경제성장률, 실업률 등 국가의 기본 정책까지 관여하고 있었음을 알 수 있다. NSC스텝 코머의 의견을 들어 보자.

명백히, 한국에 대한 군사원조계획(MAP)의 원조 문제는 앞으로 더 연구할 필요가 있으나, 한국의 특별임무단 보고서가 더 이상 이 사안을 논의하지 않은 것은 실망이다.

진정한 대한민국의 개발 계획은 향후 10년에 걸쳐 막대한 비용과 밀접하게 관련이 있다. 대한민국은 상당히 많은 장애물을 갖고 있고, 자급하는 성장과는 상당히 거리가 멀고, 그 정부 구조가 매우 허약해서 우리는 1960년대 동안 수십억 달러 이상을 소모하게 될 것이다. 이 때문에, 본인은 우리가 1962~1966년에 대한민국 군대를 유지하기 위해 현재 계획한 16억 달러까지 사용하기를 원하는지 여부에 있어서 어렵고도 새로운 관점을 받아들여야 한다고 생각한다.

본인의 생각에는, 우리가 1953년 이후 한국에서 거의 성취하지 못한 기본적인 이유들 중의 하나는 압도적으로 군사적인 면에 초점을 맞추었기 때문이라는 것이다. 우리는 1953~1960년에 한국의 국내 경제보다도 군사원조계획에 더 많은 돈을 사용했다. 이러한 잘못된 초점은 주로 "38선"상에 휴전만 있을 뿐이므로 언제든지 적대행위가 재개될 수 있다는 가설에서 야기된 것이었다. 결과적으로, 우리는 겨우 파산하지 않을 정도의 경제만을 유지한 채 한국군을 매우 견고하게 유지하는 데에만 우리의 주요 노력을 집중하였다. 분명히, 국지전이 재개될 위험이 있다. 그러나 본인은 한국에서의 국지전의 가능성이 그 밖의 어느 변경지역보다도 덜하다고 주장하는 바이다.

최종적인 오판의 결과를 상정한다 하더라도, 그 권역의 지도자들이 진정으로 한국전쟁이 재발하는 것으로 여길 만큼 민감하게 받아들이겠는가? 전쟁 억제력들을 보라! 한반도에는 여전히 일련의 비난으로 가득 찬 결의안들과 (비록 약화된 형태이긴 하지만) 유엔 사령부(UNC)가 존재하고 있다. 한국에서의 직접적인 유엔의 역할에 더하여, 우리는 핵능력을 보유한 미 보병 2개 사단의 형태로 매우 우수한 안전장치를 가지고 있다. 여기에 더하여 10개의 정규 사단과 9개의 한국군 예비 사단들이 있으므로 귀하는 아마도 타이완 해협을 제외한다면 그 어느 지역에서보다 더 막강한 전쟁 억제 능력을 가지고 있다. 더구나, 중국 군대는 비록 만주 지역의 공산중국군대 사단들이 여전히 근처 가까운 곳에 있기는 하지만 북한에서 철수한지 오래되었다.

모든 이러한 전쟁 억제물들을 생각한다면, 대한민국이 다시 침략당할 위험은 내부의 약점으로 인하여 전복될 위험보다도 훨씬 덜하다. 북한인들은 이미 매혹적인 통일가를 부르기 시작하고 있고, 이것은 약하고 분열된 남한에서 점증하는 호소력을 가지게 될 것이다. 만약 남한이 어떤 방향으로 가게 된다면, 국지전의 노선이 아니라 이러한 방향으로 가게 될 것이다.

물론 현재 권력을 잡고 있는 콧대 높은 군사정권 때문에 군사원조계획(MAP)을 감축하는 것에 대해 논의하는 것은 어려울 것이다.

그러나 이것은 젊은 대령들로 하여금 민간 부문의 비용뿐만 아니라 막대한 군사비를 계속 지출하도록 우리에게 요구하는 대신에 국내 재건의 어려운 현실을 직시하도록 강요하는 좋은 수단이 될 수 있을 것이라고 본인은 주장한다.

따라서 본인은 이 사안을 대통령에게 올릴 것을 촉구한다. 한국의 국내적 필요성들은 너무나 커서 우리는 이 일을 하기 위해 필요한 자원을 확보하기 위하여 다른 용도의 자원을 희생시킬 위험을 감수해야만 할 것이다. 대한민국 군대의 대략 14사단까지 그리고 궁극적으로 12사단까지의 점진적인 감축은 여전히 우리에게 상당한 전쟁 억제력을 제공할 것이며 대한민국에서 우리가 직면하고 있는 현실적인 문제들을 해결할 상당한 여분의 자원을 제공할 것이다.[64]

코머는 강력한 군축논자임에 틀림없다. 그는 한국에서의 실패 원인이 "압도적으로 군사적인 면에 초점을 맞추었기 때문"이라고 지적하고 있다. 또 "그러한 잘못된 초점은 주로 38선상에 휴전만 있을 뿐이므로 언제든지 적대행위가 재개될 수 있다는 가설(허구)에서 야기된 것이었다.", "국지전이 재개될 위험이 있다. 그러나 본인은 한국에서의 국지전의 가능성이 그 밖의 어느 변경지역보다도 덜하다."고 주장한다.

그 이유로 핵능력을 보유한 미 보병 2개 사단의 존재, 10개의 정규

---

64 《McGB와 WWR를 위한 비망록, 발신: 코머(RWK), 제목: 군대 대(對) 재건의 상대적 우선권, 한국에 초점을 맞춤, 관리번호: 001-102-2001-0000010 Box 127A, 1961년 6월 12일, 국가안보파일》

사단과 9개의 한국군 예비 사단 등의 안전장치를 갖고 있다는 것, 그리고 중군 군대가 북한에서 철수한 지 오래되었음을 강조했다. 결과적으로 군사원조보다 경제원조가 더욱 필요하다고 강변하고 있는 셈이다.

한편, 코머는 "현재 권력을 잡고 있는 콧대 높은 군사정권 때문에 군사원조계획(MAP)을 감축하는 것에 대해 논의하는 것은 어려울 것"이지만 "이 사안을 대통령에게 올릴 것을 촉구한다."고 번디와 로스토우에게 주문하고 있다.

이제 NSC막료들이 한국 문제 대책을 논의할 날이 밝아 왔다. 1961년 6월 13일 오후 3시, 485번째 국가안전보장회의(NSC)가 백악관 내각 회의실에서 열렸다. 대통령 케네디와 함께 딘 러스크 국무 장관, 맥나마라 국방장관, 더글러스 딜론 재무장관, 로버트 케네디 법무장관, 로스웰 길 패트릭 국방차관, 라이먼 렘니츠 합참의장, 체스터 볼스 국무부 차관, 월트 매카너기 극동문제담당차관보, 맥 조지 번디 안보보좌관, 월트 로스토우 특별 보좌관 등이 참석했다.

그리고 곧 주한미대사로 부임할 사무엘 버거, 7월 1일 유엔군 사령관으로 취임할 가이 멜로이 장군(현직 부사령관), 새로운 유솜(USOM) 이사로 임명 될 예정인 제임스 킬렌(현재 파키스탄의 유솜 이사) 등 세 사람이 특별히 참석하였다. 회담의 첫 번째 부분은 소련의 니키타 흐루시초프(Nikita Khrushchev) 의장과 가진 비엔나에서의 정상회담을 포함해 그의 유럽 여행에 대한 대통령의 보고서 등에 관한 것이다. 토론의 또 다른 주요한 주제는 한국이었다.[65]

---

65 《228. Editorial Note, FOREIGN RELATIONS OF THE UNITED STATES, 1961–1963,

렘니처(Lemnitzer)의 비밀 노트에 따르면, 러스크(Rusk)는 한국의 과거 사건을 검토함으로써 발언을 시작하였다. 그는 한국의 현 정부가 "경험이 없다."며 "정직한 관리자가 없다."고 지적했다. 그리고 미국을 방문할 최고재건위원회 위원장의 초청에 관한 질문에 관하여 토의가 진행되었다. 버거는 향후 전망에 관하여 예측을 하였다.

렘니처의 메모에는 군사 문제에 관한 자신의 발표가 요약되어 있다. "한국은 전쟁의 정지 상태에 있다. 한국전쟁에서 소비된 미국의 삶과 돈에 비추어 볼 때 미국은 한국에 큰 지분을 가지고 있다고 할 수 있다. 한국에 있어서의 미국의 지출은 베트남과 라오스 같은 전복과 침투에 대한 큰 압박이었다." 등의 내용이다. 렘니처는 "한국은 현재 155 마일의 휴전선을 가진 상태"라는 것을 지적하면서 "한국전쟁으로 인한 난민과 실업의 문제에 대하여 실질적인 문제"를 특히 강조했다.

딜론(Dillon)은 한국경제의 생존력 문제를 제기했고, 로스토우(Rostow)는 "한국이 절망적이지 않다."고 주장했다. 태스크포스 팀의 개정된 권고안은 수정된 것으로 승인되었고 '적절하다'고 간주되었다.[66] 간략하게 서술된 렘니처의 비망록에 이어 부통령 존슨(Johnson)의 군사보좌관 하워드 L. 버리스 (Howard L. Burris)가 작성한 노트를 소개한다(초안 작성자는 표기되지 않았음).[67]

Volume XXII, CHINA; KOREA; JAPAN》

66 (Lemnitzer's handwritten notes of the June 13 NSC meeting; National Defense University, Lemnitzer Papers, L-215-71)《228. Editorial Note, FOREIGN RELATIONS OF THE UNITED STATES, 1961-1963, Volume XXII, CHINA; KOREA; JAPAN》

67 《229. Notes of the 485th Meeting of the National Security Council, Washington, June 13, 1961, FOREIGN RELATIONS OF THE UNITED STATES, 1961-1963, Volume XXII, CHINA; KOREA; JAPAN》

[러스크 국무 장관]

한국에 관한 태스크포스 보고서를 채택하면서, 러스크는 그 나라의 정치 발전사를 요약하고 미국의 목표와 의도를 개괄했다. 그는 또한 특정 경제 수치를 인용했다.

[매카너기 극동문제담당차관보]

남한과 북한의 상대적 지위에 관한 대통령의 질문에 대해, 북한과 대조적으로 남한은 노동 인구의 약 35%가 실업 상태이거나 부분적으로 고용된 상태라고 대답했다. 북한의 수치는 공산주의가 노동을 이용하는 방법 때문에 종종 속이고 있다고 덧붙였다. 남한에서는 농업이 보편적이지만, 국민총생산(gross national product)이 증가하는 북부 지역은 제조업이 더욱 발전하고 있으므로 산업기반과 전쟁수행능력이 증가할 것이라고 말했다.

그는 이어 한국의 발전에 가장 큰 방해가 되는 것은 한·일 간 계속되는 적개심과 상호이익이 될 수 있는 관계를 회복하지 못했다는 것이다. 그는 버거 대사와 라이샤워 주일대사의 주요 임무 중 하나는 양국 간의 화해를 도모하는 것이라고 말했다.

[맥나마라 국방장관]

맥나마라는 현 시점에서 한국 군대의 수준이 떨어지는 것에 반대하는 기록을 남기고 싶었다. 그는 제안된 군 감축이 무엇보다도 새로운 군사 지도력을 소외시킬 것이라고 생각했다. 둘째, 심각한 실업 문제에 더 기여할 것이다. 셋째, 한국군 유지비용을 1인당 월 5달러 정도로 보면, 약 10만 명의 병사를 감축한다고 할 때 연간 600만 달러 정도를 절감할 수 있을 뿐이다. 그러므로 전선에서 효과적인 병력을 유지하는 것이 훨씬 효과적이다.

[대통령 케네디]

대통령은 민간 작업에 대한 군대의 기여 정도를 측정 가능한 범위까지 증가시킬 수 있는지 질문했다.

[유엔군부사령관 멜로이]

멜로이는 도로 및 광산 프로젝트가 현재 군대의 특정 부대에 의해 수행되고 있지만 군대의 효율성에 용납될 수 없는 감소 없이는 더 이상 할 수 없다고 주장했다.

[렘니처 합참의장]

렘니처는 군대의 관점에서 보았을 때, 현재 한국군의 숫자는 적절한 방어를 위해 필요한 것보다 적은 수준이라는 점을 지적했다. 그의 의견은 예전에 테일러와 데커 장군이 표명한 견해를 단순화한 것이다. 그는 157마일 정면에 현존하는 위협에 대항하며 방어해야 하는 현실을 언급하며, 전쟁 중에 존재했던 것보다 훨씬 효율적인 북쪽의 힘에 대항해야 한다고 말했다.

[케네디]

대통령은 한국에 대한 경제 및 정치 상황이 절망적인 상황이라는 견해를 표명했다.

[매카너기]

매카너기는 불안정한 경제, 제한된 자원 및 폭발적인 인구 때문에 개선되지 않고 있다고 그 이유를 설명했다.

[로스토우 특별 보좌관]

로스토우는 절망적인 경제 상황을 받아들이는 것에 동의하지 않았고 어느 정도의 낙관주의의 기초로서 다음 세 가지 요인을 언급했다. 첫째, 새로운 효과적인 경제적 및 사회적 계획. 둘째, 젊고 공격적이며 유능한 사람들이 일하는 정부. 셋째, 일본과의 관계 개선.

[케네디]

대통령은 언급된 내용 중 개선할 수 있는 최선의 기회는 한일 관계의 개선으로 보이며, 버거 대사에게 이 문제에 집중하도록 지시하는 것으로 결론을 내렸다. 대통령은 미국은 자체 프로그램과 입장을 살펴보고 한국인에게 무엇을 요구해야 하는지를 물어야 한다고 제안했다.

[매커너기와 버거]

매커너기와 버거는 부패 감소를 요구함으로써 시작을 해야 한다고 동의했다.

[케네디]

대통령은 다음 주 일본 총리와 한국 관계 개선에 관한 주제를 채택할 것이라고 밝혔다.

[데커 미 육군 참모총장]

데커 장군은 자신이보기에 한국에서 가장 불길하고 어려운 문제는 젊은 장교그룹(a bunch of junior officers)들에 의해 국가가 통제되고 있는 것이므로, 미국은 즉시 군대와 국가에 대한 통제권을 중령그룹(a bunch of lieutenant colonels)으로부터 경험 많은 장성(senior officers)들에게 돌려줄 것을 요구해야 한다고 말했다. 계속해서 말하길, 데커는 자신의 생각을 새로운 국방장관이 되기 위해 방금 미국을 떠난 한국인 장성(송요찬)에게 전달했다고 했다.

[케네디]

대통령은 데커 장군과 의견을 달리했으며, 미국은 권력이 있는 사람들과 거래를 할 수밖에 없다는 의견을 표명했다.

짧은 대화지만, 미국의 대한정책이 적나라하게 표출되고 있다. 군축을 통해 한국의 경제를 살리자는 국무부의 의견이 묵살되고, 군감불가 주장을 하는 미 군부의 의견이 수용되었음을 알 수 있다. 군대 감축을 통한 재원 마련보다는 한일관계의 정상화를 통해 미국이 부담하고 있는 일정 부분을 일본에게 이관시키는 것이 보다 합리적인 정책으로 본 것이다.

한일국교정상화 문제는 이승만 시절부터 추진되어 오던 미국의 오랜 숙원이었지만, 케네디 정부의 강력한 추진과 박정희의 적극적인 호응으로 머지않아 결실을 맺게 된다. 물꼬는 케네디가 텄다.

케네디와 이케다 일본수상의 회담을 보도한
1961년 6월 21일자 동아일보

1961년 6월 13일 개최된 485차 국가안전보장회의(NSC)에서 공언한 대로 1961년 6월 20일(미국시간), 케네디는 일본수상 이케다(池田)와 한국의 경제개발원조에 대한 회담을 가졌다. 케네디와 이케다, 두 사람은 역사에 남을 중요한 회담을 가졌다. 그러나 이 회담을 제대로 보도한 언론은 거의 없었다.

"세계문제 첫 회담. 케네디대통령·池田 수상 간"[68], "美日紐帶의 强化가 必要, 日首相 訪美談"[69], "白堊館에서 會談하는 케네디 美大統領과 池田首相"[70], "同僚的立場에서 密接한 協調다짐"[71] 등이 그날의 모임을 보도한 신문의 제목이다. 내용도 만남 자체만을 언급했을 뿐이다. 가장 자세하게 보도한 동아일보의 기사도 "양 수뇌는 이날 한국의 군사혁명과 경제개발원조에 대한 한국의 긴급한 요청에 관하여서도 의견을 교환하였다. 그러나 미 당국자들은 이케다 수상이 대한원조계획에 일본을 가담시킬 것을 자청하고 나서지는 않았다고 말하였다." 정도로 언급했을 뿐이다. 일본에 대해 배타적인 한국인의 기본 정서 탓 때문일 것이다.

---

68 「조선일보」, 1961.6.21
69 「경향신문」, 1961.6.21
70 「동아일보」, 1961.6.21
71 「경향신문」, 1961.6.23

이제 미국의 기밀문서를 볼 차례다. 참가자부터 살펴보자. 일본의 경우 이케다 하야토 총리, 코사카 젠타로 외무 장관, 일본 국회의원 미야자와 키이치, 시마 시게노부 외무부 차관, 아사키 코이치로 미국 주재 일본 대사, 시마노우치 토시로 외교부 통역사 카운슬러 등이 참석했다.

미국의 참석자는 케네디 대통령, 러스크 국무장관, 볼(George W. Ball) 경제부차관, 라이샤워(Edwin O. Reischauer) 주일미국대사, 매카너기(Walter P. McConaughy) 차관보, 로스토우(Walt W. Rostow) 국가안보문제담당부보좌관, 스나이더(Richard L. Sneider) 일본문제담당자, 위켈(James J. Wickel) 통역관 등이다. 한국 문제를 토의하는 데 미국과 일본의 주요 관리들이 대부분 참석한 셈이다. 아래에 문서 전문을 공개한다.

이케다 총리는 일본의 가장 어려운 문제는 한국 문제라고 말했다. 일본은 40년간 한국을 통치한 경험에서 한국인이 배타적이며 자의적으로 대우하기가 어렵다는 것을 인식하고 있다. 문제는 현재 해야 할 일이다. 총리는 일본 관계가 한국과 공식화되지 않았으며 최근 쿠데타로 일본이 할 수 있는 일이 거의 없다고 주장했다. 일본 사람들은 최근의 상황을 좋아하지 않으며 민간 정부의 조기 복구를 보고 싶어 한다. 그러나 쿠데타가 성취된 사실이기 때문에 상황은 현재 그대로 유지되어야 한다고 본다. 총리는 일본인들은 한국의 정치 발전에 영향력을 행사할 능력이 없다고 지적하면서 미국이 시민 정부를 회복할 것을 기대한다고 말했다. 그러나 이를 위해 일본은 경제 안정을 회복하는 것이 가장 먼저 필요하다고 생각하며 이러한 목표를 달성하기 위해 한국에 대한 외부 지원에 협력할 준비가 되어 있다고 했다.

케네디 대통령은 미국이 전(前)정권이 대중의 지지를 얻는 것에 관해 희망적이라고 말했다. 우리는 특히 대규모 실업과 한국의 불만에 비추어 우리를 크게 우려하는 매우 어려운 상황에 직면하고 있다. 그는 우리가 새로운 체제를 헌법적 방법과 시민의 통치의 회복으로 옮기기 위해 영향력을 행사하려고 하지만, 이것은 느린 과정일 것이라고 말했다. 대통령은 심각한 경제적 어려움과 불만을 감안할 때 미국이 한국에 상당한 돈을 지출했다는 점을 지적했다. 그러나 우리는 이 나라에 대한 원조를 계속하고자 한다. 그는 일본과 한국 간의 합의를 이끌어내는 것이 가장 도움이 될 것이라고 말했다. 우리는 쿠데타 그룹의 민족주의 풍미와 군국주의 정권에 대한 일본에서의 대중 혐오로 인해 이것을 알기는 어렵다. 한국에서 우리의 정책 목표 중 하나는 일본과 한국 간의 긴밀한 관계를 수립하는 것이다. 우리는 또한 특히 전력 개발을 위한 일본의 지원이 매우 도움이 된다고 생각한다.

대통령은 총리의 판단에 따라 공산주의의 한국 지배권 압류가 일본에 극히 악영향을 줄 것인지 질문했다. 총리는 일본의 오랜 역사에 대한 기록은 한국의 안보가 실질적으로 일본의 국내 문제라고 증언했다. 일본은 한국에 매우 중요한 지분을 가지고 있다. 일본은 반공산주의 국가이기 때문에 현재 체제조차 받아들일 용의가 있다. 현재 상황을 개선하는 것이 중요하지만, 한국의 공산주의 탈취를 막는 것이 더 중요하다. 케네디 대통령은 한국 문제에 대해 장

관과 더 논의 할 것을 제안했으며 총리는 이를 동의했다.[72]

한국에서 보도된 언론기사와 달리 케네디와 이케다는 한국 문제 해결에 일본이 참여하는 것에 대하여 별다른 이의를 표시하시 않았다. 이케다를 비롯하여 대다수 일본인들은 한국의 쿠데타 세력을 싫어하지만, 쿠데타 집단의 권력 쟁취가 이미 기정사실화되었기 때문이 현실을 인정할 수밖에 없다고 했다. 한국의 안보가 실질적으로 일본의 국내 문제라는 인식은 공산세력의 확산을 경계하고 있는 미국의 정책과 괘를 같이하고 있음을 확인할 수 있다. 한국이 공산화되는 것보다 쿠데타세력이 군정을 하는 것이 차라리 낫다는 뜻이다.

한일국교정상화에 대하여 미국과 일본이 기본적 합의를 했다. 그러면 이제 한국 정부의 선택만 남은 셈이다. 한일회담이 성사되는 과정을 정리해 보자. 1961년 6월 13일 미국 NSC 회의 → 6월 20일 케네디와 이케다 회담 → 11월 12일 박정희 · 이케다 회담 → 11월 14일 박정희 · 케네디 회담 → 1962년 11월 12일 김종필 · 오히라(일본 외상) 메모 → 1963년 7월 김용식 외무장관과 오히라 일본외상 간의 회담 → 1964년 봄 한일회담을 본격적으로 추진 → 1964년 6월 3일 계엄령 선포 → 1965년 2월 시나 에쓰사부로 일본 외상 서울방문 → 1965년 6월 22일 국교정상화조약 조인 → 동년 12월 발효.

케네디가 대한정책의 기본으로 하겠다고 공언한 이후 4년 정도 시간이 흐른 후 한일국교정상화조약이 조인되었다. 적지 않은 시간이

---

72 《232. Memorandum of Conversation, Washington, June 20, 1961, 10:30–11:55 a.m. FOREIGN RELATIONS OF THE UNITED STATES, 1961–1963, Volume XXII, CHINA; KOREA; JAPAN》

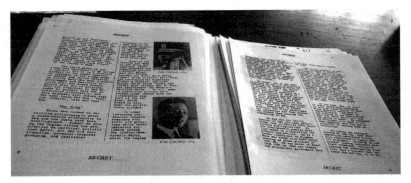
박정희와 김종필의 이력을 소개한 NSC 회의록의 일부

흘렀고, 계엄령을 선포한 후에 조인이 되었다. 하지만 박정희 군사정
권이 아니었다면 당시 합의된 내용으로 한일국교정상화는 이루어지
지 못했을 것이다. 1961년 6월 20일의 케네디 · 이케다 회담은 미국
과 일본이라는 두 나라가 쿠데타 집단을 공식적으로 인정한 날이기도
했다. 어떻게 보면 박정희 일파가 쿠데타를 일으킨 이유는 한일회담
의 성사를 위해서였는지도 모르겠다.

　시간과 장소를 1961년 6월 13일의 백악관으로 다시 옮기도록 한
다. 미 육군 참모총장 데커가 "한국에서 가장 불길하고 어려운 문제"
의 대상으로 지목한 젊은 장교그룹은 김종필을 비롯한 육사8기 일원
일 것이다. 권력을 독점한 중령들을 제거하고 송요찬 등 시니어 그룹
의 장성들로 중앙정보부와 국가재건최고회의 등 권력의 중추로 삼고
자 했던 것이 데커의 의지였던 것으로 짐작된다.
　그러나 케네디는 단호하게 거부했다. "어떤 세력이 어떤 과정을 거
쳐 어떤 방법으로 권력을 쟁취했든, 현재의 시점에선 부차적인 문제

이며, 중요한 것은 권력을 쥔 자들이 미국에게 어떤 존재냐 하는 것이다." 케네디가 내린 결론이다. 사회주의 전력을 가졌든, 독재를 하든 집권자로서 그리 큰 문제가 되지 않는다. 보다 본질적인 문제는 그들이 미국에 얼마나 충성스러운 존재냐 하는 뜻이었을 것이다.

케네디의 발언을 김종필 등이 들었다면 그들의 심사는 어떠했을까? 역사에 가정은 있을 수 없다. 하지만 케네디가 데커 육군참모총장의 건의를 채택했다면, 김종필 · 김형욱 · 길재호 · 신윤창 · 오치성 · 홍종철 등 육사8기생들의 운명은 어떻게 되었을까? 아무튼 이로써 5 · 16 쿠데타는 대단원의 막을 내리게 된다. 물론 주체들의 완벽한 승리였다. 그들끼리의 권력 다툼은 별개의 사안이다.

| 에피소드, 밴플리트와 5 · 16 쿠데타 |

1961년 5월 17일자 민족일보   5월 18일자 민족일보   5월 19일자 민족일보

1961년 5월 16일, 쿠데타가 일어난 날이다. 소개한 사진은 쿠데타

발발 후 사흘간의 스케치를 보도한 민족일보의 1면이다. 첫날 쿠데타로 표현한 단어가 다음 날부터 혁명으로 바뀌어졌다. 그리고 5월 18일자 조간(일부 신문 17일자 석간)은 쿠데타군 검열단에 의해 제목과 기사가 마구 삭제된 상태로 배포되었다. 민족일보만이 아니다. 조선일보, 경향신문, 동아일보 등 한국에서 발행되는 모든 신문이 똑같은 상황이었다.

온통 먹물로 얼룩진 지면 중에 유난히 눈에 띄는 기사가 보인다. 한국전쟁 중 주한 미8군사령관(駐韓 美8軍司令官)[73]을 지낸 밴플리트 장군이 군사혁명을 지지한다는 기사다. 기사의 원 출처는 AP통신이며

밴플리트의 5 · 16 쿠데타 지지 선언을 보도한 1961년 5월 17일자 경향신문과 조선일보

---

73 경향신문과 조선일보에 밴플리트가 한국전쟁 중 주한유엔군사령관으로 보도되었으나, 이것은 오보다. 밴플리트는 미8군사령관이었으며, 당시 유엔군사령관은 클라크(Mark Wayne Clark)였다.

5월 16일 뉴욕에서 발신한 것이다. 경향신문은 "대한민국 군을 선의를 가진 국민의 대표로 지지한다."[74]는 밴플리트의 발언을 단신으로 보도했다. 조선일보의 경우 조금 더 크게 보도했다. 기사 중 "자기는 공산주의에 반대하는 사람이면 누구라도 지지한다."[75]라는 문장을 보면 밴플리트가 어떤 사고를 가진 사람인지 짐작할 수 있을 것이다. AP통신의 밴플리트 관련 기사는 코리언 리퍼블릭(The Korean Republic)[76]에도 실렸다. 동 신문은 "한국군은 한국 국민을 대표해서 반공적이다"[77]라고 보도했다. 쿠데타 주체측이 발간한 『한국군사혁명사』에는 밴플리트 기사 건이 좀 더 자세히 실려 있다. 아래에 소개한다.

한국군사혁명에 가장 재빠른 지지성명을 발표한 외국인은 제임스 A. 밴플리트 퇴역장군이다. 한국동란 중 주한유엔군사령관을 지냈고 퇴역 후에도 이승만 대통령의 총지(寵支)를 받아 유력한 민간인 외교사절로 활약한 그가 혁명당일인 16일에 다음과 같은 지지성명을 발표하였던 것이다. "나는 대한민국 국군을 선의를 가진 국민의 대표로서 지지한다. 우리는 한국군만큼의 강력한 동맹자를 갖지 못했다. 한국군은 미국을 100% 지지한다. 나는 한국군을 믿으며 한국군은 세계에서 가장 유능한 전투체며 한국민에게 충실하다고 믿는다. 한국군은 최후의 한 사람까지 싸울 것이며 한국군을

---

74 한국군은 국민대표, 가장 강력한 동맹군, 밴 장군 군사혁명 지지, 「경향신문」, 1961.5.17

75 군사혁명지지, 미국 밴플리트 장군, 「조선일보」, 1961.5.17

76 대한공론사에서 1953년 광복절을 기하여 발간한 영문일간지로서, 코리아 헤럴드의 전신이다.

77 AP(New York) in "Korean Republic" May 18, 1961, 『남한, 그 불행한 역사』, p.190에서 재인용

계속 우리 편에 가담케 하자."[78]

　밴플리트의 발언을 보면, 쿠데타의 주체가 누구인가는 중요하게 생각하지 않았던 것으로 보인다. 그는 군인이 정권을 잡은 자체를 지지하고 있었음에 틀림없다. "한국군은 최후의 한 사람까지 싸울 것이며 한국군을 계속 우리 편에 가담케 하자."라고 말하는 밴플리트는 쿠데타와 전투를 착각하고 있는 듯싶다. 아무튼 밴플리트는 한국에서 일어난 쿠데타에 관하여 계속해서 자신의 견해를 표출한다. 이번에는 미국의 정책까지 거론하는, 어쩌면 위험하다고도 볼 수 있는 발언이다.

　그들은 너무나 빨리 일찍 입을 열었다. 그리하여 미국이 전적으로 불신을 받는 장면 정권을 지지하는 입장을 취한 것처럼 만들었다. 나는 미국 정부가 결국에 가서 그들을 견책하게 될 것을 희망하는 바이다. 10년 동안 미국의 보호와 후견하에 자라 온 한국이 아시아 대륙에서 민주주의 국가의 모범이 되지 못하였다는 사실은 수치스러운 일이다. 그러나 그 잘못은 한국에 보다는 미국에 더 많이 있다고 나는 생각한다.[79]

　박정희 쿠데타 일파의 대변인 같지 않은가? 이글에서 말하는 그들은 매그루더 유엔군사령관과 그린(대리)대사를 말한다. 이 두 사람의 경솔한 행동은 국무부와 국방부의 골칫거리였다는 것은 이미 앞의

---

78 『한국군사혁명사, 제1집(상)』, p.304

79 매 장군과 그린 씨 견책토록, 「동아일보」, 1961.5.28

글에서 거론했다.[80] 그러나 퇴역장군의 신분일 뿐인 밴플리트가 언급할 사안은 분명히 아니었다. 밴플리트는 미국에서의 발언이 성이 차지 않았던 모양인지 직접 한국으로 건너와서 계속 자신의 견해를 발표한다.

밴플리트는 1961년 7월 17일 한국에 도착하여 일주일간 머물렀다. 밴플리트를 영접하기 위해 김포공항에 출영한 사람은 송요찬 내각수반, 3군 수뇌부, 멜로이 유엔군사령관, 김활란, 임영신 등이며 15발의 예포, 3군의장대의 사절 등으로 그를 대우했다. 밴플리트는 "개인친선사절의 자격으로 다시 제2의 고향을 찾아왔다. 지금이야말로 한국 실정을 보고 이해하기 위하여 방한할 가장 적당한 시기로 본다."고 소감을 밝혔다. 하지만 "한국의 초청에 의한 것인가"라는 기자의 질문에는 답변을 회피했으며, "미국으로 돌아가서 미국 정부에 한국의 실정을 보고하겠느냐"는 외국기자의 질문에 "그런 필요성을 느끼지 않는다."고 답변했다.[81] 그렇다면 그는 틀림없이 개인자격으로 한국을 방문한 것이다.

정말 이해되지 않는 것은 그에 대한 예우다. 물론 밴플리트는 한국과 각별한 인연이 있다. 유일한 아들 미 공군대위 밴플리트 주니어(James A. Van Fleet, Jr.)를 한국전쟁 와중에 잃었고, 미8군사령관으로서 한국전쟁을 지휘한 경력이 있다는 것을 감안해도 국가원수에 준하는 예우를 베풀었다는 사실은 너무나 과한 대접이었다.

개인 자격으로 방한했다는 발언이 무색하게 그가 방문한 곳은 한국

---

80 제5장 7절 "백악관, 매그루더와 그린에게 경고하다" 참조

81 밴(프)플리트 장군 내한, 「동아일보」, 1961.7.18

의 핵심적인 기관과 단체들이었다. 18일 상오 윤보선 대통령을 방문하고 난 뒤 오후에는 박정희 국가재건최의의장과 요담을 하였다.[82] 19일 오전 9시에는 육군본부를 방문하여 육군참모총장 등 고위 장성의 영접을 받으며 의장대를 사열하고 난 뒤 연설을 하였고,[83] 그 후 국방부를 방문하여 박병권 국방장관과 30분쯤 요담하였다. 그리고 하오2시경에는 반도호텔에 마련된 간담회 석상에서 소위 혁명정부중견장교들과 좌담회를 가졌다고 한다.[84]

그의 행적을 추적해 보면, 밴플리트야말로 5·16 쿠데타의 배후가 아닐까하는 의심이 들 것이다. 방한 사흘째의 일정을 살펴보자. 밴플리트는 20일 오전 10시부터 건설부 장관실에서 경제4부 장관과 회담을 가졌다. 미국의 대한원조와 민간자본도입문제에 관한 의견 교환이었다. 그는 앞으로 제반 문제에 있어서 한국 정부에 대하여 협력을 아끼지 않겠다고 약속했다.[85]

국방 문제에 이어 경제 문제 특히 미국의 대한원조까지 그의 행적은 거침이 없었다. 밴플리트와 쿠데타로 권력을 쟁탈한 무리들이 일국의 대사 정도가 아니라 국빈급이 나누어야 할 대화를 하고 있는 셈이다. 밴플리트는 이 정도로 끝을 맺지 않았다. 20일에는 더욱 충격적인 발언을 하였다.

---

82 17일 내한한 전 주한 유엔군사령관 밴(ㅍ)플리트 장군, 「경향신문」, 1961.7.19
83 "한국 실정 알릴 터" 밴 장군, 육본 방문코 연설, 「경향신문」, 1961.7.19
84 "혁명과업 완수 확신, 미와 우방 이해 얻을 터" 밴 장군 발언 요지, 「경향신문」, 1961.7.20
85 대한원조 등 검토 경제4부 장관, 밴 장군과 회담, 「경향신문」, 1961.7.20

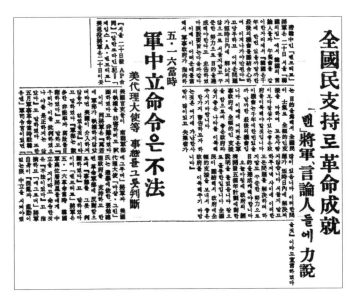

1961년 7월 21일자 경향신문

　밴플리트는 20일, 서울 한국의 집에서 한국의 언론인들과 오찬
을 함께 들며 "한국은 천년에 한 번 있을까말까 한 최후의 기회를 단
결·합심하여 이겨 나가야만 된다."고 말하면서 "여러분은 군사정부
에 전폭적인 지원을 함으로써 좋은 정부와 살기 좋은 나라를 이룩해
주시기 바란다."[86]는 당부의 말을 한 바 있다. 그러나 그다음 발언이
도를 넘겨 버렸다. 아래는 밴플리트의 발언 목록이다.

　"이곳 미국 관리들이 남한군부의 집권을 방해하려고 시도했다."
　"만약에 군부가 집권하지 않았더라면 미국이 개입하지 않을 수

86　전 국민 지지로 혁명성취, 「경향신문」, 1961.7.21

없었다."

"군부는 수다한 비능률과 부패를 목도하였다."

"우리는 이를 비판하였으나 이를 시정하지는 않았다."

"5월 군사혁명 당시 주한유엔군사령관이었던 매그루더 장군과 미국대리대사 그린 씨는 선거에 의한 장면 총리를 지지하고 한편 혁명군부에 반대함으로써 사태를 그릇 판단하였다."

"5·16 혁명 당시 한국군 고위층 장성들에게 중립을 지키라고 명령한 것은 불법이었다."

"매그루더 장군 자신이 혼란과 난동이 없는 한 중립을 지켜야 했을 것이다."[87]

결국 미국 정부가 나서고 말았다. 미 국무성은 5·16 쿠데타 때 현지의 미국 고위 당국자들이 한 역할을 밴플리트가 비판한 데 대해서 이의를 제기했다. 국무성 공보관 링컨·화이트는 "장군은 현재 한 개인의 자격으로 한국을 방문 중에 있는 것"이라고 전제하고, 그의 견해는 미국 정부의 입장과 상관이 없다는 것을 밝혔다. 밴플리트 장군의 발언 중 정부로서 이의를 느끼는 점은 "매그루더 장군은 한국의 장성들에게 중립을 지키라고 명령한 것은 아니고 오직 그들에게 직책을 지키라."고 명령한 점이다. 이러한 명령은 유엔군사령관의 권한 내에서 발해진 것이었다. 한국의 현 군사정부도 매그루더 장군이 월권행위를 했다고는 믿지 않는다고 설명한 바 있다.

그리고 국무성은 당초에 밴플리트 장군에게 현 시기에 있어서는 한

---

87 5·16 당시 군 중립명령은 불법, 「경향신문」, 1961.7.21

중앙정보부장 김종필과 환담하는 밴플리트, 우측은 장태화다. 1961년 7월 22일자 조선일보

국을 방문하지 않는 것이 좋겠다고 권고하였으나 그래도 그는 가버렸던 것이라고 한다. 한편 버지니아 주 차롯트빌에 있는 매그루더 장군은 밴플리트 장군의 비판에 논평하는 것을 거부하였다고 전한다.[88]

　미국 정부의 이러한 논평에도 밴플리트는 전혀 흔들림이 없었다. 그가 다음으로 방문한 곳은 중앙정보부다. 7월 21일 상오, 김종필 부장 등 중정의 요인들을 만난 자리에서 "혁명이 절대로 실패해서는 안 되고 여러분이 실패하지 않도록 본관이 보장하겠다.", "현재 혁명과업의 위대성을 미국인에게 이해시키고 그 사람들의 원조를 얻는 데

---

88 "밴 장군 방한은 사적 헌법적 절차 옹호" 미 국무성 논평, 「동아일보」, 1961.7.22

나는 미력하나마 최선을 다하겠다."[89] 등의 발언을 하였다.

밴플리트는 다음 차례로 서울방송국을 방문했다. 그곳에서 어린이 노래 회원들을 만났고 전 직원이 참석한 가운데 연설을 했다. 연설의 요지는 "한국이 직면하고 있는 현 난제에 대한 승리는 하룻밤이나 1년 이내에 성취될 수 있는 것이 아니라 꾸준한 노력이 있어야만 하고 곤란과 희생을 필요로 한 것이다."[90] 등의 내용이었다.

쿠데타 주체들에게 메시아의 역할을 하면서 밴플리트는 한국을 떠났다. 김포공항으로 출발하기 전인 24일 오전 9시, 재무부를 방문하여 김유택 경제기획원 원장과 신임 천병규 재무부 장관 등과 30분간 요담을 한 것이 그의 마지막 일정이었다.[91]

밴플리트가 일주일 동안 한국에 머물면서 만난 사람들을 정리해 보자. 대통령 윤보선, 국가재건최고회의의장 박정희, 중앙정보부장 김종필, 국방장관 박병권, 내각수반 송요찬, 육군참모총장 김종오을 비롯한 3군 수뇌부, 멜로이 유엔군사령관, 김활란, 임영신, 경제기획원장관 김유택 · 재무장관 천병규 등을 포함한 경제4부 장관, 최고회의 의원, 주요 언론인들 등이다. 한국의 주요 핵심 인사들은 대부분 그와 면담을 한 셈이다.

하지만 그는 주한 미 대사 버거는 만나지 않았다. 이것은 무엇을 뜻하는가? 아무래도 그는 해방공간의 미 군정시절로 착각한 듯싶다. 미국 군인들에 의해 통치되었던 나라가 이제 한국군인들에 의해 지배

---

89 혁명성공을 보장, 「경향신문」, 1961.7.22

90 밴플리트 장군 – 서울방송국을 방문코 연설, 「조선일보」, 1961.7.22

91 내외동정, 「경향신문」, 1961.7.24.

되는 나라로 바뀌었으며, 자신이 그 군인들을 조정하고 있다고 생각했던 모양이다.

그의 발언도 식민지 시절의 조선총독 그리고 미군정 시절의 재조선미육군사령부군정청(在朝鮮美陸軍司令部軍政廳, USAMGIK) 청장 이상으로 수위가 높았다. "혁명이 절대로 실패해서는 안 되고 여러분이 실패하지 않도록 본관이 보장하겠다." 한국중앙정보 부장에게 약속한 말이다. 도대체 어떤 자신감으로 이런 발언을 쏟아낼 수 있었을까?

더욱 이해할 수 없는 것은 미 국방성의 처사다. 미 국무성이 밴플리트의 주장과 발언을 문제 삼았고, 경고성의 논평을 한 바 있다. 그러나 미 국방성은 1961년 10월 11일, 밴플리트를 국방성 총자문으로 발령했다고 한다.[92] 이제 밴플리트는 일개 퇴임장군이 아니고, 미국의 국방정책에 영향력을 행사할 수 있는 공인으로 되돌아간 것이다. 미 국방성의 이러한 인사정책은 우리에게 무엇을 말하는 것일까?

92 밴 장군 기용, 미 국방성 총자문, 「경향신문」, 1961.10.12.

5 · 16 쿠데타는
미군부의 작품이었다

1945년 9월 8일 미 24군단 소속 제7보병사단(사단장 하지 준장)이 인천을 통해 서울에 입성하였다. 4만 5천여 명에 달하는 미군은 전투기의 엄호 아래 장갑차를 앞세우고 완전무장을 한 상태였다. 사흘 후인 11일, 하지는 9일자 맥아더 포고문을 군정 기본 노선으로 제시했다. 미군은 포고문에 굳이 '점령(occupy)'이라는 용어를 사용하여 그들의 목적을 공공연히 밝혔다.

그 후 70여 년간 미군은 한국 현대사에 깊숙이 개입해 왔다. 모스크바3상회의, 미소공동위원회, 이승만의 남한단독정부, 한국전쟁과 정전, 사월혁명과 민주당정권의 출범과 몰락 등은 대개 미군부의 뜻대로 진행되었다. 5 · 16 쿠데타도 마찬가지다.

미군정과 대한민국 초기시기 정보 · 공작을 관장한 핵심부서는 G-2였다. 정보와 보안을 담당하는 G-2는 미군과 미육군부 민간요원뿐 아니라 한국인도 다수 고용되어 주한미군의 촉수 노릇을 하였다. G-2에 배속된 특수부대중 가장 중요한 부서가 바로 CIC파견대와 민간정보통신대다.

미군방첩대(CIC)는 하지의 제7보병사단과 함께 한국에 들어왔다.

부대명은 224파견대였다. 이들의 임무는 "미군정 체제 및 미군정의 사법관할권에 대한 간첩행위와 태업행위를 무력화 또는 사전 검색·예방 및 반국가사범·체제전복 활동·정부에 대한 불만자 등을 색출, 미군정의 운영에 기여하는 것"이었다.

CIC파견대는 남한에 진주한 이래 두 번의 조직 개편을 거쳐 1946년 4월 CIC971파견대로 통일됐고 남한의 주요도시와 지역에 지구대를 뒀다. CIC971파견대는 주한미군사령부의 G-2에 배속되어 있는 한편 도쿄주재 미극동군 CIC441파견대의 통제도 받고 있었다. 내규에 따르면 파견대장은 미육군참모부, 정보참모본부, 주한유엔군사령부의 명령을 받게 돼 있다. 하지만 하우스만 등의 증언에 따르면 CIC는 주한유엔군사령부의 통제하에 있지 않았던 것으로 보인다.

공식적으로 CIC는 1949년 5월 남한에서 떠났다. 그러나 미국은 CIC후신으로 특별조사과(Special Investigation Section: SIS)를 만드는 한편 1949년 6월 미극동군사령부 G-2는 서울에 대(對)북한 첩보공작의 일환으로 한국연락사무소(Korean Liaiso n Office: KLO)를 개설했다. 이 특수부대는 한국전쟁 이전 이미 1년 동안에 총 1,195건의 북한첩보를 극동군사령부에 타전한 바 있다.

CIC의 한국 내 위상을 보여 주는 좋은 사례가 있다. CIC에 근무하는 한국인 요원 중 윌리라는 미국 이름의 이순용(李淳鎔)이 있었다. 그는 미 육군전략정보처(OSS)에서 제2차 세계대전 동안 근무한 다음 한국으로 왔다. 그의 계급은 중사였다. 하지만 계급과 무관하게 그의 활동 영역은 넓고도 깊었다. 일본말·한국말·영어를 구사하는 이순용은 한국 내 CIC의 중심 역할을 했던 것이다. 염동진의 백의사가 CIC의 지휘를 받게 된 것은 이순용의 작품이라는 기록도 있다. 이 과정에서 대한정치공작대를 운용하던 신익희의 멱살을 잡았다는 증언도 있다.

이순용은 CIC 근무를 그만둔 후 1951년 체신부 국제전화국 고문으로 공직생활을 시작해 같은 해 1월 6대 내무장관, 1952년 3대 체신부 장관 등을 역임했다. 하사관 출신의 한국계 미국인이 전역 후 이승만 정부의 장관직을 수행했던 것이다. 이순용의 경우는 CIC요원이 양지의 인물로 변신한 사례다. 하지만 대부분의 CIC 출신들은 음지에서 일하다가 사라진다.

따라서 우리가 아는 유·무명의 인사가 CIC비밀요원이었던 경우가 많다. 본문에서 언급한 박진목이 한 예다. 그를 아는 대부분의 사람들은 그를 재야통일운동가로 알고 있었지만, 박상화라는 숨겨진 이름을 가졌던 박진목은 숨겨진 CIC요원이었던 것이다. 5·16 쿠데타 당시 민간인으로 활동했던 장태화, 김덕승 등이 CIC비밀요원이었을 가능성을 제기한 이유다. 박정희도 마찬가지다.

대통령이 되기 전 박정희의 이력은 의혹투성이다. 제2차 세계대전 종전 후 박정희는 북경·천진에서 8개월 정도 머물렀으나 그동안의 행적은 제대로 규명된 적이 없다. 이 무렵 만난 김덕승의 정체도 의문의 대상이다. 박정희는 육사생도 시절 교장대리 이치업 살인미수 사건의 주범이었으나 그는 전혀 처벌을 받지 않았다. 육사생도대장 시기에 발생한 훈련생 2명의 사망사건 역시 군부는 박정희에게 책임을 묻지 않았다. 1948년 숙군 과정에서 김창룡이 왜 박정희의 구명을 상신했는지 그리고 동거녀 이현란에게 쪽지를 전해 주었는가도 수수께끼로 남아 있다. 더욱이 별 연관이 없는 것으로 알려진 하우스만이 박정희의 구명을 위해 나섰는가도 의문이다.

전쟁 중 전격적으로 치러진 박정희와 육영수의 결혼도 수상하다. 새색시 육영수가 2차례에 걸쳐 전방을 방문한 이유도 풀어야 할 숙제다. 박정희는 1952년부터 다섯 번에 걸쳐 쿠데타를 시도했다. 그러나 알 수 없는 힘이 그를 도우고 있는지 그때마다 그는 무사했다. 좌익전력까지 가진 박정희가 별다른 공훈 없이 어떻게 소장까지 진급했는가도 규명 대상이다. 쿠데타 준비 과정에서 정보참모 역할을 했던 장태화의 전력은 지금까지 수수께끼로 남아 있다.

5 · 16의 성공을 기억해 보면 도무지 이해할 수 없는 일이 일어났다는 생각밖에 들지 않는다. 겨우 3,400여 명의 반란군이 60만 국군을 제압한 사건이었다. 더욱이 미8군사령관과 (대리)미 대사가 민주당 정권을 옹호했음에도 쿠데타가 성공했다는 사실은 보이지 않은 힘이 있었다는 증거다. 1961년 5월 18일 오후 이루어진 하우스만과 박정희의 밀담은 보이지 않은 힘의 정체를 증언해 주고 있다. 감군을 추진하던 민주당 정권에 비판적인 집단은 누구인가? 군 · 산 · 정복합체 바로 그들인 것이다.

물론 최종 결정은 백악관의 미대통령의 몫일 것이다. 민주당에 우호적인 국무부와 쿠데타를 용인하는 군부의 논쟁이 치열했던 1961년 6월 13일 NSC회의에서 케네디가 군부의 손을 들어 주어 박정희 쿠데타를 최종 승인한 것이 좋은 예다.

사건의 처리에 있어 우리의 상식을 비웃는 사례가 있을 경우, 국무부와 미군부의 움직임을 별도로 추적할 필요가 있다. 1987년 김현희의 대한항공 858기 폭파 사건, 2012년 천안함 침몰 사건, 2014년 세월호 침몰 등 의문의 사건을 접할 때, CIA가 배후일 경우도 있지만, 우리나라의 경우 대개 미 군부로 짐작되는 정황이 많이 포착된다. 사드 배치와 북미평화회담 전개 과정 역시 마찬가지다. 국무부와 미군부의 움직임을 별개로 분석해야만 적합한 대응전략이 마련된다고 믿는다. 우리가 5 · 16의 기원을 알아야 할 이유다. 이 책을 쓴 목적이기도 하다.